2天突破

注册会计师全国统一考试应试指导

李彬教你考注会®

FINANCIAL MANAGEMENT AND COST MANAGEMENT

财务成本管理

李彬 编著　BT教育 组编

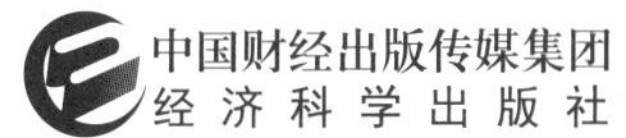

图书在版编目（CIP）数据

财务成本管理.2022/李彬编著.--北京：经济科学出版社，2022.3

（李彬教你考注会）

ISBN 978-7-5218-3470-3

Ⅰ.①财… Ⅱ.①李… Ⅲ.①企业管理-成本管理-资格考试-自学参考资料 Ⅳ.①F275.3

中国版本图书馆CIP数据核字（2022）第036736号

责任编辑：孙丽丽　纪小小
责任校对：隗立娜
责任印制：范　艳

财务成本管理（2022）
李　彬　编著　BT教育　组编
经济科学出版社出版、发行　新华书店经销
社址：北京市海淀区阜成路甲28号　邮编：100142
总编部电话：010-88191217　发行部电话：010-88191522
网址：www.esp.com.cn
电子邮箱：esp@esp.com.cn
天猫网店：经济科学出版社旗舰店
网址：http://jjkxcbs.tmall.com
北京时捷印刷有限公司印装
787×1092　16开　36.75印张　930000字
2022年3月第1版　2022年3月第1次印刷
ISBN 978-7-5218-3470-3　定价：79.00元
（图书出现印装问题，本社负责调换。电话：010-88191510）

编 委 会

前言

新一年的备考旅程拉开了序幕，2022 年我们对教材进行了重大且彻底的改革，无论内容加工还是排版形式都进行了极大创新，确保同学们顺利到达通关的彼岸。

21 天教材除保留原有产品特色（知识精简、直击考点）外，还将全书知识点进行了考点制划分，帮大家像完成任务清单一样，对每章内容进行逐个击破。与此同时，我们还针对重难点做出了深入解读，增添了更多的横向关联总结和实务案例，为第一轮备考的学员们提供了充盈的知识库，再也不用因对个别考点一知半解而头疼。我们增加了以下几个模块：

1. 增加章前模块：【考情雷达】+【考点地图】

考生在初学某章时，普遍对内容缺乏整体认知，但没有足够的考试信息做支撑，会陷入“眉毛胡子一把抓”的困境，毕竟是无中生有的过程，没有目标感地盲目学习将导致效率低下。

因此，我们在每章章前都设置了【考情雷达】及【考点地图】功能模块，对本章的考情进行系统分析，标记了往年重要考点，并给出考点类型及考频，让同学们在正式学习前，对本章的内容有一个提纲挈领的认知，以便集中精力去突破关键考点。此外，我们还针对每章内容都做出了学习方法指导，并阐述了本年内容变化，手把手带你渡过难关。

2. 考点制分割，重点分级

为了凸显应试理念，帮助考生快速、高效地实现通关目标，我们一改官方教材的章/节格局，一律以【考点】为任务单元进行全面重组，就像一款打怪升级的游戏，任务完成即可通关。我们对每个考点都进行了专门解读，并在目录中制定了每日任务量和打卡次数，帮助大家拆解全书内容。

此外，我们还根据真题考频对考点重要性进行了标星分级，★越多，代表其越重要，轻重缓急，一目了然。

3. 增加内容模块

【彬哥解读】

在过去的几年中，考生经常反映我们的教材解读不足的问题，对很多知识点的理解均停留在表层，缺乏深入理解。因此 2022 年我们教材增添了更多考点的通俗化解释和深入解读，如公式推导过程、名词原理解释、概念扩充等，帮助同学们挖掘考点深度。

【案例胶卷】

《审计》《公司战略与风险管理》《经济法》这种实务性较强的科目，理论概念均较为抽象，很难令初学者产生具象化认知，因此我们引用了很多实务案例进行补充说明，让同学们对知识掌握的更加精准。

【关联贴纸】

CPA 考试的六门科目并不是六个独立的模块，而是一个有机的整体，各科之间、各章之间，甚至章节内部的知识都盘根错节。在以往的学习过程中，考生们只是对该学科内容各个击破，并没有对关联考点进行延展，这不利于大家养成跨章节的系统性思维。因此，我们开设了此模块，在学习过程中为大家引述相关知识点，做到触类旁通。

【记忆面包】

2022 年特新增了此模块，给大家整理口诀和各种背诵要领。

【考点收纳盒】

将多个知识点做横向串联，以流程图/表格形式针对各类要素进行合并同类项，帮助考生融会贯通。

4. 增加章尾模块

CPA 是一段漫长的征程，缺乏即时反馈，大部分考生往往半途放弃。针对这个痛点，我们在每个单数页的右上角都做了一个进度小标，它会随着学习进度的深入越来越满盈。此外，每章结尾都放置了一段干劲满满的“鸡汤”文，助同学们一路向前。

丈夫欲遂平生志，一载寒窗一举汤，祝每一位 CPA 考生都能顺利通关，考出好成绩！

欢迎 2022 年 CPA 考生加入我们的免费带学群，群内不仅有班班和小伙伴们陪伴你学习，还会不定期分享学习资料。为了达到更好的教学效果，如果你是零基础考生，对该科目缺乏基本认识，也可扫码领取我们的 CPA 小白书电子版进行基础学习、查看勘误文件。

扫码免费领取题库 + 随书附送讲义资料

每日计划说明

- 1. 本计划表为同学们做出了 21 天的整体规划，将每科的学习目标都分解成了具体任务，对具有挑战性的章节，我们还列出了学习提示，让考生的备考旅程不再迷茫。
- 2. 该学习计划以每日 3 ~5 小时的有效学习时间作为参考，实际用时因个人基础和学习条件而异，会出现一定程度的提前或延后，可自行做出阶段性调整。
- 3. 首轮学习时，做题正确率在 50% ~60% 为正常情况，但在后续轮次中，应不断消化复习错题，以保证正确率的提升。
- 4. 每完成一项任务，可在后方打勾，每日学习前/完成后查看，会有满满的成就感。
- 5. 周测真题可在 BT 教育 App 或网页端 btclass. com 中找到题库页面参与。

学习计划表

Day 1	
章节	第一章　财务管理基本原理
所含考点	「考点1」企业组织形式和财务管理内容（★） 「考点2」财务管理的目标与利益相关者的要求（★★） 「考点3」金融工具与金融市场（★★★）
学习任务	听视频课 做对应习题 整理改错本 梳理本章框架 预习“财务报表分析和财务预测”
学习提示	这一章难度较小，非常友好，算是给财务成本管理开了一个好头，主要是理论性的介绍，不用太深入的理解和学习，做好对应的习题即可

Day 2	
章节	第二章　财务报表分析和财务预测
所含考点	「考点1」财务分析方法（★） 「考点2」财务比率分析（★★）
学习任务	听视频课 做对应习题 整理改错本 梳理本章框架 复习“财务管理基本原理”
学习提示	俗称“劝退”章节，当然会被吓到，因为一开始公式就来了一个“大轰炸”。公式都需要记吗？当然不是啦，公式虽然多，切忌死记硬背（关键那么多，记不住，用的时候还可能出错），一定要掌握其中推导的原理，自然就可以记忆了，如何推导呢？上课的时候认真听老师讲，下课的时候认真做作业推导，切不可“抄手”，只动眼睛，不动手计算。这一章考验的就是你是否勤于动手

Day 3	
章节	第二章　财务报表分析和财务预测
所含考点	「考点3」杜邦分析体系（★★） 「考点4」管理用财务报表体系（★★★）
学习任务	听视频课 做对应习题 整理改错本 梳理本章框架 复习“财务报表分析和财务预测”相关内容

Day 3	
学习提示	俗称“劝退”章节，当然会被吓到，因为一开始公式就来了一个“大轰炸”。公式都需要记吗？当然不是啦，公式虽然多，切忌死记硬背（关键那么多，记不住，用的时候还可能出错），一定要掌握其中推导的原理，自然就可以记忆了，如何推导呢？上课的时候认真听老师讲，下课的时候认真做作业推导，切不可“抄手”，只动眼睛，不动手计算。这一章考验的就是你是否勤于动手

Day 4	
章节	第二章　财务报表分析和财务预测
所含考点	「考点5」财务预测的步骤和方法（★★） 「考点6」外部资本需求的测算（★★） 「考点7」内含增长率的测算（★★） 「考点8」可持续增长率的测算（★）
学习任务	听视频课 做对应习题 整理改错本 梳理本章框架 复习“财务报表分析和财务预测”相关内容 预习“价值评估基础”
学习提示	俗称“劝退”章节，当然会被吓到，因为一开始公式就来了一个“大轰炸”。公式都需要记吗？当然不是啦，公式虽然多，切忌死记硬背（关键那么多，记不住，用的时候还可能出错），一定要掌握其中推导的原理，自然就可以记忆了，如何推导呢？上课的时候认真听老师讲，下课的时候认真做作业推导，切不可“抄手”，只动眼睛，不动手计算。这一章考验的就是你是否勤于动手

Day 5	
章节	第三章　价值评估基础
所含考点	「考点1」利率（★） 「考点2」货币时间价值（★★★） 「考点3」单项资产的风险与报酬（★）
学习任务	听视频课 做对应习题 整理改错本 梳理本章框架 复习“财务报表分析和财务预测”
学习提示	经受住了第二章的考验，第三章如期而至，还是比较难的。第三章是后面学习的地基，一定要打牢了，不然后面很可能“地动山摇”，震得人心惶惶。这一章的学习最重要的就是动手，动手画图，动手画时间轴，动手做题

Day 6	
章节	第三章　价值评估基础
所含考点	「考点 4」投资组合的风险与报酬（★★） 「考点 5」资本资产定价模型（★★★）
学习任务	听视频课 做对应习题 整理改错本 梳理本章框架 复习“价值评估基础”相关内容 预习“资本成本”
学习提示	经受住了第二章的考验，第三章如期而至，还是比较难的。第三章是后面学习的地基，一定要打牢了，不然后面很可能“地动山摇”，震得人心惶惶。这一章的学习最重要的就是动手，动手画图，动手画时间轴，动手做题。你不动手，题目就要对你动手

Day 7	
章节	第四章　资本成本
所含考点	「考点 1」资本成本概述（★） 「考点 2」债务资本成本（★★★） 「考点 3」普通股资本成本（★★★） 「考点 4」混合筹资资本成本（★） 「考点 5」加权平均资本成本（★）
学习任务	听视频课 做对应习题 整理改错本 梳理本章框架 复习“价值评估基础” 预习“投资项目资本预算”
学习提示	“地基”章节，难度不大，学习本章最好的一个方法就是总结归纳，有助于“地基”打得更牢固

Day 8	
章节	第五章　投资项目资本预算
所含考点	「考点 1」项目评价方法（★★★） 「考点 2」新建项目现金流量的估计（★★★） 「考点 3」更新项目现金流量的估计（★★） 「考点 4」投资项目折现率的估计（★★） 「考点 5」投资项目的敏感分析（★★）

Day 8	
学习任务	听视频课 做对应习题 整理改错本 梳理本章框架 复习“资本成本” 预习“债券、股票价值评估”
学习提示	“算哭”章节，计算到怀疑人生。学习好本章的前提是前面章节“地基”打得牢固。既然“算哭”，自然看到题目就很头疼，全都是计算。你要相信一句话，现在不计算，考试就要被财务成本管理算计。所以，本章一定要对题目进行专项训练，解题思路一定要有，做题时一定要画图

Day 9	
章节	第六章　债券、股票价值评估
所含考点	「考点1」债券价值评估（★★） 「考点2」普通股价值评估（★★） 「考点3」混合筹资工具价值评估（★）
学习任务	听视频课 做对应习题 整理改错本 梳理本章框架 复习“投资项目资本预算” 预习“期权价值评估”
学习提示	经过了前面章节的学习，到这里总算可以喘息一下了，本章是无比友好的，没有太多难点，结合第四章来学习效果更好

Day 10	
章节	第七章　期权价值评估
所含考点	「考点1」期权的基本概念（★） 「考点2」单一期权的损益状态（★★） 「考点3」期权投资组合策略（★★★） 「考点4」期权价值及其影响因素（★★） 「考点5」期权价值评估方法（★★★）
学习任务	听视频课 做对应习题 整理改错本 梳理本章框架 复习“债券、股票价值评估” 预习“企业价值评估”
学习提示	听说这一章是“很难”的章节，主要在于好多人是“小白”，对期权一点儿概念都没有，还经常被绕在多头、空头里。但是你听说过它好拿分吗？本章属于内容较难，但是甚至学习都不用太通透就能拿分的章节，因为考点固定。你抓住这些考点，啃下它就行。一定要把关于期权的真题做了，做的时候最好画图，事半功倍

Day 11	
章节	第八章　企业价值评估
所含考点	「考点1」企业价值评估对象（★） 「考点2」现金流量折现模型（★★★） 「考点3」相对价值评估模型（★★）
学习任务	听视频课 做对应习题 整理改错本 梳理本章框架 复习"期权价值评估" 预习"资本结构"
学习提示	本章节难度较大，学习本章节之前，建议简单复习一下第二章、第五章，因为联系紧密，前面掌握到位了，本章学习才不会吃力；前面掌握不到位，那还是先好好复习一下前面的内容。另外，还是要勤快，要动手做题，做题的时候要动手画图（听课的时候就应该知道怎么画）

Day 12	
章节	第九章　资本结构
所含考点	「考点1」资本结构理论（★★） 「考点2」资本结构决策分析（★★） 「考点3」杠杆系数的衡量（★★）
学习任务	听视频课 做对应习题 整理改错本 梳理本章框架 复习"企业价值评估" 预习"长期筹资"
学习提示	本章没有什么难点，主要是对原理的理解和掌握，就是让你的学习可以暂时喘口气的章节

Day 13	
章节	第十章　长期筹资
所含考点	「考点1」长期债务筹资（★） 「考点2」普通股筹资（★） 「考点3」优先股筹资（★） 「考点4」附认股权证债券筹资（★★） 「考点5」可转换债券筹资（★★★） 「考点6」租赁筹资（★★）

Day 13	
学习任务	听视频课 做对应习题 整理改错本 梳理本章框架 复习“资本结构” 预习“股利分配、股票分割与股票回购”
学习提示	本章文字比较多，枯燥乏味，你就权当正在主导一个公司怎么筹资，然后给了你方案，对比一下优缺点。一定要好好研究一下题目，从题目中可以更加精准定位重要考点是什么，然后再去看文字，此时就不枯燥了，都是分数在向你招手

Day 14	
章节	第十一章　股利分配、股票分割与股票回购
所含考点	「考点1」股利理论和股利政策（★★） 「考点2」股利种类、支付程序及股利分配（★） 「考点3」股票分割和股票回购（★★）
学习任务	听视频课 做对应习题 整理改错本 梳理本章框架 复习“长期筹资” 预习“营运资本管理”
学习提示	简单的章节，让你可以适当放松一下，但是本章是考查客观题的“常客”，所以要注意细节的学习，就怕出现一种情况——我好像知道，但是又不太确定，不知道如何选择

Day 15	
章节	第十二章　营运资本管理
所含考点	「考点1」营运资本投资策略（★） 「考点2」营运资本筹资策略（★★） 「考点3」现金管理（★★） 「考点4」应收账款管理（★★） 「考点5」存货管理（★★★） 「考点6」短期债务管理（★★）
学习任务	听视频课 做对应习题 整理改错本 梳理本章框架 复习“股利分配、股票分割与股票回购” 预习“产品成本计算”
学习提示	先说一下，本章是简单易懂的，但内容比较多，所以涉及的计算也多。可是，计算非常友好。一定要勤快地去做题，都是有固定套路的

<table>
<tr><th colspan="2">Day 16</th></tr>
<tr><td>章节</td><td>第十三章　产品成本计算</td></tr>
<tr><td>所含考点</td><td>「考点 1」产品成本的分类（★）
「考点 2」产品成本的归集和分配（★★）
「考点 3」完工产品和在产品的成本分配（★★★）
「考点 4」联产品和副产品的成本分配（★）
「考点 5」产品成本计算的品种法与分批法（★）
「考点 6」产品成本计算的分步法（★★★）</td></tr>
<tr><td>学习任务</td><td>听视频课
做对应习题
整理改错本
梳理本章框架
复习“营运资本管理”
预习“标准成本法” +“作业成本法”</td></tr>
<tr><td>学习提示</td><td>这一章很重要，每年必考，总是以表格形式考查，让人看见就头大，但是计算不复杂，就是唬人，唬一下不做题、不去计算的同学。学习本章一定要明确一点，那就是为什么要学习产品成本计算。因为成本费用千千万，看谁是你的成本，就会涉及很多核算方法了，这就是本章要学习的。需要注意的是，计算不复杂，但是一定要仔细，粗心大意错了不划算</td></tr>
</table>

<table>
<tr><th colspan="2">Day 17</th></tr>
<tr><td>章节</td><td>第十四章　标准成本法 + 第十五章　作业成本法</td></tr>
<tr><td>所含考点</td><td>第十四章：标准成本法
「考点 1」标准成本及其制定（★）
「考点 2」变动成本的差异分析（★★★）
「考点 3」固定制造费用差异分析（★★★）
第十五章：作业成本法
「考点 1」作业成本的概念（★）
「考点 2」作业成本计算（★★）
「考点 3」作业成本管理（★）</td></tr>
<tr><td>学习任务</td><td>听视频课
做对应习题
整理改错本
梳理本章框架
复习“产品成本计算”
预习“本量利分析”</td></tr>
<tr><td>学习提示</td><td>你会感到好奇，已经有了产品计算成本，为什么还有标准成本法和作业成本法？你要允许别人变得越来越优秀，这就是两者存在的意义。财务成本管理，你学到这里已经非常优秀了，继续加油，一定要勤快的做题</td></tr>
</table>

Day 18	
章节	第十六章　本量利分析
所含考点	「考点1」成本性态分析及变动成本法（★★） 「考点2」本量利分析基本模型（★★） 「考点3」保本分析（★★★） 「考点4」保利分析（★） 「考点5」利润敏感分析（★★）
学习任务	听视频课 做对应习题 整理改错本 梳理本章框架 复习“标准成本法”＋“作业成本法” 预习“短期经营决策”
学习提示	本章不难，但越是不难的章节，轻松学习的同时更要注重细节，不然内容简单了反而你还学得很糟糕，那就比较遗憾了。务必摆正心态，一步一步地学习，勤于做题

Day 19	
章节	第十七章　短期经营决策
所含考点	「考点1」短期经营决策的成本分类（★） 「考点2」生产决策（★★★） 「考点3」定价决策（★）
学习任务	听视频课 做对应习题 整理改错本 梳理本章框架 复习“本量利分析” 预习“全面预算”
学习提示	关于决策，一定要有“主人翁”精神，把你自己当成做决策的那个人，站在这个高度去学习，就会格外注重对每一个决策的理解，掌握其中的原理，学起来就会愉快轻松。注意对题目的训练，说白了，还是要勤做题

Day 20	
章节	第十八章　全面预算
所含考点	「考点1」全面预算概述（★） 「考点2」全面预算的编制方法（★★） 「考点3」营业预算的编制（★★★） 「考点4」财务预算的编制（★★★）
学习任务	听视频课 做对应习题 整理改错本 梳理本章框架 复习“短期经营决策” 预习“责任会计”＋“业绩评价”
学习提示	把自己想象成做预算的那个人，思考可以选择的预算方法有哪些，然后如何去编制预算，代入式学习，更加容易理解。当然，也要勤动手做题

Day 21	
章节	第十九章　责任会计 + 第二十章　业绩评价
所含考点	第十九章：责任会计 「考点1」企业组织结构（★） 「考点2」成本中心（★） 「考点3」责任成本（★★） 「考点4」利润中心（★★） 「考点5」投资中心（★★） 「考点6」责任中心业绩报告（★） 第二十章：业绩评价 「考点1」财务业绩评价与非财务业绩评价（★） 「考点2」关键绩效指标法（★） 「考点3」经济增加值（★★） 「考点4」平衡计分卡（★★）
学习任务	听视频课 做对应习题 整理改错本 梳理本章框架 复习“全面预算”
学习提示	学习责任会计一章，相对简单，注重对本章内容的理解，把自己想象成规则制定者，如何对不同的责任中心进行考核，范围是什么，指标是什么，代入式的学习会增强学习兴趣。学习业绩评价一章，内容简单，注重对题目的训练

目录 | CONTENTS

CHAPTER ONE

第一章 财务管理基本原理

考情雷达

本章是财务管理的基本理论知识，包含财务管理的内容、目标、核心理念、金融市场及金融工具等。从考试情况看，本章是客观题的必考点，属于非重点章节，需对概念点全面掌握。本章并无难点，初学时需根据课堂讲解尽快入门，后期多翻翻讲义。

本章主要考查客观题，历年平均分值在 2 分左右。本章内容较去年无实质性变化。

考点地图

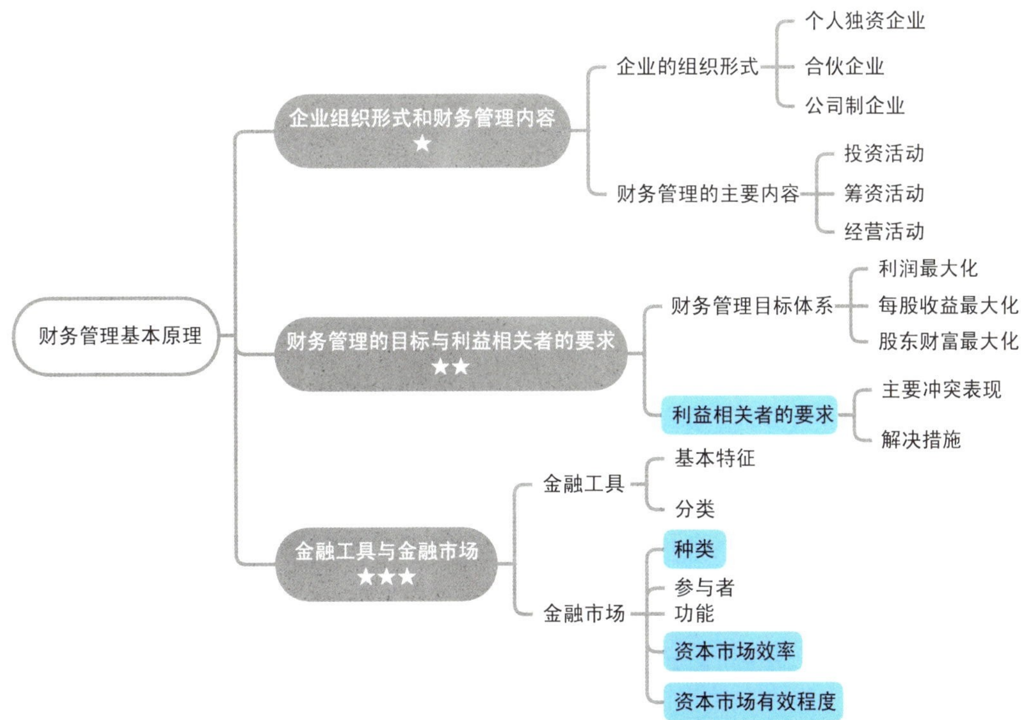

考点 1 企业组织形式和财务管理内容（★）

（一）企业的组织形式

典型的企业组织形式有三种：个人独资企业、合伙企业以及公司制企业（见表 1－1）。

表 1－1

组织形式	定义	特点	约束条件
个人独资企业	由一个自然人投资所有	（1）创立便捷； （2）维持成本较低； （3）无须缴纳企业所得税	（1）业主对企业债务承担无限责任； （2）企业的存续年限受制于业主的寿命； （3）难以从外部获得大量资本用于经营

续表

组织形式	定义	特点	约束条件
合伙企业	由各合伙人订立合伙协议，共同出资，合伙经营，共享收益，共担风险	与个人独资企业类似，只是程度不同	（1）普通合伙企业由普通合伙人组成，承担无限连带责任； （2）有限合伙企业由普通合伙人和有限合伙人组成，普通合伙人承担无限连带责任，有限合伙人以其认缴的出资额为限承担有限责任； （3）所有权的转让比较困难
公司制企业	依据公司法登记的机构，是政府注册的营利性法人组织，在法律上独立于所有者和经营者	（1）无限存续：一个公司在最初的所有者和经营者退出后仍可以继续存在； （2）股权可以转让：每份股权可以单独转让，无须经过其他股东同意； （3）有限责任：公司债务是法人的债务，不是所有者的债务，所有者对公司债务的责任以其出资额为限	（1）双重课税：公司作为独立的法人，其利润需缴纳企业所得税，企业利润分配给股东后，股东还需缴纳个人所得税； （2）组建成本高：公司法对于公司建立的要求比独资或合伙企业的要求高，并且需要提交一系列法律文件，通常花费的时间较长； （3）存在代理问题：在经营者和所有者分开的情况下，经营者成为代理人，所有者成为委托人，代理人可能为了自身利益而伤害委托人的利益

彬哥解读

（1）本讲义所讨论的财务管理均指公司的财务管理，主要基于工商企业。

（2）在合伙企业中，包括**普通合伙企业**和**有限合伙企业**。在普通合伙企业中，还包括一种特殊普通合伙企业。特殊普通合伙企业适用于以专业知识和技能为客户提供有偿服务的专业服务机构。譬如，律师事务所、会计师事务所、设计师事务所等。在特殊普通合伙企业中，除“因合伙人故意或重大过失造成的债务，其他人承担有限责任”的情形之外，其他情况下全体合伙人均承担无限或无限连带责任。但该知识点基本上不考，了解一下即可。

（3）公司制企业，包括**有限责任公司**和**股份有限公司**，在《经济法》中需要准确区分两种类型的公司，而在财务成本管理的角度则无须对其做详细区分，统一定义为公司制企业即可。

表 1－2　　企业组织形式及其特点

项目	个人独资企业	合伙企业	★公司制企业
法人主体	非法人	非法人	法人
债务责任形式	无限责任	普通合伙人：无限连带； 有限合伙人：有限责任； 特殊普通合伙企业：分情况	有限责任
存续年限	受限于业主寿命	受限于合伙人寿命	无限存续
权益转让	转让困难	转让困难	转让容易

续表

项目	个人独资企业	合伙企业	★公司制企业
代理问题	不太突出	不太突出	比较突出
纳税	一次纳税	一次纳税	双重纳税
组建成本	较低	适中	较高
筹集资金	难	适中	易

彬哥解读

(1) 个人独资企业与合伙企业的特点类似，只是程度不同。

(2) 公司制企业的特点与个人独资企业、合伙企业的特点相反。

(3) 在合伙企业（暂不考虑特殊普通合伙企业）对债务的责任形式中，除了有限合伙企业的有限合伙人承担有限债务责任之外，其他均承担无限连带责任。但这个知识点基本上不考，了解一下即可。

【例题1-1·多选题·2020年】与个人独资企业相比，公司制企业的特点有（　　）。

A. 不存在双重课税　　B. 容易从资本市场筹集资金

C. 以出资额为限承担有限责任　　D. 存续年限受制于发起人的寿命

【答案】BC

【解析】选项A，公司制企业需要缴纳企业所得税，同时，股东得到的税后利润分红需要缴纳个人所得税，即存在双重课税问题。选项BCD，公司制企业可以无限存续（并不受限于发起人的寿命），且股东承担有限责任，股权也可以转让，提高了投资人资产的流动性，因此，公司制企业容易从资本市场上筹集资金。

（二）财务管理的主要内容（见图1-1）

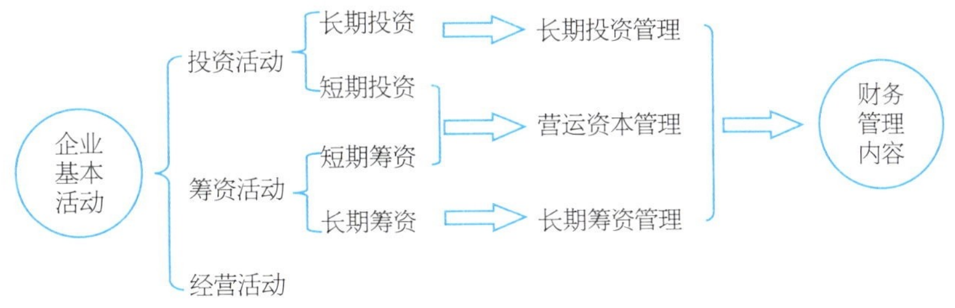

图1-1　企业基本活动与财务管理主要内容

彬哥解读

(1) 财务管理是经济管理的重要领域，是对经济活动中资金的管理。任何组织都需要财务管理，但营利性组织（如企业）与非营利性组织的财务管理有较大区别。本书讨论的是企业的财务管理，注意“企业”和“公司”是一个意思，不用过多纠结。

（2）企业的基本活动是从资本市场上筹集资金，投资于生产经营性资产，并运用这些资产进行生产经营活动。因此，企业的基本活动可以分为投资、筹资和经营活动三个方面。财务管理是对资金的管理，主要包括投资和筹资两大领域。

（3）从财务管理角度看，投资可以分为长期投资和短期投资，筹资也可以分为长期筹资和短期筹资，这样财务管理的内容可以分为四个部分：长期投资、长期筹资、短期投资、短期筹资。由于短期投资和短期筹资有密切关系，通常合并在一起讨论，称为营运资本管理（或短期财务管理）。

表1－3　企业基本活动分类及其特点

企业基本活动	特点	
长期投资	（1）投资主体是公司（个人和投资机构不属于）； （2）投资对象是经营性长期资产，对子公司、联营企业和合营企业的长期股权投资也属于经营性投资（流动资产、金融资产不属于）； （3）投资目的是获取经营活动所需的实物资源（而非转让资产获取差价和股利）	
长期筹资	（1）筹资主体是公司； （2）筹资对象是长期资本，包括权益资本和长期债务资本（包括长期借款和长期债券）； （3）筹资目的是满足公司的长期资本需要。 【提示】长期资本即可供企业长期使用的资本	
营运资本管理	营运资本投资管理	主要是制定营运资本投资政策，包括现金、应收账款和存货管理
	营运资本筹资管理	主要是制定营运资本筹资政策，确定短期借款和商业信用的运用

考点2　财务管理的目标与利益相关者的要求（★★）

公司财务管理是以创造财富为目标，围绕财务管理目标展开活动过程中亦会产生各利益相关者的冲突，如何协调冲突也是财务管理中比较重要的活动。

（一）财务管理目标体系

关于公司财务管理目标的表达，主要有三种观点，如表1－4所示。

表1－4

观点	理由及解释	局限性
利润最大化	利润代表公司新创造的财富，利润越多企业财富增加越多，越接近公司的目标	（1）没有考虑利润的取得时间； （2）没有考虑所获利润与投入资本额的关系； （3）没有考虑获得利润和所承担风险的关系
每股收益最大化	把公司的利润和股东投入的资本联系起来考查，用每股收益（或权益净利率）来概括公司的财务管理目标	（1）没有考虑每股收益的取得时间； （2）没有考虑每股收益的风险
股东财富最大化	含义	股东创办公司的目的是增加财富，这种观点比较合理，本书采用这种观点
	计算方法	（1）股东财富＝股东权益的市场价值 （2）股东财富的增加值＝股东权益的市场增加值＝股东权益的市场价值－股东投资资本

续表

观点	理由及解释		局限性
股东财富最大化	其他表述	股价最大化	股东财富的增加值＝股东权益的市场价值（股价总额）－股东投资资本 股东投资资本不变的情况下，股价最大化与增加股东财富具有相同的意义
		企业价值最大化	股东财富的增加值＝股东权益的市场价值－股东投资资本 ＝(公司价值－债务价值)－股东投资资本 股东投资资本和债务价值不变的情况下，公司价值最大化与增加股东财富具有相同的意义

彬哥解读

(1) 增加借款可以增加债务价值以及公司价值，但不一定增加股东财富，因此公司价值最大化不是财务目标的准确描述。

(2) 追加投资资本可以增加公司股东权益的市场价值，但不一定增加股东财富，因此股价最大化不是财务目标的准确描述。

(3) 企业目标资本结构是使加权平均资本成本最低的资本结构。假设其他条件不变，该资本结构也是股东财富最大的资本结构。

表 1－5 财务管理目标对比

目标	投入	时间	风险	可作为财务管理目标的前提
利润最大化	×	×	×	时间相同＋投入相同＋风险相同
每股收益最大化	√	×	×	时间相同＋风险相同
股东财富最大化	√	√	√	无
股价最大化	√	√	√	股东投资资本不变
企业价值最大化	√	√	√	股东投资资本不变＋债务价值不变

【例题 1－2·多选题·2009 年】 下列有关公司财务目标的说法中，正确的有（　　）。

A. 公司的财务目标是利润最大化

B. 增加借款可以增加债务价值以及公司价值，但不一定增加股东财富，因此公司价值最大化不是财务目标的准确描述

C. 追加投资资本可以增加公司的股东权益价值，但不一定增加股东财富，因此股东权益价值最大化不是财务目标的准确描述

D. 财务目标的实现程度可以用股东权益的市场增加值度量

【答案】 BCD

【解析】

①利润最大化仅仅是公司财务目标的一种，本书采用股东财富最大化的观点，所以选项 A 错误；

②财务目标的准确表述是股东财富最大化，公司价值＝权益价值＋债务价值，公司价值的增加，是由于权益价值增加和债务价值增加引起的，只有在债务价值不变以及股权投资资本不变的情况下，公司价值最大化才是财务目标的准确描述，所以选项B正确；

③股东财富的增加可以用股东权益的市场价值与股东投资资本的差额来衡量，只有在股东投资资本不变的情况下，股价的上升才可以反映股东财富的增加，所以选项C正确；

④股东财富的增加被称为"股东权益的市场增加值"，股东权益的市场增加值就是公司为股东创造的价值，所以选项D正确。

（二）利益相关者的要求

狭义的利益相关者是指股东、债权人和经营者之外的，对公司现金流量有潜在索偿权的人。

广义的利益相关者包括一切与公司决策有利益关系的人，包括资本市场利益相关者（股东和债权人）、产品市场利益相关者（客户、供应商、所在社区和工会组织）和公司内部利益相关者（经营者和其他员工）。

从是否与企业之间存在法律关系的角度划分，公司的利益相关者还可以分为合同利益相关者（包括客户、供应商、员工）和非合同利益相关者（包括社区居民以及其他与公司有间接利益关系的群体）（见表1－6）。

表1－6　主要关系人的利益要求与协调

项目	经营者	债权人
要求	增加报酬、增加闲暇时间、避免风险	获得约定的利息收入、到期收回本金
与股东的冲突表现	（1）道德风险：经营者为了自己的目标不尽最大努力去实现公司的目标； （2）逆向选择：经营者为了自己的目标而背离股东的目标	（1）股东不经债权人同意，投资于比债权人预期风险更高的新项目； （2）股东为了提高公司利润，不征得债权人同意而发行新债，致使旧债券的价值下降，使旧债权人受损失
解决措施	（1）监督：审计、财务监督、解雇等； （2）激励：现金、股票期权奖励等； （3）最佳的解决办法：监督＋激励，使得监督成本、激励成本和偏离股东目标的损失这三项之和最小	（1）债权人寻求立法保护； （2）增加限制性条款，如规定资金用途，限制发行新债等； （3）发现债权利益可能受损时，拒绝进一步合作，如提前收回借款

彬哥解读

（1）可能损害债权人利益的情况主要有：

①未来用于还本付息的现金流量减少，如提高股利支付率、投资高风险项目等。

②提高财务风险，使得偿债能力下降，还本付息的压力增大，如提高资产负债率、产权比率、权益乘数等，降低流动比率、速动比率、现金比率等，发行新债或优先股导致增加利息或股息等。

（2）考试主要考查上述主要关系人的利益要求与协调，对于其他利益相关者的利益要求与协调基本上不考查，了解一下即可。

考点3 金融工具与金融市场（★★★）

金融市场是财务管理环境的重要因素，财务管理活动需要在金融市场中进行，筹资或投资需要用到金融工具，因此需要首先对二者有初步了解。

（一）金融工具

金融工具是指形成一方的金融资产并形成其他方的金融负债或权益工具的合同。包括股票、债券、外汇、保单等（见图1－2）。

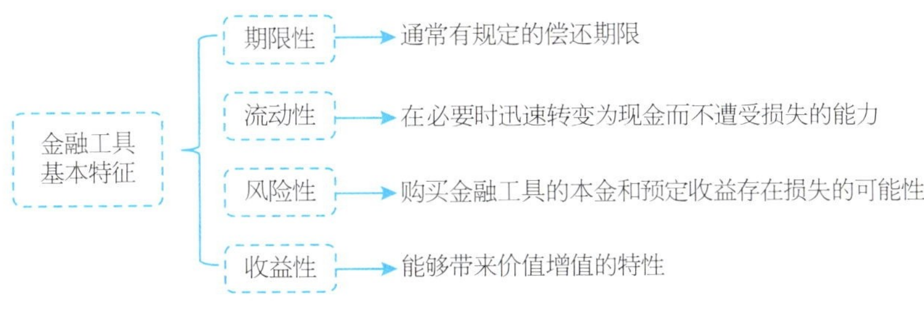

图1－2

金融工具可按其收益性分类，如表1－7所示。

表1－7

种类	特征	风险和收益	举例
固定收益证券（重要形式）	能够提供固定或根据固定公式计算出现金流	收益与发行人的财务状况相关程度低，风险也较低	固定/浮动利率债券、优先股、永续债
权益证券（最基本形式）	代表特定公司所有权的份额	收益取决于公司经营业绩和净资产价值，风险高于固定收益证券	普通股
衍生证券	种类繁多，价值依赖于其他证券	价值依赖于其他证券，投资失败的风险较高	各种金融期权、期货远期和利率互换合约常见的衍生证券：可转换债券和认股权证

彬哥解读

（1）浮动利率债券是指以某利率为基准上下浮动一定百分比的债券，虽然利率不固定，但有固定的公式，因此仍属于固定收益证券。

（2）优先股是优先于普通股股东清偿和分配利润的特殊股票，但收益是按固定股息率计算，因此也是固定收益证券。

（3）记忆小窍门："债"一般为固定收益证券，除了"可转债"（衍生债券）；"股"一般为权益证券，除了"优先股"（固定收益证券）。

（二）金融市场

1. 金融市场的种类

按照不同的标准，金融市场有不同的分类（见表1－8）。

表 1－8

依据	分类	说明
按交易工具的期限（是否超过 1 年）	货币市场	（1）期限：≤1 年； （2）主要功能：保持金融资产流通性； （3）利率和风险：短期债务利率低于长期债务利率； （4）主要工具：短期国债（英国、美国称为国库券）、可转让存单、商业票据、银行承兑汇票等
	资本市场（证券市场）	（1）期限：>1 年； （2）主要功能：进行长期资本的融通； （3）利率和风险：风险较高，利率或要求的报酬率较高； （4）主要工具：股票、公司债券、长期政府债券和银行长期贷款等
按证券属性划分	债务市场	交易对象是债务凭证：公司债券和抵押票据； 按期限可分为短期债务工具、中期债务工具、长期债务工具
	股权市场	交易对象是股票。股票的持有者拥有持有股票的份额，但没有确定金额。股票持有人可以收取股利，但是只要没有转让股权，就没有到期期限
按是否初次发行	一级市场	初次发行。新闻报道中所说的 IPO（初次发行上市）就属于一级市场
	二级市场	已经发行。我们能在 A 股市场中，每天交易时间内买卖交易到的股票都是在二级市场上交易的
按交易程序	场内市场	指各种证券交易场所，有固定的交易场所、交易时间和规范的交易规则的
	场外市场	没有固定场所，由持有证券的交易商分别进行，又叫柜台交易； 场外交易的往往是非上市的证券。 交易对象包括股票、债券、可转让存单、银行承兑汇票等

彬哥解读

该考点每年考查得都比较简单，而且基本上围绕货币市场和资本市场的工具考查，这部分内容应重点记忆，其他内容了解即可。

关于货币市场和资本市场工具的判断，可以重点记忆资本市场，**股票、债券和带长期的证券都属于资本市场工具**，剩下的均为货币市场工具。

2. 金融市场的参与者

金融市场的参与者主要是资金的提供者和需求者以及一些金融中介机构，如表 1－9 所示。

表 1－9

资金提供者和需求者	居民	最主要的**资金提供者**
	公司	最大的**资金需求者**
	政府	经常是资金需求者，有时是资金提供者
金融中介机构	银行	银行是指从事存贷款业务的金融机构，包括**商业银行、信用社**等
	非银行	非银行是指非从事存贷款业务的金融机构，包括**保险公司、投资基金和证券市场机构（如证券交易所）**等

3. 金融市场的功能（见表 1－10）

表 1－10

基本功能	资金融通	金融市场提供一个场所，将资金提供者手中的富余资金转移到那些资金需求者手中
	风险分配	在资金融通的过程中，同时将资产预期现金流的风险重新分配给资金提供者和资金需求者
附带功能	价格发现	（1）买卖形成证券价格：买方和卖方的相互作用决定了证券价格，也就是金融资产要求的报酬率； （2）价格引导资源配置：引导着资金从效率低的部门流向效率高的部门，促进了稀缺资源的合理配置
	调节经济	政府可以通过货币政策调节经济
	节约信息成本	完善的金融市场可以给资金需求者和资金提供者节约相互匹配的信息成本

4. 资本市场效率

一般而言，资本市场效率是指资本市场实现资本资源优化配置功能的程度。财务管理的基本理论一般都以市场有效为假设前提，有效资本市场对于公司财务管理实践具有指导意义（见表 1－11）。

表 1－11　　有效资本市场的相关内容

项目		相关内容
含义		有效资本市场，是指资本市场上的价格能够同步地、完全地反映全部的可用信息。 在有效资本市场中，价格会对新的信息作出迅速、充分的反应
外部标志		（1）证券的有关信息能够充分地披露和均匀地分布，使每个投资者在同一时间内得到等质等量的信息； （2）价格能迅速地根据有关信息变动，而不是没有反应或反应迟钝
基础条件（满足一个即可）	理性的投资人	假设所有投资人都是理性的，当市场发布新信息时所有投资者都会以理性的方式调整自己对股价的估计
	独立的理性偏差	市场有效性并不要求所有投资者都是理性的，总有一些非理性的人存在。如果假设乐观的投资者和悲观的投资者人数大体相同，他们的非理性行为就可以互相抵消，使得股价变动与理性预期一致，市场仍然是有效的
	套利行为	当非理性的投资人的偏差不能相互抵消时，专业投资者会进行套利交易。专业投资者的套利活动，能够控制业余投资者的投机，使市场保持有效
对财务管理的意义		（1）管理者不能通过改变会计方法提升股票价值； （2）管理者不能通过金融投机获利； （3）关注自己公司的股价是有益的

彬哥解读

（1）注意资本市场有效的三个基础条件中只要任何一个满足，市场就是有效的。

（2）独立的理性偏差是指不同投资人看待同一件事结论各不相同，但是觉得涨的人和跌的人差不多，市场在他们的博弈下相互抵消了非理性行为，因而市场就是有效的。注意关键在于“相互抵消”而非“一致倾向”，一致倾向指非理性投资者都觉得会涨，那没法抵消非理性行为。

（3）“会计方法”指调节账目，比如改变计提坏账的比率调节利润，但会计方法本身并不会改变公司实际的经营状况，在资本市场有效的情况下，当然也就不能提升股票价值；“财务决策”则是通过投资决策、筹资决策来改变公司经营情况，好的财务决策能为企业带来增值，从而提升股票价值。

（4）有效市场不会存在投机的空间，因此不能获得利润。但是要注意正常的投资股票、债券等产品，依然是有合理收益，只是不能获得超额收益。

5. 资本市场有效程度（见表1－12）

表1－12

信息种类	历史信息	指证券价格、交易量等与证券交易有关的历史信息	
	公开信息	指公司的财务报表、附表、补充信息等公司公布的信息，以及政府和有关机构公布的影响股价的信息	
	内部信息	内部信息指没有公布的只有内幕者知悉的信息。“内幕者”一般定义为董事会成员、大股东、公司高层经理和有能力接触内部信息的人士	
市场分类	市场有效程度	股价所反映的信息	检验方法及规则
	无效市场	—	有关证券的历史资料对证券的价格变动仍有影响
	弱式有效	历史信息	（1）随机游走模型。即股价是随机游走的。 （2）过滤检验模型。任何利用历史信息的投资策略的平均收益≤“简单的购买/持有”策略的平均收益。 【说明】弱式有效市场“技术分析”无用
	半强式有效	历史信息＋公开信息	（1）事件研究。超额收益只与当天披露的事件相关； （2）投资基金表现研究。各种投资基金不能取得超额收益。 【说明】半强式有效市场“技术分析”＋“基本面分析”无用
	强式有效	历史信息＋公开信息＋内幕信息	主要看内幕消息获得者能否获得超额收益，若不能，则市场达到强势有效

彬哥解读

（1）掌握有效性市场分类要从三大维度展开，分别是信息、特征、验证，关键在于对应起来，本知识点的题目往往首先告诉你信息维度，接下来无非是判断达到还是没达到。如题目告知利用公开信息做决策，自然可以定位到半强式有效，接下来则通过条件判别是否达到强式有效。

（2）注意各有效层次是递进关系，比如达到了半强式有效，则一定达到了弱式有效，反映了历史信息，技术分析无用，除此之外还反映了公开信息，技术分析、基本面分析和各种估值模型都是无用的。

表 1－13　　金融市场有效性分类检验

类型	信息含量	交易策略	检验方法
弱式有效	历史信息	技术分析无效	随机游走 过滤检验
半强式有效	＋公开信息	＋估值模型无效 ＋基本分析无效	事件研究 共同基金表现
强式有效	＋内部信息	＋内幕交易无效	内幕交易

【例题 1－3·多选题·2017 年】 甲投资基金利用市场公开信息进行价值分析和投资，在下列效率不同的资本市场中，该投资基金可获超额收益的有（　　）。

A. 无效市场　　B. 半强式有效市场　C. 弱式有效市场　　D. 强式有效市场

【答案】 AC

【解析】

①选项 A 正确，在无效市场中，股价不包含历史信息、公开信息和内部信息，分析历史信息、公开信息、内部消息都能获得超额收益。

②选项 B 错误，在半强式有效市场中，历史信息和公开信息已反映于股票价格，不能通过对历史信息和公开信息的分析获得超额收益。

③选项 C 正确，在弱式有效市场中，股价中包含历史信息，不包含公开信息，不能利用历史信息分析获得超额收益，但是能通过公开信息分析获得超额收益。

④选项 D 错误，在强式有效市场中，历史信息、公开信息和内部信息都包含在股价中，对投资人来说，不能从历史信息、公开信息和内部信息分析中获得超额利润。

恭喜你，
已完成第一章的学习

要感激现在的苦难，如果不是这份苦难你不会如此杰出，也不会在终点独享那一份红利。如果这个世界上有快捷键，那它一定就是苦难，只有一个苦得不能再苦的快捷键，苦到别人都熬不下去，那它才能叫快捷键。

CHAPTER TWO

第二章　财务报表分析和财务预测

考情雷达

本章是财务成本管理的核心基础，包含传统报表分析、管理用报表编制与分析、杜邦分析体系、财务预测等计算分析题考点，需对公式全面掌握。本章难点在于管理用报表体系，初学时需根据课堂讲解入门，后期多翻翻讲义，熟记管理用报表公式，后续章节会用到管理用报表内容。

本章历年考频较高，客观题和主观题均会考查，平均分值在10分左右，内容较去年相比无实质性变化。

考点地图

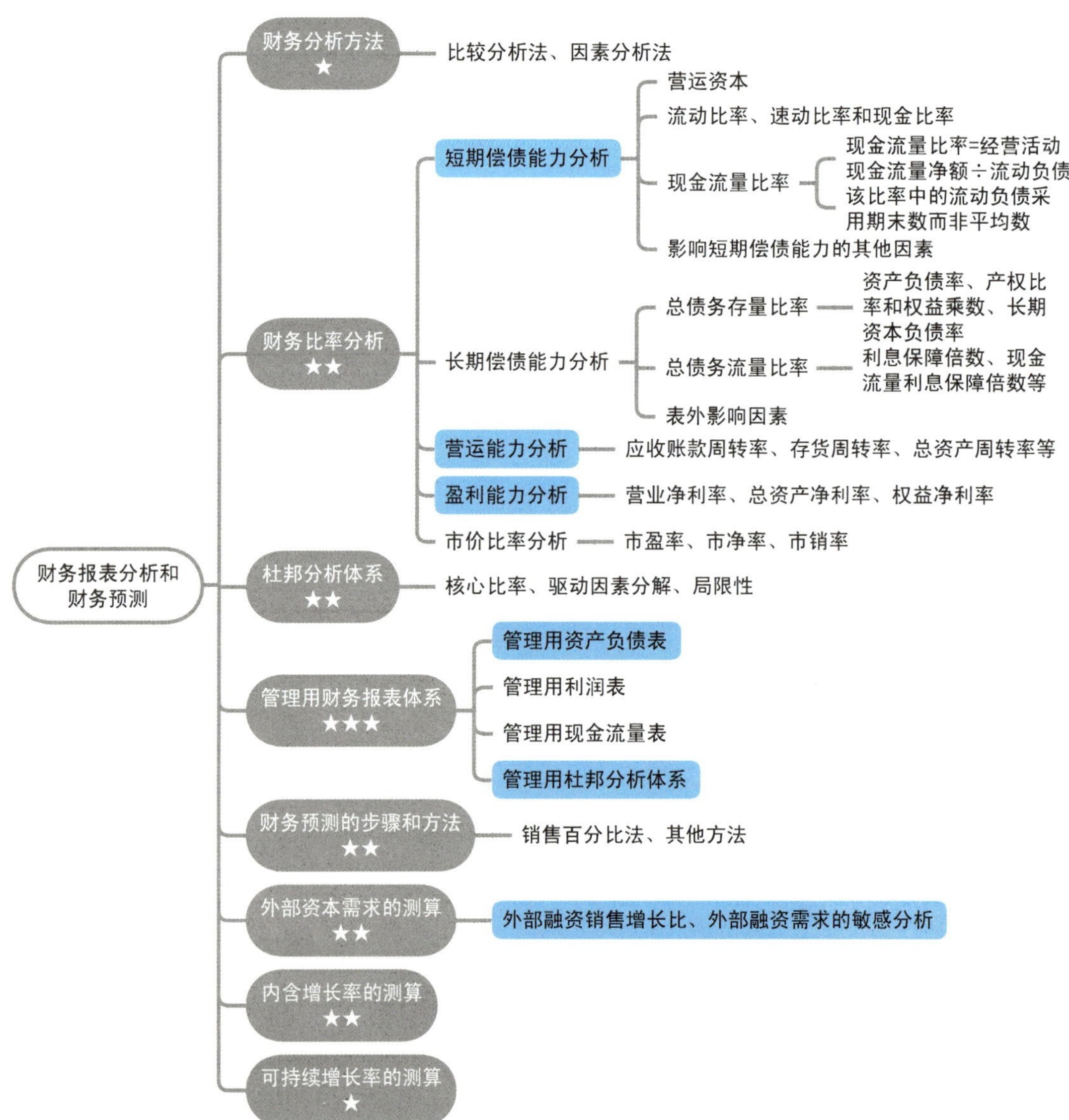

考点1 财务分析方法（★）

财务报表分析的方法有很多种类，可归为比较分析法和因素分析法两类。所谓的比较分析法就是将数据进行各个维度的对比，而因素分析法就是分析各要素对指标的影响程度。

（一）比较分析法

财务报表分析的比较法，是对两个或两个以上有关的可比数据进行对比，从而揭示存在的趋势或差异的一种方法（见表2－1）。

表2－1

分类标准	相关类别及说明
比较对象 （和谁比）	（1）趋势分析：与本公司历史比； （2）横向比较分析：与同类公司比； （3）预算差异分析：与计划预算比
比较内容 （比什么）	（1）会计要素的总量比较分析； （2）结构百分比比较分析； （3）财务比率比较分析

（二）因素分析法

因素分析法，是依据财务指标与其驱动因素之间的关系，从数量上确定各因素对指标影响程度的一种方法。该方法将财务指标分解为各个可以计量的因素，并根据各个因素之间的依存关系，顺次用各因素的比较值（通常为实际值）替代基准值（通常为历史值、标准值或计划值），据以测定各因素对财务指标的影响。由于分析时，要逐次进行各因素的有序替代，因此又称为连环替代法（见图2－1）。

①	确定分析对象	$R_{实际}-R_{计划}$		
②	确定该财务指标的驱动因素	报告期（实际）指标	$R_1=A_1\times B_1\times C_1$	
		基期（计划）指标	$R_0=A_0\times B_0\times C_0$	（1）
③	确定驱动因素的替代顺序（实际替代计划）	替代因素A	$A_1\times B_0\times C_0$	（2）
		替代因素B	$A_1\times B_1\times C_0$	（3）
		替代因素C	$A_1\times B_1\times C_1$	（4）
④	按顺序计算各驱动因素脱离实际标准的差异对财务指标的影响	（2）－（1）→A变动对R的影响 （3）－（2）→B变动对R的影响 （4）－（3）→C变动对R的影响 （4）－（1）→全部因素的影响		

图2－1

彬哥解读

（1）因素分析法首先要确定目标值1和参照值0，分析对象数据即为目标值A_1、B_1、C_1，如题目分析2022年，则2022年数据为目标值；分析甲公司，则甲公司数据为目标值；反之另一组数据即为参照值。

（2）在使用因素分析法过程中，一定注意不同替换顺序结论是不同的，考试中**务必按题目要求顺序**进行替换，实务中则是按重要性顺序替换。

【例题2-1·计算题·2016年节选】甲公司是一家汽车销售企业，现对公司财务状况和经营成果进行分析，以发现与主要竞争对手乙公司的差异。2015年的相关资料如下：

	营业净利率	总资产周转次数	权益乘数
甲公司	12%	1.25	2
乙公司	24%	0.6	1.5

要求：使用因素分析法，按照营业净利率、总资产周转次数、权益乘数的顺序，对2015年甲公司相对乙公司权益净利率的差异进行定量分析。

【提示】权益净利率=营业净利率×总资产周转次数×权益乘数

【解析】

甲公司权益净利率=营业净利率×总资产周转次数×权益乘数=12%×1.25×2=30%

乙公司权益净利率=营业净利率×总资产周转次数×权益乘数=24%×0.6×1.5=21.6%

第一次替换“营业净利率”：

营业净利率变动对权益净利率的影响=(12%-24%)×0.6×1.5=-10.8%

第二次替换“总资产周转次数”：

总资产周转次数变动对权益净利率的影响=12%×(1.25-0.6)×1.5=11.7%

第三次替换“权益乘数”：

权益乘数变动对权益净利率的影响=12%×1.25×(2-1.5)=7.5%

甲公司相对乙公司权益净利率的差异=-10.8%+11.7%+7.5%=30%-21.6%=8.4%

考点2 财务比率分析（★★）

企业在经营存续期间会定期生成各种财务报表，但财务报表中有大量的数据，对于不参与企业经营管理的人员很难高效、准确地获取到想要的信息。因此，这就需要我们利用这些财务数据计算出各种与公司生产、经营决策等有关的财务比率。本章所学的该类财务比率概括如表2-2所示。

表2-2

类别	具体内容	
偿债能力分析	短期偿债能力	营运资本、流动比率、速动比率、现金比率等存量指标； 现金流量比率等流量指标
	长期偿债能力	资产负债率、产权比率、权益乘数、长期资本负债率等存量指标； 现金流量与负债比率、利息保障倍数、现金流量利息保障倍数等流量指标
营运能力分析	应收账款周转率、存货周转率、流动资产周转率、营运资本周转率、非流动资产周转率和总资产周转率等	
盈利能力分析	营业净利率、总资产净利率、权益净利率（**杜邦分析体系的核心比率**）	
市价比率	市盈率、市净率、市销率	

彬哥解读

（1）“存量”反映的是相关要素在某一时点上的总量，数据一般取自资产负债表；“流量”反映的是相关要素在某一时段内的总量。一般取自利润表或现金流量表。

（2）营运能力分析主要用于衡量公司资产的管理效率，市价比率主要用于公司整体的价值评估。

（3）考试中对本章各类指标考查非常全面，建议大家按照公式“形式上的规律”以及“指标的含义”去记忆，具体后文会一一讲解。

（一）短期偿债能力分析

偿债能力的衡量方法有两种：一种是比较可供偿债资产与债务的存量，资产存量超过债务存量较多，则认为偿债能力较强；另一种是比较经营活动现金流量和偿债所需现金，如果**产生的现金超过需要的现金较多，则认为偿债能力较强**。

短期偿债能力中的“债”是指“流动负债”，公司偿还流动负债，一般是使用流动资产来偿还，因此，该类指标通常涉及的是“流动负债”和“流动资产”或者“流动资产的组成项目”。由于时间短，在研究短期偿债能力时会假设不研究利息。

1. 营运资本（见表2－3）

表2－3

项目	具体内容	
计算公式	营运资本＝流动资产－流动负债	营运资本是流动资产抵偿流动负债后的差额，是防止流动负债“穿透”流动资产的“缓冲垫”
	营运资本＝长期资本－长期资产	营运资本是长期资本超过长期资产的部分，是长期资本用于流动资产的部分
图示	流动资产；流动负债；营运资本；长期资产；长期负债＋所有者权益；长期资本	
相关说明	（1）当流动资产大于流动负债时，营运资本为正数，也表明长期资本的数额大于长期资产，超出部分被用于流动资产。营运资本的数额越大，财务状况越稳定。 （2）营运资本是**绝对数**，不便于不同历史时期及不同公司之间的比较，实务中很少直接使用营运资本作为偿债能力的评价指标	
相关指标	**营运资本配置比率＝营运资本÷流动资产** **【说明】**营运资本配置比率是流动资产中营运资本的占比，该比率越高公司的财务状况越稳定	

2. 流动比率、速动比率和现金比率

短期债务的存量比率包括流动比率、速动比率和现金比率，这三个指标的表达式分别为流动资产、速动资产和货币资金与流动负债的比值，这三类资产的关系如图2-2、表2-4所示。

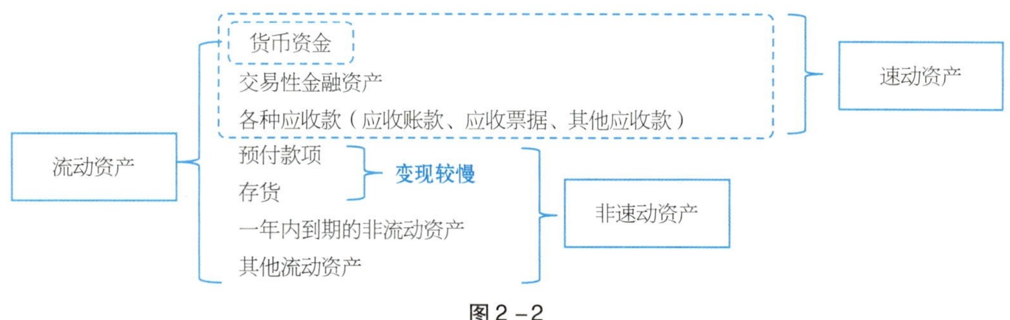

图2-2

表2-4

指标	具体内容	
流动比率	计算公式	流动比率=流动资产÷流动负债
	相关说明	（1）流动比率表明每1元流动负债有多少流动资产作为偿债保障。 （2）该比率越高，表明短期偿债能力越强。 （3）不同行业的流动比率，通常有明显差异，营业周期越短的行业，合理的流动比率越低。 （4）流动比率的局限性： ①有些流动资产的账面金额与变现金额有较大的差异，如产成品等； ②经营性流动资产是公司持续经营所必需的，不能全部用于偿债； ③经营性应付项目可以滚动存续，无须动用现金全部结清
速动比率	计算公式	速动比率=速动资产÷流动负债
	相关说明	（1）速动比率表明每1元流动负债有多少速动资产作为偿债保障。 （2）该比率越高，表明短期偿债能力越强。 （3）不同行业的速动比率有很大差别，影响速动比率可信性的重要因素是应收账款的变现能力： ①账面的应收账款不一定能够迅速变现，实际的坏账可能比计提的多； ②季节性的变化使报表应收款项不能反映平均水平
现金比率	计算公式	现金比率=货币资金÷流动负债
	相关说明	（1）现金比率表明每1元流动负债有多少现金作为偿债保障； （2）该比率越高，表明短期偿债能力越强

彬哥解读

（1）流动比率和营运资本配置比率反映的偿债能力相同，它们可以相互换算：

$$
\begin{aligned}
\text{流动比率} &= \text{流动资产} \div \text{流动负债} \\
&= \text{流动资产} \div (\text{流动资产} - \text{营运资本}) \\
&= 1 \div (1 - \text{营运资本配置比率})
\end{aligned}
$$

（2）流动比率≥速动比率≥现金比率，且三者皆为正向比率，即比率越高，表明短期偿债能力越强。因为现金流动性最强，可直接用于偿债，所以现金比率最能反映企业直接偿付流动负债的能力。

【例题2－2·单选题·2016年】下列关于营运资本的说法中，正确的是（　　）。

A. 营运资本越多的企业，流动比率越大

B. 营运资本越多的企业，短期偿债能力越强

C. 营运资本增加，说明企业短期偿债能力提高

D. 营运资本越多，长期资本用于流动资产的金额越大

【答案】D

【解析】

①选项A错误，根据流动比率＝流动资产÷流动负债＝1÷（1－营运资本÷流动资产），所以只有在流动资产一定的情况下，营运资本越多的企业，流动比率越大，而不能笼统地判断营运资本和流动比率的关系。

②选项BC错误，营运资本是绝对数，不便于直接评价企业短期偿债能力，采用相关的比率（比如流动比率）更加合理。

③选项D正确，营运资本＝流动资产－流动负债＝（总资产－非流动资产）－（总资产－股东权益－非流动负债）＝（股东权益＋非流动负债）－非流动资产＝长期资本－长期资产。营运资本为正数，表明长期资本大于长期资产，超出部分被用于流动资产。营运资本数额越大，长期资本用于流动资产的金额越大。

3. 现金流量比率

现金流量比率是经营活动现金流量净额与流动负债的比例，相关内容如表2－5所示。

表2－5

项目	具体内容
计算公式	**现金流量比率＝经营活动现金流量净额÷流动负债** 现金流量比率表明每1元流动负债的经营活动现金流量保障程度
相关说明	（1）“经营活动现金流量净额”取自于现金流量表，且已经扣除了经营活动自身所需的现金流出，是可以直接用来偿债的现金流量； （2）该比率中的流动负债**采用期末数**而非平均数，因为实际需要偿还的是期末金额，而非平均金额； （3）该指标为流量指标，克服了可偿债资产未考虑未来变现能力相关问题，因此更具说服力

4. 影响短期偿债能力的其他因素

上述短期偿债能力比率都是根据财务报表数据计算而得，还有一些表外因素也会影响企业的短期偿债能力。

（1）增强短期偿债能力的表外因素：

①可动用的银行授信指标；

②可快速变现的非流动资产；

③偿债的声誉。

（2）降低短期偿债能力的表外因素：与担保有关的或有负债事项。

彬哥解读

如营运资本这种A减B形式得到的指标可称之为**绝对数指标**，反映的是具体数值金额，该类指标都**不能直接用于比较**，后续同学们还会学习到净现值、剩余收益、经济增加值等指标都有同样的缺点，可以进行统一记忆。

【例题2-3·单选题·2013年】现金流量比率是反映公司短期偿债能力的一个财务指标。在计算年度现金流量比率时，通常使用流动负债的（　　）。

A. 年末余额

B. 年初余额和年末余额的平均值

C. 各月末余额的平均值

D. 年初余额

【答案】A

【解析】一般来讲，现金流量比率中的流动负债采用期末数而非平均数，因为实际需要偿还的是期末金额，而非平均金额。

（二）长期偿债能力分析

在长期偿债能力分析中，总共分为总债务存量比率、总债务流量比率和影响长期偿债能力表外因素三个方面展开说明。从长期的角度来看，所有负债均需要偿还，同时还需要考虑公司偿还利息的能力，即还可以从“还本”和“付息”两个角度展开分析。

1. 总债务存量比率（见表2-6）

表2-6

指标	说明
资产负债率=总负债÷总资产	（1）资产负债率反映总资产中有多大比率是通过负债取得的。 （2）产权比率反映了总资产的产权比率分配，也表明每1元股东权益配套的总负债的金额。 （3）权益乘数表明每1元股东权益启动的总资产的金额。 （4）三个比率之间可以相互转换，如权益乘数=总资产÷股东权益=1+产权比率=1÷(1-资产负债率)。已知一个比率，可以求得另外两个比率。 （5）比率越高表明负债比重越大，财务杠杆作用越强，偿债能力越弱
产权比率=总负债÷股东权益	
权益乘数=总资产÷股东权益	
长期资本负债率=非流动负债÷(非流动负债+股东权益)	长期资本负债率是反映公司资本结构的一种形式。由于流动负债的金额经常变化，非流动负债较为稳定，资本结构管理通常使用长期资本结构来衡量

2. 总债务流量比率（见表2-7）

表2-7

指标	说明
利息保障倍数=息税前利润÷利息支出=(净利润+利息费用+所得税费用)÷利息支出	（1）分子的“利息费用”是指计入财务费用的利息费用，分母的“利息支出”包括计入财务费用的利息费用和计入成本的资本化利息。 （2）利息保障倍数越大，利息支付越有保障。 （3）如果利息保障倍数小于1，表明公司产生的经营收益不能支持现有的债务规模；但等于1或稍大于1也很危险，因为息税前利润受经营风险的影响，很不稳定，而利息的支付是固定的

续表

现金流量利息保障倍数=经营活动现金流量净额÷利息支出	（1）该比率表明每1元的利息支出有多少倍的经营活动现金流量净额作为支付保障； （2）该比率比以利润为基础的利息保障倍数更可靠，因为实际用以支付利息的是现金，而不是利润
现金流量与负债比率=经营活动现金流量净额÷负债总额	（1）该比率表明公司用经营活动现金流量净额偿付全部债务的能力。该比率越高，偿还债务总额的能力越强。 （2）该比率中的负债总额采用期末数而非平均数，因为实际需要偿还的是期末金额，而非平均金额

3. 表外影响因素（见表2-8）

表2-8

债务担保	担保项目的时间长短不一，对长期和短期偿债能力都有可能影响
未决诉讼	未决诉讼一般时间较长，一旦判决败诉，可能会影响公司的偿债能力

彬哥解读

（1）在各类比率当中，当分子分母的数据来源于不同报表时，资产负债表数据需要取平均数，但有两处特殊地方不需要取平均，即**现金流量比率**和**现金流量与负债比率中的分母**不需要取平均，因为需要偿还的债务为期末数据。此外，如果题目明确表示取年末数，则遵循题目要求。

（2）利息保障倍数考查的频率很高，尤其要注意分子的利息费用和分母的利息支出的区别。同时注意息税前利润是指未扣利息和所得税的利润，要与利润总额能够区分。

【例题2-4·单选题·2018年】在“利息保障倍数=（净利润+利息费用+所得税费用）÷利息支出”计算式中，分子中的“利息费用”是（　　）。

A. 计入本期利润表的费用化利息

B. 计入本期现金流量表的利息支出

C. 计入本期资产负债表的资本化利息

D. 计入本期利润表的费用化利息和资产负债表的资本化利息

【答案】A

【解析】利息保障倍数，是指息税前利润对利息支出的倍数。分子的“利息费用”，是指计入本期利润表中财务费用的利息费用，是费用化的利息。分母的“利息支出”，是指本期的全部应付利息，不仅包括计入利润表中财务费用的利息费用，还包括计入资产负债表固定资产等成本的资本化利息。

（三）营运能力分析

营运能力比率是衡量公司资产管理效率的财务比率，即公司利用资产创造收入的能力，主要包括了一系列的周转率指标（见表2-9）。

表 2－9

通用公式	ABC 周转次数＝营业收入÷ABC ABC 周转天数＝365÷ABC 周转次数＝(365×ABC)÷营业收入 ABC 与收入比＝ABC÷营业收入 ABC 代指应收账款、存货、总资产、流动资产等
应收账款周转率	(1) 应使用赊销额取代营业收入（除非无法取得赊销数据）。 (2) 应收账款包括“应收票据”和“应收账款”，在应收账款周转率用于业绩评价时，最好使用多个时点的平均数，以减少**季节性、偶然性和人为**因素的影响。 (3) 如果坏账准备的数额较大，则应使用**未提取坏账准备的应收账款**。 (4) 应收账款是赊销引起的，如果赊销有可能比现销更有利，周转天数就不是越少越好。 (5) **应收账款分析应与赊销分析、现金分析联系起来**。如果应收账款日益增加，而现金日益减少，则可能是赊销出了比较严重的问题
存货周转率	(1) 计算存货周转率时，使用“营业收入”还是“营业成本”作为周转额，要看分析的目的： ①在短期偿债能力分析中，为**评估资产的变现能力**，应采用“**营业收入**”； ②在分解总资产周转率时，为系统分析各项资产的周转情况，应使用“营业收入”； ③为了**评估存货管理的业绩**，应使用“**营业成本**”。 (2) 存货周转天数也不是越低越好。存货过多会浪费资金，存货过少不能满足流转需求，需合理权衡出最佳的存货水平。 (3) **应注意应付款项、存货和应收账款（或营业收入）之间的关系**。一般来说，当公司接受一个大的订单时，要先增加采购（即先推动存货增加），然后再推动应付账款增加，最后才引起应收账款（营业收入）增加。因此，在该订单没有实现销售以前，先表现为存货等周转天数增加，这种周转天数增加，没有什么不好。与此相反，预见到销售会萎缩时，会先减少采购，依次引起存货周转天数的下降，这种周转天数下降不是什么好事，并非资产管理的改善。 (4) **应关注构成存货的产成品、自制半成品、原材料、在产品和低值易耗品之间的比例关系**。如果产成品大量增加（产品积压），其他项目减少，很可能是销售不畅，放慢了生产节奏。此时，总的存货金额可能并没有显著变动，甚至尚未引起存货周转率的显著变化
总资产周转率	(1) 总资产周转天数＝各项资产周转天数的和 (2) 总资产与收入比＝各项资产与收入比的和 【提示】总资产周转率的驱动因素分析，通常使用的是“资产周转天数”或“资产与收入比”，因为各项资产周转次数之和不等于总资产周转次数，不便于分析各项目变动对总资产周转率的影响

彬哥解读

(1) 以上为三种较常考的营运能力指标，其他营运能力比率还包括流动资产周转率、营运资本周转率、非流动资产周转率等。

(2) 在没有明确说明的情况下，周转率等同于周转次数，“ABC 周转次数”与“ABC 与收入比”互为倒数。

(3) 一般情况下，题目会明确给出 1 年的天数，不一定是 365 天。

【例题 2－5·多选题·2011 年】假设其他条件不变，下列计算方法的改变会导致应收账款周转天数减少的有（　　）。

A. 从使用赊销额改为使用销售收入进行计算

B. 从使用应收账款平均余额改为使用应收账款平均净额进行计算

C. 从使用应收账款全年日平均余额改为使用应收账款旺季的日平均余额进行计算

D. 从使用已核销应收账款坏账损失后的平均余额改为核销应收账款坏账损失前的平均余额进行计算

【答案】 AB

【解析】

①应收账款周转天数＝365×应收账款÷周转额，根据公式可以看出，周转额按销售收入计算要比按赊销额计算大，同时应收账款平均净额小于应收账款平均余额，因此均会使周转天数减少，选项AB正确；

②应收账款旺季的日平均余额通常高于应收账款全年日平均余额，会使周转天数增大，所以选项C不正确；

③核销应收账款坏账损失前的平均余额高于已核销应收账款坏账损失后的平均余额，会使周转天数增大，所以选项D不正确。

（四）盈利能力分析（见表2－10）

表2－10

营业净利率	公式	营业净利率＝净利润÷营业收入
	说明	（1）该比率反映每1元营业收入创造的净利润。 （2）营业收入是利润表的第一行数字，净利润是利润表的最后一行数字，两者相除可以概括公司的全部经营成果。该比率越大，公司的盈利能力越强
总资产净利率	公式	总资产净利率＝净利润÷总资产＝$\frac{净利润}{营业收入}\times\frac{营业收入}{总资产}$ ＝营业净利率×总资产周转次数
	说明	（1）该比率反映每1元总资产创造的净利润，它是公司盈利能力的关键； （2）总资产净利率的驱动因素是营业净利率和总资产周转次数
权益净利率	公式	权益净利率＝净利润÷股东权益 ＝$\frac{净利润}{营业收入}\times\frac{营业收入}{总资产}\times\frac{总资产}{股东权益}$ ＝营业净利率×总资产周转次数×权益乘数
	说明	（1）该比率反映每1元股东权益赚取的净利润； （2）权益净利率的分母是股东的投入，分子是股东的所得，对于股权投资人来说，具有非常好的综合性，概括了公司的全部经营业绩和财务业绩

彬哥解读

（1）盈利能力指标是典型的母子率指标（且上述三个比率的分子均为净利润），母子率指标指的是：名称的前面部分是分母，后面部分是分子。

（2）总资产净利率和权益净利率指标的分子均来自利润表（即流量数据），而分母均来自资产负债表（即存量数据），因此分母通常需要取平均数（除非题目特别说明）。

（五）市价比率分析（见表2-11）

表2-11

市盈率	公式	市盈率=每股市价÷每股收益
	说明	（1）市盈率反映普通股股东愿意为每1元净利润支付的价格，反映了投资者对公司未来前景的预期。 （2）对仅有普通股的公司而言，每股收益的计算如下： 每股收益=普通股股东净利润÷流通在外普通股加权平均股数 （3）如果公司还有优先股，则计算公式为： 每股收益=（净利润-优先股股利）÷流通在外普通股加权平均股数
市净率	公式	市净率=每股市价÷每股净资产
	说明	（1）市净率反映普通股股东愿意为每1元净资产所支付的价格。 （2）既有优先股又有普通股的公司，通常只为普通股计算每股净资产。在这种情况下，普通股每股净资产的计算如下： 每股净资产=（股东权益总额-优先股权益）÷流通在外普通股股数 其中，优先股权益=优先股清算价值+拖欠的股息
市销率	公式	市销率=每股市价÷每股营业收入
	说明	（1）市销率反映普通股股东愿意为每1元营业收入所支付的价格； （2）每股营业收入=营业收入÷流通在外普通股加权平均股数

【例题2-6·单选题·2012年】甲公司上年净利润为250万元，流通在外的普通股的加权平均股数为100万股，优先股为50万股，优先股股息为每股1元。如果上年末普通股的每股市价为30元，甲公司的市盈率为（　　）。

A. 12　　B. 15　　C. 18　　D. 22.5

【答案】B

【解析】每股收益=普通股股东净利润÷流通在外普通股加权平均股数=（250-50）÷100=2（元），市盈率=每股市价÷每股收益=30÷2=15。

考点3　杜邦分析体系（★★）

杜邦分析体系，是利用各主要财务比率之间的内在联系，对公司财务状况和经营成果进行综合系统评价的方法，因其最初由美国杜邦公司成功应用而得名。

（一）杜邦分析体系的核心比率（见图2－3）

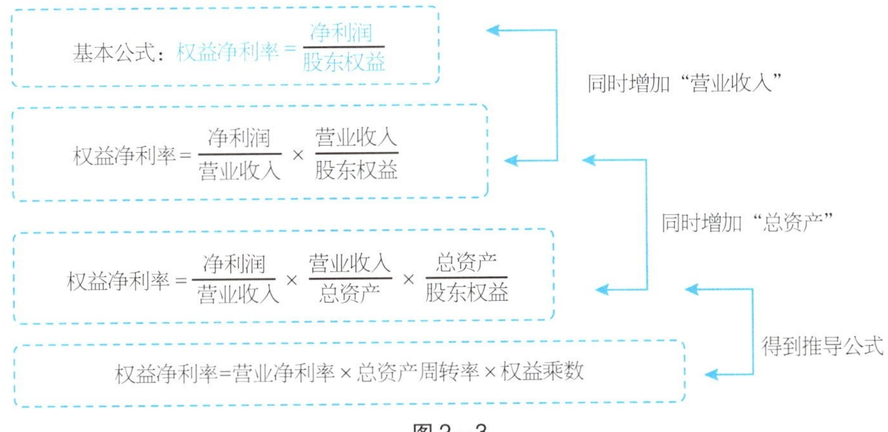

图2－3

（二）杜邦分析体系的驱动因素分解

权益净利率的影响因素主要包括三个方面：营业净利率、总资产周转率和权益乘数。那么根据前面所学的因素分析法，这里就是利用因素分析法来分析每个项目影响的金额。

（三）杜邦分析体系的局限性（见表2－12）

表2－12

1. 计算总资产净利率的“总资产”与“净利润”不匹配	总资产净利率＝净利润÷总资产 分母中的总资产是全部资产提供者（包括股东、有息负债的债权人和无息负债的债权人）享有的权利。 分子中的净利润是专门属于股东的。由于该指标分子与分母的“投入与产出”不匹配，因此，不能反映实际的回报率。无息负债的债权人不要求分享收益。因此，需要计量股东和有息负债债权人投入的资本，并且计量这些资本产生的收益
2. 没有区分经营活动损益和金融活动损益	经营活动损益是公司运用经营资产从事经营活动带来的损益，它代表着公司的基础盈利能力；金融活动对于多数公司来说是净筹资，筹资活动没有产生净利润，而是支出净费用
3. 没有区分金融资产与经营资产	公司的金融资产是尚未投入实际经营活动的资产，应将其与经营资产相区别。由此，金融资产和金融损益匹配，经营资产和经营损益匹配，可以据此正确计量出经营活动和金融活动的基本盈利能力
4. 没有区分金融负债与经营负债	负债的成本（利息支出）仅仅是金融负债的成本，经营负债是无息负债。利息与金融负债相除，才是实际的平均利息率。金融负债与股东权益相除，可以得到更符合实际的财务杠杆。经营负债没有固定成本，谈不上杠杆作用，将其计入财务杠杆，会歪曲杠杆的实际作用

彬哥解读

杜邦分析体系属于本章计算分析题的常考点，主要就是使用因素分析法对权益净利率这个公式展开分析，因此这就要求我们对杜邦分析涉及的公式能够做到熟记于心。

考点4 管理用财务报表体系（★★★）

前面所分析的财务报表是通用财务报表，但是通用财务报表通常是提供给外部投资者使用的，而我们的财务管理关注的是公司内部的财务分析和财务管理，通用财务报表可能就不那么合适，**这里就需要用到管理用财务报表**。

公司活动分为**经营活动和金融活动**，那我们的核心就是要把我们公司的所有活动区分为这两种活动。

由此我们需要在资产负债表中区分经营资产和金融资产，在利润表中区分经营损益和金融损益，在现金流量表中区分经营现金流量和金融现金流量（见图2－4、表2－13）。

图2－4

表2－13 三个财务报表常见的经营和金融项目

报表	经营活动	金融活动
资产负债表	经营资产（如应收账款、应收票据、预付账款、存货、固定资产、无形资产、长期应收款、长期股权投资、长期待摊费用等）	金融资产（如交易性金融资产、债权投资、其他权益工具投资等）
	经营负债（如应付账款、应付票据、预收账款、应付职工薪酬、应交税费、长期应付款、预计负债等）	金融负债（如长、短期借款，交易性金融负债、应付债券等）
利润表	经营损益（如经营利润、长期股权投资的投资收益）	金融损益（如利息费用、投资收益）
现金流量表	经营现金流量	金融现金流量

（一）管理用资产负债表（见图2－5）

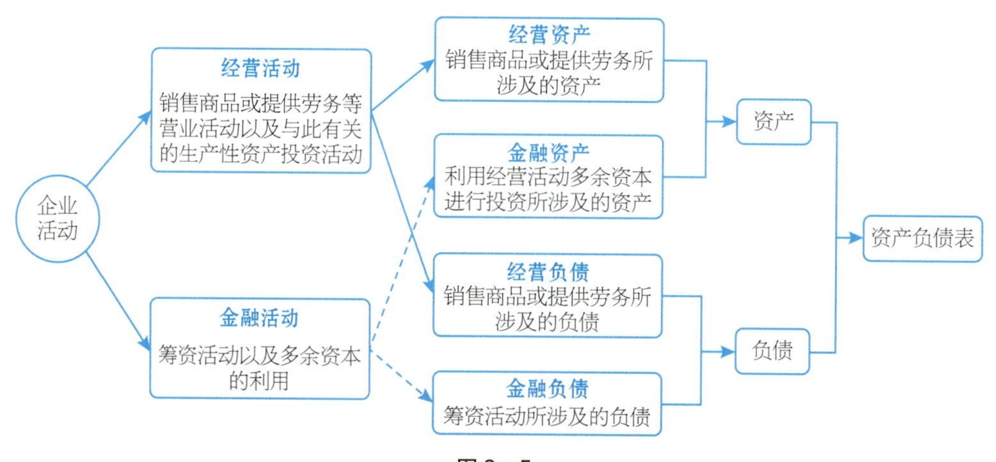

图2－5

推导过程如图 2 –6 所示。

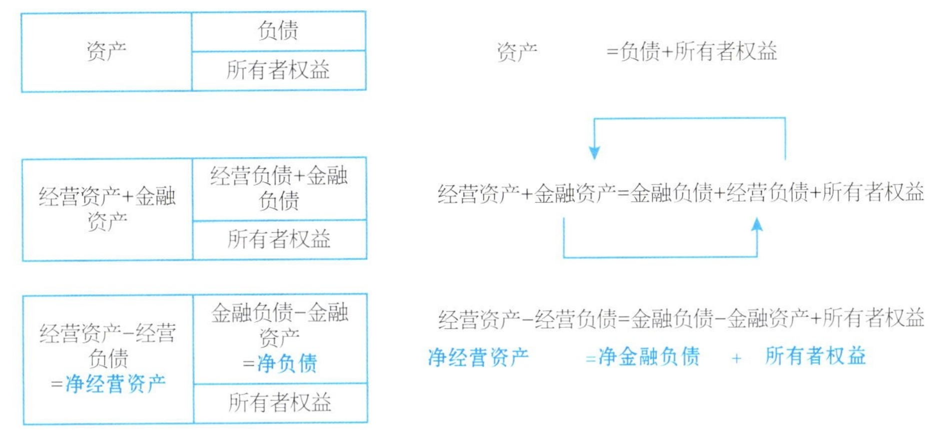

图 2 –6

将资产、负债分为经营和金融两个类别后，可以重新架构管理用报表，由此可以得到管理用资产负债表的相关公式，如表 2 –14 所示。

表 2 –14

基本公式	净经营资产 = 净负债 + 股东权益
主要关系	（1）经营资产 = 经营性流动资产 + 经营性长期资产 （2）经营负债 = 经营性流动负债 + 经营性长期负债 （3）净经营资产 = 经营资产 – 经营负债 = (经营性流动资产 + 经营性长期资产) – (经营性流动负债 + 经营性长期负债) = (经营性流动资产 – 经营性流动负债) + (经营性长期资产 – 经营性长期负债) = 经营营运资本 + 净经营性长期资产 （4）净金融负债 = 金融负债 – 金融资产 = 净负债 （5）净经营资产 = 净负债 + 股东权益 = 净投资资本

举例：管理用资产负债表的具体格式，如表 2 –15 所示。

表 2 –15 管理用资产负债表

编制单位： 所属期间： 金额单位：万元

净经营资产	年末余额	年初余额	净负债及股东权益	年末余额	年初余额
经营性流动资产：			金融负债：		
货币资金	44	25	短期借款	60	45
应收票据	20	23	交易性金融负债	0	0
应收账款	398	199	其他应付款（应付利息）	12	16
预付账款	22	4	其他应付款（应付股利）	0	0
其他应收款（应收股利）	0	0	一年内到期的非流动负债	0	0
其他应收款（扣除应收利息、应收股利）	12	22	长期借款	450	245
存货	119	326	应付债券	240	260
一年内到期的非流动资产	77	11	金融负债合计	762	566

续表

净经营资产	年末余额	年初余额	净负债及股东权益	年末余额	年初余额
其他流动资产	8	0	金融资产：		
经营性流动资产合计	700	610	交易性金融资产	0	0
经营性流动负债：			其他应收款（应收利息）	0	0
应付票据	33	14	其他债权投资	0	0
应付账款	100	109	其他权益工具投资	0	0
预收账款	10	4	投资性房地产	0	0
应付职工薪酬	2	1	金融资产合计	0	0
应交税费	5	4	净负债	762	566
其他应付款（扣除应付利息、应付股利）	25	22			
其他流动负债	53	5			
经营性流动负债合计	228	159			
经营营运资本	472	451			
经营性长期资产：					
长期应收款	0	0			
长期股权投资	30	0			
固定资产	1 238	1 012			
在建工程	18	35			
无形资产	6	8			
开发支出	0	0			
商誉	0	0			
长期待摊费用	5	15			
递延所得税资产	0	0			
其他非流动资产	3	0			
经营性长期资产合计	1 300	1 070			
经营性长期负债：			股东权益：		
长期应付款	50	60	股本	100	100
预计负债	0	0	资本公积	10	10
递延所得税负债	0	0	其他综合收益	0	0
其他非流动负债	0	15	盈余公积	60	40
经营性长期负债合计	50	75	未分配利润	790	730
净经营性长期资产	1 250	995	股东权益合计	960	880
净经营资产合计	1 722	1 446	净负债及股东权益总计	1 722	1 446

管理用资产负债表（简图）（见图2－7）。

图2－7

（二）管理用利润表

1. 区分金融损益和经营损益

金融损益和经营损益的划分，应与资产负债表上金融资产和经营资产的划分相对应。金融损益是指金融负债利息与金融资产收益的差额，即扣除利息收入、金融资产公允价值变动收益等之后的利息费用。而经营损益是企业经营活动所产生的损益，是指除金融损益以外的当期损益。由此我们得到管理利润表的相关公式，如表2－16所示。

表2－16

基本公式	净利润＝经营损益＋金融损益
主要关系	①净利润＝经营损益＋金融损益 ②净利润＝税后经营净利润－税后利息费用 ③净利润＝**税前经营利润**×（1－所得税税率）－**利息费用**×（1－所得税税率） ④税前经营利润＝营业收入－营业成本－税金及附加－销售费用－管理费用－资产减值损失（经营）＋投资收益（经营）＋营业外收入－营业外支出 ⑤利息费用（－金融损益）＝金融负债利息费用－利息收入－金融资产公允价值变动损益＋金融资产减值损失－金融资产投资收益

彬哥解读

这里的利息费用不是仅仅指财务费用，而是将所有涉及的金融损益合并称为利息费用，是一个广义金融净支出概念。本书研究主体为传统工商业，这类企业往往在金融市场上进行融资活动，即主要发生金融支出活动，站在支出角度归集金融损益更合理。如某公司归集金融活动中税后支出总计100万元，则税后利息费用＝100万元；由于是支出项目，则金融损益＝－100万元＝－税后利息费用。

2. 管理用利润表的具体格式，如表 2 –17 所示。

表 2 –17　　管理用利润表

编制单位：　　所属期间：　　金额单位：万元

项目	本年金额	上年金额
经营损益		
一、营业收入	3 000	2 850
减：营业成本	2 644	2 503
二、毛利	356	347
减：税金及附加	28	28
销售费用	22	20
管理费用	46	40
资产减值损失	0	0
加：其他收益	0	0
三、税前营业利润	260	259
加：营业外收入	45	72
减：营业外支出	1	0
四、税前经营利润	304	331
减：经营利润所得税	97.28	105.62
五、税后经营净利润	206.72	225.38
金融损益：		
六、利息费用	104	96
减：利息费用抵税	33.28	30.63
七、税后利息费用	70.72	63.37
八、净利润	136	160
附：平均所得税税率	32.00%	31.91%

彬哥解读

（1）平均所得税税率＝所得税费用÷利润总额，不同年份的平均所得税税率不一定相等，也不一定就等于企业所得税税率。

（2）通用（传统）利润表和管理用利润表中的净利润金额是相等的，在考试中可以据此判断相关报表的转换有无错误。

（三）管理用现金流量表

管理用现金流量表**应区分为经营现金流量和金融现金流量**。其中经营现金流量，代表了公司经营活动的全部成果，是“企业生产的现金”，因此又称为实体经营现金流量，简称实体现金流量。企业的价值决定于未来的实体现金流量（见表 2 –18）。

表 2－18　管理用现金流量表的编制原理

（1）从管理用利润表的税后经营净利润往回进行调整，首先调整“折旧与摊销”，因为这个不影响现金流量。 （2）经营营运资本的净增加会导致现金的流出，所以要“－经营营运资本净增加”。 （3）净经营性长期资产的增加也会导致现金的流出，那么净经营性长期资产的增加怎么计算？因为长期资产涉及到折旧和摊销，折旧和摊销会减少长期资产的账面价值，因此净经营长期资产的总增加不只是包含账面上的长期资产的增加，还包含了折旧与摊销。 由此，就可以计算出管理用经营活动的现金流量，即“实体现金流量”

具体公式如图 2－8 所示。

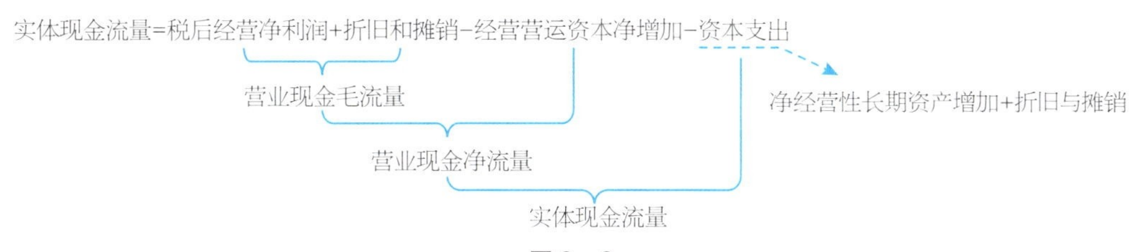

图 2－8

表 2－19

维度	计算方法
来源角度（企业的现金净流入）	实体现金流量＝税后经营净利润＋折旧与摊销－经营营运资本净增加－净经营性长期资产增加－折旧与摊销 ＝税后经营净利润－（经营营运资本净增加＋净经营性长期资产增加） ＝税后经营净利润－净经营资产增加
去向角度（企业的现金净流出）	实体现金流量＝税后经营净利润－净经营资产增加 ＝净利润＋税后利息费用－股东权益增加－净负债增加 ＝（净利润－股东权益增加）＋（税后利息费用－净负债增加） ＝股权现金流量＋债务现金流量 其中，股权现金流量＝净利润－股东权益净增加＝股利分配－股权资本净增加，它是向股东的现金净流出；债务现金流量是向债权人的现金净流出
总结	经营现金流量＝实体现金流量＝融资现金流量＝金融现金流量

彬哥解读

为什么“净利润－股东权益净增加”与“股利分配－股权资本净增加”是一样的意思？

因为股东权益净增加来源于两个方面：一是留存收益增加，二是股权资本增加，则所有者权益净增加＝本期利润留存＋股权资本净增加。净利润在年末要么作为股利发放，要么计入本期利润留存，故净利润＝本期利润留存＋股利分配。净利润－股东权益净增加＝本期利润留存＋股利分配－（本期利润留存＋股权资本净增加）＝股利分配－股权资本净增加。

举例：管理用现金流量表，如表 2－20 所示。

表 2－20

编制单位：　　　　所属期间：　　　　金额单位：万元

项目	计算过程	本年金额	上年金额（略）
经营现金流量：			
税后经营净利润	①	206.72	
加：折旧与摊销	②	45	
＝营业现金毛流量	③＝①＋②	251.72	
减：经营营运资本净增加	④	21	
＝营业现金净流量	⑤＝③－④	230.72	
减：资本支出	⑥	300	
＝实体现金流量	⑦＝⑤－⑥	－69.28	
金融现金流量：			
税后利息费用	⑧	70.72	
减：净负债增加	⑨	196	
＝债务现金流量	⑩＝⑧－⑨	－125.28	
股利分配	⑪	56	
减：股权资本净增加	⑫	0	
＝股权现金流量	⑬＝⑪－⑫	56	
融资现金流量	⑭＝⑩＋⑬	－69.28	

注：计算过程需要自己记住。

（四）管理用杜邦分析体系（见图 2－9）

权益净利率＝净利润÷股东权益＝（税后经营净利润－税后利息费用）÷股东权益

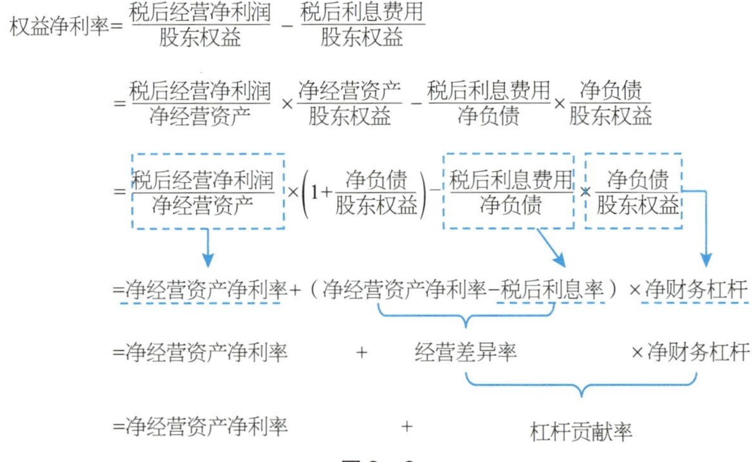

图 2－9

由此我们可以看见，影响权益净利率的三个驱动因素是：净经营资产净利率、税后利息率和净财务杠杆。

改进的财务分析体系主要财务比率公式如表2－21、表2－22所示。

表2－21

	财务比率名称	公式
1	税后经营净利率	＝税后经营净利润÷营业收入
2	净经营资产周转次数	＝营业收入÷净经营资产
3＝1×2	净经营资产净利率	＝税后经营净利润÷净经营资产
4	税后利息率	＝税后利息费用÷净负债
5＝3－4	经营差异率	＝净经营资产净利率－税后利息率
6	净财务杠杆	＝净负债÷股东权益
7＝5×6	杠杆贡献率	＝经营差异率×净财务杠杆
8＝3＋7	权益净利率	＝净经营资产净利率＋杠杆贡献率

表2－22　管理用报表公式汇总

资产负债表	净经营资产＝净负债＋所有者权益 净经营资产＝经营资产－经营负债 ＝（经营性流动资产＋经营性长期资产）－（经营性流动负债＋经营性长期负债） ＝（经营性流动资产－经营性流动负债）＋（经营性长期资产－经营性长期负债） ＝**经营营运资本＋净经营性长期资产** 净金融负债＝金融负债－金融资产＝净负债
利润表	净利润＝经营损益＋金融损益 ＝税后经营净利润－税后利息费用 ＝税前经营利润×（1－所得税税率）－利息费用×（1－所得税税率）
现金流量表	（1）营业现金（毛）流量＝税后经营净利润＋折旧与摊销 （2）营业现金净流量＝营业现金毛流量－经营营运资本增加 （3）实体现金流量＝营业现金净流量－资本支出 ＝营业现金净流量－（净经营性长期资产增加＋折旧与摊销） （4）债务现金流量＝税后利息费用－净负债增加 （5）股权现金流量＝股利分配－股权资本净增加 （6）经营现金流量＝实体现金流量＝融资现金流量＝金融现金流量 ＝债务现金流量＋股权现金流量

考点5　财务预测的步骤和方法（★★）

狭义的财务预测仅指估计公司未来的融资需求，广义的财务预测包括编制全部的预计财务报表。

财务预测是融资计划的前提。公司销售的增加，需要增加相应的流动资产，甚至还要增加固定资产。为了增加这些资产，公司需要筹措资金。这些资金，一部分来自公司内部融资，另一部分来自外部融资。

（一）销售百分比法

销售百分比是根据资产负债表和利润表中有关项目与营业收入之间的依存关系预测资金需要量的一种方法。即假设相关资产、负债与营业收入存在稳定的百分比关系，然后根据预计营业收入和相应百分比预计相关资产、负债，最后确定融资需求。

（1）销售百分比法的前提。

该方法假设各项**经营资产和经营负债与营业收入保持稳定**的百分比。

该方法假设**预计营业净利率可以涵盖借款利息的增加**。

（2）在企业的融资需求中，融资的优先顺序是：**先内部融资再外部融资，先债务筹资再股权筹资**。

①动用现存的金融资产（内部融资）；

②增加的留存收益（内部融资）；

③增加金融负债（外部融资）；

④增发股票（外部融资）。

彬哥解读

（1）在销售百分比法下，金融资产与金融负债并不与营业收入保持稳定的百分比！考试的时候要区分开来考虑！

（2）在销售百分比法下，收入增长将导致经营资产、经营负债同比率增长，净经营资产增长额即为融资总需求。

（3）净经营资产＝净负债＋所有者权益＝（金融负债－金融资产）＋（股东投入＋留存），融资需求可以通过等式右边渠道解决，顺序为：**先内后外，先债后股——优序融资理论**。总需求扣除内部筹资金额剩下即为外部融资需求额。

通过下面的例题，我们来看一下销售百分比法预测的步骤：

【例题2－7·计算题】假设ABC公司2017年实际营业收入为3 000万元。2017年的各项销售百分比在2018年可以持续，2018年预计营业收入为4 000万元。2017年底有金融资产6万元，为可动用的金融资产。2018年预计营业净利率为4.5%，当年该公司不支付股利。采用销售百分比法进行预计，该企业需要增加借款多少？

相关数据如下：

单位：万元

项目	营业收入	经营资产合计	经营负债合计	净经营资产总计
2017年实际	3 000	1 994	250	1 744

【解析】

<table>
<tr><td rowspan="4">1. 确定资产和负债项目的销售百分比</td><td colspan="5">销售百分比 = 基期经营资产（或负债）÷ 基期营业收入</td></tr>
<tr><td>项目</td><td>营业收入</td><td>经营资产合计</td><td>经营负债合计</td><td>净经营资产总计</td></tr>
<tr><td>2017 年实际</td><td>3 000</td><td>1 994</td><td>250</td><td>1 744</td></tr>
<tr><td>销售百分比</td><td></td><td>66. 47%</td><td>8. 33%</td><td>58. 13%</td></tr>
<tr><td rowspan="5">2. 预计各项经营资产和经营负债</td><td colspan="5">各项经营资产（负债）= 预计营业收入 × 各项目销售百分比</td></tr>
<tr><td>项目</td><td>营业收入</td><td>经营资产合计</td><td>经营负债合计</td><td>净经营资产总计</td></tr>
<tr><td>2017 年实际</td><td>3 000</td><td>1 994</td><td>250</td><td>1 744</td></tr>
<tr><td>销售百分比</td><td></td><td>66. 47%</td><td>8. 33%</td><td>58. 13%</td></tr>
<tr><td>2018 年预测</td><td>4 000</td><td>2 659</td><td>333</td><td>2 325（四舍五入）</td></tr>
<tr><td>3. 确定融资总需求</td><td colspan="5">融资总需求 =（预计经营资产合计 − 基期经营资产合计）−（预计经营负债合计 − 基期经营负债合计）= 预计净经营资产合计 − 基期净经营资产合计
融资总需求 = 2 325 − 1 744 = 581（万元）</td></tr>
<tr><td>4. 预计可动用的金融资产</td><td colspan="5">题目告知可动用的金融资产为 6 万元。
尚需融资 = 581 − 6 = 575（万元）</td></tr>
<tr><td>5. 预计增加的留存收益</td><td colspan="5">留存收益增加 = 预计营业收入 × 预计营业净利率 ×（1 − 预计股利支付率）
题目已知预计营业净利率为 4. 5%，不分配股利，故股利支付率为 0。
留存收益增加 = 4 000 × 4. 5% × 1 = 180（万元）</td></tr>
<tr><td>6. 预计增加的借款</td><td colspan="5">预计增加的借款 = 融资总需求 − 预计可动用的金融资产 − 预计增加的留存收益
预计增加的借款 = 581 − 6 − 180 = 395（万元）</td></tr>
</table>

表 2 − 23　销售百分比法原理

<table>
<tr><td>假设</td><td>相关资产、负债与营业收入存在稳定的百分比关系</td></tr>
<tr><td rowspan="4">步骤</td><td>（1）确定经营资产和经营负债项目的销售百分比：
各项目销售百分比 = 基期经营资产（或负债）÷ 基期营业收入</td></tr>
<tr><td>（2）预计各项经营资产和经营负债：
各项经营资产（或负债）= 预计营业收入 × 各项目销售百分比
融资总需求 =（预计经营资产合计 − 基期经营资产合计）−（预计经营负债合计 − 基期经营负债合计）</td></tr>
<tr><td>（3）预计可动用的金融资产</td></tr>
<tr><td>（4）预计增加的留存收益：
留存收益增加 = 预计营业收入 × 预计营业净利率 ×（1 − 预计股利支付率）</td></tr>
</table>

（二）其他方法

主要包括回归分析法和运用信息技术预测，这两种方法了解即可。

考点 6　外部资本需求的测算（★★）

从资本来源看，公司实现增长有三种方式：

（1）完全依靠内部资本增长。

（2）主要依靠外部资本增长。

（3）平衡增长：即保持目前的财务结构和与此有关的财务风险，按照股东权益的增长比例增加借款，以此支持销售增长。

（一）外部融资销售增长比

根据销售百分比法，测算外部融资需求公式如下：

外部融资额 = 融资总需求 − 可动用金融资产 − 预计增加的利润留存

= 经营资产增加额 − 经营负债增加额 − 可动用金融资产 − 预计增加的利润留存

假设可动用的金融资产为0，经营资产销售百分比、经营负债销售百分比保持不变。

外部融资额 = 经营资产销售百分比 × 营业收入增加 − 经营负债销售百分比 × 营业收入增加 − 预计营业收入 × 预计营业净利率 ×（1 − 预计股利支付率）

两边同时除以“营业收入增加”，可得到：

外部融资销售增长比 = 经营资产销售百分比 − 经营负债销售百分比 −［（1 + 增长率）÷ 增长率］× 预计营业净利率 ×（1 − 预计股利支付率）

彬哥解读

（1）若计算出外部融资销售增长比，则可以通过预测收入增长额来预测外部融资需求，即外部融资额 = 销售增长额 × 外部融资销售增长比，如果有通货膨胀率，还要考虑通货膨胀率对融资的影响。

销售名义增长率 =（1 + 销量增长率）×（1 + 通货膨胀率）−1

（2）此外通过对外部融资销售增长比公式研究可以知道，收入增长率是研究财务预测的核心，后续可深入学习可持续增长率、内含增长率两种销售增长率。

【例题2−8·单选题】某公司经营资产销售百分比为60%，经营负债销售百分比为30%。假设该公司不存在可动用的金融资产，外部融资销售增长比为5%。如果预计该公司的营业净利率为8%，股利支付率为60%，则该公司销售增长率为（　　）。

A. 14.68%　　B. 10.36%　　C. 8.94%　　D. 8.54%

【答案】A

【解析】$5\% = 60\% - 30\% - \frac{1+\text{增长率}\,g}{\text{增长率}\,g} \times 8\% \times (1-60\%)$，得出增长率 g = 14.68%。

（二）外部融资需求的敏感分析

1. 计算依据：根据增加额的计算公式。

外部融资需求 = 增加的营业收入 × 经营资产销售百分比 − 增加的营业收入 × 经营负债销售百分比 − 可以动用的金融资产 − 预计销售额 × 预计营业净利率 ×（1 − 预计股利支付率）

2. 外部融资需求的影响因素（见表 2 – 24）

表 2 – 24

影响因素	营业净利率	股利支付率	经营资产销售百分比	经营负债销售百分比	销售增长率
外部融资需求	负相关	正相关	正相关	负相关	正相关

外部融资需求的多少，不仅取决于销售增长，还要看营业净利率和股利支付率。在股利支付率小于 1 的情况下，营业净利率越大，外部融资需求越少；在营业净利率大于 0 的情况下，股利支付率越高，外部融资需求越大。

考点 7 内含增长率的测算（★★）

所谓的内含增长率，强调的是“内含”二字，即完全不依靠外部融资，只是依靠内部积累（即增加的留存收益）实现的销售增长率！

公式及推导：

假设可动用的金融资产为 0，经营资产销售百分比、经营负债销售百分比保持不变。

（1）外部融资销售增长比 = 经营资产销售百分比 – 经营负债销售百分比 – [（1 + 增长率）÷ 增长率] × 预计营业净利率 ×（1 – 预计股利支付率）

（2）而内含增长率就是完全不利用外部融资时的增长率。因此上式中的外部融资销售增长比为“0”。

从而推导出：

$$内含增长率=\frac{\dfrac{预计净利润}{预计净经营资产}\times 预计利润留存率}{1-\dfrac{预计净利润}{预计净经营资产}\times 预计利润留存率}$$

【例题 2 – 9 · 计算题】某公司上年营业收入为 3 000 万元，经营资产为 2 000 万元，经营资产销售百分比为 66.67%，经营负债为 185 万元，经营负债销售百分比为 6.17%，净利润为 135 万元。假设经营资产销售百分比和经营负债销售百分比保持不变，可动用的金融资产为 0，营业净利率保持 4.5% 不变，预计股利支付率为 30%。求该公司的内含增长率为多少？

【解析】根据公式：0 = 66.67% – 6.17% – [（1 + 增长率）÷ 增长率] × 4.5% ×（1 – 30%），则增长率 = 5.49%。

或

$$内含增长率=\frac{\dfrac{135}{2\ 000-185}\times 70\%}{1-\dfrac{135}{2\ 000-185}\times 70\%}=5.49\%$$

【例题 2 – 10 · 多选题】甲公司无法取得外部融资，只能依靠内部积累增长。在其他因素不变的情况下，下列说法中正确的有（　　）。

A. 营业净利率越高，内含增长率越高

B. 净经营资产周转次数越高，内含增长率越高

C. 经营负债销售百分比越高，内含增长率越高

D. 股利支付率越高，内含增长率越高

【答案】ABC

【解析】

$$内含增长率=\frac{\frac{预计净利润}{净经营资产}\times利润留存率}{1-\frac{预计净利润}{净经营资产}\times利润留存率}=\frac{\frac{预计净利润}{预计营业收入}\times\frac{预计营业收入}{净经营资产}\times利润留存率}{1-\frac{预计净利润}{预计营业收入}\times\frac{预计营业收入}{净经营资产}\times利润留存率}$$

$$内含增长率=\frac{预计营业净利率\times净经营资产周转率\times利润留存率}{1-预计营业净利率\times净经营资产周转率\times利润留存率}$$

①根据公式可知预计营业净利率、净经营资产周转率、预计利润留存率与内含增长率同向变动，选项AB正确；

②经营负债销售百分比提高，会使净经营资产降低，净经营资产周转率提高，从而使内含增长率提高，选项C正确；

③而预计利润留存率与预计股利支付率反向变动，所以预计股利支付率与内含增长率反向变动，选项D错误。

考点8 可持续增长率的测算（★）

可持续增长率是指不增发新股或回购股票，不改变经营效率（不改变营业净利率和资产周转率）和财务政策（不改变权益乘数和利润留存率）时，其下期销售所能达到的增长率（见表2－25）。

表2－25

假设条件	对应指标或等式
（1）公司营业净利率将维持当前水平，并且可以涵盖新增债务增加的利息	营业净利率不变
（2）公司总资产周转率将维持当前水平	总资产周转率不变
（3）公司目前的资本结构是目标资本结构，并且打算继续维持下去	权益乘数不变或资产负债率不变
（4）公司目前的利润留存率是目标利润留存率，并且打算继续维持下去	利润留存率不变
（5）不愿意或者不打算增发新股（包括股份回购，下同）	增加的所有者权益＝增加的留存收益

彬哥解读

（1）注意可持续增长率和内含增长率的区别：所谓内含增长率是指不依靠外部筹资的增长率；而可持续增长率是指不改变资本结构以及经营效率的增长率。

（2）在上述假设条件成立的情况下，销售增长率与可持续增长率相等。公司的这种增长状态，称为可持续增长或均衡增长。这种状态下，其**资产、负债和股东权益同比例增长**。

1. 根据期初股东权益计算可持续增长率

由于：资产周转率不变

所以：可持续增长率＝总资产增长率

由于：资产负债率不变

所以：可持续增长率＝总资产增长率＝股东权益增长率＝股东权益本期增加额÷期初股东权益

由于：不增发新股，股东权益增长只能靠内部留存

所以：**可持续增长率**＝（本期净利润×本期利润留存率）÷期初股东权益

＝期初权益本期净利率×本期利润留存率

$$=\frac{本期净利润}{本期营业收入}\times\frac{本期营业收入}{期末总资产}\times\frac{期末总资产}{期初股东权益}\times 本期利润留存率$$

＝营业净利率×期末总资产周转次数×**期末总资产期初权益乘数**×利润留存率

2. 根据期末股东权益计算的可持续增长率

可持续增长率＝股东权益增长率＝股东权益本期增加÷期初股东权益

$$=\frac{本期净利润\times本期利润留存率}{期末股东权益-本期净利润\times本期利润留存率}$$

分子分母同除以期末股东权益：

$$可持续增长率=\frac{本期净利润\div期末股东权益\times本期利润留存率}{1-本期净利润\div期末股东权益\times本期利润留存率}$$

$$=\frac{期末权益净利率\times本期利润留存率}{1-期末权益净利率\times本期利润留存率}$$

$$=\frac{营业净利率\times期末总资产周转次数\times期末权益乘数\times本期利润留存率}{1-营业净利率\times期末总资产周转次数\times期末权益乘数\times本期利润留存率}$$

彬哥解读

可持续增长率与实际增长率：

（1）如果某一年的经营效率和财务政策与上年相同，在不增发新股的情况下，则实际增长率、上年的可持续增长率以及本年的可持续增长率三者相同。

（2）如果某一年的公式中的 4 个财务比率有一个或多个比率**提高**，在不增发新股的情况下，则实际增长率就会**超过**上年的可持续增长率，本年的可持续增长率也会超过上年的可持续增长率。

（3）如果某一年的公式中的 4 个财务比率有一个或多个比率**下降**，在不增发新股的情况下，则实际增长率就会**低于**上年的可持续增长率，本年的可持续增长率也会低于上年的可持续增长率。

（4）如果公式中的 4 个财务比率已经达到公司的极限，只有通过发行新股增加资金，才能提高销售增长率。

3. 基于管理用财务报表的可持续增长率

以上是基于传统财务报表计算的可持续增长率，管理用财务报表可持续增长率需满足以下

假设：

（1）公司营业净利率将维持当前水平，即其他利润表项目可以吸收或涵盖新增借款增加的利息；

（2）公司净经营资产周转率将维持当前水平（注意传统财务报表是总资产周转率）；

（3）公司目前的资本结构是目标结构（净财务杠杆不变），并且打算继续维持下去；

（4）公司目前的利润留存率是目标留存率，并且打算继续维持下去；

（5）不愿意或者不打算增发新股（包括股份回购，下同）

根据期初股东权益计算可持续增长率：

可持续增长率＝营业净利率×期末净经营资产周转次数×期末净经营资产期初权益乘数×本期利润留存率

根据期末股东权益计算可持续增长率：

$$可持续增长率=\frac{营业净利率\times 期末净经营资产周转次数\times 期末净经营资产权益乘数\times 本期利润留存率}{1-营业净利率\times 期末净经营资产周转次数\times 期末净经营资产权益乘数\times 本期利润留存率}$$

恭喜你，

已完成第二章的学习

曾经的我们都有一颗望海的心，却从没为前往大海做过真正的努力。我相信，只要你摒弃“战术上勤奋，战略上懒惰”的思维误区，拨云见日将成为常态，你早晚会成为自己曾经所仰望的人。

CHAPTER THREE

第三章 价值评估基础

考情雷达

本章是财务成本管理的基础内容，包含利率构成、期限结构、货币时间价值、风险与报酬等考点，从考试情况看，本章属于非重点章节，但对后续章节的学习至关重要。本章重点在于货币时间价值，要掌握各种折现方法；本章难点在于风险与报酬，初学时需根据课堂讲解入门，着重于资本资产定价模型，其余知识点虽然难，但不常考。

本章主要以客观题的形式考查，平均分值在4分左右。本章内容与去年相比无实质性变化。

考点地图

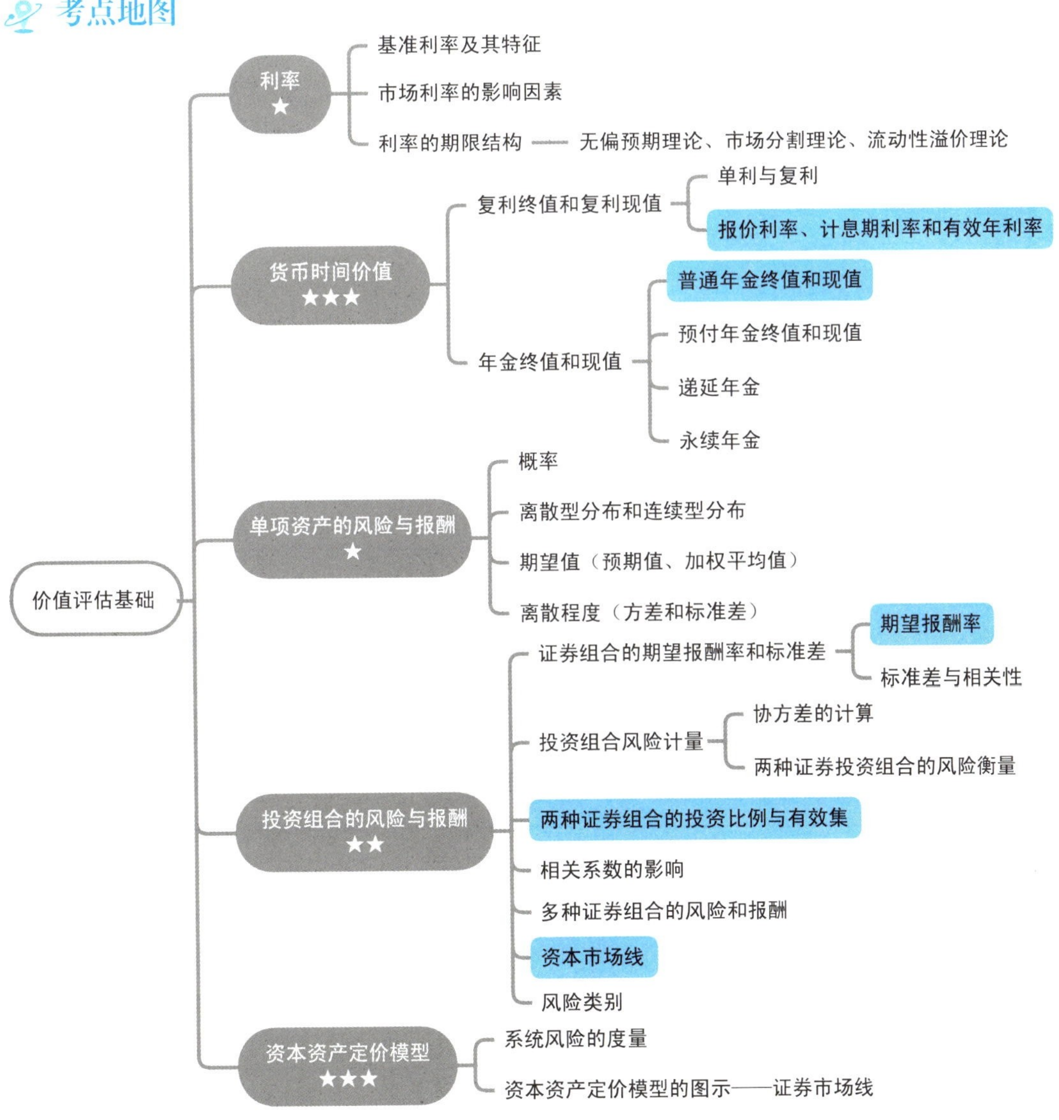

考点1 利率（★）

利率（又称利息率）表示一定时期内利息和本金的比率，通常用百分比表示。利率的一般计算公式是：利率 = 利息 ÷ 本金 ×100%。利率根据计量的期限不同，表示方法有年利率、月利率、日利率等。

（一）基准利率及其特征

基准利率是金融市场上具有普遍参照作用的利率，其他利率水平或金融资产价格可根据这一基准利率水平来确定。在我国，以中国人民银行（央行）对国家专业银行和其他金融机构规定的存贷款利率为基准利率。

基准利率的基本特征如表3－1所示。

表3－1

市场化	基准利率必须是由市场供求关系决定，而且不仅反映实际市场供求状况，还要反映市场对未来的预期
基础性	基准利率在利率体系、金融产品价格体系中处于基础性地位，与其他利率水平或金融产品价格具有较强的关联性
传递性	基准利率所反映的市场信号或调控信号，能有效传递到金融市场其他利率水平和金融产品价格上

（二）市场利率的影响因素

在市场经济条件下，利率的确定方法表达如下：

$$利率\ r = r^{*} + RP = r^{*} + IP + DRP + LRP + MRP$$

表3－2

市场利率（r）	各自含义
纯粹利率（r^{*}）	也称真实无风险利率，指没有通货膨胀、无风险情况下资金市场的平均利率
通货膨胀溢价（IP）	指证券存续期间预期的平均通货膨胀率
违约风险溢价（DRP）	指债券发行者到期时不能按约定足额支付本金或利息的风险补偿
流动性风险溢价（LRP）	指债券因存在不能短期内以合理价格变现的风险而给予债权人的补偿
期限风险溢价（MRP）	指债券因面临持续期内市场利率上升导致价格下跌的风险而给予债权人的补偿，因此也被称为“市场利率风险溢价”

彬哥解读

（1）市场利率由五部分构成，其中期限风险溢价在**市场利率上升时**才会出现。

（2）纯粹利率（r^{*}）与通货膨胀溢价之和，称为“名义无风险利率”，并简称“无风险利率”。因政府债券的信誉很高，通常假设不存在违约风险，其利率被视为名义无风险利率。在考试中也经常将政府债券的相关利率作为无风险利率，当然，具体要看题目的要求。

（三）利率的期限结构

利率期限结构是指某个时点不同期限债券的到期收益率与期限的关系，反映的是长期利率和短期利率的关系。该关系可以用曲线来表示，该曲线被称为债券收益率曲线，简称收益率曲线。关于利率期限结构有三种理论阐述，如表 3－3 所示。

表 3－3

项目	基本含义	关键假定
无偏预期理论	（1）利率期限结构**完全取决于**市场对未来利率的**预期**，即长期债券即期利率是短期债券预期利率的函数； （2）不同期限的债券是完全替代品	对未来短期利率具有确定预期且资金在长期资金市场和短期资金市场之间的流动完全自由**（过于理想化）**
市场分割理论	（1）即期利率水平完全由各个期限市场上的供应关系决定； （2）单个市场上的利率变化不会对其他市场上供求关系产生影响； （3）不同期限的债券完全不可替代	不同期限的债券市场**互不相关**
流动性溢价理论	（1）长期即期利率等于未来短期预期利率平均值加上一定的流动性风险溢价； （2）不同期限的债券可以互相替代，但并非是完全替代品	投资者偏好于流动性好的短期债券，长期债券要给予投资者一定的流动性溢价投资者才愿意购买

彬哥解读

利率期限结构可通过关键词识别做题，无偏预期理论往往对应“预期、市场完全自由”等关键词；市场分割理论往往对应“供求、互不相关、市场独立”等关键词；流动性溢价理论则对应“流动性”等关键词。

考点 2 货币时间价值（★★★）

货币的时间价值，是指货币经历一定时间的投资和再投资所增加的价值，也称为资金的时间价值。

（一）复利终值和复利现值

1. 单利与复利

利息的计算方法分为单利和复利两种。

单利，是指只计算本金的利息、不计算利息的利息。

复利不仅要对本金计算利息，而且对前期的利息也要计算利息，俗称“利滚利”（见表 3－4）。

表 3－4

项目	概念	公式		系数
复利终值	指一定量的本金按复利计算的若干期后的本利和	$F = P \times (1+i)^{n}$	P 为现值或者初始值； i 为利率或者报酬率； n 为期数； F 为终值或者本利和	复利终值系数 $(F/P, i, n) = (1+i)^{n}$
复利现值	指未来一定时间的特定资产按复利计算的现在价值，或者说是为取得将来一定本利和现在所需要的本金	$P = F \times (1+i)^{-n}$		复利现值系数 $(P/F, i, n) = (1+i)^{-n}$

2. 报价利率、计息期利率和有效年利率

复利的计息期间不一定是一年。计息期越短，每年的利息额就会越大。所以就需要明确三个概念：报价利率、计息期利率和有效年利率，如表 3－5 所示。

表 3－5

项目	含义
报价利率	指金融机构提供的年利率，有时**也叫名义利率**
计息期利率	指借款人对每 1 元本金**每期**支付的利息，它可以是年利率、半年利率、季度利率、每月或每日利率等。 计息期利率＝报价利率÷每年复利次数
有效年利率	在按给定的计息期利率和每年复利次数计算利息时，能够产生相同结果的每年复利一次的年利率被称为有效年利率，也称等价年利率。 有效年利率＝$(1+计息期利率)^{m每年复利次数}-1$ 【注意】当复利次数 m 趋于无穷大时，利息支付的频率比每秒 1 次还频繁，所得到的利率为连续复利： 连续复利的有效年利率＝$e^{报价利率}-1$ 其中，e 为自然常数，约等于 2.7183
三者关系	当每年计息一次时：有效年利率＝报价利率； 当每年计息多次时：有效年利率＞报价利率

【例题 3－1·计算题】本金 1 000 元，投资 5 年，年利率 8%，按季度付息，则五年后本利和为多少？

【解析一】将名义利率调整成有效年利率，然后按年计算资金时间价值。

$i=(1+8\%\div4)^4-1=1.0824-1=8.24\%$

$F=1\ 000\times(1+8.24\%)^5=1\ 000\times1.4859=1\ 485.9$（元）

【解析二】将名义利率调整成计息期利率$\left(\frac{r}{m}\right)$；将年数调整成计息期数（m×n）；然后套用资金时间价值的计算公式。

每季度利率＝8%÷4＝2%

复利次数＝5×4＝20（次）

$F=1\ 000\times(1+2\%)^{20}=1\ 000\times1.4859=1\ 485.9$（元）

【解析三】当复利次数趋于无穷大时，将名义利率调整为连续复利的有效年利率，然后计算资金时间价值。

查表知，$i=e^{8\%}-1=8.33\%$。

$F=1\ 000\times(e^{8\%})^5=1\ 000\times1.492=1\ 492$（元）

（二）年金终值和现值

年金是指等额、定期的系列收支。例如，分期付款赊购、分期偿还贷款、发放养老金、分期支付工程款、每年相同的销售收入等，都属于年金收付形式。按照收付时点和方式的不同可以将年金分为**普通年金、预付年金、递延年金和永续年金**四种（见表 3－6）。

表 3－6

类别	概念	图示
普通年金	又称后付年金，从第一期开始每期期末收款、付款的年金	A A A A 0 1 2 3 4
预付年金	从第一期开始每期期初收款、付款的年金	A A A A 0 1 2 3 4
递延年金	在第二期或第二期以后收付的年金	A A A 0 1 2 3 4
永续年金	无限期的普通年金	A A A …… A 0 1 2 3 …… ∞

1. 普通年金终值（见表 3－7）

表 3－7

概念及公式	图示
（1）指其最后一次收付时的本利和，它是每次收付的复利终值之和。 （2）设每年的收付金额为 A，利率为 i，期数为 n，则按复利计算的普通年金终值 F 为： $F=A+A(1+i)^1+A(1+i)^2+\cdots+A(1+i)^{n-1}$ 等式两边同乘（1+i）： $(1+i)F=A(1+i)+A(1+i)^2+A(1+i)^3+\cdots+A(1+i)^n$ 上述两式相减：$(1+i)F-F=A(1+i)^n-A$ $F=\frac{A(1+i)^n-A}{(1+i)-1}=A\frac{(1+i)^n-1}{i}$ 式中的$\frac{(1+i)^n-1}{i}$是普通年金为 1 元、利率为 i、经过 n 期的年金终值，记作**年金终值系数（F/A，i，n）**	10 000 10 000 10 000 10 000×3.310 0 1 2 3 10 000×1.00 10 000×1.10 10 000×1.21

2. 偿债基金

偿债基金是指为使年金终值达到既定金额每年末应收付的年金数额。

根据普通年金终值计算公式：

$$F=A\times\frac{(1+i)^n-1}{i}$$

可知：

$$A=F\times\frac{i}{(1+i)^n-1}$$

式中的$\frac{i}{(1+i)^n-1}$是普通年金终值系数的倒数，称**偿债基金系数**，记作（A/F，i，n）。它可以把普通年金终值折算成每年需要收付的金额。

3. 普通年金现值（见表3-8）

表3-8

概念及公式	图示
（1）指为在每期期末收付相等金额的款项，现在需要投入或收取的金额。 （2）设年金现值为P，则计算普通年金现值的一般公式： $P=A(1+i)^{-1}+A(1+i)^{-2}+\cdots+A(1+i)^{-n}$ 等式两边同乘（1+i）： $P(1+i)=A+A(1+i)^{-1}+\cdots+A(1+i)^{-(n-1)}$ 后式减前式：$P(1+i)-P=A-A(1+i)^{-n}$ $P\times i=A[1-(1+i)^{-n}]$ $P=A\times\frac{1-(1+i)^{-n}}{i}$ 式中的$\frac{1-(1+i)^{-n}}{i}$是普通年金为1元、利率为i、经过n期的年金现值，记作**年金现值系数**（P/A，i，n）	0 1 2 3 100×0.9091 100×0.8264 100×0.7513 100×2.4868

4. 投资回收系数

假设以年利率为i借款P元，投资于某个寿命为n年的项目，计算每年至少要收回多少现金才是有利的？

根据普通年金现值的计算公式可知：

$$P=A\times\frac{1-(1+i)^{-n}}{i}$$

$$A=P\times\frac{i}{1-(1+i)^{-n}}$$

上式中的$\frac{i}{1-(1+i)^{-n}}$是普通年金现值的倒数，记作投资回收系数（A/P，i，n）。

彬哥解读

（1）复利现值与终值互为倒数，普通年金现值与投资回收系数互为倒数，普通年金终值和偿债基金系数互为倒数。

（2）年金现值、终值系数本身公式并不需要同学们记忆，同学们重点要掌握普通年金的现金流形式，判断出属于多少期普通年金，查阅系数表代入系数即可求出现值或终值。

（3）四种年金中，普通年金属于核心地位，后续年金学习大部分可通过转换为普通年金形式求解，因此务必首先掌握普通年金现值与终值内容后再往下学习。

5. 预付年金终值

预付年金终值的计算公式为：

$$F=A(1+i)+A(1+i)^2+\cdots+A(1+i)^n$$

式中各项为等比数列，首项为 A(1+i)，公比为（1+i），根据等比数列的求和公式可知：

$$F=A\times\frac{(1+i)\times[1-(1+i)^{n}]}{1-(1+i)}=A\cdot\frac{(1+i)-(1+i)^{n+1}}{-i}$$

$$F=A\times\left[\frac{(1+i)^{n+1}-1}{i}-1\right]$$

式中的$\left[\frac{(1+i)^{n+1}-1}{i}-1\right]$是**预付年金终值系数**，或称为 1 元的预付年金终值，记作[(F/A，i，n+1)-1]。它**和普通年金终值系数相比，期数加 1，而系数减 1**。

6. 预付年金现值

预付年金现值的计算公式为：

$$P=A+A(1+i)^{-1}+\cdots+A(1+i)^{-(n-1)}$$

根据等比数列的求和公式可知：

$$P=A\times\left[\frac{1-(1+i)^{-(n-1)}}{i}+1\right]$$

式中的$\left[\frac{1-(1+i)^{-(n-1)}}{i}+1\right]$是**预付年金现值系数**，或称 1 元的预付年金现值，**记作**[(P/A，i，n-1)+1]。它**和普通年金现值系数相比，期数要减 1，而系数要加 1**。

彬哥解读

（1）预付年金不管现值还是终值，皆可用同期普通年金现值或终值×(1+i) 计量，**即预付年金现值/终值=同期普通年金现值/终值×(1+i)**。

（2）预付年金系数、公式都不需要进行记忆，计量都是通过和普通年金关联进行计算。

【例题 3-2·单选题·2014 年】假设银行利率为 i，从现在开始每年年末存款 1 元，n 年后的本利和为$\frac{(1+i)^{n}-1}{i}$元。如果改为每年年初存款，存款期数不变，n 年后的本利和应为（　　）元。

A. $\frac{(1+i)^{n+1}-1}{i}$

B. $\frac{(1+i)^{n+1}-1}{i}-1$

C. $\frac{(1+i)^{n+1}-1}{i}+1$

D. $\frac{(1+i)^{n-1}-1}{i}+1$

【答案】B

【解析】

方法 1：预付年金终值系数和普通年金终值系数相比，期数加 1，系数减 1，选项 B 正确；

方法 2：预付年金终值=同期普通年金终值×(1+i)=$\frac{(1+i)^{n}-1}{i}$×(1+i)=$\frac{(1+i)^{n+1}-1}{i}-1$，选项 B 正确。

7. 递延年金（见表3-9）

表3-9

概念及公式	图示
（1）指第一次收付发生在第二期或第二期以后的年金。 （2）递延年金的收付形式如右图所示。从该图可以看出，前三期没有发生收付。一般用m表示递延期数，本例的m=3。第一次收付在第四期期末，连续收付4次，即n=4	m=3 i=10% n=4 A=100 0 1 2 3 4 5 6 7 4、5、6、7期期末各收付100

（1）递延年金终值。

递延年金终值的计算方法和普通年金终值类似：$F=A\times(F/A, i, n)$。

（2）递延年金现值。

递延年金的现值计算方法有两种：

第一种方法：把递延年金视为n期普通年金，求出递延期末的现值，然后再将此现值调整到第一期期初（递延m期）。

$$P_n=A\times(P/A, i, n)$$

$$P_{递延}=P_n\times(1+i)^{-m}=A\times(P/A, i, n)(1+i)^{-m}$$

第二种方法：假设递延期也进行收付，先求出（m+n）期的年金现值，然后，扣除实际并未收付的递延期（m）的年金现值，即可得出最终结果。

$$P_{(n)}=P_{(m+n)}-P_{(m)}=A\times(P/A, i, m+n)-A\times(P/A, i, m)$$

8. 永续年金

无限期定额收付的年金，称为永续年金。现实中的存本取息，可视为永续年金的一个例子。永续年金没有终止的时间，也就没有终值。永续年金的现值可以通过普通年金现值的计算公式导出：

$$P=A\times\frac{1-(1+i)^{-n}}{i}$$

当n→∞时，$(1+i)^{-n}$的极限为零，故上式可写成：$P=\frac{A}{i}$。

考点3 单项资产的风险与报酬（★）

简单来讲，**风险是发生财务损失的可能性**。比较正式的定义是风险是预期结果的不确定性。

研究表明，必要报酬率的高低取决于投资的风险，风险越大，要求的必要报酬率越高。那么，投资的风险如何计量呢，特定风险需要多少报酬来补偿？

（一）概率

在经济活动中，某一事件在相同的条件下可能发生也可能不发生，这类事件称为随机事件。概率就是用来表示随机事件发生可能性大小的数值。必然发生的事件的概率定义为1，不可能发生的事件的概率定义为0，一般随机事件发生的概率介于0与1之间。概率越大表示该事件发生的可能性越大。

（二）离散型分布和连续型分布

如果随机变量只能取有限数量的值，且对应这些值有确定的概率，则称随机变量是离散型分布。

如果出现的情况有无数多种且连续，则可以说是连续型分布。

举例说明：（1）成绩的分布是离散型分布；（2）温度的分布是连续型分布。

（三）期望值（预期值、加权平均值）

随机变量的各个取值，以相应的概率为权数的加权平均数，叫作随机变量的预期值（数学期望或均值），它反映随机变量取值的平均化。

$$\text{期望值}(\overline{K}) = \sum_{i=1}^{N}(P_i \times K_i)$$

其中，P_i——第 i 种结果出现的概率；

K_i——第 i 种结果的报酬率；

N——所有可能结果的数目。

预期值相同的报酬率，离散程度不一定相同。离散程度大往往意味着更难以预测，风险比较大。

（四）离散程度（方差和标准差）

表示随机变量离散程度的量数，最常用的是**方差和标准差，通常用来度量风险的大小**。

（1）方差可用来表示随机变量与期望值之间的离散程度，它是离差平方的平均数。

$$\text{总体方差} = \frac{\sum_{i=1}^{n}(K_i - \overline{K})^2}{N}$$

$$\text{样本方差} = \frac{\sum_{i=1}^{n}(K_i - \overline{K})^2}{n-1}$$

（2）标准差是方差的平方根：

$$\text{总体标准差} = \sqrt{\frac{\sum_{i=1}^{n}(K_i - \overline{K})^2}{N}}$$

$$\text{样本标准差} = \sqrt{\frac{\sum_{i=1}^{n}(K_i - \overline{K})^2}{n-1}}$$

（3）在已经知道每个变量值出现概率的情况下，标准差可以按下式计算：

$$\text{标准差}(\sigma) = \sqrt{\sum_{i=1}^{n}(K_i - \overline{K})^2 \times P_i}$$

（4）变异系数。

标准差是以均值为中心计算出来的，因而有时直接比较标准差是不准确的，需要剔除均值大小的影响。这里引入了变异系数（离散系数）。

变异系数在比较相关事物的差异程度时相对于直接比较标准差要好。

变异系数 = 标准差 ÷ 均值

彬哥解读

（1）期望收益相同时，可通过比较标准差或方差来衡量风险，标准差越大，风险越高。此时也可用变异系数来衡量风险，因为如果收益相同，本质上变异系数差异就是标准差差异。

（2）期望收益不同时，则需要通过比较变异系数来衡量风险，变异系数越大，风险越高。

表 3－10　　风险衡量指标

指标	计算公式		结论
	若已知未来收益率发生的概率时	若已知收益率的历史数据时	
预期值 K（期望值、均值）	期望值（$\bar{K}$）$=\sum_{i=1}^{N}(P_i \times K_i)$	$\bar{K}=\frac{\sum K_i}{n}$	反映预计收益的平均化，不能直接用来衡量风险
方差	$\sigma^2=\sum_{i=1}^{n}(K_i-\bar{K})^2 \times P_i$	样本方差 $=\frac{\sum_{i=1}^{n}(K_i-\bar{K})^2}{n-1}$ 总体方差 $=\frac{\sum_{i=1}^{n}(K_i-\bar{K})^2}{N}$	预期值相同时，方差越大，风险越大
标准差	$\sigma=\sqrt{\sum_{i=1}^{n}(K_i-\bar{K})^2 \times P_i}$	样本标准差 $=\sqrt{\frac{\sum_{i=1}^{n}(K_i-\bar{K})^2}{n-1}}$ 总体标准差 $=\sqrt{\frac{\sum_{i=1}^{n}(K_i-\bar{K})^2}{N}}$	预期值相同时，标准差越大，风险越大
变异系数	变异系数＝标准差÷均值 变异系数是从相对角度观察的差异和离散程度		变异系数衡量风险不受预期值是否相同的影响

考点 4　投资组合的风险与报酬（★★）

投资组合理论认为，若干种证券组成的投资组合，其收益是这些证券收益的加权平均数，但其风险不是这些证券风险的加权平均风险，投资组合能降低风险。

（一）证券组合的期望报酬率和标准差

1. 期望报酬率

两种或两种以上证券的组合，其期望报酬率可以直接表示为：

$$r_p=\sum_{j=1}^{m} r_j A_j$$

其中，r_j 是第 j 种证券的期望报酬率；

A_j 是第 j 种证券在全部投资额中的比重；

m 是组合中的证券种类总数。

2. 标准差与相关性

证券组合的标准差，并不是单个证券标准差的简单加权平均。证券组合的风险不仅取决于组合内的各证券的风险，还取决于各个证券之间的关系。

（二）投资组合风险计量

投资组合的标准差不是组合内证券标准差的加权平均数，而往往是低于加权平均数。投资组合有分散风险的作用。

投资组合报酬率概率分布的标准差是：

$$\sigma_p = \sqrt{\sum_{j=1}^{m}\sum_{k=1}^{m} A_j A_k \sigma_{jk}}$$

其中，m 是组合内证券种类的总数；

A_j 是第 j 种证券在投资总额中的比例；

A_k 是第 k 种证券在投资总额中的比例；

σ_{jk}是第 j 种证券与第 k 种证券报酬率的协方差。

1. 协方差的计算

两种证券报酬率的协方差，用来衡量它们之间共同变动的程度：

$$\sigma_{jk} = r_{jk} \times \sigma_j \times \sigma_k$$

其中，r_{jk}是证券 j 和证券 k 的报酬率之间的预期相关系数；

σ_j 是第 j 种证券的标准差；

σ_k 是第 k 种证券的标准差。

这里又出现了一个新的概念——相关系数。什么是相关系数呢？

相关系数表示一种证券报酬率的增长总是与另一种证券报酬率的增长有某种比例关系。相关系数的值总是在 -1 至 +1 之间（见表 3 -11）。

表 3 -11　　相关系数

相关程度	相关系数（r）	对投资组合风险的影响
完全正相关	1	表示一种证券报酬率的增长总是与另一种证券报酬率的增长成比例，反之亦然
完全负相关	-1	表示一种证券报酬率的增长总是与另一种证券报酬率的减少成比例，反之亦然
不具有相关性	0	缺乏相关性，每种证券的报酬率相对于另外的证券报酬率独立变动
非完全正相关、非完全负相关	（-1，1）	一般而言，多数证券的报酬率趋于同向变动，因此两种证券之间的相关系数多为小于 1 的正值

$$相关系数（r）= \frac{\sum_{i=1}^{n}[(X_i - \bar{X}) \times (y_i - \bar{y})]}{\sqrt{\sum_{i=1}^{n}(X_i - \bar{X})^2} \times \sqrt{\sum_{i=1}^{n}(y_i - \bar{y})^2}}$$

2. 两种证券投资组合的风险衡量

我们在这一节稍前的地方说过了，风险衡量靠的是风险组合的标准差，而影响风险组合标准差的，除了投资组合内的各证券的标准差外，还有证券间的协方差。

以两种资产 x 和 y 构成投资组合 p 举例，列出标准差与相关系数的公式和关系。

$$\sigma_p = \sqrt{a^2\sigma_x^2 + b^2\sigma_y^2 + 2ab\mathrm{Cov}(x, y)}$$

其中，a 是 x 证券在投资总额中的比例；

b 是 y 证券在投资总额中的比例；

Cov(x，y) 是 x 与 y 的协方差。

结论：**只要两种证券期望报酬率的相关系数小于 1，证券组合期望报酬率的标准差就小于各证券期望报酬率标准差的加权平均数。**

（三）两种证券组合的投资比例与有效集

【例题 3－3·计算题】 A 资产的期望报酬率为 10%，标准差是 12%，B 资产的期望报酬率为 18%，标准差为 20%。调整 A、B 两种资产的不同比例，构建投资组合。计算得出一组关于"期望报酬率"和"标准差"的数据，如下表所示。

不同投资比例的组合

组合	对 A 的投资比例	对 B 的投资比例	组合的期望报酬率（%）	组合的标准差（%）
1	1	0	10.00	12.00
2	0.8	0.2	11.60	11.11
3	0.6	0.4	13.20	11.78
4	0.4	0.6	14.80	13.79
5	0.2	0.8	16.40	16.65
6	0	1	18.00	20.00

图 3－1 描绘出随着对两种证券投资比例的改变，期望报酬率与风险之间的关系。图中的点与上表中的六种投资组合一一对应。连接这些墨点所形成的曲线称为机会集，它反映出风险与报酬之间的权衡关系。

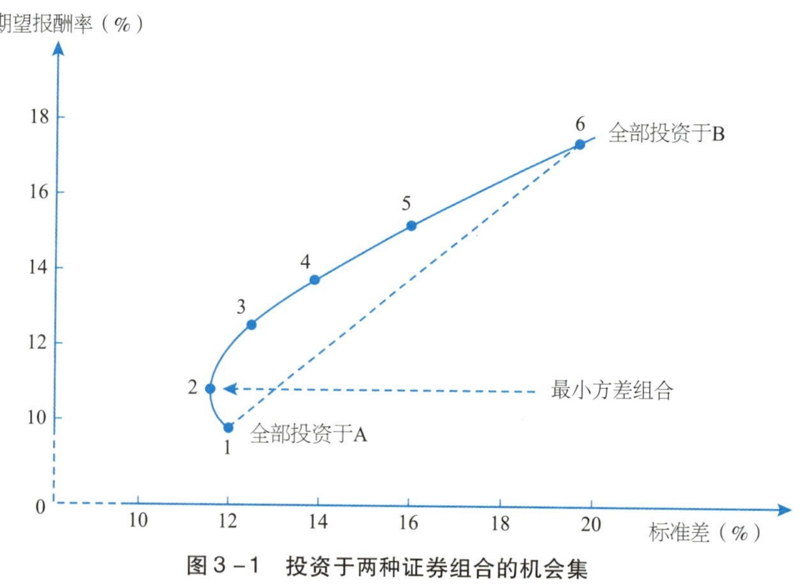

图 3－1　投资于两种证券组合的机会集

图 3 -1 揭示了几个非常重要的结论**（选择题常考）**：

1. 它揭示了分散化效应

比较曲线和虚线直线的距离可以判断分散化效应的大小。相关系数越小，机会集曲线就越弯曲，分散化效应越强。

2. 它表达了最小方差组合

曲线最左端的第 2 点组合被**称为最小方差组合**，它持有各种组合中最小的标准差。离开此点，其他各点标准差都会上升。

必须注意的是，**并不是只要相关系数小于 1，就会有拐点（左侧凸出的点）出现，它取决于相关系数的大小**。如果相关系数没有小到一定程度，则没有拐点出现，则最小方差组合是将资产全部投资于报酬率和风险较低的证券组合。

3. 它表达了投资的有效集合

在只有两种证券的情况下，投资者所有投资机会只能出现在机会集曲线上，而不会出现在该曲线上方或下方。改变投资比例只会改变组合在机会集曲线上的位置。

最小方差组合以下的组合（曲线 1 ~2 的部分）是无效的。它们与最小方差组合相比，不但标准差大（即风险大），而且报酬也低。

有效集是从最小方差组合点到最高期望报酬率组合点的那段曲线。

必须注意的是，如果相关系数虽然小于 1，但也有可能没有拐点出现，这时曲线上就没有无效集，所有组合都是有效集。

（四）相关系数的影响

图 3 -1 中列示了相关系数为 0. 2 的机会集曲线，如果增加一条相关系数为 0. 5 的机会集，就成为图 3 -2。

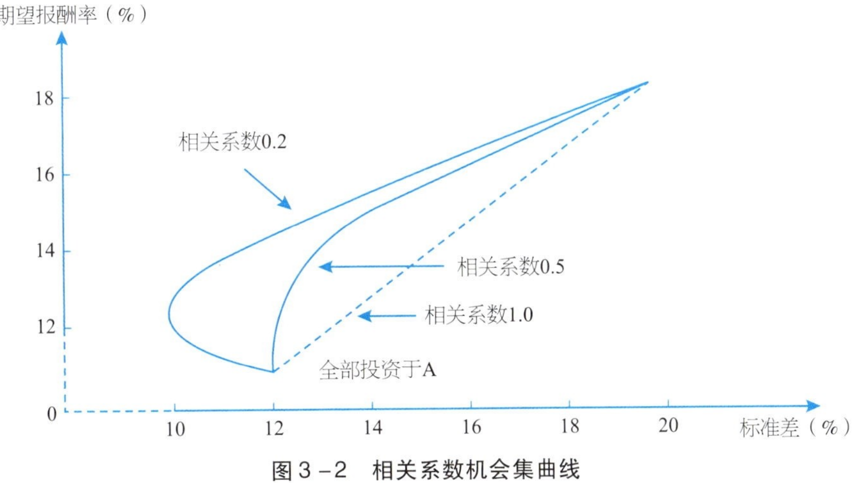

图 3 -2 相关系数机会集曲线

表 3－12　　不同相关系数对比

	r=0.2	r=0.5
拐点（左侧凸出的点）	有	无
无效集	有。 拐点至全部投资于 A 点的曲线	无。 整条机会集曲线都是有效集
最小方差组合	拐点的投资组合	全部投资于 A 的组合
分散化效应	相关系数越小，曲线弯曲程度越大，分散化效应越强	相关系数越大，曲线弯曲程度越小，分散化效应越弱

【彬哥提醒】

分散化投资不一定导致机会集曲线向左侧凸出，它取决于相关系数的大小。

【例题 3－4·多选题·2005 年】 A 证券的期望报酬率为 12%，标准差为 15%；B 证券的期望报酬率为 18%，标准差为 20%。投资于两种证券组合的机会集是一条曲线，有效边界与机会集重合，以下结论中正确的有（　　）。

A. 最小方差组合是全部投资于 A 证券

B. 最高期望报酬率组合是全部投资于 B 证券

C. 两种证券报酬率的相关性较高，风险分散化效应较弱

D. 可以在有效集曲线上找到风险最小、期望报酬率最高的投资组合

【答案】 ABC

【解析】

①根据有效边界与机会集重合可知，机会集曲线上不存在无效投资组合，而 A 证券的标准差低于 B 证券，所以最小方差组合是全部投资于 A 证券，即选项 A 的说法正确；

②投资组合的报酬率是组合中各种资产报酬率的加权平均数，因为 B 证券的预期报酬率高于 A 证券，所以最高预期报酬率组合是全部投资于 B 证券，即选项 B 的说法正确；

③由于机会集曲线上不存在无效投资组合，因此两种证券报酬率的相关性较高，风险分散化效应较弱，选项 C 的说法正确；

④因为风险最小的投资组合为全部投资于 A 证券，期望报酬率最高的投资组合为全部投资于 B 证券，所以选项 D 的说法错误。

（五）多种证券组合的风险和报酬

对于两种以上证券构成的组合，以上原理同样适用。值得注意的是，多种证券组合的机会集不同于两种证券的机会集。两种证券的所有可能组合都落在一条曲线上，而**两种以上证券的所有可能组合会落在一个平面中**，如图 3－3 阴影部分所示。这个机会集反映了投资者所有可能的投资组合。

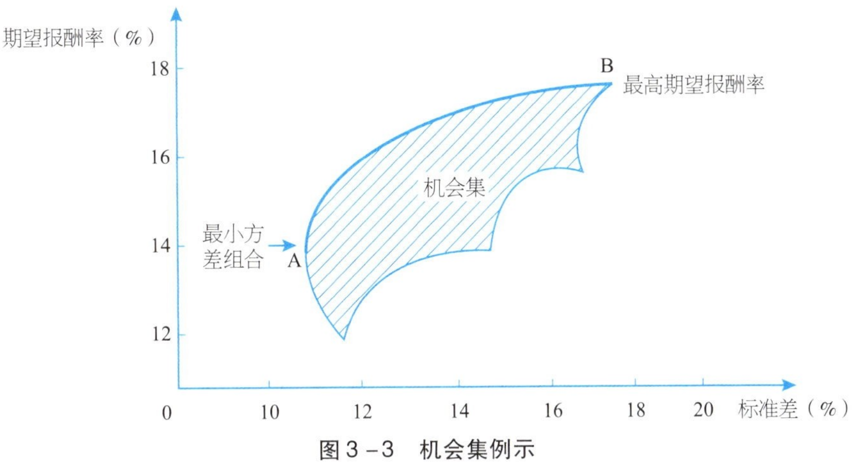

图 3－3 机会集例示

最小方差组合是上图最左端的点，它具有最小组合标准差。

图 3－3 中以粗线描出的部分（线段 AB），称为有效集或有效边界，它位于机会集的顶部，从最小方差组合点起到最高期望报酬率点止。投资者应在有效集上寻求投资组合。

（六）资本市场线

如图 3－4 所示，从无风险资产的报酬率（Y 轴的 R_f）开始，作有效边界的切线，切点为 M，该直线被称为资本市场线。

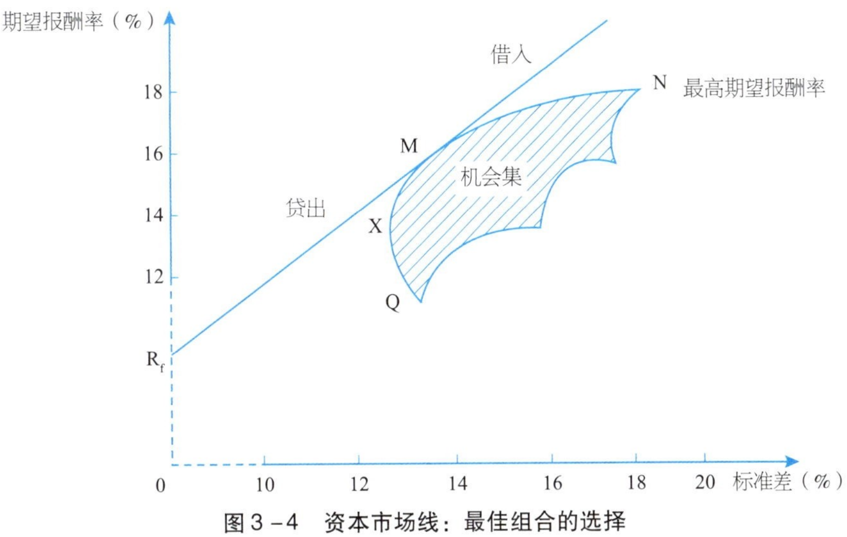

图 3－4 资本市场线：最佳组合的选择

资本市场线是指表明有效组合的期望报酬率和标准差之间的一种简单的线性关系的一条射线。它是沿着投资组合的有效边界，由风险资产和无风险资产构成的投资组合。

1. 表达式

总期望报酬率＝Q×风险组合的期望报酬率＋(1－Q)×无风险利率

总标准差＝Q×风险组合标准差

其中，Q 代表投资者投资于风险组合 M 的资金占自有资本总额的比例；

1－Q 代表投资于无风险资产的比例。

如果贷出资金，Q 将小于 1；如果借入资金，Q 会大于 1。

2. 说明

（1）假设存在无风险资产。投资者可以在资本市场上以固定利率借到钱，也可以将多余的钱贷出。

（2）存在无风险资产的情况下，投资人可以贷出资金减少风险，偏好风险的人可以借入资金购买风险资产。

（3）切点 M 是市场均衡点，它代表**唯一最有效的风险资产组合**，它是所有证券以各自的总市场价值为权数的加权平均组合。

（4）资本市场线揭示出持有不同比例的无风险资产和市场组合情况下风险与期望报酬率的权衡关系。直线截距表示无风险利率，斜率代表风险的市场价值，直线上的任何一点都可以告诉我们投资于市场组合和无风险资产的比例。在 M 点的左侧，代表同时持有无风险资产和风险资产组合。在 M 点的右侧，将仅持有风险资产组合，并会借入资金进一步投资于组合 M。

（5）**个人的效用偏好与最佳风险资产组合相独立（或相分离）**。投资者个人对风险的态度只影响借入或贷出的资金量，而不影响最佳风险资产组合。因为存在无风险资产并可按无风险利率自由借贷时，市场组合优于所有其他组合（见表 3－13）。

表 3－13

1	**证券组合的风险**不仅与组合中每个证券报酬率的**标准差**有关，而且与各证券报酬率之间的**协方差**有关
2	对于一个含有两种证券的组合，投资机会集曲线描述了**不同投资**比例组合的**风险和报酬**之间的权衡关系
3	风险分散化效应有时使得机会集曲线**向左凸出**，并产生比最低风险证券标准差**还低**的最小方差组合
4	有效边界就是机会集曲线上从**最小方差**组合点到**最高期望**报酬率的那段曲线
5	持有多种彼此**不完全正相关**的证券可以降低风险
6	如果存在无风险证券，新的有效边界是从**无风险资产的报酬率**开始并和机会集**相切**的直线，该直线称为**资本市场线**，该**切点**被称为市场组合，其他各点为市场组合与无风险投资的有效搭配
7	资本市场线横坐标是**标准差**，纵坐标是**期望报酬率**。该直线反映两者的关系即风险价格

【例题 3－5·单选题】已知某风险组合的期望报酬率和标准差分别为 15% 和 20%，无风险利率为 8%，假设某投资者可以按无风险利率取得资金，将其自有资金 200 万元和借入资金 50 万元均投资于风险组合，则投资人总期望报酬率和总标准差分别为（　　）。

A. 16.75% 和 25%　　B. 13.65% 和 16.24%

C. 16.75% 和 12.5%　　D. 13.65% 和 25%

【答案】A

【解析】Q＝250÷200＝1.25；总期望报酬率＝1.25×15%＋(1－1.25)×8%＝16.75%；总标准差＝1.25×20%＝25%。

【例题 3-6 · 多选题 · 2014 年】下列因素中，影响资本市场线中市场均衡点的位置的有（ ）。

A. 无风险利率
B. 风险组合的期望报酬率
C. 风险组合的标准差
D. 投资者个人的风险偏好

【答案】ABC

【解析】资本市场线中，市场均衡点的确定独立于投资者的风险偏好，取决于各种可能风险组合的期望报酬率和标准差，而无风险利率会影响期望报酬率，所以选项 ABC 正确，选项 D 错误。

【例题 3-7 · 多选题 · 2010 年】下列有关证券组合投资风险的表述中，正确的有（ ）。

A. 证券组合的风险不仅与组合中每个证券的报酬率标准差有关，而且与各证券之间报酬率的协方差有关

B. 持有多种彼此不完全正相关的证券可以降低风险

C. 资本市场线反映了持有不同比例无风险资产与市场组合情况下风险和报酬的权衡关系

D. 投资机会集曲线描述了不同投资比例组合的风险和报酬之间的权衡关系

【答案】ABCD

【解析】均是教材原话。

（七）风险类别

在投资组合的讨论中，我们知道个别资产的风险，有些可以被分散掉，有些则不能。**无法分散掉的风险是系统风险，可以分散掉的风险是非系统风险。**

资产的风险可以用标准差计量。标准差衡量的是**整体风险**。我们把整体风险划分为系统风险和非系统风险，如图 3-5 所示。

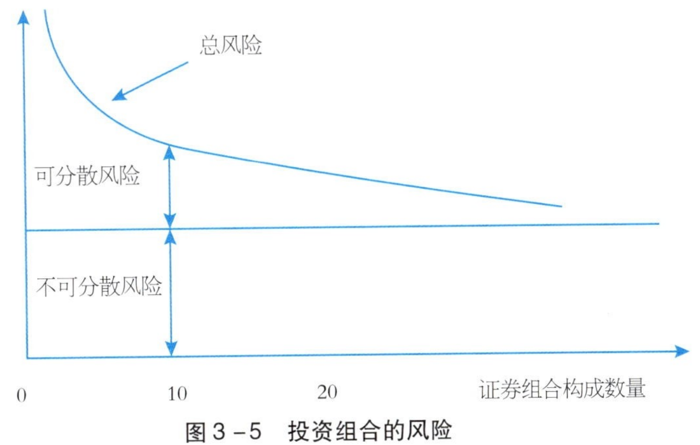

图 3-5 投资组合的风险

系统风险：是指那些影响所有公司的因素引起的风险。例如，地震、战争、经济危机等。**投资组合不能消除系统风险**。

非系统风险：是指发生于个别公司的特有事件造成的风险。由于非系统风险是个别公司或个别资产所特有的，因此也称“特殊风险”或“特有风险”。由于**非系统风险可以通过投资多样化分散掉**，也称为“可分散风险”。

在风险分散过程中，不应当过分夸大资产多样性和资产个数作用。一般来讲，随着资产组合中资产个数的增加，资产组合的风险会逐渐降低，当资产的个数增加到一定程度时，组合风险的降低将非常缓慢直到不再降低。

【例题 3 -8·单选题】关于证券投资组合理论的以下表述中，正确的是（　　）。

A. 证券投资组合能消除大部分系统风险

B. 证券投资组合的总规模越大，承担的风险越大

C. 最小方差组合是所有组合中风险最小的组合，所以报酬最大

D. 一般情况下，随着更多的证券加入到投资组合中，整体风险降低的速度会越来越慢

【答案】D

【解析】

①投资组合不能消除系统风险，所以选项 A 错误。

②证券投资组合的总规模越大，消除的风险越多，所以选项 B 错误。

③最小方差组合是所有组合中风险最小的组合，但不是报酬率最大的组合，最大的组合是将所有资产投资于报酬率最高的证券种类的组合，所以选项 C 错误。

④投资组合只能消除非系统风险，随着组合种类的增多，整体风险降低的速度越来越慢，所以选项 D 正确。

考点 5　资本资产定价模型（★★★）

资本资产定价模型研究的是充分组合情况下**风险与必要报酬率之间的均衡关系**。

资本资产定价模型主要研究如何衡量系统风险以及如何给风险定价。

（一）系统风险的度量（单项资产的贝塔系数）

度量一项资产系统风险的指标是**贝塔系数**，用希腊字母 β 表示。其计算公式如下：

$$\beta_J=\frac{COV(K_J,K_M)}{\sigma_M^2}=\frac{r_{JM}\times\sigma_J\times\sigma_M}{\sigma_M^2}=r_{JM}\left(\frac{\sigma_J}{\sigma_M}\right)$$

其中，$COV(K_J,K_M)$ 是第 J 种证券的报酬率与市场组合报酬率之间的协方差。

一种股票的 β 值的大小取决于：①该股票与整个股票市场的相关性（同向）；②它自身的标准差（同向）；③整个市场的标准差（反向）。

1. β 系数的经济意义

β 系数告诉我们相对于市场组合而言特定资产的系统风险是多少。

β =1，表示该资产的系统风险程度与整个市场组合的风险一致；

β >1，说明该资产的系统风险程度大于整个市场组合的风险；

β<1，说明该资产的系统风险程度小于整个市场组合的风险；

β=0，说明该资产的系统风险程度等于0。

【彬哥提醒】

（1）β系数反映了相对于市场组合的平均风险而言单项资产系统风险的大小。

（2）绝大多数资产的β系数是大于零的。如果β系数是负数，表明这类资产收益与市场平均收益的变化方向相反。

2. 投资组合的β系数

投资组合的β系数就是各证券β值的**加权平均值**。

$$\beta_P = \sum_{i=1}^{n} X_i \beta_i$$

彬哥解读

（1）标准差、方差衡量总风险，既包含系统性风险也包含非系统性风险；β系数衡量的是系统性风险。

（2）投资组合可以分散非系统性风险，因此通常标准差不能直接加权；资产组合不能抵消系统风险，所以，资产组合的β系数是单项资产β系数的加权平均数。

【例题3-9·计算题】一个投资者拥有10万元现金进行组合投资，共投资10种股票且各占1/10即1万元。这10种股票的β值皆为1.18，求组合A的β值为多少？若将其中一种股票完全卖出，同时买进一种β值为0.8的股票，求组合B的β值为多少？

【解析】组合A的 $\beta_p=1.18$

组合B的 $\beta_p=0.9\times1.18+0.1\times0.8=1.142$

（二）资本资产定价模型的图示——证券市场线

单一证券的系统风险可由β系数来度量，而其**风险与收益之间的关系**由证券市场线来描述。

证券市场线：$R_i=R_f+\beta(R_m-R_f)$

上述这个等式被称为资本资产定价模型。

其中，R_i——第i个股票的必要报酬率；

R_f——无风险报酬率（通常以国库券的报酬率作为无风险报酬率）；

R_m——平均股票的必要报酬率（指β=1的股票的必要报酬率，也包括市场组合的必要报酬率）；

R_m-R_f——**在均衡状态下**，投资者为补偿承担超过无风险报酬率的平均风险而要求的额外收益，即风险价格（见图3-6）。

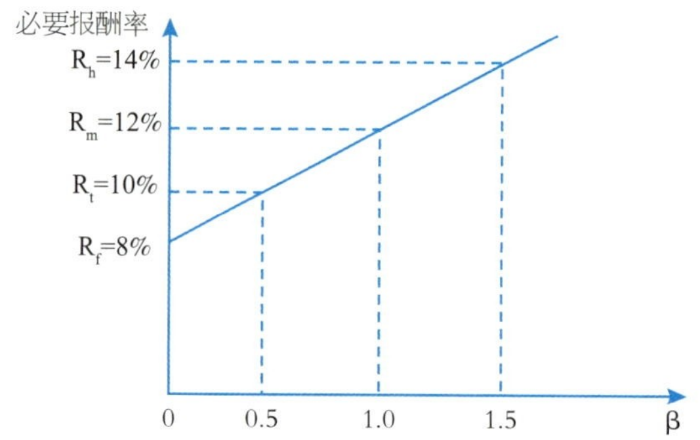

图3－6　证券市场线：β值与必要报酬率

彬哥解读

（1）资本资产定价模型基本原理认为一项资产的报酬率与该资产跟整个市场的系统风险相关，风险越高，需要支付的补偿也就越多。把收益率拆分为有无风险两个部分，即可认为必要报酬率＝无风险利率＋风险溢价。

（2）首先，一项资产最基本的报酬率是无风险报酬率（R_f），同时呢，整个市场的风险溢价为（R_m-R_f），但是要反映到特定资产的风险，需要用 $\beta\times(R_m-R_f)$ 来反映单项资产的**风险溢价**。

（3）所以，公式为：$R_i=R_f+\beta\times(R_m-R_f)$。

证券市场线的主要含义：

（1）纵轴为必要报酬率，横轴是以β值表示的系统风险。

（2）无风险证券的β＝0，故 R_f 成为证券市场线在纵轴的截距。

（3）证券市场线的**斜率**表示经济系统中**风险厌恶感的程度**。投资者**对风险厌恶感越强**，证券市场线的**斜率越大（斜率上升）**，风险资产的必要报酬率越高。

（4）投资者必要报酬率不仅取决于市场风险，还取决于无风险利率（证券市场线的截距）和市场风险补偿程度（证券市场线的斜率）。**预计通货膨胀提高时，无风险利率会提高，导致证券市场线的向上平移。风险厌恶感的加强，会提高证券市场线的斜率。**

（5）证券市场线斜率取决于全体投资者的风险回避态度，如果大家都愿意冒险，风险就得到很好的分散，风险程度就小，风险报酬率就低，证券市场线斜率就小，证券市场线就越平缓；如果大家都不愿意冒险，风险就得不到很好的分散，风险程度就大，风险报酬率就高，证券市场线斜率就大，证券市场线就越陡。

【彬哥提醒】

必要报酬率与期望报酬率的区分：

（1）必要报酬率也称最低要求报酬率，是指准确反映预期未来现金流量风险的报酬率，是等风险投资的机会成本；

（2）期望报酬率是使净现值为零的报酬率。

在完美的资本市场上，投资的期望报酬率等于必要报酬率。

【例题3－10·单选题·2013年】 证券市场线可以用来描述市场均衡条件下单项资产或资产组合的必要收益率与风险之间的关系。当投资者的风险厌恶感普遍减弱时，会导致证券市场线（　　）。

A. 向上平行移动　B. 向下平行移动　C. 斜率上升　D. 斜率下降

【答案】 D

【解析】 证券市场线的斜率表示经济系统中风险厌恶感的程度，一般来说，投资者对风险的厌恶感越强，证券市场线的斜率越大。

表3－14　资本市场线与证券市场线的比较

项目	资本市场线	证券市场线
含义	由**风险资产**和**无风险资产**构成的投资组合的有效边界。表明**有效组合**的**期望报酬率**和风险（**标准差，即整体风险**）之间的一种简单的线性关系	在**市场均衡条件下**，单项资产或资产组合的必要报酬率与风险之间（**β值，即系统性风险**）的线性关系
适用范围	**只**适用于**有效**证券组合	（1）单项资产或投资组合； （2）有效组合或无效组合
直线方程	$R_i = R_f + \frac{R_m - R_f}{\sigma_m} \times \sigma_i$	$R_i = R_f + \beta(R_m - R_f)$
直线斜率	它的斜率反映每单位**整体风险的超额报酬**（组合的报酬率超出无风险利率的部分），即风险的“价格”。 即：$\frac{R_m - R_f}{\sigma_m}$	它的斜率反映单个证券或证券组合每单位**系统风险（β系数）的超额收益**。 即：$R_m - R_f$
斜率与投资人对待风险态度的关系	投资者个人对风险的态度仅仅影响借入或贷出的资金量，不影响最佳风险资产组合	市场整体对风险的厌恶感越强，证券市场线的斜率越大，对风险资产所要求的风险补偿越大，对风险资产要求的收益率越高

恭喜你，
已完成第三章的学习

也许你会感觉自己的努力总是徒劳无功，但毋庸置疑的是，你每天都会离顶点更进一步。即便今天的你离顶点依然遥遥无期，但这份努力为明天积蓄了勇攀高峰的力量。无论结果如何都请你相信，那些你奋力拼搏的日子，都有它的意义。

CHAPTER FOUR

第四章　资本成本

考情雷达

本章开始进入长期投资决策内容，进行投资的核心在于算出投资标的资产的价值，计算价值需要用到折现率，因此首先亟待解决的就是折现率的问题。本章包含资本成本概念、债务资本成本及股权资本成本计量、加权平均资本成本计算等内容，投资中经常使用资本成本作为折现率进行价值计量，因此重点掌握资本成本的计算。

本章可以考查客观题和主观题，平均分值在5分左右。本章内容与去年相比**无实质性变化**。

考点地图

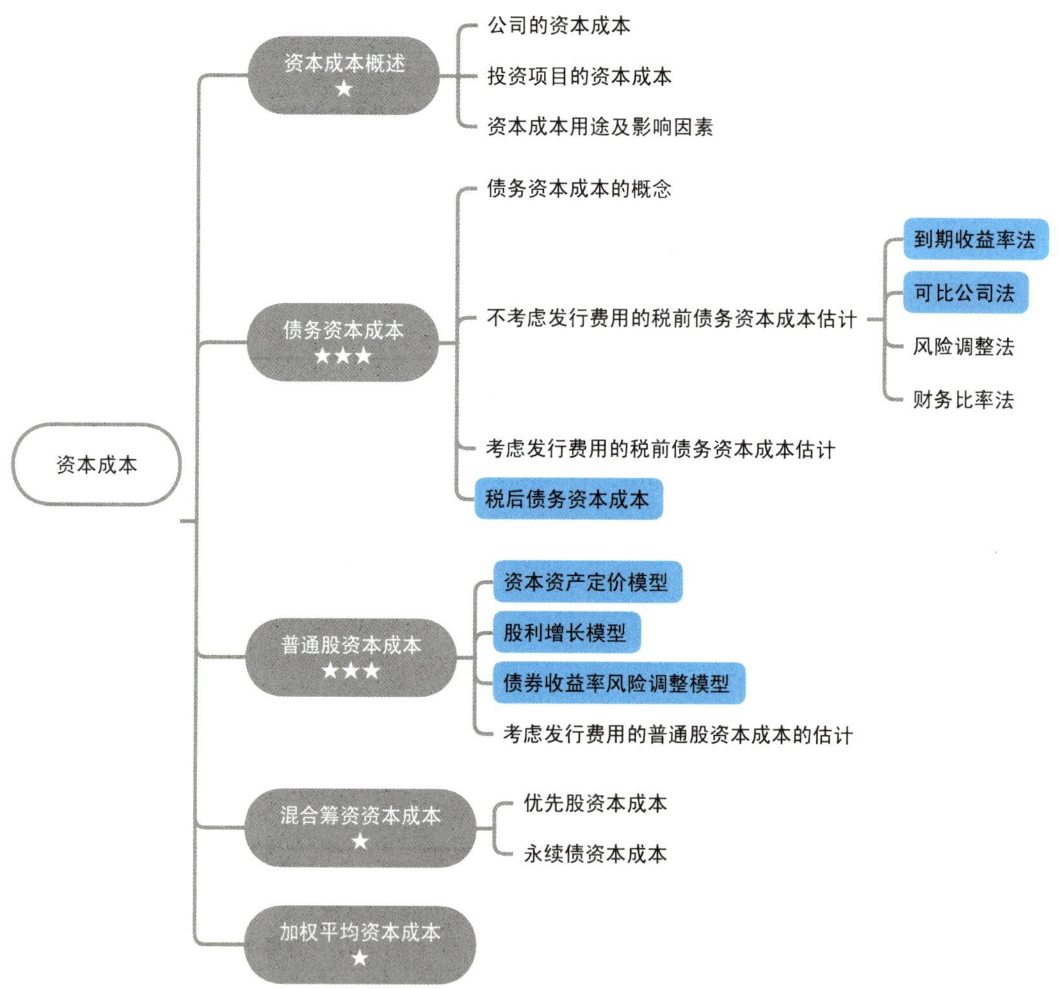

考点1　资本成本概述（★）

资本成本是指投资资本的机会成本。这种成本不是付现成本，而是一种失去的收益，是将资本用于本项投资所放弃的其他投资机会的收益。因此，资本成本也**称为投资项目的取舍率、最低可接受的报酬率（即必要报酬率）**。资本成本的概念包括筹资和投资两个方面，如图4－1所示。

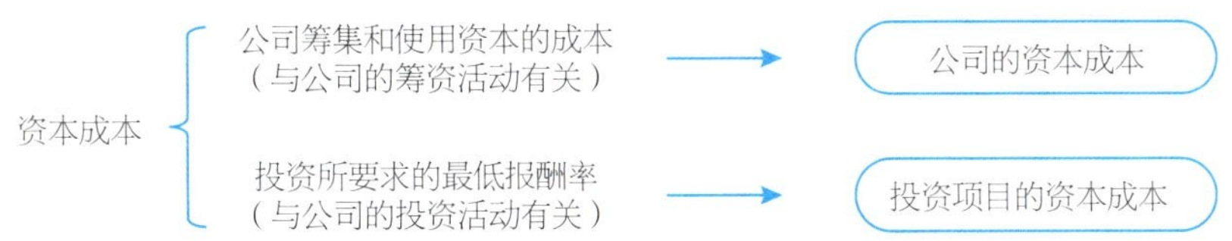

图4－1 资本成本的概念

（一）公司的资本成本

公司的资本成本，是构成公司资本结构的各种资金来源的成本组合，即各种资本要素（债务、普通股、优先股等）成本的加权平均数。

资本成本是公司取得资本使用权的代价，是公司投资人的**必要报酬率**。

资本来源不同，资本成本也不同。

不同公司的资本成本也不相同。一个公司资本成本的高低取决于：（1）无风险利率；（2）经营风险溢价；（3）财务风险溢价。

（二）投资项目的资本成本

投资项目的资本成本，是指项目本身所需投资资本的机会成本，每个项目有自己的机会资本成本。

不同的投资项目，资本成本不同。因为风险不同，所以要求的最低报酬率不同。对于投资项目的资本成本，其高低既取决于资本投向什么样的项目，又受筹资来源影响（见表4－1）。

表4－1 公司资本成本和项目资本成本的区别和联系

区别	公司资本成本是投资人针对整个公司要求的报酬率，或者说是投资者对于公司全部资产要求的最低报酬率；项目资本成本是公司投资于资本支出项目所要求的最低报酬率	
联系	公司新的投资项目风险＝公司现有资产平均风险	项目资本成本＝公司资本成本
	公司新的投资项目的风险＞公司现有资产平均风险	项目资本成本＞公司资本成本
	公司新的投资项目的风险＜公司现有资产平均风险	项目资本成本＜公司资本成本

彬哥解读

若项目风险与公司风险不一致，则资本成本便有差异，此时不能直接用公司资本成本作为项目折现率，需要调整，具体调整方法第五章会学习。常见的风险不一致情况有：

（1）新建项目与原有项目经营范围不一致，如生产手机厂商新设一条生产电脑的生产线；

（2）新建项目需要融资，导致资本结构不一致，如发债融资，财务风险提升。

（三）资本成本用途及影响因素

资本成本的用途有以下五种，具体如何运用，我们将在具体章节中进行讲述（见图4－2、表4－2）。

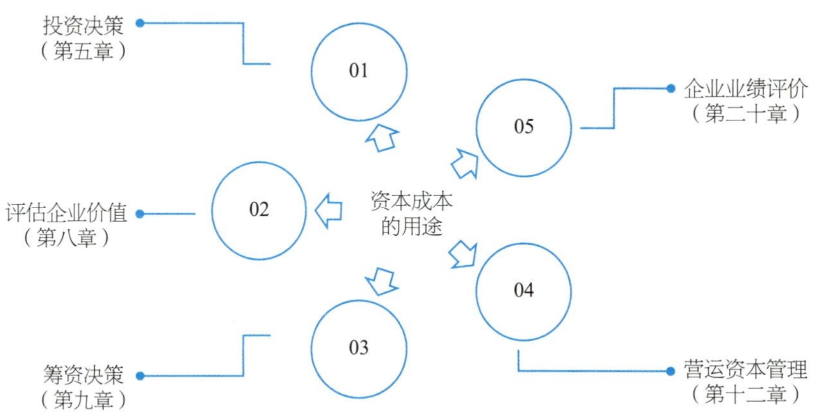

图4-2 资本成本的用途

表4-2 资本成本的影响因素

影响因素		说明
外部因素	利率	市场利率上升，公司的债务成本会上升，同时普通股和优先股的成本也上升
	市场风险溢价	（1）市场风险溢价由资本市场上的**供求双方决定**，个别公司无法控制； （2）市场风险溢价会影响股权成本
	税率	（1）税率是**政府政策**，个别公司无法控制； （2）税率变化直接影响税后债务成本以及公司加权平均资本成本
内部因素	资本结构	（1）公司应适度负债，寻求资本成本最小的资本结构； （2）**增加债务**的比重，**平均资本成本趋于降低**，同时会加大公司的财务风险，财务风险的提高，又会引起**债务成本和权益成本上升**
	投资政策	（1）公司的资本成本反映现有资产的平均风险； （2）如果公司向高于现有资产风险的新项目大量投资，公司资产的平均风险就会提高，并使得资本成本上升

考点2 债务资本成本（★★★）

（一）债务资本成本的概念

债务资本成本就是确定**债权人所要求的报酬率**。

债务筹资的特征：（1）债务筹资产生合同义务；（2）债权人要求归还本息的请求权优先于股东的股利；（3）债权人无权获得高于合同规定之外的利息收益。

理解债务资本成本我们需要注意以下几个问题（见表4-3）。

表4-3 债务资本成本的理解要点

注意区分	理解要点	说明
历史成本VS未来成本	**是未来成本**	作为投资决策和公司价值评估依据的资本成本，是未来借入新债务的成本。**现有债务的历史成本，对于未来的决策是不相关的沉没成本**

续表

注意区分	理解要点	说明
承诺收益 VS 期望收益	**是期望收益**	债权人只能获得合同规定的本金和利息，即承诺收益。但如果筹资公司因特有风险而失败，债权人可能无法得到承诺的本息。**因此，当存在违约风险时，债务投资的期望收益低于合同规定的承诺收益**。 当公司不存在违约风险时，债务成本等于承诺收益
长期债务 VS 短期债务	**考虑长期债务**	不同期限的债务利率不同，由于加权平均资本成本主要用于资本预算，涉及的债务是长期债务，因此**通常只考虑长期债务，而忽略各种短期债务**

【例题4－1·多选题·2012年】公司在进行资本预算时需要对债务成本进行估计。如果不考虑所得税的影响，下列关于债务成本的说法中，正确的有（　　）。

A. 债务成本等于债权人的期望收益

B. 当不存在违约风险时，债务成本等于债务的承诺收益

C. 估计债务成本时，应使用现有债务的加权平均债务成本

D. 计算加权平均债务成本时，通常不需要考虑短期债务

【答案】ABD

【解析】作为投资决策和公司价值评估依据的资本成本，只能是未来借入新债务的成本。现有债务的历史成本，对于未来的决策是不相关的沉没成本，选项C错误。

（二）不考虑发行费用的税前债务资本成本估计

因为有企业所得税的存在，而利息费用是可以抵税的，所以我们将债务成本分为税前债务成本和税后债务成本。

又因为发行债务，我们需要支付一部分发行费用，所以，在估计债务成本的时候，我们也要考虑，是否将发行费用计算在内。

首先我们研究不考虑发行费用情况下如何估计税前债务资本成本，教材列示四种方法，如图4－3所示。

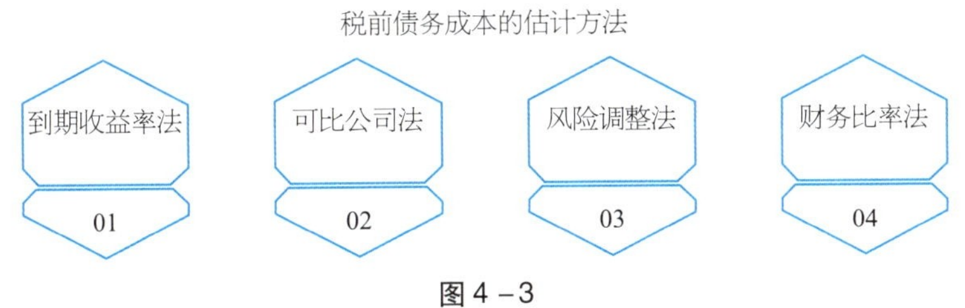

图4－3

1. 到期收益率法（见表4－4）

表4－4

项目	内容
适用条件	公司目前有上市的长期债券
思路	使用内插法求使得**未来现金流出的现值等于现金流入现值**的折现率

续表

项目	内容
图示	债券市价 利息 利息 利息 利息 利息 本金
计算过程	总思路：根据债券估价的公式，使用内插法求出使下式成立的 r_d，即为到期收益率。 $P_0=\sum_{t=1}^{n}\frac{利息}{(1+r_d)^t}+\frac{本金}{(1+r_d)^n}$ 式中，P_0——债券的市价； r_d——到期收益率，即税前债务成本； n——债券的剩余期限，通常以年表示。 【拓展】如果债券不是按年付息，而是每年付息 m 次，则上述公式将调整为： $P_0=\sum_{t=1}^{mn}\frac{利息\div m}{(1+r_d)^t}+\frac{本金}{(1+r_d)^{mn}}$ 债务税前资本成本＝有效年利率＝$(1+r_d)^m-1$ 式中，P_0——债券的市价； r_d——计息期折现率； m——每年计息次数； n——债务的剩余期限，通常以年表示

【例题4－2·计算题】 A公司8年前发行了面值为1 000元、期限为30年的长期债券，利率是7%，每年付息一次，刚支付上年利息，目前市价为900元。求该债券的资本成本为多少？

【解析】 这张债券的现值为900元，我们要把未来22年的所有的现金流折现到现在。

有同学想问，为什么是折现22年，不是期限30年吗？因为债券的资本成本关注的是未来成本，而不是过去成本，该债券是8年前发行的，那么已经过去的8年的现金流和债券资本成本无关，故我们只需要关注从现在到未来长期债券到期的22年。

$$900=\sum_{t=1}^{n}\frac{1\ 000\times 7\%}{(1+r_d)^{22}}+\frac{1\ 000}{(1+r_d)^{22}}$$

用内插法求解：

设折现率＝7%，1 000×7%×(P/A，7%，22)＋1 000×(P/F，7%，22)＝1 000

设折现率＝8%，1 000×7%×(P/A，8%，22)＋1 000×(P/F，8%，22)＝897.95

使用插值法：

$$\frac{1\ 000-897.95}{8\%-7\%}=\frac{1\ 000-900}{r_d-7\%}$$

解出：$r_d=7.98\%$。

【提示】 图解插值法：

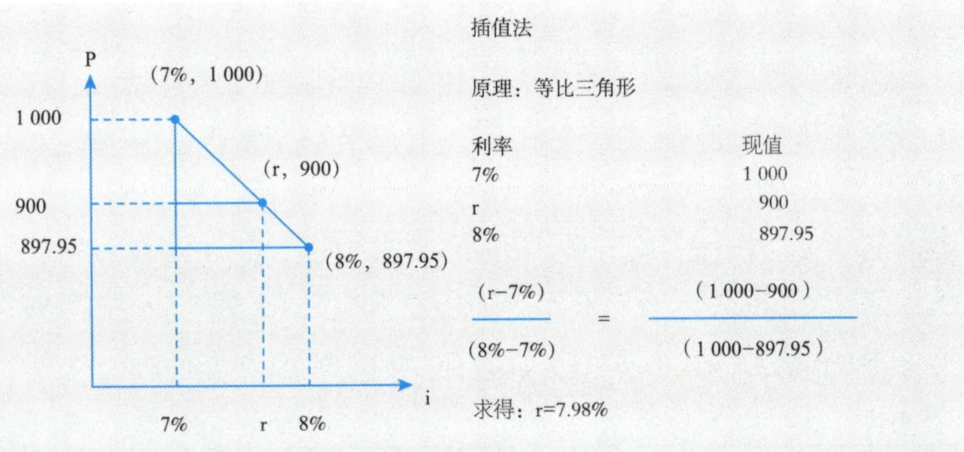

【例题4－3·计算题】 承【例题4－2】，假设其他条件不变，该债券每半年付息一次。

$$900=\sum_{t=1}^{44}\frac{利息\div 2}{(1+r_d)^t}+\frac{本金}{(1+r_d)^{44}}$$

$900=1\ 000\times(7\%\div 2)\times(P/A,\ r_d,\ 44)+1\ 000\times(P/F,\ r_d,\ 44)$

用内插法求解，$r_d=3.99\%$。

债务税前资本成本$=(1+r_d)^2-1=8.14\%$

彬哥解读

到期收益率法的使用要点：

(1) 先确定计息期，每年付息一次还是多次。

(2) 利用插值法计量，注意若计息期是一年多次，插值法计量的是计息期利率。此时需要换算成有效年利率得到税前债务资本成本。

2. 可比公司法（见表4－5）

表4－5

项目	内容
适用条件	公司目前没有上市债券，但可以找到拥有可交易债券的可比公司作为参照物
思路	计算可比公司长期债券的到期收益率，作为本公司的长期债务成本
可比公司的选择	可比公司应当与目标公司**处于同一行业**，具有**类似的商业模式**。 最好两者的**规模、负债比率和财务状况也比较类似**

【例题4－4·多选题·2015年】 甲公司目前没有上市债券，在采用了可比公司法测算公司债务资本成本时，选择的可比公司应具有的特征有（　　）。

A. 与甲公司在同一行业　　B. 拥有可上市交易的长期债券

C. 与甲公司商业模式类似　　D. 与甲公司在同一生命周期阶段

【答案】 ABC

【解析】

①采用可比公司法测算，适用前提是可比公司拥有可交易债券（长期债券），选项 B 正确。

②可比公司应当与目标公司处于同一行业，具有类似的商业模式，选项 AC 正确。

3. 风险调整法（见表 4 －6）

表 4 －6

项目	内容
适用条件	公司目前没有上市债券，也找不到合适的可比公司，但是有信用评级
基本公式	**税前债务成本 = 政府债券的市场回报率 + 公司信用风险补偿率**
图示	税前债务成本 = 政府债券的市场回报率 + 企业的信用风险补偿率 政府债券的市场回报率 → 政府债券到期收益率 企业的信用风险补偿率 → 企业债券风险补偿率
计算过程	**第一步：** 找若干上市公司债券的到期收益率： （1）选择若干信用级别与本公司相同的上市公司的债券（不一定符合可比公司条件）； （2）计算这些债券的到期收益率。 **第二步：** 找长期政府债券到期收益率。 计算与这些上市公司债券同期（到期日相同或相近）的长期政府债券到期收益率（无风险利率）。 **第三步：** 计算平均差额： （1）计算上述两种债券到期收益率的差额，即信用风险补偿率； （2）计算信用风险补偿率的平均值，并作为本公司的信用风险补偿率； （3）根据公式计算得到税前债务资本成本

彬哥解读

（1）确定政府债券的市场回报率时，要注意：

①选择的政府债券是到期日与目标公司拟发行债券的到期日相同或相近的长期政府债券，而非发行期限相同。

②使用的是长期政府债券的到期收益率，而非票面利率。

（2）选择上市公司债券时：

使用的是上市公司债券的到期收益率，而非票面利率。

(3) 可比公司法和风险调整法都需要找可比公司作为参照进行计量，然而两种方法找参照物方式不同，**可比公司法**寻找**同一行业、类似商业模式、有上市债券**的公司作为参照；**风险调整法**寻找**信用评级相同**的公司作为参照。

4. 财务比率法

适用条件：公司**没有上市的长期债券，找不到合适的可比公司，并且找不到信用评级**的资料。

通过计算出目标公司的关键财务比率，大致判断信用级别，然后和风险调整法步骤一致。(实质也是风险调整法)

(三) 考虑发行费用的税前债务资本成本估计

在估计债券资本成本时考虑发行费用，需要将其从筹资额中扣除，此时，债务的税前成本 r_d 应使下式成立：

$$P_0 \times (1-F) = \sum_{t=1}^{n} \frac{利息}{(1+r_d)^t} + \frac{本金}{(1+r_d)^n}$$

式中，P_0——债券发行价格；

F——发行费用率；

n——债券期限；

r_d——经发行费用调整后的债券**税前**资本成本。

【例题 4-5·计算题】 ABC 公司拟发行 30 年期的债券，面值 1 000 元，利率 10%（按年付息），所得税税率 25%，平价发行，发行费用率为面值的 1%。求该债券的资本成本为多少？

【解析】 将数据代入公式：

$$1\,000 \times (1-1\%) = \sum_{t=1}^{30} \frac{1\,000 \times 10\%}{(1+r_d)^{30}} + \frac{1\,000}{(1+r_d)^{30}}$$

利用内插法求解：

设折现率 = 10%，1 000 × 10% × (P/A，10%，30) + 1 000 × (P/F，10%，30) = 999.99

设折现率 = 11%，1 000 × 10% × (P/A，11%，30) + 1 000 × (P/F，11%，30) = 913.08

使用插值法：

$$\frac{999.99-913.08}{10\%-11\%} = \frac{990-913.08}{r_d-11\%}$$

解出：$r_d = 10.11\%$。

（四）税后债务资本成本

债务的利息可以抵税，因此负债的税后成本低于税前成本。而且公司的债务成本也小于债权人要求的报酬率。

税后债务成本 = 税前债务成本 ×（1 − 所得税税率）

考点3 普通股资本成本（★★★）

普通股成本是指筹集普通股所需的成本。这里的筹资成本，是指未来的成本。

增加普通股的方式有两种：增发新的普通股、留存收益转增普通股。

发行普通股，我们一样要考虑是否有发行费用，故我们从是否考虑发行费用来讲解普通股资本成本的估计。

因为留存收益来源于净利润，归属于股东权益，并不存在发行费用。但如果股东愿意将其留用于公司，其必要报酬率与普通股相同，故**留存收益资本成本的估计与不考虑发行费用的普通股资本成本相同**。

（一）资本资产定价模型（CAPM 模型）

资本资产定价模型是估计普通股资本成本的常用方法，按照资本资产定价模型，普通股资本成本等于无风险利率加上风险溢价。

基本公式：

$$r_s = r_{Rf} + \beta \times (r_m - r_{Rf})$$

式中，r_{Rf}——无风险利率；

β——该股票的贝塔系数；

r_m——平均风险股票报酬率；

$r_m - r_{Rf}$——市场风险溢价、市场风险补偿率、市场风险收益率；

$\beta \times (r_m - r_{Rf})$——该股票的风险溢价。

彬哥解读

上述指标在题目中的叫法不止一种，其他的表达方式也要了解一下：

（1）r_{Rf}也叫无风险收益率、国库券利率等。

（2）r_m也叫股票（证券）市场的平均收益率、市场组合的必要报酬率等。

（3）$r_m - r_{Rf}$也叫股票（证券）市场的风险收益率、证券市场的风险溢价率等。

（4）$\beta \times (r_m - r_{Rf})$也叫股票的风险收益率、股票的风险补偿率。

【例题4-6·计算题】市场无风险利率为10%，平均风险股票报酬率为14%，某公司普通股β值为1.2。求新公司普通股发行成本。

【解析】$r_s = 10\% + 1.2 \times (14\% - 10\%) = 14.8\%$

根据资本资产定价模型计算普通股的资本成本，必须估计无风险利率、股票的贝塔系数以及市场风险溢价（见表4-7）。

表 4 –7 资本资产定价模型计算资本成本时的注意要点

项目	要点	说明
无风险利率的估计	长期政府债券 or 短期政府债券	一般选用长期政府债券利率，最常见的做法是选用**10 年期**的**政府债券**利率代表无风险利率
	名义利率 or 实际利率	一般使用含通货膨胀的无风险利率（即名义利率）计算资本成本，只有在以下两种情况下，才使用实际利率（不包含通货膨胀）： ①存在恶性通货膨胀；②预测周期特别长，通货膨胀影响巨大。 【补充】名义利率与实际利率的关系： 名义利率 =（1 + 实际利率）×（1 + 通货膨胀利率）– 1
		名义现金流量与实际现金流量的关系： 名义现金流量 = 实际现金流量 ×（1 + 通货膨胀率）^{n} 其中：n 是相对于基期的期数。 决策原则：折现率要与现金流一致，即含有通货膨胀的现金流量要使用含有通货膨胀的折现率进行折现，实际的现金流量要使用实际的折现率进行折现
股票 β 值的估计	历史期间的长度	公司风险特征**无重大变化**时，可以采用**5 年或更长**的历史期长度； 公司风险特征**发生重大变化**，应当使用**变化后**的年份作为历史期长度
	收益计量的时间间隔	股票报酬率可能建立在每年、每月、每周，甚至每天的基础上。一般被广泛应用的是使用每周或每月的报酬率
	时间基础	影响 β 值的关键驱动因素只有两个：**经营风险和财务风险**。如果公司在这两方面**没有显著改变**，则**可以用历史的 β 值**估计股权成本
市场风险溢价的估计	时间跨度	应该选择**较长**的时间跨度，既包括经济繁荣时期，也包括经济衰退时期
	市场平均收益率的选择	算术平均数是样本年收益率的简单平均，几何平均数是同一时期内年收益率的复合平均数，多数人倾向于采用**几何平均法**。几何平均法得出的预期风险溢价，一般情况下比算术平均法要低一些

彬哥解读

（1）本章研究资本资产定价模型着重点在于实务运用中，各个参数如何寻找，参数要点属于客观题重点知识，需要同学们熟记于心；

（2）理论上股权无到期时间，因此各参数一般选择长期数据作为参照，如**无风险利率、市场组合风险溢价**都选择**较长时间**，但 β 值反映的是风险，如果风险特征发生变化，则变化之前的数据就是无效数据，不应选择变化前的数据。

【例题 4 –7 · 单选题 · 2010 年】 下列关于“运用资本资产定价模型估计权益成本”的表述中，错误的是（　　）。

A. 通货膨胀率较低时，可选择上市交易的政府长期债券的到期收益率作为无风险利率

B. 公司三年前发行了较大规模的公司债券，估计 β 系数时应使用发行债券日之后的交易数据计算

C. 金融危机导致过去两年证券市场萧条，估计市场风险溢价时应剔除这两年的数据

D. 为了更好地预测长期平均风险溢价，估计市场风险溢价时应使用权益市场的几何平均收益率

【答案】 C

【解析】 由于股票收益率非常复杂多变，影响因素很多，因此较短的期间所提供的风险溢价比较极端，无法反映平均水平，因此应选择较长的时间跨度，既要包括经济繁荣时期，也要包括经济衰退时期，选项C错误。

（二）股利增长模型

股利增长模型**假设收益（即股利）是以固定的年增长率递增**的，所以股权资本成本的计算公式：

$$r_s = \frac{D_1}{P_0} + g$$

其中，r_s——普通股成本（无特别说明的情况下，是**税后**的资本成本）；

D_1——预期下年现金股利额；

P_0——普通股当前市价；

g——股利增长率。

使用股利增长模型的主要问题是估计长期平均增长率 g。若一家企业在支付股利，那么 D_0 就是已知的，则 $D_1 = D_0 \times (1+g)$。估计长期平均增长率的方法有三种，见表 4－8。

表 4－8　**增长率 g 的估计方法**

历史增长率	根据过去的股利支付数据估计未来的股利增长率	
	几何平均数计算	适合投资者在整个期间长期持有股票； 由于股利折现模型的增长率需要长期的平均增长率，几何增长率更符合。 $g = \sqrt[n]{\frac{FV}{PV}} - 1$ 其中，PV——最早一期支付的股利；FV——最近一期支付的股利；n 是股息增长期的期间数
	算术平均数计算	适合在某一段时间持有股票的情况
可持续增长率	适用条件：**未来不增发新股（或股票回购）**，保持当前的**经营效率和财务政策（利润留存率）不变；新投资的权益净利率等于当前期望报酬率**。 股利增长率＝可持续增长率＝期初权益预期净利率×预计利润留存率	
采用证券分析师的预测	证券服务机构的分析师会经常发布大多数上市公司的增长率预测值。我们估计增长率时，可以将不同分析师的预测值进行汇总，并求其平均值。 注意：在三种增长率中，采用分析师的预测增长率可能是最好的方法	

【例题 4－8·计算题】 ABC 公司 2011～2015 年的股利支付情况如下表所示，分别求该公司的几何增长率和算术增长率。

年份	2011 年	2012 年	2013 年	2014 年	2015 年
股利	0.16	0.19	0.20	0.22	0.25

【解析】ABC 公司的股利（几何）增长率为：$g=\sqrt[4]{0.25/0.16}-1=11.8\%$

ABC 公司的股利（算术）增长率为：

$$g=\left(\frac{0.19-0.16}{0.16}+\frac{0.20-0.19}{0.19}+\frac{0.22-0.20}{0.20}+\frac{0.25-0.22}{0.22}\right)\div 4=11.91\%$$

（三）债券收益率风险调整模型（见表 4-9）

表 4-9

含义	根据“风险越大，要求的报酬率越高”原理，普通股股东对公司的投资风险大于债券投资者，因而会在债券投资者要求的收益率上再要求一定的风险溢价
公式	基本公式：$r_s=r_{dt}+RP_c$ 其中，r_{dt}——目标公司自身税后债务成本； RP_c——股东比债权人承担更大风险所要求的风险溢价
补充	风险溢价是凭借经验估计的。一般认为，某公司普通股风险溢价对其自己发行的债券来讲，在 3%~5% 之间。对风险较高的股票用 5%，风险较低的股票用 3%

彬哥解读

（1）区分债券收益率风险调整模型和风险调整法。

债券收益率风险调整模型，是估计股权成本的。其中债券收益指自己公司长期债券的税后债务成本。风险调整法是估计债务成本的。

（2）风险调整法基本公式：**税前债务成本 = 政府债券的市场回报率 + 公司信用风险补偿率**。

其中，公司信用风险补偿率的确定，要选择**信用级别相同**的上市公司长期债券的**到期收益率**；计算无风险利率，要选择同这些上市公司长期债券**到期日相同或相近**的政府长期债券到期收益率。

【例题 4-9·单选题·2012 年】 甲公司是一家上市公司，使用“债券收益率风险调整模型”估计甲公司的权益资本成本时，债券收益是指（　　）。

A. 政府发行的长期债券的票面利率

B. 政府发行的长期债券的到期收益率

C. 甲公司发行的长期债券的税前债务成本

D. 甲公司发行的长期债券的税后债务成本

【答案】 D

【解析】 按照债券报酬率风险调整模型，$r_s=r_{dt}+RP_c$，其中，债券是指本公司发行的长期债券，债券收益率是指税后债务成本。

（四）考虑发行费用的普通股资本成本的估计

把发行费用考虑在内，新发行普通股资本成本的计算公式则为：

$$r_s = \frac{D_1}{P_0 \times (1-F)} + g$$

式中，F——发行费用率。

考点4 混合筹资资本成本（★）

混合筹资兼具债权筹资和股权筹资双重属性，主要包括优先股筹资、永续债筹资、可转换债券筹资和附认股权证债券筹资等。此处只介绍优先股和永续债筹资资本成本的估计。

（一）优先股资本成本

优先股资本成本包括股息和发行费用。优先股股息通常是固定的，公司税后利润在派发普通股股利之前，优先派发优先股股息。公式如下：

$$r_p = \frac{D_p}{P_p \times (1-F)}$$

式中，r_p——优先股资本成本；

D_p——优先股每股年股息；

P_p——优先股每股发行价格；

F——优先股发行费用率。

【例题4-10·计算题】某公司拟发行一批优先股，每股发行价格105元，每股发行费用5元，预计每股年股息10元，求该优先股资本成本为多少？

【解析】$r_p = 10 \div (105-5) = 10\%$

（二）永续债资本成本

永续债在"货币时间价值"中学习过，永续债是指没有明确到期日或期限非常长的债券，一般附有发行人赎回条款或利率调整条款。永续债清偿顺序优先于优先股和普通股；永续债利息未获全额清偿前，清偿顺序相同或靠后的证券也不得派息。

永续债资本成本的估计与优先股类似，公式如下：

$$r_{pd} = \frac{I_{pd}}{P_{pd} \times (1-F)}$$

式中，r_{pd}——永续债的资本成本；

I_{pd}——永续债每年利息；

P_{pd}——永续债发行价格；

F——永续债的发行费用率。

企业发行的永续债或优先股应按金融工具准则进行分类。对于分类为**金融负债**的永续债或优先股，无论其名称中是否包含"债"，其利息支出或股利分配，原则上按照借款费用进行处理，**可以税前扣除**，并可在此基础上计算税后资本成本；对于分类为**权益工具**的永续债或优先股，无论其名称中是否包含"股"，其利息支出或股利分配都应当作为发行企业的利润分配，**不可税前扣除**，此已为税后资本成本。

考点5 加权平均资本成本（★）

加权平均资本成本是**公司全部长期资本**的平均成本，一般按照各种长期资本的比例加权计算，故称加权平均资本成本。

其中，债务成本是**发行新债务的成本**，而不是已有债务的成本；股权成本是**新筹集权益资本的成本**，而不是过去的股权成本。

计算公司的加权平均资本成本，有三种权重依据可供选择，即账面价值权重、实际市场价值权重和目标资本结构权重，具体见表4－10。

表4－10 加权平均资本成本的计算方法

计算方法	特征	特点
账面价值权重	根据公司资产负债表上显示的会计价值来衡量每种资本的比例	优点：资料容易取得，计算方便； 缺点：当资本的账面价值与市场价值差别较大时，计算结果与实际差别大，不一定符合未来状态，会歪曲资本成本
实际市场价值权重	根据当前负债和权益的市场价值比例衡量每种资本的比例	由于证券市场价格变动频繁，由此计算出的资本成本也是经常变化的
目标资本结构权重	根据按市场价值计量的目标资本结构衡量每种资本要素的比例	选用平均市场价格，回避证券市场价格变动频繁的不便；适用于公司**评价未来的资本结构**

恭喜你，
已完成第四章的学习

扫码免费进 >>>
2022年CPA带学群

所有人都在挣扎，只不过有些人没有将努力诉诸人前而已。所以，看到别人意气风发的一面，不要只是羡慕、激昂，还要看到他们在背后日日夜夜的辛苦付出。没有人能随随便便成功。

CHAPTER FIVE

第五章 投资项目资本预算

考情雷达

本章研究经营资产投资，传统工商业依靠经营资产获取现金流。本章首先会学习评价项目好坏的方法，了解评价方法后需要用到现金流、折现率，由此展开现金流构成、折现率调整的学习，最后还会学习不确定性研究，即敏感分析。敏感分析的学习着重于思路的学习，考试中并不强求每一位同学都能做出敏感分析题目，计算量过大。

本章属于全书绝对重点章节，几乎每年必考，通常考查主观题，平均分值在 12 分左右。本章节内容与去年相比无实质性变化。

考点地图

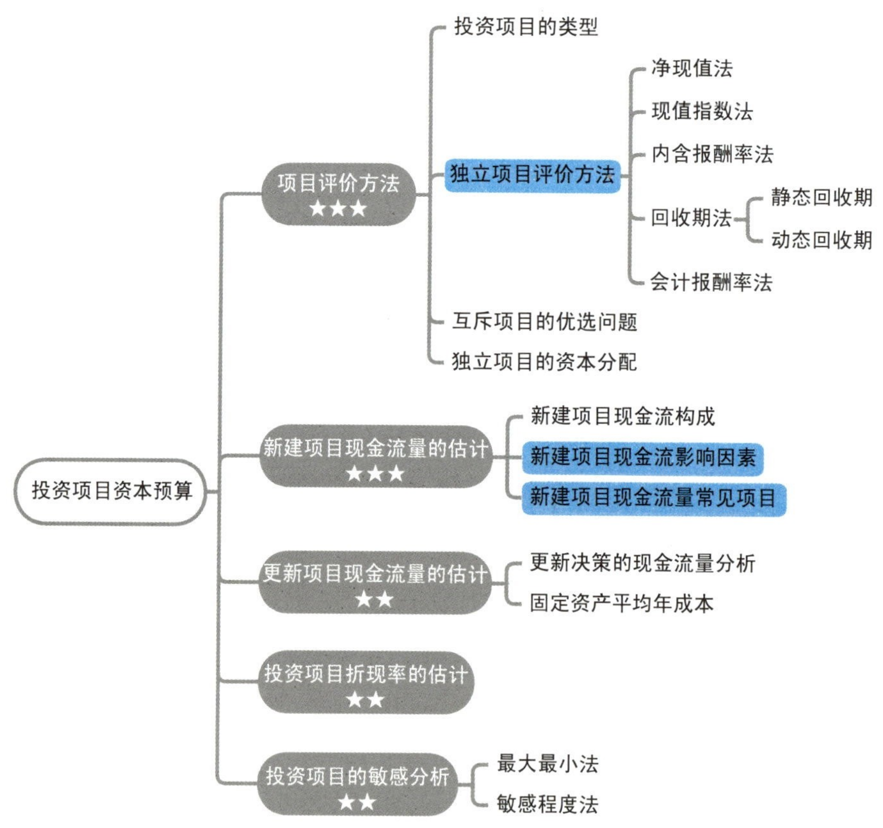

考点1 项目评价方法（★★★）

（一）投资项目的类型

（1）投资项目划分依据不同，则划分种类不同。

我们按所投资对象，将经营性长期资产投资项目分为五种类型：

①新产品开发或现有产品的规模扩张项目。通常需要添置新的固定资产（最具一般意义）。

②设备或厂房的更新项目。

③研究与开发项目。

④勘探项目。

⑤其他项目。包括劳动保护设施建设、购置污染控制装置等。

（2）按投资项目之间的相互关系，投资项目可分为独立项目和互斥项目。

独立项目是相容性投资，各投资项目之间互不关联、互不影响，可以同时并存。对于此类项目，我们决策时只需要考虑方案本身能否满足某种决策标准。

互斥项目是非相容性投资，各投资项目之间相互关联、相互替代，不能同时并存。对于此类项目，我们决策时需要考虑每个方案之间的互斥性，从中选择最优方案。

（二）独立项目评价方法

投资项目评价使用的基本方法是现金流量折现法，主要有净现值法和内含报酬率法。此外，还有一些辅助方法，主要是回收期法和会计报酬率法。

1. 净现值法（NPV）（见表5－1）

表5－1

项目	说明
含义	净现值（NPV）是指特定项目未来现金净流量现值与原始投资额现值的差额
计算公式	**净现值＝未来现金净流量现值－原始投资额现值**
决策原则	净现值＞0，表明项目的投资报酬率＞资本成本，投资项目可行； 净现值＝0，表明项目的投资报酬率＝资本成本，可选择采纳或不采纳； 净现值＜0，表明项目的投资报酬率＜资本成本，投资项目不可行
优点	具有广泛的适用性，在理论上也比其他方法更完善
缺点	是绝对值指标，在比较投资额或寿命期不同的项目时有一定的局限性； 没有揭示项目本身的投资报酬率

【例题5－1·计算题】设企业的资本成本为10%，有三项投资项目。有关数据如下表所示。要求：通过计算三个项目的净现值，判断每个项目的可行性。

单位：万元

年限	A项目			B项目			C项目		
	净利润	折旧	现金净流量	净利润	折旧	现金净流量	净利润	折旧	现金净流量
0			(20 000)			(9 000)			(12 000)
1	1 800	10 000	11 800	(1 800)	3 000	1 200	600	4 000	4 600
2	3 240	10 000	13 240	3 000	3 000	6 000	600	4 000	4 600
3				3 000	3 000	6 000	600	4 000	4 600
合计	5 040		5 040	4 200		4 200	1 800		1 800

注：表内使用括号的数字为负数。

【答案】

净现值（A）=(11 800×0.9091+13 240×0.8264)-20 000=21 668.92-20 000=1 668.92（万元）

净现值（B）=(1 200×0.9091+6 000×0.8264+6 000×0.7513)-9 000=10 557.12-9 000=1 557.12（万元）

净现值（C）=4 600×2.487-12 000=11 440.2-12 000=-559.80（万元）

A、B两个项目投资的净现值为正数，说明这两个项目的投资报酬率均超过10%，都可以采纳。C项目净现值为负数，说明该项目的报酬率达不到10%，应予放弃。

2. 现值指数法（PI）（见表5-2）

表5-2

项目	说明
含义	现值指数是指投资项目未来现金净流量现值与原始投资额现值的比值，亦称现值比率或获利指数
计算公式	**现值指数=未来现金净流量现值÷原始投资额现值**
决策原则	现值指数>1，表明项目的投资报酬率>资本成本，投资项目可行； 现值指数=1，表明项目的投资报酬率=资本成本，可选择采纳或不采纳； 现值指数<1，表明项目的投资报酬率<资本成本，投资项目不可行
优点	是相对值指标，消除了投资额的差异
缺点	没有消除项目期限的差异； 没有揭示项目本身的投资报酬率

【例题5-2·计算题】承【例题5-1】，要求：根据资料分别计算三个项目的现值指数。

【答案】根据资料，三个项目的现值指数如下：

现值指数（A）=(11 800×0.9091+13 240×0.8264)÷20 000=21 668.92÷20 000=1.08

现值指数（B）=(1 200×0.9091+6 000×0.8264+6 000×0.7513)÷9 000=10 557.12÷9 000=1.17

现值指数（C）=(4 600×2.487)÷12 000=11 440.2÷12 000=0.95

3. 内含报酬率法（IRR）（见表5-3）

表5-3

项目	说明
含义	内含报酬率是指能够使未来现金净流量现值等于原始投资额现值的折现率，或者说是使**投资项目净现值为零的折现率**
计算方法	（1）当各年现金净流量相等时： 利用内插法，计算使项目“净现值=0”时的折现率（即为内含报酬率）。 （2）当各年现金净流量不相等时： 采用逐步测试法。先估计一个折现率用来计算净现值，再根据净现值与零的大小关系逐步测试，直到找出净现值接近于零的折现率（即为内含报酬率）

续表

项目	说明
决策原则	内含报酬率 > 项目资本成本（或要求的最低报酬率），投资项目可行； 内含报酬率 = 项目资本成本（或要求的最低报酬率），可选择采纳或不采纳； 内含报酬率 < 项目资本成本（或要求的最低报酬率），投资项目不可行
评价	是相对值指标，可比性较强； 是根据项目的现金流量计算的，是项目本身的投资报酬率

【例题 5-3·计算题】 根据表 1 中所给资料，求出项目 A 的内含报酬率。

表 1

项目	第 0 年	第 1 年	第 2 年	第 3 年	合计
净利润		1 800	3 240		5 040
折旧		10 000	10 000		
现金净流量	-20 000	11 800	13 240		5 040

【解析】 用 18% 的折现率进行测试，其净现值为 -499 万元。我们将折现率降低到 16%，得到净现值为 9 万元。测试过程如表 2 所示。

表 2　　A 项目内含报酬率的测试　　单位：万元

年限	现金净流量	折现率 = 18%		折现率 = 16%	
		折现系数	现值	折现系数	现值
0	(20 000)	1	(20 000)	1	(20 000)
1	11 800	0.847	9 995	0.862	10 172
2	13 240	0.718	9 506	0.743	9 837
净现值			(499)		9

接下来，用内插法，计算净现值为 0 的折现率。

$$\frac{-499-9}{18\%-16\%}=\frac{0-9}{r_d-16\%}$$

解出：$r_d=16.04\%$，故项目 A 的内含报酬率为 16.04%。

【例题 5-4·单选题】 一般情况下，使某投资方案的净现值小于零的折现率（　　）。

A. 一定小于该投资方案的内含报酬率

B. 一定大于该投资方案的内含报酬率

C. 一定等于该投资方案的内含报酬率

D. 可能大于也可能小于该投资方案的内含报酬率

【答案】B

【解析】当投资方案净现值 <0 时，内含报酬率 < 资本成本（折现率），所以选项 B 正确。

表 5-4　　NPV、PI、IRR 对比总结

	净现值（NPV）	现值指数（PI）	内含报酬率（IRR）
含义	未来现金净流量现值 - 原始投资额现值	未来现金净流量现值 ÷ 原始投资额现值	投资项目**净现值为零**的折现率
相同点	**在评价单一项目是否可行的时候，结论一致：** 当净现值 >0 时，现值指数 >1，内含报酬率 > 资本成本率； 当净现值 =0 时，现值指数 =1，内含报酬率 = 资本成本率； 当净现值 <0 时，现值指数 <1，内含报酬率 < 资本成本率		
不同点	**绝对数**指标，反映投资效益	**相对数**指标，反映投资效率	
	指标大小受折现率影响，折现率的选择，会影响方案的优先次序		指标大小不受折现率影响

4. 回收期法

（1）静态回收期。

静态回收期是指投资引起的未来净流量累积到与原始投资额相等所需要的时间。代表收回投资所需要的年限。回收年限越短，项目越有利。

①在原始投资一次支出，每年现金净流量相等时：**静态回收期 = 原始投资额/未来每年现金净流量**

②现金净流量每年不相等，或原始投资是分几年投入的，则使累计现金净流量等于原始投资额的时间为静态回收期。

决策原则：**项目的回收期短于可接受的回收期，项目可行，反之项目不可行。**

优点：静态回收期法计算简便；并且容易为决策人所正确理解；可以大体上衡量项目的流动性和风险。

缺点：不仅**忽视了时间价值**，而且**没有考虑回收期以后的收益**，促使公司**接受短期项目**，放弃有战略意义的长期项目。

【例题 5-5·计算题】某公司有 A、B 两个项目，具体数据如下表所示。分别算出项目 A、B 的回收期。

年限	项目 A		项目 B			
	原始投资	现金流入	原始投资	现金流入	净现金流量	累计净现金流量
0	(12 000)		(4 000)		(4 000)	(4 000)
1		4 600	(4 000)	4 600	600	(3 400)
2		4 600	(4 000)	5 000	1 000	(2 400)
3		4 600		5 200	5 200	2 800

【解析】 项目 A，第一年和第二年总共回收 9 200 万元，还差 2 800 万元，因此静态回收期为：2 +2 800 ÷4 600 =2.61（年）。

项目 B，因为初始投资分三年投入，前两年的累计现金净流量为 −2 400 万元，故还差 2 400 万元。因此静态回收期为：2 +2 400 ÷5 200 =2.46（年）。

（2）动态回收期（折现回收期）。

为了克服静态回收期法不考虑时间价值的缺陷，人们提出了动态回收期法。

动态回收期是指在考虑货币时间价值的情况下，投资引起的未来现金净流量累积到与原始投资额相等所需要的时间。

缺点：仍然**没有考虑回收期以后的收益**。

【例题 5 −6 · 计算题】 某项目 A，共投资 12 000 万元，从第一年年初开始，分三年投入。这三年的现金流入分别是：第一年 4 600 万元、第 2 年 5 000 万元、第 3 年 5 200 万元。假设折现率为 10%，算出项目 A 的动态回收期。

【解析】 项目 A 投资回收期计算如下表所示。

年限	原始投资	现金流入	净现金流量	折现系数（10%）	净现值	累计净现值
0	（4 000）		（4 000）		（4 000）	（4 000）
1	（4 000）	4 600	600	0.9091	545.46	（3 454.54）
2	（4 000）	5 000	1 000	0.8264	826.4	（2 628.14）
3		5 200	5 200	0.7513	3 906.76	1 278.62

动态回收期 =2 +2 628.14 ÷3 906.76 =2.67（年）

【例题 5 −7 · 多选题 · 2013 年】 动态投资回收期法是长期投资项目评价的一种辅助方法，该方法的缺点有（　　）。

A. 忽视了资金的时间价值

B. 忽视了折旧对现金流的影响

C. 没有考虑回收期以后的现金流

D. 促使放弃有战略意义的长期投资项目

【答案】 CD

【解析】 动态投资回收期考虑了货币的时间价值，选项 A 错误。投资回收期是以现金流量为基础的指标，在考虑所得税的情况下，是考虑了折旧对现金流的影响的，选项 B 错误。

5. 会计报酬率法

会计报酬率因在计算时使用会计报表上的数据而得名，相关内容如表 5 −5、表 5 −6 所示。

表5-5

项目	说明
含义	会计报酬率根据估计的项目整个寿命期年平均净利润与估计的资本占用之比计算而得
计算方法	(1)简单地把原始投资额当作资本占用： $会计报酬率=\frac{年平均净利润}{原始投资额}\times100\%$ (2)计算项目寿命期内平均资本占用： $会计报酬率=\frac{年平均净利润}{平均资本占用}\times100\%=\frac{年平均净利润}{(原始投资额+投资净残值)/2}\times100\%$
决策原则	项目的**会计报酬率>期望的报酬率，项目可行**，反之项目不可行
优点	是一种衡量盈利性的简单方法，使用的概念易于理解；使用财务报告的数据，容易取得；考虑了整个项目寿命期的全部利润；使经理人员知道业绩的预期，也便于项目后续评价
缺点	使用账面收益而非现金流量，忽视了折旧对现金流量的影响； 忽视了净收益的时间分布对于项目经济价值的影响

表5-6　决策方法对比

	净现值	现值指数	内含报酬率	静态回收期	动态回收期	会计报酬率
考虑全部收益	√	√	√	×	×	√
考虑货币时间价值	√	√	√	×	√	×
考虑风险	√	√	√	×	√	×
考虑折旧对现金流影响	√	√	√	√	√	×
考虑长期收益	√	√	√	×	×	√

(三)互斥项目的优选问题

互斥项目，是指接受一个项目就必须放弃另一个项目的情况，通常它们是为了解决一个问题设计的两个备选方案。

在评价互斥项目的时候，评价指标很可能出现矛盾，最常见的是**基本指标净现值和内含报酬率出现矛盾**，这个时候我们如何取舍？

出现矛盾的原因主要有两种：一是投资额不同；二是项目寿命不同。

1. 投资额不同(寿命期相同)

以**净现值法结论优先**。因为它可以给股东带来更多的财富。

2. 项目寿命不同(投资额也不同)

如果因项目寿命不同，而引起矛盾，我们有两种解决办法：一是共同年限法；二是等额年金法。

(1)共同年限法。

原理：假设投资项目可以在终止时进行重置，通过重置使两个项目**达到相同的年限，然后比较其净现值**。该方法也被称为重置价值链法。

比如A项目是3年，B项目是4年，那么可以假设两者年限都是12年(即一般找最小公倍数)，这样 A 项目总共需要 4 个 3 年，B 项目需要 3 个 4 年。然后分别计算 A 和 B 的净现值，净现值高的是较好的项目。

（2）等额年金法。

等额年金法是通过比较多个备选方案的等额年金判断方案孰优孰劣的方法。

方案的等额年金是方案的净现值与方案年金现值系数的比值，其经济含义是考虑时间价值，将方案的净收益现值平均分摊到整个项目寿命期内，看哪个方案每年的净收益更高，每年的净收益更高者更优。

计算步骤如下：

①计算两项目的净现值；

②计算净现值的等额年金额，**等额年金额 $=\frac{\text{该方案净现值}}{(P/A,\ i,\ n)}$**；

③计算**永续净现值：永续净现值 = 等额年金额 ÷ 资本成本 i**。

彬哥解读

（1）其实，等额年金法的最后一步即永续净现值的计算，并非总是必要的。在资本成本相同时，等额年金大的项目永续净现值肯定大，根据等额年金大小就可以直接判断项目的优劣。

（2）如果站在支出角度去计算等额年金，就是后面学习固定资产更新改造中的年平均成本。

（3）无论是共同年限法还是等额年金法，思路都是假设项目可以重置，但实务中项目不可能原样复制，因此最大的缺点在于重置假设不合理。

表 5－7

	共同年限法	等额年金法
优点	比较直观、易于理解	应用简单
缺点	预计现金流的工作很困难	不便于理解
	（1）有的领域技术进步快，不可能原样复制； （2）如果通货膨胀比较严重，必须考虑重置成本的上升，两种方法均未考虑； （3）长期来看，竞争会使项目净利润下降，甚至被淘汰，两种方法均未考虑	

（四）独立项目的资本分配

对于独立投资项目，当总量资本不受限制时，只要净现值为正，我们都可以投资。

但是，实务中常常遇到总量资本受限，我们不能对所有净现值为正的项目进行投资，那我们就要选择最优组合进行投资，这个时候就涉及独立投资项目排序的问题。

在**资本总量受到限制**时，按**现值指数排序并寻找净现值最大**的组合。

考点 2 新建项目现金流量的估计（★★★）

（一）新建项目现金流构成

一般而言，投资项目的现金流量包括项目**建设期**现金流量、项目**经营期**现金流量、项目**寿**

命期末现金流量。

项目建设期现金流量主要涉及购买资产和使之正常运行所必需的直接现金流出，包括设备购置及安装支出、垫支营运资本等非费用性支出。另外，建设期现金流量还可能包括**机会成本**。

项目经营期现金流量主要包括新项目实施所带来的税后增量现金流入和现金流出。行政管理人员及辅助生产部门等费用，如果不受新项目实施的影响，可不计入；若有关，则必须计入项目经营期的现金流出。但项目以债务方式融资带来的**利息**支付和本金偿还以及以股权方式融资带来的现金**股利**支付等，**均不包括在内**，因为折现率中已经包含了该项目的筹资成本。

项目寿命期末现金流量主要是与项目终止有关的现金流量，如设备变现税后净现金流入、收回营运资本现金流入等。另外，可能还会涉及弃置义务等现金流出。

彬哥解读

在确定投资方案相关的现金流量时，应遵循的最基本的原则是：只有增量现金流量才是与项目相关的现金流量。只有那些由于采纳某个项目引起的现金支出增加额，才是该项目的现金流出；只有那些由于采纳某个项目引起的现金流入增加额，才是该项目的现金流入。

例如，以下两种情况就不属于项目的现金流量。

（1）利用现有未充分利用的厂房和设备，如将该设备出租可获收益200万元，但公司规定不得将生产设备出租，以防止对本公司产品形成竞争。

（2）新产品销售会使本公司同类产品减少收益100万元，如果本公司不经营此产品，竞争对手也会推出此新产品。

（二）新建项目现金流影响因素（见表5-8）

表5-8

只考虑相关成本	区分相关成本和非相关成本： 相关成本是指与特定决策有关的、在分析评价时必须加以考虑的成本。例如，边际成本、机会成本、重置成本、付现成本、可避免成本、可延缓成本、专属成本、差量成本等都是属于相关成本。与此相反，与特定决策无关的，在分析评价时不必加以考虑的成本是非相关成本。例如，沉没成本、不可避免成本、不可延缓成本、共同成本等
机会成本	在投资方案的选择中，如果选择了一个投资方案，则必须放弃投资于其他途径的机会。其他投资机会可能取得的收益是实行本方案的一种代价，被称为这项投资方案的机会成本
投资项目对公司其他项目的影响	当我们采纳一个新的项目后，该项目可能对公司的其他项目造成有利或不利的影响
对营运资本的影响	所谓营运资本的需要，指增加的经营性流动资产与增加的经营性流动负债之间的差额

（三）新建项目现金流量常见项目（见表5-9）

表5-9

建设期现金流量	（1）长期资产投资； （2）垫支营运资本
营业期现金流量	税后收入-税后付现成本+折旧摊销×所得税税率 =收入-付现成本-所得税 =税后经营净利润+折旧摊销
终结期现金流量	（1）回收长期资产余值（或变现收入）±处置变现所得税； （2）收回垫支营运资本

彬哥解读

（1）建设期主要为项目筹建做准备，如购置厂房设备等长期资产，同时需要垫支日常周转的营运资金，两者皆为**现金流出**，两者之和称为**原始投资额**。垫支营运资金是增量支出，如2022年末总共需要1 000万元营运资金，2021年已经垫支800万元，则2022年末只需要垫支200万元即可。

（2）营业期为项目开始运行，通过供产销活动获取经营现金流。三个公式皆需要熟悉，考试中根据条件使用最简便的公式即可。

所谓税后收入和税后成本，就是扣除所得税的影响以后的收入和成本。

税后成本=支出金额×(1-税率)

税后收入=收入金额×(1-税率)

注：这里所说的“收入金额”是指根据税法规定需要纳税的收入，不包括项目结束时收回垫支资金。

（3）项目终结可把垫支的营运资金收回，此外长期资产若有残值收入，应和账面价值对比，处置若有盈利需要纳税，亏损可以抵税。

关于出售资产影响所得税的问题，可参考下例：

现在某固定资产的税法规定的残值是20万元，到折旧年限转让取得收入30万元，请问应该如何纳税？

因为税法规定的残值是20万元，但是取得收入30万元，多余的10万元应当纳税2.5万元（10×25%）。

考点3 更新项目现金流量的估计（★★）

（一）更新决策的现金流量分析

更新决策不同于一般的投资决策，不改变生产能力，不增加现金流入。

更新决策的现金流量主要是现金流出，即使有少量的残值变现收入，也属于支出抵减，而非实质上的流入增加。

由于没有适当的现金流入，故不能计算其净现值和内含报酬率。因为旧设备和新设备可使用年限不同，我们也无法使用差额分析法。

因此，我们选择**比较继续使用和更新的年成本，以较低者作为好方案**。

彬哥解读

（1）更新改造决策中，使用新设备可以按照新建项目现金流进行估计，只是主要站在**支出角度**进行归集现金流。

（2）继续使用旧设备，必然丧失处置旧设备的机会，将若按公允价值处置旧设备的收益作为继续使用旧设备的初始成本，如若有所得税需要考虑所得税的影响，如下例：

现在某固定资产账面价值还剩下 300 万元，市场公允价值 500 万元，如果这时转让或者投入到新项目，请问该资产应该如何纳税？（企业所得税税率为 25%）

公允价值和账面价值之差在会计上记入“资产处置损益”，因此这里差额应该缴纳税款 50 万元（200×25%）。

故若处置固定资产现金流为 500－50＝450（万元），将 450 万元视为继续使用旧设备的初始**机会成本**。

（二）固定资产平均年成本

固定资产平均年成本是指该资产引起的现金流出的年平均值。

不考虑货币的时间价值：**固定资产的平均年成本＝现金流出总额÷使用年限**。

考虑货币的时间价值：

$$\text{固定资产的平均年成本}=\frac{\text{现金流出总现值}}{(P/A,\ i,\ n)}$$

表 5－10　　使用平均年成本法需要注意的问题

项目	内容
假设前提	将来设备再更换时，可以按原来的平均年成本找到可代替的设备
互斥方案	平均年成本法是把继续使用旧设备和购置新设备**看成是两个互斥的方案，而不是一个更换设备的特定方案**。因此，**不能将旧设备的变现价值作为购置新设备的一项现金流入**。对于更新决策来说，除非未来使用年限相同，否则，不能根据实际现金流动分析的净现值法或内含报酬率法解决问题
固定资产的经济寿命	固定资产的运行成本随着设备的陈旧会逐年提高，同时随着资产的价值逐渐减少，资产占用的资金应计利息等持有成本也会逐步减少。**因此最经济的使用年限，是使固定资产的平均年成本最小的那一使用年限** 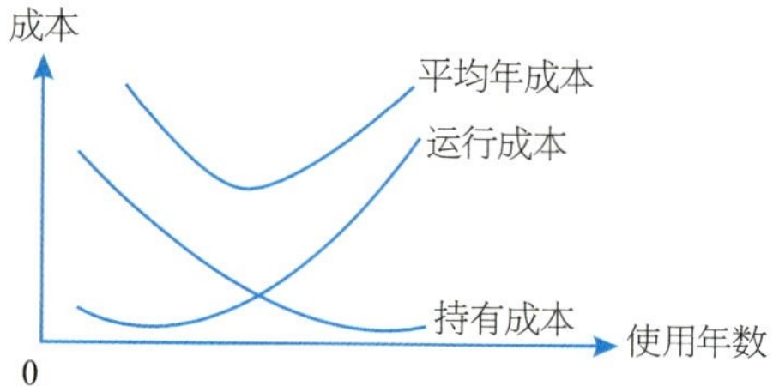 （图：成本；平均年成本；运行成本；持有成本；使用年数；0）

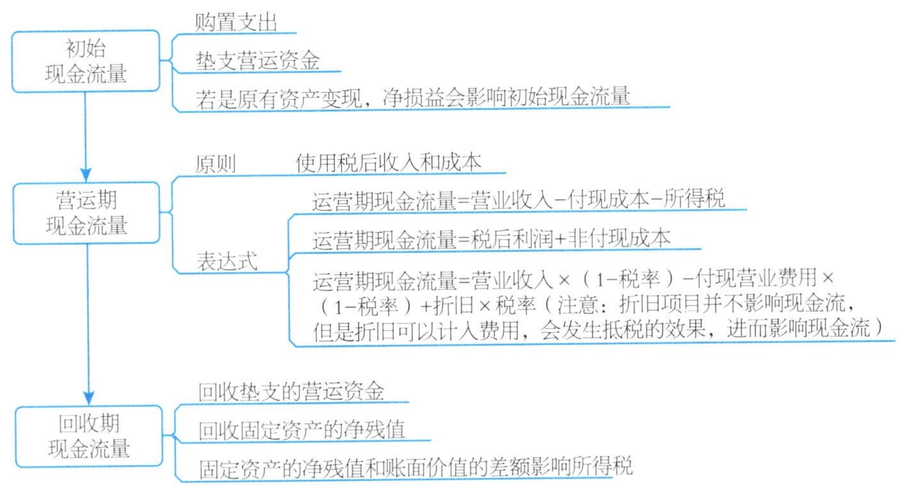

图5-1 现金流项目总结

【例题5-8·计算题】某公司有一旧设备，工程技术人员提出更新要求，有关数据如下表。判断该公司是否需要进行设备更新？（使用平均年成本时，要考虑货币的时间价值）

	原值	预计使用年限	已经使用年限	最终残值	变现价值	年运行成本
旧设备	2 200	10	4	200	600	700
新设备	2 400	10	0	300	2 400	400

假设该公司要求的必要报酬率为15%，继续使用与更新的现金流量如下图所示。

(P/A，15%，6)=3.784　(P/A，15%，10)=5.019

(P/F，15%，6)=0.432　(P/F，15%，10)=0.247

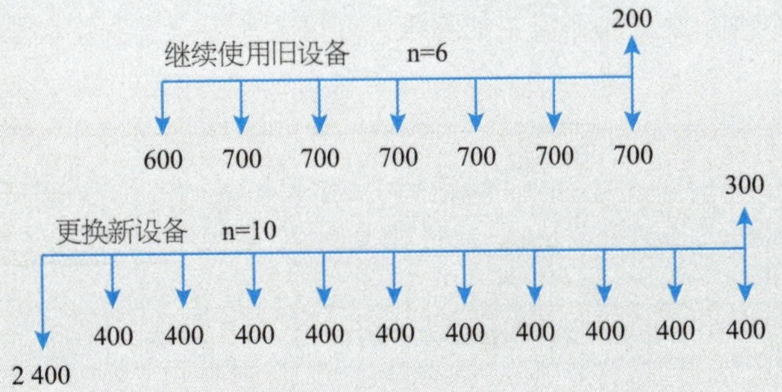

【解析】注意本题没有所得税。

旧设备的平均年成本=[600+700×(P/A，15%，6)-200×(P/F，15%，6)]÷(P/A，15%，6)=835.73（元）

新设备的平均年成本=[2 400+400×(P/A，15%，10)-300×(P/F，15%，10)]÷(P/A，15%，10)=863.42（元）

因此，使用旧设备的平均年成本较低，不宜进行设备更新。

【例题5-9·计算题】某公司有1台设备，购于3年前，现在考虑是否需要更新。该公司所得税税率为25%，假设两台设备的生产能力相同，且未来可使用年限相同，税法允许大修支出一次性税前扣除，其他有关资料如表1所示。

要求：通过比较，判断该公司是否需要更新设备？

表1

金额单位：元

项目	旧设备	新设备
原价	60 000	50 000
税法规定残值（10%）	6 000	5 000
税法规定使用年限（年）	6	4
已用年限	3	0
尚可使用年限	4	4
每年操作成本	8 600	5 000
两年末大修支出	28 000	
最终报废残值	7 000	10 000
目前变现价值	10 000	
每年折旧额：	（直线法）	（年数总和法）
第一年	9 000	18 000
第二年	9 000	13 500
第三年	9 000	9 000
第四年	0	4 500

【解析】计算使用旧设备和新设备的现值，如表2所示。

表2

金额单位：元

项目	现金流量	时间（年）	系数（10%）	现值
继续用旧设备：				
旧设备变现价值	-10 000	0	1	-10 000
旧设备变现损失减税	(10 000-33 000)×0.25=-5 750	0	1	-5 750
每年付现操作成本	-8 600×(1-0.25)=-6 450	1~4	3.170	-20 446.5
每年折旧抵税	9 000×0.25=2 250	1~3	2.487	5 595.75
两年末大修成本	-28 000×(1-0.25)=-21 000	2	0.826	-17 346
残值变现收入	7 000	4	0.683	4 781
残值变现利得纳税	-(7 000-6 000)×0.25=-250	4	0.683	-170.75
合计				-43 336.5

续表

项目	现金流量	时间（年）	系数（10%）	现值
更换新设备：				
设备投资	-50 000	0	1	-50 000
每年付现操作成本	-5 000×(1-0.25)=-3 750	1~4	3.170	-11 887.5
每年折旧抵税：				
第一年	18 000×0.25=4 500	1	0.909	4 090.5
第二年	13 500×0.25=3 375	2	0.826	2 787.75
第三年	9 000×0.25=2 250	3	0.751	1 689.75
第四年	4 500×0.25=1 125	4	0.683	768.38
残值收入	10 000	4	0.683	6 830
残值变现利得纳税	-（10 000-5 000）×0.25=-1 250	4	0.683	-853.75
合计				-46 574.87

通过比较其现金流出的总现值，更换新设备的现金流出总现值为46 574.87元，比继续使用旧设备的现金流出总现值43 336.5元要多。因此，继续使用旧设备较好。如果未来的尚可使用年限不同，则需要将总现值转换成平均年成本，然后进行比较。

旧设备变现价值-10 000元，是因为如果继续使用旧设备，则旧设备目前变现价值10 000元无法收到；旧设备目前账面价值=60 000-9 000×3=33 000（元），所以无法收到的旧设备变现损失减税=(10 000-33 000)×0.25=-5 750（元）。

考点4 投资项目折现率的估计（★★）

（一）使用企业当前加权平均资本成本作为投资项目的资本成本

使用公司当前的资本成本作为项目的资本成本，应同时具备两个条件：

（1）项目的经营风险与公司当前资产的平均经营风险相同；

（2）公司继续采用相同的资本结构为新项目筹资。

（二）运用可比公司法估计投资项目的资本成本

如果新项目的风险与现有资产的平均**风险显著不同**，就不能使用公司当前的加权平均资本成本，而应当估计项目的系统风险。此时可以使用可比公司法。

可比公司法是寻找一个**经营业务与待评价项目类似**的上市公司，以该上市公司的β值作为待评价项目的β值。

根据可比公司股东收益波动性估计的β值，是含有财务杠杆的$\beta_{权益}$。可比公司的资本结构与目标公司不同，因此要将资本结构因素排除，确定可比公司不含财务杠杆的β值，即$\beta_{资产}$。

运用可比公司法的步骤（见表5-11）。

表 5－11

①**卸载**可比公司财务杠杆	$\beta_{资产}=\dfrac{可比公司\beta_{权益}}{1+(1-可比公司税率)\times 可比公司\dfrac{负债}{权益}}$ 【提示】$\beta_{资产}$不含财务风险，$\beta_{权益}$既包含了项目的经营风险，也包含了财务风险
②**加载**目标公司财务杠杆	目标公司 $\beta_{权益}=\beta_{资产}\times\left[1+(1-目标公司税率)\times 目标公司\dfrac{负债}{权益}\right]$
③根据目标公司的 $\beta_{权益}$ 计算股东要求的**报酬率**	股东要求的报酬率＝股东权益成本＝无风险利率＋目标公司 $\beta_{权益}$ ×市场风险溢价
④计算目标公司的加权平均**资本成本**	加权平均成本＝负债成本×（1－所得税税率）$\times\dfrac{负债}{资本}$＋权益成本$\times\dfrac{股东权益}{资本}$

【例题 5－10·计算题】 某大型联合公司 A 公司，拟开始进入飞机制造业。A 公司目前的资本结构为负债/权益为 2/3，进入飞机制造业后仍维持该目标结构。在该目标资本结构下，债务税前成本为 6%。飞机制造业的代表公司是 B 公司，其资本结构为债务/权益为 7/10，权益的 β 值为 1.2。已知无风险利率为 5%，市场风险溢价为 8%，两个公司的所得税税率均为 30%。

要求：计算 A 公司进入飞机制造业的投资项目的资本成本？

【解析】

（1）将 B 公司的 $\beta_{权益}$ 转换为无负债的 $\beta_{资产}$。$\beta_{资产}$＝1.2÷[1＋(1－30%)×(7/10)]＝0.8054

（2）将无负债的 β 值转换为 A 公司含有负债的股东权益 β 值：

$\beta_{权益}$＝0.8054×[1＋(1－30%)×2/3]＝1.1813

（3）根据 $\beta_{权益}$ 计算 A 公司的权益成本。

权益成本＝5%＋1.1813×8%＝5%＋9.4504%＝14.45%

（4）计算加权平均资本成本。

加权平均资本成本＝6%×(1－30%)×(2/5)＋14.45%×(3/5)＝1.68%＋8.67%＝10.35%

故 A 公司该投资项目的资本成本为 10.35%。

考点 5　投资项目的敏感分析（★★）

敏感分析是投资项目评价中常用的一种研究不确定性的方法。在确定性分析的基础上，进一步分析不确定性因素对投资项目的最终经济效果指标的影响及影响程度。

投资项目的敏感分析，通常是假定其他变量不变的情况下，测定某一个变量发生特定变化对净现值（或内含报酬率）的影响。

敏感分析主要包括最大最小法和敏感程度法两种。

（一）最大最小法

最大最小法的**主要步骤是：**

（1）给定计算净现值的每个变量的预期值。

（2）根据变量的预期值计算净现值，由此得出的净现值叫作基准净现值。

（3）选择一个变量并假设其他变量不变，令净现值为零，计算选定变量的临界值。

（4）选择第二个变量，并重复（3）的过程。

通过上述步骤，可以得出基准净现值由正变负（或相反）的各变量最大最小值，从而帮助决策者认识项目的特有风险。

（二）敏感程度法

敏感程度法的**主要步骤是：**

（1）计算项目的基准净现值。

（2）选择一个变量，假设其发生一定幅度的变化，而其他因素不变，重新计算净现值。

（3）计算选定变量的敏感系数。

敏感系数＝目标值变动百分比÷选定变量变动百分比

它表示选定变量变化1%时导致目标值变动的百分数，可以反映目标值对于选定变量变化的敏感程度。

（4）根据上述分析结果，对项目敏感性作出判断。

敏感分析的局限性包括：

（1）在进行敏感分析时，只允许一个变量发生变动，而假设其他变量保持不变，但在现实世界中这些变量通常是相互关联的，会一起发生变动，但是变动的幅度不同；

（2）每次测算一个变量变化对净现值的影响，可以提供一系列分析结果，但是没有给出每一个数值发生的可能性。

恭喜你，
已完成第五章的学习

短时间内踩各种坑，短时间内鼻青脸肿、蓬头垢面，才能在短时间内超越同龄人。普通人就让他们舒服去吧，他们不想吃苦、不想受累、不想承担风险。这些人往往终其一生两手空空。

CHAPTER SIX

第六章　债券、股票价值评估

考情雷达

本章研究金融资产中股票、债券投资问题，本章知识是货币时间价值的简单应用，主要考查债券价值评估、债券价值影响因素、普通股价值评估以及普通股期望收益等考点。

本章主要考查客观题，主观题也有涉及，历年平均分值在3分左右。本章与去年相比无实质性变化。

考点地图

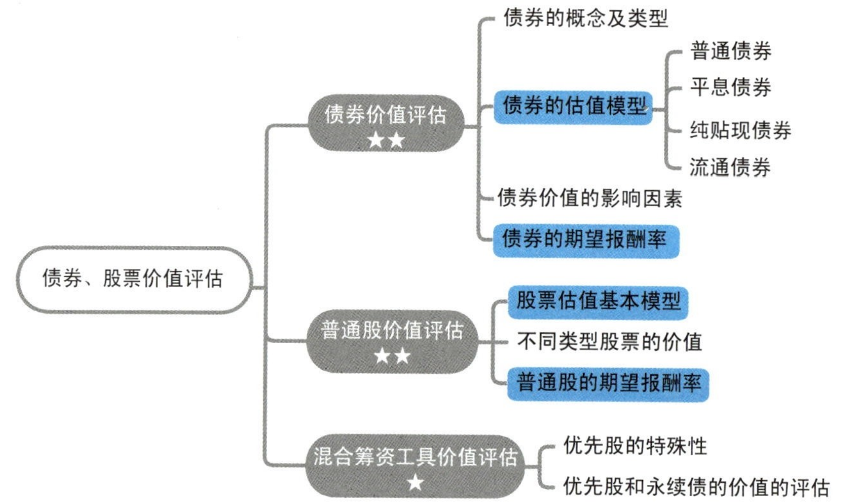

考点1　债券价值评估（★★）

（一）债券的概念及类型

（1）债券是发行者为筹集资金发行的、在约定时间支付一定比例的利息，并在到期时偿还本金的一种有价证券。债券的基本要素具体如表6－1所示。

表6－1

基本要素	说明
面值	指设定的票面金额，它代表发行人承诺于未来某一特定日期偿付给债券持有人的金额
票面利率	指债券发行者预计一年内向投资者支付的利息占票面金额的比率。 【注意】票面利率并不同于有效年利率
付息方式	单利或复利计息，利息支付频率可能是半年或一年一次，或者到期日一次支付
到期日	指偿还本金的日期。债券一般都规定到期日，以便到期时归还本金

（2）按照不同的标准，债券有不同的分类，具体如图6－1所示。

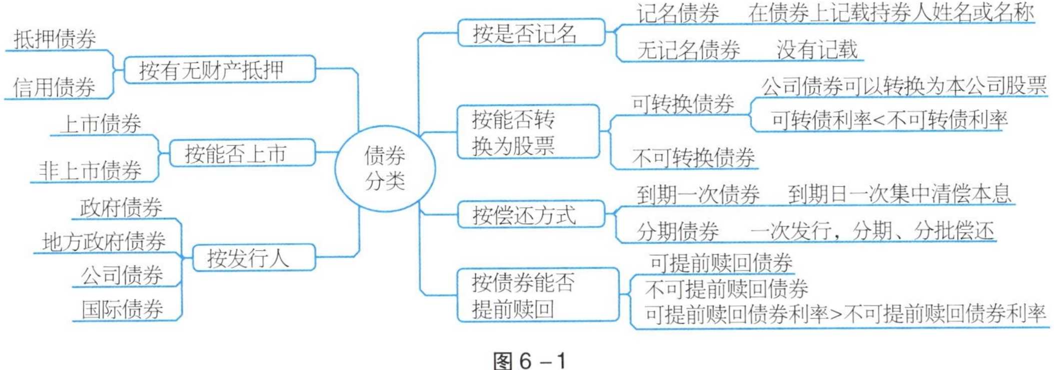

图6－1

（二）债券的估值模型

债券按偿还方式（或付息方式）不同，可以分为**普通债券、平息债券、纯贴现债券、永续债券**，但不管什么类型的债券，其价值评估方法都是一样，即将其未来现金流量折现，关键是要仔细分析其现金流量。

1. 普通债券（基本模型）

典型的债券是固定利率、每年计算并支付利息、到期归还本金。债券价值计算的模型是：

$$V_d=\frac{I_1}{(1+r_d)^1}+\frac{I_2}{(1+r_d)^2}+\cdots+\frac{I_n}{(1+r_d)^n}+\frac{M}{(1+r_d)^n}$$
$$=I\times(P/A,\ r_d,\ n)+M\times(P/F,\ r_d,\ n)$$

式中，V_d——债券价值；

I——每年的利息；

M——面值；

n——债券到期前的年数；

r_d——折现率，一般采用当前等风险投资的市场利率。

【例题6－1·计算题】 ABC公司拟于2011年2月1日发行面额为1 000元的债券，其票面利率为8%，每年2月1日计算并支付一次利息，并于5年后的1月31日到期。同等风险投资的必要报酬率为10%，求该债券的价值。

【解析】

$$V_d=\frac{80}{(1+10\%)^1}+\frac{80}{(1+10\%)^2}+\frac{80}{(1+10\%)^3}+\frac{80}{(1+10\%)^4}+\frac{80+1\ 000}{(1+10\%)^5}$$
$$=80\times(P/A,\ 10\%,\ 5)+1\ 000\times(P/F,\ 10\%,\ 5)$$
$$=80\times3.7908+1\ 000\times0.6209=924.16\ (元)$$

2. 平息债券

平息债券是指利息在到期时间内平均支付的债券。支付频率可能是一年一次、半年一次或者每季度一次等。

计算公式如下：

$$V_d = \sum_{t=1}^{mn} \frac{I/m}{[(1+r_d)^{\frac{1}{m}}]^t} + \frac{M}{[(1+r_d)^{\frac{1}{m}}]^{mn}} = \sum_{t=1}^{mn} \frac{I/m}{(1+r_d)^{\frac{t}{m}}} + \frac{M}{(1+r_d)^n}$$

式中，V_d——债券价值；

I——每年的利息；

M——面值；

n——债券到期前的年数；

m——年付利息次数；

r_d——年折现率。

彬哥解读

（1）当一年内要复利多次时，报价利率应除以年内付息次数得出计息期利率；年折现率为有效年利率的，**应开年计息次数方得出计息期折现率**。

（2）如果**付息期无限小**，即一年付息无数次，则称之为**连续付息**债券。

（3）注意在考查债券价值影响因素时，平息债券的付息次数和付息周期两种说法的区分：**付息次数越多，付息周期越小**，二者反向变动。

【例题6－2·计算题】 有一债券面值为1 000元，票面利率为8%，每半年支付一次利息，5年到期。假设年折现率为10.25%，求该债券的价值。

【解析】 票面利率为债券按年计算的报价利率，每半年计息时按票面利率的1/2计算利息，即按4%计息，每次支付40（1 000×4%）元。年折现率为按年计算的有效年利率，每半年期的折现率（即计息期折现率）为 $(1+10.25\%)^{1/2}-1=5\%$。因此该债券的价值为：

$$V_d = \frac{1\,000 \times 8\%}{2} \times (P/A,\ 5\%,\ 2\times5) + 1\,000 \times (P/F,\ 5\%,\ 2\times5)$$

$$= 40 \times 7.7217 + 1\,000 \times 0.6139 = 922.77\ (元)$$

3. 纯贴现债券

纯贴现债券是指承诺在未来某一确定日期按面值支付的债券，在到期日前购买人不能得到任何现金支付，因此也称为“零息债券”。纯贴现债券价值：

$$V_d = \frac{F}{(1+r_d)^n}$$

式中，V_d——债券价值；

F——到期日支付额；

r_d——年折现率；

n——到期时间的年数。

到期日**一次还本付息债券**，实际上也是**一种纯贴现债券**，只不过到期日是按照本利和作单笔支付。

【例题6-3·计算题】 有一个5年期国债，面值1 000元，票面利率12%，单利计息，到期时一次还本付息。假设年折现率为10%，求该债券的价值。

【解析】

$$V_d=\frac{1\ 000+1\ 000\times12\%\times5}{(1+10\%)^5}=\frac{1\ 600}{1.6105}=993.48\text{（元）}$$

4. 流通债券（见表6-2）

表6-2

项目	内容
含义	流通债券是指已发行并在二级市场上流通的债券，估值需要**考虑现在至下一次利息支付的时间因素**
特点	（1）不同于新发债券，到期时间一般小于债券发行在外的时间； （2）估值的时点可以是发行日之外任何时点，会产生“非整数计息期”问题
估值方法	以**最近一次付息时间（或最后一次付息时间）**为折算起点，计算历次现金流量现值，然后将其折算到现在时点

【例题6-4·计算题】 有一面值为1 000元的债券，票面利率为8%，每年支付一次利息，2011年5月1日发行，2016年4月30日到期。假设年折现率为10%，该债券2014年4月1日的价值是多少？

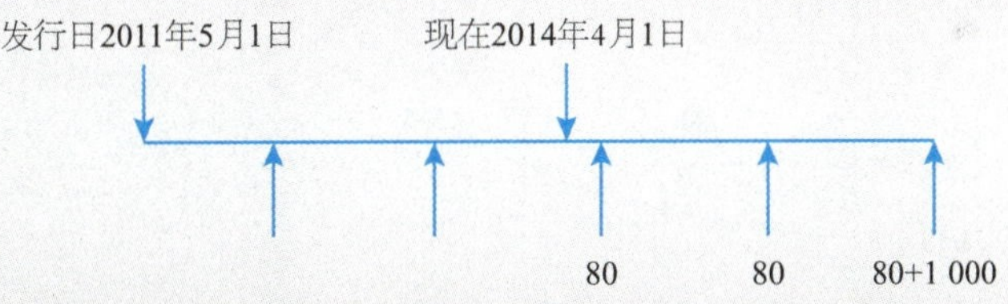

【解析】

方法一：分别计算4笔现金流入的现值，然后求和。由于计息期数不是整数，而是1/12，13/12，25/12，需要计算现值因数。

PV=1 000×8%×(P/F，10%，1/12)+1 000×8%×(P/F，10%，13/12)+(1 000×8%+1 000)×(P/F，10%，25/12)=1 037.05（元）

方法二：先计算2014年5月1日的价值，然后将其折现为4月1日的价值。

2014年5月1日的价值=80+80×(P/A，10%，2)+1 000×(P/F，10%，2)=1 045.24（元）

2014年4月1日的价值=1 045.24×(P/F，10%，1/12)=1 045.24/$(1+10\%)^{1/12}$=1 036.97（元）

（三）债券价值的影响因素

平息债券价值的主要影响因素分析如表 6 – 3 所示。

表 6 – 3

债券种类	折现率 VS 票面利率	到期时间	折现率影响	付息频率
平价债券	折现率 = 票面利率	价值随着到期日的临近，总体上在**波动中等于**债券的票面价值	等风险投资的折现率（即必要报酬率）与债券价值**反向**变化随着到期时间的缩短，等风险投资的折现率（即必要报酬率）的变动对债券价值的影响越来越小	无论是哪一种债券，当有效年折现率不变时，付息频率越快（即付息周期越短），债券价值均越高
折价债券	折现率 > 票面利率	价值随着到期日的临近，总体上**波动提高**，最终等于债券的面值。期间价值有可能高于面值，割息后低于面值		
溢价债券	折现率 < 票面利率	价值随着到期日的临近，总体上**波动降低**，最终等于债券的面值。期间价值一直高于面值		

连续支付利息（支付期限无限小）的情形下，债券价值与到期时间的关系如图 6 – 2 所示。

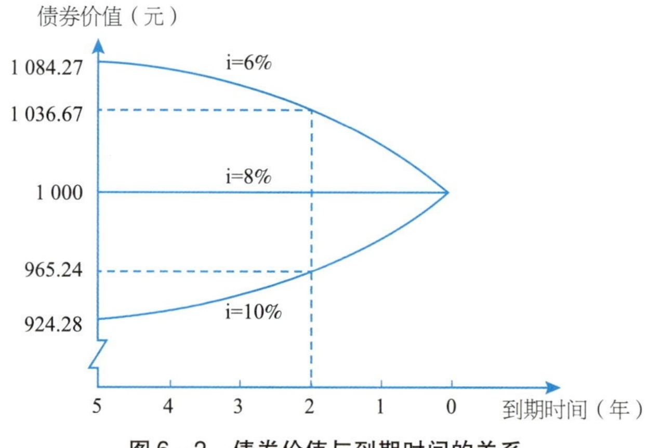

图 6 – 2　债券价值与到期时间的关系

彬哥解读

这里有一个点要注意一下，那就是流通债券和连续付息（支付期限无限小）的债券的区别：

流通债券的价值是在两个付息日之间呈周期性变动。

（1）折价发行的债券，发行后价值逐渐升高，在付息日由于割息而价值下降，然后又逐渐上升，总的趋势是波动上升。越临近付息日，利息的现值越大，债券的价值有可能超过面值。

（2）溢价发行的债券是波动下降，期间价值一直高于面值。

（3）而平价债券由于利息的累积有可能高于面值，在付息日割息后价值下降等于面值，总体趋势是在波动中相等（而连续付息的债券是一直等于面值的）。

因此，如果题目里提到的平价债券没有说明是连续支付利息（或支付期限无限小）的，那债券的价值都是在波动中等于面值的。

【例题6－5·单选题】假设其他因素不变，当平息债券的票面利率高于折现率时，债券的价值与面值的关系是（　　）。

A. 债券价值大于面值
B. 债券价值小于面值
C. 债券价值等于面值
D. 无法确定

【答案】A

【解析】票面利率 > 折现率，为溢价债券，债券价值大于面值。

【例题6－6·多选题】甲、乙两种债券，均按1 000元面值发行，但是甲债券的期限是4年期，乙债券的期限是6年期，在其他条件相同的情形下，下列说法正确的有（　　）。

A. 市场利率上升，两种债券都贬值，乙贬值得更多
B. 市场利率上升，两种债券都升值，甲升值得更多
C. 市场利率下降，两种债券都贬值，甲贬值得更多
D. 市场利率下降，两种债券都升值，乙升值得更多

【答案】AD

【解析】平价发行的债券，票面利率 = 折现率。市场利率上升，导致折现率 > 票面利率，为折价债券，故债券贬值，到期时间长的贬值更多。市场利率下降，则为溢价债券，债券升值，到期时间长的升值更多。

（四）债券的期望报酬率

债券的期望报酬率通常用到期收益率来衡量。到期收益率是指以特定价格购买债券并持有至到期日所能获得的报酬率。它是使未来现金流量现值等于债券购入价格的折现率。

计算到期收益率的方法是求解含有折现率的方程，即：购进价格 = 每年利息 × 年金现值系数 + 面值 × 复利现值系数

$$P_0 = I \times (P/A, r_d, n) + M \times (P/F, r_d, n)$$

式中，P_0——债券的价格；

I——每年的利息；

M——面值；

n——到期前的年数；

r_d——年折现率。

【例题6-7·计算题·2007年】 2007年7月1日发行的某债券，面值100元，期限3年，票面年利率8%，每半年付息一次，付息日为6月30日和12月31日。

要求：

（1）假设年折现率为8.16%，计算该债券的有效年利率和全部利息在2007年7月1日的现值。

（2）假设年折现率为10.25%，计算2007年7月1日该债券的价值。

（3）假设年折现率为12.36%，2008年7月1日该债券的市价是85元，试问该债券当时是否值得购买?

（4）某投资者2009年7月1日以97元购入，试问该投资者持有该债券至到期日的到期收益率是多少?

【答案】

（1）该债券的有效年利率 $=(1+8\%\div2)^2-1=8.16\%$

每半年的折现率（即计息期折现率）$=(1+8.16\%)^{1/2}-1=4\%$

该债券全部利息的现值 $=4\times(P/A, 4\%, 6)=4\times5.2421=20.97$（元）

（2）该债券每半年的折现率 $=(1+10.25\%)^{1/2}-1=5\%$

2007年7月1日该债券的价值 $=4\times(P/A, 5\%, 6)+100\times(P/F, 5\%, 6)=4\times5.0757+100\times0.7462=94.92$（元）

（3）该债券每半年的折现率 $=(1+12.36\%)^{1/2}-1=6\%$

2008年7月1日该债券的市价是85元，该债券的价值为：

$4\times(P/A, 6\%, 4)+100\times(P/F, 6\%, 4)=4\times3.4651+100\times0.7921=93.07$（元）

该债券价值高于市价，故值得购买。

（4）该债券的到期收益率：

$4\times(P/A, i, 2)+100\times(P/F, i, 2)=97$

先用 $i=5\%$ 试算：$4\times(P/A, 5\%, 2)+100\times(P/F, 5\%, 2)=4\times1.8594+100\times0.9070=98.14$（元）

再用 $i=6\%$ 试算：$4\times(P/A, 6\%, 2)+100\times(P/F, 6\%, 2)=4\times1.8334+100\times0.8900=96.33$（元）

用插值法计算：$i=5\%+(98.14-97)\div(98.14-96.33)\times(6\%-5\%)=5.63\%$。

年到期收益率 $=(1+5.63\%)^2-1=11.58\%$

即该债券的到期收益率为11.58%。

考点2 普通股价值评估（★★）

（一）股票估值基本模型

股票带给持有者的现金流入包括两部分：**股利收入和出售时的售价**。股票的内在价值由一系列的股利和将来出售股票时售价的现值所构成。

如果股东永远持有股票，则为永续的现金流入（只获得股利）。这个现金流入的现值就是股票的价值。

股票估值的基本模型为：

$$V_s = \sum \frac{D_t}{(1+r_s)^t}$$

式中，V_s——普通股价值；

D_t——第 t 年的股利；

r_s——年折现率，一般采用资本成本或投资的必要报酬率。

股票估值模型应用的主要问题有：

（1）股利的多少，取决于每股盈利和股利支付率两个因素。

（2）折现率，应当是投资的必要报酬率。

（二）不同类型股票的价值

股票的价值是指其期望的未来现金流入的现值，又称为"**股票的内在价值**"（见表6－4）。

表6－4 不同类型股票的价值

计算类型	含义	公式
零增长股票	假设未来股利不变，其支付过程是永续年金	$V_0=\frac{D}{r_s}$
固定增长股票	股利按固定的增长率增长	$V_0=\frac{D_0\times(1+g)}{r_s-g}=\frac{D_1}{r_s-g}$ 式中：D_0——最近一期支付的股利（当前股利）； D_1——1 年后的股利（第 1 年股利）； g——固定的增长率； r_s——折现率，一般采用资本成本率或投资必要报酬率
非固定增长股票	股利在某一阶段高速增长，在后续阶段固定不变或正常固定增长	若将预测期分成两阶段的话，第一阶段称为"详细预测期"，第二阶段称为"后续期"。 （1）"详细预测期"的股利现值： $V_0=\sum\frac{D_t}{(1+r_s)^t}=\sum\frac{D_0\times(1+g')^t}{(1+r_s)^t}$ （2）"后续期"的股利现值： $V_{0'}=\frac{D_{n+1}}{r_s-g}\times(P/F,r_s,n)$ （3）将两段现值相加。$V=V_0+V_{0'}$

【例题6－8·计算题】一个投资人持有 ABC 公司的股票，投资必要报酬率为15%。预期 ABC 公司未来 3 年股利将高速增长，增长率为 20%。在此以后转为正常的增长，增长率为 12%。公司最近支付的股利是 2 元。要求计算该公司股票目前的价值。

【解析】对于非固定增长股票，我们要分段计算。

（1）前三年的高速增长阶段（详细预测期）的股利现值：

$$V_0=\sum\frac{D_0\times(1+g')^t}{(1+r_s)^t}=\frac{2\times(1+20\%)^1}{(1+15\%)^1}+\frac{2\times(1+20\%)^2}{(1+15\%)^2}+\frac{2\times(1+20\%)^3}{(1+15\%)^3}$$

$$=2.088+2.177+2.274=6.539$$

（2）第3年以后的固定增长期（后续期）普通股价值的现值：

$D_3=2\times(1+20\%)^3=3.456$

$$V_{0'}=\frac{D_{n+1}}{r_s-g}\times(P/F,\ r_s,\ n)=\frac{D_4}{15\%-12\%}\times(P/F,\ 15\%,\ 3)$$

$$=\frac{D_3\times(1+12\%)}{15\%-12\%}\times(P/F,\ 15\%,\ 3)$$

$=3.456\times(1+12\%)\div(15\%-12\%)\times(P/F,\ 15\%,\ 3)=84.831$（元）

（3）股票价值$=6.539+84.831=91.37$（元）

彬哥解读

（1）普通股价值计算公式的应用是客观题、主观题都会考查的知识点，学员一定要看清楚估值的时点（是求当期价值还是其他时点的价值）。

（2）此外，考生往往分不清题目说的股利的时点，这里收集了一些历年真题中的说法帮大家理清：

①出现在**“已经”“最近”“本年”“本期”“实际”**等字眼后面的股利即表明为D_0。

②出现在**“将要”“预计”“期望”“下一期”“下一年”**等字眼后面的股利即表明为D_1。

（三）普通股的期望报酬率

就是普通股票价值公式的变形，变成了已知股票的价格或价值，求当前价格购入的股票报酬率。类似于求股权资本成本。

根据固定增长股利模型，我们知道：$P_0=\frac{D_1}{(r_s-g)}$

把上述公式整理，求r_s就得到普通股期望报酬率公式：

$$r_s=\frac{D_1}{P_0}+g$$

式中，$\frac{D_1}{P_0}$——**股利收益率**；

g——股利增长率、股价增长率、**资本利得收益率**。

【例题6－9·单选题·2012年】在其他条件不变的情况下，下列事项中能够引起股票期望报酬率上升的是（　　）。

A. 当前股票价格上升　　B. 资本利得收益率上升

C. 预期现金股利下降　　D. 预期持有该股票的时间延长

【答案】B

【解析】股票的期望报酬率$=\frac{D_1}{P_0}+g$，第一部分$\frac{D_1}{P_0}$叫作股利收益率，第二部分g叫股利增长率。由于股利的增长速度也就是股票价值的增长速度，因此g可以解释为股价增长率或资本利得收益率。

考点3 混合筹资工具价值评估（★）

优先股，指一般规定的普通种类股份之外，另行规定的其他种类股份，其股份持有人优先于普通股股东分配公司利润和剩余财产，但参与公司决策管理等权利受到限制。

（一）优先股的特殊性（见图6－3）

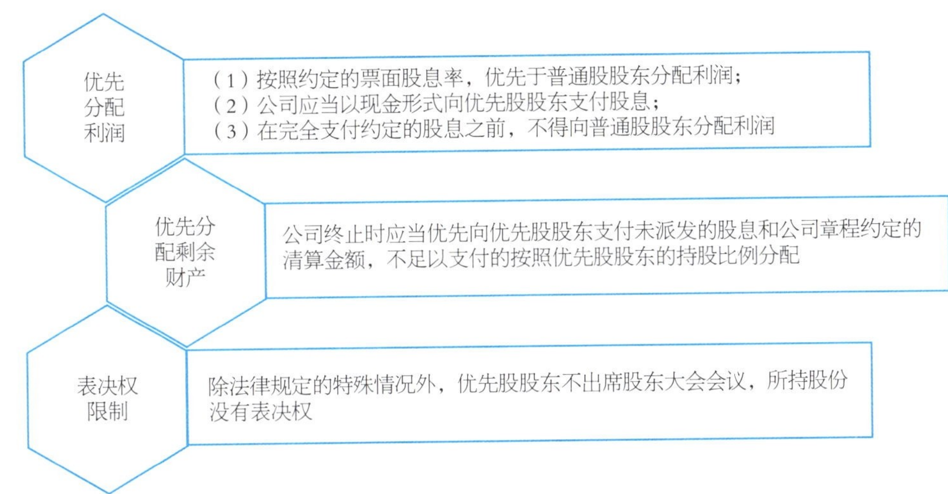

图6－3

（二）优先股和永续债的价值的评估

优先股可以采用固定股息率或浮动股息率支付股息。不论何种方式，优先股价值均是对未来股利折现进行估计，即采用股利的现金流量折现模型估值。

当**优先股采用固定股息率**时，每期股息就形成了无限期定额收付的年金，即永续年金。此时，优先股则相当于永久债券。

表6－5 优先股和永续债的价值评估及期望报酬率公式

	价值评估	期望报酬率
优先股	优先股价值 $V_p=\frac{\text{优先股每期股息 } D_p}{\text{折现率 } r_p}$	优先股期望报酬率 $r_p=\frac{\text{优先股每股年股息 } D_p}{\text{优先股当前股价 } P_p}$
永续债	永续债价值 $V_{pd}=\frac{\text{每年的利息 } I}{\text{年折现率 } r_{pd}}$	永续债期望报酬率 $r_{pd}=\frac{\text{每年的利息 } I}{\text{永续债当前价格}}$

恭喜你，
已完成第六章的学习

只要耽误一天，就要花三天的时间才能补回来。

CHAPTER SEVEN

第七章 期权价值评估

考情雷达

本章研究金融资产中期权的投资问题，期权是一种选择权，因此需要讨论不同情况下的收益情况，并基于此做出投资决策；期权是一种衍生工具，最终买卖资产始终要落脚于标的本身，如股票期权最终仍需落脚于股票本身涨跌来做决策。本章主要考查期权投资策略、期权价值影响因素及估值方法，属于重点章节。

本章主要考查客观题，但也有几年单独考查了主观题（近几年没有单独考查），历年平均分值在6分左右。本章与去年相比无实质性变化。

考点地图

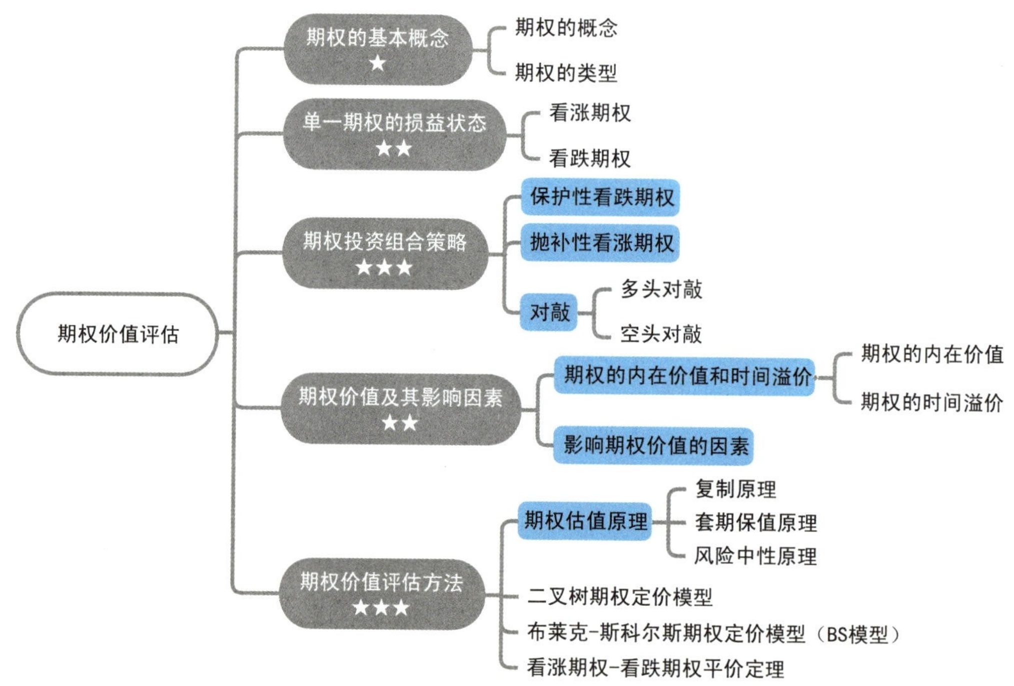

考点1 期权的基本概念（★）

（一）期权的概念

期权是指一种合约，该合约赋予持有人在某一特定日期或该日之前的任何时间以固定价格购进或售出某种资产的权利。

期权要从以下几个方面理解，如图7－1所示。

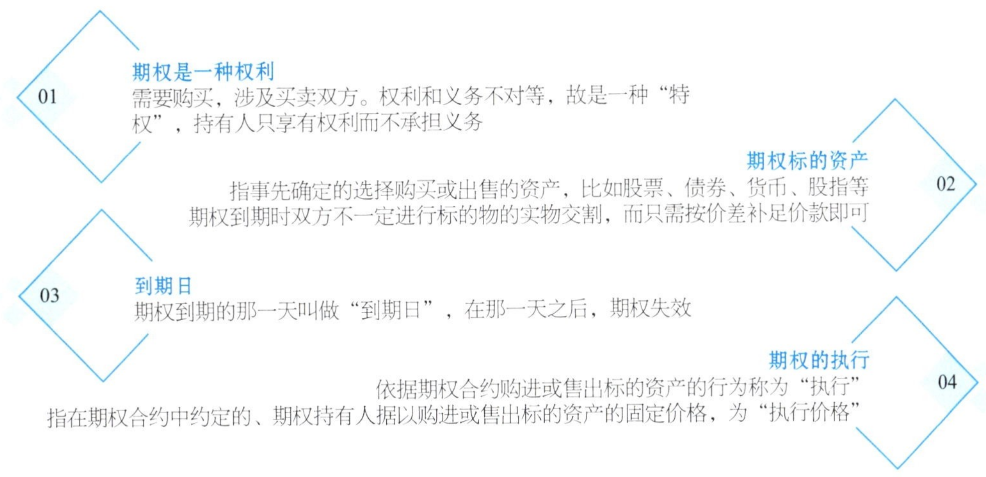

图7－1

（二）期权的类型（见图7－2）

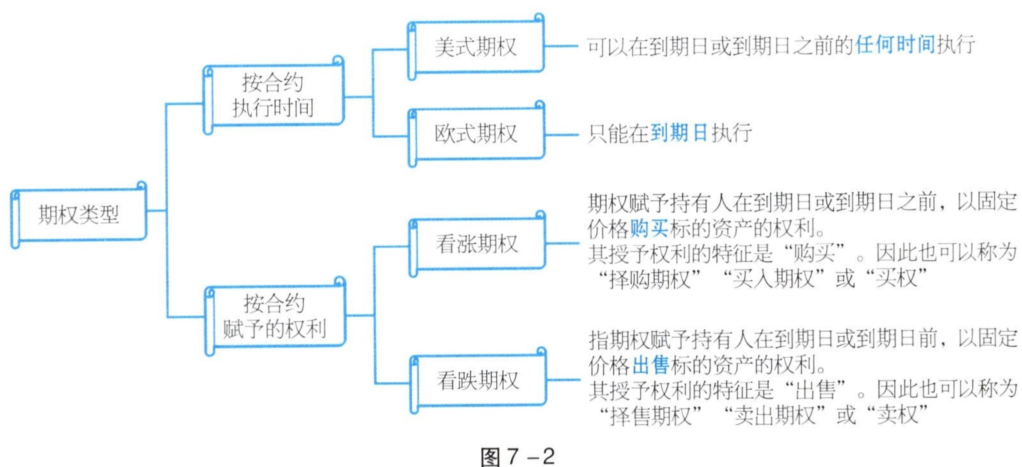

图7－2

考点2 单一期权的损益状态（★★）

对期权的损益状态分析时要了解期权的到期日价值和净损益，期权的到期日价值是指到期时执行期权可以取得的净收入，它依赖于标的股票的到期日价格和执行价格，而到期净损益由到期日价值和初始期权费（即期权价格）共同决定。

对于看涨期权和看跌期权，到期日价值的计算又分为买入和卖出两种。

（一）看涨期权

买入看涨期权又被称为“多头看涨期权”，卖出看涨期权又被称为“空头看涨期权”（见表7－1、图7－3）。

表7-1

项目	买入（多头）看涨期权	卖出（空头）看涨期权
含义	买入一个以一定价格购买标的资产的权利	卖出一个以一定价格购买标的资产的权利
执行期权	股票市价 > 执行价格，执行期权	股票市价 > 执行价格，被执行期权
到期日价值（净收入）	=Max（股票市价-执行价格，0）	=-Max（股票市价-执行价格，0）
净损益	=到期日价值-期权价格	=到期日价值+期权价格
净损失与净收益关系	净损失有限（最大值为期权价格） 净收益无上限（到期日价值-期权价格）	净损失无上限（到期日价值+期权价格） 净收益有限（最大值为期权价格）

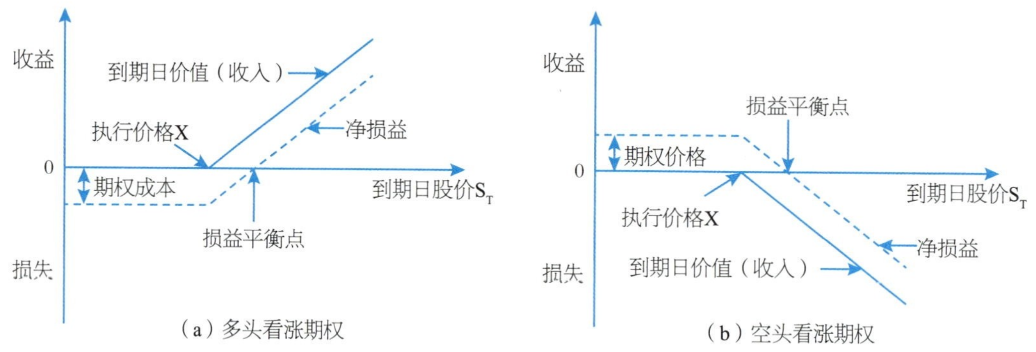

图7-3　看涨期权的损益状况

（二）看跌期权

买入看跌期权又被称为“多头看跌期权”，卖出看跌期权又被称为“空头看跌期权”（见表7-2、图7-4）。

表7-2

项目	多头看跌期权	空头看跌期权
含义	买入一个以一定价格出售标的资产的权利	卖出一个以一定价格出售标的资产的权利
执行期权	股票市价 < 执行价格，执行期权	股票市价 < 执行价格，被执行期权
到期日价值（净收入）	=Max（执行价格-股票市价，0）	=-Max（执行价格-股票市价，0）
净损益	=到期日价值-期权价格	=到期日价值+期权价格
净损失与净收益关系	净损失有限（最大值为期权价格） 净收益不确定（到期日价值-期权价格）	净损失不确定（到期日价值+期权价格）； 净收益有限（最大值为期权价格）

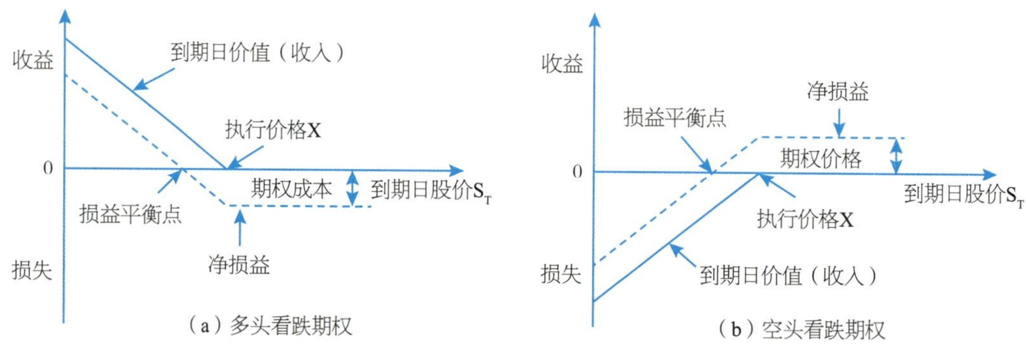

图7-4　看跌期权的损益状况

彬哥解读

(1) 股票期权本身是一份合约，合约有买卖双方，买方称之为**多头**，卖方称之为**空头**。

(2) 股票期权合约可以签署买或卖股票的权利，买股票的权利称为**看涨期权**，卖股票的权利称为**看跌期权**。

(3) 例子：如果期权合约签署的是买股票的权利，同时张三买了该份期权，则称张三为看涨期权多头。

考点3 期权投资组合策略（★★★）

因为单一股票期权损益状态的不同，理论上讲，通过不同期权和股票的组合，可以帮助我们建立任意形式的损益状态，用于控制投资风险。下面我们详细介绍三种投资策略。

（一）保护性看跌期权（股票+多头看跌期权组合）

是指购买1股股票，同时购入该股票的1份看跌期权。单独投资于股票风险很大，同时增加1份看跌期权，情况就会有变化，可以降低投资的风险（见图7-5）。

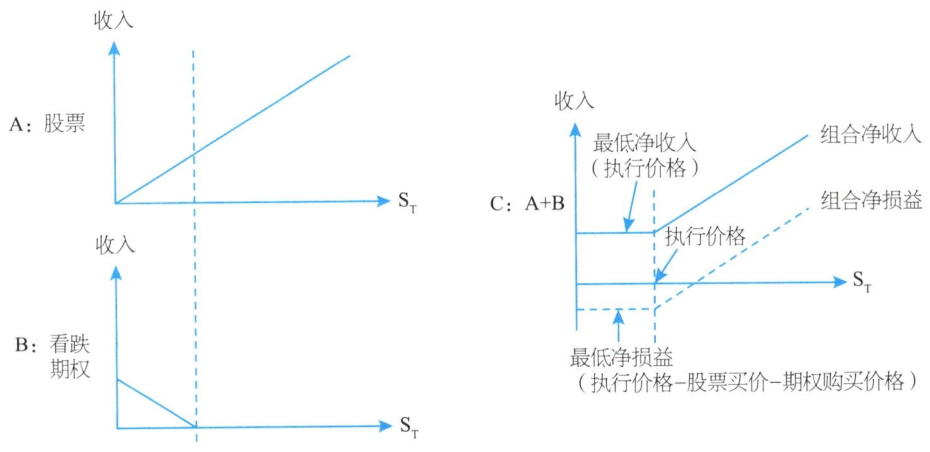

图7-5 保护性看跌期权

保护性看跌期权**锁定了最低净收入（执行价格X）和最低净损益**。但是，同时净损益的预期也因此降低了（见表7-3）。

表7-3 组合净收入和组合净损益

情形	组合净收入	组合净损益（组合净收入-初始投资）
股价<执行价格	执行价格	执行价格-（股票初始投资买价+期权购买价格）
股价>执行价格	股价	股票售价-（股票初始投资买价+期权购买价格）

【例题7-1·计算题】购入1股ABC公司的股票，购入价格 $S_0=100$ 元；同时购入该股票的1股看跌期权，执行价格 $X=100$ 元，期权价格 $P=2.56$ 元，1年后到期。当股价为80元或120元的时候，分别求该组合的净收入和净损益。

【解析】

（1）当股价为80元，股价<执行价格：

组合净收入=执行价格=100元

组合净损益=执行价格-（股票初始投资买价+期权购买价格）=100-（100+2.56）=-2.56（元）

（2）当股价为120元，股价>执行价格：

组合净收入=股价=120元

组合净损益=股价-（股票初始投资买价+期权购买价格）=120-（100+2.56）=17.44（元）

（二）抛补性看涨期权（股票+空头看涨期权）

抛补性看涨期权是指购买1股股票，同时出售该股票1份看涨期权（见图7-6）。

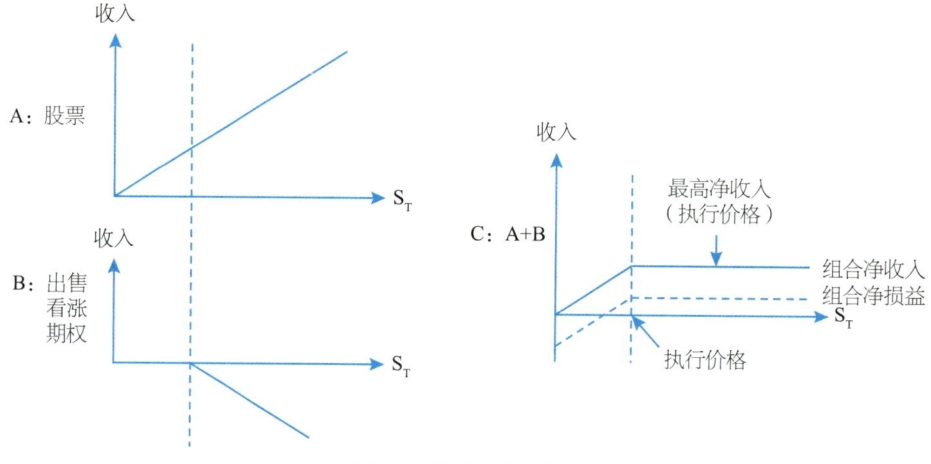

图7-6 抛补性看涨期权

抛补性看涨期权组合缩小了未来的不确定性。**锁定了净收入和净损益**，是机构投资者常用的投资策略（见表7-4）。

表7-4 组合净收入和组合净损益

情形	组合净收入	组合净损益（组合净收入-初始投资）
股价<执行价格	股价	股价-股票初始投资买价+期权出售价格
股价>执行价格	执行价格	执行价格-股票初始投资买价+期权出售价格

【例题7-2·计算题】购入1股ABC公司的股票，购入价格S_0=100元；同时出售该股票的1份看涨期权，期权价格C=5元，执行价格X=100元，1年后到期。当股价为80元或120元的时候，分别求该组合的净收入和净损益。

【解析】

（1）当股价为 80 元，股价 <执行价格：

组合净收入 = 股价 = 80 元

组合净损益 = 股价 − 股票初始投资买价 + 期权出售价格 = 80 − 100 + 5 = −15（元）

（2）当股价为 120 元，股价 >执行价格：

组合净收入 = 执行价格 = 100 元

组合净损益 = 执行价格 − 股票初始投资买价 + 期权出售价格 = 100 − 100 + 5 = 5（元）

（三）对敲

对敲策略分为多头对敲和空头对敲。

1. 多头对敲

多头对敲是指**同时买进**一只股票的看涨期权和看跌期权，它们的执行价格、到期日都相同。

适用情形：对于预计市场价格将**发生剧烈变动**，但是不知道升高还是降低的投资者非常有用（见图 7 −7）。

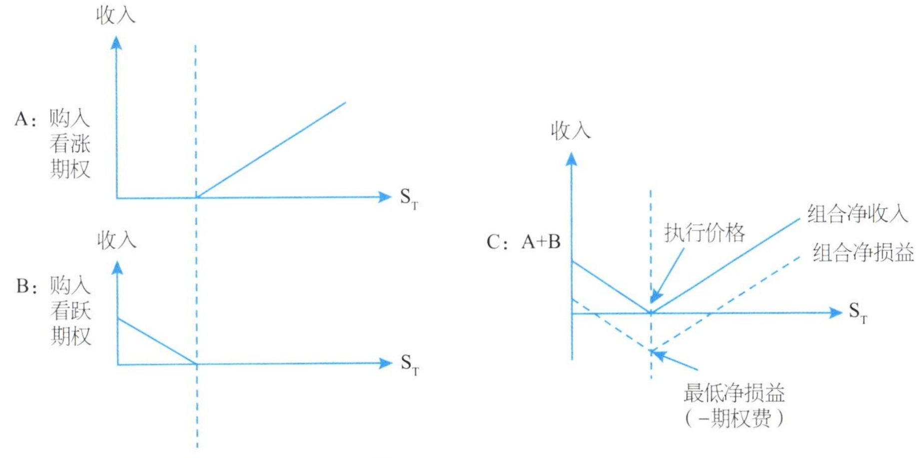

图 7 −7　多头对敲

多头对敲的**最坏结果**是到期股价与执行价格一致，白白损失了看涨期权和看跌期权的购买成本。股价偏离执行价格的差额必须超过期权购买成本，才能给投资者带来净收益（见表 7 −5）。

表 7 −5　组合净收益和组合净损益

情形	组合净收入	组合净损益（组合净收入 − 初始投资）
股价 <执行价格	执行价格 − 股价	（执行价格 − 股价）− 两种期权（购买）价格
股价 >执行价格	股价 − 执行价格	（股价 − 执行价格）− 两种期权（购买）价格

【例题 7 −3 · 计算题】 同时购入 ABC 公司股票的 1 股看涨期权和 1 股看跌期权。看涨期权的价格为 5 元，看跌期权的价格为 2.56 元，执行价格都为 100 元，1 年后到期。当股价为 95 元或 120 元的时候，分别求该组合的净收入和净损益。

【解析】

（1）当股价为95元，股价 < 执行价格：

组合净收入 = 执行价格 − 股价 = 100 − 95 = 5（元）

组合净损益 =（执行价格 − 股价）− 两种期权（购买）价格 = 100 − 95 −（5 + 2.56）= −2.56（元）

（2）当股价为120元，股价 > 执行价格：

组合净收入 = 股价 − 执行价格 = 120 − 100 = 20（元）

组合净损益 =（股价 − 执行价格）− 两种期权（购买）价格 = 120 − 100 −（5 + 2.56）= 12.44（元）

【例题7－4·多选题·2014年】甲投资人同时买入一只股票的1份看涨期权和1份看跌期权，执行价格均为50元，到期日相同，看涨期权的价格为5元，看跌期权的价格为4元。如果不考虑期权费的时间价值，下列情形中能够给甲投资人带来净收益的有（　　）。

A. 到期日股票价格低于41元　　B. 到期日股票价格介于41元至50元之间

C. 到期日股票价格介于50元至59元之间　　D. 到期日股票价格高于59元

【答案】AD

【解析】多头对敲，股价偏离执行价格的差额必须超过期权购买成本，才能给投资者带来净收益，本题期权购买成本是4 + 5 = 9（元），执行价格是50元，所以股价必须大于59元（50 + 9）或者小于41元（50 − 9）。

2. 空头对敲

空头对敲是**同时出售**一只股票的看涨期权和看跌期权，它们的执行价格、到期日都相同。适用情形：对于预计市场价格相对比较稳定，股价与执行价格**相比没有变化**时（见图7－8）。

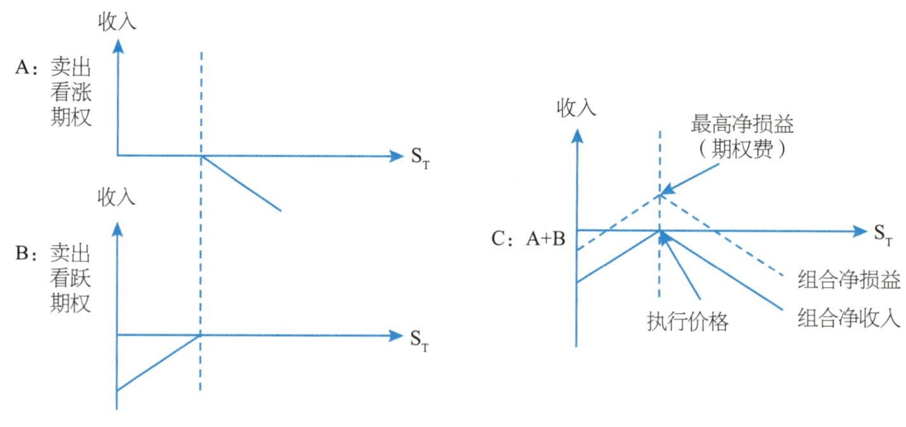

图7－8　空头对敲

空头对敲**最好的结果是到期股价与执行价格一致**，投资者白白赚取出售看涨期权和看跌期权的收入。空头对敲的股价偏离执行价格的差额必须小于期权出售收入，才能给投资者带来净收益（见表7－6）。

表7－6 组合净收入和组合净损益

情形	组合净收入	组合净损益（组合净收入－初始投资）
股价<执行价格	股价－执行价格	(股价－执行价格)+两种期权（卖出）价格
股价>执行价格	执行价格－股价	(执行价格－股价)+两种期权（卖出）价格

【例题7－5·计算题】同时卖出ABC公司股票的1股看涨期权和1股看跌期权。看涨期权的价格为5元，看跌期权的价格为2.56元，执行价格都为100元，1年后到期。当股价为95元或120元的时候，分别求该组合的净收入和净损益。

【解析】

(1) 当股价为95元，股价<执行价格：

组合净收入=股价－执行价格=95－100=－5（元）

组合净损益=(股价－执行价格)+两种期权（卖出）价格=95－100+(5+2.56)=2.56（元）

(2) 当股价为120元，股价>执行价格：

组合净收入=执行价格－股价=100－120=－20（元）

组合净损益=(执行价格－股价)+两种期权（卖出）价格=100－120+(5+2.56)=－12.44（元）

【例题7－6·单选题·2010年】下列关于期权投资策略的表述中，正确的是（ ）。

A. 保护性看跌期权可以锁定最低净收入和最低净损益，但不改变净损益的预期值

B. 抛补性看涨期权可以锁定最低净收入和最低净损益，是机构投资者常用的投资策略

C. 多头对敲组合策略可以锁定最低净收入和最低净损益，其最坏的结果是损失期权的购买成本

D. 空头对敲组合策略可以锁定最低净收入和最低净损益，其最低收益是出售期权收取的期权费

【答案】C

【解析】保护性看跌期权可以锁定最低净收入和最低净损益，但净损益的预期也因此降低了，选项A错误；抛补性看涨期权可以锁定最高净收入和最高净损益，选项B错误；空头对敲组合策略可以锁定最高净收入和最高净损益，其最高收益是出售期权收取的期权费，选项D错误。

考点4 期权价值及其影响因素（★★）

（一）期权的内在价值和时间溢价

期权价值=内在价值+时间溢价

1. 期权的内在价值

期权的内在价值，是指期权立即执行产生的经济价值。内在价值的大小，取决于期权标的资产的现行市价与期权执行价格的高低。

由于标的资产的价格是随时间变化的，所以内在价值也是变化的（见表7－7）。

表7－7 期权价值状态与执行决策

价值状态	实值期权（实值状态）	虚值期权（虚值状态）	平价期权（平价状态）
含义	执行期权能给持有人带来正回报	执行期权将给持有人带来负回报	资产的现行市价等于执行价格
看涨期权	标的资产现价＞执行价格	标的资产现价＜执行价格	标的资产现价＝执行价格
看跌期权	标的资产现价＜执行价格	标的资产现价＞执行价格	标的资产现价＝执行价格
内在价值	**|现价－执行价格|**	0	0
执行状况	有可能被执行，但也不一定被执行。只有到期日的实值期权才肯定会被执行，此时已不能再等待	不会被执行	不会被执行

【例题7－7·单选题·2013年】甲公司股票当前市价为20元，有一种以该股票为标的资产的6个月到期的看涨期权，执行价格为25元，期权价格为4元。该看涨期权的内在价值是（ ）元。

A. 0　　B. 1　　C. 4　　D. 5

【答案】A

【解析】看涨期权当前市价低于执行价格，期权处于虚值状态，内在价值为0。

2. 期权的时间溢价

期权的时间溢价是指期权价值超过内在价值的部分。

时间溢价＝期权价值－内在价值

期权的时间溢价是一种等待的价值。如果已经到期，期权的价值就只剩内在价值了，时间溢价就为零了。

时间溢价是时间带来的“**波动的价值**”，是未来存在不确定性而产生的价值，不确定性越强，期权时间溢价越大。

注意：时间溢价取决于波动性（不确定性），并不是等待期越长，期权价值越大。

【例题7－8·单选题·2011年】某公司股票的当前市价为10元，有一种以该股票为标的资产的看跌期权，执行价格为8元，到期时间为三个月，期权价格为3.5元。下列关于该看跌期权的说法中，正确的是（ ）。

A. 该期权处于实值状态　　B. 该期权的内在价值为2元

C. 该期权的时间溢价为3.5元　　D. 买入一股该看跌期权的最大净收入为4.5元

【答案】C

【解析】因为市价高于执行价格，该看跌期权属于虚值状态，期权的内在价值为0，选项A、B错误；由于期权价格为3.5元，则期权的时间溢价为3.5元，所以选项C正确；看跌期权的最大净收入为执行价格8元，最大净损益为4.5（8－3.5）元，所以选项D错误。

（二）影响期权价值的因素

期权价值是指期权的现值，不同于期权的到期日价值（见表7－8、表7－9）。

表7－8　　影响期权价值的因素

影响因素	对期权价值的影响
股票市价	若其他因素不变，随着股票市价上升，看涨期权价值增加； 随着股票市价上升，看跌期权价值下降
执行价格	看涨期权的执行价格越高，期权的价值越小； 看跌期权的执行价格越高，期权的价值越大
到期期限	美式期权：到期时间越长，期权价值就越高； 欧式期权：随着到期时间的增加，不一定增加期权价值
股价波动率（最重要因素）	股票价格波动率越大，期权价值越大
无风险利率	看涨期权：无风险利率越高，看涨期权价格越高； 看跌期权：无风险利率越高，看跌期权价格越低
预期红利	现金红利的发放引起除息日后股票价格降低，看涨期权的价值降低，而看跌期权的价值上升

表7－9　　一个变量增加（其他变量保持不变）时对不同期权价值的影响

变量	欧式看涨期权	欧式看跌期权	美式看涨期权	美式看跌期权
股票价格	+	−	+	−
无风险利率	+	−	+	−
执行价格	−	+	−	+
预期红利	−	+	−	+
到期期限	不一定	不一定	+	+
股价波动率	+	+	+	+

口诀：股价利率涨为正，执价红利跌为正，到期期限看美式，股价波动全为正。

【例题7－9·多选题·2017年】在其他因素不变的情况下，下列各项变动中，引起美式看跌期权价值下降的有（　　）。

A. 股票市价下降　B. 到期期限缩短　C. 股价波动率下降　D. 无风险报酬率降低

【答案】BC

【解析】股票市价下降和无风险报酬率降低，会增加美式看跌期权的价值。

考点5 期权价值评估方法（★★★）

对于期权定价方法，如果没有足够的数学背景知识，要全面了解期权定价模型是非常困难的，所以注会考试教材主要通过举例的方法介绍期权估值的基本原理和主要模型的使用方法。对于这些复杂的原理和模型，我们能够记住公式和结论，能够做客观题和利用公式代入数值的简单计算题就行，没必要纠结于模型背后的原理，学这部分内容可以少问几个为什么。

（一）期权估值原理

1. 复制原理

基本思想：构造一个股票和借款的适当组合，使得无论股价如何变动，投资组合的损益都与期权相同，那么，创建该投资组合的成本就是期权的价值。

复制原理的步骤如图7－9所示。

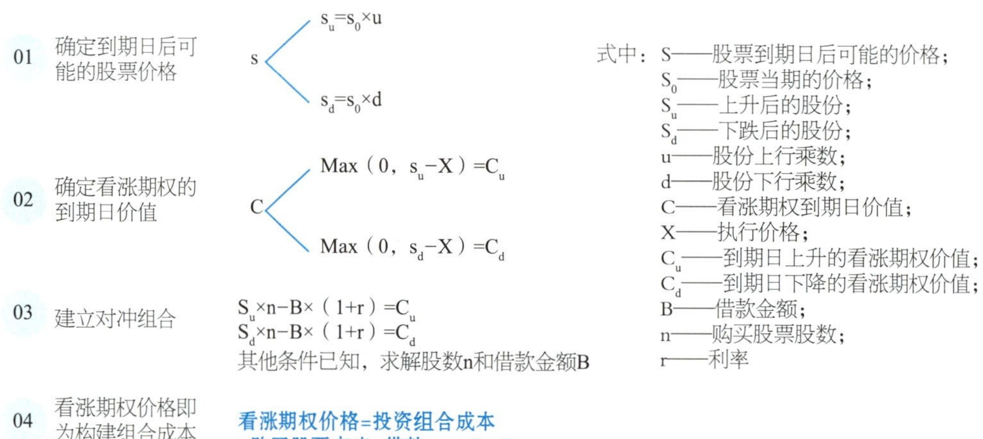

图7－9

注意：利率要折合为同等期间的利率，如题目告诉年利率为4%，而期权6个月后到期，则这里的利率＝4%÷2＝2%。

【例题7－10·计算题】假设A公司的股票现在市价为50元，有一股以该股票为标的资产的看涨期权，执行价格为52.08元，到期时间是6个月。6个月以后股价有两种可能：上升33.33%，或者下降25%，借款利率（无风险利率）为每年4%。通过建立一个投资组合，包括购进适当的股票以及借入必要的款项，求6个月后到期的看涨期权的价值。

【解析】

（1）确定6个月后股票可能的价格：$S_u=S_0\times u=50\times(1+33.33\%)=66.67$（元）；$S_d=S_0\times d=50\times(1-25\%)=37.5$（元）。

（2）确定看涨期权的到期日价值：$C_u = Max(0, S_u - X) = Max(0, 66.67 - 52.08) = 14.59$（元）；$C_d = Max(0, S_d - X) = Max(0, 37.5 - 52.08) = 0$（元）。

（3）建立对冲组合：$S_u \times n - B \times (1 + r) = C_u$；$S_d \times n - B \times (1 + r) = C_d$。

$66.67 \times n - B \times (1 + 2\%) = 14.59$；$37.5 \times n - B \times (1 + 2\%) = 0$，解得 $B = 18.38$（元）、$n = 0.5$（股）。

（4）看涨期权价格即为购建组合成本。看涨期权价格 = 组合成本 = $n \times S_0 - B = 0.5 \times 50 - 18.38 = 6.62$（元）。

2. 套期保值原理

通过复制原理，我们可以求得看涨期权的价格。但是，复制组合中建立对冲组合，求解借款金额和股票数量需要解方程，很麻烦，有没有更简单的方法呢?

当然有，这里我们引入一个新的公式，**套期保值比率（即求需要购买的股票数量）**：

$$套期保值比率\ H = \frac{C_u - C_d}{S_u - S_d} = \frac{C_u - C_d}{S_0 \times (u - d)}$$

借款数额 =（到期日下行股价 × 套期保值比率 − 股价下行时期权到期日价值）÷（1 + r）

运用套期保值原理求看涨期权价格，和复制原理步骤一样，唯一区别就是，求解建立的对冲组合方法不一样。

注意：C_d 通常都为 0，故无须计算。

3. 风险中性原理

基本思想：假设投资者对待风险的态度是中性的，所有证券的期望报酬率都应当是无风险利率。风险中性的投资者不需要额外的收益补偿其承担的风险。

在风险中性的世界里，将期权到期后的期望值用无风险利率折现，就可以获得期权的现值。

风险中性的步骤如图 7 − 10 所示。

01	求上行概率	期望报酬率（无风险利率）= 上行概率 × 上行时报酬率 + 下行概率 × 下行时报酬率 假设股票不派发红利，股票价格的上升百分比就是股票投资的报酬率。 期望报酬率（无风险利率）= 上行概率 × 股价上升百分比 + 下行概率 ×（−股价下降百分比） 下行概率 = 1 − 上行概率
02	求期权到期后的期望价值	期权到期后的期望价值 C = 上行概率 × C_u + 下行概率 × C_d C_d 通常为 0，上式可以写为：C = 上行概率 × C_u
03	求期权的现值	$C_0 = C / (1 + r)$

图 7 − 10

【例题 7 − 11 · 计算题】假设 ABC 公司的股票现在的市价为 50 元。有 1 股以该股票为标的资产的看涨期权，执行价格为 52.08 元，到期时间是 6 个月。6 个月以后股价有两种可能：上升 33.33%，或者降低 25%。无风险利率为每年 4%。求该期权的价格。

【解析】

（1）求上行概率。

期望报酬率 =2% = 上行概率 ×33.33% + 下行概率 ×（−25%）= 上行概率 ×33.33% +（1 − 上行概率）×（−25%）

上行概率 =0.4629，下行概率 =1 −0.4629 =0.5371。

（2）求期权到期后的期望价值。

C = 上行概率 ×C_u

$C_u = Max(0,\ S_u - X) = Max[0,\ 50 \times (1 + 33.33\%) - 52.08] = Max(0,\ 14.59) = 14.59$（元）

$C = 0.4629 \times 14.59 + 0.5371 \times 0 = 6.75$（元）

（3）求期权的现值。期权现值 =6.75 ÷（1 +2%） =6.62（元）

（二）二叉树期权定价模型

二叉树期权定价模型的假设基础：①市场投资没有交易成本；②投资者都是价格的接受者；③允许完全使用卖空所得款项；④允许以无风险利率借入或贷出款项；⑤未来股票的价格将是两种可能值中的一个。

1. 单期二叉树期权定价模型

$$C_0 = \left(\frac{1 + r - d}{u - d}\right) \times \frac{C_u}{1 + r} + \left(\frac{u - 1 - r}{u - d}\right) \times \frac{C_d}{1 + r}$$

因 C_d 通常为0，故上式可写为：

$$C_0 = \left(\frac{1 + r - d}{u - d}\right) \times \frac{C_u}{1 + r}$$

式中：$\left(\frac{1 + r - d}{u - d}\right)$——上行概率；

$\left(\frac{u - 1 - r}{u - d}\right)$——下行概率。

【例题7 −12·计算题】 假设甲公司的股票现在的市价为20元。有1份以该股票为标的资产的看涨期权，执行价格为21元，到期时间是1年。1年以后股价有两种可能：上升40%，或者降低30%。无风险利率为每年4%。

要求：利用单期二叉树定价模型确定期权的价值。

【答案】 $C_u = Max(0,\ S_u - X) = Max(0,\ 20 \times (1 + 40\%) - 21) = 7$（元）

期权价格 $= \left(\frac{1 + r - d}{u - d}\right) \times \frac{C_u}{1 + r} + \left(\frac{u - 1 - r}{u - d}\right) \times \frac{C_d}{1 + r} = \left(\frac{1 + 4\% - (1 - 0.3)}{(1 + 0.4) - (1 - 0.3)}\right) \times \frac{7}{1 + 4\%} = 3.27$（元）

2. 两期二叉树期权定价模型

所谓的两期二叉树模型，简单来说，就是单期模型的两次应用（见图7 −11）。

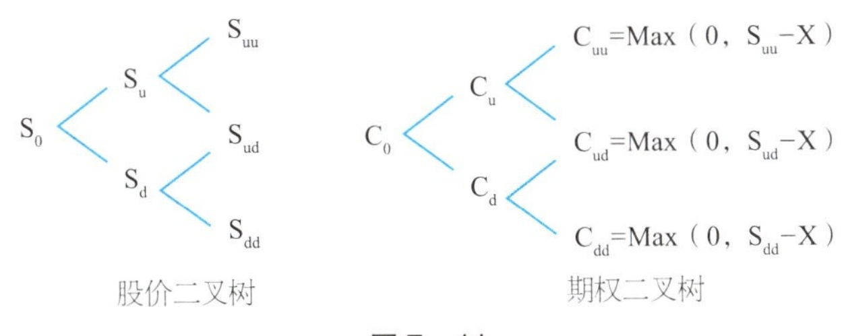

图 7－11

（1）先计算 C_u 和 C_d。

$$C_u=\left(\frac{1+r-d}{u-d}\right)\times\frac{C_{uu}}{1+r}+\left(\frac{u-1-r}{u-d}\right)\times\frac{C_{ud}}{1+r}$$

$$C_d=\left(\frac{1+r-d}{u-d}\right)\times\frac{C_{ud}}{1+r}+\left(\frac{u-1-r}{u-d}\right)\times\frac{C_{dd}}{1+r}$$

（2）再根据单期定价模型计算出 C_0。

式中：C_{uu}——标的资产两个时期都上升的期权价值；

C_{ud}——标的资产一个时期上升、另一个时期下降的期权价值；

C_{dd}——标的资产两个时期都下降的期权价值。

注意：C_{ud}、C_{dd}几乎都为 0，故上式中，只要求出 C_{uu}，再求出 C_u 就可以，C_d 几乎也都为 0。

【例题 7－13·计算题】 假设 A 公司的股票现在的市价为 40 元。有 1 份以该股票为标的资产的看涨期权，执行价格为 40.5 元，到期时间是 1 年。根据股票过去的历史数据所测算的连续复利报酬率的标准差为 0.5185，无风险利率为每年 4%，拟利用两期二叉树模型确定看涨期权的价格。

要求：

（1）若保证年报酬率的标准差不变，股价的上行乘数和下行乘数为多少？

（2）利用两期二叉树模型确定看涨期权的价格。

【答案】

（1）上行乘数：$u=1+$上升百分比$=e^{\sigma\sqrt{t}}=e^{0.5185\sqrt{0.5}}=1.4428$；

下行乘数：$d=1-$下降百分比$=1\div u=1\div 1.4428=0.6931$。

（2）$C_{uu}=\text{Max}(0，S_{uu}-X)=\text{Max}(0，40\times(1+44.28\%)^2-40.5)=83.27-40.5=42.77$（元）

$$C_u=\left(\frac{1+r-d}{u-d}\right)\times\frac{C_{uu}}{1+r}=\left(\frac{1+2\%-0.6931}{1.4428-0.6931}\right)\times\frac{42.77}{1+2\%}=0.4360\times41.93=18.28\text{（元）}$$

期权价格 $C_0=(0.4360\times18.28+0.5640\times0)\div(1+2\%)=7.81$（元）

3. 多期二叉树期权定价模型

（1）原理：从原理上看，与两期模型一样，从后向前逐级推进，只不过多了一个层次。

（2）股价上升与下降的百分比的确定：

期数增加以后带来的主要问题是股价上升与下降的百分比如何确定问题。期数增加以后，要调整价格变化的升降幅度，以保证年报酬率的标准差不变。基本模型如表 7－10 所示。

表 7－10

内容	要点阐释
多期二叉树期权定价模型	$u=e^{\sigma\sqrt{t}}$ $d=1\div u$ 单期二叉树模型的多次应用。 其中： e——自然常数，约等于 2.7183； σ——标的资产连续复利报酬率的标准差； t——以年表示的时段长度

（三）布莱克—斯科尔斯期权定价模型（BS 模型）

布莱克—斯科尔斯模型原理复杂，考试主要考查基本假设，在这里我们了解一下即可。

布莱克—斯科尔斯模型假设：

（1）期权标的股票不发放股利；

（2）股票或期权的买卖没有交易成本；

（3）短期无风险利率已知并保持不变；

（4）任何证券购买者均能以短期无风险利率借得任何数量的资金；

（5）允许卖空，卖空者将立即得到所卖空股票当天价格的资金；

（6）看涨期权为欧式期权，即只能在到期日执行；

（7）所有证券交易都是连续发生的，股票价格随机游走。

（四）看涨期权—看跌期权平价定理

对于**欧式期权**，假定看涨期权和看跌期权有相同的执行价格和到期日，则下述等式成立：

看涨期权价格 C－看跌期权价格 P＝标的资产的价格 S－执行价格的现值 PV（X）

利用该等式中 4 个数据中的 3 个，就可以求出另外 1 个。

注意：美式期权在到期前的任意时间都可以执行，除享有欧式期权的全部权利之外，还有提前执行的优势。因此，美式期权的价值应当至少等于相应欧式期权的价值，在某种情况下比欧式期权的价值更大。

【例题 7－14·计算题】两种期权的执行价格均为 30 元，6 个月到期，6 个月的无风险报酬率为 4%，股票的现行价格为 35 元，看涨期权的价格为 9.20 元，求看跌期权的价格为多少？

【答案】根据 C－P＝S－PV（X），得到：

$P=C-S+PV(X)=9.20-35+30\div(1+4\%)=9.20-35+28.85=3.05$（元）

恭喜你，

已完成第七章的学习

扫码免费进 >>>
2022年CPA带学群

你不必生来勇敢、天赋过人，只要能勤勉积极、诚诚恳恳。

CHAPTER EIGHT

第八章　企业价值评估

考情雷达

本章研究企业整体投资问题，本章知识综合了管理用报表、货币时间价值、资本成本等相关知识，系统性较强，学习难度较高。主要考查企业实体现金流、股权现金流计算，现金流量折现评估企业价值，相对价值评估模型等内容，若想要学好本章知识，建议先全面复习管理用报表相关公式，熟记于心再深入本章学习。

本章主观题和客观题均会有考查，历年平均分值在 4 分左右。本章与去年相比**无实质性变化**。

考点地图

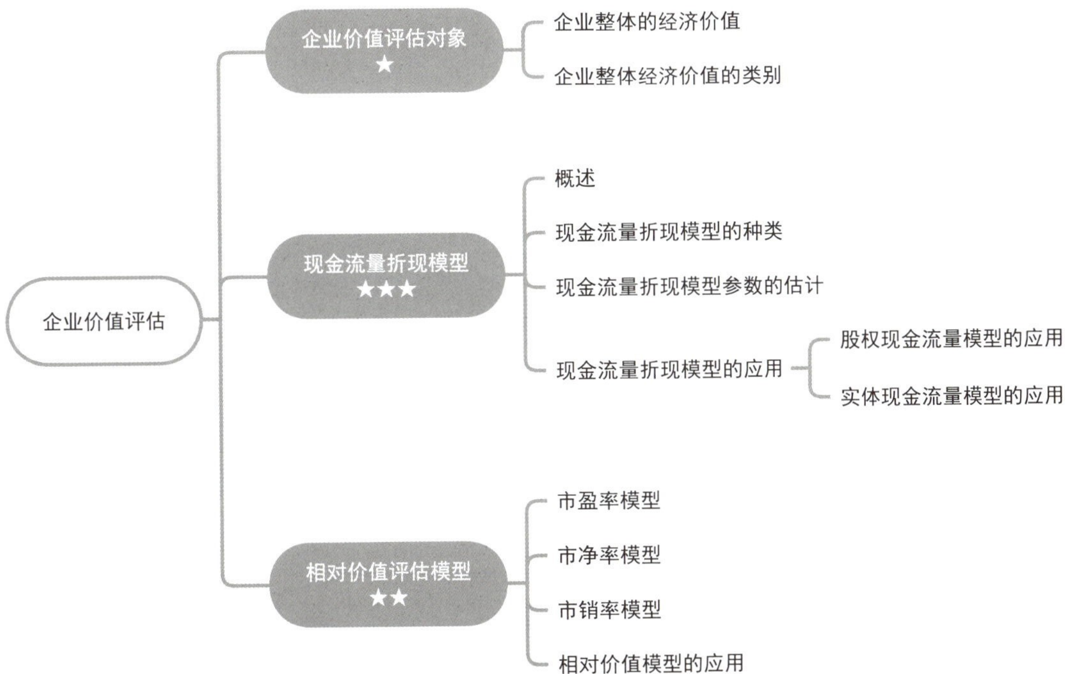

考点 1　企业价值评估对象（★）

企业价值评估的目的是帮助投资人和管理当局改善决策，评估的一般对象是企业**整体的经济价值**。

（一）企业整体的经济价值

企业整体的经济价值是指企业作为一个整体的公平市场价值（在公平的交易中，熟悉情况的双方，自愿进行资产交换或债务清偿的金额），而非企业整体的会计价值或者整体的现时市场价值。

企业整体的经济价值包含两层含义，一个是整体价值，一个是经济价值，具体如图 8－1 所示。

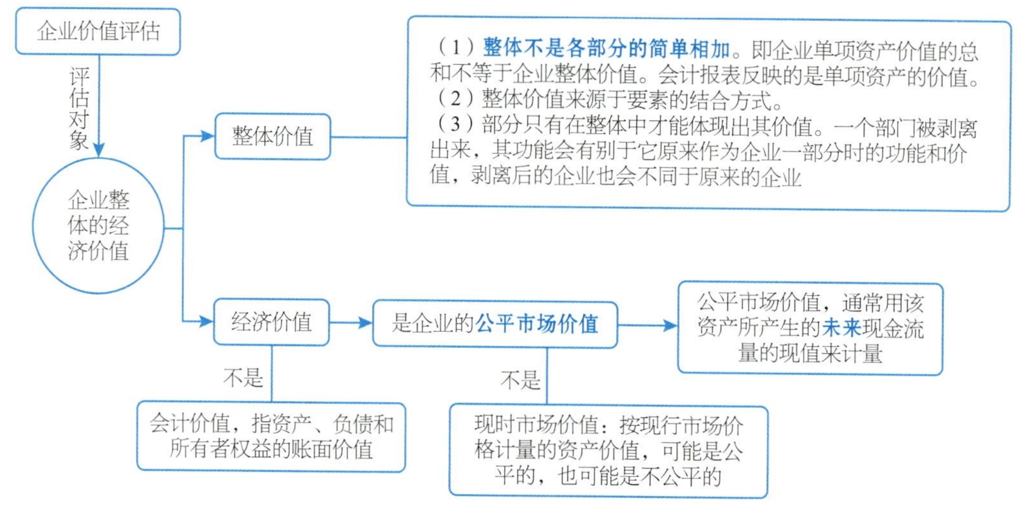

图8－1　企业整体的经济价值

（二）企业整体经济价值的类别

按照不同的标准，企业整体的经济价值可以分为三组类别，如表8－1所示。

表8－1

类别	解释	
实体价值VS股权价值	实体价值：指企业全部资产的总体价值，**企业实体价值＝股权价值＋净债务价值**； 股权价值：指股权的公平市场价值，并非会计报表中所有者权益的账面价值	
持续经营价值VS清算价值	持续经营价值：营业所产生的未来现金流量的现值； 清算价值：停止经营，出售资产产生的现金流	企业的公平市场价值：持续经营价值和清算价值中**较高**的一个
少数股权价值VS控股权价值	少数股权价值［V（当前）］：是现有管理和战略条件下企业能够给股票投资人带来的现金流量现值； 控股权价值［V（新的）］：是企业进行重组，改进管理和经营战略后可以为投资人带来的未来现金流量的现值	（1）控股权溢价＝V（新的）－V（当前） （2）股权价值≠少数股权价值＋控股权价值，这里不是会计上的概念

彬哥解读

（1）从少数股权投资者来看，因为其无法决定企业的生产经营，因此在现有管理和战略条件下企业能够给他们带来的未来现金流量现值V（当前）才是企业股票的公平市场价值。

（2）对于谋求控股权的投资者来说，因为其可以决定企业的生产经营，因此企业进行重组，改进管理和经营战略后可以为投资人带来的未来现金流量的现值V（新的）才是企业股票的公平市场价值。

（3）控股权溢价是由于转变控股权而增加的价值。一般而言，若题目是并购业务，少数股权价值即为按当前现金流或股利折现计量出的价值。控股权价值往往指改变经营决策后现金流折算的价值，两者之差即为控股权溢价，由收购方和被收购方共享溢价收益，具体则根据收购价格判断溢价分配。

【例题 8 -1 · 多选题 · 2017 年】下列关于企业公平市场价值的说法中，正确的有（ ）。

A. 企业公平市场价值是企业控股权价值

B. 企业公平市场价值是企业持续经营价值

C. 企业公平市场价值是企业未来现金流入的现值

D. 企业公平市场价值是企业各部分构成的有机整体的价值

【答案】CD

【解析】企业公平市场价值分为少数股权价值和控股权价值，选项 A 不正确；企业公平市场价值是企业持续经营价值与清算价值中较高者，选项 B 不正确。

【例题 8 -2 · 多选题 · 2020 年】甲上市公司目前普通股市价每股 20 元，净资产每股 5 元。如果资本市场是有效的，下列关于甲公司价值的说法中，正确的有（ ）。

A. 清算价值是每股 5 元

B. 会计价值是每股 5 元

C. 少数股权价值是每股 20 元

D. 现时市场价值是每股 20 元

【答案】BCD

【解析】

①选项 A 错误，持续经营价值是指由营业所产生的未来现金流量的现值，清算价值是指停止经营，出售资产产生的现金流，根据题目条件无法得知。

②选项 B 正确，净资产每股 5 元，会计价值是指资产、负债和所有者权益的账面价值，资产负债表显示的所有者权益即净资产每股 5 元是会计价值。

③选项 C 正确，在股票市场上交易的只是少数股权，大多数股票并没有参加交易，因此我们看到的股价，通常只是少数已经交易的股票价格，它们衡量的是少数股权的价值，即本题中少数股权价值是每股 20 元。

④选项 D 正确，如果资本市场是有效的，价格能够代表价值，那这个每股 20 元就是现时市场价值。

考点 2 现金流量折现模型（★★★）

（一）概述

现金流量折现模型是企业价值评估使用最广泛、理论上最健全的模型。基本思想是增量现金流量原则和时间价值原则，也就是任何资产的价值是其产生的未来现金流量按照含有风险的折现率计算的现值。基本公式如图 8 -2 所示。

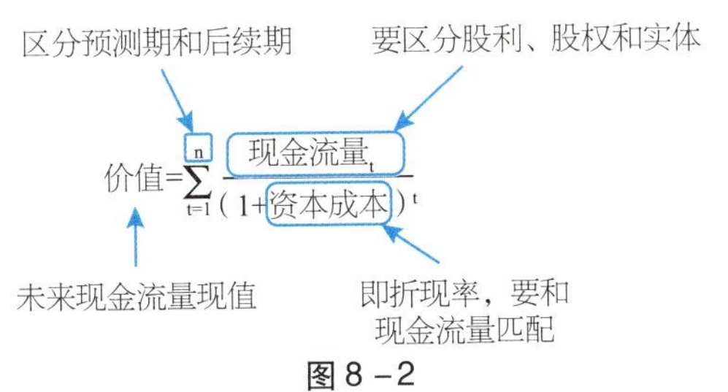

图 8 -2

【关联贴纸】企业价值评估与投资项目评价的比较如表8－2所示。

表8－2 企业价值评估与投资项目评价的比较

联系		都可以给投资主体带来现金流量，现金流越大则经济价值越大； 现金流都具有不确定性，其价值计量都使用风险概念； 现金流都是陆续产生的，其价值计量都使用现值概念		
区别		寿命期	现金流分布	现金流量归属
	投资项目评价	投资项目的寿命是有限的	稳定的或下降的现金流	项目产生的现金流量属于投资人
	企业价值评估	企业的寿命是无限的	增长的现金流	企业产生的现金流量仅在决策层决定分配时才流向所有者

（二）现金流量折现模型的种类

根据现金流量的不同种类，企业估值的现金流量折现模型也可以分为三种，如表8－3所示。

表8－3

种类	计算公式	现金流量
股利现金流量模型	$股权价值=\sum_{t=1}^{\infty}\frac{股利现金流量_t}{(1+股权资本成本)^t}$	股利现金流量是企业分配给股权投资人的现金流量
股权现金流量模型	$股权价值=\sum_{t=1}^{\infty}\frac{股权现金流量_t}{(1+股权资本成本)^t}$	股权现金流量是一定期间企业可以提供给股权投资人的现金流量； 股权现金流量＝实体现金流量－债务现金流量
实体现金流量模型	$实体价值=\sum_{t=1}^{\infty}\frac{实体自由现金流量_t}{(1+加权平均资本成本)^t}$	实体现金流量是企业全部现金流入扣除成本费用和必要的投资后的剩余部分，它是企业一定期间可以提供给所有投资人的税后现金流量

彬哥解读

（1）使用现金流量折现模型时，现金流量的种类要和资本成本的种类相匹配，如用股权现金流量模型，就得用股权资本成本（一般采用资本资产定价模型确定）来折现，而不能使用债务资本成本或者加权平均资本成本。

（2）在相同的假设情况下，三种模型的评估结果是相同的。企业价值的评估主要使用实体现金流量模型或股权现金流量模型。

（3）各种现金流量和价值之间的相互关系，如下图所示：

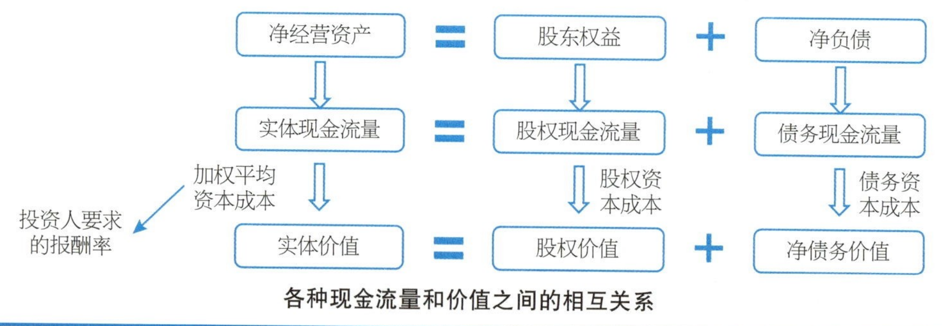

各种现金流量和价值之间的相互关系

（三）现金流量折现模型参数的估计

1. 确定预测期间

预测的时间范围涉及预测基期、详细预测期和后续期，而企业的价值（站在预测基期的价值）= 详细预测期价值 + 后续期价值（见图 8 -3）。

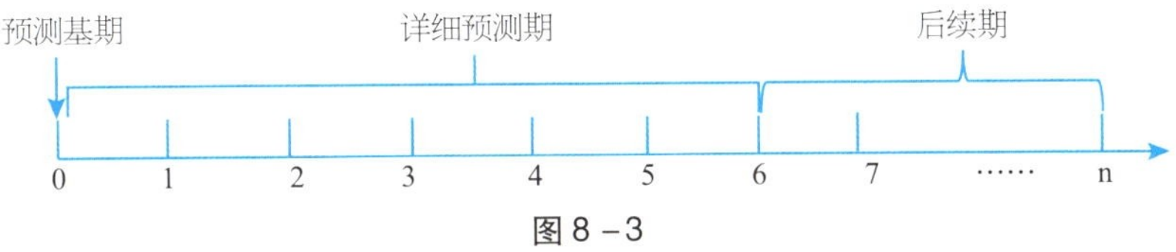

图 8 -3

2. 估计现金流量的步骤（见表 8 -4）

表 8 -4

确定基期数据	基期，通常是预测工作的上一个年度。 确定基期数据的方法有两种： （1）以上年实际数据作为基期数据。 （2）以修正后的上年数据作为基期数据。如果认为上年的数据不具有可持续性，就应适当进行调整，使之适合未来的情况。 【提示】在考试中，基期的数据通常为已知数
确定详细预测期	（1）通常为 5 ~7 年，很少超过 10 年； （2）企业增长的不稳定时期有多长，预测期就应当有多长
估计详细预测期现金流量	在此期间需要对每年的现金流量进行详细预测，并根据现金流量折现模型计算该预测期价值
估计后续期现金流量增长率	（1）后续期价值的估计方法有很多种，这里只讨论永续增长模型： 永续增长模型：后续期价值 =［现金流量$_{m+1}$ ÷（资本成本 − 现金流量增长率）］×（P/F，i，m），其中，m 为预测期。 （2）稳定状态下，**实体现金流量、股权现金流量和营业收入的增长率相同**，因此，可以根据销售增长率估计现金流量增长率。 （3）竞争均衡理论认为，后续期的销售增长率大体上等于宏观经济的名义增长率。如果不考虑通货膨胀因素，宏观经济的增长率大多在 2% ~6% 之间

【例题 8 -3 · 计算题】 A 公司目前正处在高速增长的时期，2010 年的销售增长了 12%。预计 2011 年可以维持 12% 的增长率，2012 年增长率开始逐步下降，每年下降 2 个百分点，2015 年下降 1 个百分点，即增长率为 5%。自 2015 年起，公司进入稳定增长状态，永续增长率为 5%，如表 1 所示。

表 1　　A 公司的销售预测

项目	基期	2011 年	2012 年	2013 年	2014 年	2015 年	2016 年	…
销售增长率	12%	12%	10%	8%	6%	5%	5%	5%

A 公司的基期营业收入 1 000 万元，其他相关信息见表 2、表 3。

表2 A公司的相关财务比率预测

项目	预测（%）
销售成本÷营业收入	70
销售和管理费用÷营业收入	5
净经营资产÷营业收入	80
净负债÷营业收入	40
债务利息率	6
所得税税率	25

表3 A公司的预计现金流量 单位：万元

项目	基期	2011年	2012年	2013年	2014年	2015年
一、营业收入	1 000.00	1 120.00	1 232.00	1 330.56	1 410.39	1 480.91
减：营业成本		784.00	862.40	931.39	987.28	1 036.64
销售和管理费用		56.00	61.60	66.53	70.52	74.05
二、税前经营利润		280.00	308.00	332.64	352.60	370.23
减：经营利润所得税		70.00	77.00	83.16	88.15	92.56
三、税后经营净利润		210.00	231.00	249.48	264.45	277.67
减：净经营资产增加		96.00	89.60	78.85	63.87	56.42
四、实体现金流量		114.00	141.40	170.63	200.58	221.26
减：税后利息费用		20.16	22.18	23.95	25.39	26.66
加：净负债增加		48.00	44.80	39.42	31.93	28.21
五、股权现金流量		141.84	164.02	186.10	207.12	222.81

以2011年为例：

营业收入＝1 000×（1＋12%）＝1 120（万元）

营业成本＝1 120×70%＝784（万元）

销售和管理费用＝1 120×5%＝56（万元）

税前经营利润＝1 120－784－56＝280（万元）

经营利润所得税＝280×25%＝70（万元）

税后经营净利润＝280－70＝210（万元）

净经营资产增加＝1 000×12%×80%＝96（万元）

实体现金流量＝210－96＝114（万元）

税后利息费用＝1 120×40%×6%×（1－25%）＝20.16（万元）

净负债增加＝1 000×12%×40%＝48（万元）

股权现金流量＝114－（20.16－48）＝141.84（万元）

【例题8-4·多选题】下列关于企业价值评估的表述中，正确的有（　　）。

A. 现金流量折现模型的基本思想是增量现金流量原则和时间价值原则

B. 实体现金流量是企业可提供给全部投资人的税后现金流量之和

C. 在稳定状态下实体现金流量增长率一般等于国内经济的预期增长率

D. 在稳定状态下股权现金流量增长率一般等于世界的经济增长率

【答案】AB

【解析】选项CD的前提不明确，如果一个企业的业务范围仅限于国内市场，宏观经济增长率是指国内的预期经济增长率；如果一个企业的业务范围是世界性的，宏观经济增长率则是指世界的经济增长速度。所以选项CD不正确。

（四）现金流量折现模型的应用

1. 股权现金流量模型的应用

（1）永续增长模型。

使用条件：企业必须处于永续状态。所谓永续状态是指企业有永续的增长率和净投资资本报酬率。

$$股权价值=\frac{下期股权现金流量}{股权资本成本-永续增长率}$$

【例题8-5·计算题】B企业是一个规模较大的跨国企业，目前处于稳定增长状态。2011年每股股权现金流量为2.5元。假设长期增长率为6%。预计该企业的长期增长率与宏观经济相同。据估计，该企业的股权资本成本为10%。请计算该企业2011年的每股股权价值。

【答案】每股股权价值=[2.5×(1+6%)]÷(10%-6%)=66.25（元/股）

（2）两阶段增长模型。

使用条件：适用于增长呈现两个阶段的企业。通常第二阶段具有永续增长的特征。

两阶段增长模型的一般表达式：

股权价值=详细预测期价值+后续期价值

=详细预测期股权现金流量现值+后续期股权现金流量现值

假设详细预测期为n，则：

$$股权价值=\sum_{t=1}^{n}\frac{股权现金流量_t}{(1+股权资本成本)^t}+\frac{股权现金流量_{n+1}/(股权资本成本-永续增长率)}{(1+股权资本成本)^n}$$

【例题8-6·计算题】C公司是一家高新技术企业，具有领先同业的优势。预计2011～2016年每股股权现金流量如下表所示，自2016年进入稳定增长状态，永续增长率为3%。企业股权资本成本为12%。

要求：计算目前的每股股权价值。

表1　　C公司每股股权现金流量　　单位：元/股

项目	2010年	2011年	2012年	2013年	2014年	2015年	2016年
每股股权现金流量	1.0030	1.2000	1.4400	1.7280	2.0736	2.4883	5.1011

【解析】

（1）先计算预测期的股权价值：

表2　　C公司第一阶段每股股权价值

项目	2010年	2011年	2012年	2013年	2014年	2015年	2016年
每股股权现金流量	1.0030	1.2000	1.4400	1.7280	2.0736	2.4883	5.1011
折现系数（12%）		0.8929	0.7972	0.7118	0.6355	0.5674	
预测期价值		1.0715	1.1480	1.2300	1.3178	1.4119	

预测期每股股权现金流量现值 = $\sum_{t=1}^{n}\frac{\text{每股股权现金流量}_t}{(1+\text{股权资本成本})^t}$ =1.0715 +1.1480 +1.23 +1.3178 +1.4119 =6.18（元/股）

（2）再计算后续期的股权价值：

后续期每股股权现金流量在2015年末的价值 = 后续期第一年每股股权现金流量 ÷（股权资本成本 - 永续增长率）=5.1011 ÷（12% -3%）=56.6789（元/股）

后续期每股股权现金流量现值 =56.6789 ×0.5674 =32.16（元/股）

（3）每股股权价值 = 预测期价值 + 后续期价值 =6.18 +32.16 =38.34（元/股）

2. 实体现金流量模型的应用

（1）永续增长模型。

$$\text{实体价值}=\frac{\text{下期实体现金流量}}{\text{加权平均资本成本}-\text{永续增长率}}$$

（2）两阶段增长模型。

实体价值 = 详细预测期价值 + 后续期价值

= 详细预测期实体现金流量现值 + 后续期实体现金流量现值

假设详细预测期为 n，则：

$$\text{实体价值}=\sum_{t=1}^{n}\frac{\text{实体现金流量}_t}{(1+\text{加权平均资本成本})^t}+\frac{\text{实体现金流量}_{n+1}/(\text{加权平均资本成本}-\text{永续增长率})}{(1+\text{加权平均资本成本})^n}$$

彬哥解读

（1）现金流量折现模型核心仍然在于现金流计算，应熟练掌握**实体现金流、股权现金流**计算公式，联系题目条件，结合管理用资产负债表、利润表公式计量预测期现金流。

（2）折现模型常考**两阶段折现模型**，需要熟练掌握两阶段折现的方法，进而算出企业价值。

【例题 8-7·计算题】D 企业预计 2011～2016 年实体现金流量如下表所示，自 2016 年进入稳定增长状态，永续增长率为 5%。企业当前的加权平均资本成本为 11%，2016 年及以后年份资本成本降为 10%。债务当前的市场价值为 4 650 万元，普通股当前每股市价 12 元，流通在外的普通股股数为 1 000 万股。

要求：通过计算分析，说明该股票被市场高估还是低估了？

表 1　　D 企业实体现金流量

项目	2011 年	2012 年	2013 年	2014 年	2015 年	2016 年
实体现金流量	614.00	663.12	716.17	773.46	835.34	1 142.40

【解析】

先计算预测期的实体价值：

表 2　　D 公司详细预测期实体价值

项目	2011 年	2012 年	2013 年	2014 年	2015 年	2016 年
实体现金流量	614.00	663.12	716.17	773.46	835.34	1 142.40
折现系数（11%）	0.9009	0.8116	0.7312	0.6587	0.5935	
预测期价值	553.15	538.19	523.66	509.48	495.77	

详细预测期实体现金流量现值 = 553.15 + 538.19 + 523.66 + 509.48 + 495.77 = 2 620.25（万元）

后续期实体现金流量在 2015 年末的价值 = 1 142.40 ÷（10% − 5%）= 22 848（万元）

后续期实体现金流量在 2011 年初的现值 = 22 848 × 0.5935 = 13 560.29（万元）

实体价值 = 2 620.25 + 13 560.29 = 16 180.54（万元）

股权价值 = 实体价值 − 净债务价值 = 16 180.54 − 4 650 = 11 530.54（万元）

每股股权价值 = 11 530.54 ÷ 1 000 = 11.53（元/股）

因现价 12 元 > 11.53 元，故被市场高估了。

考点 3　相对价值评估模型（见图 8-4）（★★）

01 寻找一个影响企业价值的关键变量（如净利润）

02 确定一组可以比较的类似企业，计算可比企业的市价/关键变量的平均值（如平均市盈率）

03 根据目标企业的关键变量（如净利润）乘以得到的平均值（平均市盈率），计算目标企业的评估价值

图 8-4

（一）市盈率模型

市盈率是指普通股每股市价与每股收益的比率（见表8－5）。

市盈率＝每股市价÷每股收益

表8－5

项目	具体内容
基本模型	目标企业每股价值＝可比企业市盈率×目标企业每股收益
相关的变形及驱动因素	本期市盈率$=\frac{股利支付率\times(1+增长率)}{股权成本-增长率}$ 内在（预期）市盈率$=\frac{股利支付率}{股权成本-增长率}$ 驱动因素：增长潜力、股利支付率和风险（股权资本成本的高低与其风险有关），其中关键因素是增长潜力
优点	①计算市盈率的数据容易取得，并且计算简单； ②市盈率把价格和收益联系起来，直观地反映投入和产出的关系； ③市盈率涵盖了风险补偿率、增长率、股利支付率的影响，具有很高的综合性
局限性	如果收益是0或负值，市盈率就失去了意义
适用范围	最适合连续盈利的企业

彬哥解读

在估值时，目标企业本期净利润必须要乘以可比企业本期市盈率，目标企业预期净利润必须要乘以可比企业预期市盈率，**两者必须匹配**（这一原则**适用于市盈率、市净率、市销率以及未修正和修正的各种价格乘数**）。

【例题8－8·计算题】甲企业今年的每股收益是0.5元，分配股利0.35元/股，该企业净利润和股利的增长率都是6%，β值为0.75。政府长期债券利率为7%，股票的风险补偿率为5.5%。

（1）问甲企业的本期市盈率和预期市盈率各是多少？

（2）乙企业与甲企业是类似企业，今年实际每股净利润为1元，根据甲企业本期市盈率对乙企业估值，其股票价值是多少？乙企业预期明年每股净利润是1.06元，根据甲企业预期市盈率对乙企业估值，其股票价值是多少？

【解析】

（1）甲企业股利支付率＝每股股利÷每股收益＝0.35÷0.5＝70%

甲企业股权成本＝无风险利率＋β×市场风险溢价＝7%＋0.75×5.5%＝11.125%

甲企业本期市盈率＝［股利支付率×(1＋增长率)］÷(股权成本－增长率)＝［70%×(1＋6%)］÷(11.125%－6%)＝14.48

甲企业预期市盈率＝股利支付率÷(股权成本－增长率)＝70%÷(11.125%－6%)＝13.66

（2）乙企业股票价值 = 目标企业本期每股收益 × 可比企业本期市盈率 = 1 × 14.48 = 14.48（元/股）

乙企业股票价值 = 目标企业预期每股收益 × 可比企业预期市盈率 = 1.06 × 13.66 = 14.48（元/股）

（二）市净率模型

市净率是指每股市价与每股净资产的比率（见表8-6）。

市净率 = 每股市价 ÷ 每股净资产

表8-6

项目	具体内容
基本模型	目标企业每股价值 = 可比企业市净率 × 目标企业每股净资产
模型的变形及驱动因素	$本期市净率=\frac{股利支付率\times 权益净利率_0\times(1+增长率)}{股权成本-增长率}$ $内在（预期）市净率=\frac{股利支付率\times 权益净利率_1}{股权成本-增长率}$ 驱动因素：股东权益净利率、股利支付率、增长潜力和风险，其中关键因素是权益净利率
优点	（1）市净率极少为负值，可用于大多数企业； （2）净资产账面价值的数据容易取得，并且容易理解； （3）净资产账面价值比净利润稳定，也不像利润那样经常被人为操纵； （4）如果会计标准合理并且各企业会计政策一致，市净率的变化可以反映企业价值的变化
局限性	（1）账面价值受会计政策选择的影响，如果各企业执行不同的会计标准或会计政策，市净率会失去可比性； （2）固定资产很少的服务型企业和高科技企业，净资产与企业价值的关系不大，其市净率比较没有什么实际意义； （3）少数企业的净资产是0或负值，市净率没有意义，无法用于比较
适用范围	主要适用于需要拥有**大量资产、净资产为正值**的企业

【例题8-9·单选题·2015年】甲企业采用固定股利支付率政策，股利支付率50%，2014年甲企业每股收益2元。预期可持续增长率4%，股权资本成本12%，期末每股净资产10元，没有优先股。2014年末甲企业的本期市净率为（　　）。

A. 1.25　　B. 1.20　　C. 1.35　　D. 1.30

【答案】D

【解析】权益净利率 = 2 ÷ 10 × 100% = 20%，本期市净率 = 50% × 20% × (1 + 4%) ÷ (12% − 4%) = 1.30。

（三）市销率模型

市销率是指每股市价与每股营业收入的比率（见表8-7）。

市销率 = 每股市价 ÷ 每股营业收入

表8－7　　市销率模型原理

项目	具体内容
基本模型	**目标企业每股价值＝可比企业市销率×目标企业每股营业收入**
模型的变形及驱动因素	**本期市销率＝$\frac{股利支付率\times营业净利率_0\times(1+增长率)}{股权成本-增长率}$** **内在（预期）市销率＝$\frac{股利支付率\times营业净利率_1}{股权成本-增长率}$** 驱动因素：营业净利率、股利支付率、增长潜力和风险，其中关键因素是营业净利率
优点	（1）它不会出现负值，对于亏损企业和资不抵债的企业，也可以计算出一个有意义的市销率； （2）它比较稳定、可靠，不容易被操纵； （3）市销率对价格政策和企业战略变化敏感，可以反映这种变化的后果
局限性	不能反映成本的变化，而成本是影响企业现金流量和价值的重要因素之一
适用范围	主要适用于**销售成本率较低**的服务类企业，或者**销售成本率**趋同的传统行业的企业

（四）相对价值模型的应用

相对价值法应用的主要困难是选择可比企业。通常做法是选择一组同业的上市企业，计算出他们的平均市价比率，作为估计目标企业价值的乘数。

但我们常常会找不到符合条件的可比企业。尤其是要求的可比条件比较严格，或者同行业上市企业很少的时候，经常找不到足够的可比企业。此时，我们就要用修正的市价比率了。

1．市盈率模型的修正

所谓修正，指的是修正关键因素，对于市盈率模型，增长率是关键因素，因此，可以用增长率修正市盈率，消除增长率差异对同业企业可比性的影响。

修正市盈率＝可比企业市盈率÷（可比企业预期增长率×100）

我们修正市盈率时，通常有两种评估方法（见图8－5）。

01　修正平均市盈率＝$\frac{可比企业的平均市盈率}{可比企业平均预期增长率\times100}$

02　目标企业每股价值＝修正平均市盈率×目标企业预期增长率×100×目标企业每股收益

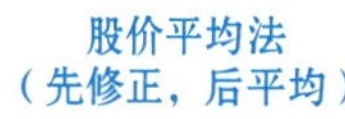

01　分别求每个可比企业的修正市盈率＝$\frac{可比企业（i）市盈率}{可比企业（i）增长率\times100}$

02　用每个可比企业的修正市盈率分别计算目标企业的每股价值：
目标企业每股价值（i）＝修正市盈率（i）×目标公司预期增长率×100×目标企业每股收益

03　目标企业每股价值＝$\frac{\sum 目标企业的每股价值（i）}{n}$

图8－5

2. 修正市净率

修正市净率 = 可比企业市净率 ÷（可比企业预期**权益净利率** ×100）

目标企业每股价值 = 修正市净率 × 目标企业预期**权益净利率** ×100 × 目标企业每股净资产

3. 修正市销率

修正市销率 = 可比企业市销率 ÷（可比企业预期**销售净利率** ×100）

目标企业每股价值 = 修正市销率 × 目标企业预期**销售净利率** ×100 × 目标企业每股销售收入

【例题 8－10·计算题·2014 年】甲公司是一家尚未上市的高科技企业，固定资产较少，人工成本占销售成本的比重较大，为了进行以价值为基础的管理，公司拟采用相对价值评估模型对股权价值进行评估，有关资料如下：

（1）甲公司2013 年度实现净利润3 000 万元，年初股东权益总额为20 000 万元，年末股东权益总额为 21 800 万元，2013 年股东权益的增加全部源于利润留存，公司没有优先股，2013 年年末普通股股数为10 000 万股，公司当年没有增发新股，也没有回购股票，预计甲公司2014 年及以后年度的利润增长率为9%，权益净利率保持不变。

（2）甲公司选择了同行业的 3 家上市公司作为可比公司，并收集了以下相关数据：

金额单位：元

可比公司	每股收益	每股净资产	权益净利率（%）	每股市价	预期利润增长率（%）
A 公司	0.4	2	21.20	8	8
B 公司	0.5	3	17.50	8.1	6
C 公司	0.5	2.2	24.30	11	10

要求：

（1）使用市盈率模型下的修正平均市盈率法计算甲公司的每股股权价值。

（2）使用市净率模型下的股价平均法计算甲公司的每股股权价值。

【答案】

（1）甲公司每股收益 =3 000 ÷10 000 =0.3（元）

可比公司平均市盈率 =（8 ÷0.4 +8.1 ÷0.5 +11 ÷0.5）÷3 =19.4

可比公司平均增长率 =（8% +6% +10%）÷3 =8%

修正平均市盈率 = 可比公司平均市盈率 ÷（可比公司平均增长率 ×100）=19.4 ÷（8% ×100）=2.425

甲公司每股股权价值 = 修正平均市盈率 × 甲公司增长率 ×100 × 甲公司每股收益 = 2.425 ×9% ×100 ×0.3 =6.55（元）

（2）甲公司每股净资产 =21 800 ÷10 000 =2.18（元）

甲公司权益净利率 =3 000 ÷［（20 000 +21 800）÷2］=14.35%

甲公司每股股权价值（i）= 可比公司修正市净率（i）× 甲公司权益净利率 ×100 × 甲公司每股净资产

按 A 公司计算甲公司每股股权价值 =（8 ÷2）÷（21.2% ×100）×14.35% ×100 ×2.18 = 5.90（元）

按 B 公司计算甲公司每股股权价值 =(8.1 ÷3) ÷(17.5% ×100) ×14.35% ×100 ×2.18 =4.83（元）

按 C 公司计算甲公司每股股权价值 =(11 ÷2.2) ÷(24.3% ×100) ×14.35% ×100 ×2.18 =6.44（元）

甲公司每股股权价值 =(5.90 +4.83 +6.44) ÷3 =5.72（元）

恭喜你，

已完成第八章的学习

扫码免费进 >>>
2022年CPA带学群

人的一生，未必都波澜壮阔、荡气回肠，左右我们如何活着的往往是那些每天都在上演、都在谢幕的生命场景。在阳光下细碎如微尘般翻飞跳跃的，恰似我们的一生，只是，有的人拼尽全身力气把微尘舞出了光芒。

CHAPTER NINE

第九章 资本结构

考情雷达

本章研究筹资问题中资本结构内容，所谓资本结构决策即筹资选债务筹资还是股权筹资的决策问题。本章知识涉及资本结构理论，即定性分析债务筹资和股权筹资的影响；资本结构决策，即定量决策筹资方式；杠杆系数，即经营风险、财务风险的衡量问题。

本章历年主观题和客观题均有考查，历年平均分值为6分左右。本章较去年相比**无实质性变化**。

考点地图

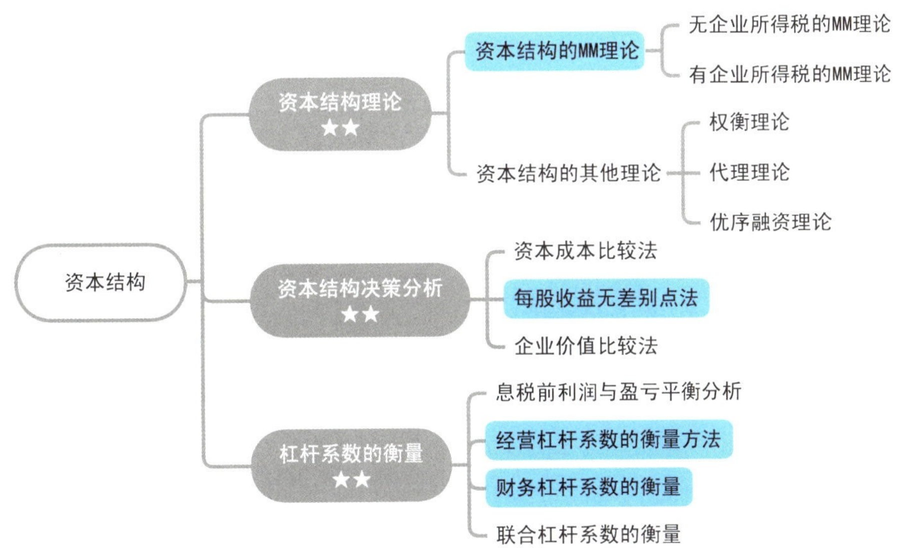

考点1 资本结构理论（★★）

企业的长期资本主要来源于债权人和股东，因此债权资本和股权资本的比例将直接影响公司加权平均资本成本的高低，我们把公司**各种长期资本来源的构成比例关系称为“资本结构”**。一般来说，在资本结构中不包含短期负债，因为短期资本的需求量和筹集是经常变化的，在整个资本总量中所占比重不稳定，所以短期负债作为营运资本管理。

（一）资本结构的MM理论

MM理论是一种研究资本结构对企业价值影响效果的理论，该理论是基于完美资本市场的假设条件提出的，主要需要掌握的假设条件如下：

（1）完美资本市场，即在股票与债券进行交易的市场中没有交易成本，且个人与机构投资者的借款利率与公司相同。

解释：投资者借款与公司借款利率相同。

（2）借债无风险。即公司或个人投资者的所有债务利率均为无风险利率，与债务数量无关。

解释：也就是说债多债少，借款利率（税前债务资本成本）均不变，为无风险利率。

（3）全部现金流是永续的。即公司息税前利润具有永续的零增长特征，债券也是永续的。

解释：现金流可以视为永续年金折现。

在上述假设基础上，MM 的资本结构理论可以分为“无企业所得税 MM 理论”和“有企业所得税 MM 理论”。

1. 无企业所得税的 MM 理论（见表 9－1、图 9－1）

表 9－1

命题	内容	
命题Ⅰ	表达式	$V_L=\frac{EBIT}{r_{WACC}^0}=V_U=\frac{EBIT}{r_s^u}$
	相关结论	（1）**有负债企业的价值（V_L）＝无负债企业的价值（V_U）**； （2）有负债企业的加权平均资本成本（r_{WACC}^0）＝风险等级相同的无负债企业的权益资本成本（r_s^u）； （3）企业加权资本成本与其资本结构无关，仅取决于企业的经营风险
命题Ⅱ	表达式	$r_s^L=r_s^U+风险溢价=r_s^U+\frac{D}{E}\times(r_s^U-r_d)$
	相关结论	（1）有负债企业权益资本成本（r_s^L）＝无负债企业的权益资本成本（r_s^U）＋风险溢价$\left[\frac{D}{E}\times(r_s^U-r_d)\right]$ （2）风险溢价与以市值计算的财务杠杆（负债/股东权益）成正比； （3）**有负债企业的权益资本成本随着负债程度增大而增加**

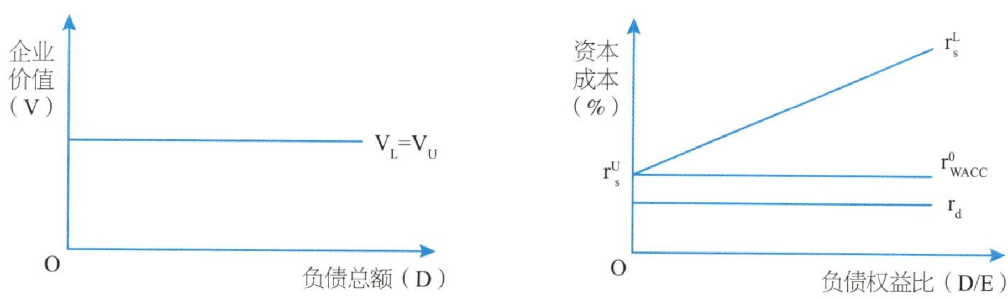

图 9－1　无企业所得税条件下 MM 理论的命题Ⅰ和命题Ⅱ

2. 有企业所得税的 MM 理论（见表 9－2、图 9－2）

表 9－2

命题	内容	
命题Ⅰ	表达式	$V_L=V_U+PV(T\times D)$
	相关结论	（1）有负债企业的价值（V_L）等于具有相同风险等级的无负债企业的价值（V_U）加上债务利息抵税收益的现值［$PV(T\times D)$］； （2）随着企业负债比例的提高，企业价值也随之提高，理论上全部融资来源于负债时，企业价值达到最大

续表

命题	内容	
命题Ⅱ	表达式	$r_s^L = r_s^U +$ 风险报酬 $= r_s^U + (r_s^U - r_d)(1-T) \times \frac{D}{E}$
	相关结论	(1) 有负债企业的权益资本成本(r_s^L)等于相同风险等级的无负债企业的权益资本成本(r_s^U)加上风险报酬$\left[(r_s^U - r_d)(1-T) \times \frac{D}{E}\right]$，**风险报酬取决于企业的债务比例以及所得税税率；** **(2) 有负债企业的权益资本成本随着财务杠杆的提高而增加；** **(3) 有负债企业的加权平均资本成本随着债务筹资比例的增加而降低**

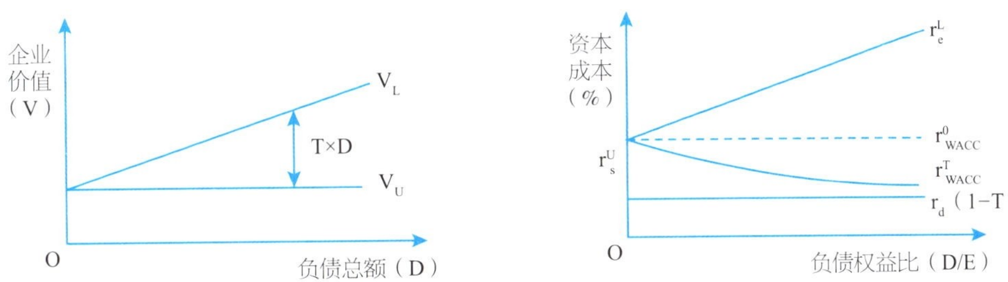

图 9－2 考虑企业所得税条件下 MM 理论中的命题Ⅰ和命题Ⅱ

有税条件下 MM 理论的命题Ⅱ与无税条件下命题Ⅱ所表述的有负债企业权益资本成本的基本含义是一致的，其仅有的差异是由（1－T）引起的。由于（1－T）<1，因此有税时有负债企业的权益资本成本比无税时有负债企业的权益资本成本小（见表 9－3）。

表 9－3 有税 MM 理论和无税 MM 理论对比

项目	无税 MM 理论	有税 MM 理论
企业价值	有负债企业价值＝无负债企业价值	有负债企业价值＝无负债企业价值＋债务利息抵税收益
加权平均资本成本	资本结构对加权平均资本成本无影响	负债比重越大，加权平均资本成本越低（反向变动）
债务资本成本	无论债多债少，均为无风险利率	无论债多债少，均为税后无风险利率
权益资本成本	负债比重越大，权益资本成本越高（同向变动）	
最优资本结构	不存在最优资本结构	理论上全部融资来源于负债时，企业价值最大

【例题 9－1·多选题·2011 年】 下列关于 MM 理论的说法中，正确的有（　　）。

A. 在不考虑公司所得税的情况下，公司加权平均资本成本的高低与资本结构无关，仅取决于公司经营风险的大小

B. 在不考虑公司所得税的情况下，有负债公司的权益成本随负债比例的增加而增加

C. 在考虑公司所得税的情况下，公司加权平均资本成本的高低与资本结构有关，随负债比例的增加而增加

D. 一个有负债公司在有公司所得税情况下的权益资本成本要比无公司所得税情况下的权益资本成本高

【答案】AB

【解析】

①无企业所得税条件下的MM理论认为：企业的资本结构与企业价值无关，企业加权平均资本成本与其资本结构无关，有负债企业的权益资本成本随着财务杠杆的提高而增加，选项A、B正确；

②有企业所得税条件下的MM理论认为：企业加权平均资本成本的高低与资本结构有关，随负债比例的增加而降低，所以选项C错误；

③有负债企业在有税时的权益资本成本比无税时的要小，所以选项D错误。

（二）资本结构的其他理论

现代资本结构研究的起点是MM理论，但该理论是基于完美市场上一系列严格的假设条件下得出的，在现实世界中，这些假设是难以成立的。因此后续理论研究者们在MM理论的基础上不断放宽假设，推动了资本结构理论的发展。其中最具有代表性的理论有**权衡理论、代理理论和优序融资理论**。

1. 权衡理论

强调在**平衡债务利息的抵税收益与财务困境成本**的基础上，实现企业价值最大化时的最佳资本结构。

此时所确定的债务比率是债务抵税收益的边际价值等于增加的财务困境成本的现值。

$$V_L = V_U + PV（利息抵税）- PV（财务困境成本）$$

彬哥解读

"权衡理论"想表达的是：不能只看到负债的好处（利息抵税），还要考虑到负债带来的风险（即财务困境成本），财务困境成本包括直接成本和间接成本：

直接成本：企业因破产、进行清算或重组所发生的法律费用和管理费用等。

间接成本：企业资信状况恶化以及持续经营能力下降而导致的企业价值损失。

2. 代理理论

代理理论是在权衡理论的基础上发展而来的，除了考虑财务困境成本，还考虑了企业债务的代理成本和代理收益。表达式如下：

$$V_L = V_U + PV（利息抵税）- PV（财务困境成本）- PV（债务的代理成本）+ PV（债务的代理收益）$$

（1）代理成本（见表9-4）。

表9-4

项目	过度投资问题	投资不足问题
含义	指因企业采取不盈利项目或高风险项目而产生的损害股东以及债权人利益并降低企业价值的现象	指因企业放弃净现值为正的投资项目而使债权人利益受损进而降低企业价值的现象

续表

项目	过度投资问题	投资不足问题
发生情形	（1）当企业经理与股东之间存在利益冲突时，经理的自利行为产生的过度投资问题。 （2）当企业股东与债权人之间存在利益冲突时，经理代表股东利益采纳成功率低甚至净现值为负的高风险项目产生的过度投资问题。在企业遭遇财务困境时，即使投资了净现值为负的投资项目，股东仍可能从企业的高风险投资中获利。股东有动机投资于净现值为负的高风险项目，并伴随着风险从股东向债权人的转移	发生在企业陷入财务困境且有比例较高的债务时，股东如果预见采纳新投资项目会以牺牲自身利益为代价补偿了债权人，股东就缺乏积极性选择该项目进行投资

（2）代理收益。

债务代理收益主要指债权人和股东通过对经理人的约束和激励从而抑制债务代理的成本，主要措施表现为：债权人保护条款引入（限制性条款）、对经理提升企业业绩的激励措施以及对经理随意支配现金流浪费企业资源的约束等。

3. 优序融资理论

考虑信息不对称和逆向选择的影响，当公司存在融资需求时，管理者偏好按以下顺序选择：**内源融资 > 债务融资（先普通债券后可转换债券）> 股权融资，即先内后外，先债后股。**

【例题 9－2·多选题】 下列关于资本结构理论的表述中，正确的有（　　）。

A. 根据 MM 理论，当存在公司所得税时，公司负债比例越高，公司价值越大

B. 根据权衡理论，平衡债务利息的抵税收益与财务困境成本是确定最优资本结构的基础

C. 根据代理理论，当负债程度较高的公司陷入财务困境时，股东通常会选择投资净现值为正的项目

D. 根据优序融资理论，当存在外部融资需求时，公司倾向于债务融资而不是股权融资

【答案】 ABD

【解析】 根据代理理论，在公司陷入财务困境时，更容易引起过度投资问题与投资不足问题，导致发生债务代理成本，过度投资是指公司采用不盈利项目或高风险项目而产生的损害股东以及债权人的利益并降低公司价值的现象，投资不足问题是指公司放弃净现值为正的投资项目而使债权人利益受损并进而降低公司价值的现象，所以选项 C 错误。

表 9－5　　资本结构理论对比

理论	公式
无税 MM 理论	$V_L = V_U$
有税 MM 理论	$V_L = V_U$ + PV（债务利息抵税）
权衡理论	$V_L = V_U$ + PV（债务利息抵税）－PV（财务困境成本）
代理理论	$V_L = V_U$ + PV（债务利息抵税）－PV（财务困境成本）－PV（债务代理成本）+ PV（债务代理收益）
优序融资理论	先内后外，先债后股

考点2 资本结构决策分析（★★）

企业资本结构决策的主要内容是权衡债务的收益和风险，实现合理的目标资本结构，使加权平均资本成本最低，企业价值最大。

资本结构决策分析有不同的方法，常用的方法有资本成本比较法、每股收益无差别点法、企业价值比较法。

（一）资本成本比较法

指在不考虑各种融资方式在数量与比例上的约束以及财务风险差异时，通过计算各种基于市场价值的长期融资组合方案的加权平均资本成本，并根据计算结果**选择加权平均资本成本最小的融资方案**，确定为相对最优的资本结构。

优点：以资本成本最低为选择标准，测算简单，使用便捷。

缺点：只比较了各种融资组合方案的资本成本，难以区别不同方案之间的财务风险因素差异，实际运用中，有时也难以确定各种融资方式的资本成本。

（二）每股收益无差别点法

每股收益无差别点法，是在计算不同融资方案下企业的每股收益（EPS）相等时所对应的息税前利润（EBIT）基础上，通过比较在企业预期盈利水平下的不同融资方案的每股收益，**选择每股收益较大的融资方案**。

$$EPS=\frac{(EBIT-I_1)(1-T)-PD_1}{N_1}=\frac{(EBIT-I_2)(1-T)-PD_2}{N_2}$$

式中，EBIT——每股收益无差别时的息税前利润；

I_i——年利息支出；

T——企业所得税税率；

PD_i——支付的优先股股利；

N_i——筹资后流通在外的普通股股数。

【例题9－3·计算题】某公司目前已有1 000万元长期资本，均为普通股，股价为10元/股。现公司希望再实现500万元的长期资本融资以满足扩大经营规模的需要。有三种筹资方案可供选择：

方案一：全部通过年利率为10%的长期债券融资；

方案二：全部是优先股股利为12%的优先股筹资；

方案三：全部依靠发行普通股股票筹资，按照目前的股价，需增发50万股新股。

假设公司预期的息税前利润为210万元，公司所得税税率为25%。

要求：在预期的息税前利润水平下选择最优方案。

【答案】

（1）方案一与方案三，即长期债务和普通股筹资方式的每股收益无差别点，$EPS_1=EPS_3$：

$$\frac{(EBIT-50)(1-25\%)-0}{100}=\frac{(EBIT-0)(1-25\%)-0}{100+50}$$

解方程得，方案一与方案三的每股收益无差别点所对应的 EBIT 为 150 万元。

（2）方案二与方案三，即优先股和普通股筹资方式的每股收益无差别点，$EPS_2 = EPS_3$：

$$\frac{(EBIT-0)(1-25\%)-500\times 12\%}{100}=\frac{(EBIT-0)(1-25\%)-0}{100+50}$$

解方程得，方案二与方案三的每股收益无差别点所对应的 EBIT 为 240 万元。

（3）因为预期收益为 210 万元 >150 万元，故选择债务融资，即方案一。

彬哥解读

针对上面例题，我们利用 EBIT－EPS 方法进行分析，画出长期债务、优先股、普通股融资的每股收益无差别点图。通过下图我们可以得出，长期债务线和优先股线是平行的，不会产生每股收益无差别点，这说明债务融资在任何同一预期收益条件下均比发行优先股能提供更高的每股收益，故在决策时，如果有债务融资，则不考虑优先股。

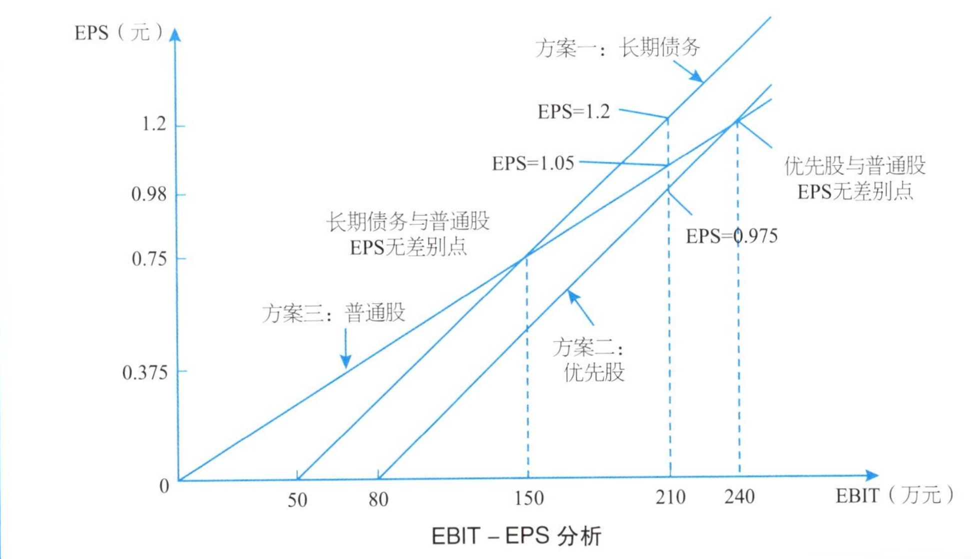

EBIT－EPS 分析

（三）企业价值比较法

公司的最佳资本结构不一定是使每股收益最大的资本结构，而是使市净率最高的资本结构（假设市场有效）。假设股东投资资本和债务价值不变，该资本结构也是使企业价值最大化的资本结构。同时，公司的加权平均资本成本也是最低的。

衡量公司价值的一种合理的方法是：公司的市场价值 V 等于其股票的市场价值 S 加上长期债务价值 B，再加上优先股的价值 P。

$$V=S+B+P$$

企业价值比较法的运用，如图 9－3 所示（假设不存在优先股）。

01 求企业债务价值：

企业债务价值B=长期债务的现值=面值

02 求企业权益价值：

权益价值S=股票的现值=企业未来的净收益按股东要求的报酬率折现

$$S=\frac{(EBIT-I)\times(1-T)-PD}{r_s}$$

若r_s题目没有告知，我们用资本资产定价模型计算

$$r_s=r_{RF}+\beta\times(r_m-r_{RF})$$

03 求企业加权平均资本成本：

$$加权平均资本成本\ r_{WACC}=r_d\times(1-T)\times\frac{B}{V}+r_s\times\frac{S}{V}$$

式中：EBIT——息税前利润； I——年利息额；

T——企业所得税税率； PD——优先股股息；

r_s——权益资本成本； r_{RF}——无风险利率；

β——股票的β系数； r_m——平均风险股票报酬率；

r_d——债务税前资本成本； B——企业债务价值；

V——企业总价值； S——企业权益价值

图9－3

彬哥解读

（1）从考情来看，三种方法中最重要的是**每股收益无差别点法**，资本成本比较法和企业价值比较法更需要关注判别依据，即**资本成本最小方案和企业价值最大方案**。

（2）每股收益最大化应牢记决策原则：**大债小股**，即：

①当 $EBIT_{预期}>EBIT_{每股收益无差别点}$时，选择债务融资；

②当 $EBIT_{预期}<EBIT_{每股收益无差别点}$时，选择股权融资。

【例题9－4·计算题】某公司的长期资本构成均为普通股，无长期债务资本和优先股资本，股票的账面价值为3 000万元。预计未来每年EBIT为600万元，所得税税率为25%。该公司认为目前的资本结构不够合理，准备通过发行债券回购部分股票的方式，调整资本结构，提高公司价值。经咨询调查，目前的长期债务利率和权益资本的成本情况如表1所示。

要求：企业应该发行多少债务，以达到最优的资本结构？

表1 不同债务水平下的公司债务资本成本和权益资本成本

债券市场价值B（万元）	债务税前资本成本 r_d（%）	股票β值	无风险利率 r_{RF}（%）	平均风险股票报酬率 r_m（%）	权益资本成本 r_s（%）
0	—	1.2	8	12	12.8
300	10	1.3	8	12	13.2
600	10	1.4	8	12	13.6
900	12	1.55	8	12	14.2
1 200	14	1.7	8	12	14.8
1 500	16	2.1	8	12	16.4

【解析】我们计算出不同长期债务规模下的企业价值和加权平均资本成本。

表2　　公司市场价值和加权平均资本成本

公司市场价值 V（万元）①=②+③	债券市场价值 B（万元）②	股票市场价值 S（万元）③	市净率 $\frac{S}{3\ 000-B}$	债务税前资本成本 r_d（%）	权益资本成本 r_s（%）	加权平均资本成本 r_{WACC}（%）
3 515.63	0	3 515.63	1.1719	—	12.80	12.80
3 538.64	300	3 238.64	1.1995	10	13.20	12.72
3 577.94	600	2 977.94	1.2408	10	13.60	12.58
3 498.59	900	2 598.59	1.2374	12	14.20	12.86
3 389.19	1 200	2 189.19	1.2162	14	14.80	13.28
3 146.34	1 500	1 646.34	1.0976	16	16.40	14.30

通过计算可知，企业在发行600万元债务时，加权平均资本成本最低，企业价值达到最大。故企业最优的资本结构应为发行债务600万元。

考点3　杠杆系数的衡量（★★）

在筹资方式选择和资本结构调整方面，公司需要考虑是否和如何利用经营杠杆和财务杠杆的作用。这两种杠杆有放大盈利波动性的作用，从而影响公司的风险和收益。

（一）息税前利润与盈亏平衡分析

1. 息税前利润

$$EBIT=Q\times(P-V)-F$$

式中，EBIT——息税前利润；

Q——销量；

P——单价；

V——单位变动成本；

F——固定成本。

2. 盈亏平衡点销售量

当息税前利润等于0的时候，达到了盈亏平衡点，这个时候的收入涵盖了所有的变动成本和固定成本。

$$EBIT=Q_{BE}\times(P-V)-F=0$$

$$\text{盈亏平衡点销售量}\ Q_{BE}=\frac{F}{P-V}$$

【例题9-5·计算题】某企业生产产品A，销售单价为50元，单位变动成本为25元，固定成本总额为100 000元，则该企业盈亏平衡点销售量为多少？

【解析】$Q_{BE}=\frac{F}{P-V}=100\ 000\div(50-25)=4\ 000$（件）

（二）经营杠杆系数的衡量方法

经营杠杆是在某一**固定成本比重**的作用下，由于营业收入一定程度的变动引起息税前利润产生更大程度变动的现象。

经营杠杆的大小一般用经营杠杆系数表示，它是息税前利润变动率与营业收入（销售量）变动率之间的比率（见表9－6）。

表9－6

项目	公式	用途
定义公式	$DOL=\frac{\Delta EBIT/EBIT}{\Delta s/s}$	用于预测
简化公式	$DOL=\frac{基期边际贡献}{基期息税前利润}=\frac{M}{EBIT}=\frac{M}{M-F}$	用于计算
存在前提	只要企业存在固定性经营成本，就存在营业收入（销售量）较小变动引起息税前利润较大变动的经营杠杆的放大效应	
与经营风险的关系	经营杠杆并不是经营风险的来源； 经营杠杆放大了市场和生产等因素变化对利润波动的影响； 经营杠杆系数越高，表明经营风险也就越大	
影响因素	同向变动：固定经营成本、单位变动成本； 反向变动：产品销售数量、产品单价。 【提示】可以根据计算公式来判断	
控制方法	企业一般可以通过增加营业收入、降低产品单位变动成本、降低固定成本比重等措施使经营杠杆系数下降，降低经营风险	

【例题9－6·计算题】某企业生产A产品，固定成本为60万元，变动成本率为40%，当企业的营业收入为400万元时，其经营杠杆系数为多少？

【解析】$DOL=\frac{S-VC}{S-VC-F}=(400-400\times40\%)\div(400-400\times40\%-60)=1.33$

注意：上式中的经营杠杆系数说明了，当营业收入为400万元时，营业收入的增长会引起息税前利润1.33倍的增长。

（三）财务杠杆系数的衡量

财务风险，指公司运用债务筹资方式而产生的丧失偿付能力的风险，而这种风险最终由普通股股东承担。

财务杠杆效应，指某一固定的债务与权益融资结构下由于息税前利润的变动引起每股收益产生更大变动程度的现象。

财务杠杆的大小用财务杠杆系数来计量，它是指普通股每股收益变动率与息税前利润变动率的比率。财务杠杆系数越大，表明财务杠杆作用越大，财务风险也就越大（见表9－7）。

表 9 -7

项目	公式	用途
定义公式	$DFL=\dfrac{\Delta EPS/EPS}{\Delta EBIT/EBIT}$	用于预测
简化公式	$DFL=\dfrac{EBIT}{EBIT-I-\dfrac{PD}{1-T}}=\dfrac{(P-V)Q-F}{(P-V)Q-F-I-\dfrac{PD}{1-T}}$	用于计算
存在前提	只要在企业的筹资方式中有**固定性融资费用**的债务或优先股，就会存在息税前利润的较小变动引起每股收益较大变动的财务杠杆效应。 【提示】当 I =0 且 PD =0（即 DFL =1）时，不存在财务杠杆效应	
与财务风险的关系	财务杠杆放大了息税前利润变化对普通股收益的影响，财务杠杆系数越高，表明普通股收益的波动程度越大，财务风险也就越大	
影响因素	同向变动：债务成本比重、固定融资费用； 反向变动：息税前利润。 【提示】可以根据计算公式来判断	
控制方法	负债比率是可以控制的。企业可以通过合理安排资本结构，适度负债，使财务杠杆利益抵消风险增大所带来的不利影响	

【例题 9 -7 · 单选题】甲公司只生产一种产品，产品单价为 6 元，单位变动成本为 4 元，产品销量为 10 万件/年，固定成本为 5 万元/年，利息支出为 3 万元/年。甲公司的财务杠杆为（　　）。

A. 1.18　　B. 1.25　　C. 1.33　　D. 1.66

【答案】B

【解析】财务杠杆系数 = 息税前利润 ÷ (息税前利润 − 利息) = [(6 −4) ×10 −5] ÷ [(6 − 4) ×10 −5 −3] =1.25

（四）联合杠杆系数的衡量

联合杠杆效应是指由于固定经营成本和固定融资成本的存在，导致普通股每股收益变动率大于营业收入变动率的现象。

联合杠杆，是将经营杠杆系数和财务杠杆系数联系起来，考查**营业收入的变化对每股收益的影响程度**，即将两种杠杆作用叠加。

联合杠杆作用的大小用联合杠杆系数（DTL）来计量，公式如下：

$$DTL=\frac{\text{每股收益变化的百分比}}{\text{营业收入变化的百分比}}=\frac{\Delta EPS/EPS}{\Delta S/S}$$

$$DTL=DOL\times DFL$$

$$DTL=\frac{EBIT+F}{EBIT-I-PD/(1-T)}$$

$$DTL=\frac{Q(P-V)}{Q(P-V)-F-I-PD/(1-T)}$$

彬哥解读

（1）只要公司同时存在固定经营成本和固定融资成本的债务或优先股，就存在营业收入较小变动引起每股收益较大变动的联合杠杆效应。

（2）联合杠杆放大了销售收入变动对普通股收益的影响，**联合杠杆系数越高**，表明普通股收益的波动程度越大，**整体风险也就越大**。

（3）因为**固定成本**的存在，导致销售量的变动引起了息税前利润的变动。又因为**固定性融资成本**的存在，导致每股收益变动。

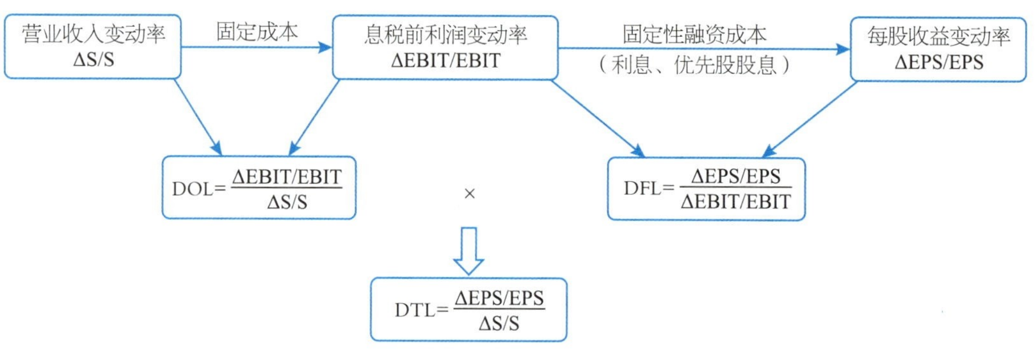

图9－4　经营杠杆、财务杠杆、联合杠杆的关系

【例题9－8·单选题·2017年】甲公司2016年销售收入1 000万元，变动成本率60%，固定成本200万元，利息费用40万元。假设不存在其他利息且不考虑其他因素，该企业联合杠杆系数是（　　）。

A. 1.25　　B. 2　　C. 2.5　　D. 3.75

【答案】C

【解析】该企业联合杠杆系数＝边际贡献÷（边际贡献－固定成本－利息费用）＝1 000×（1－60%）÷[1 000×（1－60%）－200－40]＝2.5

注意：边际贡献是后面章节会出现的概念，就是“PQ－VQ”（单价×销量－变动成本×销量）。

恭喜你，

已完成第九章的学习

扫码免费进 >>>
2022年CPA带学群

我很感激，在这个时代，在这个国度，我们还是能通过努力奋斗改变命运的。请同学们珍惜这个时代，珍惜改变命运的机会，只要有决心，孜孜不倦地上下求索，命运总有一天会眷顾你。

CHAPTER TEN

第十章　长期筹资

考情雷达

本章研究各种筹资方式特点及资本成本问题，债务、股权筹资资本成本前面章节已研究，本章要重点关注混合筹资及租赁筹资。

本章客观题和主观题都会涉及，客观题主要考查债务、股权筹资的特点以及配股除权参考价的计算等，学习难度较低。主观题的考查则涉及附认股权证公司债券筹资、可转换债券筹资、租赁筹资决策等，历年平均分值在6分左右。本章与去年相比无实质性变化。

考点地图

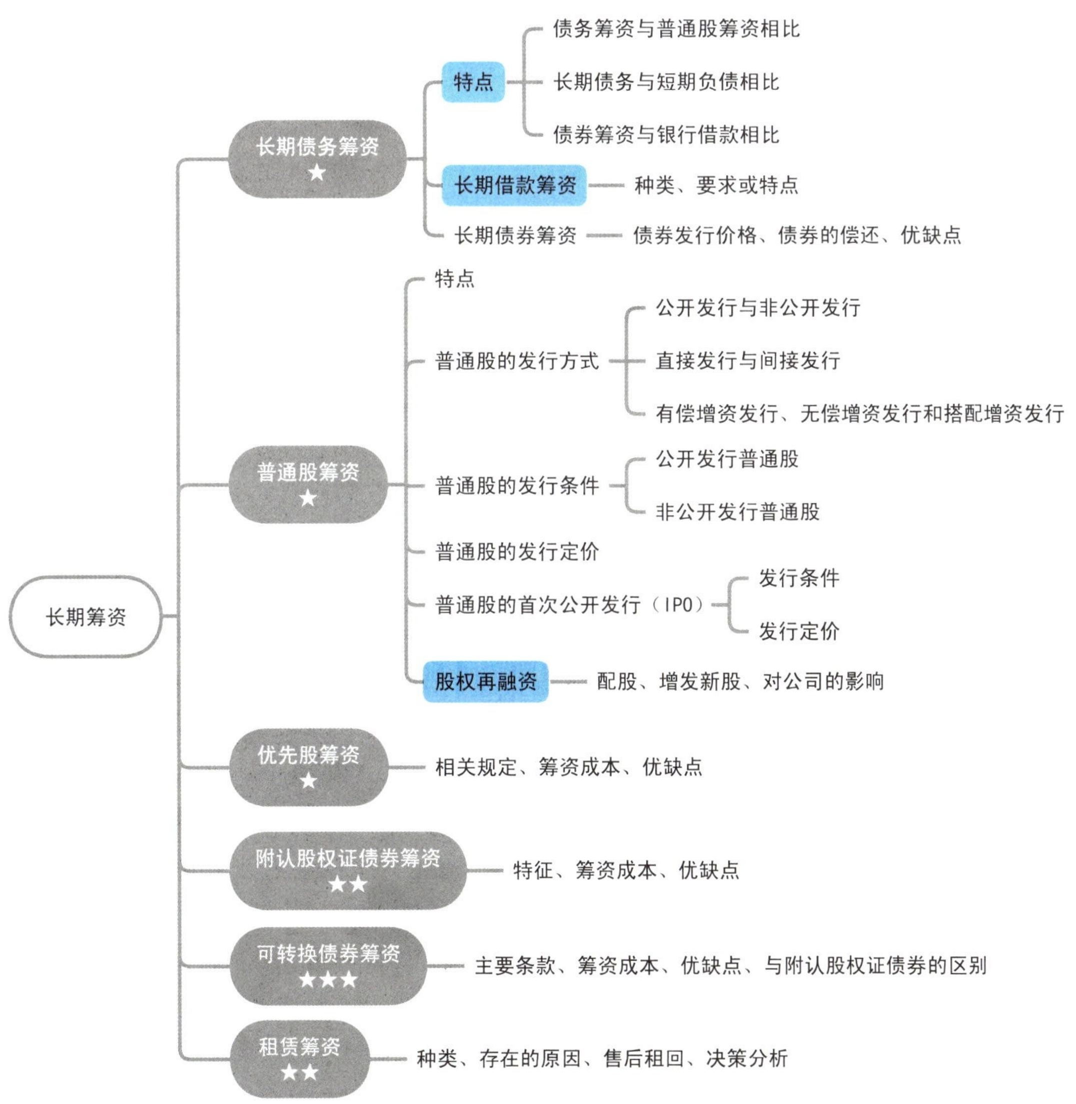

考点1 长期债务筹资（★）

债务筹资是指通过负债筹集资金，按照所筹资金可使用时间的长短，分为长期债务筹资和短期债务筹资，而长期债务筹资又分为长期借款和长期债券两种。

（一）长期债务筹资的特点

1. 债务筹资与普通股筹资相比的特点（见表10－1）

表10－1

区别点	债务筹资	普通股筹资
资本成本	低（利息可抵税；投资人风险小，要求回报低）	高（股利不能抵税；股票投资人风险大，要求回报高）
公司控制权	不分散控制权	会分散控制权
筹资风险	高（到期偿还；支付固定利息）	低（无到期日，没有固定的股利负担）
资金使用的限制	限制条款多	限制少

2. 长期债务与短期负债相比的特点（见表10－2）

表10－2

区别点	短期负债	长期债务
资本成本	低	高
筹资风险	高（期限短，还本付息压力大）	低
资金使用的限制	限制相对宽松	限制条款多
筹资速度	快（容易取得）	慢

3. 债券筹资与银行借款相比的特点（见表10－3）

表10－3

区别点	银行借款	债券筹资
资本成本	低（利息率低，筹资费低）	高
筹资速度	快（手续比发行债券简单）	慢
筹资弹性	大（可协商，可变更性比债券好）	小
筹资对象及范围	对象窄，范围小	对象广，范围大

彬哥解读

（1）应试需要注意**对比对象**，如债券筹资资本成本较低是对比股权筹资而言，但对比银行借款筹资其资本成本则相对较高。

（2）筹资弹性指筹资是否可协商，协商性越好，弹性越大。如银行借款相较债券筹资可协商性较好，则其弹性更大。

（二）长期借款筹资

长期借款是指企业向银行或其他非银行金融机构借入的使用期限超过1年的借款，主要用于购建固定资产和满足长期流动资金占用的需要。

1. 长期借款的种类

（1）按照用途：固定资产投资借款、更新改造借款、科技开发和新产品试制借款等。

（2）按照提供贷款的机构：政策性银行贷款、商业银行贷款、信托投资贷款、财务公司贷款等。

（3）按照有无担保：信用贷款和抵押贷款。

2. 长期借款相关要求或特点（见表10－4）

表10－4

项目	具体内容
保护性条款	（1）一般性保护条款。 （2）特殊性保护条款： ①贷款专款专用； ②不准企业投资于短期不能收回资金的项目； ③限制企业高级职员的薪金和奖金总额； ④要求企业主要领导人在合同有效期内担任领导职务； ⑤要求企业主要领导人购买人身保险
偿还方式	（1）定期支付利息、到期一次性偿还本金（加大偿还压力）。 （2）定期等额偿还（提高有效年利率）。 （3）平常逐期偿还小额本金和利息、期末偿还余下大额部分
优点	筹资速度快、借款弹性好
缺点	财务风险大、限制条款较多

（三）长期债券筹资

1. 债券发行价格：未来现金流量的现值

债券的发行价格是债券发行时使用的价格，即投资者购买债券时所支付的价格，公司发行债券的发行价格通常有三种：

（1）平价：债券的票面金额＝发行价格，此时票面利率＝市场利率；

（2）溢价：债券的票面金额＜发行价格，此时票面利率＞市场利率；

（3）折价：债券的票面金额＞发行价格，此时票面利率＜市场利率。

债券发行价格＝未来支付的利息现值＋到期本金的现值

【例题10－1·计算题】 南华公司发行面值为1 000元、票面利率为10%、期限为10年、每年年末付息的债券。求：在市场利率为8%、10%、12%时，公司债券的发行价格分别为多少？

【解析】

（1）市场利率为8%时：

债券的发行价格＝1 000×(P/F，8%，10)＋1 000×10%×(P/A，8%，10)＝1 000×0.4632＋100×6.7101＝1 134.21（元）

（2）市场利率为10%时：

债券的发行价格 =1 000 ×（P/F，10%，10）+1 000 ×10% ×（P/A，10%，10）= 1 000 ×0.3855 +100 ×6.1446 =1 000（元）

（3）市场利率为12%时：

债券的发行价格 =1 000 ×（P/F，12%，10）+1 000 ×10% ×（P/A，12%，10）= 1 000 ×0.322 +100 ×5.6502 =877.02（元）

2. 债券的偿还

（1）债券的偿还时间（见表10 –5）。

表10 –5

到期偿还	指债券到期后还清债券所载明的义务，有分批偿还和一次偿还两种
提前偿还	指债券尚未到期之前就予以偿还。只有在公司发行债券的契约中明确了有关允许提前偿还的条款，公司才可以进行此项操作。 提前偿还所支付的价格通常高于债券的面值，并随到期日的临近而逐渐下降。 偿还时机选择：当公司资金有结余时、当预测利率下降时
滞后偿还	指在到期日之后来偿还债券。有转期和转换两种形式： （1）转期：一是直接以新债券兑换旧债券；二是用发行新债券得到的资金来赎回旧债券。 （2）转换：将债券转换为公司的股票

（2）债券的偿还形式。

①用现金偿还债券；

②以新债券换旧债券；

③用普通股偿还债券。

3. 债券筹资的优点和缺点

与其他长期负债筹资相比，长期债券的优缺点主要有：

优点：筹资规模较大、具有长期性和稳定性、有利于资源优化配置。

缺点：发行成本高、信息披露成本高、限制条件多。

考点2　普通股筹资（★）

相对于债券和借款的到期还本付息，普通股融资通常不需要归还本金且没有固定的股利负担，投资者将承担更高的财务风险，故普通股筹资的资本成本也更高。

普通股筹资包括内部股权筹资和外部股权筹资，反映在资产负债表上，前者是留存收益的增加，后者则体现为股本或实收资本的增加。

（一）普通股筹资的特点

普通股是最基本的一种股票形式，指股份公司依法发行的具有表决权和剩余索取权的一类股票（见表10 –6）。

表 10 –6

优点	缺点
（1）没有固定利息负担； （2）没有固定到期日； （3）财务风险小； （4）能增加公司的信誉； （5）筹资限制较少； （6）在通货膨胀时普通股筹资容易吸收资金	（1）普通股的资本成本较高； （2）会增加新股东，可能会分散公司的控制权； （3）信息披露成本大，也增加了公司保护商业秘密的难度； （4）股票上市会增加公司被收购的风险

（二）普通股的发行方式

股票的发行方式，可按不同标准分类：

（1）以发行对象为标准，可划分为公开发行和非公开发行；

（2）以发行中是否有中介机构协助为标准，可划分为直接发行和间接发行；

（3）以发行能否带来现款为标准，可划分为有偿增资发行、无偿增资发行和搭配增资发行。

1. 公开发行与非公开发行（见表 10 –7）

表 10 –7

项目	公开发行（公募）	非公开发行（私募）
发行方式	是指向不特定对象公开募集股份。 属于公开发行的情形： （1）向不特定对象发行证券； （2）向特定对象发行证券累计超过 200 人，但依法实施员工持股计划的员工人数不计算在内； （3）法律、行政法规规定的其他发行行为	是指上市公司采用非公开方式，向特定对象发行股票的行为。非公开发行证券，不得采用广告、公开劝诱和变相公开方式。 特定对象应当符合下列规定： （1）符合股东大会决议规定的条件； （2）发行对象不超过 35 名
优点	（1）发行范围广，发行对象多，易于足额募集资本； （2）股票的变现性强，流通性好； （3）有助于提高发行公司的知名度和影响力	灵活性较大，发行成本低
缺点	手续繁杂，发行成本高	发行范围小，股票变现性差

2. 直接发行与间接发行（见表 10 –8）

表 10 –8

项目	直接发行	间接发行（委托发行）	
		包销	代销
含义	发行公司自己承担股票发行的一切事务和发行风险，直接向认购者推销出售股票的方式	根据承销协议商定价格，证券经营机构一次性购进全部发行股份，然后以较高价格出售给社会上的认购者	证券经营机构为发行公司代售股票，并取得一定的佣金，在承销期结束时，将未售出的股票全部退还给发行人
优点	发行公司可直接控制发行过程，并节省发行费用	可及时筹足资本，不承担发行风险，股款未募足的风险由承销商承担	可获得部分溢价收入

续表

项目	直接发行	间接发行（委托发行）	
		包销	代销
缺点	筹资时间长，发行公司要承担全部发行风险，并需要发行公司有较高的知名度、信誉和实力	损失部分溢价	发行公司需承担股款未募足的风险

3. 有偿增资发行、无偿增资发行和搭配增资发行（见表10－9）

表10－9

项目	有偿增资发行	无偿增资发行	搭配增资发行
发行方式	认购者必须按股票的某种发行价格支付现款	认购者不必向公司缴纳现金就可获得股票的发行方式，发行对象只限于原股东	股东支付发行价格的一部分就可获得一定数额股票，其余部分由资本公积或留存收益转增
特点	可以直接从外界募集股本，增加公司的资本金	依靠减少公司的资本公积或留存收益来增加资本金。主要目的是为增强股东信心和公司信誉	通常是对原股东的一种优惠

【例题10－2·多选题·2017年】与公开发行股票相比，下列关于非公开发行股票的说法中，正确的有（　　）。

A. 发行成本低　　B. 发行范围小

C. 股票变现性差　　D. 发行方式灵活性小

【答案】ABC

【解析】非公开发行股票方式灵活性较大，发行成本低，但发行范围小，股票变现性差。

（三）普通股的发行条件（见表10－10）

表10－10

项目	条件
公开发行普通股	**1. 盈利能力具有可持续性：** （1）最近3个会计年度连续盈利； （2）业务和盈利来源相对稳定； （3）现有主营业务或投资方向能够可持续发展； （4）高级管理人员和核心技术人员稳定，最近12个月内未发生重大不利变化； （5）公司重要资产、核心技术或其他重大权益的取得合法，能够持续使用； （6）不存在可能严重影响公司持续经营的担保、诉讼、仲裁或其他重大事项； （7）最近24个月内曾公开发行证券的，不存在发行当年营业利润比上年下降50%以上的情形。 **2. 财务状况良好：** （1）会计基础工作规范； （2）最近3年及最近一期财务报表未被注册会计师出具保留意见、否定意见或无法表示意见的审计报告； （3）资产质量良好； （4）经营成果真实，现金流量正常； （5）最近3年以现金方式累计分配的利润不少于最近3年实现的年均可分配利润的30%

续表

项目	条件
非公开发行普通股	（1）发行价格不低于定价基准日前 20 个交易日公司股票均价的 80%。 （2）本次发行的股份自发行结束之日起，6 个月内不得转让；控股股东、实际控制人及其控制的企业认购的股份，18 个月内不得转让。 （3）募集资金使用符合相关规定。 （4）发行导致控制权变化的，应符合相关规定

（四）普通股的发行定价

股票发行价格可以按票面金额，也可以超过票面金额，但不得低于票面金额。我国《证券法》规定，股票发行采取溢价发行的，其发行价格由发行人与承销的证券公司协商确定。

公开增发股票的发行价格，应不低于公告招股意向书前 20 个交易日公司股票均价或前 1 个交易日的均价；非公开发行股票的发行价格不低于定价基准日前 20 个交易日公司股票均价的 80%。其中：

$$\text{定价基准日前 20 个交易日股票交易均价} = \frac{\text{定价基准日前 20 个交易日股票交易总额}}{\text{定价基准日前 20 个交易日股票交易总量}}$$

（五）普通股的首次公开发行（IPO）

1. 发行条件

（1）最近 3 个会计年度净利润均为正数且累计超过人民币 3 000 万元；

（2）最近 3 个会计年度经营活动产生的现金流量净额累计超过人民币 5 000 万元；或者最近 3 个会计年度营业收入累计超过人民币 3 亿元；

（3）发行前股本总额不少于人民币 3 000 万元；

（4）最近一期期末无形资产（扣除土地使用权、水面养殖权和采矿权等后）占净资产的比例不高于 20%；

（5）最近一期期末不存在未弥补亏损；

（6）发行人不得有相关影响持续盈利能力的情形。

2. 发行定价

首次公开发行股票，可以通过向网下投资者询价的方式确定股票发行价格，也可以通过发行人与主承销商自主协商直接定价等方式确定发行价格。公开发行股票数量在 2 000 万股（含）以下且无老股转让计划的，应当通过直接定价的方式确定发行价格。

（六）股权再融资（重点）

股权再融资的方式包括向原股东配股和增发新股融资。

1. 配股

配股是指向原普通股股东按其持股比例、以低于市价的某一特定价格配售一定数量新发行股票的融资行为。配股权是普通股股东的优惠权，实际上是一种短期的看涨期权。

（1）配股的目的。

①不改变原控股股东对公司的控制权和享有的各种权利；

②因发行新股将导致短期内每股收益稀释，通过折价配售的方式可以给原股东一定的补偿；

③鼓励原股东认购新股，以增加发行量。

（2）配股价格。

配股一般采取**网上定价发行**的方式。配股价格由主承销商和发行人**协商确定**。

（3）配股条件。

上市公司向原股东配股的，除了要符合公开发行股票的一般规定外，还应当符合下列规定：

①拟配售股份数量不超过本次配售股份前股本总额的30%；

②控股股东应当在股东大会召开前公开承诺认配股份的数量；

③采用证券法规定的代销方式发行；

④控股股东不履行认配股份的承诺，或代销期限届满，原股东认购数量未达到拟配售数量70%的，发行失败，发行人按照发行价格并加算银行同期存款利息返还已经认购的股东。

（4）配股除权价格。

$$配股除权参考价=\frac{配股前股票市值+配股价格\times 配股数量}{配股前股数+配股数量}=\frac{配股前每股价格+配股价格\times 股份变动比例}{1+股份变动比例}$$

当所有股东都参与配股时，股份变动比例（即实际配售比例）等于拟配售比例。

如果除权后股票交易市价高于该除权参考价，这种情形使得参与配股的股东财富较配股前有所增加，一般称之为填权；反之股价低于除权参考价则会减少参与配股股东的财富，一般称之为贴权。

（5）每股股票配股权价值。

一般来说，原股东可以以低于配股前股票市价的价格购买所配发的股票，即配股权的执行价格低于当前股票价格，此时配股权是实值期权，因此配股权具有价值。

$$每股股票配股权价值=\frac{配股除权参考价-配股价格}{购买一股新配股所需的原股数}$$

【例题10－3·单选题·2014年】甲公司采用配股方式进行融资。每10股配2股，配股前股价为6.2元，配股价为5元。如果除权日股价为5.85元，所有股东都参加了配股，除权日股价下跌（　　）。

A. 2.42%　　B. 2.50%　　C. 2.56%　　D. 5.65%

【答案】B

【解析】配股除权价格＝（配股前每股价格＋配股价格×股份变动比例）÷（1＋股份变动比例）＝（6.2＋5×0.2）÷（1＋0.2）＝6（元），除权日股价下跌（6－5.85）÷6×100%＝2.50%。

2. 增发新股（见表10－11）

表10－11

项目	公开增发	非公开增发
增发对象	没有特定的发行对象，股票市场上的投资者均可以认购	（1）**机构投资者**：大体可以划分为财务投资者和战略投资者。 （2）**大股东及关联方**：指上市公司的控股股东及关联方
认购方式	通常为现金认购	不限于现金，还包括股权、债权、无形资产、固定资产等非现金资产

【例题10－4·单选题·2010年改编】下列关于普通股筹资定价的说法中，正确的是（　　）。

A. 首次公开发行股票时，发行价格可以由发行人与承销的证券公司协商确定

B. 上市公司向原有股东配股时，发行价格可由发行人自行确定

C. 上市公司公开增发新股时，发行价格不能低于公告招股意向书前20个交易日公司股票均价的80%

D. 上市公司非公开增发新股时，发行价格不能低于定价基准日前20个交易日公司股票的均价

【答案】A

【解析】

①配股一般采取网上定价发行的方式。配股价格由主承销商和发行人协商确定，选项B错误；

②上市公司公开增发新股的定价通常按照"发行价格应不低于公告招股意向书前20个交易日公司股票均价或前1个交易日的均价"的原则确定，选项C错误；

③上市公司非公开增发新股时，发行价格应不低于定价基准日前20个交易日公司股票均价的80%，选项D错误。

3. 股权再融资对公司的影响（了解）（见图10－1）

对资本结构的影响

（1）一般来讲，权益成本高于负债成本。因此，采用股权再融资会降低资产负债率，并可能使资本成本提高。
（2）若权益融资改善了公司资本结构，也会在一定程度上降低公司的加权平均资本成本，增加公司整体价值

对财务状况的影响

（1）若公司运营及盈利能力不变，采用股权再融资会降低权益净利率。
（2）但如果公司将股权再融资筹集的资金投入具有良好效益的项目，或能够改善资本结构，降低资本成本，就有利于增加公司的价值

对控制权的影响

（1）就配股而言，如果老股东不放弃配股权，公司控制权结构不会变化。
（2）公开增发会引入新股东，股东控制权受到增发认购数量的影响。
（3）非公开增发主要有两种情况：
①若对财务投资者和战略投资者增发，则会降低控股股东的持股比例，但因财务投资者和战略投资者大多与控股股东有良好的合作关系，因此一般不会对控股股东的控制权形成威胁；
②若面向控股股东增发，以收购其优质资产或实现整体上市，则会增强控股股东对公司的控制权

图10－1

彬哥解读

（1）发行股票相关法律知识属于经济法中重点知识，但在财管中偶尔考查，主要集中在数值指标中，适当掌握即可。

（2）股权再融资属于本节重点知识，**配股除权参考价、配股权价值**相关公式应当掌握。

考点3 优先股筹资（★）

优先股是指股份持有人优先于普通股股东分配公司利润和剩余财产，但参与公司决策管理等权利受到限制的股份。

（一）相关规定

1. 上市公司发行优先股的一般条件

（1）最近3个会计年度实现的年均可分配利润应当不少于优先股1年的股息。

（2）最近3年现金分红情况应当符合公司章程及中国证监会的有关监管规定。

（3）报告期不存在重大会计违规事项。

（4）已发行的优先股不得超过公司普通股股份总数的50%，且筹资金额不得超过发行前净资产的50%，已回购、转换的优先股不纳入计算。

2. 上市公司公开发行优先股的特别规定

（1）最近3个会计年度应当连续盈利。扣除非经常性损益后的净利润与扣除前净利润相比，以孰低者作为计算依据。

（2）上市公司公开发行优先股应当在公司章程中规定以下事项：

①采取固定股息率；

②在有可分配税后利润的情况下必须向优先股股东分配股息；

③未向优先股股东足额派发股息的差额部分应当累积到下一个会计年度；

④优先股股东按照约定的股息率分配股息后，不再同普通股股东一起参加剩余利润分配。

商业银行发行优先股补充资本的，可就第②项和第③项事项另行约定。

（3）上市公司公开发行优先股的，可以向原股东优先配售。

（4）最近36个月内因违反工商、税收、土地、环保、海关法律、行政法规或规章，受到行政处罚且情节严重的，不得公开发行优先股。

（5）公司及其控股股东或实际控制人最近12个月内应当不存在违反向投资者作出的公开承诺的行为。

（二）优先股的筹资成本

同一公司的优先股股东的必要报酬率**比债权人高**，但**比普通股股东低**。

（三）优先股筹资的优缺点（见表10－12）

表10－12

优点	（1）与债券相比，不支付股利不会导致公司破产；没有到期期限，不需要偿还本金。 （2）与普通股相比，发行优先股一般不会稀释股东权益
缺点	（1）优先股股利不可以税前扣除，是优先股筹资的税收劣势；投资者购买优先股所获股利免税，是优先股筹资的税收优势。两者可以完全抵消，使优先股股息与债券利息趋于一致。 【注意】按金融工具准则，对于分类为**金融负债**的优先股，优先股股利**可以税前扣除**，但投资者需缴个人所得税；对于分类为**权益工具**的优先股，优先股股利**不可以税前扣除**，但投资者可免缴个人所得税。 （2）优先股的股利通常被视为固定成本，与负债筹资的利息没有什么差别，会增加公司的财务风险并进而增加普通股的成本

考点4 附认股权证债券筹资（★★）

（一）认股权证的特征

认股权证是公司向股东发放的一种凭证，授权其持有者在一个特定期间以特定价格购买特定数量的公司股票（见表10－13）。

表10－13 认股权证与股票看涨期权的异同

		认股权证	股票看涨期权
相同点		（1）都以股票为标的资产，其价值随股票价格变动； （2）到期前都具有选择权； （3）都有固定的执行价格	
不同点	行权时股票来源	是新增股票，存在稀释问题	来自二级市场，不存在稀释问题
	时间	时间长。可以长达10年，甚至更长	时间短。通常只有几个月
	是否适用“布莱克—斯科尔斯模型”	不能假设有效期内不分红，故不适用	适用

认股权证发行的用途：

（1）在公司发行新股时，为避免原有股东每股收益和股价被稀释，给原有股东配发一定数量的认股权证，使其可以按优惠价格认购新股，或直接出售认股权证，以弥补新股发行的稀释损失。

（2）作为奖励发放给本公司的管理人员。

（3）作为筹资工具，以吸引投资者购买票面利率低于市场要求的长期债券。

（二）附认股权证债券的筹资成本

附认股权证债券，是指公司债券附认股权证，持有人依法享有在一定期间内按约定价格认购公司股票的权利，是债券加上认股权证的产品组合（见表10－14）。

表10－14 附认股权证债券分类

种类	内容
分离型	指认股权证与公司债券可以分开，单独在流通市场上自由买卖
非分离型	指认股权证无法与公司债券分开，两者存续期限一致，同时流通转让，自发行至交易均合二为一，不得分开转让。非分离型附认股权证公司债券近似于可转债
现金汇入型	指当持有人行使认股权利时，必须再拿出现金来认购股票
抵缴型	公司债券票面金额本身可按一定比例直接转股。如现行可转换公司债券的方式

附带认股权证债券的筹资成本，可以用投资人的内含报酬率来估计。计算出的内含报酬率必须处于债务市场利率和税前普通股成本之间，才可以被投资人和发行公司同时接受。

（三）附认股权证债券筹资的优缺点（见图 10－2）

优点

（1）一次发行、二次融资的作用，有效降低融资成本。
（2）发行人主要是高速增长的小公司，这些公司有较高的风险，直接发行债券需要较高的票面利率。通过发行附有认股权证的债券，是以潜在的股权稀释为代价换取较低的利息

缺点

（1）灵活性较差。发行人一直都有偿还本息的义务，因无赎回和强制转股条款，从而在市场利率大幅降低时，发行人需要承担一定的机会成本。
（2）发行者的主要目的是发行债券而不是股票，是为了发行债券而附带期权。
（3）认股权证的执行价格，一般比发行时的股价高出20%~30%。如果将来公司发展良好，股票价格会大大超过执行价格，原有股东会蒙受较大损失。
（4）附带认股权证债券的承销费用高于债务融资

图 10－2

彬哥解读

（1）认股权证价值可以拆分为债务价值和权益工具价值两部分，用发行价格减去债务价值即可算出认股权证的价值。

（2）附认股权证公司债券资本成本计算可用**到期收益率法**进行计算，未来现金流有**两类**：债务现金流、认股权证现金流；其中认股权证带来的现金流可参考看涨期权到期日价值计算。

【例题 10－5·多选题·2010 年】某公司是一家生物制药企业，目前正处于高速成长阶段。公司计划发行10 年期限的附认股权证债券进行筹资。下列说法中，正确的有（　　）。

A. 认股权证是一种看涨期权，可以使用布莱克—斯科尔斯模型对认股权证进行定价

B. 使用附认股权证债券筹资的主要目的是当认股权证执行时，可以以高于债券发行日股价的执行价格给公司带来新的权益资本

C. 使用附认股权证债券筹资的缺点是当认股权证执行时，会稀释股价和每股收益

D. 为了使附认股权证债券顺利发行，其内含报酬率应当介于债务市场利率和税前普通股成本之间

【答案】CD

【解析】

①布莱克—斯科尔斯模型假设没有股利支付，看涨期权可以适用。认股权证不能假设有效期限内不分红，5~10 年不分红不现实，不能用布莱克—斯科尔斯模型，选项 A 错误；

②附认股权证债券筹资的主要目的是可以降低相应债券的利率，所以选项 B 错误。

考点 5　可转换债券筹资（★★★）

可转换债券是一种特殊的债券，它在一定期间内依据约定的条款可以转换成普通股。

（一）可转换债券的主要条款（见表 10－15）

表 10－15

特征	说明
可转换性	（1）在资产负债表上只是负债转换为普通股，并不增加额外的资本； （2）这种转换是一种期权，可以选择转换，也可以选择不转换而继续持有债券
转换价格	可转换债券发行之时，明确了以怎样的价格转换为普通股，这一规定的价格就是可转换债券的转换价格（也称转股价格），即转换发生时投资者为取得普通股每股所支付的实际价格。转换价格通常比发行时的股价高出 20%～30%
转换比率	转换比率是债权人将一份债券转换成普通股可获得的普通股股数。 **转换比率＝债券面值÷转换价格**
转换期	可转换债券的转换期可以与债券的期限相同，也可以短于债券的期限
赎回条款	设置赎回条款的目的：（1）可以促使债券持有人转换股份；（2）可以使发行公司避免市场利率下降后，继续向债券持有人按较高的债券票面利率支付利息所蒙受的损失
回售条款	回售条款指在达到某一条件时，债券投资者可以强制将债券销售给发行债券的公司； 设置回售条款是为了**保护债券投资人**的利益，使他们能够避免遭受过大损失，降低风险
强制性转换条款	设置强制性转换条款，是为了保证可转换债券顺利地转换为股票，实现发行公司扩大权益筹资的目的

（二）可转换债券的筹资成本

可转换债券的持有者，同时拥有 1 份债券和 1 份股票的看涨期权，但为了执行看涨期权，必须放弃债券。故其估值就是先当作普通债券分析，再当作看涨期权处理。

在注册会计师考试中，可转换债券的核心考点在于计算可转换债券的资本成本是否在合适区间，因此对其的计算主要分为以下几步，如表 10－16 所示。

表 10－16

①确定纯债券的价值	纯债券的价值是不含看涨期权的普通债券的价值。 **纯债券的价值＝利息的现值＋本金的现值**
②分析期权部分的转换价值	债券转换价值是债券转换成的股票价值。 **转换价值＝股价×转换比率** 第 i 年股价＝初始股价×$(1+预期增长率)^i$
③分析可转换债券的底线价值	可转换债券的底线价值，应当是纯债券价值和转换价值两者中**较高者**
④分析市场价值	市场价值不会低于底线价值
⑤分析赎回价值	可转换债券设置有赎回保护期，在此之前发行者不可以赎回 若赎回价格<底线价值，则选择转股
⑥分析筹资成本	**买价＝每年利息的现值＋底线价值的现值＝**$\sum_{t=1}^{n}\frac{每年利息}{(1+i)^t}+\frac{底线价值}{(1+i)^n}$ 求出上式中的折现率（i），就是可转换债券的税前成本，再乘以（1－T）就是税后成本。 若可转债转换为股票，每年利息的现值转换为股票之前的全部利息现值

续表

⑦确定票面利率、转换价格与转换比率是否合适	可转换债券的税前筹资成本应**在普通债券利率与税前股权成本之间**。 【注意】若票面利率或者转换价格不合适，我们要修改筹资方案，修改途径包括：提高每年支付的利息、提高转换比率或延长赎回保护期间

彬哥解读

（1）可转债在考试中应注意赎回条款满足日期，往往该日期即转股日期。

（2）可转债资本成本计算一定要先确定转股与否及转股日，若转股，转股当日即相当于转股价值的现金流入，后续不再有现金流。转股前现金流则包含各期利息。

【例题10－6·单选题·2014年】甲公司拟发行可转换债券，当前等风险普通债券的市场利率为5%，股东权益成本为7%。甲公司的企业所得税税率为20%。要使发行方案可行，可转换债券的税后资本成本的区间为（　　）。

A. 4%～7%　　B. 5%～7%　　C. 4%～8.75%　　D. 5%～8.75%

【答案】A

【解析】等风险普通债券的税后利率＝5%×(1－20%)＝4%，所以可转换债券的税后资本成本的区间是4%～7%。

（三）可转换债券筹资的优缺点（见图10－3）

优点

（1）与普通债券相比，可转换债券使得公司能够以较低的利率取得资金。降低了公司前期的筹资成本。

（2）与普通股相比，可转换债券使得公司取得了以高于当前股价出售普通股的可能性。有利于稳定公司股票价格

缺点

（1）股价上涨风险。公司只能以较低的固定转换价格换出股票，会降低公司的股权筹资额。

（2）股价低迷风险。发行可转换债券后，如果股价没有达到转股所需要的水平，可转换债券持有者没有如期转换普通股，则公司只能继续承担债务。在订有回售条款的情况下，公司短期内集中偿还债务的压力会更明显。

（3）筹资成本高于纯债券。尽管可转换债券的票面利率比纯债券低，但是加入转股成本之后的总筹资成本比纯债券更高

图10－3

（四）可转换债券与附认股权证债券的区别（见表10－17）

表10－17

区别	可转换债券	认股权证
行权对资本的影响不同	在转换时只是报表项目之间的变化，没有增加新的资本	在认购股份时给公司带来新的权益资本
灵活性不同	类型繁多，千姿百态。它允许发行者规定可赎回条款、强制转换条款等	灵活性较差

续表

区别	可转换债券	认股权证
适用情况不同	主要目的是发行股票而不是债券，只是因为当前股价偏低，希望通过将来转股以实现较高的股票发行价	公司规模小、风险更高，往往是新的公司启动新的产品。 主要目的是发行债券而不是股票，是为了发债而附带期权
两者的发行费用不同	承销费用与普通债券类似	承销费用介于债务融资和普通股融资之间

考点6 租赁筹资（★★）

租赁，指在一定的期间内，出租人将资产使用权让与承租人以获取对价的合同。

因租赁筹资一般期限比较长，故租赁筹资也属于一种长期筹资方式。

（一）租赁的种类

按不同的分类标准，可将租赁分为以下几类，如表10－18所示。

表10－18

分类标准	租赁类型	说明
按当事人之间的关系	直接租赁	指出租方（租赁公司或生产厂商）直接向承租人提供租赁资产的租赁形式。直接租赁只涉及出租人和承租人两方
	杠杆租赁	是有贷款者参与的一种租赁形式。在这种租赁形式下出租人既是资产的出租者，又是款项的借入者。杠杆租赁涉及三方当事人：承租人、出租人、贷款者
	售后租回	指承租人先将某资产卖给出租人，再将该资产租回的一种租赁形式。在这种形式下，承租人一方面通过出售资产获得了现金；另一方面又通过租赁满足了对资产的需要，而租赁费却可以分期支付
按租赁期的长短	短期租赁	租赁的时间明显少于租赁资产的经济寿命
	长期租赁	租赁的时间接近租赁资产的经济寿命
按全部租赁费是否超过资产的成本	不完全补偿租赁	指租赁费不足以补偿租赁资产的全部成本的租赁
	完全补偿租赁	指租赁费超过资产全部成本的租赁
按租赁撤销限制	可以撤销租赁	指合同中注明承租人可以随时解除的租赁。通常，提前终止合同，承租人需要支付一笔赔偿款
	不可撤销租赁	指在合同到期前不可以单方面解除的租赁。如果经出租人同意或者承租人支付一笔足够大的额外款项，也可以提前终止
按出租人是否负责资产的维护	毛租赁	指由出租人负责资产维护的租赁
	净租赁	指由承租人负责资产维护的租赁

彬哥解读

（1）除了上述的分类之外，还可以根据“一项租赁实质上是否转移了与租赁资产所有权有关的几乎全部风险和报酬”将租赁分为“经营租赁”和“融资租赁”。

（2）按照最新的租赁准则，承租人会计处理不再区分经营租赁和融资租赁，而出租人仍分经营租赁和融资租赁两大类。由于本章讲的是长期筹资，故仅从**承租人角度**阐述租赁问题。我们在后续做题的时候也不用去区分是属于经营租赁还是融资租赁，一律采用简化处理（详见下文）。

（二）租赁存在的原因（见表10－19）

表10－19

原因	说明
节税	如果承租方的有效税率高于出租方，通过租赁可以节税。节税是**长期租赁**存在的重要原因
降低交易成本	交易成本的差别是**短期租赁**存在的主要原因
减少不确定性	租赁的风险主要与租赁期满时租赁资产的余值有关。承租人不拥有租赁资产的所有权，不承担与此有关的风险。资产使用者如果自行购置，就必须承担该项风险

（三）售后租回

售后租回是一种特殊形式的租赁业务，是指卖主（即承租人）将一项自制或外购的资产出售后，又将该项资产从买主（即出租人）租回。在该方式下，卖主同时是承租人，买主同时是出租人。

（四）租赁筹资决策分析

1. 租赁的会计处理

（1）采用简化处理的短期租赁和低价值资产租赁。

短期租赁是指在租赁期开始日，租赁期不超过12个月的租赁。包含购买选择权的租赁不属于短期租赁。

承租人在判断是否是低价值资产租赁时，应基于全新状态下的价值评估，不应考虑资产已被使用的年限。

对于短期租赁和低价值资产租赁，承租人可以选择不确认使用权资产和租赁负债。作出该选择的，承租人应当将短期租赁和低价值资产租赁的**租赁付款额**，在租赁期内各个期间按照直线法或其他系统合理的方法计入相关资产成本或当期损益。

（2）其他租赁。

对除采用简化处理的短期租赁和低价值资产租赁外的租赁，在租赁期开始日，承租人应当对租赁确认使用权资产和租赁负债。

承租人应当按照固定的周期性利率计算租赁负债在租赁期内各期间的利息费用，并计入当期损益或相关资产成本。承租人应当参照固定资产折旧，自租赁期开始日起对使用权资产计提折旧。

2. 租赁的税务处理

税收法规规定了租赁资产的计税基础和扣除时间，并且与会计准则不一致时，应遵循税收法规。

（1）以融资租赁方式租入固定资产发生的租赁费支出，按照规定构成融资租入固定资产价值的部分应当提取折旧费用，分期扣除；

（2）**融资租入的固定资产，以租赁合同约定的付款总额和承租人在签订租赁合同过程中发生的相关费用为计税基础**，租赁合同未约定付款总额的，以该资产的公允价值和承租人在签订租赁合同过程中发生的相关费用为计税基础。

（3）企业在生产经营活动中发生的利息支出，准予扣除。

财务管理主要关注估值。由于税法的相关规定将影响税后现金流量，故财务管理将采用税法角度而不是会计的角度看待租赁问题。

【例题 10-7·多选题】 下列有关租赁的表述中，正确的有（　　）。

A. 按照税法规定以融资租赁方式租入固定资产发生的租赁费支出，应按照租赁期限均匀扣除

B. 租赁费用的经济内容包括出租人的租赁资产的购置成本、营业成本以及相关的利息

C. 按照我国会计准则的规定，短期租赁可以选择采用简易办法处理，在租赁期内各个期间按照直线法或其他系统合理的方法计入相关资产成本或当期损益

D. 除采用简易办法处理的租赁外，承租人应当对租赁确认使用权资产和租赁负债

【答案】 CD

【解析】

①按照税法规定以融资租赁方式租入固定资产发生的租赁费支出，构成融资租入固定资产价值的部分应当提取折旧费用，分期扣除，选项 A 错误。

②租赁费用的经济内容包括出租人的全部出租成本和利润。出租成本包括租赁资产的购置成本、营业成本以及相关的利息，选项 B 错误。

3. 分析要点

（1）基本原则。

财管主要从承租人的融资角度研究租赁（出租人是从投资角度研究租赁），把租赁视为一种融资方式。如果租赁筹资比其他筹资方式（比如借款购买）更有利，则应优先考虑租赁筹资。

这里就要利用租赁分析模型计算租赁净现值。根据财务的基本原理，为获得同一资产的两个方案，流出现金的现值较小的方案是好方案。如果租赁方式取得资产的流出现金的总现值小于借款筹资，则租赁有利于增加股东财富。因此，租赁分析的基本模型如下：

租赁净现值 = 租赁的现金流量总现值 − 借款购买的现金流量总现值

若租赁净现值大于零，则应当选择租赁方案。

（2）现金流量的确定。

考试中，经常考查的是租赁和购买哪一个更划算。首先我们要对租赁的性质进行判断，看是采用简化处理的租赁还是其他租赁。

第一，购买方案和其他租赁的现金流量对比分析，如表 10－20 所示。

表 10－20　　购买方案和其他租赁的现金流量对比分析

	购买	其他租赁
初始现金流量	购买设备支出	—
营业（租赁期）现金流量	（1）折旧抵税：折旧×税率； （2）税后维修费用：－维修费×（1－税率）	（1）租金：－租金（注意不能税前扣除）； （2）折旧抵税：折旧×税率。 按同类固定资产的折旧年限、净残值率计提折旧费用
回收期现金流量	期末资产变现价值＋变现损失抵税（－变现收益纳税）	（1）假设所有权不转移，则为所丧失的期末资产变现抵税，即：残余价值×税率。 （2）假设期末所有权转移，现金流量有几个： ①支付购买价款：－买价； ②回收残值变现收益：期末资产变现价值＋变现损失抵税（－变现收益纳税）

第二，短期租赁和低价值租赁。

这两种租赁方式的现金流量比较简单，租赁费可以直接抵扣，因此，租赁期内的现金流量就是税后租金。

彬哥解读

在比较租赁与购买哪个更划算时，运营期的资产维护费用应该考虑进项目的现金流量吗？

如果出租合同约定，维护费用应该由承租方来承担，那么自行购置和租赁都应该承担这笔维护费用，这属于非相关成本，无须考虑。

如果出租合同约定，维护费用是由出租方来承担，这时，自行购置的维护费用需要自己来承担，相当于自行购置多承担了一笔费用，那就需要考虑维护费用。

（3）折现率。

理论上折现率的选择应当与现金流量的风险相匹配，对于租赁当中涉及的各种不同的现金流量，应根据其不同的风险选择不同的折现率。但在实务中，往往为了简化处理统一使用**有担保债券的税后利率**作为折现率。

【例题 10－8·计算题】 A 公司是一个制造公司，为增加产品产量决定添置一台设备，预计该设备将使用 4 年。公司正在研究应通过自行购置还是租赁取得该设备。有关资料如下：

（1）如果自行购置，预计设备购置成本 100 万元。税法折旧年限为 5 年，折旧期满时预计净残值率为 5%，直线法计提折旧。4 年后该设备的变现价值预计为 30 万元。设备维护费用（保险、保养、修理等）预计每年 1 万元，假设发生在每年年末。

（2）B 租赁公司可提供该设备的租赁服务，租赁期 4 年，年租赁费 20 万元，在年初支付。租赁公司负责设备的维护，不再另外收取费用。租赁期内不得撤租。租赁期届满租赁资产所有权不转让。

（3）A 公司的所得税税率为 25%，税后借款（有担保）利率为 8%。

要求：判断该公司应该选择购买资产还是租赁资产？

【解析】

表 1　　租赁方案决策分析　　单位：万元

项目	时间（年末）				
	0	1	2	3	4
租赁方案：					
租金支付	-20	-20	-20	-20	
计税基础	80				
折旧		15.2	15.2	15.2	15.2
折旧抵税		3.8	3.8	3.8	3.8
期末资产变现流入					0
（期末资产账面价值）					19.2
（期末资产变现损益）					-19.2
期末资产变现损失抵税					4.8
各年现金流量	-20	-16.2	-16.2	-16.2	8.6
折现系数（8%）	1	0.9259	0.8573	0.7938	0.7350
各年现金流量现值	-20	-15	-13.89	-12.86	6.32
租赁的现金流量总现值	-55.43				
购买方案：					
购置设备	-100				
折旧		19	19	19	19
折旧抵税		4.75	4.75	4.75	4.75
维修费用		-1	-1	-1	-1
维修费用抵税		0.25	0.25	0.25	0.25
税后维修费用		-0.75	-0.75	-0.75	-0.75
期末资产变现流入					30
（期末资产账面价值）					24
（期末资产变现损益）					6
期末资产变现利得缴税					-1.5
各年现金流量	-100	4	4	4	32.5
折现系数（8%）	1	0.9259	0.8573	0.7938	0.7350
各年现金流量现值	-100	3.7	3.43	3.18	23.89
借款购买的现金流量总现值	-65.8				
租赁优势	10.37				

通过表 1 可知，采用租赁方案更有利，故应该选择租赁。

有关项目说明如下：

1. 租赁方案

表2

（1）判断租赁的税务性质	该合同不属于选择简化处理的短期租赁和低价值资产租赁，符合其他租赁的认定标准，租赁费每年20万元，不可在税前扣除
（2）租赁资产的计税基础	由于合同约定了承租人的付款总额，租赁费是取得租赁资产的成本，全部构成其计税基础：租赁资产的计税基础=20×4=80（万元）
（3）折旧抵税（按同类固定资产的折旧年限计提折旧费）	租赁资产的年折旧额=80×(1-5%)÷5=15.2（万元） 每年折旧抵税=15.2×25%=3.8（万元）
（4）期末资产变现（该设备租赁期届满时租赁资产所有权不转让）	期末资产变现流入=0 期末资产账面价值=80-15.2×4=19.2（万元） 期末资产变现损失=19.2-0=19.2（万元） 期末资产变现损失抵税=19.2×25%=4.8（万元）
（5）各年现金流量	第1年初现金流量=-20万元 第1年至第3年末现金流量=-20+3.8=-16.2（万元） 第4年末现金流量=3.8+4.8=8.6（万元）
（6）租赁方案现金流量总现值	总现值=-20-16.2×2.5771+8.6×0.7350=-55.43（万元）

2. 购买方案

表3

（1）购置设备	第1年初购置设备=100万元
（2）折旧抵税（按税法规定计提折旧费）	购买资产的年折旧额=100×(1-5%)÷5=19（万元） 每年折旧抵税=19×25%=4.75（万元）
（3）税后维修费用	每年年末税后维修费用=1×(1-25%)=0.75（万元）
（4）期末资产变现	期末资产变现流入=30万元 期末资产账面价值=100-19×4=24（万元） 期末资产变现收益=30-24=6（万元） 期末资产变现利得缴税=6×25%=1.5（万元）
（5）各年现金流量	第1年到第3年末现金流量=4.75-0.75=4（万元） 第4年末现金流量=4.75-0.75+30-1.5=32.5（万元）
（6）购买方案现金流量总现值	总现值=-100+4×2.5771+32.5×0.7350=-65.8（万元）

恭喜你，

已完成第十章的学习

只要心还在跳，就要努力学习；只要愿意学习，就一定能够学会。

CHAPTER ELEVEN

第十一章　股利分配、股票分割与股票回购

考情雷达

本章研究股票筹资特殊内容，涉及股利、分割、回购等问题。企业融资方式中股权融资是核心，发行股票便有股利相关问题，股利多还是少，如何制定股利的政策是本章核心内容。股票还涉及分割和回购问题，需要对比股利了解相关特点。

本章主要考查客观题（仅2019年在主观题中考查了股利政策），历年平均分值在4分左右。本章与去年相比无实质性变化。

考点地图

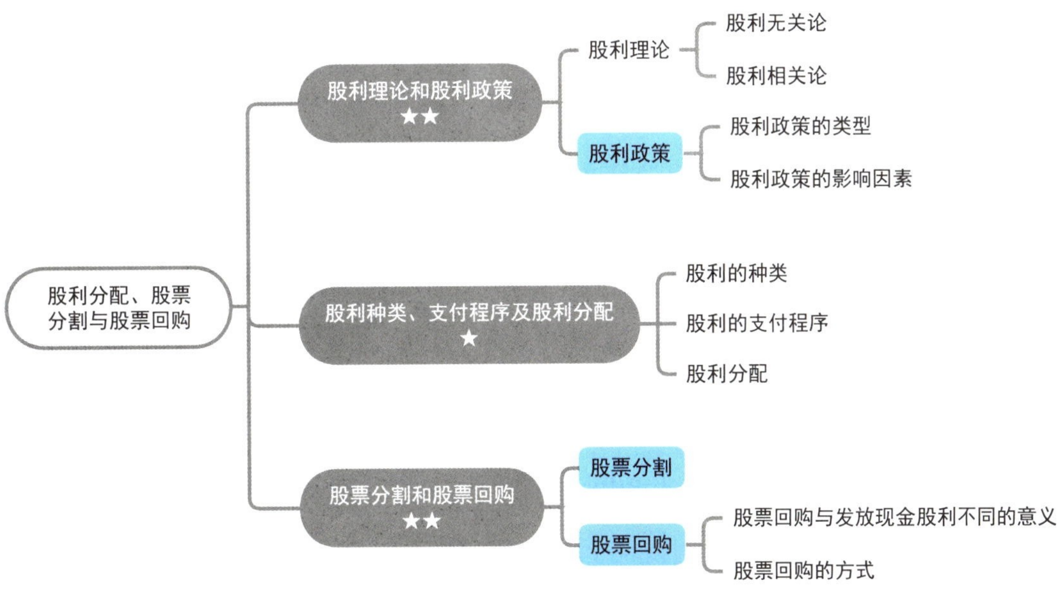

考点1　股利理论和股利政策（★★）

（一）股利理论

股利分配的核心问题是如何权衡公司股利支付决策与未来长期增长之间的关系，以实现公司价值最大化的财务管理目标。股利理论主要有两种：股利无关论和股利相关论。

1. 股利无关论

股利无关论认为股利分配对公司的市场价值（或股票价格）不会产生影响。建立在完美资本市场理论之上（见表11－1）。

表 11－1

<table>
<tr><td>理论假设</td><td>（1）公司的投资政策已确定并且已经为投资者所理解；
（2）不存在股票的发行和交易费用；
（3）不存在个人或企业所得税；
（4）不存在信息不对称；
（5）经理与外部投资者之间不存在代理成本</td></tr>
<tr><td>主要观点</td><td>（1）投资者并不关心公司股利的分配；
（2）股利的支付比率不影响公司的价值</td></tr>
</table>

2. 股利相关论（见表 11－2）

表 11－2

<table>
<tr><th>理论种类</th><th colspan="2">基本观点</th></tr>
<tr><td rowspan="3">税差理论
（交易成本）</td><td colspan="2">现金股利税和资本利得税有差异时，将使股东在继续持有股票以取得预期资本利得与立即实现股利收益之间进行权衡</td></tr>
<tr><td>不考虑股票交易成本（低现金股利政策）</td><td>一般来说，政府会采用股利收益税大于资本利得税的差异税率制度，以提高留存收益再投资的比率，使股东在实现未来的资本利得中享有税收节省</td></tr>
<tr><td>考虑股票交易成本（高现金股利政策）</td><td>存在股票交易成本，甚至当资本利得税与交易成本之和大于股利收益税时，偏好取得定期现金股利的股东倾向于高股利支付率政策</td></tr>
<tr><td rowspan="3">客户效应理论
（收入）</td><td colspan="2">处于不同税收等级的投资者，对公司股利政策的偏好也不同</td></tr>
<tr><td>收入高的投资者（低现金股利）</td><td>其边际税率较高表现出偏好低股利支付率的股票，希望少分现金股利或不分现金股利，以更多的留存收益进行再投资，从而提高所持有的股票价格</td></tr>
<tr><td>收入低的及享有税收优惠的养老基金投资者（高现金股利）</td><td>偏好高股利支付率的股票，希望支付较高且稳定的现金股利</td></tr>
<tr><td>“一鸟在手”
理论</td><td colspan="2">因企业经营过程中存在诸多不确定性，股东认为现实的现金股利要比未来的资本利得更为可靠，故会偏好于确定的股利收益；
该理论强调为了实现股东价值最大化的目标，企业应实行高股利分配率的股利政策</td></tr>
<tr><td rowspan="4">代理理论
（代理成本）</td><td colspan="2">企业中的股东、债权人、经理人员等诸多利益相关者的目标并非完全一致，在追求自身利益最大化的过程中有可能会以牺牲另一方的利益为代价</td></tr>
<tr><td>债权人希望低股利政策</td><td>股东与债权人之间的代理冲突</td></tr>
<tr><td>股东希望高股利政策</td><td>经理人员与股东之间的代理冲突</td></tr>
<tr><td>中小股东希望高股利政策</td><td>控股股东与中小股东之间的代理冲突</td></tr>
<tr><td rowspan="3">信号理论
（信号传递）</td><td colspan="2">由于公司管理者与投资者之间存在信息不对称，公司可以通过股利政策向市场传递关于公司未来盈利能力的信息，股利政策会影响公司股价</td></tr>
<tr><td>公司“提高股利”</td><td>是公司管理者向市场传递“盈利好”的信号，引起股票价格上涨。
【注意】如果是处于成熟期的企业，当提高股利支付率时，可能意味着该企业没有新的前景很好的投资项目，成长性趋缓甚至下降，此时可能引起股票价格下降。反之，可能引起股票上升</td></tr>
<tr><td>公司“降低股利”</td><td>是公司管理者向市场传递“盈利差”的信号，引起股票价格下降</td></tr>
</table>

【例题 11－1·单选题·2011 年】 下列关于股利分配理论的说法中，错误的是（　　）。

A. 税差理论认为，当股票资本利得税与股票交易成本之和大于股利收益税时，应采用高现金股利支付率政策

B. 客户效应理论认为，对于高收入阶层和风险偏好投资者，应采用高现金股利支付率政策

C. “一鸟在手”理论认为，由于股东偏好当期股利收益胜过未来预期资本利得，应采用高现金股利支付率政策

D. 代理理论认为，为解决控股股东和中小股东之间的代理冲突，应采用高现金股利支付率政策

【答案】 B

【解析】 边际税率较高的投资者（高收入阶层和风险偏好投资人，税负高，偏好资本增长）偏好低股利支付率的股票，偏好少分现金股利，多留存，选项 B 错误。

（二）股利政策

1. 股利政策的类型（见表 11－3）

表 11－3

<table>
<tr><th>项目</th><th>含义</th><th colspan="2">特点</th></tr>
<tr><td>剩余股利政策</td><td>在公司有良好投资机会时，根据一定的目标资本结构（最佳资本结构），测算出投资所需要的权益资本，先从盈余（当年利润）当中留用，然后将剩余的盈余作为股利予以分配</td><td colspan="2">保持理想资本结构，使加权平均资本成本最低。
【注意】分配的基数是当年的税后利润，这里不考虑以前的未分配利润和需要提取的盈余公积</td></tr>
<tr><td rowspan="3">固定股利或稳定增长股利政策</td><td rowspan="3">企业将每年派发的股利固定在某一特定水平或是在此基础上维持某一固定增长率从而逐年稳定增长。其理论依据是“一鸟在手”理论和股利信号理论</td><td colspan="2">该政策适用于成熟的、盈利充分且获利能力比较稳定的、扩张需求减少的公司。稳定增长期的企业可采用稳定增长股利政策，成熟期的企业可采用固定股利政策</td></tr>
<tr><td>优点</td><td>（1）可以消除投资者内心的不确定性；
（2）有利于投资者安排股利收入和支出，特别是那些对股利有着很高依赖性的股东</td></tr>
<tr><td>缺点</td><td>股利支付与盈余相脱节。当盈余较低时，会导致资金短缺。也不能保持较低的资本成本</td></tr>
<tr><td rowspan="2">固定股利支付率政策</td><td rowspan="2">公司确定一个股利占盈余的比率，长期按此比率支付股利</td><td>优点</td><td>股利与公司盈余紧密相关，体现多盈多分、少盈少分、无盈不分</td></tr>
<tr><td>缺点</td><td>各年股利变动较大，极易造成公司不稳定的感觉，不利于稳定股价</td></tr>
<tr><td>低正常股利加额外股利政策</td><td>公司一般情况下每年只支付固定的、数额较低的股利，在盈余多的年份，再根据实际情况向股东发放额外股利</td><td colspan="2">（1）使公司具有较大的灵活性。增强股东信心，利于稳定股价。
（2）使依靠股利维持生活的股东每年可以得到稳定的股利，从而吸引这部分股东</td></tr>
</table>

【例题11－2·单选题·2017年】甲公司2016年初未分配利润为－100万元，2016年实现净利润1 200万元。公司计划2017年新增长期资本1 000万元，目标资本结构（债务：权益）为3∶7。法律规定，公司须按抵减年初累计亏损后的本年净利润10%提取公积金。若该公司采取剩余股利政策，应发放现金股利（　　）万元。

A. 310　　B. 380　　C. 400　　D. 500

【答案】D

【解析】目标资本结构中负债与股东权益比例是3∶7，因此股东权益占全部资本的70%，应发放现金股利金额＝1 200－1 000×70%＝500（万元）。注意：这里不考虑弥补亏损之后再发放股利，因为以前的亏损也是以前资本结构的一部分。

2. 股利政策的影响因素（见表11－4）

表11－4

法律限制	资本保全的限制	公司不能用资本（包括股本和资本公积）发放股利
	企业积累的限制	按照法律规定，公司税后利润必须先提取法定公积金。此外还鼓励提取任意公积金，只有当提取的法定公积金达到注册资本50%时，才可以不再提取
	净利润的限制	年度累计净利润必须为正数时才可发放股利，以前年度亏损必须足额弥补
	超额累积利润的限制	公司不得超额累积利润，一旦公司的保留盈余超过法律认可的水平，将被加征额外税额
	无力偿付的限制	基于对债权人的利益保护，如果一个公司已经无力偿付负债，或股利支付会导致公司失去偿债能力，则不能支付股利
股东因素	稳定的收入和避税	依靠股利维持生活的股东要求支付稳定的股利。边际税率较高的股东出于避税考虑，往往反对发放较多的股利
	防止控制权稀释	为防止控制权的稀释，持有控股权的股东希望少募集权益资金，少分股利
公司因素	盈余的稳定性	盈余相对稳定的公司有可能支付较高的股利，盈余不稳定的公司一般采取低股利政策
	公司的流动性	公司的流动性较低时往往支付较低的股利
	举债能力	具有较强的举债能力的公司有可能采取高股利政策，而举债能力弱的公司往往采取低股利政策
	投资机会	有良好投资机会的公司往往少发股利，缺乏良好投资机会的公司，倾向于支付较高的股利。因此，处于成长中的公司多采取低股利政策；处于经营收缩中的公司多采取高股利政策
	资本成本	保留盈余（不存在筹资费用）的资本成本低于发行新股。从资本成本考虑，如果公司有扩大资金的需要，应当采取低股利政策
	债务需要	具有较高债务偿还需要的公司一般采取低股利政策
其他因素	债务合同约束	如果债务合同限制现金股利支付，公司只能采取低股利政策
	通货膨胀	通货膨胀时期，公司计提的折旧不能满足重置固定资产的需要，需要动用盈余补足重置固定资产的需要，因此通货膨胀时期股利政策往往偏紧

考点2 股利种类、支付程序及股利分配（★）

（一）股利的种类（见表11－5）

表11－5

股利支付形式	特点
现金股利	现金股利是以现金支付的股利，它是股利支付的主要方式。公司支付现金股利除了要有累计盈余外，还要有足够的现金
股票股利	股票股利是公司以增发的股票作为股利的支付方式
财产股利	是以现金以外的资产支付的股利，主要是以公司所拥有的其他企业的有价证券，如债券、股票，作为股利支付给股东
负债股利	是公司以负债支付的股利，通常以公司的应付票据支付给股东，不得已情况下也有发行公司债券抵付股利的

（二）股利的支付程序

股利支付程序并不是财务成本管理中的重点，这里不详细介绍，主要讲一下股利支付过程中的重要日期（见表11－6）。

表11－6

节点	说明
股利宣告日	公司董事会将股东大会通过本年度利润分配方案的情况以及股利支付情况予以公告的日期
股权登记日	有权领取本期股利的股东其资格登记截止日期。只有在股权登记日这一天登记在册的股东才有资格领取本期股利，而在这一天之后登记在册的股东，即使是在股利支付日之前买入的股票，也无权领取本期分配的股利
除息日	也称除权日，是指股利所有权与股票本身分离的日期，将股票中含有的股利分配权予以解除，即在除息日当日及以后买入的股票不再享有本次股利分配的权利。 【提示】我国上市公司的除息日通常是在登记日的下一个交易日
股利支付日	向股东正式发放股利的日期

（三）股利分配

股票股利并不直接增加股东的财富，不会导致公司资产的流出或负债的增加，同时也并不增加公司的财产，但会引起所有者权益各项目的结构发生变化。

发放股票股利之后，如果盈利总额与市盈率不变，会由于普通股股数增加而引起每股收益和每股市价的下降。但由于股东所持股份的比例不变，每位股东所持有股票的市场价值总额仍然保持不变。

发放股票股利对每股收益和每股市价的影响，通过调整可直接算出：

$$\text{发放股票股利后的每股收益} = \frac{\text{发放股票股利前的每股收益}}{1 + \text{股票股利发放率}}$$

$$\text{发放股票股利后的每股除权参考价}=\frac{\text{股利分配权转移日的每股市价}}{1+\text{股票股利发放率}}$$

通常，发放现金股利、股票股利和资本公积转增资本都会使股票价格下降。

在除权（除息）日，上市公司发放现金股利、股票股利以及资本公积转增资本后：

$$\text{股票的除权参考价}=\frac{\text{股权登记日收盘价}-\text{每股现金股利}}{1+\text{送股率}+\text{转增率}}$$

【例题11－3·单选题·2012年】 甲公司是一家上市公司，2011年的利润分配方案如下：每10股送2股并派发现金红利10元（含税），资本公积每10股转增3股。如果股权登记日的股票收盘价为每股25元，除权（息）日的股票参考价格为（　　）元。

A. 10　　B. 15　　C. 16　　D. 16.67

【答案】 C

【解析】 除权（除息）日的参考价＝(25－1)÷(1＋0.2＋0.3)＝16（元）

考点3　股票分割和股票回购（★★）

（一）股票分割（见表11－7）

表11－7

项目	内容
定义	是指将面额较高的股票交换成面额较低的股票的行为
目的	（1）主要目的在于通过增加股票股数降低每股市价，从而吸引更多的投资者。 （2）此外，股票分割往往是成长中公司的行为，所以宣布股票分割后容易给人一种“公司正处于发展之中”的印象，这种利好信息会在短时间内提高股价

股票分割与股票股利的比较如表11－8所示。

表11－8

内容	不同点	相同点
股票分割	（1）股东权益内部结构不变； （2）面值变小； （3）不属于股利支付方式； （4）在公司股价暴涨且预期难以下降时，才采用股票分割的办法降低股价	（1）资本结构不变（资产总额、负债总额、股东权益总额不变）； （2）普通股股数增加； （3）每股收益和每股市价下降； （4）往往给人们传递一种“公司正处于发展中”的信息，从纯粹经济的角度看，两者没有区别
股票股利	（1）股东权益内部结构变化； （2）面值不变； （3）属于股利支付方式； （4）在公司股价上涨幅度不大时，往往通过发放股票股利将股价维持在理想的范围之内	

股票反分割，也称股票合并，是股票分割的相反行为，即将数股面额较低的股票合并为一股面额较高的股票。股票反分割可以使股价上升，若公司认为自己股票的价格过低，为了提高股价，会采取反分割的措施。

【例题 11-4·单选题·2015 年】 在净利润和市盈率不变的情况下，公司实行股票反分割导致的结果是（　　）。

A. 每股面额下降　B. 每股收益上升　C. 每股净资产不变　D. 每股市价下降

【答案】 B

【解析】 股票的反分割也称股票合并，是股票分割的相反行为，即将数股面额较低的股票合并为一股面额较高的股票，将会导致每股面额上升，每股市价上市，每股收益上升，股东权益总额不变，由于股数减少，所以每股净资产上升，选项 B 正确。

（二）股票回购

股票回购是指公司出资购回自身发行在外的股票。

公司回购股票，使流通在外的股份减少，每股股利增加，从而使股价上升，股东因此能获得资本利得。因此可以将股票回购看作是一种现金股利的替代方式。

1. 股票回购与发放现金股利不同的意义（见表 11-9）

表 11-9

对股东而言	股票回购后股东得到资本利得，当资本利得税率小于股利收益税率时，相比直接分配现金股利而言，股东将得到纳税上的好处
对公司而言	股票回购有利于增加公司的价值： （1）向市场传递了股价被低估的信号； （2）用自由现金流进行股票回购，有助于提高每股收益； （3）避免股利波动带来的负面影响； （4）发挥财务杠杆的作用； （5）在一定程度上降低了公司被收购的风险； （6）调节所有权结构

2. 股票回购的方式（见表 11-10）

表 11-10

分类依据	类别	说明
按照股票回购的**地点**不同	场内公开收购	—
	场外协议收购	收购透明度比较低
按照股票回购面向的**对象**不同	资本市场上进行随机回购	最为普遍，往往受到监管机构的严格监控
	全体股东招标回购	回购价格高于当时的股价，成本费用较高
	向个别股东协商回购	必须保持回购价格的公正合理
按照**筹资方式**不同	举债回购	—
	现金回购	—
	混合回购	既动用剩余资金，又向银行等金融机构举债来回购本公司股票
按照回购**价格的确定方式**不同	固定价格要约回购	—
	荷兰式拍卖回购	灵活性更大

表 11-11　　现金股利、股票股利、股票分割和股票回购的比较

类型	会计处理	财务影响	资本结构是否变化
现金股利	借：利润分配——未分配利润 贷：银行存款	（1）资产和股东权益同时减少； （2）引起现金流出	资产负债率提高，即财务杠杆提高
股票股利	借：利润分配——未分配利润 贷：股本 资本公积	（1）资产、负债和股东权益总额不变； （2）股东权益内部结构变化：未分配利润减少，股本和资本公积增加； （3）由于股数增加，每股收益、每股净资产、每股价格降低； （4）每股面值不变，每位股东的股东财富不变	资产负债率不变，即财务杠杆不变。但权益资本内部构成发生变化
股票分割	—	（1）资产、负债和股东权益总额不变。 （2）股东权益内部结构不变。 （3）由于股数增加，每股收益、每股净资产和每股价格降低。 （4）每股面值发生变化；但每位股东享有的股东财富不变	资产负债率不变，即财务杠杆不变。同时权益资本内部构成也不发生变化
股票回购	借：股本 资本公积 贷：银行存款	（1）资产和股东权益同时减少； （2）引起现金流出； （3）股数减少，每股收益和每股价格提高	资产负债率提高，即财务杠杆提高

【例题 11-5·多选题·2015 年】甲公司盈利稳定，有多余现金，拟进行股票回购用于将来奖励本公司职工。在其他条件不变的情况下，股票回购产生的影响有（　　）。

A. 每股面额下降　　B. 资本结构变化

C. 每股收益提高　　D. 自由现金流量减少

【答案】BCD

【解析】股票回购利用公司多余现金回购公司股票，减少了公司的自由现金流量，同时减少公司外部流通股的数量，减少公司的股东权益，因此选项 BD 正确；公司外部流通股的数量减少，净收益不变，因此每股收益增加，选项 C 正确；股票回购不影响每股面值，选项 A 错误。

恭喜你，

已完成第十一章的学习

扫码免费进 >>>
2022年CPA带学群

我很喜欢那种通过一点点的努力，然后感受到自己正在进步的感觉。就像爬山一样，随着与山顶的距离逐渐拉近，看到的风景也越来越美，内心更是越发欢愉。其实无论离山顶有多远，人总归应该多看些这种风景的。

CHAPTER TWELVE

第十二章　营运资本管理

考情雷达

本章研究短期投资和筹资问题，短期投资重点在于流动资产的管理，常见流动资产包含现金、应收账款、存货，以上三种流动资产是本章核心内容。

本章主观题和客观题都会涉及，主观题主要考查经济订货量基本模型及其拓展模型、信用政策分析。如果仅计算历年的平均分值的话，只有4分左右，但是一旦考到主观题则至少8分，因此需要引起重视。本章与去年相比无实质性变化。

考点地图

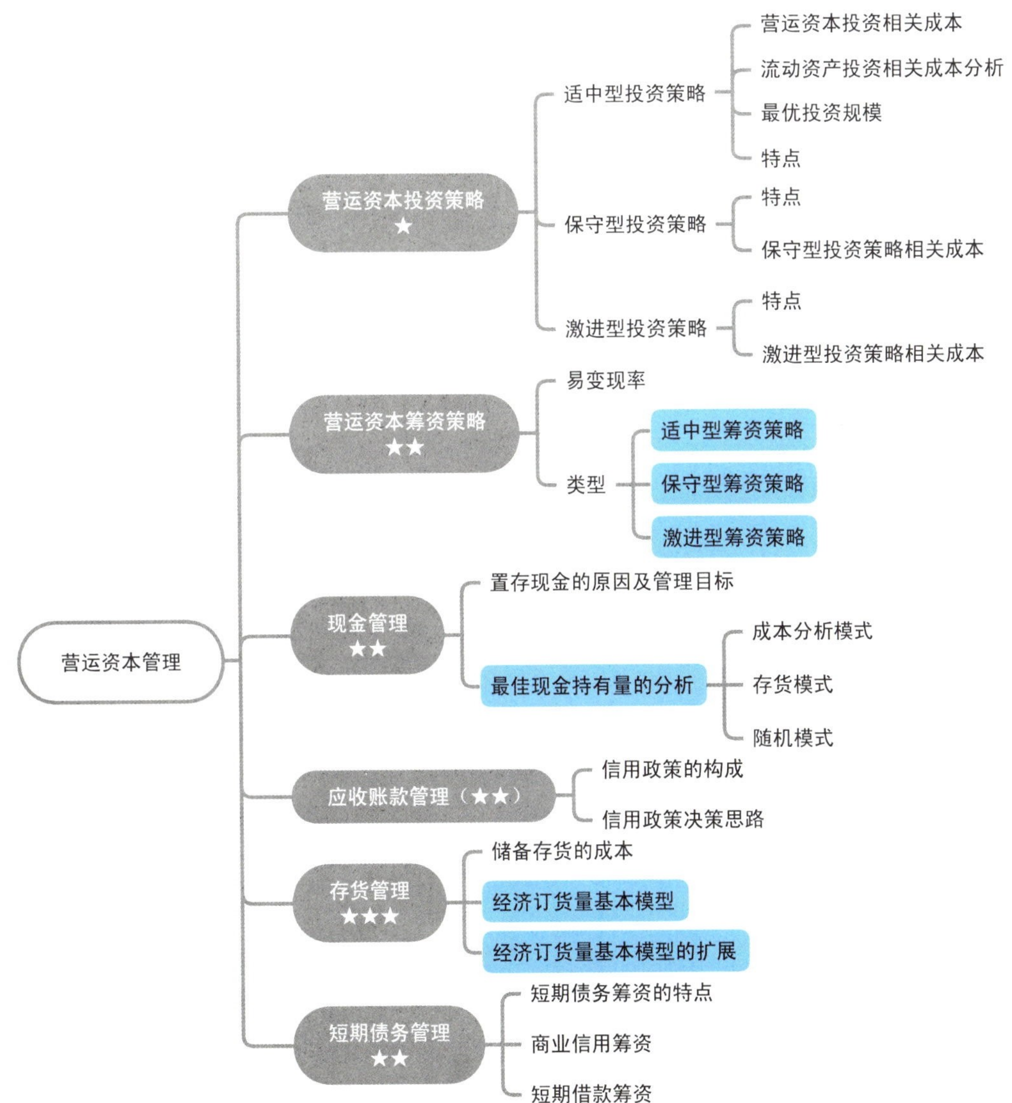

考点1 营运资本投资策略（★）

营运资本是指流动资产（短期资产）减去流动负债（短期负债）后的差额。

营运资本管理可以分为**流动资产管理和流动负债管理**两个方面，前者是对营运资本投资的管理，后者是对营运资本筹资的管理。

（一）适中型投资策略（见表12－1）

表12－1

类别	要点
营运资本投资相关成本	短缺成本，是指随着流动资产投资水平降低而增加的成本； 持有成本，是指随着流动资产投资水平上升而增加的成本
流动资产投资相关成本分析	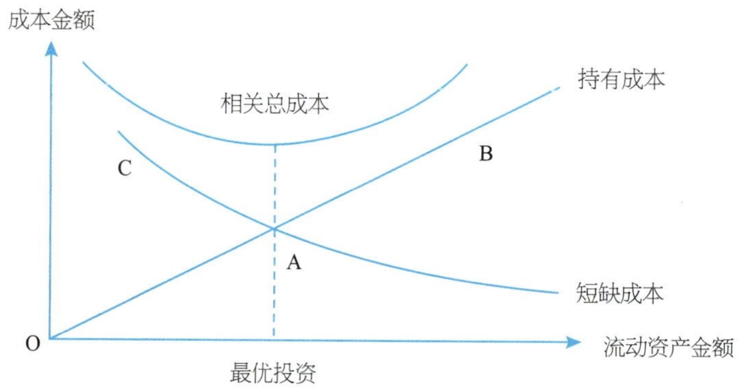 成本金额 相关总成本 持有成本 B C A 短缺成本 O 流动资产金额 最优投资
最优投资规模	（1）流动资产最优的投资规模，取决于持有成本和短缺成本总计的最小化； （2）适中的流动资产投资政策，就是按照预期的流动资产周转天数、销售额及其增长、成本水平和通货膨胀等因素确定的最优投资规模，安排流动资产投资
特点	使得持有成本和短缺成本的总计最小化，这种投资策略要求短缺成本和持有成本大体相等，称为适中型投资策略

（二）保守型投资策略（见表12－2）

表12－2

项目	具体内容
特点	企业持有较多的流动资产，表现为安排较高的流动资产/收入比率
保守型投资策略相关成本	这种政策需要较多的流动资产投资，承担较大的流动资产持有成本（主要是资金的机会成本，有时还包括其他的持有成本）；其短缺成本较小，企业中断经营的风险较小

（三）激进型投资策略（见表12-3）

表12-3

项目	具体内容
特点	企业持有较少的流动资产，表现为安排较低的流动资产/收入比率
激进型投资策略相关成本	这种政策需要较少的流动资产投资，承担较小的流动资产持有成本（主要是资金的机会成本）；其短缺成本较大，企业中断经营的风险较大

【例题12-1·单选题·2017年】与激进型营运资本投资策略相比，适中型营运资本投资策略的（ ）。

A. 持有成本和短缺成本均较低

B. 持有成本和短缺成本均较高

C. 持有成本较高，短缺成本较低

D. 持有成本较低，短缺成本较高

【答案】C

【解析】相比于激进型营运资本投资策略，适中型营运资本投资策略流动资产/收入比率较高，所以持有成本较高，而短缺成本较低。

考点2 营运资本筹资策略（★★）

营运资本筹资策略，是指在总体上确定如何为流动资产筹资，采用短期资金来源还是长期资金来源，或者兼而有之。

营运资本的筹资政策，主要是决定筹资的来源结构。流动资产的资金来源，一部分是短期来源，另一部分是长期来源，后者是长期资金来源购买长期资产后的剩余部分。

营运资本的筹资政策，通常用经营性流动资产中长期筹资来源的比重来衡量，该比率称为易变现率（见表12-4）。

表12-4

易变现率	具体内容
含义	经营性流动资产中长期筹资来源的比重
公式	$易变现率=\frac{(股东权益+长期债务+经营性流动负债)-长期资产}{经营性流动资产}$ 【说明】 （1）“股东权益+长期债务+经营性流动负债”是长期资金来源。 （2）易变现率越高说明流动资产中由长期资本提供的资金越多，偿债压力越小；反之，说明流动资产中由长期资本提供的资金越少，偿债压力越大

彬哥解读

（1）在营运资本筹资这部分中，我们将资产分为长期资产和流动资产，其中流动资产又分为稳定性流动资产和波动性流动资产；我们将负债分为长期负债和流动负债，其中流动负债又分为自发性（经营性）流动负债和临时性（金融）流动负债。

（2）稳定性流动资产是指那些即使公司处于经营淡季也仍然需要保留的资产、用于满足企业长期、稳定运行的流动资产所需的资金。

（3）波动性流动资产是那些受季节性、周期性影响的流动资产需要的资金。

（4）我们通过易变现率衡量公司长期资本中用于流动资产的部分，并通过低谷期易变现率与1的关系来确定公司的营运资本筹资策略类型。

（一）适中型的筹资策略

特点：对于波动性流动资产，用临时性负债筹集资金，也就是利用短期银行借款等短期金融负债工具取得资金；对于稳定性流动资产需求和长期资产，用权益资本、长期债务和经营性流动负债筹集。该政策可以用下列公式表示：

长期资产＋稳定性流动资产＝股东权益＋长期债务＋经营性流动负债

波动性流动资产＝临时性负债

经营低谷时易变现率＝1；经营高峰时易变现率＜1。

适中型筹资策略如图12－1所示。

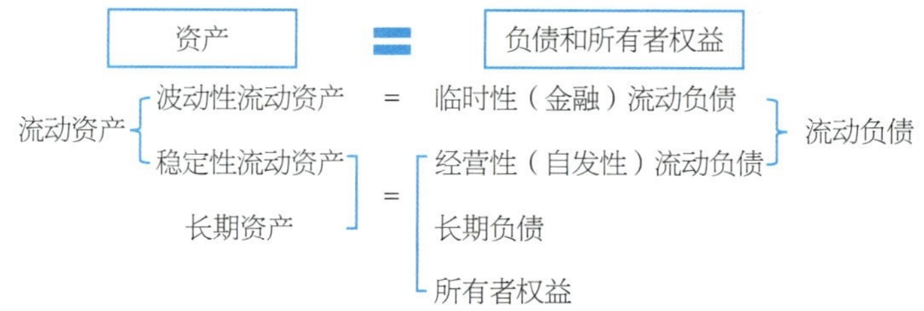

图12－1　适中型筹资政策（风险适中）

【例题12－2·计算题】某公司在生产经营的淡季，需占用300万元的流动资产和500万元的长期资产；在生产经营的高峰期，会额外增加200万元的季节性存货需求，公司只在此期间才借入200万元的短期借款。800万元长期性资产（即300万元稳定性流动资产和500万元长期资产之和）均由长期负债、自发性负债和权益资本解决其资金需要。

要求：该公司属于什么筹资政策？

【解析】

易变现率＝[（股东权益＋长期债务＋经营性流动负债）－长期资产]÷经营性流动资产

在营业高峰期其易变现率为：（800－500）÷（300＋200）＝60%；

在营业低谷时其易变现率为：300÷300＝1；

故该政策属于适中型筹资策略。

（二）保守型筹资策略

特点：短期金融负债只融通部分波动性流动资产的资金需要，另一部分波动性流动资产和全部稳定性流动资产，则由长期资金来源支持。该政策可以用下列公式表示：

波动性流动资产 > 临时性流动负债

长期资产 + 稳定性流动资产 < 所有者权益 + 长期负债 + 自发性流动负债

经营低谷时，易变现率 > 1；经营高峰时，易变现率 < 1。

保守型筹资策略如图 12－2 所示。

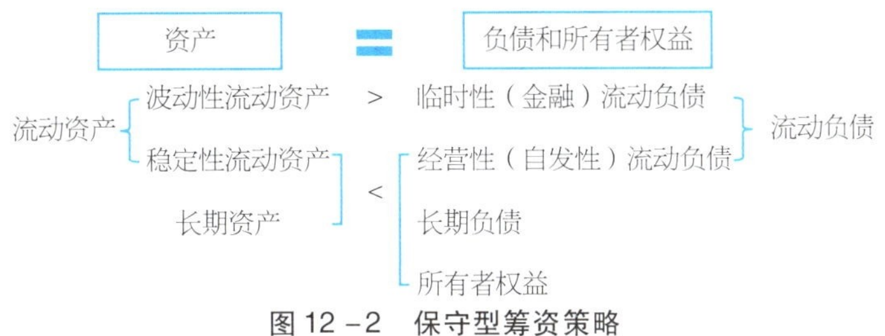

图 12－2 保守型筹资策略

保守型筹资策略，一方面，由于短期金融负债所占比重较小，所以企业无法偿还到期债务的风险较低，同时蒙受短期利率变动损失的风险也较低；另一方面，却会因长期负债的资本成本高于短期金融负债的资本成本，以及经营淡季时资金有剩余但仍需负担长期负债利息，从而降低企业的收益。所以，保守型筹资策略是一种风险和收益均较低的营运资本筹资策略。

（三）激进型筹资策略

特点：短期金融负债不但融通临时性流动资产的资金需要，还解决部分长期性资产的资金需要。该政策可以用下列公式表示：

波动性流动资产 < 临时性流动负债

长期资产 + 稳定性流动资产 > 股东权益 + 长期负债 + 自发性流动负债

经营低谷时，易变现率 < 1；经营高峰时，易变现率 < 1。

激进型筹资策略如图 12－3 所示。

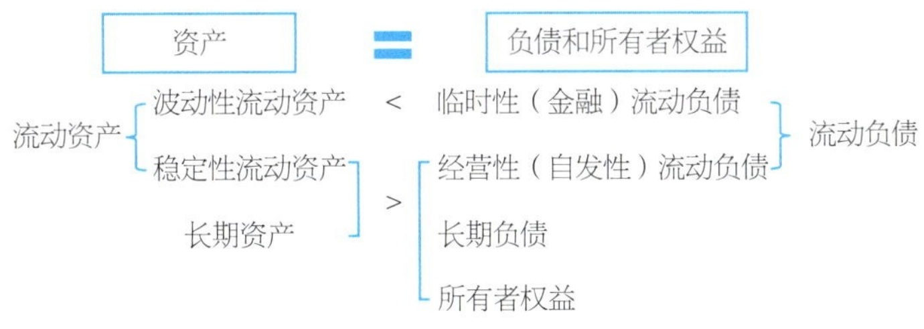

图 12－3 激进型筹资策略

激进型筹资策略，因短期金融负债的资本成本较低，而其所占比重较大，故该策略下资本成本低；因短期负债需要在短期内偿还，故该策略风险高。所以，激进型筹资策略是一种收益性和风险性均较高的营运资本筹资策略。

【例题 12 -3·计算题】某公司在生产经营淡季占用 300 万元的流动资产和 500 万元的长期资产。在生产经营的高峰期，额外增加 200 万元的季节性存货需求。如果公司的权益资本、长期负债和自发性负债的筹资额为 700 万元（即低于正常经营期的流动资产占用与长期资产占用之和），那么就会有 100 万元的长期性资产和 200 万元的波动性流动资产（在经营高峰期内）由短期金融负债筹资解决。

要求：该公司属于什么筹资政策？

【解析】营业高峰时易变现率 =(700 -500）÷500 =40%

营业低谷时易变现率 =(700 -500）÷300 =66. 67%

这种情况表明，公司实行的是激进型筹资策略。

表 12 -5 判断筹资政策类型的方法

项目	方法一：通过比较短期来源与短期资产	方法二：营业低谷时易变现率
适中型策略	波动性流动资产 = 短期金融负债	易变现率 =1
保守型策略	波动性流动资产 > 短期金融负债	易变现率 >1
激进型策略	波动性流动资产 < 短期金融负债	易变现率 <1

【例题 12 -4·多选题·2011 年】某公司的波动性流动资产为 120 万元，经营性流动负债为 20 万元，短期金融负债为 100 万元。下列关于该公司营运资本筹资策略的说法中，正确的有（　　）。

A. 该公司采用的是适中型营运资本筹资策略

B. 该公司在营业低谷时的易变现率大于 1

C. 该公司在营业高峰时的易变现率小于 1

D. 该公司在生产经营淡季，可将 20 万元闲置资金投资于短期有价证券

【答案】BCD

【解析】由于短期金融负债小于波动性流动资产，该公司采用的是保守型营运资本筹资政策，选项 A 错误；在营业低谷时保守型营运资本筹资政策的易变现率大于 1，适中型营运资本筹资政策的易变现率等于 1，激进型营运资本筹资政策的易变现率小于 1，选项 B 正确；在经营高峰时易变现率均小于 1，选项 C 正确；由于在经营季节性需要时公司波动性流动资产 120 万元，短期金融负债 100 万元，所以在经营淡季，公司会有闲置资金 20 万元，可投资于短期有价证券，选项 D 正确。

【例题 12 -5·多选题·2014 年】与采用激进型营运资本筹资策略相比，公司采用保守型营运资本筹资策略时（　　）。

A. 资金成本较高

B. 易变现率较高

C. 举债和还债的频率较高

D. 蒙受短期利率变动损失的风险较高

【答案】AB

【解析】与激进型筹资策略相比，保守型筹资策略下短期金融负债占公司全部资金来源的比例较小，所以举债和还债频率较低，蒙受短期利率变动损失的风险也较低，选项CD错误。

考点3 现金管理（★★）

现金是企业中流动性最强的资产。属于现金内容的项目有库存现金、各种形式的银行存款和银行本票、银行汇票（见表12－6）。

表12－6

企业置存现金的原因	交易性需求	是指满足日常业务的现金支付需要，由现金收支不可能同步同量引起
	预防性需求	是指置存现金以防发生意外，预防性现金数额取决于现金流量的不确定性程度和企业的借款能力
	投机性需求	是指置存现金用于不寻常的购买机会
现金管理的目标		在资产的流动性和盈利能力之间做出抉择，以获取最大的长期利润
现金管理的方法		（1）力争现金流量同步：将所持有的交易性现金余额降到最低水平； （2）使用现金浮游量：从企业开出支票，收票人收到支票并存入银行，至银行将款项划出企业账户，中间需要一段时间，现金在这段时间的占用称为现金浮游量； （3）加速收款：缩短应收账款的时间； （4）推迟应付账款的支付：在信用期或折扣期的最后一天

现金的管理，除了做好日常收支，加快现金流转速度外，还需要控制好现金持有规模（即确定适当的现金持有量），下面是几种确定最佳现金持有量的方法。

（一）成本分析模式

成本分析模式是通过分析持有现金的成本，寻找持有成本最低的现金持有量（见表12－7）。

表12－7

项目	机会成本	管理成本	短缺成本
含义	因持有现金而失去的将其投入生产经营活动而获得的收益	因持有现金而产生的管理费用，如管理人员工资、安全措施费等	因缺乏必要的现金，不能应付业务开支所需而使企业蒙受损失或为此付出的转换成本等代价
与现金持有量的关系	正向变动	固定成本	反向变动
决策原则	最佳现金持有量，就是使上述三项成本之和最小的现金持有量		

续表

项目	机会成本	管理成本	短缺成本
图示	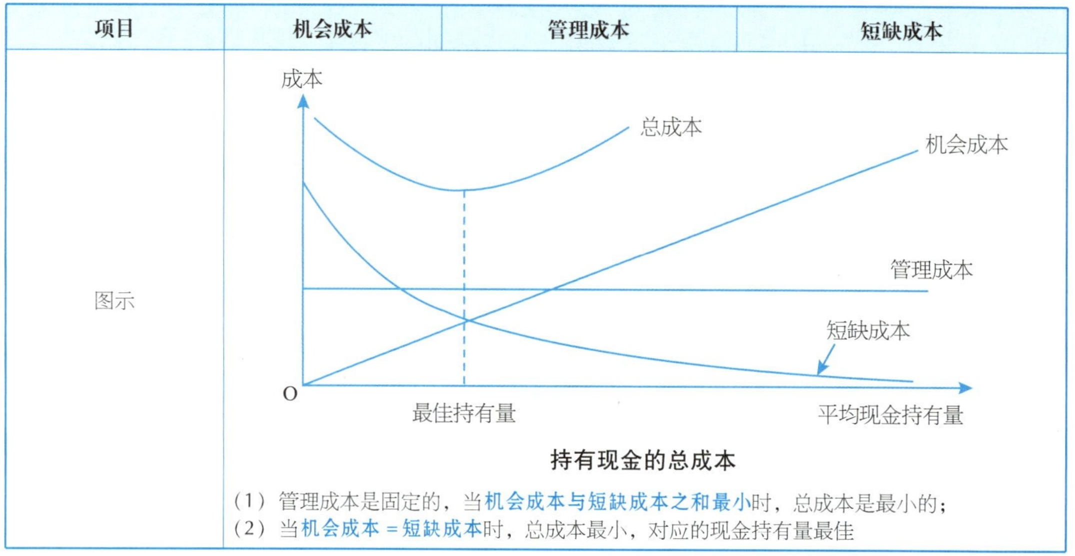 **持有现金的总成本** （1）管理成本是固定的，当**机会成本与短缺成本之和最小**时，总成本是最小的； （2）当**机会成本＝短缺成本**时，总成本最小，对应的现金持有量最佳		

【例题 12－6·单选题·2014 年】使用成本分析模式确定现金持有规模时，在最佳现金持有量下，现金的（　　）。

A. 机会成本与管理成本相等

B. 机会成本与短缺成本相等

C. 机会成本等于管理成本与短缺成本之和

D. 短缺成本等于机会成本与管理成本之和

【答案】B

【解析】成本分析模式下，管理成本是固定成本，和现金持有量之间无明显的比例关系。所以机会成本和短缺成本相等时的现金持有量即为最佳现金持有量。

（二）存货模式

若企业平时持有较多现金，会增加机会成本，若持有现金较少，又会增加短缺成本。此时，一般企业都会在现金和有价证券之间转换，当现金过多时，则购买有价证券，降低机会成本；现金过少时，出售有价证券来补充现金，以降低短缺成本。在此过程中，我们会涉及两个成本：机会成本和交易成本（见表 12－8）。

表 12－8

项目	机会成本	交易成本
含义	因持有现金而失去的将其投入生产经营活动而获得的收益	企业以有价证券转换回现金所要付出的代价（如支付经纪费用）
与现金持有量的关系	正向变动	反向变动
决策原则	最佳现金持有量，就是使上述成本之和最小的现金持有量，即机会成本与交易成本相等时，相关管理总成本最小	

续表

<table>
<tr><th>项目</th><th>机会成本</th><th>交易成本</th></tr>
<tr><td>图示</td><td colspan="2"> 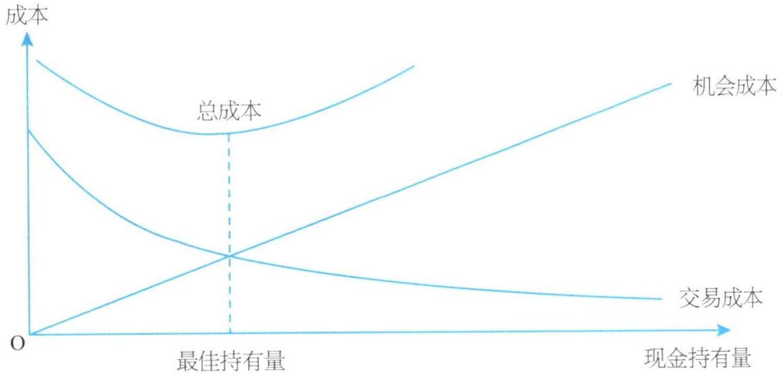成本
总成本
机会成本
交易成本
O
最佳持有量
现金持有量
持有现金的总成本
（1）当机会成本与交易成本之和最小时，总成本是最小的；
（2）当机会成本 = 交易成本时，总成本最小，对应的现金持有量最佳</td></tr>
<tr><td>计算过程及相关公式</td><td colspan="2">（1）确定一定期间内的现金需求量，用 T 表示。
（2）确定每次出售有价证券以补充现金所需的交易成本，用 F 表示，则交易成本 = $\frac{T}{C}\times F$。
（3）确定持有现金的机会成本率，用 K 表示，则机会成本 = $\frac{C}{2}\times K$。
（4）确定最佳现金持有量 C，因最佳现金持有量满足“机会成本 = 交易成本”：
最佳现金持有量 $C^{*}=\sqrt{\frac{2T\times F}{K}}$
（5）确定最小相关总成本。最小相关总成本 = $\sqrt{2TFK}$</td></tr>
<tr><td>优点</td><td colspan="2">现金持有量的存货模式是一种简单、直观的确定最佳现金持有量的方法</td></tr>
<tr><td>缺点</td><td colspan="2">（1）该模型假设现金需要量恒定；
（2）该模型假定现金的流出量稳定不变，实际上这种情况很少出现</td></tr>
</table>

彬哥解读

要区分成本分析模式和存货模式：

（1）成本分析模式：机会成本、短缺成本、管理成本，最佳现金持有量是机会成本 = 短缺成本时的现金持有量。

（2）存货模式：机会成本、交易成本，最佳现金持有量是机会成本 = 交易成本时的现金持有量。

【例题 12 –7 · 计算题】 已知某公司现金收支平衡，预计全年（按 360 天计算）现金需要量为 250 000 元，现金与有价证券的转换成本为每次 500 元，有价证券年利率为 10%。

要求：

（1）使用存货模式计算最佳现金持有量。

（2）使用存货模式计算最佳现金持有量下的全年现金管理总成本、全年现金交易成本和全年现金持有机会成本。

（3）计算最佳现金持有量下的全年有价证券交易次数和有价证券交易间隔期。

【答案】

（1）最佳现金持有量 $C^* = \sqrt{(2\times250\,000\times500)\div10\%}=50\,000$（元）

（2）全年现金管理总成本 $=\sqrt{(2\times250\,000\times500)\times10\%}=5\,000$（元）

全年现金交易成本 =（250 000 ÷50 000）×500 =2 500（元）

全年现金持有机会成本 =（50 000 ÷2）×10% =2 500（元）

（3）全年有价证券交易次数 =250 000 ÷50 000 =5（次）

有价证券交易间隔期 =360 ÷5 =72（天）

（三）随机模式

随机模式是在现金需求量难以预知的情况下进行现金持有量控制的方法。

公司根据历史经验和现实需要，测算出一个现金持有量的控制范围，即制定出现金持有量的上限和下限，将现金量控制在上下限之内。具体如下：

（1）当现金量≥控制上限时，用现金购入有价证券，使现金持有量回落到现金返回线水平；

（2）当现金量≤控制下限时，则抛售有价证券换回现金，使现金持有量回升到现金返回线水平；

（3）若现金量在控制的上下限之内，便不必进行现金与有价证券的转换，保持他们各自的现有存量（见图 12 –4）。

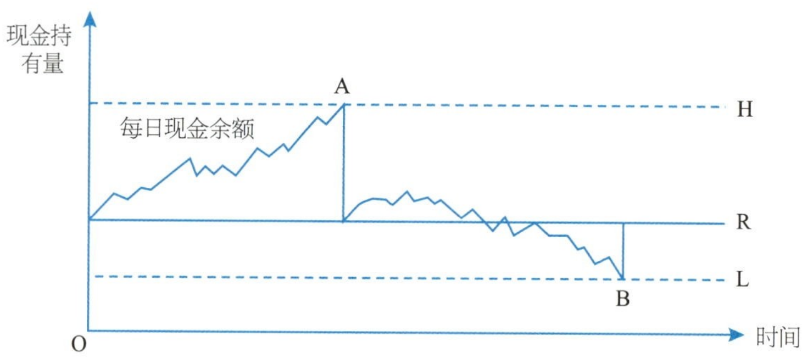

图 12 –4　现金持有量的随机模式

计算过程：

（1）确定现金持有量下限，用 L 表示。受到公司每日的**最低现金需要量、管理人员的风险承受倾向**等因素的影响。

（2）确定现金返回线，用 R 表示。则：

$$R=\sqrt[3]{\frac{3b\delta^2}{4i}}+L$$

式中，b——**每次**有价证券的固定转换成本；

i——有价证券的日利息率；

δ——预期每日现金余额波动的标准差。

（3）确定现金持有量上限，用 H 表示，$H=3R-2L$。

【例题 12-8·计算题】某公司有价证券的年利率为 9%，每次固定转换成本为 50 元，公司认为任何时候其银行活期存款及现金余额均不能低于 1 000 元，又根据以往经验测算出现金余额波动的标准差为 800 元。

要求：该公司的最优现金返回线 R 和现金控制上限 H 分别为多少？（1 年按 360 天计算）

【解析】有价证券日利率 =9% ÷360 =0.025%

现金返回线 $R=\sqrt[3]{\frac{3b\delta^2}{4i}}+L=\sqrt[3]{\frac{3\times50\times800^2}{4\times0.025\%}}+1\ 000=5\ 579$（元）

现金控制上限 $H=3R-2L=3\times5\ 579-2\times1\ 000=14\ 737$（元）

【例题 12-9·多选题·2011 年】某公司采用随机模式控制现金的持有量。下列事项中，能够使最优现金返回线上升的有（　　）。

A. 有价证券的收益率提高

B. 管理人员对风险的偏好程度提高

C. 公司每日的最低现金需要量提高

D. 公司每日现金余额变化的标准差增加

【答案】CD

【解析】有价证券的收益率提高会使现金返回线下降，选项 A 错误；管理人员对风险的偏好程度提高，L 会下降，则最优现金返回线会下降，选项 B 错误。

【例题 12-10·多选题·2014 年】甲公司采用随机模式确定最佳现金持有量，最优现金返回线水平为 7 000 元，现金存量下限为 2 000 元。公司财务人员的下列作法中，正确的有（　　）。

A. 当持有的现金余额为 1 500 元时，转让 5 500 元的有价证券

B. 当持有的现金余额为 5 000 元时，转让 2 000 元的有价证券

C. 当持有的现金余额为 12 000 元时，购买 5 000 元的有价证券

D. 当持有的现金余额为 20 000 元时，购买 13 000 元的有价证券

【答案】AD

【解析】

①现金持有量上限 $H=3R-2L=3\times7\ 000-2\times2\ 000=17\ 000$（元），现金余额为 5 000 元和 12 000 元时，均介于 2 000 ~17 000 元之间，不必采取任何措施，所以选项 BC 不正确；

②当现金余额为 1 500 元时，低于现金持有量下限，应转让有价证券 7 000 -1 500 =5 500（元），使现金持有量回升为 7 000 元，选项 A 正确；

③当现金余额为 20 000 元时，超过现金持有量上限，应购买有价证券 20 000 -7 000 = 13 000（元），使现金持有量回落为 7 000 元，所以选项 D 正确。

考点4 应收账款管理（★★）

应收账款赊销的效果好坏，依赖企业的信用政策。信用政策包括：信用期间、信用标准和现金折扣政策。

（一）信用政策的构成（见表12－9）

表12－9

信用期间	信用期间是企业允许顾客从购货到付款之间的时间，或者说是企业给予顾客的付款期间
信用标准	（1）信用标准是顾客获得企业的交易信用所应具备的条件。 （2）企业在设定某一顾客的信用标准时，可以通过“5C”系统来进行评估： 品质——顾客的信誉，履行偿债义务的可能性； **能力——顾客的（短期）偿债能力**，即流动资产的数量、质量以及与流动负债的比例； 资本——顾客的财务实力和财务状况，表明顾客可能偿债的背景； 抵押——顾客拒付款项或无力支付款项时被用作抵押的资产，适用于不明底细或信用状况有争议的顾客； 条件——可能影响顾客付款能力的经济环境，需了解顾客在过去困难时期的付款历史
现金折扣政策	现金折扣政策是为吸引顾客享受优惠而提前付款，而对顾客在商品价格上所做的扣减，用符号表示为折扣率/折扣期，N/信用期间

（二）信用政策决策思路（见表12－10）

表12－10

（1）收益的增加	收益增加＝销售量的增加×单位边际贡献	单位边际贡献＝单价－单位变动成本
（2）应收账款占用资金的应计利息增加	**应收账款应计利息＝日销售额×平均收现期×变动成本率×资本成本** 应收账款应计利息＝应收账款占用资金×资本成本 应收账款占用资金＝应收账款平均余额×变动成本率 **应收账款平均余额＝日销售额×平均收现期**	（1）为什么是变动成本率？因为固定成本是固有存在的，只有变动成本是随着应收账款的增加而变动的。 （2）平均收现期。就是回收账款时间的加权平均。比如10天收回的占30%，20天收回的占70%，那平均收现期就是“10×30%＋20×70%＝17天”
（3）存货增加而多占用资金的利息	存货占用资金利息＝存货增加量×存货变动成本×资本成本	
（4）收账费用和坏账损失增加	一般题目会告知	
（5）现金折扣成本的增加	现金折扣成本增加＝新的销售额×新的现金折扣率×新的享受现金折扣的顾客比例－旧的销售额×旧的现金折扣率×旧的享受现金折扣的顾客比例	
（6）改变信用期增加的税前损益	增加的税前损益＝收益增加（1）－成本费用增加（2、3、4、5）	

【例题 12－11·计算题】某公司现在采用 30 天按发票金额付款的信用政策，拟将信用期放宽至 60 天，为了吸引顾客尽早付款，提出了 0.8/30、n/60 的现金折扣条件，估计会有一半的顾客（按 60 天信用期所能实现的销售量计）将享受现金折扣优惠。同时由于销售量的增加，平均存货水平从 9 000 件上升到 20 000 件，每件存货成本按变动成本 4 元计算。其他条件不变。假设等风险投资的最低报酬率为 15%，其他有关的数据如下表所示。

要求：该公司是否应该选择延长信用期？

某公司信用期放宽的有关资料表

信用期项目	30 天	60 天
销售量（件）	100 000	120 000
销售额（元）（单价 5 元）	500 000	600 000
变动成本（元）（每件 4 元）	400 000	480 000
固定成本（元）	50 000	50 000
息税前利润（元）	50 000	70 000
可能发生的收账费用（元）	3 000	4 000
可能发生的坏账损失（元）	5 000	9 000

【解析】

（1）计算收益的增加：

收益的增加＝销售量的增加×单位边际贡献＝(120 000－100 000)×(5－4)＝20 000（元）

（2）应收账款占用资金的应计利息增加：

应收账款应计利息＝日销售额×平均收现期×变动成本率×资本成本

30 天信用期应计利息＝(500 000÷360)×30×(400 000÷500 000)×15%＝5 000（元）

60 天信用期的平均收现期＝30×50%＋60×50%＝45（天）

60 天信用期应计利息＝(600 000÷360)×45×(480 000÷600 000)×15%＝9 000（元）

应计利息增加＝9 000－5 000＝4 000（元）

（3）存货增加而多占用资金的利息：

存货占用资金利息＝存货增加量×存货变动成本×资本成本＝(20 000－9 000)×4×15%＝6 600（元）

（4）收账费用和坏账损失的增加：

收账费用增加＝4 000－3 000＝1 000（元）

坏账损失增加＝9 000－5 000＝4 000（元）

（5）现金折扣成本的增加：

现金折扣成本增加＝新的销售额×新的现金折扣率×新的享受现金折扣的顾客比例－旧的销售额×旧的现金折扣率×旧的享受现金折扣的顾客比例＝600 000×0.8%×50%－500 000×0＝2 400（元）

（6）提供现金折扣后增加的税前损益：

收益增加－成本费用增加＝20 000－（4 000＋6 600＋1 000＋4 000＋2 400）＝2 000（元）

由于可获得税前收益，故应采用60天信用期，提供现金折扣。

考点5 存货管理（★★★）

公司置备存货的原因有两点：①保证生产或销售的经营需要；②出自价格的考虑。

存货管理的目标是尽力在各种存货成本与存货效益之间做出权衡，达到两者的最佳结合。

（一）储备存货的成本

与储备存货有关的成本，包括取得成本、储存成本、缺货成本（见表12－11）。

储备存货总成本＝取得成本＋储存成本＋缺货成本

$$TC = TC_a + TC_c + TC_s = F_1 + \frac{D}{Q} \times K + DU + F_2 + \frac{Q}{2} \times K_c + TC_s$$

表12－11　　取得成本、储存成本和缺货成本

分类		具体规定	
取得成本	订货成本	概念	指取得订单的成本，包括**订货固定成本和订货变动成本**
		公式	订货成本$=F_1+\frac{D}{Q}\times K$ F_1：订货的固定成本；D：存货年需要量；Q：每次进货量；K：每次订货的变动成本
	购置成本	概念	指存货本身的价值，经常用数量与单价的乘积来确定
		公式	购置成本＝DU D：年需要量；U：单价
储存成本		概念	指为保持存货而发生的成本，主要包括存货占用资金的应计利息、仓库费用、保险费用、存货破损以及损失等费用
		公式	**储存成本TC_c＝储存固定成本＋储存变动成本**$=F_2+\frac{Q}{2}\times K_c$ F_2：储存固定成本；K_c：存货单位储存变动成本
缺货成本		概念	指由于存货供应中断而造成的损失，用TC_s表示
总成本		$TC=TC_a+TC_c+TC_s=F_1+\frac{D}{Q}\times K+DU+F_2+\frac{Q}{2}\times K_c+TC_s$	

按照存货管理的目的，需要通过合理的进货批量和进货时间，使存货的总成本最低，这个批量叫作经济订货量或经济批量。

（二）经济订货量基本模型

1．经济订货量基本模型的假设条件

（1）能及时补充存货，即需要订货时便可立即取得存货；

（2）能集中到货，而不是陆续入库；
（3）不允许缺货，即无缺货成本；
（4）年需求量稳定，并能预测；
（5）存货单价不变；
（6）公司现金充足，不会因现金短缺而影响进货；
（7）所需存货市场供应充足，可以随时买到。

2. 决策相关成本

由于不允许缺货，因此无缺货成本，由于订货成本和储存成本是固定的，不需要决策，那就是**变动订货成本与变动储存成本之和最低**的时候是最佳订货量，变动订货成本随着订货量的增加而降低，变动储存成本，随着订货量的增加而增加！

$$变动订货成本 = 年订货次数 \times 每次订货成本 = \frac{D}{Q} \times K$$

$$变动储存成本 = \frac{Q}{2} \times K_c$$

最经济订货批量是**变动储存成本线与变动订货成本线交叉点**所对应的库存量，如图12－5所示。

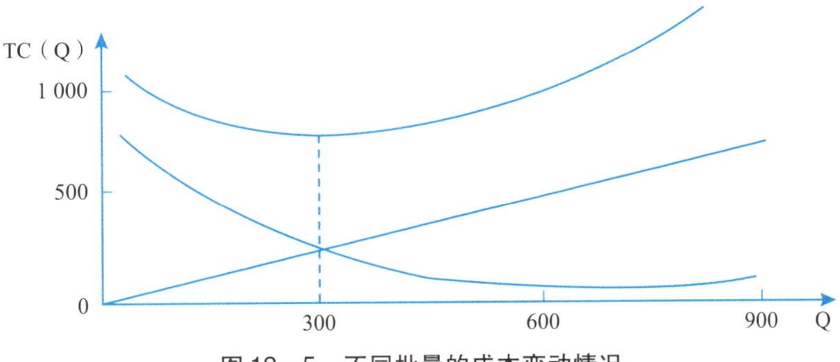

图12－5 不同批量的成本变动情况

3. 经济订货量相关公式

基本模型：

$$经济订货量（Q^*）基本模型：Q^* = \sqrt{\frac{2KD}{K_C}}$$

基本模型演变形式：

$$每年最佳订货次数（N^*）= \frac{D}{Q^*}$$

$$与批量相关的存货总成本\ TC(Q^*) = \sqrt{2KDK_C}$$

$$最佳订货周期（t^*）= \frac{1}{N^*}$$

$$经济订货量占用资金（I^*）= 年平均库存 \times 单位购置成本 = \frac{Q^*}{2} \times U$$

【例题12-12·计算题】 某公司每年耗用某种材料3 600千克，该材料单位成本为10元，单位存储成本为2元，一次订货变动成本为25元。则：

经济订货量（Q^*）基本模型：$Q^* = \sqrt{\dfrac{2KD}{K_C}} = \sqrt{\dfrac{2 \times 25 \times 3\ 600}{2}} = 300$（千克）

每年最佳订货次数（N^*）$= \dfrac{D}{Q^*} = \dfrac{3\ 600}{300} = 12$（次）

与批量相关的存货总成本 $TC(Q^*) = \sqrt{2KDK_C} = \sqrt{2 \times 25 \times 3\ 600 \times 2} = 600$（元）

最佳订货周期（t^*）$= \dfrac{1}{N^*} = \dfrac{1}{12}$（年）$= 1$（月）

经济订货量占用资金（I^*）= 年平均库存 × 单位购置成本 $= \dfrac{Q^*}{2} \times U = \dfrac{300}{2} \times 10 = 1\ 500$（元）

（三）经济订货量基本模型的扩展

经济订货量的基本模型是在前述各假设条件下建立的，但现实生活中能够满足这些假设条件的情况罕见。为使模型更接近于实际情况，具有较高的可用性，需逐一放宽假设，同时改进模型。

1. 订货提前期

一般情况下，企业的存货不能做到随用随时补充，因此不能等存货用光再去订货，而需要在没有用完时提前订货。在提前订货的情况下，企业再次发出订货单时，尚有存货的库存量，称为再订货点，用R来表示。在不存在保险储备的情况下，它的数量等于平均交货时间L和每日平均需用量d的乘积。

再订货点R = 交货时间L × 每日需求量d

提前订货的情形如图12-6所示，订单虽然提前发出，但订货间隔时间、订货批量、订货次数不变，故订货提前期对经济订货量并无影响。

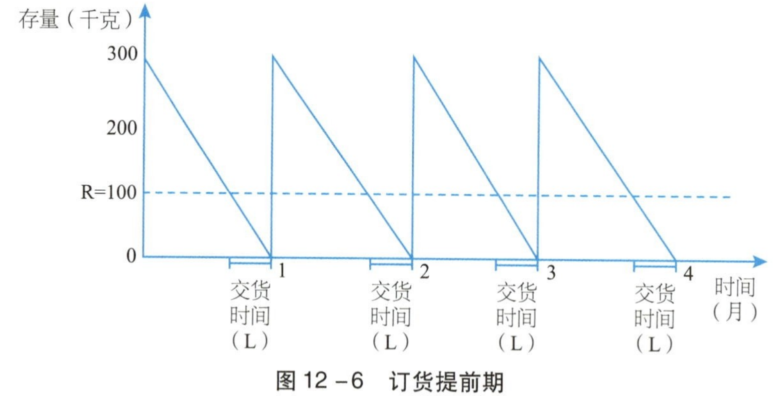

图12-6 订货提前期

2. 存货陆续供应和使用

在建立基本模型时，是假设存货一次全部入库，故存货增加时存量变化为一条垂直的直线。事实上，各批存货可能陆续入库，使存量陆续增加。尤其是产成品入库和在产品转移，几乎总是陆续供应和陆续使用的。在这种情况下，需要对基本模型做一些修改。

$$\text{存货陆续供应的经济订货量：}Q^* = \sqrt{\frac{2KD}{K_c} \times \frac{P}{P-d}}$$

$$\text{存货陆续供应与批量相关的存货总成本 TC}(Q^*) = \sqrt{2KDK_c \times \frac{P-d}{P}}$$

式中：Q——每批订货数；

P——每日送货量；

d——每日耗用量。

【例题12－13·计算题】某生产公司使用A零件，可以外购，也可以自制。如果外购，单价4元，一次订货变动成本10元；如果自制，单位成本3元，每次生产准备成本600元。每日产量50件。零件的全年需求量为3 600件，储存变动成本为零件价值的20%，每日平均需求量为10件。

要求：该公司应该选择哪种方案比较好？

【解析】

（1）外购零件：

存货总成本 $TC(Q^*) = \sqrt{2KDK_c} = \sqrt{2 \times 10 \times 3\ 600 \times 4 \times 20\%} = 240$（元）

$TC = DU + TC(Q^*) = 3\ 600 \times 4 + 240 = 14\ 640$（元）

（2）自制零件：

存货总成本 $TC(Q^*) = \sqrt{2KDK_c \times \frac{P-d}{P}} = \sqrt{2 \times 600 \times 3\ 600 \times 3 \times 0.2 \times \frac{50-10}{50}} = 1\ 440$（元）

$TC = DU + TC(Q^*) = 3\ 600 \times 3 + 1\ 440 = 12\ 240$（元）

由于自制的总成本12 240元低于外购的总成本14 640元，故以自制为宜。

3. 保险储备（见表12－12）

表12－12

保险储备	内容要点
含义	按照某一订货量和再订货点发出订单后，如果需求增大或送货延迟，就会发生缺货或供货中断。为防止由此造成的损失，就需要多储备一些存货以备应急之需，称为保险储备（安全存量）
再订货点	R＝交货时间×平均日需求量＋保险储备＝$L \times d + B$
确定原则	使保险储备的储存成本及缺货成本之和最小
核心公式	缺货成本 $C_S = K_U \times S \times N$ 保险储备成本 $C_B = B \times K_C$ 相关总成本 $TC(S、B) = C_S + C_B = K_U \times S \times N + B \times K_C$ 缺货成本为 C_S，保险储备成本为 C_B，单位缺货成本为 K_U，一次订货缺货量为S，年订货次数为N，保险储备量为B，单位储存变动成本为 K_C。现实中缺货量S具有概率性，保险储备量B可以选择而定

【例题12－14·计算题】假定某存货的年需要量D＝3 600件，一次订货成本k＝25元，单位储存变动成本K_c＝2元，单位缺货成本K_u＝4元，交货时间L＝10天；已经计算出经济订货量Q＝300件，每年订货次数N＝12次。交货期内的存货需要量及其概率分布如下表所示。

要求：应该确定的保险储备量为多少？

某种存货交货期内的需要量及其概率分布表

需要量（10×d）	70	80	90	100	110	120	130
概率（P）	0.01	0.04	0.20	0.50	0.20	0.04	0.01

【解析】

（1）不设置保险储备量。

再订货点R＝L×d＋B＝70×0.01＋80×0.04＋90×0.2＋100×0.5＋110×0.20＋120×0.04＋130×0.01＝100（件）

缺货的期望值S_0＝(110－100)×0.2＋(120－100)×0.04＋(130－100)×0.01＝3.1（件）

TC(S、B)＝4×3.1×12＋0×2＝148.8（元）

（2）保险储备量为10件。

R＝100＋10＝110（件）

S10＝(120－110)×0.04＋(130－110)×0.01＝0.6（件）

TC(S、B)＝Ku×S×N＋B×KC＝4×0.6×12＋10×2＝48.8（元）

（3）保险储备量为20件。

R＝100＋20＝120（件）

S20＝(130－120)×0.01＝0.1（件）

TC(S、B)＝4×0.1×12＋20×2＝44.8（元）

（4）保险储备量为30件。此种情况下可满足最大需求，不会发生缺货。

R＝100＋30＝130（件）

S30＝0（件）

TC(S、B)＝30×2＝60（元）

结论：保险储备量为20件，或者说应确定以120件为再订货点。

【例题12－15·单选题】甲公司生产成品所需某种材料需求不稳定，为保障原料的供应，现设置保险储备，保险储备量所依据的是（　　）。

A. 缺货成本与保险储备成本之和最小　　B. 缺货成本与保险储备成本之差最大

C. 边际保险储备成本小于边际缺货成本　D. 边际保险储备成本大于边际缺货成本

【答案】A

【解析】研究保险储备的目的，就是要找出合理的保险储备量，使缺货或供应中断损失和储备成本之和最小。

考点6 短期债务管理（★★）

短期债务是指企业持有的使用不超过1年的债务。短期债务主要用于补充企业短期资金的不足，但与此同时也会产生一些成本，比如债务的利息、相关的现金折扣等。因此，企业需要权衡各种成本和信用条件，权衡短期借款的利弊。

（一）短期债务筹资的特点

相比于长期债务筹资，短期债务筹资：

（1）筹资速度快，容易取得；

（2）筹资富有弹性，限制较少；

（3）筹资成本较低；

（4）筹资风险高（因为面临着短时间内偿债的压力）。

（二）商业信用筹资

商业信用，是指在商品交易中由于延期付款或预收货款所形成的公司间的借贷关系（见表12－13）。

表12－13

特点	说明
优点	（1）容易取得； （2）如果没有现金折扣或使用不带息票据，商业信用筹资不负担成本
缺点	如果有现金折扣，放弃现金折扣时所付出的成本较高

商业信用的具体形式有应付账款、应付票据、预收账款等，我们主要关注应付账款：

应付账款是企业购买货物暂未付款而欠对方的款项，即卖方允许买方在购货后一定时期内支付货款的一种形式。卖方利用这种方式促销，而对于买方来说，延期付款则等于向卖方借用资金购进商品，可以满足短期的资金需要。

应付账款筹资决策分析：

应付账款筹资最主要的就是判断企业是否应该在信用期内付款。若在信用期付款，则享受现金折扣，同时失去这笔现金的短期投资收益。若不在信用期付款，则可得到这笔现金的短期投资收益，但却失去了现金折扣的优惠。

通常我们通过比较放弃现金折扣成本和短期投资收益率的大小来决定。

（1）放弃现金折扣成本的计算：

$$\text{放弃现金折扣成本}=\frac{\text{折扣百分比}}{1-\text{折扣百分比}}\times\frac{360}{\text{信用期}-\text{折扣期}}$$

上述放弃现金折扣的成本是按单利计算的。如果按复利计算，公式为：

$$\text{放弃现金折扣成本}=\left(1+\frac{\text{折扣百分比}}{1-\text{折扣百分比}}\right)^{\frac{360}{\text{信用期}-\text{折扣期}}}-1$$

（2）决策原则。

①若放弃现金折扣成本率＞短期贷款利率或短期投资收益率，则选择**折扣期**内付款；

②若放弃现金折扣成本率<短期贷款利率或短期投资收益率，则选择信用期内付款；

③展延付款所降低的折扣成本>展延付款的信用损失，则选择展期信用。

注意：若面对两家以上提供不同信用条件的卖方，通过衡量放弃折扣成本的大小，选择信用成本最小（或所获利益最大）的一家。

【例题12－16·计算题】某公司拟采购一批零件，供应商规定的付款条件：10天之内付款付98万元，20天之内付款付99万元，30天之内付款付全额100万元。

要求：

（1）假设银行短期贷款利率为15%，计算一般情况下放弃现金折扣的成本率，并确定对该公司最有利的付款日期和价格。

（2）假设目前有一短期投资报酬率为40%，确定对该公司最有利的付款日期和价格。

（3）如果按复利计算，放弃现金折扣的成本率分别是多少？

【答案】

（1）放弃（第10天）折扣的资金成本＝$[2\% \div (1-2\%)] \times [360 \div (30-10)] = 36.73\%$

放弃（第20天）折扣的资金成本＝$[1\% \div (1-1\%)] \times [360 \div (30-20)] = 36.36\%$

放弃现金折扣的资金成本大于短期贷款利率，所以应享受折扣，且选择折扣成本（享有收益）较大的一个，应选择在第10天付款，付98万元。

（2）短期投资报酬率大于放弃折扣成本，应放弃折扣，选择第30天付款，付100万元。

（3）放弃（第10天）折扣的资金成本＝$\left(1+\frac{2\%}{1-2\%}\right)^{\frac{360}{30-10}}-1=43.86\%$

放弃（第20天）折扣的资金成本＝$\left(1+\frac{1\%}{1-1\%}\right)^{\frac{360}{30-20}}-1=43.59\%$

（三）短期借款筹资

短期借款是指企业向银行和其他非银行金融机构借入的期限在1年以内的借款。

1. 短期借款的信用条件（见表12－14）

表12－14

项目	含义及有效年利率
信贷限额	银行对借款人规定的无担保贷款的最高限额。有效期通常为1年。信贷期内，可随时借款
周转信贷协议	周转信贷协定是银行具有法律义务的、承诺提供不超过某一最高限额的贷款协定。在协定的有效期内，只要公司的借款总额未超过最高限额，银行必须满足公司任何时候提出的借款请求
	公司享用周转信贷协定，通常需要对贷款限额的未使用部分付给银行1笔承诺费（**就未使用部分，支付承诺费**）。 有效年利率＝$\frac{贷款额\times报价利率+(周转信贷限额-贷款额)\times承诺费率}{贷款额}$

续表

项目	含义及有效年利率
补偿性余额	银行要求借款企业保持按贷款限额或实际借款额一定百分比计算的最低存款额，对借款公司来讲会提高借款的有效年利率（保有一定比例的银行存款）
	$有效年利率=\frac{贷款额\times报价利率}{贷款额\times(1-补偿性余额比率)}=\frac{报价利率}{(1-补偿性余额比率)}$
借款抵押	银行向财务风险较大的企业发放贷款时，有时需要有抵押品担保。抵押借款的成本通常高于非抵押借款的成本
偿还条件	贷款的偿还有到期一次偿还和贷款期内定期等额偿还两种方式。 贷款期内定期等额偿还会提高借款的有效年利率
其他承诺	若企业违背所作出的承诺，银行可要求企业立即偿还全部贷款

【例题12－17·计算题】公司与银行签订了为期1年的周转信贷协定，周转信贷额为1 000万元，年承诺费率为1%，借款公司年度内使用了400万元（使用期为半年），借款年利率为8%，则该公司当年应向银行支付利息和承诺费共计多少万元?

【答案】利息＝400×8%×1/2＝16（万元），承诺费＝600万元全年未使用的承诺费＋400万元半年未使用的承诺费＝600×1%＋400×1%×1/2＝8（万元），则该公司当年应向银行支付利息和承诺费共计24万元。

2. 短期借款利率及其支付方法

（1）借款利率分为三种：优惠利率、浮动优惠利率、非优惠利率。

（2）借款利息的支付方法如表12－15所示。

表12－15

类型	含义	有效年利率
收款法	是在借款到期时向银行支付利息的方法	$有效年利率=\frac{贷款额\times报价利率}{贷款额}=报价利率$
贴现法	银行向公司发放贷款时，先从本金中扣除利息部分，而到期时借款公司则要偿还贷款全部本金的一种计息方法（先扣利息，到期偿还本金）	$有效年利率=\frac{贷款额\times报价利率}{贷款额\times(1-报价利率)}$ $=报价利率\div(1-报价利率)$
加息法	是银行发放分期等额偿还贷款时采用的利息收取方法。由于贷款分期均衡偿还，借款企业实际上只平均使用了贷款本金的半数，却支付全额利息。这样，企业所负担的有效年利率便高于报价利率大约1倍	有效年利率≈2×报价利率

【例题 12－18·单选题·2010 年】 某公司拟使用短期借款进行筹资。下列借款条件中，不会导致有效年利率（利息与可用贷款额的比率）高于报价利率（借款合同规定的利率）的是（ ）。

A. 按贷款一定比例在银行保持补偿性余额

B. 按贴现法支付银行利息

C. 按收款法支付银行利息

D. 按加息法支付银行利息

【答案】 C

恭喜你，

已完成第十二章的学习

扫码免费进 >>>
2022年CPA带学群

偶尔的失态和丧气也没有那么不堪，这些是生活不可或缺的一部分，毕竟我们都是有血有肉有欲望的人。但是崩溃之后还是要努力生活，要铆着劲地变好，活成你想象中的样子。这件事，一步都不能让。

CHAPTER THIRTEEN

第十三章　产品成本计算

考情雷达

本章研究成本如何计算。成本计算的核心在于料、工、费的分配，成本计算在月末结算，但是生产往往不会在月末停止，因此存在产品成本在完工产品和在产品之间分配，核心在于约当产量法和定额比例法，务必要掌握两种分配方法。

本章历年考频较高，主观题和客观题均会涉及，历年平均分值在8分左右。本章与去年相比**无实质性变化**。

考点地图

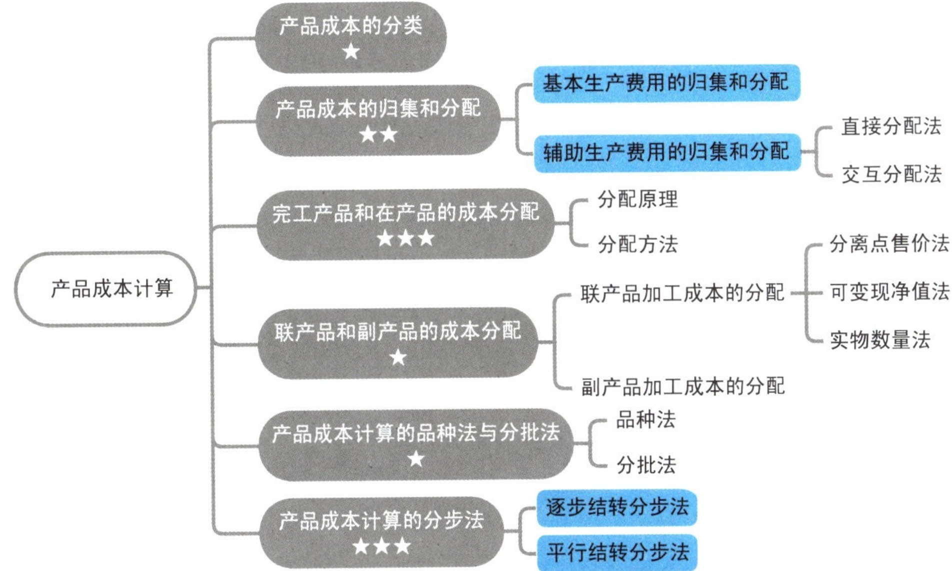

考点1　产品成本的分类（★）

成本通常是指对象化的费用。为了适应不同目的和需要，成本可以按照不同的标准进行分类（见表13－1）。

表13－1

划分标准	成本分类	具体阐述
是否参与制造	制造成本	制造成本包括直接材料、直接人工和制造费用
	非制造成本	非制造成本包括销售费用、管理费用和财务费用，它们不构成产品的制造成本
费用的发生与产品的关系	产品成本	产品成本是与产品的生产直接相关的成本，包括直接材料成本、直接人工成本和制造费用
	期间成本	期间成本是企业经营活动中所发生的与该会计期间的销售、经营和管理等活动相关的成本，例如管理费用、销售费用、财务费用等

续表

划分标准	成本分类	具体阐述
按计入成本对象的方式	直接成本	直接成本是与成本对象直接相关的，可以用经济合理方式追溯到成本对象的那一部分的成本。原材料、备品配件、外购半成品、生产工人计件工资通常属于直接成本
	间接成本	间接成本是指与成本对象相关联的成本中不能用一种经济合理的方式追溯到成本对象，不适宜直接计入的成本。车间管理人员的工资、车间房屋建筑物和机器设备的折旧、租赁费等，通常属于间接成本

彬哥解读

（1）制造成本与非制造成本从成本归集范围角度，可通过辨别相关成本是否发生在制造环节来区分。

（2）产品成本则是指计入到产品成本中的成本，当产品成本计算方法采用制造成本法时，产品成本与制造成本内容一致，但当采用**变动成本法**等其他方法时，产品成本与制造成本内容不一致。

考点2 产品成本的归集和分配（★★）

产品成本核算的过程实际上是通过多次的成本归集和分配，最终计算出产品总成本和单位成本的过程。

（一）基本生产费用的归集和分配

生产费用是指基本生产车间为生产产品所消耗的人（职工薪酬）、财（银行存款）、物（原材料、辅料等），主要分为直接材料、直接人工、制造费用。

为了计算产品成本，需要将生产过程中耗用的各种直接费用和间接费用归集起来，然后按照一定标准将其分配至各个产品。其中：

成本的归集，是指通过一定的方式进行成本数据的收集或汇总。

成本的分配，是指将归集的间接成本分配给成本对象的过程。

计算公式为：

分配率＝待分配的间接成本÷各个分配对象的分配标准合计

某分配对象应分配的间接费用＝间接成本费用分配率×某分配对象的分配标准

其中：一般来说，材料费用按照**定额消耗量**来计算，人工费用按照**实际工时**来分配，制造费用则看题目的要求。

【例题13－1·计算题】领用某种原材料2 106千克，单价20元，原材料费用合计42 120元，投产甲产品400件，乙产品300件。甲产品消耗定额1.2千克/件，乙产品消耗定额1.1千克/件。

要求：甲、乙产品的材料费用如何分配？

【解析】分配率＝42 120÷（400×1.2＋300×1.1）＝42 120÷（480＋330）＝52（元/千克）

应分配的材料费用：甲产品：52×400×1.2＝24 960（元）；乙产品：52×300×1.1＝17 160（元）。

【例题13－2·计算题】假设某基本生产车间甲产品生产工时为56 000小时，乙产品生产工时为32 000小时，本月发生制造费用36 080元。

要求：甲、乙产品的制造费用如何分配？

【解析】制造费用分配率＝36 080÷(56 000＋32 000)＝0.41（元/小时）

甲产品制造费用＝56 000×0.41＝22 960（元）；乙产品制造费用＝32 000×0.41＝13 120（元）。

（二）辅助生产费用的归集和分配

公司的辅助生产主要是为基本生产服务的。有的只生产一种产品或提供一种劳务，有的则生产多种产品或提供多种劳务。辅助生产费用的主要分配方法：**直接分配法、交互分配法**。

什么叫辅助生产费用？即是为生产提供辅助性服务的部门所发生的费用，比如供电车间、机修车间等，这些车间在为生产产品服务的同时，相互之间也会提供服务，比如供电车间需要机修车间的维修，机修车间也需要供电车间的供电，那么就形成了两种分配方法：一种是直接分配法、另一种是交互分配法。

所谓的直接分配法就是供电车间和机修车间不互相分配，直接将所有的成本分配给各个产品。

所谓的交互分配法就是供电车间和机修车间相互提供的服务要分配相应的成本，然后将剩余部分再分配到各个产品（见表13－2）。

表13－2

项目	直接分配	交互分配
方法概述	不考虑辅助生产内部相互提供的劳务量，直接将各辅助生产车间发生的费用分配给辅助生产以外的各个受益单位或产品	交互分配法，**需要进行两次分配**。 首先在各辅助生产车间之间进行一次交互分配； 其次将各辅助生产车间交互分配后的实际费用，对辅助生产车间以外的各受益单位进行分配
计算过程	辅助生产的单位成本＝辅助生产费用总额/(辅助生产的产品或劳务总量－对其他辅助部门提供的产品或劳务量) 各受益车间、产品或各部门应分配的费用＝辅助生产的单位成本×该车间、产品或部门的耗用量	对内交互分配率＝辅助生产费用总额÷辅助生产提供的总产品或劳务总量 对外分配率＝(交互分配前的成本费用＋交互分配转入的成本费用－交互分配转出的成本费用)÷对辅助生产车间以外的其他部门提供的产品或劳务总量
优点	由于各辅助生产费用只是对外分配，计算工作简便	辅助生产内部相互提供产品或劳务全都进行了交互分配，从而提高了分配结果的准确性
缺点	当辅助生产车间相互提供产品或劳务量差异较大时，分配结果往往与实际不符。 只适宜在辅助生产内部相互提供产品或劳务不多，不进行费用的交互分配，对辅助生产成本和产品制造成本影响不大的情况下采用	各辅助生产费用要计算两个单位成本（费用分配率），进行两次分配，因而增加了计算工作量

1. 直接分配法

【例题13－3·计算题】公司有锅炉和供电两个辅助生产车间，这两个车间的辅助生产明细账所归集的费用分别是：供电车间89 000元，锅炉车间21 000元；供电车间为生产甲、乙两种产品及向各车间管理部门和企业行政管理部门提供362 000度电，其中锅炉车间耗电6 000度；锅炉车间为生产甲、乙产品和向各车间及公司行政管理部门提供5 370吨热力蒸汽，其中供电车间耗用120吨。采用直接分配法分配此项费用，并编制"辅助生产费用分配表"，如下表所示。

辅助生产费用分配表（直接分配法）

2020年5月

金额单位：元

借方科目		生产成本——基本生产成本			制造费用（基本车间）	管理费用	合计
		甲产品	乙产品	小计			
供电车间	耗用量（度）	220 000	130 000	350 000	4 200	1 800	356 000
	分配率						(89 000 ÷356 000)0. 25
	金额	55 000	32 500	87 500	1 050	450	89 000
锅炉车间	耗用量（吨）	3 000	2 200	5 200	30	20	5 250
	分配率						(21 000 ÷5 250)4
	金额	12 000	8 800	20 800	120	80	21 000
金额合计		67 000	41 300	108 300	1 170	530	110 000

2. 交互分配法

【例题13－4·计算题】承【例题13－3】，采用交互分配法分配辅助生产费用，并编制"辅助生产费用分配表"。

辅助生产费用分配表（交互分配法）

2020年5月

金额单位：元

项目		供电车间			锅炉车间			合计
		耗用量（度）	单位成本	分配金额	耗用量（吨）	单位成本	分配金额	
待分配费用		362 000	0. 2459	89 000	5 370	3. 9106	21 000	110 000
交互分配	辅助生产——供电			469. 27	−120		−469. 27	
	辅助生产——锅炉	−6 000		−1 475. 4			1 475. 4	
对外分配辅助生产费用		356 000	0. 2472	87 993. 87	5 250	4. 1916	22 006. 13	110 000
对外分配	基本生产——甲产品	220 000		54 384	3 000		12 574. 8	66 958. 8
	基本生产——乙产品	130 000		32 136	2 200		9 221. 52	41 357. 52
制造费用		4 200		1 038. 24	30		125. 75	1 163. 99
管理费用		1 800		435. 63	20		84. 06	519. 69
合计		356 000		87 993. 87	5 250		22 006. 13	110 000

彬哥解读

（1）注意辅助生产费用以制造费用为主，考试中注意产品成本分配的时候制造费用是否包含辅助生产费用；

（2）交互分配法注意操作步骤：确定内部分配率—对内分配—确定对外分配率—对外分配。

考点3 完工产品和在产品的成本分配（★★★）

完工产品和在产品的成本分配的意思是确定期末的时候完工产品的成本和在产品的成本，那么完工产品的成本和在产品的成本主要是怎么来的？不就是月初在产品的成本加上本月的投入吗？就是将其在期末完工产品和在产品之间进行分配。分配方法很多，比如在产品成本保持不变，那么本月发生的生产费用就是完工产品的成本。所以本章的知识点就是为了探讨到底有哪些方法来确定在产品和产成品的成本。

（一）分配原理

月初在产品成本＋本月发生生产费用＝本月完工产品成本＋月末在产品成本

由于公式中前两项是已知数，所以，完工产品与月末在产品之间分配费用的方法有两类：

一是将前两项之和按一定比例在后两项之间进行分配，从而求得完工产品与月末在产品的成本；

二是先确定月末在产品的成本，再计算求得完工产品的成本。

（二）分配方法（六种）

完工产品与在产品的成本分配方法总共有六种，其中①②③④属于扣除分配法，⑤⑥属于定额比例法（见表13－3）。

表13－3

方法	适用范围	相关说明
①不计算在产品成本	月末在产品数量很小	由于期初在产品和期末在产品成本均为零，因此，**本月发生的生产费用＝本月完工产品成本**
②在产品成本按年初数固定计算	月末在产品数量很小，或者数量虽大但各月之间的数量差额对完工产品成本影响不大	由于月末在产品＝年初固定数，因此，**本月发生的生产费用＝本月完工产品成本**
③在产品成本按其所耗用的原材料费用计算	原材料费用在产品成本中所占**比重较大**，且原材料在生产开始时一次全部投入	月末在产品只计算应该负担的原材料费用，其他费用则全部由完工产品负担
④在产品成本按定额成本计算	在产品数量稳定或者数量**较少**，且制定了比较准确的定额成本	（1）**月末在产品成本＝月末在产品单位定额成本×月末在产品数量** （2）**产成品总成本＝（月初在产品成本＋本月生产费用）－月末在产品成本**
⑤定额比例法	各月末在产品数量变化较大，有较为准确的消耗定额资料	（1）费用分配率＝（月初在产品成本＋本月生产费用）÷（完工产品定额＋月末在产品定额） （2）完工产品应分配的成本＝完工产品定额×费用分配率 （3）月末在产品成本＝月末在产品定额×费用分配率

续表

方法	适用范围	相关说明
⑥**约当产量法（最重要）**	各月末在产品数量**变化较大**，产品成本中原材料费用和工资等其他费用比重相差不多	（1）约当产量：指在产品按其完工程度约当于完工产品的数量。 （2）约当产量法：指将月末结存的在产品，按其完工程度折合成约当产量，然后再将产品应负担的全部生产费用，按完工产品产量和在产品约当产量的比例分配的一种方法。 （3）约当产量法下具体分为**加权平均法**和**先进先出法**，详见约当产量法的应用

关于约当产量法的应用：

1. 加权平均法

在产品约当产量＝在产品数量×在产品完工程度

单位成本＝（月初在产品成本＋本月发生的生产费用）÷（月末在产品约当产量＋完工产品产量）

完工产品成本＝单位成本×完工产品产量

月末在产品成本＝单位成本×月末在产品约当产量

（1）人工成本和制造费用的分配，必须计算在产品的约当产量：

某工序在产品完工率＝（前面各工序工时定额之和＋本工序工时定额×50%）÷产品工时总定额

彬哥解读

（1）如果告诉了各工序的平均完工程度，则应按其计算，就不应使用50%计算。

（2）多工序情况确定完工进度一般在客观题考查，核心原则是到该步骤为止已花费时间/总时间。

【例题13－5·计算题】生产A产品需要两道工序，第一道工序需要15个小时，第二道工序需要10个小时，两道工序总共需要25小时。现在第一道工序的在产品有50件，第一道工序的完工进度为50%，第二道工序的在产品有30件，在第二道工序的完工进度也为50%。

要求：请问约当产量为多少？

【解析】

①第一道工序完工进度50%，耗时为7.5小时（15×50%），则总的完工进度为30%（7.5÷25），所以第一道工序在产品的约当产量为15件（30%×50）。

②第二道工序完工进度50%，耗用的时间不仅包括第二道工序的，还应当包括第一道工序的，所以总时间为20小时（15＋10×50%），则总的完工进度为80%（20÷25），则第二道工序在产品的约当产量为24件（30×80%）。

（2）分配原材料费用分两种情况：

①原材料在生产开始时**一次投入**：不需要计算在产品的约当产量，**直接计算在产品材料成本**。

因为不管现在完工进度如何，在产品和产成品一样，原材料都是期初一次投入，都是

100%一次性投入了，这时进度跟原材料的投入没有关系。

②原材料随着加工进度陆续投入，又要分两种情况：一种是原材料分工序投入，但每道工序是在开始时一次投入；另一种是原材料分工序投入，每道工序也是随加工进度陆续投入。

【例题13－6·计算题】 某产品需经过两道工序加工完成，原材料消耗定额为100千克，其中：第一道工序的原材料消耗定额为40千克，第二道工序的原材料消耗定额为60千克。月末在产品数量30件，其中：第一道工序在产品20件，第二道工序在产品10件。

（1）原材料随着加工进度分工序投入，但每道工序则是在开始时一次投入（见表1）：

表1

工序	工序开始时一次性投入的原材料消耗定额	完工率（投料率）	在产品的约当产量
第一道工序	40千克	40÷100×100%＝40%	20×40%＝8（件）
第二道工序	60千克	（40＋60）÷100×100%＝100%	10×100%＝10（件）
合计	100千克	—	18件

（2）原材料随着加工进度分工序投入，每道工序也是随加工进度陆续投入（见表2）：

表2

工序	本工序原材料消耗定额	完工率（投料率）	在产品的约当产量
第一道工序	40千克	40×50%÷100×100%＝20%	20×20%＝4（件）
第二道工序	60千克	（40＋60×50%）÷100×100%＝70%	10×70%＝7（件）
合计	100千克	—	11件

【例题13－7·计算题】 某产品本月完工26件，月初无在产品，月末在产品10件，平均完工程度40%，本月发生生产费用共3 000元。

要求：生产费用在在产品和完工产品之间如何分配？

【解析】 单位成本＝3 000÷（26＋10×40%）＝100（元/件）

完工产品成本＝26×100＝2 600（元）

在产品成本＝10×40%×100＝400（元）

2. 先进先出法

在先进先出法下，假设先开始生产的产品先完工。

月初在产品本月加工约当产量（直接材料）＝月初在产品数量×（1－已投料比例）

月初在产品本月加工约当产量（直接人工与制造费用之和，即转换成本）＝

月初在产品数量×（1－月初在产品完工程度）

本月投入本月完工产品数量＝本月全部完工产品数量－月初在产品数量

月末在产品约当产量（直接材料）＝月末在产品数量×本月投料比例

月末在产品约当产量（转换成本）＝月末在产品数量×月末在产品完工程度

单位成本（分配率）=本月发生生产费用÷(月初在产品本月加工约当产量+本月投入本月完工产品数量+月末在产品约当产量)

完工产品成本=月初在产品成本+月初在产品本月加工成本+本月投入本月完工产品数量×分配率=月初在产品成本+月初在产品约当产量×分配率+本月投入本月完工产品数量×分配率

月末在产品成本=月末在产品约当产量×分配率

考点4 联产品和副产品的成本分配（★）

（一）联产品加工成本的分配

联产品，是指使用同种原料，经过同一生产过程同时生产出来的两种或两种以上的主要产品。在分离点以前发生的成本，称为联合成本。联产品加工成本的分配就是要将联合成本分到不同的产品之上，对此有以下三种计算方法（见表13-4）：

表13-4

分离点售价法	在分离点售价法下，联合成本是以分离点上每种产品的销售价格为比例进行分配的。采用这种方法，要求每种产品在分离点时的销售价格能够可靠地计量。 **联合成本分配率=待分配联合成本÷(A产品分离点的总售价+B产品分离点的总售价)** A产品应分配联合成本=联合成本分配率×A产品分离点的总售价 B产品应分配联合成本=联合成本分配率×B产品分离点的总售价
可变现净值法	联产品需要进一步加工后才可供销售，可采用可变现净值进行分配。 某产品的可变现净值=该产品最终销售价格总额-分离后的该产品的后续单独加工成本 **联合成本分配率=待分配联合成本÷(A产品可变现净值+B产品可变现净值)**
实物数量法	即联合成本以产品的实物数量或重量为基础分配。该方法通常适用于所生产的产品的价格很不稳定或无法直接确定

【例题13-8·计算题】某公司生产联产品A和B。1月份发生加工成本500万元。A和B在分离点上的销售价格总额为3 000万元，其中A产品的销售价格为1 800万元，B产品的销售价格总额为1 200万元。

采用售价法分配联合成本：

A产品成本=1 800÷3 000×500=300（万元）

B产品成本=1 200÷3 000×500=200（万元）

如果这些联产品尚需要进一步加工后才可供销售，可采用可变现净值进行分配。

【例题13-9·计算题】某公司生产联产品A和B。1月份A和B在分离前发生联合加工成本为400万元。A和B在分离后继续发生的单独加工成本分别为300万元和200万元，加工后A产品的销售总价为1 800万元，B产品的销售总价为1 200万元。

采用可变现净值法分配联合成本：

①计算分离点上的可变现净值：

A产品的可变现净值=1 800-300=1 500（万元）

B 产品的可变现净值 =1 200 −200 =1 000（万元）

②将分离前发生的联合加工成本依据各产品的可变现净值为比例进行分配：

$$A\text{ 产品应分配的成本} = \frac{1\,500}{1\,500 + 1\,000} \times 400 = 240\text{（万元）}$$

$$B\text{ 产品应分配的成本} = \frac{1\,000}{1\,500 + 1\,000} \times 400 = 160\text{（万元）}$$

【例题 13 −10 · 计算题】 某公司生产联产品 A 和 B。1 月份发生联合加工成本 500 万元，假定 A 产品为 560 件，B 产品为 440 件。

采用实物数量法分配联合成本如下：

$$A\text{ 产品应分配的成本} = \frac{500}{560 + 440} \times 560 = 280\text{（万元）}$$

$$B\text{ 产品应分配的成本} = \frac{500}{560 + 440} \times 440 = 220\text{（万元）}$$

（二）副产品加工成本的分配

副产品是指在同一生产过程中，使用同种原料，在生产主要产品的同时附带生产出来的非主要产品。

由于副产品价值相对较低，而且在全部产品生产中所占的比重较小，因而可以采用**简化的方法**确定其成本，然后从总成本中扣除，其余额就是主产品的成本。在分配主产品和副产品的加工成本时，通常先确定副产品的加工成本，然后再确定主产品的加工成本。

考点 5　产品成本计算的品种法与分批法（★）

按成本计算对象的不同，成本计算的基本方法分为品种法、分批法和分步法，三者之间的差异是常考点。其中，品种法是最基础的，因为无论什么方法最终都要计算各种产品的成本，品种法的成本计算程序是成本计算的一般程序（见表 13 −5）。

表 13 −5

项目	品种法	分批法	分步法
适用范围	大量大批的单步骤生产以及管理上不要求按照生产步骤计算产品成本的多步骤生产。 【举例】发电、供水、采掘	单件小批类型的生产。 【举例】造船、重型机械、精密仪器、新产品试制、设备修理等	大量大批的多步骤生产。管理上既要求按照产品品种又要求按照生产步骤计算成本。 【举例】冶金、纺织、机械制造
成本计算对象	产品品种	产品批次	各种产品的生产步骤
成本计算期	一般定期计算产品成本，成本计算期与会计核算报告期一致	成本计算期与产品生产周期基本一致，而与核算报告期不一致	一般定期计算产品成本，成本计算期与会计核算报告期一致
完工产品与在产品成本划分	如果月末有在产品，要将生产费用在完工产品和在产品之间进行分配	一般不存在完工产品与在产品之间分配费用的问题	月末需将生产费用在完工产品和在产品之间进行费用分配；除了按品种计算和结转产品成本外，还需要计算和结转产品的各步骤成本

1. 品种法举例（见表13－6、表13－7）

表13－6　　产品成本计算单

产成品数量：600件

产品名称：甲产品　　2020年5月　　单位：元

成本项目	月初在产品成本	本月生产费用	生产费用合计	产成品成本		月末在产品成本
				总成本	单位成本	
直接材料费	15 700	55 000	70 700	60 600	101.00	10 100
直接人工费	7 730	31 920	39 650	36 600	61.00	3 050
燃料和动力费	18 475	67 000	85 475	78 900	131.50	6 575
制造费用	6 290	22 960	29 250	27 000	45.00	2 250
合计	48 195	176 880	225 075	203 100	338.50	21 975

表13－7　　产品成本计算单

产成品数量：500件

产品名称：乙产品　　2020年5月　　单位：元

成本项目	月初在产品成本	本月生产费用	生产费用合计	产成品成本		月末在产品成本
				总成本	单位成本	
直接材料费	9 468	30 000	39 468	29 900	59.80	9 568
直接人工费	2 544	18 240	20 784	17 320	34.64	3 464
燃料和动力费	8 020	41 300	49 320	41 100	82.20	8 220
制造费用	1 292	13 120	14 412	12 010	24.02	2 402
合计	21 324	102 660	123 984	100 330	200.66	23 654

2. 分批法举例

【例题13－11·计算题】某公司按照购货单位的要求，小批生产某些产品，采用分批法计算产品成本。该厂4月份投产甲产品10件，批号为401，5月份全部完工；5月份投产乙产品60件，批号为501，当月完工40件，并已交货，还有20件尚未完工。401批和501批产品成本计算单如表1、表2所示。各种费用的归集和分配过程省略。

表1　　产品成本计算单

开工日期：4月15日

批号：401　　产品名称：甲产品　　完工日期：5月20日

委托单位：东方公司　　批量：10件　　单位：元

项目	直接材料费	直接人工费	制造费用	合计
4月末余额	12 000	900	3 400	16 300
5月发生费用：				
据材料费用分配表	4 600			4 600

续表

项目	直接材料费	直接人工费	制造费用	合计
据工资费用分配表		1 700		1 700
据制造费用分配表			8 000	8 000
合计	16 600	2 600	11 400	30 600
结转产成品（10 件）成本	16 600	2 600	11 400	30 600
单位成本	1 660	260	1 140	3 060

表 2 **产品成本计算单**

开工日期：5 月 5 日

批号：501 产品名称：乙产品 完工日期：5 月 25 日

委托单位：佳丽公司 批量：60 件 单位：元

项目	直接材料费	直接人工费	制造费用	合计
5 月发生费用：				
据材料费用分配表	18 000			18 000
据工资费用分配表		1 650		1 650
据制造费用分配表			4 800	4 800
合计	18 000	1 650	4 800	24 450
结转产成品（40 件）成本	12 000	1 320	3 840	17 160
单位成本	300	33	96	429
月末在产品成本	6 000	330	960	7 290

【解析】该批产品月末部分完工，而且完工产品数量占总指标的比重较大，应采用适当的方法将产品生产费用在完工产品与在产品之间进行分配。本例由于原材料费用在生产开始时一次投入，所以原材料费用按完工产品和在产品的实际数量作比例分配，而其他费用则按约当产量法进行分配。

1. 材料费用按完工产品产量和在产品数量作比例分配

产成品应负担的材料费用 = 18 000 ÷ (40 + 20) × 40 = 12 000（元）

在产品应负担的材料费用 = 18 000 ÷ (40 + 20) × 20 = 6 000（元）

2. 其他费用按约当产量比例分配

（1）计算 501 批乙产品在产品约当产量，如表 3 所示。

表 3 **乙产品约当产量计算表**

工序	完工程度	在产品（件）	约当产量（件）	完工产品（件）	产量合计（件）
	①	②	③ = ① × ②	④	⑤ = ③ + ④
1	15%	4	0.6		
2	25%	4	1		
3	70%	12	8.4		
合计	—	20	10	40	50

（2）直接人工费用按约当产量法分配：

产成品应负担的直接人工费用 =1 650 ÷ (40 +10) ×40 =1 320（元）

在产品应负担的直接人工费用 =1 650 ÷ (40 +10) ×10 =330（元）

（3）制造费用按约当产量法分配：

产成品应负担的制造费用 =4 800 ÷ (40 +10) ×40 =3 840（元）

在产品应负担的制造费用 =4 800 ÷ (40 +10) ×10 =960（元）

将各项费用分配结果记入 501 批乙产品成本计算单即可计算出乙产品的产成品成本和月末在产品成本。

彬哥解读

（1）品种法、分批法注意适用情况，可考查客观题；

（2）分批法下注意可能没有在产品的情况。

考点 6　产品成本计算的分步法（★★★）

根据成本管理对各生产步骤成本资料的不同要求（是否要求计算半成品成本）和简化核算的要求，一般采用逐步结转和平行结转两种方法，称为**逐步结转分步法和平行结转分步法**。

以造车为例：将造车简化为两个生产步骤，第一个步骤是生产发动机，第二个步骤是组装成车（见图 13－1、表 13－8）。

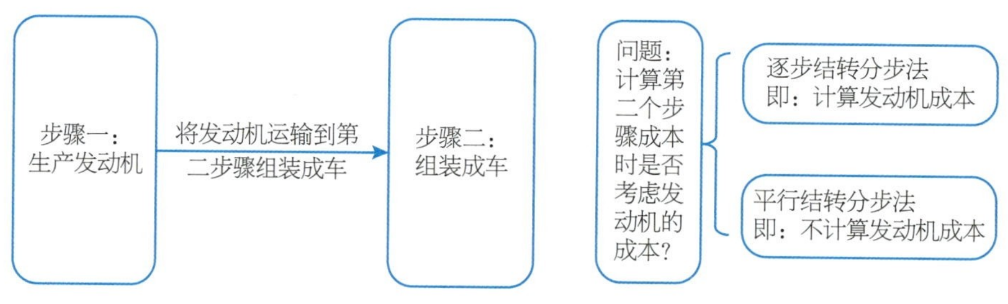

图 13－1

表 13－8　逐步结转分步法和平行结转分步法的比较

项目	逐步结转分步法	平行结转分步法
含义	按照产品加工的顺序，逐步计算并结转半成品成本，直到最后加工步骤才能计算产成品成本的一种方法。也称为计算半成品成本分步法	不计算各步骤所产半成品成本，也不计算各步骤所耗上一步骤的半成品成本，只计算本步骤发生的各项其他费用，以及这些费用中应计入产成品成本的份额，将相同产品的各步骤成本明细账中的这些份额平行结转、汇总，即可计算出该产品的产成品成本
是否需要成本还原	按照半成品成本在下一步骤成本计算单中的反映方式的不同，分为综合结转法和分项结转法。综合结转法需要进行成本还原	不需要

续表

项目	逐步结转分步法	平行结转分步法
是否计算半成品成本	（1）计算半成品成本。 （2）计算的原因：便于计算外售半成品成本；便于与同行业半成品成本对比；便于计算各种产品成本提供所耗同一种半成品成本数量；便于考核与分析各生产步骤等内部单位的生产耗费与资金占用水平	不计算半成品成本
上一步成本是否结转到下一步	在逐步结转分步法下，随着半成品实体的流转，上一步骤半成品成本一同结转到下一步骤	随着半成品实体的流转，上一步骤的生产成本不结转到下一步骤
在产品含义的不同	狭义的在产品（仅指本步骤尚未加工完成的在产品）	广义的在产品（包括本步骤在产品，和本步骤已完工但未最终完工的所有后续仍需继续加工的在产品、半成品）
完工产品含义不同	各步骤的完工产品	最终完工的产成品

彬哥解读

在自学的过程中，看上面的对比表格肯定看不懂，接下来直接学习两道例题，搞懂两道例题之后再回头看上面的文字内容，会有新的感觉。

（一）逐步结转分步法（计算半成品成本分步法）

【例题 13－12・计算题】假定甲产品生产分两步在两个车间内进行，第一车间为第二车间提供半成品，半成品收发通过半成品库进行。两个车间的月末在产品均按定额成本计价。成本计算程序如下：

（1）根据各种费用分配表、半成品产量月报和第一车间在产品定额成本资料（这些费用的归集分配同品种法一样，过程均省略，下同），登记第一车间甲产品（半成品）成本计算单，如表 1 所示。

表 1　　甲产品（半成品）成本计算单

第一车间　　2020 年 5 月　　单位：元

项目	产量（件）	直接材料费	直接人工费	制造费用	合计
月初在产品成本（定额成本）		61 000	7 000	5 400	73 400
本月生产费用		89 500	12 500	12 500	114 500
合计		150 500	19 500	17 900	187 900
完工半成品转出	800	120 000	16 000	15 200	151 200
月末在产品定额成本		30 500	3 500	2 700	36 700

【提示】

①月初在产品成本和月末在产品成本是题目已知的，本月生产费用也是题目已知的，因此可以求出第一车间“完工半成品转出”的金额为 151 200 元。

②转出的完工半成品151 200元的构成为：直接材料费120 000元，直接人工费16 000元，制造费用15 200元。

（2）根据第一车间甲产品（半成品）成本计算单、半成品入库单，以及第二车间领用半成品的领用单，登记半成品明细账，如表2所示。

表2　　半成品明细账

月份	月初余额		本月增加		合计			本月减少	
	数量（件）	实际成本（元）	数量（件）	实际成本（元）	数量（件）	实际成本（元）	单位成本（元）	数量（件）	实际成本（元）
5	300	55 600	800	151 200	1 100	206 800	188	900	169 200
6	200	37 600							

【提示】这里就相当于中间仓库，第一车间完工产品放入这里，第二车间从这里领取，第二车间本月领取了900件，实际成本为169 200元（900×188）。

（3）根据各种费用分配表、半成品领用单、产成品产量月报，以及第二车间在产品定额成本资料，登记第二车间甲产品（产成品）成本计算单，如表3所示。

表3　　甲产品（产成品）成本计算单

第二车间　　2020年5月　　单位：元

项目	产量（件）	直接材料费	直接人工费	制造费用	合计
月初在产品（定额成本）		37 400	1 000	1 100	39 500
本月费用		169 200	19 850	31 450	220 500
合计		206 600	20 850	32 550	260 000
产成品转出	500	189 000	19 500	30 000	238 500
单位成本		378	39	60	477
月末在产品（定额成本）		17 600	1 350	2 550	21 500

【提示】

①这里月初在产品和月末在产品是已知条件，本月费用中的直接材料费用除了从第一车间转入的成本之外，没有其他直接材料，直接人工费和制造费用是本月新投入。

②本月完工了500件，计算所得直接材料费是189 000元，直接人工费是19 500元，制造费用是30 000元。但是各位看看189 000元其实就是第一车间转过来的，第二车间没有新的投入！但是第一车间的费用也不全是直接材料费，包括了直接材料费、直接人工费和制造费用。因此要把189 000元还原成这三种费用，那按照什么比例进行还原呢？

在第（1）问中有这么一句话：“转出的完工半成品151 200元的构成为：直接材料费120 000元，直接人工费16 000元，制造费用15 200元”，是不是可以代表直接材料费、直接人工费和制造费用所占的比例？这就是还原的方式。

逐步综合结转法下成本的还原：

一般是按本月所产半成品的成本结构进行还原。即从最后一个步骤起，把各步骤所耗上一步骤半成品的综合成本按照上一步骤所产半成品成本的结构，逐步分解，还原出按原始成本项目反映的产成品成本。成本还原的次数较正常生产步骤少一步。

$$成本还原分配率=\frac{产成品所耗以前生产步骤半成品成本合计}{以前生产步骤所产该种半成品成本合计}$$

【例题13－13·计算题】 承【例题13－12】填写产成品成本还原计算表。

产成品成本还原计算表

产品名称：甲产品　　产品产量：500件　　单位：元

项目	还原分配率	半成品	直接材料	直接人工	制造费用	成本合计
还原前产成品成本		189 000		19 500	30 000	238 500
本月所产半成品成本			120 000	16 000	15 200	151 200
成本还原	189 000÷151 200＝1.25	－189 000	150 000	20 000	19 000	0
还原后产成品成本			150 000	39 500	49 000	238 500
还原后产成品单位成本			300	79	98	477

【提示】 转出的完工半成品151 200元的构成为：直接材料费120 000元，直接人工费16 000元，制造费用15 200元。这意味着每1元的完工半成品中，是由120 000÷151 200的直接材料费、16 000÷151 200的直接人工费、15 200÷151 200的制造费用所组成。则第二车间所耗费的189 000元直接材料（即第一车间生产的半成品），可以还原为：

直接材料为：120 000÷151 200×189 000＝150 000（元）；

直接人工为：16 000÷151 200×189 000＝20 000（元）；

制造费用为：15 200÷151 200×189 000＝19 000（元）。

（二）平行结转分步法（不计算半成品成本分步法）

【例题13－14·计算题】 某公司生产甲产品，生产分两步骤在两个车间内进行，第一车间为第二车间提供半成品，第二车间加工为产成品。各种生产费用归集与分配过程省略，数字在各成本计算单中列示。产成品和月末在产品之间分配费用的方法采用定额比例法；材料费用按定额材料费用比例分配，其他费用按定额工时比例分配，假设公司月末没有盘点在产品（见表1～表4）。

表 1　　甲产品定额资料　　金额单位：元

生产步骤	月初在产品		本月投入		产成品				
					单件定额		产量（件）	总定额	
	材料费用	工时（小时）	材料费用	工时（小时）	材料费用	工时（小时）		材料费用	工时（小时）
第一车间份额	67 650	2 700	98 450	6 300	293	14	500	146 500	7 000
第二车间份额		2 400	—	9 600	—	20	500	—	10 000
合计	67 650	5 100	98 450	15 900	—	34	—	146 500	17 000

表 2　　甲产品成本计算单

第一车间　　2020 年 5 月　　金额单位：元

项目	产成品产量（件）	直接材料费		定额工时（小时）	直接人工费用	制造费用	合计
		定额	实际				
月初在产品		67 650	61 651	2 700	7 120	10 000	78 771
本月生产费用		98 450	89 500	6 300	12 500	12 500	114 500
合计		166 100	151 151	9 000	19 620	22 500	193 271
分配率			0.91		2.18	2.50	
产成品中本步骤份额	500	146 500	133 315	7 000	15 260	17 500	166 075
月末在产品		19 600	17 836	2 000	4 360	5 000	27 196

表 3　　甲产品成本计算单

第二车间　　2020 年 5 月　　金额单位：元

项目	产成品产量（件）	直接材料费		定额工时（小时）	直接人工费用	制造费用	合计
		定额	实际				
月初在产品				2 400	8 590	8 150	16 740
本月生产费用				9 600	19 850	31 450	51 300
合计				12 000	28 440	39 600	68 040
分配率					2.37	3.30	
产成品中本步骤份额	500			10 000	23 700	33 000	56 700
月末在产品				2 000	4 740	6 600	11 340

表 4　　甲产品成本汇总计算表

2020 年 5 月　　金额单位：元

生产车间	产成品数量（件）	直接材料费用	直接人工费用	制造费用	合计
第一车间		133 315	15 260	17 500	166 075
第二车间			23 700	33 000	56 700
合计	500	133 315	38 960	50 500	222 775
单位成本		266.63	77.92	101	445.55

注意：本例题给定的条件很清楚，第一车间的500件完工品是指两个工序都完工的产品，由于第一车间的成本不用结转至第二车间，所以将这两个车间成本相加即是500件完工品的成本。所以如果考核到平行结转分步法，判断完工品将是考点，稍后做真题加以巩固。

【例题13－15·单选题·2010年】下列关于成本计算分步法的表述中，正确的是（　　）。

A. 逐步结转分步法不利于各步骤在产品的实物管理和成本管理

B. 当公司经常对外销售半成品时，应采用平行结转分步法

C. 采用逐步分项结转分步法时，无须进行成本还原

D. 采用平行结转分步法时，无须将产品生产费用在完工产品和在产品之间进行分配

【答案】C

【解析】

①逐步结转分步法要计算各步骤半成品成本，所以有利于各步骤在产品的实物管理和成本管理，选项A错误；

②平行结转分步法不计算各步骤半成品成本，当公司经常对外销售半成品时，应采用逐步结转分步法，选项B错误；

③采用平行结转分步法，每一生产步骤的生产费用也要在其完工产品与月末在产品之间进行分配，但这里的完工产品是指公司最后完工的产成品，这里的在产品是指各步骤尚未加工完成的在产品和各步骤已经完工但尚未最终完成的产品，选项D错误。

【例题13－16·计算题·2017年】甲企业使用同种原料生产联产品A和B，采用平行结转分步法计算产品成本。产品生产分为两个步骤，第一步骤对原料进行预处理后，直接转移到第二步骤进行深加工，生产出A、B两种产品，原料只在第一步骤生产开工时一次性投放，两个步骤的直接人工和制造费用随加工进度陆续发生，第一步骤和第二步骤均采用约当产量法在产成品和在产品之间分配成本，月末留存在本步骤的实物在产品的完工程度分别为60%和50%，联产品成本按照可变现净值法进行分配，其中：A产品可直接出售，售价为8.58元/千克；B产品需继续加工，加工成本为0.336元/千克，售价为7.2元/千克。A、B两种产品的产量比例为6∶5。

2017年9月相关成本核算资料如表1～表3所示。

（1）本月产量资料。

表1　　单位：千克

项目	月初留存在本步骤的实物在产品	本月投产	合计	本月本步骤完成的产品	月末留存在本步骤的在产品
第一步骤	8 000	92 000	100 000	90 000	10 000
第二步骤	7 000	90 000	97 000	88 000	9 000

（2）月初在产品成本。

表 2

单位：元

	直接材料	直接人工	制造费用	合计
第一步骤	50 000	8 250	5 000	63 250
第二步骤		3 350	3 600	6 950

（3）本月发生成本。

表 3

单位：元

	直接材料	直接人工	制造费用	合计
第一步骤	313 800	69 000	41 350	424 150
第二步骤		79 900	88 900	168 800

要求：

（1）编制各步骤产品成本计算单以及产品汇总计算单（结果填入表 4 ~ 表 6 中，不用列出计算过程）。

表 4

第一步骤成本计算单

2017 年 9 月

单位：元

	直接材料	直接人工	制造费用	合计
月初在产品成本				
本月生产成本				
合计				
分配率				
产成品成本中本步骤份额				
月末在产品				

表 5

第二步骤成本计算单

2017 年 9 月

单位：元

	直接材料	直接人工	制造费用	合计
月初在产品成本				
本月生产成本				
合计				
分配率				
产成品成本中本步骤份额				
月末在产品				

表 6

产品成本汇总计算单

2017 年 9 月

单位：元

	直接材料	直接人工	制造费用	合计
第一步骤				
第二步骤				
合计				

（2）计算 A、B 产品的单位成本。

【答案】

表 7

第一步骤成本计算单

2017 年 9 月

单位：元

	直接材料	直接人工	制造费用	合计
月初在产品成本	50 000	8 250	5 000	63 250
本月生产成本	313 800	69 000	41 350	424 150
合计	363 800	77 250	46 350	487 400
分配率	3. 4	0. 75	0. 45	
产成品成本中本步骤份额	299 200	66 000	39 600	404 800
月末在产品	64 600	11 250	6 750	82 600

【解析】在平行结转分步法中，在分配费用时，“完工产品”指的是企业“最终完工的产成品”。某个步骤的“在产品”指的是“广义在产品”，包括该步骤尚未加工完成的在产品（称为该步骤的狭义在产品）和该步骤已完工但尚未最终完成的产品（即后面各步骤的狭义在产品）。换句话说，凡是该步骤“参与”了加工，但还未最终完工形成产成品的，都属于该步骤的“广义在产品”。计算某步骤的广义在产品的约当产量时，实际上计算的是“约当该步骤完工产品”的数量，由于后面步骤的狭义在产品耗用的是该步骤的完工产品，所以，计算该步骤的广义在产品的约当产量时，对于后面步骤的狭义在产品的数量，不用乘以其所在步骤的完工程度。用公式表示如下：

某步骤月末（广义）在产品约当产量 = 该步骤月末狭义在产品数量 × 在产品完工程度 +（以后各步骤月末狭义在产品数量 × 每件狭义在产品耗用的该步骤的完工半成品的数量）

另外还要注意：如果原材料在生产开始时一次投入，计算第一步骤广义在产品约当产量时，直接材料的在产品完工程度按照 100% 计算。

所以：

直接材料分配率 = 363 800 ÷（88 000 + 10 000 + 9 000）= 3. 4（元/千克）

直接人工分配率 = 77 250 ÷（10 000 × 60% + 9 000 + 88 000）= 0. 75（元/千克）

制造费用分配率 = 46 350 ÷（10 000 × 60% + 9 000 + 88 000）= 0. 45（元/千克）

产成品成本中本步骤份额：

直接材料 =88 000 ×3.4 =299 200（元）

直接人工 =88 000 ×0.75 =66 000（元）

制造费用 =88 000 ×0.45 =39 600（元）

月末在产品成本：

直接材料 =(10 000 +9 000) ×3.4 =64 600（元）

直接人工 =(10 000 ×60% +9 000) ×0.75 =11 250（元）

制造费用 =(10 000 ×60% +9 000) ×0.45 =6 750（元）

表 8　　第二步骤成本计算单

2017 年 9 月　　单位：元

	直接材料	直接人工	制造费用	合计
月初在产品成本		3 350	3 600	6 950
本月生产成本		79 900	88 900	168 800
合计		83 250	92 500	175 750
分配率		0.9	1	
产成品成本中本步骤份额		79 200	88 000	167 200
月末在产品		4 050	4 500	8 550

【解析】

（1）直接人工分配率 =83 250 ÷(88 000 +9 000 ×50%) =0.9（元/千克）

制造费用分配率 =92 500 ÷(88 000 +9 000 ×50%) =1（元/千克）

产成品成本中本步骤份额：

直接人工 =88 000 ×0.9 =79 200（元）

制造费用 =88 000 ×1 =88 000（元）

月末在产品成本：

直接人工 =9 000 ×50% ×0.9 =4 050（元）

制造费用 =9 000 ×50% ×1 =4 500（元）

表 9　　产品成本汇总计算单

2017 年 9 月　　单位：元

第一步骤	299 200	66 000	39 600	404 800
第二步骤		79 200	88 000	167 200
合计	299 200	145 200	127 600	572 000

（2）A 产品产量 =88 000 ×6 ÷(6 +5) =48 000（千克）

B 产品产量 =88 000 ×5 ÷(6 +5) =40 000（千克）

A 产品可变现净值 =48 000 ×8.58 =411 840（元）

B 产品可变现净值 =40 000 ×(7.2 −0.336) =274 560（元）

A 产品分配的成本 =572 000 ×411 840 ÷(411 840 +274 560) =343 200（元）

B 产品分配的成本 =572 000 ×274 560 ÷(411 840 +274 560) =228 800（元）

A 产品单位成本 =343 200 ÷48 000 =7.15（元/千克）

B 产品需要继续加工，所以其单位成本 =228 800 ÷40 000 +0.336 =6.056（元/千克）

恭喜你，

已完成第十三章的学习

扫码免费进 >>>
2022年CPA带学群

别人都在你看不到的地方暗自努力，在你看得到的地方，他们也和你一样显得吊儿郎当，和你一样会抱怨，而只有你相信这些都是真的，最后也只有你一人继续不思进取。

CHAPTER FOURTEEN

第十四章　标准成本法

考情雷达

本章研究标准成本问题，计算出成本，如何评估成本高低与否便成为新的问题。制定出标准成本作为参照，成本高低通过对比标准成本即可知道差异，分析成本差异是本章重点内容。成本差异分为变动成本差异和固定成本差异，其中固定成本差异分析公式较多，需要同学们花点时间。

本章主观题和客观题均有可能涉及，历年平均分值为3分左右。本章与去年相比**无实质性变化**。

考点地图

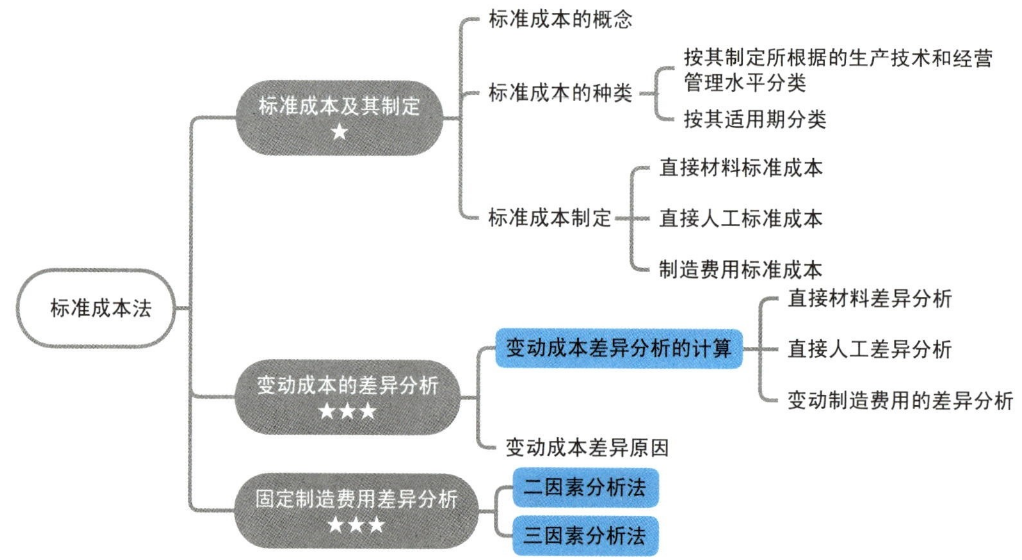

考点1　标准成本及其制定（★）

（一）标准成本的概念

标准成本是通过精确的调查、分析与技术测定而制定的，用来评价实际成本、衡量工作效率的一种目标成本。“标准成本”一词在实际工作中有两种含义：一种是“成本标准”；另一种是“标准成本”（见表14－1）。

表14－1

成本标准	即单位产品的标准成本，根据单位产品的标准消耗量和标准单价计算。 **成本标准＝单位产品标准成本＝单位产品标准消耗量×标准单价**
标准成本	根据实际产品产量和单位产品成本标准计算。 **标准成本（总额）＝实际产量×单位产品标准成本**

（二）标准成本的种类

1. 按其制定所根据的生产技术和经营管理水平分类（见表 14 −2）

表 14 −2

<table>
<tr><th>成本类型</th><th colspan="2">说明</th></tr>
<tr><td>理想标准成本</td><td colspan="2">（1）是指在最优生产条件下，利用现有的规模和设备能够达到的最低成本；
（2）制定依据是理论上的业绩标准、生产要素的理想价格和可能实现的最高生产经营能力利用水平；
（3）主要用途是提供一个完美无缺的目标，揭示实际成本下降的潜力，不宜作为考核依据</td></tr>
<tr><td rowspan="2">正常标准成本</td><td colspan="2">（1）正常标准成本是指在效率良好的条件下，根据下期一般应该发生的生产要素消耗量、预计价格和预计生产经营能力利用程度制定出来的标准成本。
（2）考虑了生产经营过程中难以避免的损耗和低效率。
（3）实际工作中广泛使用正常标准成本</td></tr>
<tr><td>特点</td><td>（1）它是用科学方法根据客观实验和过去的实践，经充分研究后制定出来的，具有客观性和科学性；
（2）它既排除了各种偶然性和意外情况，又保留了目前条件下难以避免的损失，代表正常情况下的消耗水平，具有现实性；
（3）它是应该发生的成本，可以作为评价业绩的尺度，成为督促职工去努力争取的目标，具有激励性；
（4）它可以在工艺技术水平和管理有效性水平变化不大时持续使用，不需要经常修订，具有稳定性</td></tr>
</table>

2. 按其适用期分类（见表 14 −3）

表 14 −3

<table>
<tr><th>成本类型</th><th>说明</th></tr>
<tr><td>现行标准成本</td><td>（1）现行标准成本是指根据其适用期间应该发生的价格、效率和生产经营能力利用程度等预计的标准成本；
（2）可以作为评价实际成本的依据，也可以用来对存货和销货成本进行计价</td></tr>
<tr><td rowspan="2">基本标准成本</td><td>（1）基本标准成本是指一经制定，只要生产的基本条件无重大变化，就不予变动的一种标准成本；
（2）基本标准成本与各期实际成本进行对比，可以反映成本变动的趋势；
（3）不宜用来直接评价工作效率和成本控制的有效性</td></tr>
<tr><td>所谓生产的基本条件的重大变化是指：
（1）产品的物理结构的变化；
（2）重要原材料和劳动力价格的重要变化；
（3）生产技术和工艺的根本变化。
只有这些条件发生变化，基本标准成本才需要修订。
由于市场供求变化导致的售价变化和生产经营能力利用程度的变化，以及工作方法改变而引起的效率变化等，不属于生产的基本条件的重大变化</td></tr>
</table>

【例题 14 −1 · 多选题 · 2014 年】 甲公司制定产品标准成本时采用基本标准成本。下列情况中，需要修订基本标准成本的有（　　）。

A. 季节原因导致材料价格上升　　B. 订单增加导致设备利用率提高

C. 采用新工艺导致生产效率提高　　D. 工资调整导致人工成本上升

【答案】 CD

【解析】 需要修订基本标准成本的条件有产品的物理结构变化、重要原材料和劳动力价格的重要变化、生产技术和工艺的根本变化。选项A属于由于市场供求变化导致的价格变化，选项B属于由于生产能力利用程度的变化，不属于生产的基本条件变化，对此不需要修订基本标准成本。

（三）标准成本制定

制定标准成本，通常先确定**直接材料和直接人工**的标准成本，其次确定**制造费用**的标准成本，最后汇总确定**单位产品**的标准成本。制定时，无论是哪一个成本项目，都需要分别确定其**用量标准和价格标准**，两者相乘后得出标准成本。

无论是价格标准还是用量标准，都可以是理想状态的或正常状态的，据此得出理想的标准成本或正常的标准成本。下面介绍正常标准成本的制定。

1. 直接材料标准成本

（1）直接材料的标准消耗量是现有技术条件生产单位产品所需的材料数量，包括必不可少的消耗以及各种难以避免的损失。

（2）直接材料的价格标准，是预计下一年度实际需要支付的进料单位成本，包括发票价格、运费、检验和正常损耗等成本，是取得材料的完全成本。

2. 直接人工标准成本

（1）直接人工的用量标准是单位产品的标准工时。

（2）标准工时是指现有生产技术条件下，生产单位产品所需要的时间，包括直接加工操作必不可少的时间，以及必要的间歇和停工（如工间休息、设备调整准备时间）、不可避免的废品耗用工时等。

（3）直接人工的价格标准是指标准工资率。它可能是预定的工资率，也可能是正常的工资率。

3. 制造费用标准成本

制造费用标准成本分为变动制造费用标准成本和固定制造费用标准成本两部分。

（1）变动制造费用标准成本。

①变动制造费用的**用量标准**通常采用单位产品直接人工工时标准。

②变动制造费用的**价格标准**是单位工时变动制造费用的标准分配率，它根据变动制造费用预算和直接人工总工时计算求得。

变动制造费用标准分配率＝变动制造费用预算总数÷直接人工标准总工时

变动制造费用标准成本＝单位产品直接人工的标准工时×变动制造费用的标准分配率

（2）固定制造费用标准成本。

①固定制造费用的**用量标准**与变动制造费用的用量标准相同，包括直接人工工时、机器工时、其他用量标准等，并且两者要保持一致，以便进行差异分析。

②固定制造费用的**价格标准**是其单位工时的标准分配率，它根据固定制造费用预算和直接人工标准总工时来计算求得。

固定制造费用标准分配率＝固定制造费用预算总额÷直接人工标准总工时

固定制造费用标准成本＝单位产品直接人工标准工时×固定制造费用的标准分配率

【例题14－2·单选题·2014年】 甲公司是一家化工生产公司，生产单一产品，按正常标准成本进行成本控制。公司预计下一年度的原材料采购价格为13元/公斤，运输费为2元/公斤，运输过程中的正常损耗为5%，原材料入库后的储存成本为1元/公斤。该产品的直接材料价格标准为（　　）元。

A. 15　　B. 15.75　　C. 15.79　　D. 16.79

【答案】 C

【解析】 直接材料的价格标准包含发票价格、运费、检验费和正常损耗等成本。所以本题该产品的直接材料价格标准＝(13＋2)÷(1－5%)＝15.79（元）。

表14－4　　标准成本的制定（成本标准＝用量标准×价格标准）

成本项目	用量标准	价格标准
直接材料	单位产品材料消耗量	原材料单价
直接人工	单位产品直接人工工时	小时工资率
制造费用（分变动和固定）	单位产品直接人工工时（或台）	标准分配率

考点2　变动成本的差异分析（★★★）

（一）变动成本差异分析的计算

提示：变动成本差异分析的通用分析思路如下：

成本差异＝实际成本－标准成本＝**实际数量×实际价格－标准数量×标准价格**

＝实际数量×实际价格－实际数量×标准价格＋实际数量×标准价格－标准数量×标准价格

＝实际数量×(实际价格－标准价格)＋(实际数量－标准数量)×标准价格

＝价格差异＋数量差异

其中，　**价格差异＝实际数量×(实际价格－标准价格)**

数量差异＝(实际数量－标准数量)×标准价格

有关数据之间的数量关系如图14－1所示。

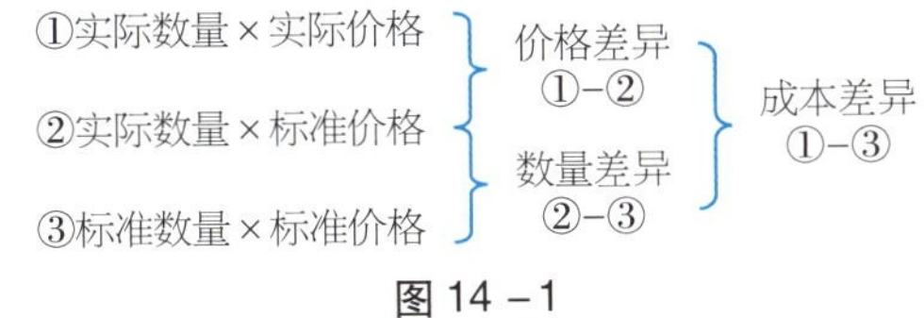

图14－1

解释：价差是价格导致的差异，应该用实际数量才能反映出真实的价格差异。量差是数量导致的差异，用标准价格才能反映出真实的数量差异。

所以本内容不建议采用图形，直接记住即可！

1. 直接材料差异分析

直接材料成本差异 = 实际成本 − 标准成本

（1）价差：材料价格差异 = 实际数量 ×（实际价格 − 标准价格）；

（2）量差：材料数量差异 =（实际数量 − 标准数量）× 标准价格。

【例题 14－3·计算题】 本月生产产品 400 件，使用材料 2 500 千克，材料单价为 0.55 元/千克；直接材料的单位产品标准成本为 3 元，即每件产品耗用 6 千克直接材料，每千克材料的标准价格为 0.5 元。根据上述公式计算，求直接材料的价格差异和数量差异。

【答案】 直接材料价格差异 = 2 500 ×（0.55 − 0.5）= 125（元）

直接材料数量差异 =（2 500 − 400 × 6）× 0.5 = 50（元）

2. 直接人工差异分析

直接人工成本差异 = 实际直接人工成本 − 标准直接人工成本

（1）价差：工资率差异 = 实际工时 ×（实际工资率 − 标准工资率）；

（2）量差：效率差异 =（实际工时 − 标准工时）× 标准工资率。

【例题 14－4·计算题】 本月生产产品 400 件，实际使用工时 890 小时，支付工资 4 539 元；直接人工的标准成本是 10 元/件，即每件产品标准工时为 2 小时，标准工资率为 5 元/小时。按上述公式计算，求直接人工的价格差异和数量差异。

【答案】 直接人工工资率差异 = 890 ×（4 539 ÷ 890 − 5）= 890 ×（5.10 − 5）= 89（元）

直接人工效率差异 =（890 − 400 × 2）× 5 =（890 − 800）× 5 = 450（元）

3. 变动制造费用的差异分析

变动制造费用成本差异 = 实际变动制造费用 − 标准变动制造费用

（1）价差：变动制造费用耗费差异 = 实际工时 ×（变动制造费用实际分配率 − 变动制造费用标准分配率）；

（2）量差：变动制造费用效率差异 =（实际工时 − 标准工时）× 变动制造费用标准分配率。

【例题 14－5·计算题】 本月实际产量 400 件，使用工时 890 小时，实际发生变动制造费用 1 958 元；变动制造费用标准成本为 4 元/件，即每件产品标准工时为 2 小时，标准的变动制造费用分配率为 2 元/小时。按上述公式计算，求变动制造费用的耗费差异和效率差异。

【答案】 变动制造费用成本差异 = 实际变动制造费用 − 标准变动制造费用 = 1 958 − 400 × 4 = 358（元）

变动制造费用耗费差异 = 890 ×（1 958 ÷ 890 − 2）= 890 ×（2.2 − 2）= 178（元）

变动制造费用效率差异 =（890 − 400 × 2）× 2 = 90 × 2 = 180（元）

（二）变动成本差异原因（见表14－5）

表14－5

项目	用量差异			价格差异		
	材料数量差异	人工效率差异	变动制造费用效率差异	材料价格差异	人工工资率差异	变动制造费用耗费差异
主要责任部门	主要是生产部门的责任，但也不是绝对的（如采购材料质量差导致材料数量差异或工作效率慢是采购部门责任）			采购部门	人事劳动部门管理	部门经理负责

【例题14－6·多选题·2014年】下列各项原因中，属于材料价格差异形成原因的有（　　）。

A. 材料运输保险费率提高　　B. 运输过程中的损耗增加

C. 加工过程中的损耗增加　　D. 储存过程中的损耗增加

【答案】AB

【解析】材料价格差异指的是实际价格与标准价格之间的差异，是在采购过程中形成的，采购部门未能按标准价格进货的原因有许多，如供应厂家价格变动、未按经济采购批量进货、未能及时订货造成的紧急订货、采购时舍近求远使运费和途耗增加、不必要的快速运输方式、违反合同被罚款、承接紧急订货造成额外采购等。

【例题14－7·多选题·2010年】在进行标准成本差异分析时，通常把变动成本差异分为价格脱离标准造成的价格差异和用量脱离标准造成的数量差异两种类型。下列标准成本差异中，通常应由生产部门负责的有（　　）。

A. 直接材料的价格差异　　B. 直接人工的数量差异

C. 变动制造费用的效率差异　　D. 变动制造费用的耗费差异

【答案】BCD

【解析】材料价格差异是在采购过程中形成的，不应由耗用材料的生产部门负责，而应由采购部门对其作出说明，选项A错误。

考点3　固定制造费用差异分析（★★★）

（一）二因素分析法

（1）**固定制造费用耗费差异**＝固定制造费用实际数－固定制造费用预算数

（2）**固定制造费用能力差异**＝固定制造费用预算数－固定制造费用标准成本

＝固定制造费用标准分配率×生产能力－固定制造费用标准分配率×实际产量标准工时＝（生产能力－实际产量标准工时）×固定制造费用标准分配率

【例题14－8·计算题】本月实际产量400件，发生固定制造成本1 424元，实际工时为890小时；公司生产能力为500件即1 000小时；每件产品固定制造费用标准成本为3元/件，即每件产品标准工时为2小时，标准分配率为1.50元/小时。

要求：计算固定制造费用耗费差异和能力差异。

【答案】固定制造费用成本差异＝实际固定制造费用－标准固定制造费用＝1 424－400×3＝224（元）

固定制造费用耗费差异＝1 424－1 000×1.5＝－76（元）

固定制造费用能力差异＝1 000×1.5－400×2×1.5＝1 500－1 200＝300（元）

【例题14－9·单选题】甲企业采用标准成本法进行成本控制，当月产品实际产量大于预算产量，导致的成本差异是（　　）。

A. 直接材料数量差异

B. 直接人工效率差异

C. 变动制造费用效率差异

D. 固定制造费用能力差异

【答案】D

【解析】固定制造费用能力差异＝预算产量下标准固定制造费用－实际产量下标准固定制造费用

因此实际产量大于预算产量时，成本差异表现为固定制造费用能力差异。

（二）三因素分析法

（1）**耗费差异**＝固定制造费用实际数－固定制造费用预算数

＝固定制造费用实际数－固定制造费用标准分配率×生产能力

（2）**闲置能力差异**＝固定制造费用预算－实际工时×固定制造费用标准分配率

＝（生产能力－实际工时）×固定制造费用标准分配率

（3）**效率差异**＝（实际工时－实际产量标准工时）×固定制造费用标准分配率

【例题14－10·计算题】本月实际产量400件，发生固定制造成本1 424元，实际工时为890小时；公司生产能力为500件即1 000小时；每件产品固定制造费用标准成本为3元/件，即每件产品标准工时为2小时，标准分配率为1.50元/小时。

要求：计算固定制造费用耗费差异、闲置能力差异和效率差异。

【答案】固定制造费用耗费差异＝1 424－1 000×1.5＝－76（元）

固定制造费用闲置能力差异＝（1 000－890）×1.5＝110×1.5＝165（元）

固定制造费用效率差异＝（890－400×2）×1.5＝90×1.5＝135（元）

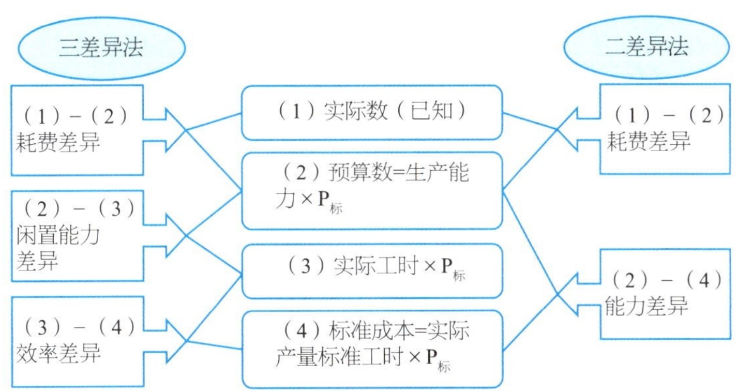

图 14－2 固定制造费用差异分析

【例题 14－11·单选题·2013 年】 使用三因素分析法分析固定制造费用差异时，固定制造费用的效率差异反映（ ）。

A. 实际工时脱离生产能力形成的差异

B. 实际工时脱离实际产量标准工时形成的差异

C. 实际产量标准工时脱离生产能力形成的差异

D. 实际耗费与预算金额的差异

【答案】 B

【解析】

①效率差异＝（实际工时－实际产量标准工时）×固定制造费用标准分配率，选项 B 正确。选择 D 为耗费差异。

②选项 A 为闲置能力差异，选项 C 为能力差异。

【例题 14－12·单选题·2012 年】 公司进行固定制造费用差异分析时可以使用三因素分析法。下列关于三因素分析法的说法中，正确的是（ ）。

A. 固定制造费用耗费差异＝固定制造费用实际成本－固定制造费用标准成本

B. 固定制造费用闲置能力差异＝（生产能力－实际工时）×固定制造费用标准分配率

C. 固定制造费用效率差异＝（实际工时－标准产量标准工时）×固定制造费用标准分配率

D. 三因素分析法中的闲置能力差异与二因素分析法中的能力差异相同

【答案】 B

恭喜你，

已完成第十四章的学习

你不喜欢我，我一点都不介意。因为我活下来，不是为了取悦你。

CHAPTER FIFTEEN

第十五章　作业成本法

考情雷达

本章研究新的成本计算方式——作业成本法。随着机器生产的普及，制造费用占比提升，传统分配方式不精确，在此基础上将工作分类为各项作业，按作业归集成本，然后对外分配。作业成本法的核心在于作业的划分，对作业的分类是重点。

本章在历年中考查分值较低，一般在 2 分左右，通常以客观题形式考查，考查主观题的概率较低。本章与去年相比无实质性变化。

考点地图

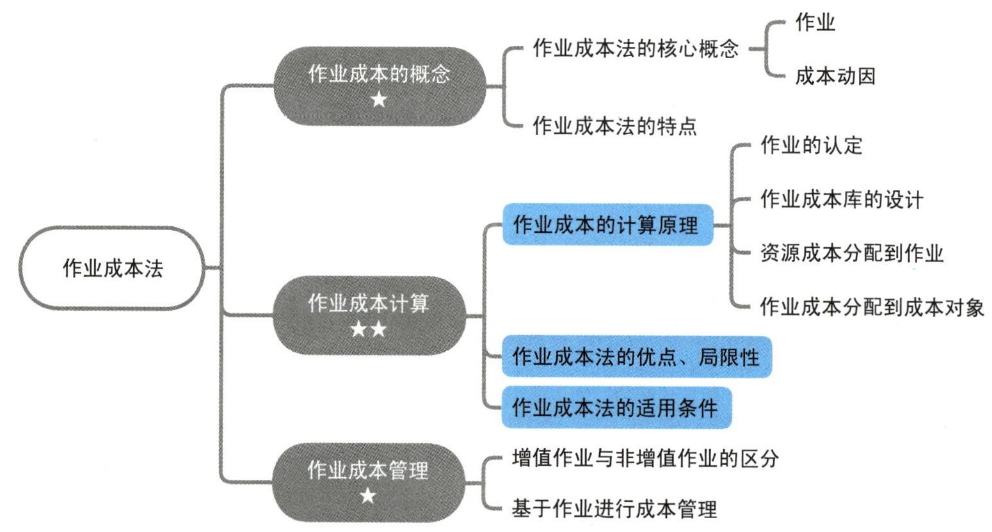

考点 1　作业成本的概念（★）

传统成本计算方法存在的两个重要缺陷如表 15 – 1 所示。

表 15 – 1

项目	缺陷类别	
	将固定成本分摊给不同产品	产生误导决策的成本信息
原因	按照这种做法，随着产量的增加，单位产品分摊的固定成本下降，即使单位变动成本不变，平均成本也会随着产量增加而下降，增加当期利润，从而刺激经理人员过度生产。针对这个缺陷，产生变动成本法	在传统的成本计算方法下，制造费用通常按直接人工等产量基础分配。实际上，有许多制造费用项目不只与产量相关，若全部按产量基础分配制造费用，会产生误导决策的成本信息。针对这个缺陷，产生作业成本法

作业成本法是将间接成本和辅助费用更准确地分配到产品和服务中的一种成本计算方法。依据作业成本法的定义，公司的全部经营活动是由一些相互关联的作业组成的，公司每进行一

项作业都要耗用一定的资源；与此同时，产品被一系列的作业生产出来。

首先按经营活动中发生的**各项作业归集成本**，计算出作业成本；然后再按各项作业成本与成本对象之间的因果关系，**将作业成本分配到成本对象**，最终完成成本计算过程。

在作业成本法下，直接成本可以直接计入有关产品，与传统的成本计算方法并无差异；只是直接成本的范围比传统成本计算的要大，凡是易于追溯到产品的材料、人工和其他成本都可以直接归属于特定产品，尽量减少不准确的分配。不能追溯到产品的成本，则先追溯到有关作业或分配到有关作业，计算出作业成本，然后再将作业成本分配到有关产品。

（一）作业成本法的核心概念

作业成本法计算逻辑图见图15－1。

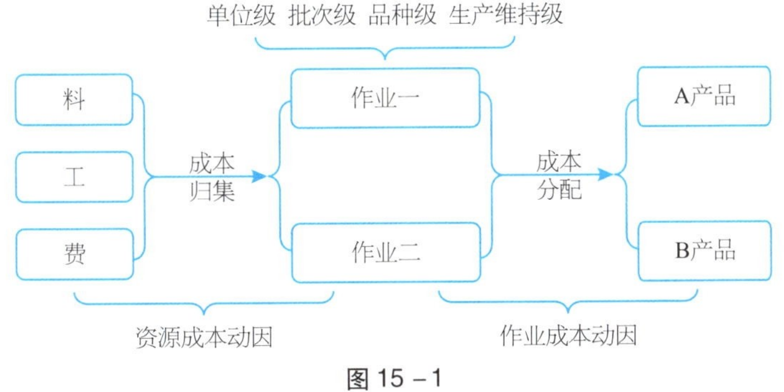

图15－1

1. 作业

作业是指公司中特定组织（成本中心、部门或产品线）重复执行的任务或活动，如签订材料采购合同、将材料运达仓库、对材料进行质量检验、办理入库手续、登记材料明细账等。执行任何一项作业都需要耗费一定的资源。资源是指作业耗费的人工、能源和实物资产（车床和厂房等）。

2. 成本动因

成本动因是指作业成本或产品成本的驱动因素，它又分为两类：

（1）资源成本动因：是引起作业成本增加的驱动因素。依据资源成本动因可以将资源成本分配给各有关作业。

（2）作业成本动因：是引起产品成本增加的驱动因素。依据作业成本动因可以将作业成本分配给各产品。

（二）作业成本法的特点

作业成本法的主要特点，是相对于以产量为基础的传统成本计算方法而言的。

1. 成本计算分为两个阶段

作业成本法的基本指导思想是："作业消耗资源、产品（服务或顾客）消耗作业。"根据这一指导思想，作业成本法把成本计算过程划分为两个阶段。

第一阶段，将作业执行中消耗的资源分配（包括追溯和间接分配）到作业，计算作业的成本；

第二阶段，根据第一阶段计算的作业成本分配（包括追溯和动因分配）到各有关成本对象（产品或服务），见图15－2。

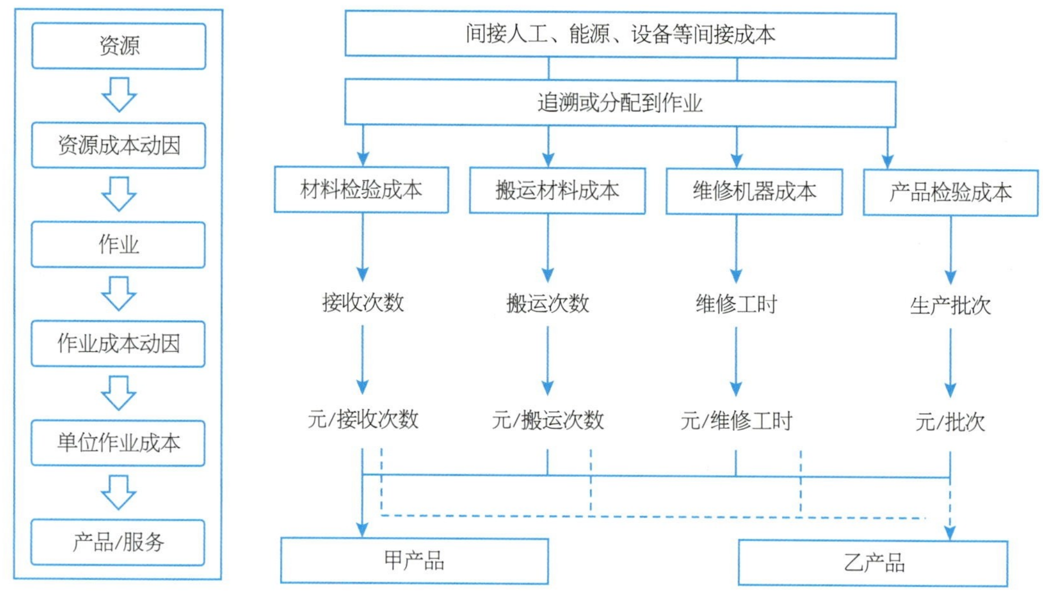

图 15-2 作业成本法分两阶段分配示意图

2. 成本分配强调因果关系

作业成本法将成本分配到成本对象有三种不同的形式：成本追溯、动因分配和分摊。

（1）成本追溯，是指把成本直接分配给相关的成本对象。使用直接追溯方式得到的产品成本是最准确的。

（2）动因分配，是指根据成本动因将成本分配到各成本对象的过程。动因分配虽然不像追溯那样准确，但只要因果关系建立恰当，成本分配的结果同样可以达到较高的准确程度。

（3）分摊，有些成本既不能追溯，也不能合理、方便地找到成本动因，只好使用产量作为分配基础，将其强制分配给成本对象。

作业成本法的成本分配主要使用**成本追溯和动因分配**，尽可能减少不准确的分摊，因此能够提供更加真实、准确的成本信息。

3. 成本分配使用众多不同层面的成本动因

作业成本法的独到之处，在于它把资源的消耗首先追溯或分配到作业，然后使用不同层面和数量众多的作业动因将作业成本分配到产品。

采用不同层面的、众多的成本动因进行成本分配，要比采用单一分配基础更加合理，更能保证产品成本计算的准确性。

考点2 作业成本计算（★★）

（一）作业成本的计算原理

1. 作业的认定

作业的认定需要对每项消耗资源的作业进行定义，识别每项作业在生产活动中的作用、与其他作业的区别，以及每项作业与耗用资源的联系。

作业认定有两种形式：一种是根据企业总的生产流程，自上而下进行分解；另一种形式是通过与员工和经理进行交谈，自下而上地确定他们所做的工作，并逐一认定各项作业。

表 15－2 是一个以变速箱制造企业为背景的作业清单示例。这仅仅只是一个示例，实际上对一个企业在产品生产过程中认定作业种类的多少，取决于该企业自身的产品生产特点。

表 15－2 作业的认定

作业名称	作业说明
材料订购	包括选择供应商、签订合同、明确供应方式等
材料检验	对每批购入的材料进行质量、数量检验
生产准备	每批产品投产前，进行设备、工装调整等准备工作
发放材料	每批产品投产前，将生产所需材料发往各生产车间
材料切割	将管材、圆钢切割成适于机器加工的毛坯工件
车床加工	使用车床加工零件（轴和连杆）
铣床加工	使用铣床加工零件（齿轮）
刨床加工	使用刨床加工零件（变速箱外壳）
产品组装	人工装配变速箱
产品质量检验	人工检验产品质量
包装	用木箱将产品包装
车间管理	组织和管理车间生产、提供维持生产的条件

2. 作业成本库的设计（见图 15－3、表 15－3、图 15－4）

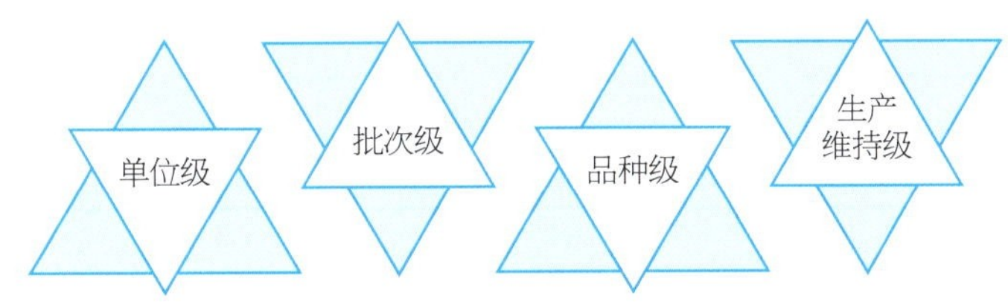

图 15－3 作业成本库

表 15－3 作业成本库的设计

种类	含义	特点
单位级作业成本库	**指每一单位产品至少要执行一次的作业** 例如，机器加工、组装。单位级作业成本是直接成本，可以追溯到每个单位产品上，即直接计入成本对象的成本计算单。这类作业的成本包括直接材料、直接人工成本、机器成本和直接能源消耗等	作业成本与产量呈比例变动
批次级作业成本库	**指同时服务于每批产品或许多产品的作业** 例如生产前的机器调试、成批产品转移至下一工序的运输、成批采购和检验等。它们的成本**取决于批次**，而不是每批中单位产品的数量。批次级作业成本需要单独进行归集，计算每一批的成本，然后分配给不同批次，最后根据产品的数量在单个产品之间进行分配	作业成本与产品批次呈比例变动

续表

种类	含义	特点
品种级（产品级）作业成本库	**品种级作业是指服务于某种型号或样式产品的作业** 例如，产品设计、产品生产工艺规程制定、工艺改造、产品更新等。品种级作业成本**仅仅因为某个特定的产品品种存在而发生**，随产品品种数而变化，不随产量、批次数而变化	作业成本与产品的品种成比例变动
生产维持级作业成本库	**是指服务于整个工厂的作业**，它们是为了维护生产能力而进行的作业，不依赖于产品的数量、批次和种类。例如工厂保安、维修、行政管理、保险、财产税等	作业成本为全部产品的共同作业成本

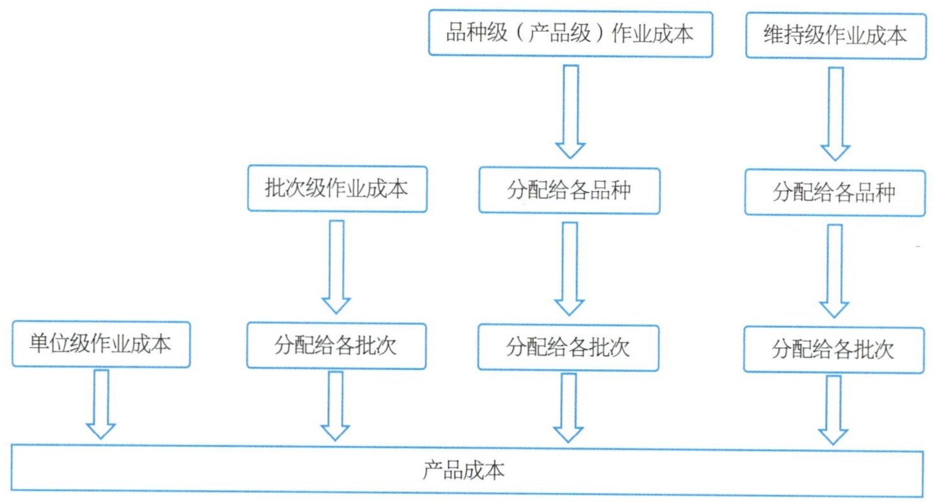

图 15－4

彬哥解读

（1）作业成本库对应重点：**单位级作业——业务量，批次级作业——批次，品种级作业——品种种类，若都不直接相关，则属于维持级作业**。

（2）考查重点在于归类举例，常考查属于某种作业的有哪些。

【例题 15－1·单选题·2017 年】甲企业采用作业成本法计算产品成本，每批产品生产前需要进行机器调试。在对调试作业中心进行成本分配时，最适合采用的作业成本动因的是（　　）。

A. 产品品种　　B. 产品批次

C. 产品数量　　D. 每批产品数量

【答案】B

【解析】机器调试是每批产品生产前都要发生的，与批次相关，所以成本分配以产品批次为动因。

3. 资源成本分配到作业

资源成本借助于资源成本动因分配到各项作业。资源成本动因和作业成本之间一定要存在因果关系。常用的资源成本动因如表 15－4 所示。

表 15－4

作业	资源成本动因
机器运行作业	机器小时
安装作业	安装小时
清洁作业	平方米
材料移动作业	搬运次数、搬运距离、吨公里
人事管理作业	雇员人数、工作时间
能源消耗	电表、流量表、装机功率和运行时间
制作订单作业	订单数量
顾客服务作业	服务电话次数、服务产品品种数、服务的时间

4. 作业成本分配到成本对象

在确定了作业成本之后，根据作业成本动因计算单位作业成本，再根据作业量计算成本对象应负担的作业成本。

单位作业成本＝本期作业成本库归集总成本÷作业量

作业量的计量单位即作业成本动因有三类：业务动因、持续动因、强度动因（见表 15－5）。

表 15－5 作业成本动因

类型	含义	计算公式	特点	
			精确度	执行成本
业务动因	通常以执行的次数作为作业动因，并假定执行每次作业的成本（包括耗用的时间和单位时间耗用的资源）相等，如前面我们所说的检验完工产品质量作业的次数就属于业务动因的范畴	分配率＝归集期内作业成本总成本÷归集期内总作业次数 某产品应分配的作业成本＝分配率×该产品耗用的作业次数	低	低
持续动因	通常以执行一项作业所需的时间作为作业动因	分配率＝归集期内作业总成本÷归集期内总作业时间 某产品应分配的作业成本＝分配率×该产品耗用的作业时间	中	中
强度动因	强度动因是在某些特殊情况下，将作业执行中实际耗用的全部资源单独归集，并将该项单独归集的作业成本直接计入某一特定的产品。强度动因一般适用于某一特殊订单或某种新产品试制等	—	高	高

（二）作业成本法的优点、局限性（见表15－6）

表15－6

优点	
1. 成本计算更准确	（1）减少了传统成本信息对于决策的误导。 （2）提高经营决策质量，包括定价决策、扩大生产规模、放弃产品线等经营决策
2. 成本控制与成本管理更有效	消除非增值作业、提高增值作业效率，有助于持续降低成本和不断消除浪费
3. 为战略管理提供信息支持	作业成本法与价值链分析概念一致，可以为其提供信息支持
局限性	
1. 开发和维护费用较高	成本动因多于完全成本法，成本动因的数量越大，开发和维护费用越高
2. 作业成本法不符合对外财务报告的需要	计算出的产品成本既包含制造成本、也可能包含部分非制造成本。为了使对外财务报表符合会计准则的要求，需要重新调整成本数据。这种调整与变动成本法的调整相比，不仅工作量大，而且技术难度大，有可能出现混乱
3. 确定成本动因比较困难	并不是所有的间接成本都和特定的成本动因相关联
4. 不利于通过组织控制进行管理控制	完全成本法按部门建立成本中心，为实施责任会计和业绩评价提供了方便。作业成本法的成本库与公司的组织结构不一致，不利于提供管理控制的信息

（三）作业成本法的适用条件

一般来讲，采用作业成本法的公司首先需要满足以下条件（见图15－5）。

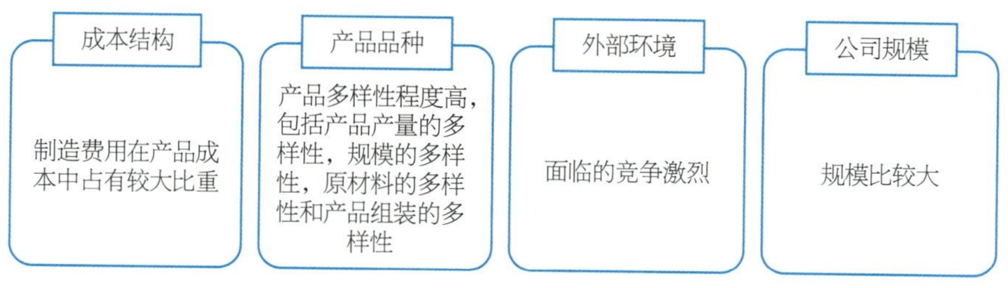

图15－5

【例题15－2·多选题·2011年】 下列关于作业成本法与传统的成本计算方法（以产量为基础的完全成本计算方法）比较的说法中，正确的有（　　）。

A. 传统的成本计算方法对全部生产成本进行分配，作业成本法只对变动成本进行分配

B. 传统的成本计算方法按部门归集间接费用，作业成本法按作业归集间接费用

C. 作业成本法的直接成本计算范围要比传统的成本计算方法的计算范围小

D. 与传统的成本计算方法相比，作业成本法不便于实施责任会计和业绩评价

【答案】 BD

【解析】

①作业成本法和完全成本法都是对全部生产成本进行分配，不区分固定成本和变动成本，这与变动成本法不同。从长远看，所有成本都是变动成本，都应当分配给产品，选项A错误；

②作业成本法强调尽可能扩大追溯到个别产品的成本比例，因此其直接成本计算范围通常要比传统的成本计算方法的计算范围大，选项C错误。

考点3 作业成本管理（★）

成本管理的根本目的是把成本管控住，努力降低成本，增强企业的竞争优势，为企业创造价值。

作业成本管理的核心是分析哪些作业是增值作业，哪些作业是非增值作业。

实行基于作业的成本管理，消除转化或降低非增值作业，提高增值作业效率，降低成本，增加价值，创建企业的竞争优势。

（一）增值作业与非增值作业的区分

增值作业与非增值作业的区分是站在**顾客角度**划分的。最终增加顾客价值的作业是增值作业，否则就是非增值作业。

（二）基于作业进行成本管理

作业成本管理是应用作业成本计算提供的信息，从成本的角度，在管理中努力提高增加顾客价值的作业效率，消除或遏制不增加顾客价值的作业，实现企业生产流程和生产经营效率效果的持续改善，增加企业价值。

【例题15－3·分析题】某连锁餐饮公司是国内知名火锅连锁店，到此连锁餐饮公司吃火锅一般需要排队等候餐位。等候是不增加顾客价值的作业。此连锁餐饮公司在顾客等候餐位时给顾客免费修指甲、擦皮鞋、提供各种水果和小吃、照看小孩等。这等于把不增加顾客价值的作业（等候）转变成增加顾客价值的作业。其结果就是顾客宁愿平均等候2小时也不会到隔壁餐馆用餐。由此，此连锁餐饮公司的“翻台率”比同行平均高3～4倍，大大提高了企业效益。

恭喜你，

已完成第十五章的学习

CPA是一场艰苦的征程，正确的学习方法尤为重要。一旦使大脑成功形成了正反馈回路，只要尝到一次甜头，你的动力就将成倍递增，久而久之学习就会像追剧玩游戏一样让你上瘾。

CHAPTER SIXTEEN

第十六章 本量利分析

考情雷达

本章是研究经营决策的核心，日常经营决策以利润最大化为目标，要正确做出决策，首先要分析计算利润，而经营环节产生的利润如果按传统报表的角度计量，最合适的指标即为息税前利润，因此本章核心在于息税前利润计算的公式及其变形。比较重要的利润点即为盈亏平衡点，此时销量即为保本量。

本章主观题和客观题均会涉及，历年平均分值在8分左右。本章与去年相比无实质性变化。

考点地图

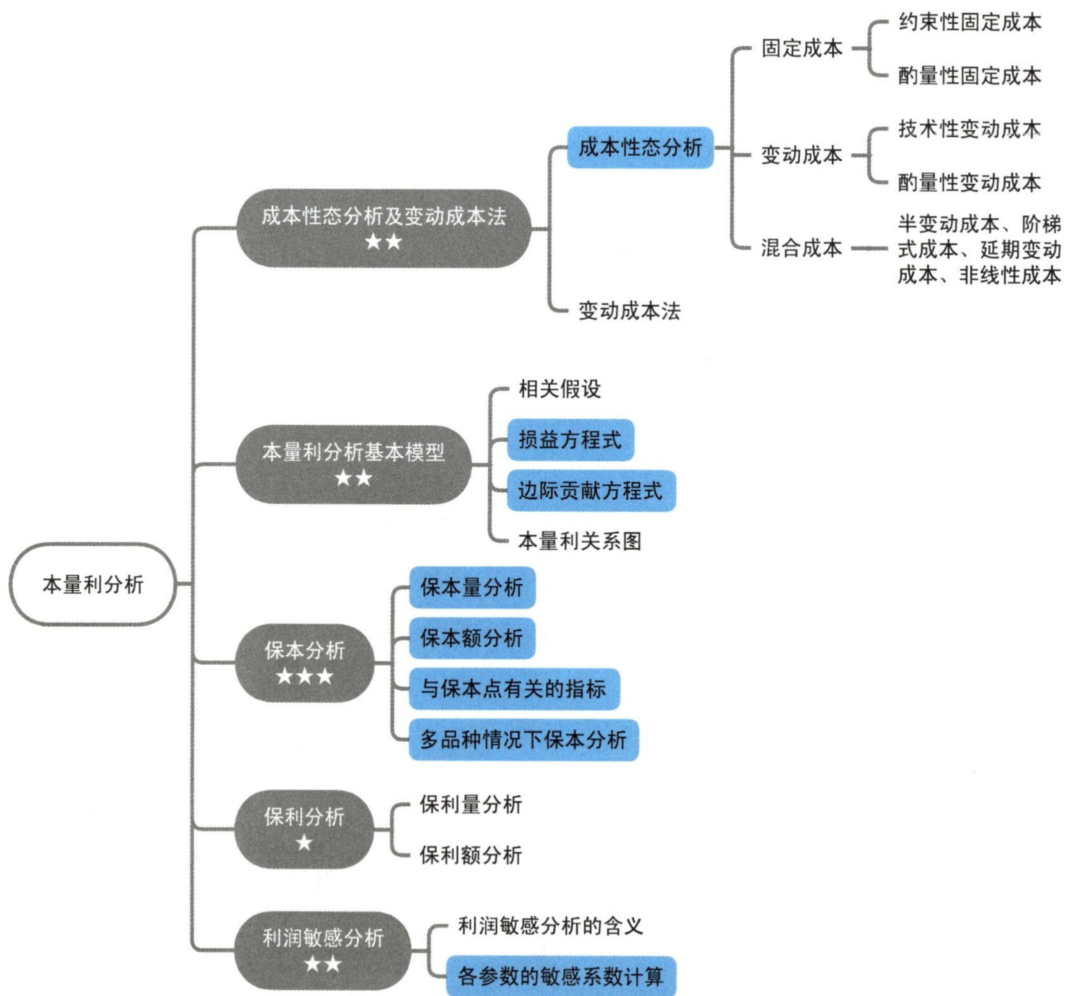

考点1 成本性态分析及变动成本法（★★）

（一）成本性态分析

成本性态，是指成本总额与业务量（如产品产量、销量等）之间的内在关系。成本按其性态分类，可分为固定成本、变动成本与混合成本三大类（见表16－1）。

表16－1

<table>
<tr><th>类别</th><th>细分类</th><th>说明</th><th>举例</th></tr>
<tr><td rowspan="3">固定成本</td><td>约束性固定成本</td><td>（1）即生产经营能力成本，是企业为维持一定的业务量所必须负担的最低成本，不能通过当前的管理决策加以改变；
（2）要想降低约束性固定成本，只能通过合理利用经营能力、增加生产规模，进而降低单位固定成本解决</td><td>固定资产折旧费、财产保险、管理人员工资、取暖费、照明费等</td></tr>
<tr><td>酌量性固定成本</td><td>即经营方针成本，是企业根据经营方针可以加以改变的固定成本</td><td>科研开发费、广告费、职工培训费等</td></tr>
<tr><td colspan="3">补充说明：
（1）一定期间的固定成本的稳定是有条件的，即业务量的变动是在特定的相关范围之内；
（2）一定期间的固定成本的稳定是相对的，即对于业务量来说是稳定的，但这并不意味着每月的实际发生额都完全一样；
（3）固定成本的稳定性是针对成本总额而言的，单位固定成本随业务量的增加而减少</td></tr>
<tr><td rowspan="2">变动成本</td><td>技术性变动成本</td><td>（1）也称为约束性变动成本，是利用生产能力所必须发生的变动成本；
（2）与产量有明确的生产技术或产品结构设计关系的变动成本</td><td>直接材料成本、直接人工成本</td></tr>
<tr><td>酌量性变动成本</td><td>指可以通过管理决策行动加以改变的变动成本</td><td>销售佣金、技术转让费、新产品研制费</td></tr>
<tr><td rowspan="4">混合成本</td><td>半变动成本</td><td>（1）指在一个初始成本的基础上随业务量正比例增长的成本；
（2）与变动成本的区别在于多了一个初始成本（与业务量无关）</td><td>电话费和电费等公用事业费等</td></tr>
<tr><td>阶梯式成本</td><td>指总额随业务量呈阶梯式增长的成本，也称步增成本或半固定成本</td><td>整车运输费用、检验人员工资等</td></tr>
<tr><td>延期变动成本</td><td>指在一定业务量范围内总额保持稳定，超过特定业务量则开始随业务量同比例增长的成本</td><td>固定工资加超产量工资等</td></tr>
<tr><td>非线性成本</td><td>有些成本和业务量有依存关系，但不是直线关系</td><td>—</td></tr>
</table>

混合成本的4种模型如图16－1所示。

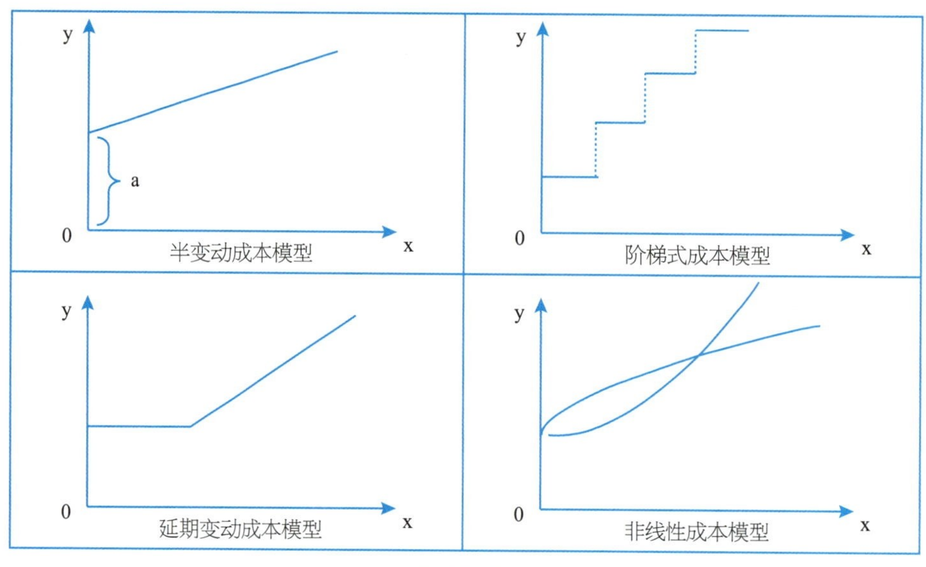

图 16－1

彬哥解读

（1）成本性态一般考查举例，即属于某成本的有哪些。应注意成本性态层次，首先判别属于固定成本、变动成本还是混合成本，再进一步判别细分项目。

（2）混合成本中半变动成本与延期变动成本易混淆，关键在于看成本总额是否一开始就随**业务量变动**。若是，则属于半变动成本；若不是，则为延期变动成本。

【例题 16－1·单选题·2015 年】 下列各项成本费用中，属于酌量性固定成本的是（　　）。

A. 广告费　　　　B. 运输车辆保险费

C. 行政部门耗用水费　　　　D. 生产部门管理人员工资

【答案】 A

【解析】 酌量性固定成本指的是可以通过管理决策行动而改变数额的固定成本，包括科研开发费、广告费、职工培训费等，所以选项 A 正确。

（二）变动成本法

变动成本法也称直接成本法、边际成本法，是区别于完全成本法的一种成本计算方法（见表 16－2）。

表 16－2

方法	说明
变动成本法	（1）产品成本只包括变动生产成本，即直接材料、直接人工和变动制造费用； （2）固定制造费用和全部非制造成本视为期间成本； （3）能够揭示利润和业务量之间的正常关系、便于分清各部门的经济责任，有利于进行成本控制和业绩评价

续表

方法	说明
完全成本法	（1）产品成本包含全部制造成本，即直接材料、直接人工和变动制造费用、固定制造费用； （2）全部非制造成本视为期间成本

【考点总结】

表 16－3　　变动成本法与完全成本法的差别

成本结构	变动成本法	完全成本法
产品成本	直接材料 直接人工	直接材料 直接人工
	变动制造费用	变动制造费用
	—	固定制造费用
期间费用	固定制造费用	
	变动销售与管理费用	变动销售与管理费用
	固定销售与管理费用	固定销售与管理费用

对比完全成本法和变动成本法，完全成本法下息税前利润与变动成本法下息税前利润差额＝期末存货中固定制造费用－期初存货中固定制造费用。

即完全成本法可以通过调整生产量，从而影响存货中固定制造费用的金额来操纵利润。通过扩大生产量，使得结转产品中单位固定制造费用降低，从而使利润提高，将差额挤到存货的固定制造费用当中。

考点2　本量利分析基本模型（★★）

（一）相关假设

本量利分析模型是建立在一系列假设基础上的（见表 16－4）。

表 16－4

假设	具体阐述
相关范围假设	（1）期间假设； （2）业务量假设
模型线性假设	企业总成本按性态可以近似描述为 $y=a+bx$。模型线性假设包括： （1）固定成本不变假设； （2）变动成本与业务量呈完全线性关系假设； （3）销售收入与销售数量呈完全线性关系
产销平衡假设	站在销售数量的角度进行本量利分析时，就必须假设产销关系是平衡的

续表

假设	具体阐述
品种结构不变假设	品种结构不变假设是指在一个多品种生产和销售的企业中，各种产品的销售收入在总收入中所占的比重不会发生变化
上述假设之间的关系是： 相关范围假设是最基本的假设，是本量利分析的出发点。 模型线性假设由相关范围假设派生而来，是相关范围假设的延伸和具体化。 产销平衡假设与品种结构不变假设是对模型线性假设的进一步补充；同时，品种结构不变假设又是多品种条件下产销平衡假设的前提条件。 上述诸条假设的背后都有一个共同假设，即企业的全部成本可以合理地分解为固定成本与变动成本	

（二）损益方程式

1. 基本的损益方程式

息税前利润＝单价×销量－单位变动成本×销量－固定成本
＝（单价－单位变动成本）×销量－固定成本

2. 包含期间成本的损益方程式

息税前利润＝单价×销量－（单位变动生产成本＋单位变动销售和管理费用）×销量－（固定生产成本＋固定销售和管理费用）

【例题16－2·计算题】某公司每月固定成本为1 000元，生产一种产品，单价为10元，单位变动成本为6元，本月计划销售500件，问预期利润是多少？

【答案】息税前利润＝单价×销量－单位变动成本×销量－固定成本＝10×500－6×500－1 000＝1 000（元）

（三）边际贡献方程式

1. 边际贡献

（1）**边际贡献＝销售收入－变动成本＝（单价－单位变动成本）×销量**

（2）**单位边际贡献＝单价－单位变动成本**

边际贡献具体分为制造边际贡献（生产边际贡献）和产品边际贡献（总营业边际贡献）。

（3）**制造边际贡献＝销售收入－变动生产成本（简称“产品变动成本”）**

（4）**产品边际贡献＝制造边际贡献－变动销售和管理费用**

通常，如果在“边际贡献”前未加任何定语，则是指“产品边际贡献”。

【例题16－3·单选题·2008年】产品边际贡献是指（　　）。

A. 销售收入与变动生产成本之差

B. 销售收入与销售和管理变动成本之差

C. 销售收入与制造边际贡献之差

D. 销售收入与全部变动成本（包括变动生产成本和变动期间成本）之差

【答案】D

【解析】边际贡献分为制造边际贡献和产品边际贡献，其中制造边际贡献 = 销售收入 − 变动生产成本，产品边际贡献 = 制造边际贡献 − 变动销售和管理费用。其中的“变动销售和管理费用”又称为“变动期间成本”。

2. 边际贡献率

（1）边际贡献率 = 边际贡献 ÷ 销售收入 ×100% = 单位边际贡献 ÷ 单价 ×100%

（2）变动成本率 = 变动成本 ÷ 销售收入 ×100% = 单位变动成本 ÷ 单价 ×100%

（3）变动成本率 + 边际贡献率 = 1

3. 边际贡献方程式

息税前利润 = 销售收入 − 变动成本 − 固定成本 = 边际贡献 − 固定成本
= 销量 × 单位边际贡献 − 固定成本

4. 边际贡献率方程式

息税前利润 = 销售收入 × 边际贡献率 − 固定成本

多种产品的边际贡献率要用加权平均数，其公式为：

（1）加权平均边际贡献率 =（$\sum$ 各产品边际贡献 ÷ $\sum$ 各产品销售收入）×100%

（2）加权平均边际贡献率 = $\sum$（各产品边际贡献率 × 各产品占总销售比重）

（四）本量利关系图

1. 基本的本量利图（见图 16 −2）

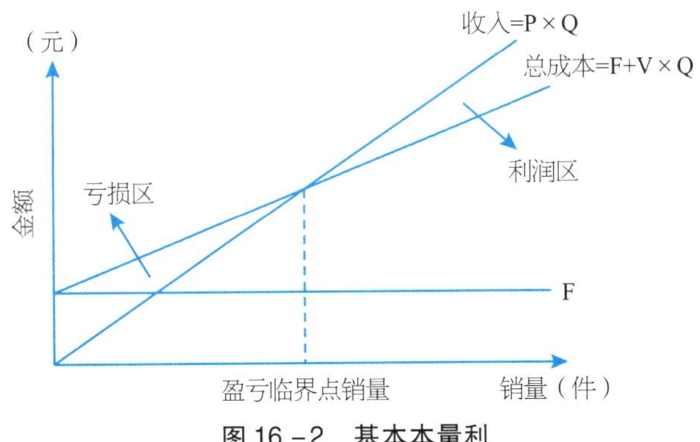

图 16 −2 基本本量利

2. 正方形本量利图

图 16 −2 中的销售量（横轴）不仅可以使用实物量，也可以使用金额来表示，其绘制方法与上面介绍的大体相同，这种图形呈正方形，见图 16 −3。

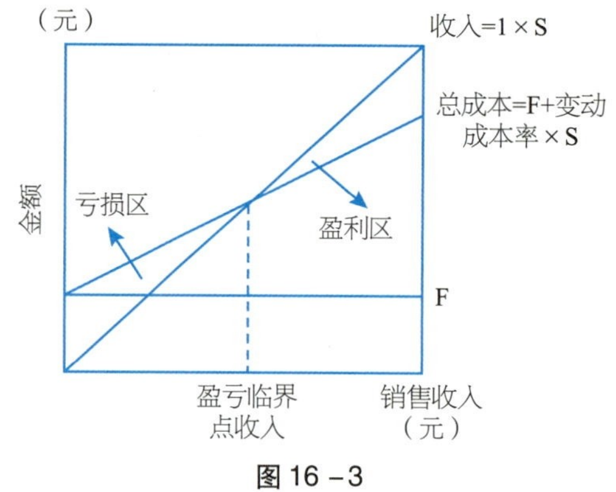

图 16－3

3. 边际贡献式本量利图（见图 16－4、表 16－5）

特点：图中能表示出边际贡献的大小。

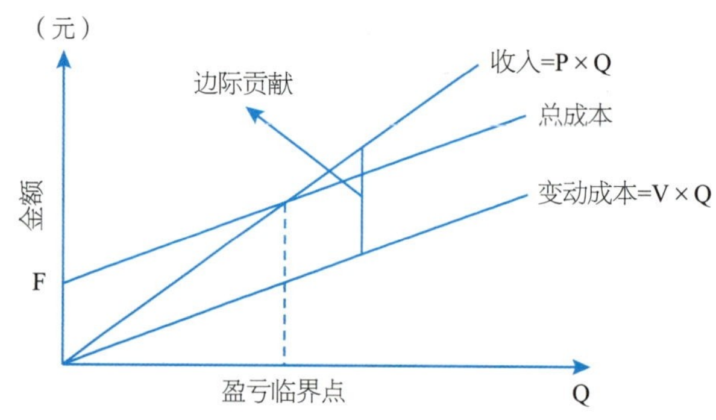

图 16－4　边际贡献式本量利关系图

表 16－5　本量利关系图

种类	横轴	销售收入线	变动成本线
基本本量利	销售量（实物量 Q）	斜率为单价 P （注：销售收入 = P×Q）	斜率为单位变动成本 （注：变动成本 = V×Q）
正方形本量利	销售收入（金额 S）	斜率为 1 （注：销售收入 = 1×S）	斜率为变动成本率 （注：变动成本 = 变动成本率×S）

考点 3　保本分析（★★★）

保本分析是基于本量利基本关系原理进行的损益平衡分析或盈亏临界分析。其主要研究如何确定保本点，以及有关因素变动的影响。

保本点，亦称盈亏临界点，是指企业**收入和成本相等的经营状态**，即边际贡献等于固定成本时企业所处的既不盈利又不亏损的状态。

（一）保本量分析

本量利公式：息税前利润 = 单价 × 销量 － 单位变动成本 × 销量 － 固定成本

既然是保本分析，那么就要假设“息税前利润 =0”。

0 = 单价 × 销量 − 单位变动成本 × 销量 − 固定成本

保本量 = 固定成本 ÷（单价 − 单位变动成本）

又可以写成：

保本量 = 固定成本 ÷ 单位边际贡献

（二）保本额分析

息税前利润 = 销售额 × 边际贡献率 − 固定成本

若息税前利润 =0，可以得出：

保本额 = 固定成本 ÷ 边际贡献率

（三）与保本点有关的指标

1. 盈亏临界点作业率

盈亏临界点作业率，是指盈亏临界点销售量占企业实际或预计销售量的比重。

盈亏临界点作业率 = 盈亏临界点销售量 ÷ 实际或预计销售量 ×100%

2. 安全边际和安全边际率

安全边际，是指实际或预计的销售额（量）超过盈亏临界点销售额（量）的差额，表明销售额（量）下降多少企业仍不至于亏损。

（1）安全边际的相关计算公式：

安全边际额=实际或预计销售额−盈亏临界点销售额
安全边际量=实际或预计销售量−盈亏临界点销售量
安全边际率=安全边际额（量）÷实际或预计销售额（量）[或实际订货额（量）]×100%

↓ 可以得到

实际或预计销售额=盈亏临界点销售额+安全边际额
实际或预计销售量=盈亏临界点销售量+安全边际量

↓ 两边同时除以实际或预计销售额（量）

1=盈亏临界点作业率+安全边际率

（2）息税前利润的相关计算公式：

息税前利润=销售收入−变动成本−固定成本=边际贡献−固定成本
=销售收入×边际贡献率−盈亏临界点销售收入×边际贡献率
=（销售收入−盈亏临界点销售收入）×边际贡献率

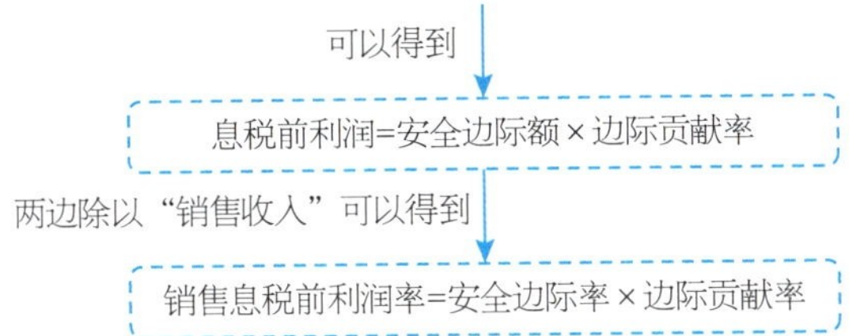

其中，对于单一产品：

$$\text{息税前利润} = \text{安全边际量} \times \text{单价} \times \frac{\text{单位边际贡献}}{\text{单价}}$$

$$= \text{安全边际量} \times \text{单位边际贡献}$$

（四）多品种情况下保本分析

$$加权平均边际贡献率=\frac{\sum 各产品边际贡献}{\sum 各产品销售收入}\times 100\%$$

$$=\sum(各产品边际贡献率\times 各产品占总销售比重)$$

$$加权平均保本销售额=\frac{固定成本总额}{加权平均边际贡献率}$$

某产品的保本销售额＝加权平均保本销售额×该产品占总销售额比重

某产品的保本销售量＝该产品的保本销售额÷该产品单价

考点4 保利分析（★）

保利分析是在单价和成本水平一定的情况下，为确保预先制定的目标利润可以实现，而必须达到的销售量或销售额。

（一）保利量分析（见表16－6）

表16－6

项目	具体内容
概念	保利量是使企业实现目标利润所需完成的业务量
计算公式	$保利量=\frac{固定成本+税前目标利润}{单价-单位变动成本}=\frac{固定成本+税前目标利润}{单位边际贡献}=\frac{固定成本+\frac{税后目标利润}{1-所得税税率}}{单位边际贡献}$

（二）保利额分析（见表16－7）

表16－7

项目	具体内容
概念	保利额是企业为实现既定的目标利润所需的业务额
计算公式	$保利额=\frac{固定成本+目标利润}{单价-单位变动成本}\times 单价=\frac{固定成本+目标利润}{边际贡献率}=\frac{固定成本+\frac{税后目标利润}{1-所得税税率}}{边际贡献率}$

【例题16－4·计算题·2015年】 甲公司是一家生物制药企业，研发出一种专利产品，该产品投资项目已完成可行性分析，厂房建造和设备购置安装工作也已完成，新产品将于2016年开始生产销售。目前，公司正对该项目进行盈亏平衡分析，相关资料如下：

（1）专利研发支出资本化金额350万元，专利有效期10年，预计无残值；建造厂房使用的土地使用权取得成本为300万元，使用年限30年，预计无残值。两种资产均采用直线法计提摊销。

厂房建造成本500万元，折旧年限30年，预计净残值率10%，设备购置成本100万元，折旧年限10年，预计净残值率5%，两种资产均采用直线法计提折旧。

（2）新产品销售价格每瓶100元，销量每年可达10万瓶，每瓶材料成本20元，变动制造费用15元，包装成本9元。

公司管理人员实行固定工资制，生产工人和销售人员实行基本工资加提成制，预计新增管理人员2人，每人每年固定工资5万元；新增生产工人15人，人均月基本工资1 500元，每瓶计件工资1元；新增销售人员5人，人均月基本工资1 500元，销售提成每瓶5元。

每年新增其他费用，财产保险费6.5万元，广告费60万元，职工培训费10万元，其他固定费用8万元。

（3）假设年生产量等于年销售量。

要求：

（1）计算新产品的年固定成本总额和单位变动成本。

（2）计算新产品的盈亏平衡点年销售量、安全边际率和年息税前利润。

（3）计算该项目的经营杠杆系数。

【答案】

（1）厂房年折旧＝500×(1－10%)÷30＝15（万元）；设备年折旧＝100×(1－5%)÷10＝9.5（万元）；土地使用权年摊销金额＝300÷30＝10（万元）；专利年摊销金额＝350÷10＝35（万元）。

新产品的年固定成本总额＝专利摊销＋土地摊销＋固定资产折旧＋管理人员工资＋生产工人固定工资＋销售人员固定工资＋财产保险费＋广告费＋职工培训费＋其他固定费用＝35＋10＋(15＋9.5)＋5×2＋0.15×12×15＋0.15×12×5＋6.5＋60＋10＋8＝35＋10＋24.5＋10＋27＋9＋6.5＋60＋10＋8＝200（万元）

新产品的单位变动成本＝材料费用＋变动制造费用＋包装费＋计件工资＋销售提成＝20＋15＋9＋1＋5＝50（元）

（2）盈亏平衡点年销售量＝200÷(100－50)＝4（万瓶）

安全边际率＝1－4÷10＝60%

年息税前利润＝(100－50)×(10－4)＝300（万元）

（3）经营杠杆系数＝(息税前利润＋固定成本)÷息税前利润＝(300＋200)÷300＝1.67

或：经营杠杆系数＝1÷安全边际率＝1÷60%＝1.67

考点5 利润敏感分析（★★）

（一）利润敏感分析的含义

基于本量利关系的敏感分析，主要研究分析**有关参数发生多大变化会使盈利转为亏损**，各参数变化对利润变化的影响程度，以及各因素变动时如何调整应对，以保证原目标利润的实现。

有关敏感分析如下：

单价、单位变动成本、产销量或固定成本总额等因素均会引起利润的变化，当分析某一个因素如何变化会使利润为零时，最简单的方法就是**令利润等于零**，设该因素为未知量，保持其他因素不变，求该因素值。此时求出的值为该因素影响盈亏的临界点，不同因素的临界值有不同的叫法：

单价的最小值是公司能忍受的单价最小值；

单位变动成本的最大值是公司能忍受的最大值；

固定成本最大值是公司能忍受的最大值；

销售量最小值是公司能忍受的最小值。

【例题16－5·计算题】公司只生产一种产品，单价为2元，单位变动成本为1.20元，预计明年固定成本40 000元，产销量计划达100 000件。假设没有利息支出和所得税。

要求：确定有关参数发生多大变化使盈利转为亏损？

【答案】预计明年销售利润为：利润＝100 000×(2－1.20)－40 000＝40 000（元）

（1）单价的最小值：

设单价为P，则有100 000×(P－1.20)－40 000＝0，求得P＝1.60元。

单价降至1.60元，即降低20%（0.4÷2）时公司由盈利转入亏损。

（2）单位变动成本的最大值：

设单位变动成本为V，则有100 000×(2－V)－40 000＝0，求得V＝1.60元。

单位变动成本由1.20元上升至1.60元时，公司利润由40 000元降至零。此时，单位变动成本上升了33%（0.40÷1.20）。

（3）固定成本最大值：

设固定成本为F，则有100 000×(2－1.20)－F＝0，求得F＝80 000元。

固定成本增至80 000元时，公司由盈利转为亏损，此时固定成本增加了100%（40 000÷40 000）。

（4）销售量最小值（盈亏临界点销售量）：

Q＝40 000÷(2－1.20)＝50 000（件）

销售计划如果只完成50%（50 000÷100 000），则公司利润为零。

（二）各参数的敏感系数计算

各参数变化都会引起利润的变化，但其影响程度各不相同。有的参数发生微小变化，就会使利润发生很大的变动。如果利润对这些参数的敏感系数绝对值大于1，我们称这类参数为敏感因素。如果利润对这些参数的敏感系数绝对值小于1，则我们称这类参数为不敏感因素。反映敏感程度的指标是敏感系数：

$$敏感系数=\frac{目标值变动百分比}{参量值变动百分比}$$

彬哥解读

敏感系数有正负，若敏感系数为正，则该影响因素与目标值（利润）同向变动；若敏感系数为负，则该影响因素与目标值（利润）反向变动。

【例题16-6·计算题】承【例题16-5】，根据已有数据，分别求单价、单位变动成本、固定成本、销售量的敏感程度。

【解析】

（1）单价的敏感程度：

设单价增长20%，则：P=2×(1+20%)=2.40（元）。

按此单价计算，利润=100 000×(2.4-1.20)-40 000=80 000（元）。

利润原来是40 000元，其变化率为：目标值变动百分比=(80 000-40 000)÷40 000=100%。

单价的敏感系数=100%÷20%=5

经营者根据敏感系数知道，每降价1%，公司将失去5%的利润，必须格外予以关注。

（2）单位变动成本的敏感程度：

设单位变动成本增长20%，则：V=1.20×(1+20%)=1.44（元）。

按此单位变动成本计算，利润为=100 000×(2-1.44)-40 000=16 000（元）。

利润原来是40 000元，其变化率为：

目标值变动百分比=(16 000-40 000)÷40 000=-60%

单位变动成本的敏感系数=(-60%)÷20%=-3

敏感系数绝对值大于1，说明变动成本的变化会造成利润更大的变化，仍属于敏感因素。

提示：

①敏感系数为正值的，表明它与利润为同向增减；敏感系数为负值的，表明它与利润为反向增减。

②敏感系数绝对值大于1，则属于敏感因素。

（3）固定成本的敏感程度：

设固定成本增长20%，则：F=40 000×(1+20%)=48 000（元）。

按此固定成本计算，利润=100 000×(2-1.20)-48 000=32 000（元）。

原来的利润为40 000元，其变化率为：目标值变动百分比=(32 000-40 000)÷40 000=-20%。

固定成本的敏感系数=(-20%)÷20%=-1

这说明固定成本每上升1%，利润将减少1%。

（4）销售量的敏感程度：

设销售量增长20%，则：Q=100 000×(1+20%)=120 000（件）。

按此销售量计算，利润=120 000×(2-1.20)-40 000=56 000（元）。

利润的变化率：目标值变动百分比=(56 000-40 000)÷40 000=40%

销售量的敏感系数=40%÷20%=2

就本例而言，影响利润的诸因素中最敏感的是单价（敏感系数5），其次是单位变动成本（敏感系数-3），再次是销售量（敏感系数2），最后是固定成本（敏感系数-1）。

【例题16-7·计算题·2012年】 甲公司只生产一种A产品，为了更好地进行经营决策和目标控制，该公司财务经理正在使用2011年相关数据进行本量利分析，有关资料如下：

（1）2011年产销量为8 000件，每件价格1 000元。

（2）生产A产品需要的专利技术需要从外部购买取得，甲公司每年除向技术转让方支付50万元的固定专利使用费外，还需按销售收入的10%支付变动专利使用费。

（3）2011年直接材料费用200万元，均为变动成本。

（4）2011年人工成本总额为180万元，其中：生产工人采取计件工资制度，全年人工成本支出120万元，管理人员采取固定工资制度，全年人工成本支出为60万元。

（5）2011年折旧费用总额为95万元，其中管理部门计提折旧费用15万元，生产部门计提折旧费用80万元。

（6）2011年发生其他成本及管理费用87万元，其中40万元为变动成本，47万元为固定成本。

要求：

（1）计算A产品的单位边际贡献、盈亏临界点销售量和安全边际率。

（2）计算甲公司税前利润对销售量和单价的敏感系数。

（3）如果2012年原材料价格上涨20%，其他因素不变，A产品的销售价格应上涨多大幅度才能保持2011年的利润水平？

【答案】

（1）固定成本＝500 000＋950 000＋600 000＋470 000＝2 520 000（元）

单位变动成本＝1 000×10%＋(2 000 000＋1 200 000＋400 000)÷8 000＝100＋450＝550（元）

单位边际贡献＝单价－单位变动成本＝1 000－550＝450（元）

盈亏临界点销售量＝2 520 000÷450＝5 600（件）

盈亏临界点作业率＝5 600÷8 000×100%＝70%

安全边际率＝1－盈亏临界点作业率＝1－70%＝30%

（2）当前税前利润＝450×8 000－2 520 000＝1 080 000（元）

当销售量增加10%时：

税前利润＝450×8 000×(1＋10%)－2 520 000＝1 440 000（元）

税前利润变动百分比＝(1 440 000－1 080 000)÷1 080 000＝33.33%

销售量的敏感系数＝33.33%÷10%＝3.33

当单价增长10%时：

单位变动专利使用费增加＝1 000×10%×10%＝10（元）

单位变动成本＝550＋10＝560（元）

税前利润＝[1 000×(1＋10%)－560]×8 000－2 520 000＝1 800 000（元）

税前利润变动百分比＝(1 800 000－1 080 000)÷1 080 000＝66.67%

单价的敏感系数＝66.67%÷10%＝6.67

（3）设单价为P：

则单位变动成本 = P × 10% + [2 000 000 × (1 + 20%) + 1 200 000 + 400 000] ÷ 8 000 = P × 10% + 500

因为利润不变，则：（P − P × 10% − 500）× 8 000 − 2 520 000 = 1 080 000（元）

P = [(1 080 000 + 2 520 000) ÷ 8 000 + 500] ÷ (1 − 10%) = 1 055.56（元）

价格的上涨幅度 = (1 055.56 − 1 000) ÷ 1 000 = 5.56%

恭喜你，

已完成第十六章的学习

扫码免费进 >>>
2022年CPA带学群

人总是会下意识地去逃避自己不喜欢做的事，导致这类事情越积越多，最后这些不喜欢的事情所产生的负担远远超过了完成它们所花的痛苦，每年七成的弃考率背后，饱含着多少的无奈和辛酸。

CHAPTER SEVENTEEN

第十七章　短期经营决策

考情雷达

短期经营决策主要是指对企业一年以内或者维持当前经营规模条件下所进行的决策，归根结底即利润最大化，若能增加利润则方案可行，生产遇到的问题，定价遇到的问题都可以用该理念解决。

本章可以结合其他章节内容（如本量利分析）出主观题，也可单独以客观题的形式考查，历年平均分值在6分左右。本章与去年相比**无实质性变化**。

考点地图

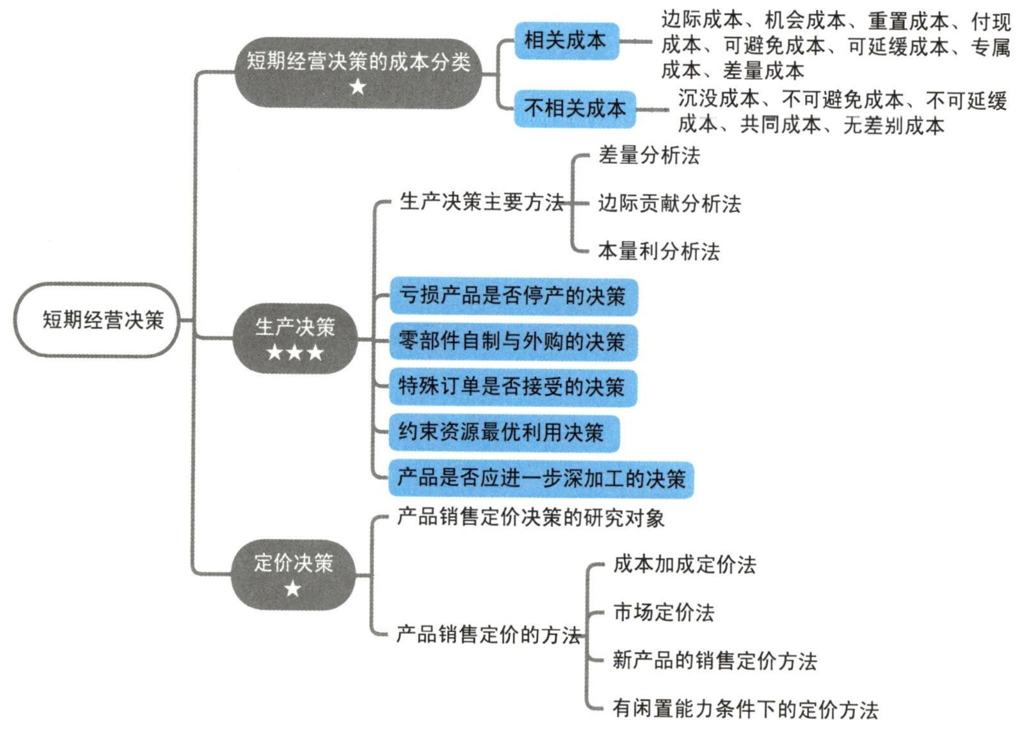

考点1　短期经营决策的成本分类（★）

企业决策就在于从各个备选方案中选出最优方案，而成本是影响经济效益高低的一个重要制约因素。因此，为了使企业的决策更加准确可靠，我们首先必须弄清楚各成本同决策之间的关系。从与企业决策是否相关的角度划分，成本可分为两大类：相关成本和不相关成本。

相关成本，是指与决策相关的、有差别的未来成本，在分析评价时必须加以考虑，它随着决策的改变而改变。

不相关成本，是指与决策没有关联的成本，对未来决策没有影响，因此在决策分析中可以不考虑。

相关成本和不相关成本的表现形式有很多，表 17 -1 进行详细讲述。

表 17 -1 相关成本和不相关成本的种类

相关成本		不相关成本	
边际成本	是指业务量变动一个单位时成本的变动部分	沉没成本	是指过去已经发生的，现在和未来决策无法改变的成本
机会成本	是指实行本方案的一种代价，即失去所放弃方案的潜在收益		
重置成本	是指目前从市场上购置一项原有资产所需支付的成本，又称为现时成本或现行成本，与之对应的概念是账面成本	不可避免成本	是指不能通过管理决策行动而改变其数额的成本，如约束性固定成本
付现成本	是指需要在将来或最近期间支付现金的成本，是一种未来成本		
可避免成本	当方案或者决策改变时，可避免成本可以避免或其数额发生变化	不可延缓成本	相对于可延缓成本而言，是指必须在企业计划期间发生，否则就会影响企业大局的已选定方案的成本
可延缓成本	是指同已经选定、但可以延期实施而不会影响大局的某方案相关联的成本		
专属成本	是指可以明确归属于某种、某批或某个部门的固定成本	共同成本	是指需要由几种、几批或有关部门共同分担的固定成本。共同成本具有共享性、基础性等特征
差量成本	是指两个备选方案的预期成本之间的差异数	无差别成本	是指两个或两个以上方案之间没有差别的成本

考点 2 生产决策（★★★）

生产决策是企业短期经营决策的重要内容，它主要针对**企业短期内（或者当前规模范围内）是否生产、生产什么、怎样组织生产等问题进行的相关决策**。典型的生产决策包括亏损产品是否需要停产的决策、零部件自制还是外购的决策、特殊订单是否接受的决策、约束资源如何最有效利用的决策、产品是否进一步深加工的决策等（见表 17 -2）。

表 17 -2

项目	差量分析法	边际贡献分析法	本量利分析法
具体阐述	差量分析法就是分析备选方案之间的差额收入和差额成本，根据差额利润进行选择的方法。 如果差额利润大于零，则前一个方案优于后一个方案，否则反之	边际贡献分析法，就是通过对比各个备选方案的边际贡献额的大小来确定最优方案的决策方法	本量利分析法就是利用成本、产量、利润之间的依存关系进行生产决策
优点	只考虑相关收入和相关成本，较为简单明了	固定成本稳定不变时，可以直接比较备选方案的边际贡献额的大小判断	可以方便地分析判断各种方案对企业利润的影响程度
缺点	对于两个以上的备选方案，只能两两进行比较，逐次筛选，故比较烦琐	涉及追加专属成本时，就无法直接使用边际贡献进行比较，此时应该使用相关损益指标	—

（一）亏损产品是否停产的决策

决策问题：对于亏损的产品或部门，企业是否应该停产呢？

决策方法：**关键看该产品或部门能否给企业带来正的边际贡献**。如果是正的边际贡献，则不应停产；否则，应停产。

（二）零部件自制与外购的决策

决策问题：对于某些企业，零部件可以自制，也可以向外部供应商购买，那么是应该自制还是外购呢？

决策方法：进行**差额成本分析**，即比较两种方案的相关成本，选择**成本低的**方案即可。

注意：比较相关成本时，需要考虑企业是否有剩余生产能力。如果有，则只需考虑变动成本，如果没有，则还需考虑追加设备投资所带来的专属成本。同时要把剩余生产能力的机会成本考虑在内。

（三）特殊订单是否接受的决策

决策问题：企业往往会面对一些特殊的订货合同，这些订货合同的价格有时会低于市场价格，甚至低于平均单位成本，企业是否应该接受这些特殊订货呢？

决策方法：比较订单所提供的**边际贡献**是否能够**大于**该订单所引起的**相关成本**。管理者应针对具体情况具体分析（见表 17 –3）。

表 17 –3

具体情况			接受订货的条件
是否影响正常销售	是否需要追加专属成本	剩余生产能力能否转移	
不影响	不需要	不可以	特殊订单的单价 > 该产品的单位变动成本
不影响	**需要**	不可以	该方案的边际贡献 > 追加的专属成本
不影响	不需要	**可以**	将转移剩余生产能力的可能收益作为追加订货的机会成本予以考虑 追加订货创造的边际贡献 > 机会成本
影响	不需要	不可以	因追加订货需要减少正常销售的边际贡献作为机会成本 追加订货的边际贡献 > 机会成本

（四）约束资源最优利用决策

约束资源是特定企业最紧缺的资源，一般也叫瓶颈资源。

决策问题：当存在瓶颈资源时，企业如何确定优先生产哪种产品，让企业产生最大的经济效益？

决策方法：主要考虑如何安排生产才能最大化企业总的边际贡献。这里需要运用一个核心指标：单位约束资源边际贡献。

单位约束资源边际贡献 = 单位产品边际贡献 ÷ 该单位产品耗用的约束资源量

（五）产品是否应进一步深加工的决策

决策问题：有些企业生产的产品，既可以直接对外销售，也可以进一步加工后再出售。企业对该部分产品应当如何决策，是直接对外出售？或是进一步加工后再出售？

决策方法：采用差量分析法，即比较这两种方案的利润，选择**利润高**的方案即可。

彬哥解读

进一步深加工前的半成品所发生的成本，都是无关的沉没成本。进一步深加工的相关成本只包括进一步深加工所需的追加成本，相关收入则是加工后出售和直接出售的收入之差。

【例题17－1·计算题·2017年】 甲公司是一家智能机器人制造企业，生产A、B、C三种型号机器人。最近几年该行业变化较大，公司正在进行生产经营的调整和决策。相关资料如下：

（1）预计2018年A型机器人销量1 500台，单位售价24万元，单位变动成本14万元；B型机器人销量1 000台，单位售价18万元；单位变动成本10万元；C型机器人销量2 500台，单位售价16万元，单位变动成本10万元；固定成本总额10 200万元。

（2）A、B、C三种型号机器人都需要通过同一台关键设备加工，该设备是公司的关键约束资源，该设备总的加工能力为5 000小时，A、B、C三种型号机器人利用该设备进行加工的时间分别为1小时、2小时和1小时。

要求：

（1）为有效利用关键设备，该公司2018年A、B、C三种型号机器人各应生产多少台？营业利润总计多少？

（2）基于要求（1）的结果，计算公司2018年的加权平均边际贡献率、加权平均盈亏平衡销售额及A型机器人的盈亏平衡销售额、盈亏平衡销售量、盈亏临界点作业率。

（3）假设公司根据市场需求变化，调整产品结构，计划2019年只生产A型机器人。预计2019年A型机器人销量达到5 000台，单位变动成本保持不变，固定成本增加到11 200万元。若要达到要求（1）的营业利润，2019年公司A型机器人可接受的最低销售单价是多少？

（4）基于要求（3）的单位售价、单位变动成本、固定成本和销量，分别计算在这些参数增长10%时营业利润对各参数的敏感系数，然后按营业利润对这些参数的敏感程度进行排序，并指出对营业利润而言哪些参数是敏感因素。

【答案】

（1）A机器人的每小时边际贡献＝(24－14)÷1＝10（万元），B机器人的每小时边际贡献＝(18－10)÷2＝4（万元），C机器人的每小时边际贡献＝(16－10)÷1＝6（万元）。

为有效利用关键设备，即获取最大的边际贡献，应该在总工时5 000小时的前提下，按照每小时边际贡献从大到小的顺序选择，A型机器人单位小时边际贡献＞C型机器人单位小时边际贡献＞B型机器人单位小时边际贡献，所以应该先生产A型机器人，再生产C型机器人，最后生产B型机器人。所以，该公司2018年A型号机器人应该生产1 500台，总工时 1 500 小时；C 型号机器人应该生产 2 500 台，总工时 2 500 小时；剩余工时 =5 000 -1 500 -2 500 =1 000（小时），B 型机器人应该生产 =1 000 ÷2 =500（台）。A 型机器人单位边际贡献 =24 -14 =10（万元），B 型机器人单位边际贡献 =（18 -10）=8（万元），C 型机器人单位边际贡献 =16 -10 =6（万元）。营业利润 =1 500 ×10 +500 ×8 +2 500 ×6 -10 200 =23 800（万元）。

（2）边际贡献总额 =1 500 ×10 +500 ×8 +2 500 ×6 =34 000（万元），销售收入总额 =1 500 ×24 +500 ×18 +2 500 ×16 =85 000（万元），加权平均边际贡献率 =34 000 ÷85 000 ×100% =40%，加权平均盈亏平衡销售额 =10 200 ÷40% =25 500（万元），A 型机器人的盈亏平衡销售额 =25 500 ×（1 500 ×24 ÷85 000）=10 800（万元），盈亏平衡销售量 =10 800 ÷24 =450（台），盈亏临界点作业率 =450 ÷1 500 ×100% =30%。

（3）假设 2019 年公司 A 型机器人可接受的最低销售单价是 W 万元，则 5 000 ×（W -14）-11 200 =23 800（万元），解得：W =21（万元）。

（4）假设单位售价增长 10%，即增加 21 ×10% =2.1（万元），则营业利润增加 5 000 ×2.1 =10 500（万元），营业利润增长率 =10 500 ÷23 800 ×100% =44.12%，所以，营业利润对单位售价的敏感系数 =44.12% ÷10% =4.41。

假设单位变动成本增长 10%，即增加 14 ×10% =1.4（万元），则营业利润减少 5 000 ×1.4 =7 000（万元），营业利润增长率 = -7 000 ÷23 800 ×100% = -29.41%，所以，营业利润对单位变动成本的敏感系数 = -29.41% ÷10% = -2.94。

假设固定成本增长 10%，即增加 11 200 ×10% =1 120（万元），则营业利润减少 1 120 万元，营业利润增长率 = -1 120 ÷23 800 ×100% = -4.71%，所以，营业利润对固定成本的敏感系数 = -4.71% ÷10% = -0.47。

假设销量增长 10%，则营业利润增长 5 000 ×10% ×（21 -14）=3 500（万元），营业利润增长率 =3 500 ÷23 800 ×100% =14.71%，所以，营业利润对销量的敏感系数 =14.71% ÷10% =1.47。

敏感程度由大到小的顺序为：单位售价、单位变动成本、销量、固定成本，其中，单位售价、单位变动成本、销量属于敏感因素。

考点 3　定价决策（★）

（一）产品销售定价决策的研究对象

根据市场中供应方力量大小可以将市场分为**完全竞争、垄断竞争、寡头垄断和完全垄断**四种不同的市场结构。

在完全竞争市场，市场价格是单个厂商无法左右，每个厂商都是均衡价格的被动接受者。

在垄断竞争和寡头垄断市场中，厂商可以对价格有一定的影响力。

在完全垄断市场中，企业可以自主决定产品的价格。

因此，对于产品定价决策来说，通常是针对后三种市场类型的产品。

（二）产品销售定价的方法

产品销售定价的基本规则是：从长期来看，销售收入必须足以弥补全部的生产、行政管理和营销成本，并为投资者提供合理的利润，以维持企业的生存和发展。因此，产品的价格应该是在成本的基础上进行一定的加成后得到的（见表 17－4）。

表 17－4

定价方法	具体阐述	
成本加成定价法	成本加成定价法的基本思路是先计算成本基数，在此基础上加上一定的“成数” 一般模型为：目标价格＝成本×（1＋加成率）	
	完全成本加成法	成本基数是单位产品的制造成本（直接人工、直接材料、制造费用），“加成”内容包括非制造成本（销售和管理费用）及合理利润
	变动成本加成法	成本基数是单位变动成本（直接人工、直接材料、变动制造费用、变动销售和管理费用），“加成”内容包括全部固定成本（固定制造费用、固定销售和管理费用）和预期利润
市场定价法	市场定价法指对于有活跃市场的产品，可以根据市场价格或者市场上同类或者相似产品的价格来定价。 市场定价法有利于时刻保持对市场的敏感性，对同行的敏锐性	
新产品的销售定价方法	撇脂性定价（先高价后低价）	撇脂性定价是在新产品初期定出较高的价格，然后随着市场扩大降低价格，是一种短期性的策略。 可以使销售初期获得较高的利润，但暴利会引来大量的竞争者，难以维持高价格
	渗透性定价（先低价后高价）	渗透性定价是在新产品试销初期以较低的价格进入市场，迅速获得市场份额，等市场份额稳固后再逐步提高价格。 在初期会减少一部分利润，但可以排除其他企业的竞争，建立长期的市场地位，是一种长期的市场定价策略
有闲置能力条件下的定价方法	是指在企业具有闲置生产能力时，为了赢得市场竞争，以增量成本（即变动成本）作为定价基础，定一个较低的价格。 虽然定价较低，但是短期内可以维持企业的正常经营，并维持员工稳定，还可以抵补一部分固定成本	

恭喜你，

已完成第十七章的学习

无论任何事，给自己设定一个远超预期的诱惑，要使出浑身解数给自己催眠，把它坚定不移的执行下去。即便最终目的没有达到，没关系，你早已登上了新的台阶，在新的舞台上成了更好的人。至于那些半道嘲讽你的过客，尔曹身与名俱灭，不废江河万古流。

CHAPTER EIGHTEEN

第十八章　全面预算

考情雷达

本章研究日常经营控制工具——全面预算。学习全面预算首先要了解全面预算的方法，除此之外更重要的是编制预算表格，核心在于营业预算及现金预算的编制。

本章主观题和客观题均会涉及，历年平均分值在5分左右。本章与去年相比无实质性变化。

考点地图

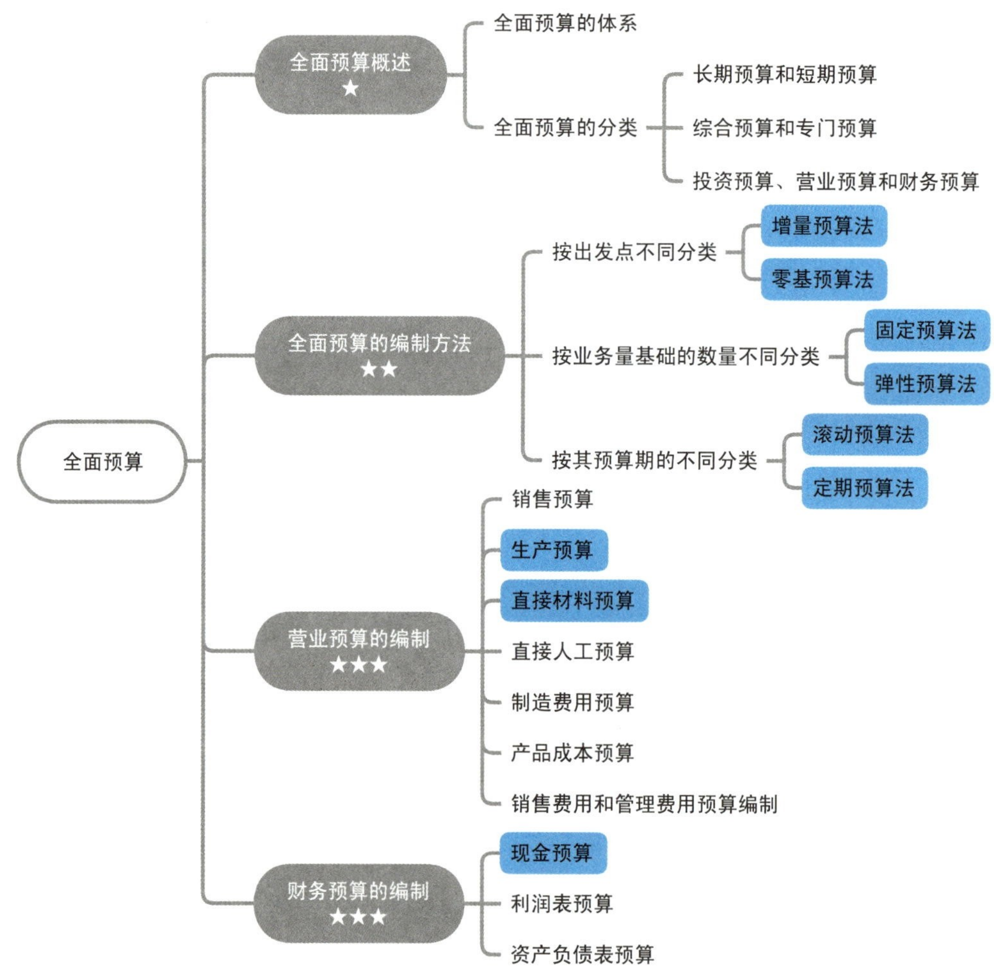

考点1　全面预算概述（★）

（一）全面预算的体系

全面预算是由**资本预算、经营预算和财务预算**等类别的一系列预算构成的体系，各项预算之间相互联系、关系明了。图18-1是以制造企业为例，勾画了全面预算体系中各项预算之间的关系。

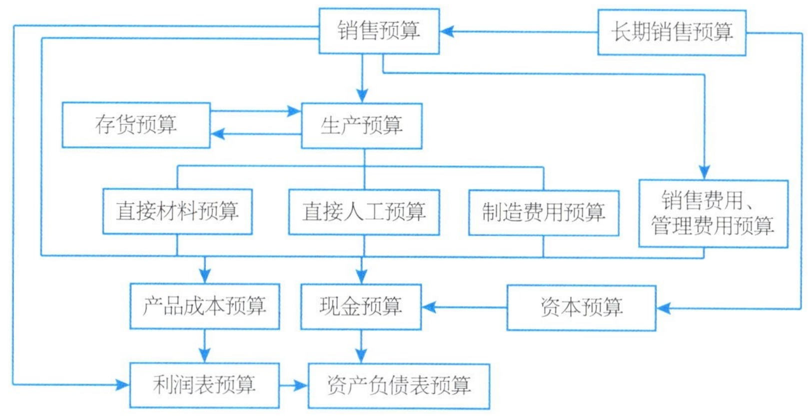

图 18－1 全面预算体系

公司应根据长期市场预测和生产能力，编制长期销售预算，以此为基础，确定本年度的销售预算，并根据公司财力确定资本预算。相关具体步骤如下：

（1）**销售预算是年度预算的编制起点**。

（2）根据“以销定产”的原则确定生产预算，同时确定所需要的销售费用。生产预算的编制，除了考虑计划销售量外，还要考虑期初存货和期末存货。

（3）根据生产预算来确定直接材料、直接人工和制造费用预算。

（4）产品成本预算和现金预算是有关预算的汇总。

（5）利润表预算和资产负债表预算是全面预算的综合。

（二）全面预算的分类（见表 18－1）

表 18－1

分类依据	类别	解释
按其涉及的预算期	长期预算	包括长期销售预算和资本预算，有时还包括长期资本筹措预算和研究与开发预算
	短期预算	指年度预算，或者时间更短的季度或月度预算 通常，长期和短期的划分以 1 年为界限，有时把 2～3 年期的预算称为中期预算
按其涉及的内容	综合预算	指利润表预算和资产负债表预算，它们反映公司的总体状况，是各种专门预算的综合
	专门预算	指反映公司某一方面经济活动的预算
按其涉及的业务活动领域	投资预算	如资本预算
	营业预算	或称为经营预算，是关于采购、生产、销售业务的预算，包括销售预算、生产预算、成本预算等
	财务预算	是关于利润、现金和财务状况的预算，包括利润表预算、现金预算和资产负债表预算等

彬哥解读

（1）本章主要研究**短期预算**。

（2）专门预算指专门就投资、筹资或者日常经营活动编制预算表格。

（3）财务预算涵盖各业务活动，属于综合预算内容。

【例题18－1·单选题·2007年】下列预算中，属于财务预算的是（　　）。

A. 销售预算　　B. 生产预算　　C. 产品成本预算　　D. 利润表预算

【答案】D

【解析】财务预算是关于利润、现金和财务状况的预算，包括利润表预算、现金预算和资产负债表预算等。

考点2　全面预算的编制方法（★★）

企业全面预算的构成内容比较复杂，编制预算需要采用适当的方法。按不同的标准可以分为不同的方法（见图18－2）。

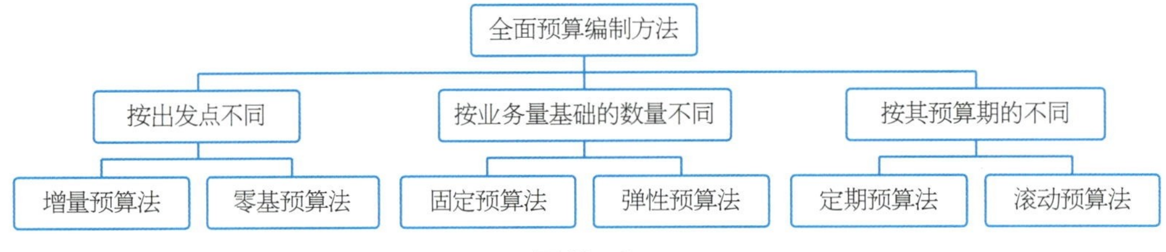

图18－2

（一）增量预算法与零基预算法（见表18－2）

表18－2

项目	增量预算（调整预算）	零基预算
含义	以历史期实际经济活动及其预算为基础，结合预算期经济活动及相关影响因素的变动情况，通过调整历史期经济活动项目及金额形成预算的预算编制方法	企业不以历史期经济活动及其预算为基础，以零为起点，从实际需要出发分析预算期经济活动的合理性，经综合平衡，形成预算的预算编制方法
适用条件	（1）现有业务活动是公司所必需的； （2）原有的各项业务都是合理的	零基预算适用于企业各项预算的编制，特别是不经常发生的预算项目或预算编制基础变化较大的预算项目
优点	编制相对简单	（1）**不受前期费用项目和费用水平的限制；** （2）**能调动各部门降低费用的积极性**
缺点	（1）若预算期情况发生变化，预算数额会受到基期不合理因素的干扰，可能导致预算的不准确； （2）不利于调动各部门达成预算目标的积极性	编制工作量大

【例题18－2·多选题】与增量预算编制方法相比，零基预算编制方法的优点有（　　）。

A. 编制工作量小

B. 可以重新审视现有业务的合理性

C. 可以避免前期不合理费用项目的干扰

D. 可以调动各部门降低费用的积极性

【答案】BCD

【解析】运用零基预算法编制费用预算的优点是不受前期费用项目和费用水平的制约，能够调动各部门降低费用的积极性，但其缺点是编制工作量大。

（二）固定预算法与弹性预算法（见表18－3）

表18－3

项目	固定预算（静态预算）	弹性预算（动态预算）
含义	是指在编制预算时，只根据预算期内正常的、可实现的某一固定业务量（如生产量、销售量等）水平作为唯一基础来编制预算的方法	指在成本性态分析的基础上，依据业务量、成本和利润之间的联动关系，按照预算期内相关的业务量（如生产量、工时等）水平计算其相应预算项目所消耗资源的预算编制方法
特点	（1）适应性差； （2）可比性差	（1）预算适用范围宽； （2）便于预算执行的评价和考核
适用范围	一般适用于经营业务稳定、产销量稳定、能准确预测产品需求及产品成本的公司，也可以用于编制固定费用预算	从理论上讲适用于编制全面预算中所有与业务量有关的预算，但实务中主要用于编制成本费用预算和利润预算，尤其是成本费用预算

弹性预算法又分为公式法和列表法两种具体方法，如表18－4所示。

表18－4

项目	公式法	列表法
方法描述	$y=a+bx$ 通过确定系数a、b来编制弹性预算。 其中：y——某项成本预算总额； a——该项成本中的固定成本预算总额； b——该项成本中的单位变动成本预算额； x——表示预计业务量	在预计的业务量范围内将业务量分为若干个水平，按不同的业务量水平编制预算
优点	便于计算任何业务量的预算成本	（1）不管实际业务量是多少，不必经过计算即可找到与业务量相近的预算成本； （2）混合成本中的阶梯成本和曲线成本，可按总成本性态模型计算填列，不必用数学方法修正为近似的直线成本
缺点	阶梯成本和曲线成本只能用数学方法修正为直线后才能运用公式法	在评价和考核实际成本时，需要使用插补法来计算“实际业务量的预算成本”，比较麻烦

【例题18－3·单选题·2014年】 甲公司机床维修费为半变动成本，机床运行100小时的维修费为250元，运行150小时的维修费为300元，机床运行时间为80小时，维修费为（　　）元。

A. 220　　B. 230　　C. 250　　D. 200

【答案】 B

【解析】 本题为公式法下弹性预算的编制。半变动成本的计算式为 $y=a+bx$，则有 $250=a+b\times100$；$300=a+b\times150$，联立方程解之得 $a=150$ 元，$b=1$ 元/小时，则运行80小时的维修费 $=150+1\times80=230$（元）。

（三）定期预算法与滚动预算法（见表18－5）

表18－5

项目	定期预算	滚动预算
含义	以固定不变的会计期间（如年度、季度、月份）作为预算期间编制预算的方法	又称连续预算或永续预算，是在上期预算完成情况基础上，调整和编制下期预算，并将预算期间逐期连续向后滚动推移，使预算期间保持一定的时期跨度
优点	保证预算期间与会计期间在时期上配比，便于依据会计报告的数据与预算的比较，考核和评价预算的执行结果	使预算期间依时间顺序向后滚动，能够保持预算的持续性，有利于结合企业近期目标和长期目标考虑未来业务活动，使预算随时间的推进不断加以调整和修订，能使预算与实际情况更相适应，有利于充分发挥预算的指导和控制作用
缺点	不利于前后各个期间的预算衔接，不能适应连续不断的业务活动过程的预算管理	—

采用滚动预算法编制预算，按照滚动的时间单位不同，可分为逐月滚动、逐季滚动和混合滚动。

（1）逐月滚动，是指在预算编制过程中，以月份为预算的编制和滚动单位，每个月调整一次预算的方法。按照逐月滚动编制的预算比较精确，但工作量比较大。

（2）逐季滚动方式，是指在预算编制过程中，以季度为预算的编制和滚动单位，每个季度调整一次预算的方法。逐季滚动比逐月滚动工作量小，但精确度较差。

（3）混合滚动方式，是指在预算编制过程中，同时以月份和季度作为预算的编制和滚动单位的方法。

【例题18－4·多选题·2013年】 短期预算可采用定期预算法编制，该方法（　　）。

A. 有利于前后各个期间的预算衔接

B. 可以适应连续不断的业务活动过程的预算管理

C. 有利于按财务报告数据考核和评价预算的执行结果

D. 使预算期间与会计期间在时期上配比

【答案】 CD

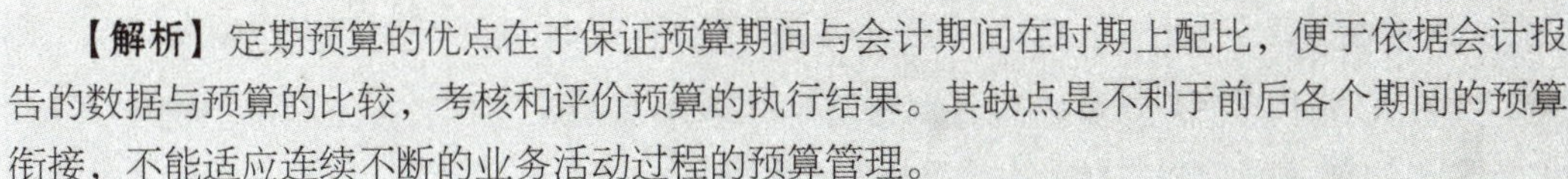
【解析】定期预算的优点在于保证预算期间与会计期间在时期上配比，便于依据会计报告的数据与预算的比较，考核和评价预算的执行结果。其缺点是不利于前后各个期间的预算衔接，不能适应连续不断的业务活动过程的预算管理。

考点3 营业预算的编制（★★★）

营业预算是企业日常营业活动的预算，企业的营业活动涉及供产销等各个环节及其业务。营业预算包括销售预算、生产预算、直接材料预算、直接人工预算、制造费用预算、产品成本预算、销售费用预算和管理费用预算等（见图18－3、表18－6）。

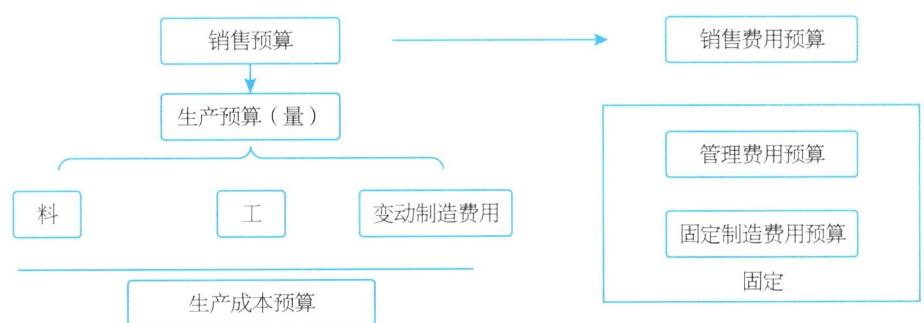

图18－3

表18－6

项目	要点	相关项目金额的确定方法
销售预算	销售预算是编制全面预算的关键和起点	假设分两期收款： （1）本期销售商品、提供劳务收到的现金＝本期营业收入×本期收现率＋前期营业收入×在本期收现率 （2）期末应收账款余额＝本期营业收入×本期赊销比率
生产预算	生产预算是在销售预算的基础上编制的，其主要内容有销售量、期初和期末产成品存货、生产量	预计生产量＝预计销售量＋预计期末产成品存货量－预计期初产成品存货量 其中，预计销售量来自销售预算，预计期初产成品存货＝上期期末产成品存货。 【提示】生产预算是所有日常业务预算中唯一只使用实物量为计量单位的预算，虽然不直接涉及现金收支，但与其他预算密切相关
直接材料预算	直接材料预算是以生产预算为基础编制的，同时要考虑材料存货水平	（1）某种直接材料预计生产需用量＝预计生产量×单位产品材料用量 （2）某种直接材料预计采购量＝预计生产需用量＋预计期末材料存量－预计期初材料存量 假设分两期付款： （3）购买材料支付的现金＝本期采购金额×本期付现率＋上期采购金额×在本期付现比率 （4）期末应付账款余额＝本期采购金额×本期赊购比率
产品成本预算	产品成本预算是预算期产品生产成本的预算	产品成本预算是销售预算、生产预算、直接材料预算、直接人工预算和制造费用预算的汇总
现金预算	现金预算以营业预算和资本预算为基础来编制	（1）某期现金余缺＝期初现金余额＋该期现金收入－该期现金支出 （2）期末现金余额＝现金余缺±现金的筹措与运用

彬哥解读

（1）注意！**生产预算和产品成本预算**都不涉及现金收支，且生产预算测算生产的“业务量”，产品成本预算则是各费用的汇总数据。

（2）销售预算重点在于现金收入及应收账款余额测算。

（一）直接材料预算编制

直接材料预算，是以生产预算为基础编制的，同时要考虑材料存货水平。

预计材料采购量＝（预计生产需用量＋预计期末材料存量）－预计期初材料存量

表18－7是M公司的直接材料预算表，其中，预计生产量来自生产预算。年初和年末的预计材料存货量，是根据当前情况和长期销售预测估计的。各季度的预计期末材料存量通常按下期生产需用量的一定百分比确定，这里按20%计算。这里假设年初原材料为300千克，年末留存400千克。假设材料采购的货款有50%在本季度内付清，另外50%在下季度付清。

表18－7　　直接材料预算

项目	第一季度	第二季度	第三季度	第四季度	全年
预计生产量（件）	105	155	198	182	640
单位产品材料用量（千克/件）	10	10	10	10	10
预计生产需用量（千克）	1 050	1 550	1 980	1 820	6 400
加：预计期末材料存量（千克）	310	396	364	400	400
合计	1 360	1 946	2 344	2 220	6 800
减：预计期初材料存量（千克）	300	310	396	364	300
预计材料采购量（千克）	1 060	1 636	1 948	1 856	6 500
单价（元/千克）	5	5	5	5	5
预计采购金额（元）	5 300	8 180	9 740	9 280	32 500
预计现金支出					
上年应付账款	2 350				2 350
第一季度（采购5 300元）	2 650	2 650			5 300
第二季度（采购8 180元）		4 090	4 090		8 180
第三季度（采购9 740元）			4 870	4 870	9 740
第四季度（采购9 280元）				4 640	4 640
合计	5 000	6 740	8 960	9 510	30 210

【例题18－5·单选题·2012年】甲公司正在编制下一年度的生产预算，期末产成品存货按照下季度销量的10%安排。预计一季度和二季度的销售量分别为150件和200件，一季度的预计生产量是（　　）件。

A. 145　　B. 150　　C. 155　　D. 170

【答案】C

【解析】一季度预计生产量 =150 +(200 −150)×10% =155(件)

【例题 18 −6 · 多选题 · 2009 年】某批发公司销售甲商品，第三季度各月预计的销售量分别为 1 000 件、1 200 件和 1 100 件，公司计划每月月末商品存货量为下月预计销售量的 20%。下列各项预计中，正确的有（　　）。

A. 8 月份期初存货为 240 件　　B. 8 月份采购量为 1 180 件

C. 8 月份期末存货为 220 件　　D. 第三季度采购量为 3 300 件

【答案】ABC

【解析】第三季度采购量不仅取决于销量，还要取决于期初期末存量，所以选项 D 错误。

（二）直接人工预算

表 18 −8 为 A 公司某期的直接人工预算表，该表应用下列两个公式编制：

某种产品直接人工工时总数 = 单位产品定额工时 × 该产品预计生产量

预计直接人工总成本 = 单位工时工资率 × 该种产品直接人工工时总数

表 18 −8

项目	第一季度	第二季度	第三季度	第四季度	全年
预计产量（件）	105	155	198	182	640
单位产品工时（小时/件）	10	10	10	10	10
人工总工时（小时）	1 050	1 550	1 980	1 820	6 400
每小时人工成本（元/小时）	2	2	2	2	2
人工总成本（元）	2 100	3 100	3 960	3 640	12 800

（三）制造费用预算

（1）变动制造费用以生产预算为基础来编制。

（2）固定制造费用，需要逐项进行预计，通常与本期产量无关，可按各期实际需要的支付额预计，然后求出全年数。

注意：

（1）为便于以后编制现金预算，制造费用预算数需扣除折旧、摊销等非付现成本，可得出“现金支出的费用”。

（2）为便于以后编制产品成本预算，制造费用分配率 = 制造费用预算额/预算人工总工时

表 18 −9 为 A 公司某期的制造费用预算表，其中：

变动制造费用分配率 =3 200 ÷6 400 =0. 5（元/小时）

固定制造费用分配率 =9 600 ÷6 400 =1. 5（元/小时）

表 18－9

项目	第一季度	第二季度	第三季度	第四季度	全年
变动制造费用：					
间接人工（1 元/件）	105	155	198	182	640
间接材料（1 元/件）	105	155	198	182	640
修理费（2 元/件）	210	310	396	364	1 280
水电费（1 元/件）	105	155	198	182	640
小计	525	775	990	910	3 200
固定制造费用：					
修理费	1 000	1 140	900	900	3 940
折旧	1 000	1 000	1 000	1 000	4 000
管理人员工资	200	200	200	200	800
保险费	75	85	110	190	460
财产税	100	100	100	100	400
小计	2 375	2 525	2 310	2 390	9 600
合计	2 900	3 300	3 300	3 300	12 800
减：折旧	1 000	1 000	1 000	1 000	4 000
现金支出的费用	1 900	2 300	2 300	2 300	8 800

（四）产品成本预算

产品成本预算，是销售预算、生产预算、直接材料预算、直接人工预算、制造费用预算的汇总。其主要内容是产品的单位成本和总成本。

表 18－10 为 A 公司某期的产品成本预算表。

表 18－10

项目	单位成本			生产成本（640 件）	期末存货（20 件）	销货成本（630 件）
	元/每千克或每小时	投入量	成本（元）			
直接材料	5	10 千克	50	32 000	1 000	31 500
直接人工	2	10 小时	20	12 800	400	12 600
变动制造费用	0.5	10 小时	5	3 200	100	3 150
固定制造费用	1.5	10 小时	15	9 600	300	9 450
合计			90	57 600	1 800	56 700

注：假设期初存货为 10 件，单位成本也为 90 元。

（五）销售费用和管理费用预算编制

（1）销售费用预算是公司为了实现销售预算所需安排的费用预算，以销售预算为基础。

（2）管理费用是公司管理业务所必需的费用。多属于固定成本，所以，一般是以过去的实际开支为基础，按预算期的可预见变化来调整。

表 18 －11 为 A 公司某期的销售及管理费用预算表。

表 18 －11

项目	金额
销售费用：	
销售人员工资	2 000
广告费	5 500
包装、运输费	3 000
保管费	2 700
管理费用：	
管理人员薪金	4 000
福利费	800
保险费	600
办公费	1 400
合计	20 000
每季度支付现金	5 000（20 000 ÷ 4）

【例题 18 －7 · 多选题 · 2013 年】 下列各项预算中，以生产预算为基础编制的有（　　）。

A. 直接人工预算　　B. 销售费用预算

C. 固定制造费用预算　　D. 直接材料预算

【答案】 AD

【解析】 固定制造费用需要逐项进行预计，通常与本期产量无关；销售费用预算是以销售预算为基础编制。

考点 4　财务预算的编制（★★★）

财务预算是企业的综合性预算，包括现金预算、利润表预算和资产负债表预算。

（一）现金预算

现金预算由四部分组成：**可供使用现金、现金支出、现金多余或不足、现金的筹措和运用**。

（1）可供使用现金包括期初现金余额和预算期现金收入。

（2）现金支出包括预算期的各项现金支出，如直接材料、直接人工、制造费用、销售及管理费用、所得税费用及购买设备等支出。

（3）当可供使用现金 > 现金支出时，表现为现金多余，此时通常需要进行短期投资或偿还借款。

（4）当可供使用现金 < 现金支出时，表现为现金不足，此时通常需要变卖短期投资或取得新的借款。

【**例题 18－8·计算题·2017 年**】甲公司是一家蔗糖生产企业，每年 12 月编制下一年份的分季度现金预算。2017 年末，预计 2018 年的相关资料如下：

（1）该公司只生产一种 1 千克装的白砂糖。由于作为原料的甘蔗供货有季节性，采购、生产只在第一、第四季度进行，但销售全年发生。

（2）销售收入预计：第一季度 1 500 万元，第二季度 750 万元，第三季度 750 万元，第四季度 1 500 万元。所有销售均为赊销。每季度赊销款的 2/3 当季收回，另外 1/3 下一季度收回。应收账款年初余额 500 万元，预计可在第一季度收回。

（3）原料采购预计：甘蔗全年原料采购预计支出 800 万元；第一季度预付原料采购款的 50%，第四季度收储原料并支付剩余的 50% 尾款。

（4）付现费用预计：直接人工费用第一、第四季度均为 700 万元：制造费用第一、第四季度均为 500 万元；第二、第三季度不进行生产，不发生直接人工和制造费用；销售和管理费用第一季度为 100 万元，第二季度为 50 万元，第三季度为 50 万元，第四季度为 100 万元。直接人工费用、制造费用、销售和管理费用，均于当季支付。全年所得税费用 200 万元，分 4 个季度预交，每季度支付 50 万元。

（5）公司计划在下半年安装两条新生产线，第三、第四季度分别支付设备及安装款 400 万元、200 万元。

（6）2017 年末，公司有现金 12 万元，没有短期投资，为应对季节生产所需的大量资金，2017 年末公司从银行借入短期借款 255 万元，除该短期借款外，公司没有其他负债。公司根据下季度现金净需求额外加 10 万元浮动额确定季末最低现金余额，如下季度现金净需求额为负，则最低现金余额为 10 万元。实有现金低于最低现金余额时，如有短期投资，先变卖短期投资，仍不足时，再向银行借入短期借款；超过最低现金余额时，如果有短期借款，先偿还短期借款，仍有剩余时，再进行短期投资。借款、偿还借款，投资和收回投资，数额均为 5 万元的倍数，均在季度末发生，短期借款年利率为 8%，每季度末付息一次；短期投资年报酬率为 4%，每季度末结算一次。假设不考虑借款和投资的交易费用。

（7）为简化计算，假设 2019 年第一季度的预计销售收入，原料采购及付现费用与 2018 年第一季度相同。

要求：根据上述资料，编制公司现金预算（结果填入表 1 中，不用列出计算过程）。

表 1　　　　现金预算　　　　单位：万元

项目	第一季度	第二季度	第三季度	第四季度	全年
期初现金余额					
现金收入：					
本期销售本期收款					
上期销售本期收款					
现金收入合计					
现金支出：					
原料采购					

续表

项目	第一季度	第二季度	第三季度	第四季度	全年
直接人工					
制造费用					
销售与管理费用					
所得税费用					
设备购置及安装					
现金支出合计					
向银行借款					
归还银行借款					
支付借款利息					
短期投资					
收回短期投资					
获取投资报酬					
期末现金余额					

【答案】

表2 **现金预算** 单位：万元

项目	第一季度	第二季度	第三季度	第四季度	全年
期初现金余额	267	11.9	11.8	713.2	267
现金收入：					
本期销售本期收款	1 000	500	500	1 000	3 000
上期销售本期收款	500	500	250	250	1 500
现金收入合计	1 500	1 000	750	1 250	4 500
现金支出：					
原料采购	400	0	0	400	800
直接人工	700	0	0	700	1 400
制造费用	500	0	0	500	1 000
销售与管理费用	100	50	50	100	300
所得税费用	50	50	50	50	200
设备购置及安装	0	0	400	200	600
现金支出合计	1 750	100	500	1 950	4 300
向银行借款				55	55
归还银行借款		255			255

续表

项目	第一季度	第二季度	第三季度	第四季度	全年
支付借款利息	5.1	5.1			10.2
短期投资		640			640
收回短期投资			445	195	640
获取投资报酬			6.4	1.95	8.35
期末现金余额	11.9	11.8	713.2	265.15	265.15

（二）利润表预算

利润表预算与会计的利润表的内容、格式相同，只不过数据是面向预算期的。

“所得税费用”项目是在利润预测时估计的，并已列入现金预算。它通常不是根据“利润总额”和所得税税率计算出来的。

【例题 18－9·多选题·2011 年】下列关于全面预算中的利润表预算编制的说法中，正确的有（　　）。

A.“销售收入”项目的数据，来自销售预算

B.“销货成本”项目的数据，来自生产预算

C.“销售及管理费用”项目的数据，来自销售及管理费用预算

D.“所得税费用”项目的数据，通常是根据利润表预算中的“利润”项目金额和本公司适用的法定所得税税率计算出来的

【答案】AC

【解析】“销货成本”项目的数据，来自产品成本预算，选项 B 错误；所得税费用项目是在利润规划时估计的，并已经列入现金预算。它通常不是根据“利润”和“所得税税率”计算出来的，因为有诸多的纳税调整事项存在，此外如果根据“利润”和“所得税税率”重新计算所得税，会陷入数据循环，所以选项 D 错误。

（三）资产负债表预算

资产负债表预算反映预算期期末的财务状况。该预算是利用本期期初会计的资产负债表，根据有关营业和财务等预算的有关数据加以调整编制的。

“未分配利润”是根据利润表预算的数据填写的。

恭喜你，

已完成第十八章的学习

真正意义上的努力，不是更忙碌，而是及时完成该做的事。

CHAPTER NINETEEN

第十九章　责任会计

考情雷达

本章研究业绩考核，要考核首先需要区分各单位的责任，按负责业务不同可分为成本中心、利润中心、投资中心。本章重点在于各责任主体的定义及考核指标，需要掌握各指标计算及优缺点。

本章主要考查客观题，但近几年偶尔在主观题中也有涉及（主要考查责任中心业绩考核指标的计算），历年平均分值在3分左右。本章与去年相比无实质性变化。

考点地图

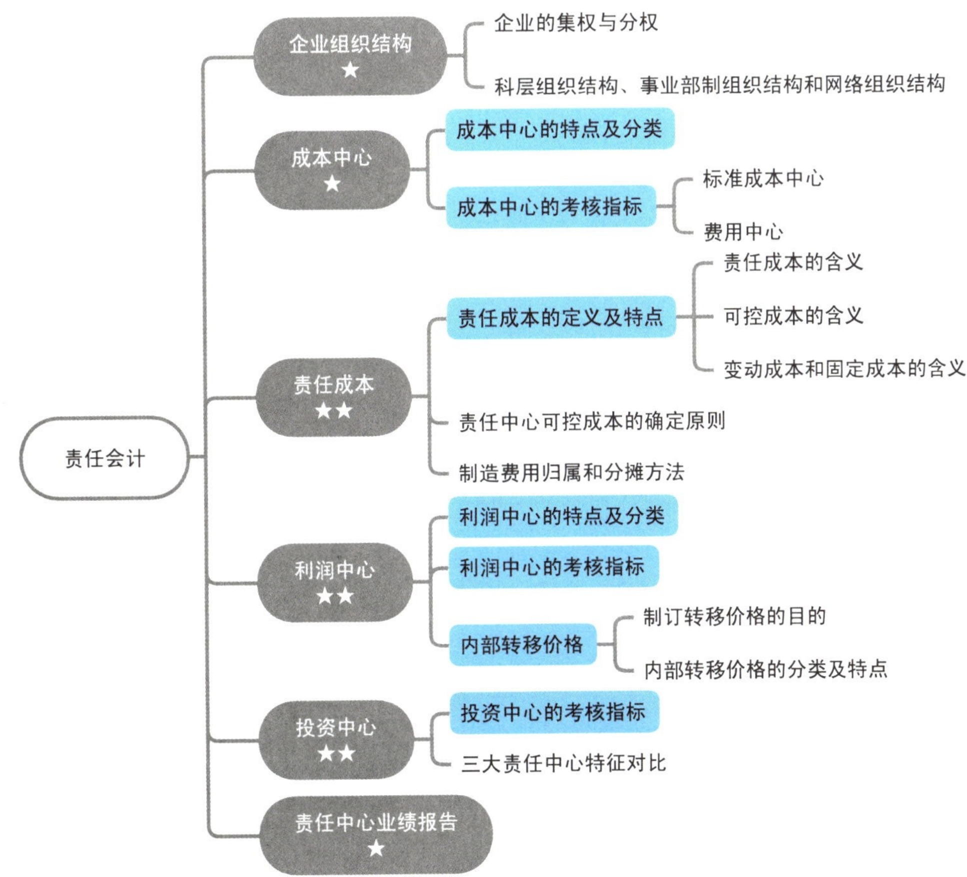

考点1　企业组织结构（★）

（一）企业的集权与分权

集权和分权是企业经营管理权限的分配方式，可以看作是两种不同的组织结构形式，但实际上是上级与下级在权力分配上的比重和协调问题（见表19－1）。

表 19－1

项目	集权	分权
含义	集权是把企业经营管理权限较多集中在企业上层的一种组织形式	分权是把企业经营管理权限适当地分散在企业中下层的一种组织形式
优点	(1) 提高决策效率，对市场作出迅速反应； (2) 容易实现目标的一致性； (3) 可以避免重复和资源浪费	(1) 可以让高层管理者将主要精力集中于重要事务； (2) 权力下放，可以充分调动下属的积极性和主动性，增加下属工作满足感，便于发现和培养人才； (3) 下属拥有一定的决策权，可以减少不必要的上下沟通，并可以对下属权限内事情作出迅速反应
缺点	容易形成对高层管理者的个人崇拜，形成独裁，导致将来企业高管更替困难，影响企业长远发展	可能产生与企业整体目标不一致的委托—代理问题

（二）科层组织结构、事业部制组织结构和网络组织结构（见表 19－2）

表 19－2

类型	含义	特点	
科层组织结构	(1) 科层组织结构中，存在**直线指挥机构**和**参谋职能机构** 2 类管理机构，决策权力主要集中在最高层的直线领导手中。 (2) 在这类机构中，企业生产经营活动主要由直线人员统一领导和指挥。职能部门则设置在直线领导之下，分别从事专业管理，是各级直线领导的参谋部	优点	各个职能部门目标明确，部门主管容易控制和规划；内部资源较为集中，减少不必要的重复和浪费
		缺点	部门之间的协调常出现困难，导致不同部门各自为政，甚至争夺公司内部资源。公司对外界环境反应迟钝，员工变得眼光狭隘，缺乏整体意识和创新意识
事业部制组织结构	事业部制是一种分权组织结构。它把分权管理和独立核算结合在一起，在总公司领导下，按照产品、地区或者市场（客户）来划分经营单位（即事业部）。各个事业部实行相对独立的经营和核算，具有从生产到销售的全部职能	(1) 企业按照产品、地区或者顾客类别设置生产经营事业部； (2) 每个事业部设置各自执行总经理，其有权进行采购、生产和销售并负责； (3) 总公司在重大问题上集中决策，各个事业部独立经营、独立核算、自负盈亏，是一个利润中心； (4) 各个事业部盈亏影响总公司盈亏，总公司利润是各个事业部利润之和，总公司对各个事业部下达利润指标	
网络组织结构	这种新组织模式强调减少企业管理层次、强化分权管理为主要内容的组织形式，其组织结构单元和单元之间的关系类似一个网络，所以也称为扁平化网络组织（N 形组织）	分散性、创新性、高效性、协作性	

考点 2　成本中心（★）

（一）成本中心的特点及分类

成本中心是指**只对其成本或费用承担经济责任**并**负责控制和报告成本或费用**的责任中心。

成本中心往往没有收入，或者有少量收入，但不成为主要的考核内容。任何发生成本的责任领域，都可以确定为成本中心，大的成本中心可能是一个分公司、分厂，小的成本中心可以是车间、工段、班组。

成本中心有两种类型：标准成本中心和费用中心（见表 19－3）。

表 19－3

类型	标准成本中心	费用中心
产出物的特点	所生产的产品稳定而明确，产出物能用财务指标来衡量	产出物不能用财务指标来衡量
投入和产出之间的关系	投入和产出之间有密切关系	投入和产出之间没有密切关系
适用情况	各行业都可建立标准成本中心	费用中心一般包括行政管理部门、研究开发部门、以及某些销售部门等

（二）成本中心的考核指标（见表 19－4）

表 19－4

类型	考核指标
标准成本中心	既定产品质量和数量条件下可控的标准成本： （1）标准成本中心不需要作出价格决策、产量决策、产品结构决策以及设备技术决策； （2）由于不作出价格决策，因此不对收入负责； （3）由于**不对产量、质量作出决策**，因此产品质量和数量是既定的； （4）由于不对设备技术作出决策，因此不对生产能力的利用程度负责，而只对既定产量的投入量承担责任
费用中心	通常使用可控费用预算来评价其成本控制业绩

【例题 19－1・多选题・2014 年】 某生产车间是一个标准成本中心。下列各项标准成本差异中，通常不应由该生产车间负责的有（　　）。

A. 直接材料数量差异　　B. 直接材料价格差异

C. 直接人工工资率差异　　D. 固定制造费用闲置能量差异

【答案】 BCD

【解析】 变动成本用量差异，如材料用量差异、人工效率差异以及变动制造费用效率差异，主要是生产部门的责任，所以选项 A 不是正确答案。直接材料价格差异由采购部门负责，直接人工工资率差异由人事劳动部门负责，固定制造费用闲置能量差异不应该由标准成本中心负责，所以不由该生产车间负责。

考点 3　责任成本（★★）

（一）责任成本的定义及特点

1. 责任成本的含义

责任成本是以具体的责任单位（部门、单位或个人）为对象，以其承担的责任为范围所归集的成本，也就是特定责任中心的**全部可控成本**。

2. 可控成本的含义

可控成本是指在特定时期内、特定责任中心能够直接控制其发生的成本。所谓可控成本通常应符合以下三个条件：

（1）成本中心有办法知道将发生什么性质的耗费**（可预知）**；

（2）成本中心有办法计量它的耗费（可计量）；

（3）成本中心有办法控制并调节它的耗费（可调控）。

其对称概念是不可控成本。可控成本总是针对特定责任中心来说的，一项成本，对某个责任中心来说是可控的，对另外的责任中心来说则是不可控的。比如耗用材料的进货成本，采购部门可以控制，使用材料的生产单位则不能控制。

3. 变动成本和固定成本的含义

变动成本和固定成本的划分依据，是成本依产量的变动性。随产量正比例变动的成本，称为变动成本。在一定幅度内不随产量变动而基本上保持不变的成本，称为固定成本。对生产单位来说，大多数变动成本是可控的，但也有部分不可控。

【例题 19－2·单选题·2010 年】 某生产车间是一个标准成本中心。为了对该车间进行业绩评价，需要计算的责任成本范围是（　　）。

A. 该车间的直接材料、直接人工和全部制造费用

B. 该车间的直接材料、直接人工和变动制造费用

C. 该车间的直接材料、直接人工和可控制造费用

D. 该车间的全部可控成本

【答案】 D

【解析】

①责任成本是以具体的责任单位（部门、单位或个人）为对象，以其承担的责任为范围所归集的成本，也就是特定责任中心的全部可控成本。

②责任成本与直接成本、可变成本是不同的概念。

③直接成本和间接成本的划分依据，是成本的可追溯性。可追溯到个别产品或部门的成本是直接成本；由几个产品或部门共同引起的成本是间接成本。对生产的基层单位来说，大多数直接材料和直接人工是可控制的，但也有部分是不可控的。

表 19－5　　责任成本、变动成本、制造成本的区分

项目	核算目的	成本计算对象	成本的范围	共同费用的分配原则
责任成本	评价成本； 控制业绩	责任中心	各责任中心的可控成本	按可控原则分配。谁控制谁负责，将可控的变动间接费用和可控的固定间接费用都要分配给责任中心
制造成本	为了确定产品存货成本和销货成本	产品	直接材料、直接人工和全部制造费用	按受益原则分配。 谁受益谁承担，要分摊全部的制造费用
变动成本	进行经营决策	产品	直接材料、直接人工和变动制造费用，还包括变动的管理费用和销售费用	按受益原则分配。 谁受益谁承担，只分摊变动制造费用

（二）责任中心可控成本的确定原则

确定可控成本的三原则：

（1）假如某责任中心通过自己的行动能有效地影响一项成本的数额，那么该中心就要对

这项成本负责。

（2）假如某责任中心有权决定是否使用某种资产或劳务，它就应对这些资产或劳务的成本负责。

（3）某管理人员虽然不直接决定某项成本，但是上级要求他参与有关事项，从而对该项成本的支出施加了重要影响，则他对该成本也要承担责任。

（三）制造费用归属和分摊方法

将发生的直接材料和直接人工费用归属于不同的责任中心通常比较容易，而制造费用的归属则比较困难。一般依次按下述五个步骤来处理，如表 19 –6 所示。

表 19 –6

步骤	说明	举例
（1）直接计入责任中心	将可以直接判别责任归属的费用项目，直接列入应负责的成本中心	机物料消耗、低值易耗品的领用等
（2）按责任基础分配	有些费用虽然不能直接归属于特定成本中心，但它们的数额受成本中心的控制，能找到合理依据来分配	动力费、维修费等
（3）按受益基础分配	有些费用不是专门属于某个责任中心的，但与各中心的受益多少有关，可按受益基础分配	按装机功率分配电费
（4）归入某一个特定的责任中心	有些费用既不能用责任基础分配，也不能按受益基础分配，则考虑有无可能将其归属于一个特定的责任中心	车间的运输费用、试验检验费用
（5）不进行分摊	不能归属于任何责任中心的固定成本，不进行分摊，可暂时不加控制，作为不可控费用	车间厂房的折旧

【例题 19 –3 · 多选题 · 2009 年】甲公司将某生产车间设为成本责任中心，该车间领用材料型号为 GB007，另外还发生机器维修费、试验检验费以及车间折旧费。下列关于成本费用责任归属的表述中，正确的有（　　）。

A. 型号为 GB007 的材料费用直接计入该成本责任中心

B. 车间折旧费按照受益基础分配计入该成本责任中心

C. 机器维修费按照责任基础分配计入该成本责任中心

D. 试验检验费归入另一个特定的成本中心

【答案】ACD

【解析】不能归属于任何责任中心的固定成本，不进行分摊。例如，车间厂房的折旧是以前决策的结果，短期内无法改变，可暂时不加以控制，作为不可控费用。

考点 4　利润中心（★★）

（一）利润中心的特点及分类

利润中心是指对利润负责的责任中心。由于利润等于收入减去成本或费用，所以利润中心是对收入、成本或费用都要承担责任的责任中心。

利润中心有以下两个类型，如表 19 –7 所示。

表 19 –7

类型	含义
自然的利润中心	指可以直接向企业外部出售产品，在市场上进行购销业务
人为的利润中心	在企业内部按内部转移价格出售产品

（二）利润中心的考核指标

对于利润中心进行考核的指标主要是利润。尽管利润指标具有综合性，但仍然需要一些非货币的衡量方法作为补充，包括生产率、市场地位、产品质量、职工态度、社会责任、短期目标和长期目标的平衡等。

利润并不是一个十分具体的概念，在这个名词前加上不同的定语，可以得出不同的概念。在评价利润中心业绩时，我们至少有三种选择：**部门边际贡献、部门可控边际贡献、部门税前经营利润**（见表 19 –8）。

表 19 –8

指标	公式	说明
部门边际贡献	部门边际贡献 = 部门销售收入 – 部门变动成本总额	以部门边际贡献作为业绩评价依据不够全面，因为部门经理至少可以控制某些固定成本，并且在固定成本和变动成本的划分上有一定的选择余地。因此，业绩评价至少应包括可控制的固定成本
部门可控边际贡献	部门可控边际贡献 = 部门边际贡献 – 部门可控固定成本	以部门可控边际贡献作为部门经理业绩评价依据可能是最好的，它反映了部门经理在其权限和控制范围内有效使用资源的能力
部门税前经营利润	部门税前经营利润 = 部门可控边际贡献 – 部门不可控固定成本	以部门税前经营利润作为业绩评价依据，可能更适合评价该部门对公司利润和管理费用的贡献，而不适合于对部门经理的评价

【例题 19 –4 · 分析题】某公司某一个部门的有关数据如下表所示。

某公司某一个部门数据表

单位：元

项目	成本费用	收益
部门销售收入		15 000
部门销货成本	8 000	
部门变动费用	2 000	
（1）部门边际贡献		5 000
部门可控固定成本	800	
（2）部门可控边际贡献		4 200
部门不可控固定成本	1 200	
（3）部门税前经营利润		3 000

【解析】以边际贡献5 000元作为业绩评价依据不够全面。部门经理至少可以控制某些固定成本，并且在固定成本和变动成本的划分上有一定选择余地。以边际贡献为评价依据，可能导致部门经理尽可能多地支出固定成本以减少变动成本支出，尽管这样做并不能降低总成本。因此，业绩评价时至少应包括可控制的固定成本。

以可控边际贡献4 200元作为业绩评价依据可能是最好的，它反映了部门经理在其权限和控制范围内有效使用资源的能力。

以税前经营利润3 000元作为业绩评价依据，可能更适合评价该部门对公司利润和管理费用的贡献，而不适合于部门经理的评价。如果要决定该部门的取舍，部门可控边际贡献是有重要意义的信息。如果要评价部门经理的业绩，由于有一部分固定成本是过去最高管理层投资决策的结果，现在的部门经理已很难改变，故税前经营利润超出了经理人员的控制范围。

【例题19－5·单选题·2017年】甲部门是一个利润中心。下列各项指标中，考核该部门经理业绩最适合的指标是（　　）。

A. 部门边际贡献　　B. 部门税前经营利润

C. 部门税后利润　　D. 部门可控边际贡献

【答案】D

【解析】部门可控边际贡献反映了部门经理在其权限和控制范围内有效使用资源的能力，所以部门可控边际贡献作为业绩评价依据是最佳选择。

（三）内部转移价格

内部转移价格，是指企业内部分公司、分厂、车间、分部等责任中心之间相互提供产品（或服务）、资金等内部交易时所采用的计价标准。

1. 制订转移价格的目的

（1）防止成本转移带来的部门间责任转嫁，使每个利润中心都能作为单独的组织单位进行业绩评价；

（2）作为一种价格机制引导下级部门采取明智的决策，生产部门据此确定提供产品的数量，购买部门据此确定所需要的产品数量。

2. 内部转移价格的分类及特点（见表19－9）

表19－9

市场型内部转移价格	以市场价格为基础、由成本和毛利构成的内部转移价格，**一般适用于利润中心**。 **【提示】** （1）提供的产品（或服务）经常外销且外销比例较大的，或提供的产品（或服务）有外部活跃市场可靠报价的，可以**外销价格或活跃市场报价**作为内部转移价格。 （2）一般不对外销售且外部市场没有可靠报价的产品（或服务），或企业管理层和有关各方认为不需要频繁变动价格的，可**参照外部市场或预测价格制定模拟市场价**作为内部转移价格。 （3）没有外部市场但企业出于管理需要设置为模拟利润中心的，可在**生产成本基础上加一定比例毛利**作为内部转移价格

续表

成本型内部转移价格	以企业制造产品的完全成本或变动成本等相对稳定的成本数据为基础制定的内部转移价格，**一般适用于成本中心**
协商型内部转移价格	企业内部供求双方通过协商机制制定的内部转移价格（协商价格的取值范围通常较宽，一般不高于市场价，不低于单位变动成本），**主要适用于分权程度较高的企业**

考点5 投资中心（★★）

投资中心，是指某些分散经营的单位或部门，其经理所拥有的自主权不仅包括制定价格、确定产品和生产方法等经营决策权，而且还**包括投资规模和投资类型等投资决策权**。

【例题19-6·多选题·2006年】以下关于责任中心的表述中，正确的有（　　）。

A. 任何发生成本的责任领域都可以确定为成本中心

B. 任何可以计量利润的组织单位都可以确定为利润中心

C. 与利润中心相比，标准成本中心仅缺少销售权

D. 投资中心不仅能够控制生产和销售，还能控制占用的资产

【答案】AD

【解析】

①本题的主要考核点是有关各类责任中心的含义和特点。

②任何发生成本的责任领域都可以确定为成本中心，但并不是任何可以计量利润的组织单位都可以确定为利润中心，从本质上讲，只有当其管理人员有对其供货的来源和市场的选择进行决策等权力，而且可以计量利润的组织单位才可以确定为利润中心。

③与利润中心相比，标准成本中心的管理人员不仅缺少销售权，而且对产品的品种和数量也无权决策。投资中心不仅能够控制生产和销售，还能控制占用的资产（即具有投资决策权）。

（一）投资中心的考核指标

由于所得税是根据整个企业的收益确定的，与部门的业绩评价没有直接关系，因此通常使用税前经营利润和税前投资报酬率（见表19-10）。

表19-10

部门投资报酬率	公式	部门投资报酬率=部门税前经营利润÷部门平均净经营资产
	优点	（1）它是根据现有的会计资料计算的，比较客观； （2）相对数指标，可用于部门之间以及不同行业之间的比较； （3）部门投资报酬率可以分解为投资周转率和部门经营利润率两者的乘积，并可进一步分解为资产的明细项目和收支的明细项目，从而对整个部门的经营状况作出评价
	局限性	部门会放弃高于公司要求的报酬率而低于目前部门投资报酬率的机会，或者减少现有的投资报酬率较低但高于公司要求的报酬率的某些资产，使部门的业绩获得较好评价，但却伤害了公司整体的利益

续表

剩余收益	公式	部门剩余收益＝部门税前经营利润－部门平均净经营资产应计报酬 ＝部门税前经营利润－部门平均净经营资产×要求的税前投资报酬率
	优点	（1）可以使业绩评价与公司的目标协调一致，引导部门经理采纳高于公司要求的税前投资报酬率的决策； （2）允许使用不同的风险调整资本成本
	局限性	（1）该指标是绝对数指标，不便于不同规模的公司和部门之间的比较； （2）它依赖于会计数据的质量

【例题19－7·计算题】某公司有A和B两个部门，公司要求的税前投资报酬率为11%，有关数据如下表所示：

某公司A、B部门相关数据　　单位：元

项目	A部门	B部门
部门税前经营利润	108 000	90 000
所得税（税率25%）	27 000	22 500
部门税后经营净利润	81 000	67 500
部门平均经营资产	900 000	600 000
部门平均经营负债	50 000	40 000
部门平均净经营资产（部门平均净投资资本）	850 000	560 000

要求：

（1）计算A、B两个部门的投资报酬率。

（2）B部门经理面临一个税前投资报酬率为13%的投资机会，投资额为100 000元，每年部门税前经营利润13 000元。若利用投资报酬率评价部门业绩，B部门是否接受投资？

（3）假设B部门现有一项资产价值50 000元，每年税前获利6 500元，税前投资报酬率为13%，若利用投资报酬率评价部门业绩，B部门是否会放弃该投资？

【答案】

（1）A部门投资报酬率＝部门税前营业利润÷部门平均净经营资产＝108 000÷850 000＝12.71%

B部门投资报酬率＝90 000÷560 000＝16.07%

（2）接受投资后B部门的投资报酬率＝(90 000＋13 000)÷(560 000＋100 000)×100%＝15.61%

该税前投资报酬率为13%，超过了公司要求的报酬率，对公司有利，但是它却使这个部门的投资报酬率由过去的16.07%下降到15.61%，若利用投资报酬率评价部门业绩，B部门经理不愿接受投资。

（3）放弃投资后的投资报酬率＝(90 000－6 500)÷(560 000－50 000)×100%＝16.37%

该税前投资报酬率为13%，超过了公司要求的报酬率，对公司有利，但B部门经理却愿意放弃该项资产，以提高部门的投资报酬率。

【例题 19－8·计算题】承【例题 19－7】，假设 A 部门要求的税前投资报酬率为 10%，B 部门要求的税前投资报酬率为 12%。

要求：

（1）计算两部门的剩余收益。

（2）如果采用剩余收益作为部门业绩评价标准，B 部门经理如果采纳前面提到的投资机会（税前报酬率为 13%，投资额为 100 000 元，每年税前获利 13 000 元），其剩余收益为多少？

（3）B 部门经理如果采纳前面提到的减少一项现有资产的方案（价值 50 000 元，每年税前获利 6 500 元，税前投资报酬率为 13%），其部门剩余收益为多少？

【答案】

（1）A 部门剩余收益＝部门税前经营利润－部门平均净经营资产×要求的税前投资报酬率＝108 000－850 000×10%＝23 000（元）

B 部门剩余收益＝90 000－560 000×12%＝22 800（元）

（2）采纳投资方案后剩余收益＝(90 000＋13 000)－(560 000＋100 000)×12%＝23 800（元）

（3）采纳减资方案后剩余收益＝(90 000－6 500)－(560 000－50 000)×12%＝22 300（元）

因此，B 部门经理会采纳投资方案而放弃减资方案，与公司总目标一致。

【例题 19－9·多选题·2010 年】剩余收益是评价投资中心业绩的指标之一。下列关于剩余收益指标的说法中，正确的有（　　）。

A. 剩余收益可以根据现有财务报表资料直接计算

B. 剩余收益可以引导部门经理采取与公司总体利益一致的决策

C. 计算剩余收益时，对不同部门可以使用不同的资本成本

D. 剩余收益指标可以直接用于不同部门之间的业绩比较

【答案】BC

【解析】

①剩余收益的计算需要利用资本成本，资本成本不能根据现有财务报表资料直接计算，选项 A 错误；

②剩余收益是绝对数指标，不便于不同规模的投资中心业绩的比较，选项 D 错误。

（二）三大责任中心特征对比（见表 19－11）

表 19－11

项目	应用范围	权利	考核范围	考核指标
成本中心	最广	可控成本的控制权	可控成本、费用	（1）标准成本中心：既定产品质量和数量条件下可控的标准成本； （2）费用中心：可控费用预算

续表

项目	应用范围	权利	考核范围	考核指标
利润中心	较窄	有权对其供货的来源和市场的选择进行决策（经营决策权）	成本（费用）、收入、利润	（1）部门边际贡献； （2）部门可控边际贡献； （3）部门税前经营利润
投资中心	最小	经营决策权、投资决策权	成本（费用）、收入、利润、投资效果（率）	（1）部门投资报酬率； （2）部门剩余收益

考点6 责任中心业绩报告（★）

业绩报告也称为责任报告、绩效报告，它是反映责任预算实际执行情况，揭示责任预算与实际结果之间差异的内部管理会计报告。它着重于对责任中心管理者的业绩评价，其本质是要得到一个结论：与预期目标相比，责任中心管理者干得怎样。

业绩报告的目的在于将责任中心实际业绩与其在特定环境下本应取得的业绩进行比较，因此实际业绩与预期业绩之间差异的原因应得到分析，并且尽可能量化。

业绩报告应当传递出三种信息：

（1）关于实际业绩的信息；

（2）关于预期业绩的信息；

（3）关于实际业绩与预期业绩之间差异的信息（见表19－12）。

表19－12

责任中心类型	相应的业绩报告
成本中心业绩报告	（1）成本中心的业绩考核指标通常为该成本中心所有可控成本，即责任成本。 （2）成本中心的业绩报告，通常是按成本中心可控成本的各明细项目列示其预算数、实际数和成本差异数的三栏式表格。由于各成本中心是逐级设置的，所以其业绩报告也应自下而上，从最基层的成本中心逐级向上编制，直至最高层次的成本中心
利润中心业绩报告	（1）利润中心考核指标通常为该利润中心的部门边际贡献，部门可控边际贡献和部门税前经营利润。 （2）利润中心的业绩报告，分别列出其可控的销售收入、变动成本、边际贡献、可控固定成本、可控边际贡献、不可控固定成本、税前经营利润的预算数和实际数，并通过实际与预算的对比，分别计算差异，据此进行差异的调查、分析产生差异的原因
投资中心业绩报告	（1）投资中心的主要考核指标是投资报酬率和剩余收益，补充的指标是现金回收率和剩余现金流量。 （2）投资中心不仅需要对成本、收入和利润负责，而且还要对所占的全部资产（包括固定资产和营运资金）的经营效益承担责任。投资中心的业绩评价指标除了成本、收入和利润外，还包括投资报酬率、剩余收益等指标

恭喜你，

已完成第十九章的学习

时间和坚持的魅力在于，不知不觉中给你惊喜，并遇见更好的自己。

CHAPTER TWENTY

第二十章 业绩评价

考情雷达

本章研究考核中业绩评价内容，本章重点在于 KPI、经济增加值、平衡计分卡三种考核指标，其中经济增加值考频最高，需要掌握经济增加值调整项目、简化经济增加值的公式计算。

本章通常考查客观题，历年平均分值在 3 分左右。但也可考查主观题（主要考查经济增加值的计算）。本章属于非重点章节，与去年相比无实质性变化。

考点地图

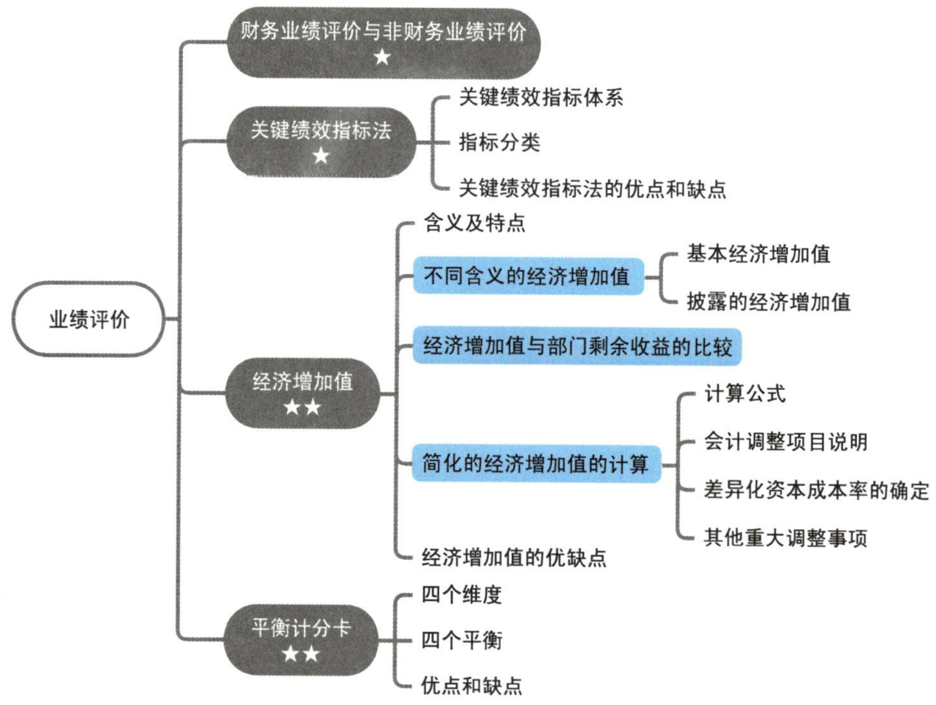

考点 1 财务业绩评价与非财务业绩评价（见表 20－1）（★）

表 20－1

项目	财务业绩评价	非财务业绩评价
含义	财务业绩评价是根据财务信息评价管理者业绩的方法，常见的财务评价指标包括净利润、资产报酬率、经济增加值等	非财务业绩评价是指根据非财务信息评价管理者业绩的方法，比如：市场份额、关键顾客订货量、顾客满意度、顾客忠诚度
优点	可以反映企业综合经营成果，容易获取数据，操作简单，易于理解，被广泛使用	可以避免财务业绩评价只侧重过去、比较短视的不足；非财务业绩评价更体现长远业绩，更体现外部对企业的整体评价

续表

项目	财务业绩评价	非财务业绩评价
缺点	（1）体现企业当期的财务成果，反映短期业绩，无法反映管理者在企业长期业绩改善方面所作的努力； （2）财务业绩是一种结果导向，没考虑过程； （3）会计数据可能无法准确反映管理者的真正业绩	一些关键的非财务业绩评价指标往往比较主观，数据收集比较困难，评价指标数据的可靠性难以保证

考点2 关键绩效指标法（★）

（一）关键绩效指标体系（见表20－2）

表20－2

指标体系	第一层次	第二层次	第三层次
	企业级关键绩效指标	所属单位（部门）级关键绩效指标	岗位（员工）级关键绩效指标
指标设定依据	根据战略目标，结合价值创造模式，综合考虑企业内外部经营环境等因素设定	根据企业级关键绩效指标，结合所属单位（部门）关键业务流程，按照上下结合、分级编制、逐级分解的程序，在沟通反馈的基础上设定	根据所属单位（部门）级关键绩效指标，结合员工岗位职责和关键工作价值贡献来设定

（二）指标分类（见表20－3）

表20－3

类别	结果类	动因类
内涵	反映企业绩效的价值指标	反映企业价值关键驱动因素的指标
指标	投资报酬率、权益净利率、经济增加值、息税前利润、自由现金流量等综合指标	资本性支出、单位生产成本、产量、销量、客户满意度、员工满意度等

（三）关键绩效指标法的优点和缺点（见表20－4）

表20－4

优点	缺点
（1）使企业业绩评价与企业战略目标密切相关，有利于企业战略目标的实现； （2）通过识别价值创造模式把握关键价值驱动因素，能够有效地实现企业价值增值目标； （3）评价指标数量相对较少，易于理解和使用，实施成本相对较低，有利于推广实施	关键绩效指标的选取需要透彻理解企业价值创造模式和战略目标，有效识别企业核心业务流程和关键价值驱动因素，指标体系设计不当将导致错误的价值导向和管理缺失

考点3 经济增加值（★★）

（一）含义及特点

经济增加值（EVA）指从税后净营业利润中扣除全部投入资本的资本成本后的剩余收益。经济增加值及其改善值是全面评价经营者有效使用资本和为企业创造价值的重要指标。经济增加值为正，表明经营者在为企业创造价值；经济增加值为负，表明经营者在损毁企业价值。

经济增加值的概念与剩余经营收益相同，是剩余经营收益的计算方法之一，或者说是剩余收益的一种"版本"。其计算公式为：

经济增加值=调整后税后净营业利润-调整后平均资本占用×加权平均资本成本

彬哥解读

（1）在计算经济增加值时，需要对会计数据进行一系列调整，包括税后净营业利润和资本占用。

（2）需要根据资本市场的机会成本计算资本成本，以实现经济增加值与资本市场的衔接；而剩余收益是根据投资要求的报酬率来计算，该投资报酬率可以根据管理的要求作出不同选择，带有一定主观性。

（二）不同含义的经济增加值（见表20-5）

表20-5

项目	含义	具体内容
基本经济增加值	根据未经调整的税后经营利润和总资产计算的经济增加值	（1）**基本经济增加值=税后净营业利润-报表平均总资产×加权平均资本成本** （2）计算很容易。对于会计利润来说是个进步，因为它承认了股权资金的成本。但是，由于"经营利润"和"总资产"是按照会计准则计算的，它们歪曲了企业的真实业绩
披露的经济增加值	是利用公开会计数据**进行调整计算出来的**，这种调整是根据公布的财务报表及其附注中的数据进行的	披露经济增加值典型调整项目（所有对未来利润有贡献的支出都是投资）： （1）**研究与开发费用**。经济增加值要求将其作为投资并在一个合理的期限内摊销。 （2）**战略性投资**。会计将投资的利息（或部分利息）计入当期财务费用，经济增加值要求将其在一个专门账户中资本化并在开始生产时逐步摊销。 （3）**为建立品牌、进入新市场或扩大市场份额发生的费用**。会计作为费用立即从利润中扣除，经济增加值要求把争取客户的营销费用资本化并在适当的期限内摊销。 （4）**折旧费用**。会计大多使用直线折旧法处理，经济增加值要求对某些大量使用长期设备的公司，按照更接近经济现实的"沉淀资金折旧法"处理。前期折旧少，后期折旧多

（三）经济增加值与部门剩余收益的比较（见表20-6）

表20-6 经济增加值与部门剩余收益的比较

比较项目	部门剩余收益	经济增加值
评价目的	旨在设定部门投资的最低报酬率，防止部门利益伤害整体利益	旨在使经理人员赚取超过资本成本的报酬，促进股东财富最大化
计算依据	通常使用部门税前经营利润和要求的税前投资报酬率计算	使用部门税后净营业利润和税后加权平均资本成本计算

续表

比较项目	部门剩余收益	经济增加值
资本成本	使用部门要求的报酬率；主要考虑管理要求及部门个别风险的高低	与公司的实际资本成本相联系，基于资本市场的计算方法，资本市场上权益成本和债务成本变动时，公司要随之调整加权平均资本成本

(四) 简化的经济增加值的计算

经济增加值是指经核定的企业税后净营业利润减去资本成本后的余额。

1. 计算公式

(1) 基本公式：

经济增加值 = 税后净营业利润 − 资本成本 = 税后净营业利润 − 调整后资本 × 平均资本成本率

(2) 其中：

①税后净营业利润 = 净利润 + (利息支出 + 研究开发费用调整项) × (1 − 25%)

②调整后资本 = 平均所有者权益 + 平均带息负债 − 平均在建工程

③$平均资本成本率 = 债权资本成本率 \times \frac{平均带息负债}{平均带息负债 + 平均所有者权益} \times (1 - 25\%) + 股权资本成本率 \times \frac{平均所有者权益}{平均带息负债 + 平均所有者权益}$

2. 会计调整项目说明（见表 20 − 7）

表 20 − 7

利息支出	是指公司财务报表中“财务费用”下的“利息支出”。 【注意】带息负债是指企业带息负债情况表中的带息负债合计
研究开发费用调整项	是指公司财务报表中“期间费用”项目下的“研发费用”和当期确认为无形资产的开发支出
在建工程	是指公司财务报表中的符合主业规定的“在建工程”
其他调整项	(1) 对于承担关键核心技术攻关任务而影响当期损益的研发投入，可以按照 100% 的比例，在计算税后净营业利润时予以加回。 (2) 对于勘探投入费用较大的企业，经国资委认定后，可将其成本费用情况表中的“勘探费用”视同研究开发费用调整项予以加回。 (3) 对从事银行、保险和证券业务且纳入合并报表的企业，将负债中金融企业专用科目从资本占用中予以扣除。基金、融资租赁等金融业务纳入国资委核定主业范围的企业，可约定将相关带息负债从资本占用中予以扣除。 (4) 企业经营业务主要在国（境）外的，25% 的企业所得税税率可予以调整

3. 差异化资本成本率的确定

(1) 对主业处于充分竞争行业和领域的商业类企业，股权资本成本率原则上定为 6.5%，对主业处于关系国家安全、国民经济命脉的重要行业和关键领域、主要承担重大专项任务的商业类企业，股权资本成本率原则上定为 5.5%，对公益类企业股权资本成本率原则上定为 4.5%。对军工、电力、农业等资产通用性较差的企业，股权资本成本率下浮 0.5 个百分点。

(2) 债权资本成本率 = 利息支出总额/平均带息负债，利息支出总额是指带息负债情况表中“利息支出总额”，包括费用化利息和资本化利息。

（3）资产负债率高于上年且在65%（含）至70%的科研技术企业、70%（含）至75%的工业企业或75%（含）至80%的非工业企业，平均资本成本率上浮0.2个百分点；资产负债率高于上年且在70%（含）以上的科研技术企业、75%（含）以上的工业企业或80%（含）以上的非工业企业，平均资本成本率上浮0.5个百分点。

4. 其他重大调整事项

发生以下情况之一，对公司经济增加值考核产生重大影响的，国资委酌情予以调整：

（1）重大政策变化；

（2）严重自然灾害等不可抗力因素；

（3）公司重组、上市及会计准则调整等不可比因素；

（4）国资委认可的公司结构调整等其他事项。

【例题20-1·计算题】 甲公司是一家中央电力企业，采用经济增加值业绩考核办法进行业绩计量和评价，有关资料如下：

（1）2020年甲公司的净利润为40亿元，费用化利息支出为12亿元，资本化利息支出为16亿元，研发费用为20亿元，当期无确认为无形资产的开发支出。

（2）2020年甲公司的年末无息负债为200亿元，年初无息负债为150亿元；年末带息负债为800亿元，年初带息负债为600亿元；年末所有者权益为900亿元，年初所有者权益为700亿元，年末在建工程180亿元，年初在建工程220亿元。

要求：根据上述资料，计算甲公司2020年的经济增加值。

【解析】

（1）计算税后净营业利润。

税后净营业利润=净利润+（利息支出+研究开发费用调整项）×（1-25%）

研究开发费用调整项=研发费用+当期确认为无形资产的开发支出=20+0=20（亿元）

税后净营业利润=40+（12+20）×（1-25%）=64（亿元）

（2）计算调整后资本。

调整后的资本=平均所有者权益+平均带息负债-平均在建工程

平均所有者权益=（900+700）÷2=800（亿元）

平均带息负债=（800+600）÷2=700（亿元）

平均在建工程=（180+220）÷2=200（亿元）

调整后资本=800+700-200=1 300（亿元）

（3）计算平均资本成本率。

$$平均资本成本率=债权资本成本率\times\frac{平均带息负债}{平均带息负债+平均所有者权益}\times(1-25\%)+股权资本成本率\times\frac{平均所有者权益}{平均带息负债+平均所有者权益}$$

债权资本成本率=利息支出总额÷平均带息负债

利息支出总额=费用化利息支出+资本化利息支出=12+16=28（亿元）

债权资本成本率=28÷700=4%

因甲公司作为电力企业，其主业处于关系国家安全、国民经济命脉的重要行业和关键领域，且电力行业资产通用性较差。

股权资本成本率 $=5.5\%-0.5\%=5\%$

平均资本成本率 $=4\%\times\frac{700}{700+800}\times(1-25\%)+5\%\times\frac{800}{700+800}=4.07\%$

年末资产负债率 $=(200+800)\div(200+800+900)=1\ 000\div1\ 900=52.63\%$

年初资产负债率 $=(150+600)\div(150+600+700)=750\div1\ 450=51.72\%$

资产负债率虽然高于上年但低于65%，故不属于需要调整的情况。

（4）计算经济增加值。

经济增加值 = 税后净营业利润 − 调整后资本 × 平均资本成本率 $=64-1\ 300\times4.07\%=64-52.91=11.09$（亿元）

（五）经济增加值的优缺点（见表20－8）

表20－8

优点	缺点
（1）经济增加值考虑了所有资本的成本，更真实地反映了企业的价值创造能力；实现了企业利益、经营者利益和员工利益的统一，能有效遏制企业盲目扩张规模以追求利润总量和增长率的倾向，引导企业注重价值创造。 （2）经济增加值不仅仅是一种业绩评价指标，它还是一种全面财务管理和薪金激励的框架。经济增加值的吸引力主要在于它把资本预算、业绩评价和激励报酬结合起来了。 （3）在经济增加值的框架下，公司可以向投资人宣传他们的目标和成就，投资人也可以用经济增加值选择最有前景的公司。经济增加值还是股票分析家手中的一个强有力的工具	（1）EVA仅对企业当期或未来1～3年价值创造情况进行衡量和预判，无法衡量企业长远发展战略的价值创造情况； （2）EVA计算主要基于财务指标，无法对企业的营运效率与效果进行综合评价； （3）不同行业，不同发展阶段、不同规模等的企业，其会计调整项和加权平均资本成本各不相同，计算比较复杂，影响指标的可比性； （4）由于经济增加值是绝对数指标，不便于比较不同规模公司的业绩； （5）经济增加值也有许多和投资报酬率一样误导使用人的缺点，例如处于成长阶段的公司经济增加值较少，而处于衰退阶段的公司经济增加值可能较高

考点4　平衡计分卡（★★）

平衡计分卡，是指基于企业战略，从财务、客户、内部业务流程、学习与成长四个维度，将战略目标逐层分解转化为具体的、相互平衡的绩效指标体系，并据此进行绩效管理的方法。

（一）平衡计分卡的四个维度

平衡计分卡的目标和指标来源于公司的愿景和战略，这些目标和指标从四个维度来考查公司的业绩，即财务、顾客、内部业务流程、学习与成长，这四个维度组成了平衡计分卡的框架（见图20－1、表20－9）。

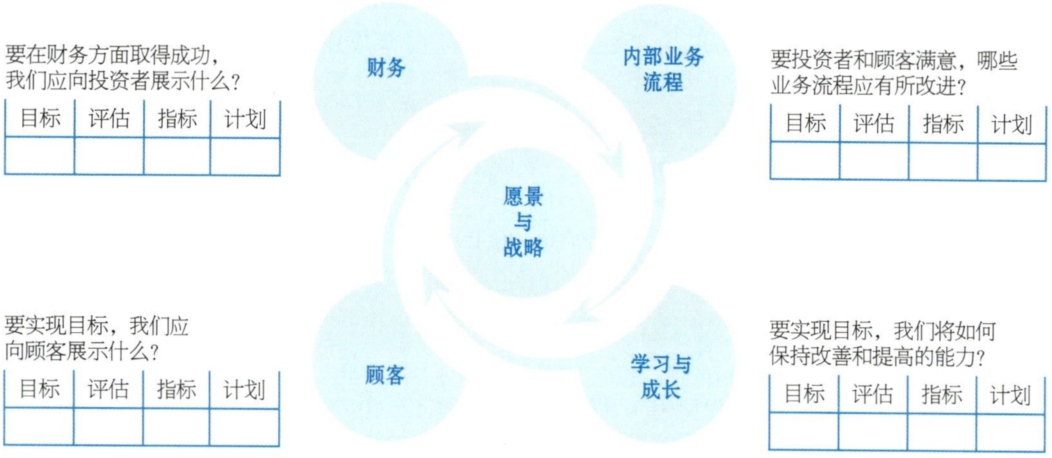

图 20－1　化战略为行动的平衡计分卡框架

表 20－9

维度	目标	指标
财务维度	解决“股东如何看待我们”这一类问题	投资报酬率、权益净利率、经济增加值、息税前利润、自由现金流量、资产负债率、总资产周转率等
顾客维度	回答“顾客如何看待我们”的问题	市场份额、客户满意度、客户获得率、客户保持率、客户获利率、战略客户数量等
内部业务流程维度	着眼于公司的核心竞争力，解决“我们的优势是什么”的问题	交货及时率、生产负荷率、产品合格率等
学习和成长维度	解决“我们是否能继续提高并创造价值”的问题	新产品开发周期、员工满意度、员工保持率、员工生产率、培训计划完成率等

（二）平衡计分卡的四个平衡（见图 20－2）

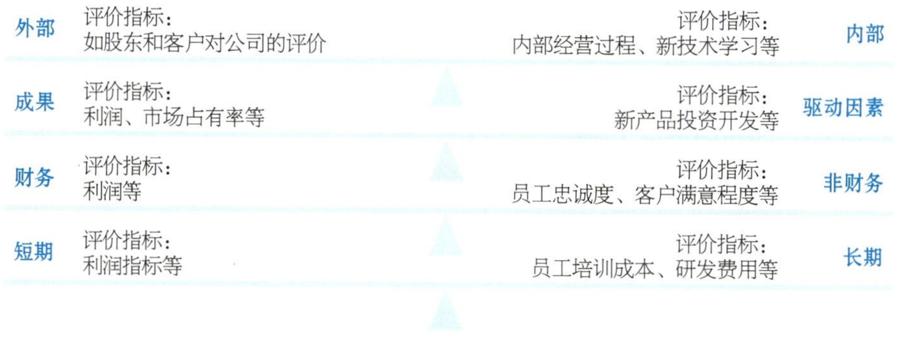

图 20－2

【例题 20－2·多选题·2015 年】 在使用平衡计分卡进行公司业绩评价时，需要处理几个平衡，下列各项中，正确的有（　　）。

A. 财务评价指标与非财务评价指标的平衡

B. 外部评价指标与内部评价指标的平衡

C. 定期评价指标与非定期评价指标的平衡

D. 成果评价指标与驱动因素评价指标的平衡

【答案】ABD

【解析】

①平衡计分卡中的“平衡”包括外部评价指标（如股东和客户对公司的评价）和内部评价指标（如内部经营过程、新技术学习等）的平衡；

②成果评价指标（如利润、市场占有率等）和导致成果出现的驱动因素评价指标（如新产品投资开发等）的平衡；

③财务评价指标（如利润等）和非财务评价指标（如员工忠诚度、客户满意程度等）的平衡；

④短期评价指标（如利润指标等）和长期评价指标（如员工培训成本、研发费用等）的平衡。所以，选项C不正确。

（三）平衡计分卡的优点和缺点（见表20－10）

表20－10

优点	缺点
（1）战略目标逐层分解并转化为被评价对象的绩效指标和行动方案，使整个组织行动协调一致； （2）从财务、客户、内部业务流程、学习与成长四个维度确定绩效指标，使绩效评价更为全面完整； （3）将学习与成长作为一个维度，注重员工的发展要求和组织资本、信息资本等无形资产的开发利用，有利于增强企业可持续发展的动力	（1）专业技术要求高，工作量比较大，操作难度也较大，需要持续地沟通和反馈，实施比较复杂，实施成本高； （2）各指标权重在不同层级及各层级不同指标之间的分配比较困难，且部分非财务指标的量化工作难以落实； （3）系统性强，涉及面广，需要专业人员的指导、企业全员的参与和长期持续地修正完善．对信息系统、管理能力的要求较高

BT 教育——陪伴奋斗年华

致敬这个时代最有梦想的人

有时候会觉得自己很孤单，哪怕并不缺少亲人朋友关切的眼神。因为没有处在相同的境地，没有面临等同的压力，没有殊途同归的共同目标，所以有口难言，情绪都烂在心里。想要与志同道合的朋友喝酒聊天，想要在他们眼里找回激情和梦想，想要与保持着同一份初心的人一路前行。

陪伴，是最温暖的情怀，是最长情的告白，而 BT 教育就想要送你这一份温暖，陪伴奋斗年华。

学习知识固然重要，可是陪伴或许才是教育的本质。有“效率”的陪伴，应该是“双向沟通”，就像高效的学习不应当只是“单向传输”一样。老师懂你的困惑，你也能跟上老师的节奏，及时的互通和反馈才是陪伴的真谛！信息时代里，我们缺少的绝对不是那堆冷冰冰的知识，而是能有良师在授业解惑之余不断引导你培养终身受益的学习方法，也是益友持续鼓励你不渝前行，这或许就是教育的本质。这样的经历在我们学生时代也许并不陌生，只是多年之后再回首，那些坚定又充实的学习时光竟然是那般遥远。在 BT 教育里，我们想要给你陪伴，带你再回那段时光。

纵然无线 Wi-Fi 不能传递热能，可是陪伴却可以带来无限温情。直播间里，老师说“懂得了就扣 1”，一连串的 1111 让我们透过屏幕感受到你们的欣喜和雀跃；班级群里，助教说“复习完了要打卡”，同学们较着劲儿地报进度，互相鼓励着去坚持，真切地觉得在奋斗的不只是自己。

纵使我们来自全国各地，可是有着相同的奋斗心情。我们在一群素未谋面的陌生人中嗅到了至真至纯的人情味儿，让早读成为了习惯，拼搏至凌晨成为了常态。助教的督促，老师的答疑，同学的鼓励，让汗水终将换来理想成绩的感动。正是对这份温暖的向往，对目标的矢志不渝，让你在最美的年华，选择了奋斗在 BT 教育。一个人走得很快，一群人相伴可以走得更远。

熹微晨光中，鸟鸣和 BT 教育陪你，静谧的夜里，咖啡和 BT 教育陪你；没有休息的周六日，没有旅行的假期，BT 教育一直陪你，陪你！陪你遥望真理无穷，陪你感受每进一寸的欢喜，陪你平缓坎坷心情，陪你度过奋斗年华！

BT 教育—陪伴奋斗年华。BestTime，最美的年华，奋斗在 BT 教育！

使用说明

CPA 知识涉及面广，知识点零散，记忆强度大，但其逻辑非常连贯，像一棵大树，从树干伸展到树枝再到树叶，体系严谨。学习过程中若能沿着考点脉络不断延伸，再不断消化拓展，即可事半功倍，这便是通关的捷径。

思维框架图的作用就是调动鲜活的思考力，梳理你脑中的知识，并形成完整的体系。这样不仅可以避免混淆知识之间的关系，出现丢三落四、张冠李戴的情况，还可以有效地帮助你巩固记忆，将整本书越背越薄、越背越快。

所以思维框架图绝不是简单地将教材目录和各级标题抄一抄即可，而应该运用归纳整理能力提炼知识要点，接着理清知识点之间的逻辑脉络，进而重组内容架构。为贯彻 BT 教育高效应试的特色，我们在 CPA 思维框架图独创如下特点：

1. 根据考点分割，进行考情分析

我们整理了近 10 年真题，并统计了每个考点的考查频次。除此之外，每章的知识点我们都配置了考情分析、考频、分值、命题形式，重点内容一目了然。只有知道考什么、怎么考，我们才能有的放矢地分配好精力，高效学习。

2. 重点标记、一目了然

我们对每一科的考点都标注了星级，★的数量代表考频高低，一星为低频考点，若时间紧张，可适度选择放弃；但若想追求高分则尽量全部掌握。

3. 内容精简、考点全面

我们对每个考点都进行了深度提炼加工，在全面覆盖考点的基础上，减少了 95% 以上的文字量，极大减轻了学习负担。

思维框架图的使用方法

针对不同的学习阶段，巧妙地使用思维框架图，可以达成不同的效果，框架图可以贯穿你的备考全程，真正做到一册在手，学习不愁。

【预习阶段——内容提要】

在脑海中对章节建立整体模块布局，重要的考点还需进行额外标注，大概扫一下前三级内容标题。

【复习阶段——学霸笔记】

使用思维框架图，复习刚刚学完的章节，能将散装概念再次梳理，并形成结构性极强的体系，帮助自己加深理解、巩固记忆。

打开对应章节的思维框架图，从上到下，从左到右，出声朗读，完成初步梳理。再采用费曼学习法用自己的语言把知识点讲给自己听，若能够流畅地讲述下去，则证明本章内容已基本掌握；若某个地方卡住了，说明知识消化存在问题，则标记疑惑点，再次学习直至掌握。

对于时间较充裕的同学，这时候需要你拿出一张白纸自己画思维框架图，再与我们的思维框架图进行对比，查漏补缺；对于时间紧张的同学，则画出大体框架，在脑海中不断填充细节。

【背诵阶段——通关手册】

CPA 的备考过程其实是与遗忘作斗争的过程，这份自带考点考频分析表、做题技巧的思维框架图，就是你冲刺背诵最好的笔记，相比满满文字的讲义，思维框架图更清晰，且有助于你点、线、面地逐步复述知识点，查漏补缺，再搭配语音微课，利用碎片化时间不断重复巩固记忆，可以有效将书越背越薄、越背越牢！

扫码免费领取题库+随书附送讲义资料

目 录

CONTENTS

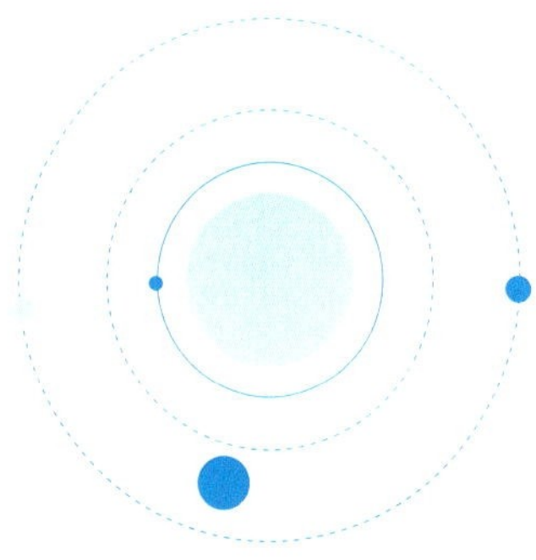

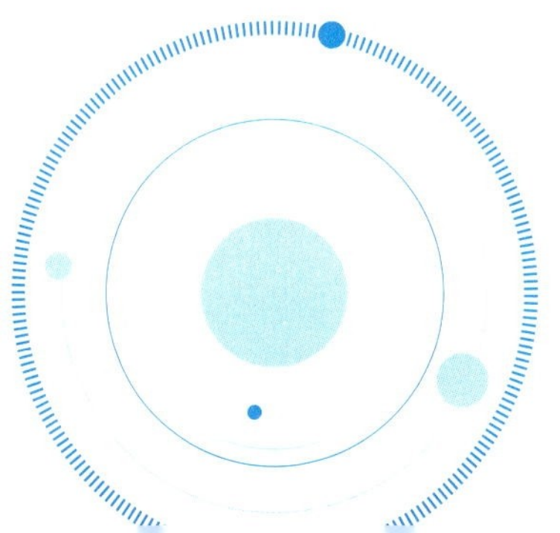

第一章 财务管理基本原理

分值比重：2分左右

命题形式：选择题

★ 核心考点：财务管理目标、金融工具的分类、资本市场效率

财务管理基本原理

- **企业组织形式和财务管理内容★**
  - 企业的组织形式
    - 个人独资企业和合伙企业
      - ①创立便捷，维持成本低，无须缴纳企税
      - ②承担无限责任，存续时间受限制
      - ③难以从外部获得大量资本用于经营，所有权转让较困难
    - 公司制企业
      - ①无限存续、股权可以转让、承担有限责任
      - ②双重课税（企税和个税）
      - ③组建成本高、存在代理问题
  - 财务管理的主要内容
    - 长期投资：投资主体是公司；投资对象是经营性长期资产；投资目的是获取经营活动所需的实物资源
    - 长期筹资：筹资主体是公司；筹资对象是长期资本；筹资目的是满足公司长期资本需求
    - 营运资本管理：流动资产和流动负债的差额；分为营运资本投资、营运资本筹资
- **财务管理的目标与利益相关者的要求★★**
  - 财务管理的基本目标
    - 利润最大化
      - ①没有考虑利润的取得时间
      - ②没有考虑投入资本与获得利润之间的配比关系
      - ③没有考虑获得利润和所承担风险的关系
    - 每股收益最大化
      - ①没有考虑每股收益的取得时间
      - ②没有考虑每股收益的风险
      - 【注意】考虑了投入资本与获得利润之间的配比关系
    - 股东财富最大化（本书采纳的观点）
      - 若股东投资资本不变，股价最大化=增加股东财富
      - 若股东投资资本和债务价值不变，企业价值最大化=增加股东财富
  - 利益相关者的要求
    - 主要关系人
      - 股东——股东财富最大化
      - 经营者
        - 要求：增加报酬、增加闲暇时间、避免风险
        - 与股东利益的背离：道德风险、逆向选择
        - 解决措施：监督、激励
      - 债权人
        - 要求：到期收回本金、获得约定的利息收入
        - 与股东利益的背离：不经债权人同意，投资高风险项目或借入新债务
        - 解决措施：借款合同中增加限制性条款、提前收回贷款或不再提供新的贷款
    - 其他利益相关者
      - 合同利益相关者
      - 非合同利益相关者
- ...接下页

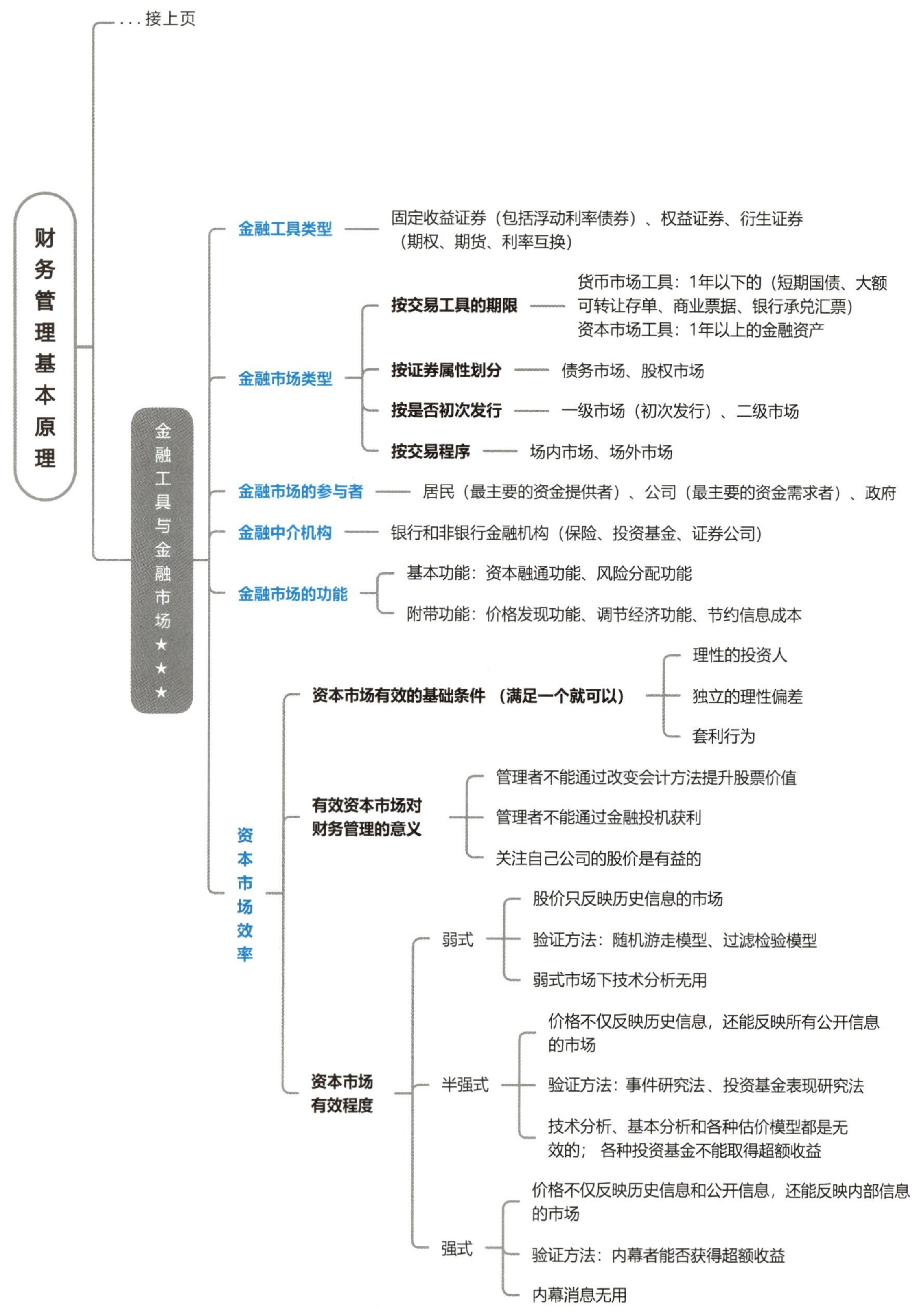

...接上页
财务管理基本原理
金融工具与金融市场★★★
金融工具类型
固定收益证券（包括浮动利率债券）、权益证券、衍生证券（期权、期货、利率互换）
金融市场类型
按交易工具的期限
货币市场工具：1年以下的（短期国债、大额可转让存单、商业票据、银行承兑汇票）
资本市场工具：1年以上的金融资产
按证券属性划分
债务市场、股权市场
按是否初次发行
一级市场（初次发行）、二级市场
按交易程序
场内市场、场外市场
金融市场的参与者
居民（最主要的资金提供者）、公司（最主要的资金需求者）、政府
金融中介机构
银行和非银行金融机构（保险、投资基金、证券公司）
金融市场的功能
基本功能：资本融通功能、风险分配功能
附带功能：价格发现功能、调节经济功能、节约信息成本
资本市场效率
资本市场有效的基础条件（满足一个就可以）
理性的投资人
独立的理性偏差
套利行为
有效资本市场对财务管理的意义
管理者不能通过改变会计方法提升股票价值
管理者不能通过金融投机获利
关注自己公司的股价是有益的
资本市场有效程度
弱式
股价只反映历史信息的市场
验证方法：随机游走模型、过滤检验模型
弱式市场下技术分析无用
半强式
价格不仅反映历史信息，还能反映所有公开信息的市场
验证方法：事件研究法、投资基金表现研究法
技术分析、基本分析和各种估价模型都是无效的； 各种投资基金不能取得超额收益
强式
价格不仅反映历史信息和公开信息，还能反映内部信息的市场
验证方法：内幕者能否获得超额收益
内幕消息无用

第二章

财务报表分析和财务预测

- 分值比重：10分左右
- 命题形式：选择题、计算分析题
- ★ 核心考点：财务比率分析、杜邦分析体系、管理用财务报表

- 财务报表分析和财务预测
  - 财务分析方法★
    - 比较分析法
      - 按比较对象分（和谁比）—— 趋势分析、横向比较、预算差异分析
      - 按比较内容分（比什么）—— 比较会计要素的总量、比较结构百分比、比较财务比率
    - 因素分析法
      - 连环替代法
      - 差额分析法
  - 财务比率分析★★
    - 短期偿债能力
      - 营运资本
        - 营运资本=流动资产-流动负债=长期资本-长期资产
        - ①绝对数，不便于企业之间比较
②营运资本配置比率=营运资本/流动资产
      - 流动比率
        - 流动比率=流动资产/流动负债
        - ①流动比率=1÷（1-营运资本÷流动资产）
②营业周期越短的行业，合理的流动比率越低
        - 局限性 —— 假设全部流动资产都可以变为现金并用于清偿，全部流动负债都需要还清
      - 速动比率
        - 速动比率=速动资产/流动负债
        - ①速动资产=货币资金+交易性金融资产+各种应收账款=流动资产 - 存货 - 预付账款-1年内到期的非流动资产-其他流动资产
②可信性的主要影响因素：应收款项的变现能力
③速动比率越高，公司短期偿债能力越强
      - 现金比率 —— 现金比率=货币资金/流动负债
      - 现金流量比率
        - 现金流量比率=经营活动现金流量净额/流动负债
        - 该比率中的流动负债采用期末数而非平均数
      - 表外因素
        - 增强因素 —— 可动用的银行授信额度、可快速变现的非流动资产、偿债能力的声誉
        - 降低因素 —— 与担保有关的或有负债事项
    - ...接下页

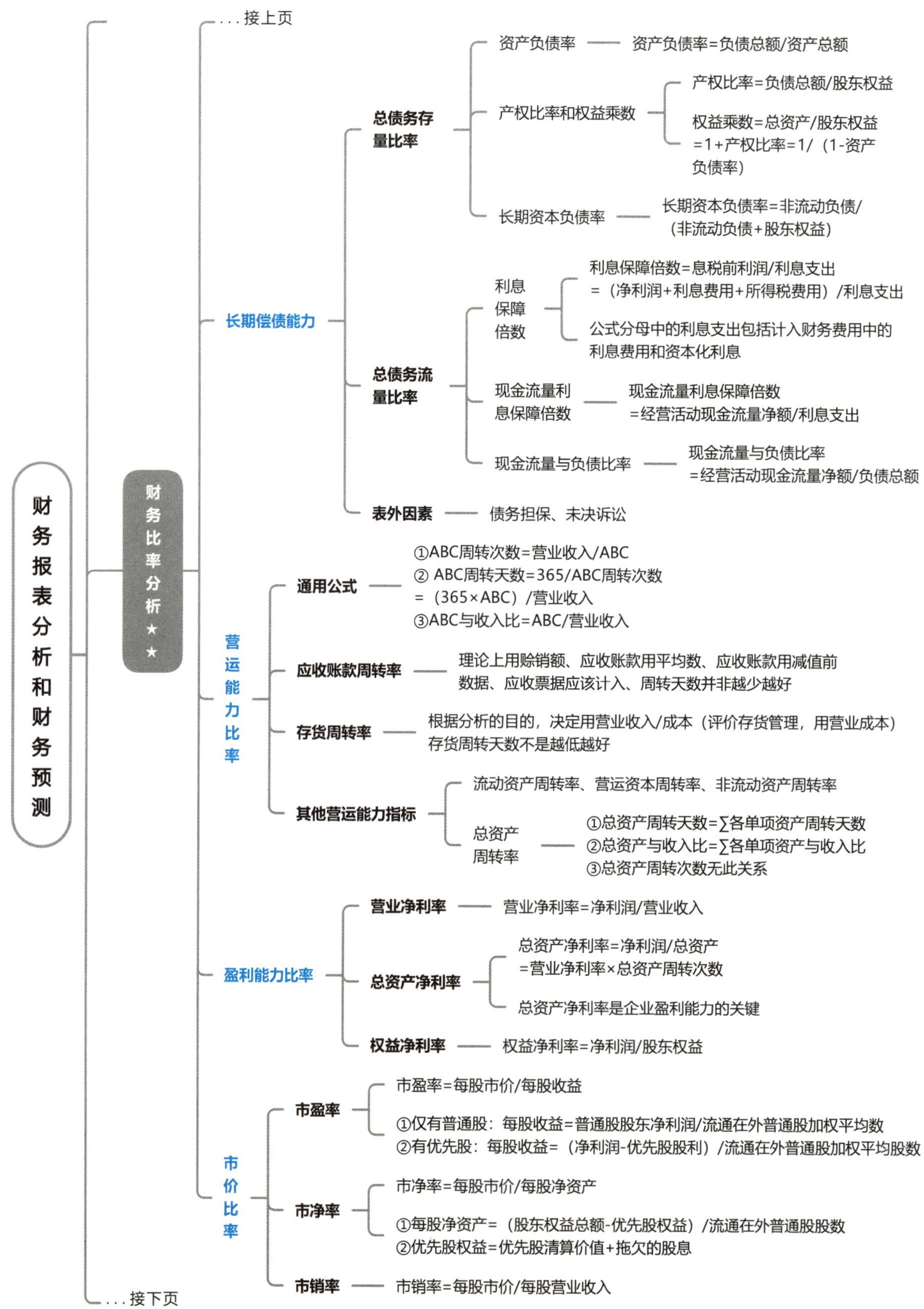
财务报表分析和财务预测
财务比率分析★★
...接上页
长期偿债能力
总债务存量比率
资产负债率 —— 资产负债率=负债总额/资产总额
产权比率和权益乘数
产权比率=负债总额/股东权益
权益乘数=总资产/股东权益=1+产权比率=1/（1-资产负债率）
长期资本负债率 —— 长期资本负债率=非流动负债/（非流动负债+股东权益）
总债务流量比率
利息保障倍数
利息保障倍数=息税前利润/利息支出=（净利润+利息费用+所得税费用）/利息支出
公式分母中的利息支出包括计入财务费用中的利息费用和资本化利息
现金流量利息保障倍数 —— 现金流量利息保障倍数=经营活动现金流量净额/利息支出
现金流量与负债比率 —— 现金流量与负债比率=经营活动现金流量净额/负债总额
表外因素 —— 债务担保、未决诉讼
营运能力比率
通用公式
①ABC周转次数=营业收入/ABC
② ABC周转天数=365/ABC周转次数=（365×ABC）/营业收入
③ABC与收入比=ABC/营业收入
应收账款周转率 —— 理论上用赊销额、应收账款用平均数、应收账款用减值前数据、应收票据应该计入、周转天数并非越少越好
存货周转率 —— 根据分析的目的，决定用营业收入/成本（评价存货管理，用营业成本）存货周转天数不是越低越好
其他营运能力指标
流动资产周转率、营运资本周转率、非流动资产周转率
总资产周转率
①总资产周转天数=∑各单项资产周转天数
②总资产与收入比=∑各单项资产与收入比
③总资产周转次数无此关系
盈利能力比率
营业净利率 —— 营业净利率=净利润/营业收入
总资产净利率
总资产净利率=净利润/总资产=营业净利率×总资产周转次数
总资产净利率是企业盈利能力的关键
权益净利率 —— 权益净利率=净利润/股东权益
市价比率
市盈率
市盈率=每股市价/每股收益
①仅有普通股：每股收益=普通股股东净利润/流通在外普通股加权平均数
②有优先股：每股收益=（净利润-优先股股利）/流通在外普通股加权平均股数
市净率
市净率=每股市价/每股净资产
①每股净资产=（股东权益总额-优先股权益）/流通在外普通股股数
②优先股权益=优先股清算价值+拖欠的股息
市销率 —— 市销率=每股市价/每股营业收入
...接下页

……接上页

财务报表分析和财务预测

杜邦分析体系★★

- 权益净利率=净利润/股东权益= 总资产净利率 × 权益乘数=营业净利率×总资产周转率×权益乘数
- **局限性**
  - ①总资产净利率的“总资产”与“净利润”不匹配，不能反映实际的报酬率
  - ②没有区分经营活动损益和金融活动损益
  - ③没有区分金融资产与经营资产
  - ④没有区分金融负债与经营负债

管理用财务报表体系★★★

管理用财务报表

资产负债表

基本公式：净经营资产=净负债+股东权益

左边	右边
经营性流动资产 - 经营性流动负债 = 经营营运资本	金融负债 - 金融资产 = 净负债
经营性长期资产 - 经营性长期负债 = 净经营性长期资产	股东权益合计
净经营资产合计	净负债 + 股东权益合计

利润表

基本公式： 净利润=经营损益+金融损益

=税后经营净利润-税后利息费用

=税前经营利润×（1-税率）-利息费用×（1-税率）

【注意】这里的利息费用不仅仅指财务费用，而是将所有涉及的金融损益合并称为利息费用

现金流量表

营业现金毛流量=税后经营净利润+折旧和摊销

营业现金净流量=营业现金毛流量-经营营运资本净增加

实体现金流量=营业现金净流量-资本支出

其中：资本支出=净经营长期资产增加+折旧与摊销

实体现金流量=税后经营净利润-净经营资产增加

实体现金流量=融资现金流量=债务现金流量+股权现金流量

=（税后利息费用-净负债的增加）+（股利分配-股权资本净增加）

管理用财务报表分析体系

权益净利率=净经营资产净利率+（净经营资产净利率-税后利息率）×净财务杠杆

影响权益净利率驱动因素：净经营资产净利率、税后利息率、净财务杠杆

权益净利率=净经营资产净利率+经营差异率×净财务杠杆

=净经营资产净利率+杠杆贡献率

……接下页

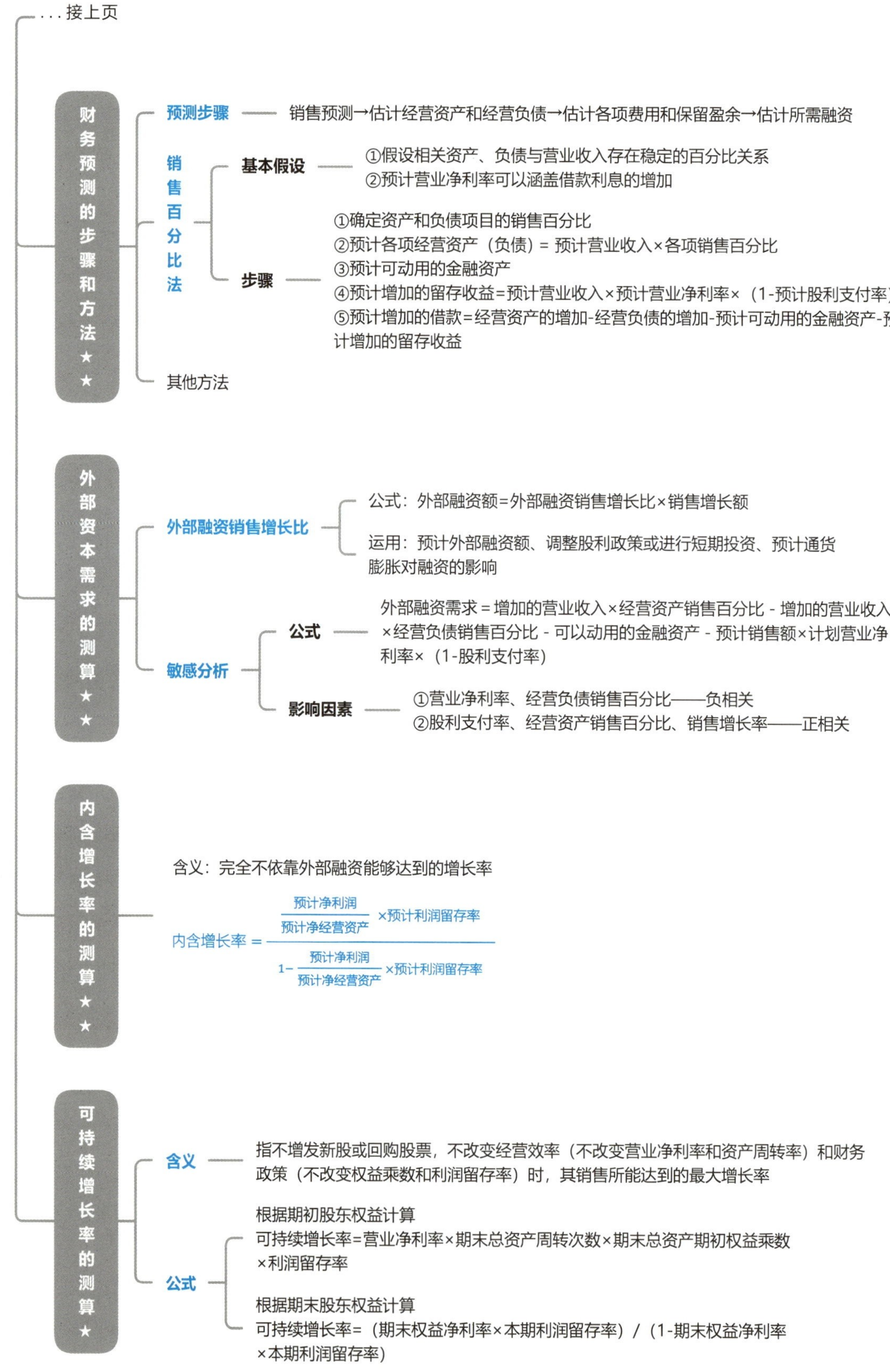
...接上页
财务预测的步骤和方法★★
预测步骤
销售预测→估计经营资产和经营负债→估计各项费用和保留盈余→估计所需融资
销售百分比法
基本假设
①假设相关资产、负债与营业收入存在稳定的百分比关系
②预计营业净利率可以涵盖借款利息的增加
步骤
①确定资产和负债项目的销售百分比
②预计各项经营资产（负债）= 预计营业收入×各项销售百分比
③预计可动用的金融资产
④预计增加的留存收益=预计营业收入×预计营业净利率×（1-预计股利支付率）
⑤预计增加的借款=经营资产的增加-经营负债的增加-预计可动用的金融资产-预计增加的留存收益
其他方法
外部资本需求的测算★★
外部融资销售增长比
公式：外部融资额=外部融资销售增长比×销售增长额
运用：预计外部融资额、调整股利政策或进行短期投资、预计通货膨胀对融资的影响
敏感分析
公式
外部融资需求 = 增加的营业收入×经营资产销售百分比 - 增加的营业收入×经营负债销售百分比 - 可以动用的金融资产 - 预计销售额×计划营业净利率×（1-股利支付率）
影响因素
①营业净利率、经营负债销售百分比——负相关
②股利支付率、经营资产销售百分比、销售增长率——正相关
内含增长率的测算★★
含义：完全不依靠外部融资能够达到的增长率
内含增长率 = (预计净利润/预计净经营资产 ×预计利润留存率) / (1− 预计净利润/预计净经营资产 ×预计利润留存率)
可持续增长率的测算★
含义
指不增发新股或回购股票，不改变经营效率（不改变营业净利率和资产周转率）和财务政策（不改变权益乘数和利润留存率）时，其销售所能达到的最大增长率
公式
根据期初股东权益计算
可持续增长率=营业净利率×期末总资产周转次数×期末总资产期初权益乘数×利润留存率
根据期末股东权益计算
可持续增长率=（期末权益净利率×本期利润留存率）/（1-期末权益净利率×本期利润留存率）

第三章

价值评估基础

分值比重：4分左右

命题形式：选择题、计算分析题

★ 核心考点：货币时间价值、投资组合的风险与报酬、资本资产定价模型

- 价值评估基础
  - 利率★
    - 基准利率及其特征
      - ①市场化
      - ②基础性
      - ③传递性
    - 市场利率的影响因素
      - ①纯粹利率
      - ②通货膨胀溢价
      - ③违约风险溢价
      - ④流动性风险溢价
      - ⑤期限风险溢价
    - 利率的期限结构
      - ①无偏预期理论
      - ②市场分割理论
      - ③流动性溢价理论
  - 货币时间价值★★★
    - 复利终值和复利现值
      - 单利与复利
      - 报价利率、计息期利率和有效年利率
        - ①计息期利率 = 报价利率 / 每年复利次数
        - ②有效年利率 = $\left(1+\frac{\text{报价利率}}{m}\right)^{m}-1$
    - 年金终值和现值
      - 普通年金终值和现值
        - ①普通年金终值F=A×（F/A，i，n）
        - ②偿债基金A=F×（A/F，i，n）
        - ③普通年金现值P=A×（P/A，i，n）
        - ④投资回收系数（A/P，i，n）= $\frac{i}{1-(1+i)^{-n}}$
      - 预付年金终值和现值
        - ①预付年金终值F=A×[（F/A，i，n+1）-1]=F普通×（1+i）
        - ②预付年金现值P=A×[（P/A，i，n-1）+1]=P普通×（1+i）
      - 递延年金与永续年金的现值
  - 单项资产的风险与报酬★
    - 概率
    - 离散型分布和连续型分布
    - 期望值（预期值、加权平均值）—— $(\bar{K})=\sum_{i=1}^{N}(P_i \cdot K_i)$
    - 离散程度
      - 方差 —— 期望值相同时，方差越大，风险越大
      - 标准差 —— 期望值相同时，标准差越大，风险越大
      - 变异系数
        - ①期望值不同时用变异系数
        - ②变异系数 = 标准差 / 均值
        - ③变异系数越大，风险越大
  - ...接下页

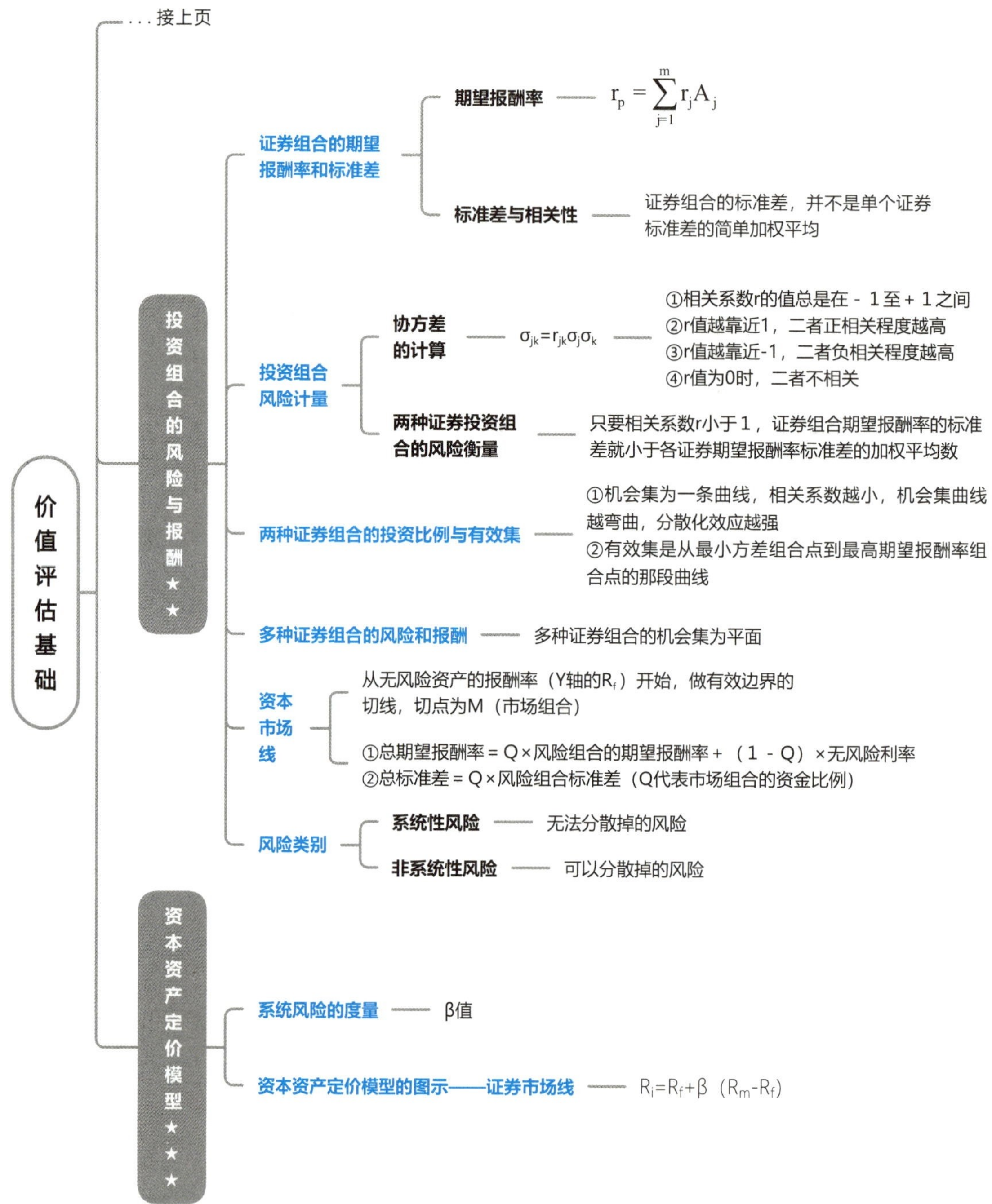
...接上页
价值评估基础
投资组合的风险与报酬★★
证券组合的期望报酬率和标准差
期望报酬率
$r_p=\sum_{j=1}^{m} r_j A_j$
标准差与相关性
证券组合的标准差，并不是单个证券标准差的简单加权平均
投资组合风险计量
协方差的计算
$\sigma_{jk}=r_{jk}\sigma_j\sigma_k$
①相关系数r的值总是在 - 1至 + 1之间
②r值越靠近1，二者正相关程度越高
③r值越靠近-1，二者负相关程度越高
④r值为0时，二者不相关
两种证券投资组合的风险衡量
只要相关系数r小于1，证券组合期望报酬率的标准差就小于各证券期望报酬率标准差的加权平均数
两种证券组合的投资比例与有效集
①机会集为一条曲线，相关系数越小，机会集曲线越弯曲，分散化效应越强
②有效集是从最小方差组合点到最高期望报酬率组合点的那段曲线
多种证券组合的风险和报酬
多种证券组合的机会集为平面
资本市场线
从无风险资产的报酬率（Y轴的R_f）开始，做有效边界的切线，切点为M（市场组合）
①总期望报酬率 = Q×风险组合的期望报酬率 + （1 - Q）×无风险利率
②总标准差 = Q×风险组合标准差（Q代表市场组合的资金比例）
风险类别
系统性风险
无法分散掉的风险
非系统性风险
可以分散掉的风险
资本资产定价模型★★★
系统风险的度量
β值
资本资产定价模型的图示——证券市场线
$R_i=R_f+\beta(R_m-R_f)$

第四章

资本成本

- 分值比重：5分左右
- 命题形式：选择题、计算分析题
- ★ 核心考点：债务资本成本、普通股资本成本

- **资本成本**
  - **资本成本概述★**
    - **公司的资本成本**
      - 是公司取得资本使用权的代价，是公司投资人要求的最低报酬率
      - **决定因素**
        - ①无风险报酬率
        - ②经营风险溢价
        - ③财务风险溢价
    - **投资项目的资本成本**
      - 指项目本身所需投资资本的机会成本
      - 不同项目风险不同，要求的最低报酬率不同
    - **资本成本用途及影响因素**
      - **用途**
        - ①投资决策
        - ②筹资决策
        - ③营运资本的管理
        - ④评估企业价值
        - ⑤企业业绩评价
      - **影响因素**
        - 外部因素
          - 利率
          - 市场风险溢价
          - 税率
        - 内部因素
          - 资本结构
          - 投资政策
  - **债务资本成本★★★**
    - **概念**
      - ①未来借入新债务的成本
      - ②是期望收益而非承诺收益
      - ③只考虑长期债务，而忽略短期债务
    - **不考虑发行费用的税前债务资本成本估计**
      - **到期收益率法**
        - 公司有上市的长期债券可用此法计算债务的税前成本
        - 使得未来现金流出的现值等于现金流入现值的折现率
      - **可比公司法**
        - 使用前提 —— 公司目前没有上市债券，但拥有可交易债券的可比公司作为参照物
        - 方法 —— 找一个拥有可交易债券的可比公司作为参照物，计算可比公司长期债券的到期收益率，作为本公司的长期债务成本
        - 可比公司选择 —— 处于同一行业、具有类似的商业模式；最好规模、负债比率和财务状况也比较类似
      - . . . 接下页

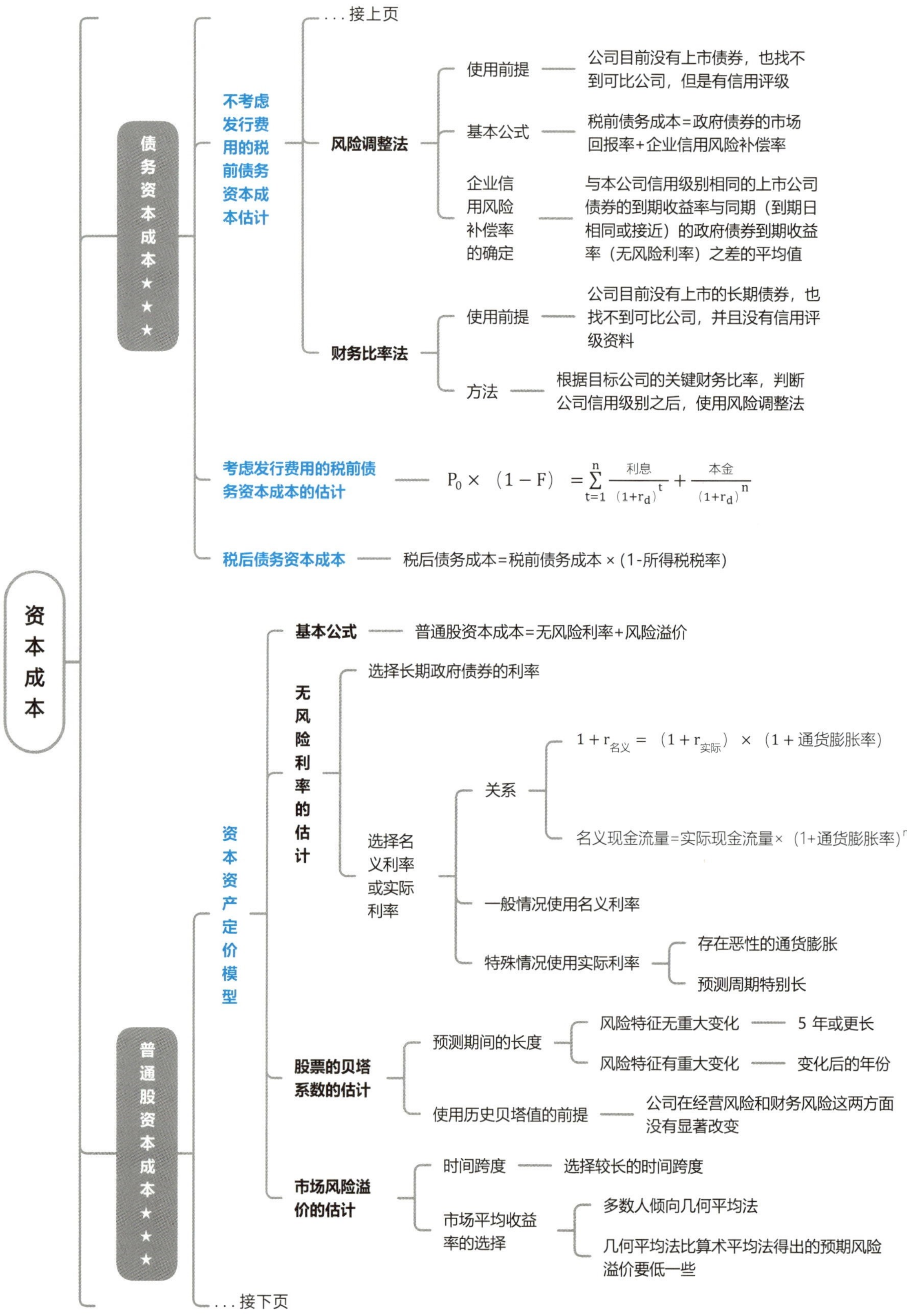

资本成本
债务资本成本★★★
…接上页
不考虑发行费用的税前债务资本成本估计
风险调整法
使用前提
公司目前没有上市债券，也找不到可比公司，但是有信用评级
基本公式
税前债务成本=政府债券的市场回报率+企业信用风险补偿率
企业信用风险补偿率的确定
与本公司信用级别相同的上市公司债券的到期收益率与同期（到期日相同或接近）的政府债券到期收益率（无风险利率）之差的平均值
财务比率法
使用前提
公司目前没有上市的长期债券，也找不到可比公司，并且没有信用评级资料
方法
根据目标公司的关键财务比率，判断公司信用级别之后，使用风险调整法
考虑发行费用的税前债务资本成本的估计
$P_0\times(1-F)=\sum_{t=1}^{n}\frac{利息}{(1+r_d)^t}+\frac{本金}{(1+r_d)^n}$
税后债务资本成本
税后债务成本=税前债务成本×(1-所得税税率)
普通股资本成本★★★
资本资产定价模型
基本公式
普通股资本成本=无风险利率+风险溢价
无风险利率的估计
选择长期政府债券的利率
选择名义利率或实际利率
关系
$1+r_{名义}=(1+r_{实际})\times(1+通货膨胀率)$
名义现金流量=实际现金流量×$(1+通货膨胀率)^n$
一般情况使用名义利率
特殊情况使用实际利率
存在恶性的通货膨胀
预测周期特别长
股票的贝塔系数的估计
预测期间的长度
风险特征无重大变化
5 年或更长
风险特征有重大变化
变化后的年份
使用历史贝塔值的前提
公司在经营风险和财务风险这两方面没有显著改变
市场风险溢价的估计
时间跨度
选择较长的时间跨度
市场平均收益率的选择
多数人倾向几何平均法
几何平均法比算术平均法得出的预期风险溢价要低一些
…接下页

资本成本

...接上页

股利增长模型

- 计算公式 —— $r_s = \frac{D_1}{P_0} + g$
- g的估计方法
  - 历史增长率 —— 按几何增长率计算更适合 $g = \sqrt[n]{\frac{FV}{PV}} - 1$
  - 可持续增长率
    - 股利增长率=可持续增长率
=预计利润留存率×期初权益预期净利率
    - 适用条件：未来不增发新股（或股票回购），保持当前的经营效率和财务政策（利润留存率）不变；新投资的权益净利率等于当前期望报酬率。
  - 证券分析师预测 —— 取不同分析师预测的加权平均值，可能是最好的方法

债券报酬率风险调整模型

- $r_s = r_{dt} + RP_c$
- 普通股风险溢价对其自己发行的债券来讲，大约是3%-5%，风险高用5%，风险低用3%

考虑发行费用的普通股资本成本的估计 —— $r_s = \frac{D_1}{P_0 \times (1-F)} + g$

混合筹资资本成本★

- 优先股资本成本 $r_p = \frac{D_p}{P_p \times (1-F)}$
- 永续债资本成本 $r_{pd} = \frac{I_{pd}}{P_{pd} \times (1-F)}$

加权平均资本成本★

- 账面价值权重（反映过去的资本结构）
  - 优点：资料容易取得，计算方便
  - 缺点：资本账面价值与市场价值差别较大时，计算结果与实际差别大，不一定符合未来状态，会扭曲资本成本
- 实际市场价值权重（反映现在的资本结构） —— 计算出的数额经常变化
- 目标资本结构权重（反映未来的目标资本结构） —— 优点：能体现期望的资本结构，更适用于公司筹集新资金

第五章

投资项目资本预算

分值比重：12分左右

命题形式：选择题、计算分析题

核心考点：项目评价方法、新建项目现金流量的估计

投资项目资本预算

- 项目评价方法★★★
  - 投资项目的类型
  - 独立项目评价方法
    - 净现值法
      - 净现值=未来现金流入的现值-未来现金流出的现值
      - 净现值大于0，投资项目可行
      - 反映一个项目按现金流量计量的净收益现值，是金额的绝对值，在比较投资额不同的项目时有一定的局限性
    - 现值指数法
      - 现值指数＝Σ未来现金流入的现值÷Σ未来现金流出的现值
      - 现值指数大于1，项目可行
      - 相对指标，能够比较初始投资额不相等的项目，但没有消除项目期限的差异
    - 内含报酬率法(IRR)
      - 净现值为零的报酬率
      - 内含报酬率高于资本成本时，投资项目可行
    - 回收期法
      - 静态回收期
        - 静态回收期=原始投资额/每年现金净流入量
        - 回收年限越短，项目越有利
        - 优点：计算简便、容易理解、大体上衡量项目流动性和风险
        - 缺点：
          ①忽视时间价值
          ②没有考虑回收期以后的收益
          ③促使公司接受短期项目，而放弃有战略意义的长期项目
      - 动态回收期
        - 考虑资金的时间价值
        - 没有考虑回收期以后的收益
    - 会计报酬率法
      - 一种是简单地把原始投资额当作资本占用，即
        会计报酬率＝年平均净利润÷原始投资额×100%
        另一种是计算项目寿命期内平均资本占用，即
        会计报酬率＝年平均净利润÷平均资本占用×100%
        $=\frac{\text{年平均净利润}}{(\text{原始投资额}+\text{投资净残值})\div 2}\times 100\%$
      - 会计报酬率＞期望的报酬率，项目可行
      - 优点：
        ①是一种衡量盈利性的简单方法，使用的概念易于理解
        ②使用财务报告的数据，容易取得
        ③考虑了整个项目寿命期的全部利润
        ④使经理人员知道业绩的预期，也便于项目后续评价
      - 缺点：
        ①使用账面收益而非现金流量，忽视了折旧对现金流量的影响
        ②忽视了净收益的时间分布对于项目经济价值的影响
  - . . . 接下页

投资项目资本预算

- ...接上页
  - **互斥项目优选问题**
    - **项目寿命相同，投资额不同** —— 净现值法结论优先
    - **项目寿命不同，投资额也不同**
      - 共同年限法 —— 重置项目使其达到相同的年限，然后比较净现值
      - 等额年金法 —— 等额年金额=该方案净现值/（P/A，i，n）
      - 共同缺点：
        ①有的领域技术进步快，不可能原样复制
        ②如果通货膨胀比较严重，必须考虑重置成本的上升，两种方法均未考虑
        ③长期来看，竞争会使项目净利润下降，甚至被淘汰，两种方法均未考虑
  - **独立项目的资本分配**
    - **资本总量不受限** —— 凡是净现值为正数的项目都可以投资
    - **资本总量受限** —— 按现值指数排序，并寻找净现值最大的组合
- **新建项目现金流量的估计★★★**
  - **新建项目现金流量构成** —— ①建设期现金流量 ②项目经营期现金流量 ③项目寿命期末现金流量
  - **新建项目现金流影响因素**
    - 只考虑相关成本
    - 不要忽视机会成本
    - 要考虑投资方案对公司其他项目的影响
    - 对营运资本的影响
  - **新建项目现金流量常见项目**
    - **所得税和折旧对现金流量的影响**
      - 税后成本与税后收入 —— 税后=金额×（1-税率）
      - 折旧抵税 —— 税负减少额=折旧额×税率
      - 税后现金流量 —— 直接法、间接法、折旧抵税法
    - **建设期现金流量**
      - ①长期资产投资 ②垫支营运资本
      - 若是原有资产变现，净损益会影响初始现金流量
    - **经营期现金流量**
      - 经营期现金流量=营业收入-付现成本-所得税
      - 经营期现金流量=税后经营净利润+非付现成本（折旧、摊销）
      - 经营期现金流量=营业收入×（1-税率）-付现成本×（1-税率）+折旧×税率
    - **寿命期末现金流量**
      - 回收长期资产余值（或变现收入）± 处置变现所得税
      - 收回垫支营运资本
- ...接下页

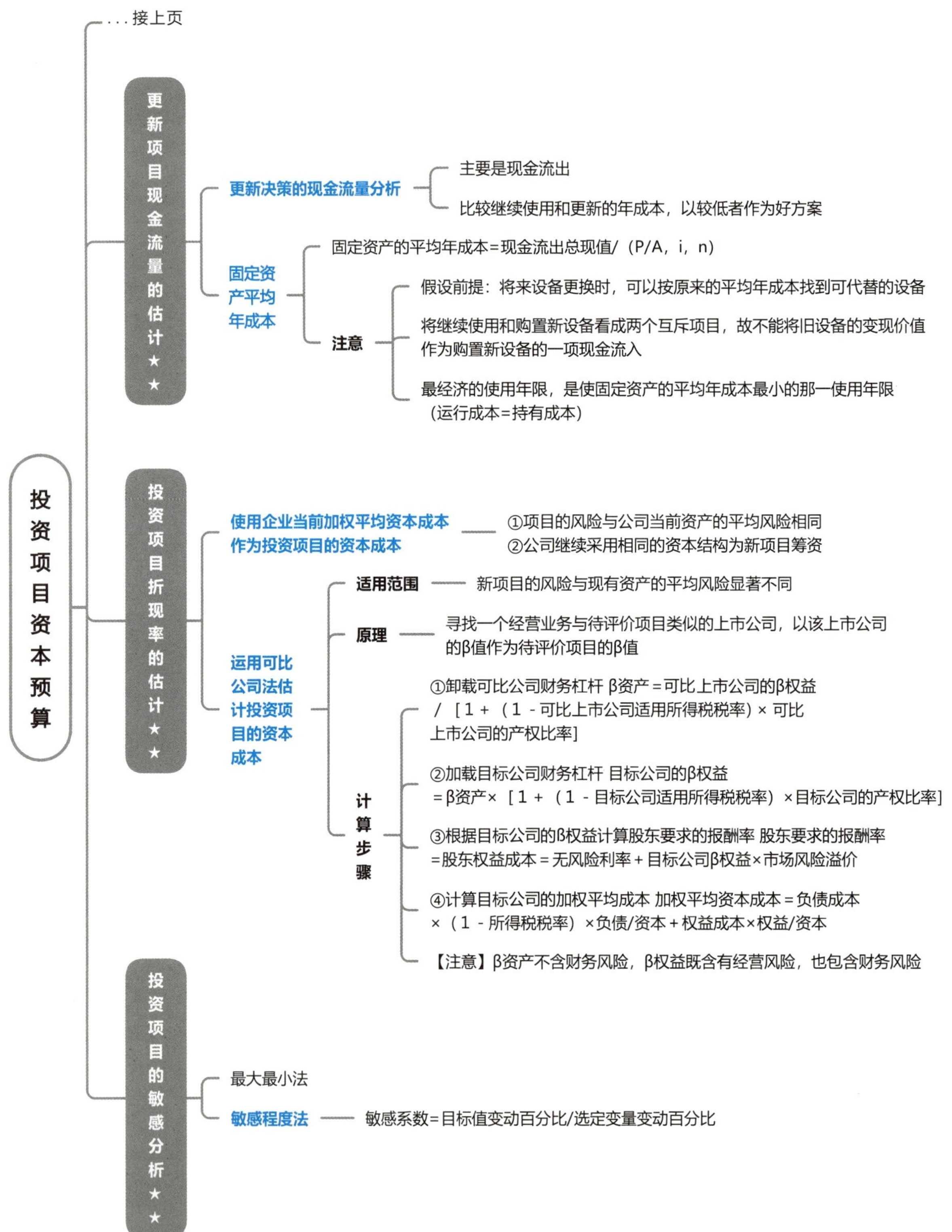
...接上页
投资项目资本预算
更新项目现金流量的估计★★
更新决策的现金流量分析
主要是现金流出
比较继续使用和更新的年成本，以较低者作为好方案
固定资产平均年成本
固定资产的平均年成本=现金流出总现值/（P/A，i，n）
注意
假设前提：将来设备更换时，可以按原来的平均年成本找到可代替的设备
将继续使用和购置新设备看成两个互斥项目，故不能将旧设备的变现价值作为购置新设备的一项现金流入
最经济的使用年限，是使固定资产的平均年成本最小的那一使用年限（运行成本=持有成本）
投资项目折现率的估计★★
使用企业当前加权平均资本成本作为投资项目的资本成本
①项目的风险与公司当前资产的平均风险相同
②公司继续采用相同的资本结构为新项目筹资
运用可比公司法估计投资项目的资本成本
适用范围
新项目的风险与现有资产的平均风险显著不同
原理
寻找一个经营业务与待评价项目类似的上市公司，以该上市公司的β值作为待评价项目的β值
计算步骤
①卸载可比公司财务杠杆 β资产＝可比上市公司的β权益/［1＋（1－可比上市公司适用所得税税率）×可比上市公司的产权比率］
②加载目标公司财务杠杆 目标公司的β权益＝β资产×［1＋（1－目标公司适用所得税税率）×目标公司的产权比率］
③根据目标公司的β权益计算股东要求的报酬率 股东要求的报酬率＝股东权益成本＝无风险利率＋目标公司β权益×市场风险溢价
④计算目标公司的加权平均成本 加权平均资本成本＝负债成本×（1－所得税税率）×负债/资本＋权益成本×权益/资本
【注意】β资产不含财务风险，β权益既含有经营风险，也包含财务风险
投资项目的敏感分析★★
最大最小法
敏感程度法
敏感系数=目标值变动百分比/选定变量变动百分比

第六章

债券、股票价值评估

分值比重：3分左右

命题形式：选择题、计算分析题

★ 核心考点：债券价值的影响因素、普通股的期望报酬率

债券、股票价值评估

- 债券价值评估★★
  - 债券的概念及类型
  - 债券估值模型
    - 普通债券
      - 固定利率、每年计算并支付利息、到期归还本金
      - $PV=\frac{I_1}{(1+i)}+\frac{I_2}{(1+i)^2}+\cdots+\frac{I_n}{(1+i)^n}+\frac{M}{(1+i)^n}$
    - 平息债券
      - 利息在到期时间内平均支付的债券，支付频率可能是一年一次、半年一次或者每季度一次等
      - $PV=\sum_{t=1}^{mn}\frac{I/m}{(1+\frac{i}{m})^t}+\frac{M}{(1+\frac{i}{m})^{mn}}$
    - 纯贴现债券
      - 承诺在未来某一确定日期按面值支付的债券，在到期日前购买人不能得到任何现金支付
        - 零息债券
        - 到期一次还本付息债券
      - $PV=\frac{F}{(1+i)^n}$
    - 流通债券
      - ①已发行并在二级市场上流通的债券不同于新发债券
      - ②到期时间一般小于债券发行在外的时间
      - ③估值的时点可以是发行日之外任何时点，会产生“非整数计息期”问题
  - 债券价值影响因素
    - 票面利率VS折现率
      - 票面利率＞折现率：溢价发行
      - 票面利率＜折现率：折价发行
      - 票面利率＝折现率：平价发行
    - 到期时间
      - 溢价发行：价值随着到期日的临近，总体上波动降低，最终等于债券的面值
      - 折价发行：价值随着到期日的临近，总体上波动上升，最终等于债券的面值（期间可能会超过面值）
      - 平价发行：价值随着到期日的临近，总体上在波动中等于债券的票面价值
    - . . . 接下页

债券、股票价值评估

...接上页

- 债券价值影响因素
  - 折现率的影响
    - 与债券价值反向变化
    - 随着到期时间的缩短，等风险投资的折现率（即必要报酬率）的变动对债券价值的影响越来越小
  - 付息频率 —— 当有效年折现率不变时，付息频率越快（即付息周期越短），债券价值越高
- 债券的期望报酬率
  - 通常用到期收益率来衡量，到期收益率是使未来现金流量现值等于债券购入价格的折现率
  - 计算方法 —— 求解含有折现率的方程 购进价格＝每年利息×年金现值系数＋面值×复利现值系数

普通股价值评估★★

- 股票估值基本模型
  - 股票的内在价值由一系列的股利和将来出售股票时售价的现值所构成
  - 永远持有股票 $V_s=\sum\frac{D_t}{(1+r_s)^t}$
- 不同类型的股票价值
  - 零增长股票 $P_0=D/R_s$
  - 固定增长股票 $P_0=\frac{D_0(1+g)}{R_s-g}=\frac{D_1}{R_s-g}$
  - 非固定增长股票
    - 详细预测期 $V_0=\sum\frac{D_t}{(1+r_s)^t}=\sum\frac{D_0\times(1+g')^t}{(1+r_s)^t}$
    - 后续期 $V_0'=\frac{D_{n+1}}{r_s-g}\times(P/F,r_s,n)$
    - $V=V_0+V_0'$
- 普通股的期望报酬率
  - 原则 —— 找到使未来的现金流入现值等于现金流出现值的折现率
  - 公式
    - 零增长股票 $r_s=D/P_0$
    - 固定增长股票 $r_s=(D_1/P_0)+g$

混合筹资工具价值评估★

- 优先股的特殊性
  - 优先分配利润
  - 优先分配剩余财产
  - 表决权限制
- 优先股和永续债的价值评估
  - 优先股
    - 优先股价值V_p＝优先股每期股息D_p/折现率r_p
    - 优先股期望报酬率r_p＝优先股每期股息D_p/优先股当前股价P_p
  - 永续债
    - 永续债价值V_{pd}＝每年的利息I/年折现率r_{pd}
    - 永续债期望报酬率r_{pd}＝每年的利息I/永续债当前价格V_{pd}

第七章

期权价值评估

- 分值比重：6分左右
- 命题形式：选择题、计算分析题
- ★ 核心考点：期权投资组合策略、期权价值及其影响因素、期权价值评估方法（期权价值原理）

期权价值评估

- **期权的基本概念★**
  - 期权的概念 —— 一种合约，该合约赋予持有人在某一特定日期或该日之前的任何时间以固定价格购进或售出某种资产的权利
  - 期权的类型
    - **按合约执行时间**
      - 美式期权——在到期日或到期日之前的任何时间执行
      - 欧式期权——只能在到期日执行
    - **赋予权力**
      - 看涨期权 —— 以固定价格买入标的资产的权利
      - 看跌期权 —— 以固定价格卖出标的资产的权利
- **单一期权的损益状态★★**
  - 看涨期权
    - **到期日价值**
      - 多头看涨期权到期日价值 = Max（股票市价 - 执行价格，0）
      - 空头看涨期权到期日价值 = -Max（股票市价 - 执行价格，0）
    - **净损益**
      - 多头看涨期权净损益 = 多头看涨期权到期日价值 - 期权价格 —— 净损失有限（最大值为期权价格）；净收益无上限
      - 空头看涨期权净损益 = 空头看涨期权到期日价值 + 期权价格 —— 净损失无上限；净收益有限（最大值为期权价格）
  - 看跌期权
    - **到期日价值**
      - 多头看跌期权到期日价值 = Max（执行价格 - 股票市价，0）
      - 空头看跌期权到期日价值 = -Max（执行价格 - 股票市价，0）
    - **净损益**
      - 多头看跌期权净损益 = 多头看跌期权到期日价值 - 期权价格 —— 净损失有限（最大值为期权价格）；净收益不确定（到期日价值-期权价格）
      - 空头看跌期权净损益 = 空头看跌期权到期日价值 + 期权价格 —— 净损失不确定（到期日价值+期权价格）；净收益有限（最大值为期权价格）
- **期权投资组合策略★★★**
  - 保护性看跌期权 —— **购买股票+购买看跌期权** —— 在股价下跌时，锁定最低净收入和最低净损益
  - 抛补性看涨期权 —— **购买股票+卖出看涨期权**
    - 在股价上升时，锁定最高净收入和最高净损益
    - 抛补性看涨期权是机构投资者常用的投资策略
  - 对敲
    - **多头对敲** —— 同时买入看涨和看跌期权 —— 越大波动盈利越多
    - **空头对敲** —— 同时卖出看涨和看跌期权 —— 越稳定盈利越多

...接下页

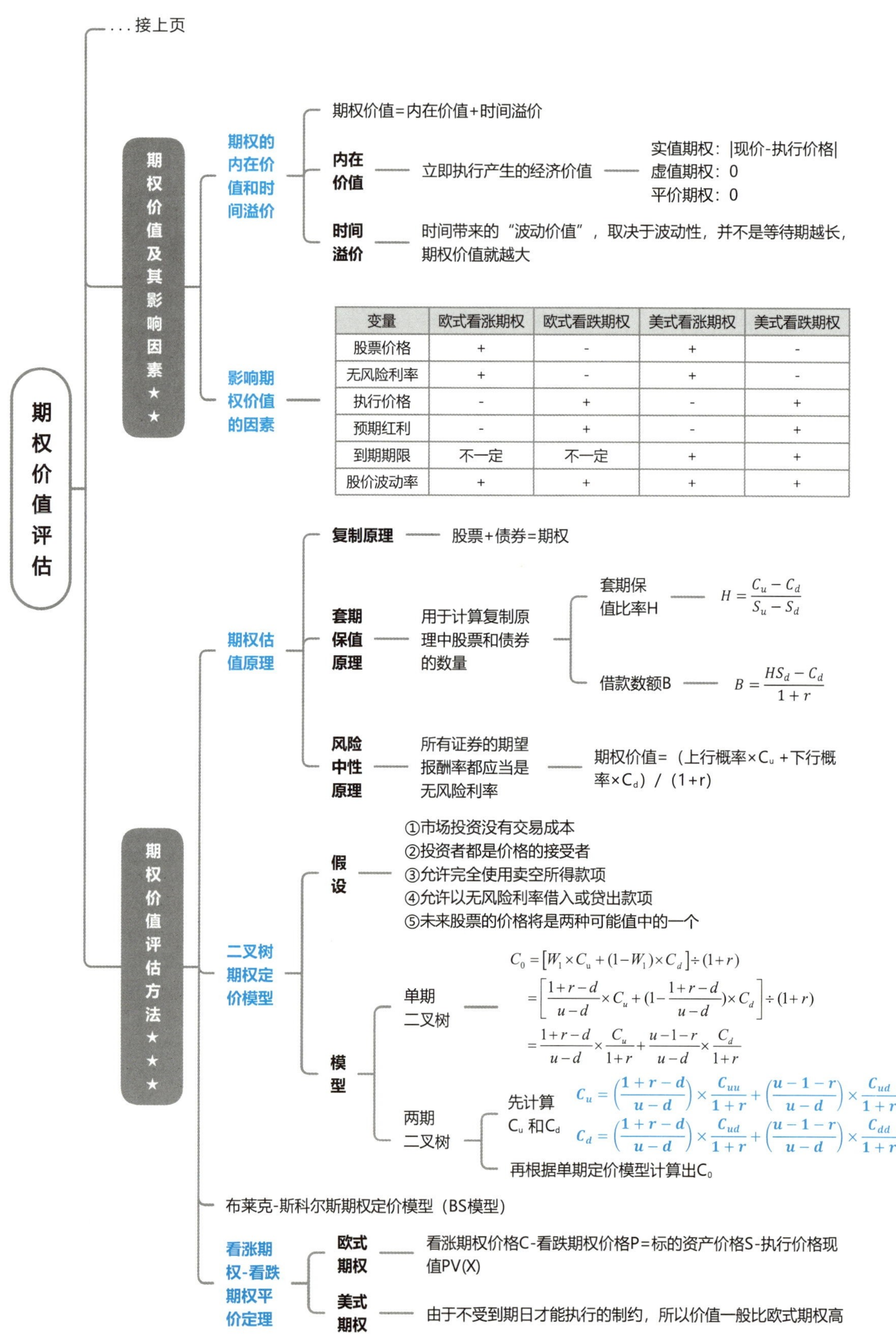

变量	欧式看涨期权	欧式看跌期权	美式看涨期权	美式看跌期权
股票价格	+	-	+	-
无风险利率	+	-	+	-
执行价格	-	+	-	+
预期红利	-	+	-	+
到期期限	不一定	不一定	+	+
股价波动率	+	+	+	+

第八章

企业价值评估

- 分值比重：4分左右
- 命题形式：选择题、计算分析题
- ★ 核心考点：实体现金流量模型及股权现金流量模型的应用、相对价值评估模型

企业价值评估

- 企业价值评估对象★
  - 企业整体的经济价值
    - 整体价值
      - ①整体不是各部分的简单相加
      - ②整体价值来源于要素的结合方式
      - ③部分只有在整体中才能体现出其价值
    - 经济价值 —— 公平市场价值 —— 通常用资产所产生的未来现金流量的现值来计量
  - 整体经济价值的类别
    - 实体价值和股权价值 —— 实体价值=股权价值+净债务价值
    - 持续经营价值与清算价值 —— 公平市场价值，是前述两者中较高的一个
    - 少数股权价值和控股权价值
      - ①股权价值≠少数股权价值+控股权价值
      - ②控股权溢价=V（新的）-V（当前）
- 现金流量折现模型★★★
  - 概述 —— 增量现金流量原则和时间价值原则 —— $企业价值=\sum_{t=1}^{n}\frac{现金流量}{(1+资本成本)^t}$
  - 种类
    - 股利现金流量模型 —— 企业分配给股权投资人的现金流量 —— $股权价值=\sum_{t=1}^{\infty}\frac{股利现金流量_t}{(1+股权资本成本)^t}$
    - 股权现金流量模型 —— 一定期间企业可以提供给股权投资人的现金流量 —— $股权价值=\sum_{t=1}^{\infty}\frac{股权现金流量_t}{(1+股权资本成本)^t}$
    - 实体现金流量模型 —— ①全部现金流入扣除成本费用和必要投资后的剩余部分 ②是企业一定期间可以提供给所有投资人的税后现金流量 —— $实体价值=\sum_{t=1}^{\infty}\frac{实体自由现金流量_t}{(1+加权平均资本成本)^t}$
  - 现金流量折现模型参数估计
    - 确定预测期间
      - 预测基期
      - 详细预测期
      - 后续期
    - 估计各个期间现金流量
  - 应用
    - 股权现金流量模型的应用
      - 永续增长 $股权价值=\frac{下期股权现金流量}{股权资本成本-永续增长率}$
      - 两阶段增长 $股权价值=\sum_{t=1}^{n}\frac{股权现金流量_t}{(1+股权资本成本)^t}+\frac{股权现金流量_{n+1}/(股权资本成本-永续增长率)}{(1+股权资本成本)^n}$
    - ...接下页

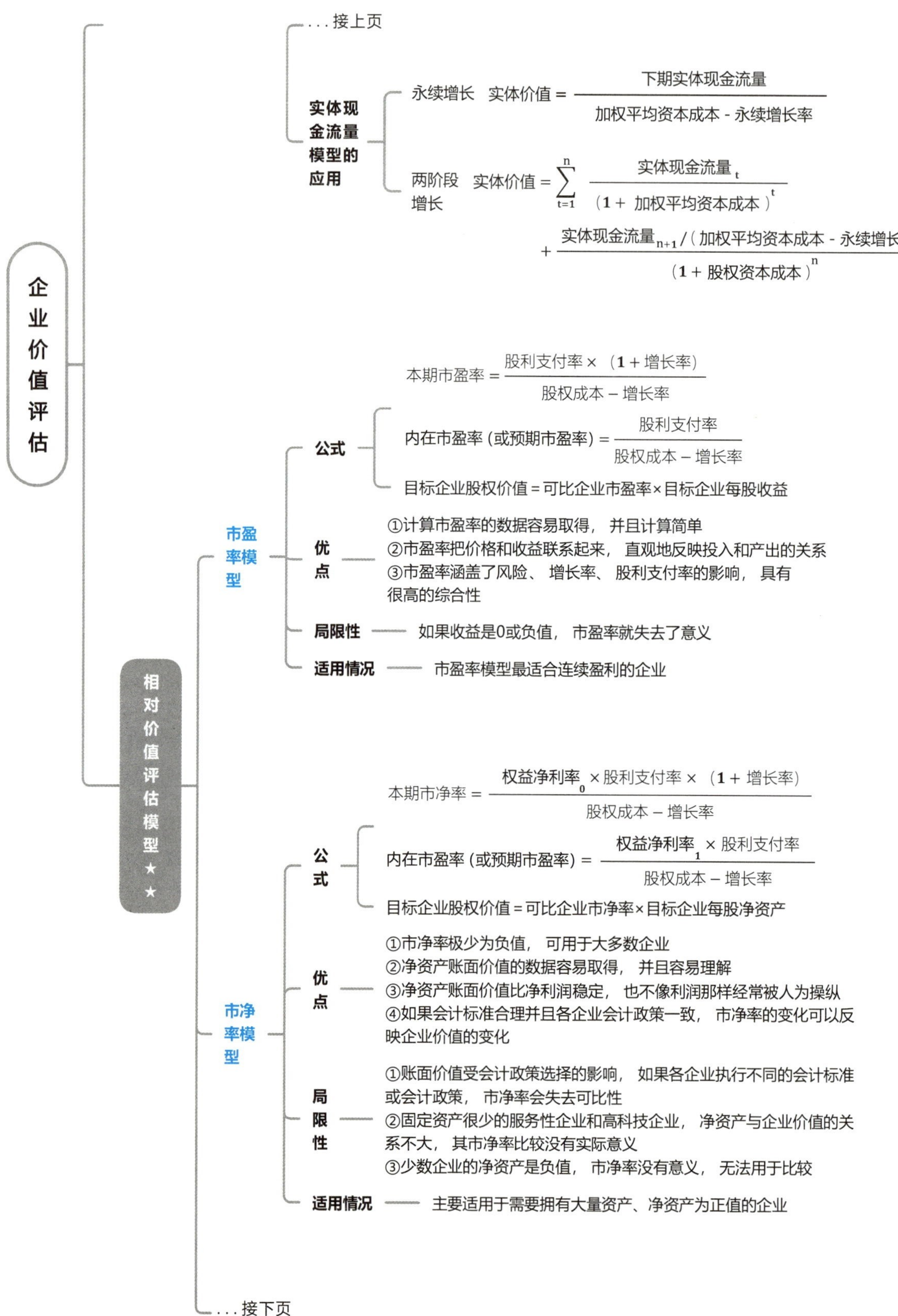

企业价值评估
...接上页
实体现金流量模型的应用
永续增长 实体价值 = 下期实体现金流量 / (加权平均资本成本 - 永续增长率)
两阶段增长 实体价值 = $\sum_{t=1}^{n}\frac{实体现金流量_t}{(1+加权平均资本成本)^t}+\frac{实体现金流量_{n+1}/(加权平均资本成本-永续增长率)}{(1+股权资本成本)^n}$
相对价值评估模型★★
市盈率模型
公式
本期市盈率 = $\frac{股利支付率\times(1+增长率)}{股权成本-增长率}$
内在市盈率（或预期市盈率）= $\frac{股利支付率}{股权成本-增长率}$
目标企业股权价值 = 可比企业市盈率×目标企业每股收益
优点
①计算市盈率的数据容易取得，并且计算简单
②市盈率把价格和收益联系起来，直观地反映投入和产出的关系
③市盈率涵盖了风险、增长率、股利支付率的影响，具有很高的综合性
局限性 如果收益是0或负值，市盈率就失去了意义
适用情况 市盈率模型最适合连续盈利的企业
市净率模型
公式
本期市净率 = $\frac{权益净利率_0\times股利支付率\times(1+增长率)}{股权成本-增长率}$
内在市盈率（或预期市盈率）= $\frac{权益净利率_1\times股利支付率}{股权成本-增长率}$
目标企业股权价值 = 可比企业市净率×目标企业每股净资产
优点
①市净率极少为负值，可用于大多数企业
②净资产账面价值的数据容易取得，并且容易理解
③净资产账面价值比净利润稳定，也不像利润那样经常被人为操纵
④如果会计标准合理并且各企业会计政策一致，市净率的变化可以反映企业价值的变化
局限性
①账面价值受会计政策选择的影响，如果各企业执行不同的会计标准或会计政策，市净率会失去可比性
②固定资产很少的服务性企业和高科技企业，净资产与企业价值的关系不大，其市净率比较没有实际意义
③少数企业的净资产是负值，市净率没有意义，无法用于比较
适用情况 主要适用于需要拥有大量资产、净资产为正值的企业
...接下页

...接上页

市销率模型

- **公式**
  - $本期市销率=\frac{销售净利率_0\times 股利支付率\times(1+增长率)}{股权成本-增长率}$
  - $内在市销率（或预期市销率）=\frac{销售净利率_1\times 股利支付率}{股权成本-增长率}$
  - 目标企业股权价值=可比企业市销率×目标企业每股销售收入
- **优点**
  - ①它不会出现负值，对于亏损企业和资不抵债的企业，也可以计算出一个有意义的价值乘数
  - ②它比较稳定、可靠，不容易被操纵
  - ③市销率对价格政策和企业战略变化敏感，可以反映这种变化的后果
- **局限性**
  - 不能反映成本的变化，而成本是影响企业现金流量和价值的重要因素之一
- **适用情况**
  - 主要适用于销售成本率较低的服务类企业，或者销售成本率趋同的传统行业的企业

相对价值模型的应用

- **市盈率模型的修正**
  - 修正平均市盈率法（先平均后修正）
    - $修正平均市盈率=\frac{可比企业的平均市盈率}{可比企业平均预期增长率\times 100}$
    - 目标企业每股价值=修正平均市盈率×目标企业预期增长率×100×目标企业每股收益
  - 股价平均法（先修正后平均）
    - $分别求每个可比企业的修正市盈率=\frac{可比企业（i）市盈率}{可比企业（i）增长率\times 100}$
    - 用每个可比企业的修正市盈率分别计算目标企业的每股价值
    - 目标企业每股价值（i）=修正市盈率（i）×目标公司预期增长率×100×目标企业每股收益
    - $目标企业每股价值=\frac{\sum 目标企业的每股价值（i）}{n}$
- **市净率模型的修正**
  - 修正市净率=可比企业市净率÷（可比企业预期权益净利率×100）
  - 目标企业每股价值=修正市净率×目标企业预期权益净利率×100×目标企业每股净资产
- **市销率模型的修正**
  - 修正市销率=可比企业市销率÷（可比企业预期销售净利率×100）
  - 目标企业每股价值=修正市销率×目标企业预期销售净利率×100×目标企业每股销售收入

第九章

资本结构

分值比重：6分左右

命题形式：选择题、计算分析题

★ 核心考点：MM理论、每股收益无差别点法、杠杆系数的衡量

- 资本结构
  - 资本结构理论★★
    - MM理论
      - 假设
        - ①完美资本市场
        - ②借债无风险
        - ③全部现金流是永续的
      - 无税MM理论
        - ①有负债企业的价值=无负债企业的价值
        - ②有负债企业的加权平均资本成本=风险等级相同的无负债企业的权益资本成本
        - ③企业加权平均资本成本与其资本结构无关，仅取决于企业的经营风险
        - ①有负债企业权益资本成本=无负债企业的权益资本成本+风险溢价
        - ②风险溢价与以市值计算的财务杠杆（负债/股东权益）成正比
        - ③有负债企业的权益资本成本随着负债程度增大而增加
      - 有税MM理论
        - ①有负债企业的价值=具有相同风险等级的无负债企业的价值+债务利息抵税收益的现值
        - ②随着企业负债比例的提高，企业价值也随之提高，理论上全部融资来源于负债时，企业价值达到最大
        - ③有负债企业的加权平均资本成本随着债务筹资比例的增加而降低
        - ①有负债企业的权益资本成本=相同风险等级的无负债企业的权益资本成本+风险报酬(风险报酬取决于企业的债务比例以及所得税税率)
        - ②有负债企业的权益资本成本随着财务杠杆的提高而增加
    - 其他理论
      - 权衡理论
        - $V_L=V_U+P_V$（利息抵税）$-P_V$（财务困境成本）
        - 强调在平衡债务利息的抵税收益与财务困境成本的基础上，实现企业价值最大化时的最佳资本结构
      - 代理理论
        - $V_L=V_U+P_V$（利息抵税）$-P_V$（财务困境成本）$-P_V$（债务的代理成本）$+P_V$（债务的代理收益）
        - 代理成本
          - 过度投资问题：采取不盈利项目或高风险项目而降低公司价值
          - 投资不足问题：放弃净现值为正的投资项目而降低公司价值
        - 代理收益
          - 债权人保护条款引入（限制性条款）
          - 对经理提升企业业绩的激励措施
          - 对经理随意支配现金流浪费企业资源的约束等
      - 优序融资理论 —— 内源融资→债务融资（普通债务→可转换债务）→股权融资
  - ...接下页

...接上页

资本结构

资本结构决策分析★★

资本成本比较法

- 以加权平均资本成本最低作为选择标准
- 优点：测算简单，使用便捷
- 缺点：难以区别不同方案之间的财务风险因素差异，实际运用中，有时也难以确定各种融资方式的资本成本

每股收益无差别点法

- $\frac{[(EBIT-I_1)\times(1-T)-PD_1]}{N_1}=\frac{[(EBIT-I_2)\times(1-T)-PD_2]}{N_2}$
- 当预期收益 > EBIT时，我们选择债务融资；当预期收益 < EBIT时，我们选择股权融资

企业价值比较法

- 使公司总价值最高（市净率最高），此时公司加权平均资本成本也是最低的
- 公司市场价值V=股票市场价值S+长期债务价值B+优先股价值P

杠杆系数的衡量★★

息税前利润与盈亏平衡分析

- **息税前利润** —— EBIT=Q×(P-V)-F
- **盈亏平衡点销售量** —— 盈亏平衡点销售量=F/(P-V)

经营杠杆系数的衡量

- 在某一固定成本比重的作用下，由于营业收入一定程度的变动引起息税前利润产生更大程度变动
- $DOL=\frac{\triangle EBIT/EBIT}{\triangle S/S}=\frac{Q\times(P-V)}{Q\times(P-V)-F}=\frac{S-VC}{S-VC-F}=\frac{EBIT+F}{EBIT}$

财务杠杆系数的衡量

- 某一固定的债务与权益融资结构下由于息税前利润的变动引起每股收益产生更大变动程度
- $DFL=\frac{\triangle EPS/EPS}{\triangle EBIT/EBIT}=\frac{EBIT}{EBIT-I-PD/(1-T)}=\frac{Q\times(P-V)-F}{Q\times(P-V)-F-I-PD/(1-T)}$

联合杠杆系数的衡量

- 由于固定经营成本和固定融资成本的存在，导致普通股每股收益变动率大于营业收入变动率
- $DTL=\frac{\triangle EPS/EPS}{\triangle S/S}=DOL\times DFL=\frac{EBIT+F}{EBIT-I-\frac{PD}{1-T}}=\frac{Q\times(P-V)}{Q\times(P-V)-F-I-\frac{PD}{1-T}}$

第十章

长期筹资

分值比重：6分左右

命题形式：选择题、计算分析题

核心考点：长期债务筹资的特点、配股除权参考价的计算、附认股权证债券筹资、可转换债券筹资

- 长期筹资
  - 长期债务筹资★
    - 特点
      - 债务筹资与普通股筹资相比
        - ①资本成本低（利息可抵税；投资人风险小，要求回报低）
        - ②不分散控制权
        - ③筹资风险高
        - ④限制条款多
      - 长期债务与短期负债相比
        - ①资本成本高
        - ②财务风险低
        - ③资金使用的限制多
        - ④筹资速度慢
      - 债券筹资与银行借款相比
        - ①资本成本高
        - ②筹资速度慢
        - ③筹资弹性小
        - ④筹资对象广，范围大
    - 长期借款筹资
      - 种类
        - 按照用途：固定资产投资借款、更新改造借款、科技开发和新产品试制借款等
        - 按照提供贷款的机构：政策性银行贷款、商业银行贷款、信托投资贷款、财务公司贷款等
        - 按照有无担保：信用贷款和抵押贷款
      - 保护性条款
        - 一般性保护条款
        - 特殊性保护条款
          - ①贷款专款专用
          - ②不准企业投资于短期不能收回资金的项目
          - ③限制企业高级职员的薪金和奖金总额
          - ④要求企业主要领导人在合同有效期内担任领导职务
          - ⑤要求企业主要领导人购买人身保险
      - 偿还方式
        - ①定期支付利息、到期一次性偿还本金（加大偿还压力）
        - ②定期等额偿还（提高有效年利率）
        - ③平常逐期偿还小额本金和利息、期末偿还余下大额部分
      - 优点
        - 筹资速度快、借款弹性好
      - 缺点
        - 财务风险较大、限制条款较多
    - 长期债券筹资
      - 债券发行价格
        - 债券发行价格=未来支付的利息现值+到期本金的现值
        - 平价：债券的票面金额=发行价格，此时票面利率=市场利率
        - 溢价：债券的票面金额＜发行价格，此时票面利率＞市场利率
        - 折价：债券的票面金额＞发行价格，此时票面利率＜市场利率
      - ...接下页

长期筹资

...接上页

- **债券的偿还**
  - 偿还时间
    - 到期偿还
    - 提前偿还
    - 滞后偿还
      - 转期
      - 转换
  - 偿还形式
    - ①用现金偿还债券
    - ②以新债券换旧债券
    - ③用普通股偿还债券
- **与其他长期负债筹资相比的优缺点**
  - 缺点：
    - ①发行成本高
    - ②信息披露成本高
    - ③限制条件多
  - 优点：
    - ①筹资规模较大
    - ②具有长期性和稳定性
    - ③有利于资源优化配置

普通股筹资★

- **特点**
  - **优点**
    - ①没有固定利息负担，没有固定到期日，财务风险小
    - ②能增加公司的信誉
    - ③筹资限制较少
    - ④在通货膨胀时普通股筹资容易吸收资金
  - **缺点**
    - ①普通股的资本成本较高
    - ②会增加新股东，可能会分散公司的控制权
    - ③信息披露成本大，也增加了公司保护商业秘密的难度
    - ④股票上市会增加公司被收购的风险
- **普通股的发行方式**
  - **以发行对象为标准**
    - 公开发行
    - 非公开发行
  - **是否有中介机构协助为标准**
    - 直接发行
    - 间接发行
      - 包销
      - 承销
  - **能否带来现款为标准**
    - 有偿增资发行
    - 无偿增资发行
    - 搭配增资发行
- **普通股的发行条件**
  - **公开发行普通股** —— 盈利能力具有可持续性、财务状况良好
  - 非公开发行普通股

...接下页

长期筹资

...接上页

- **普通股的发行定价**
  - 股票发行价格可按面值，也可超过面值，但不得低于面值
  - $\text{定价基准日前20个交易日股票交易均价}=\dfrac{\text{定价基准日前20个交易日股票交易总额}}{\text{定价基准日前20个交易日股票交易总量}}$
- **普通股的首次公开发行（IPO）**
  - **发行条件**
  - **发行定价**
    - 可以通过向网下投资者询价的方式确定股票发行价格，也可以通过发行人与主承销商自主协商直接定价等方式确定发行价格
    - 公开发行股票数量在2 000万股（含）以下且无老股转让计划的，应当通过直接定价的方式确定发行价格
- **股权再融资**
  - **配股**
    - 配股价格 —— 网上定价发行的方式，配股价格由主承销商和发行人协商确定
    - 配股条件
    - 配股除权价格 —— $\text{配股除权参考价}=\dfrac{\text{配股前股票市值}+\text{配股价格}\times\text{配股数量}}{\text{配股前股数}+\text{配股数量}}=\dfrac{\text{配股前每股价格}+\text{配股价格}\times\text{股份变动比例}}{1+\text{股份变动比例}}$
    - 每股股票配股权价值
      - $\text{每股股票配股权价值}=\dfrac{\text{配股除权参考价}-\text{配股价格}}{\text{购买一股新配股所需的原股数}}$
      - 没有特定的发行对象
  - **增发新股**
    - 公开增发 —— 通常以现金方式认购
    - 非公开增发
      - 增发对象：机构投资者（财务投资者和战略投资者）、大股东及关联方
      - 不限于现金方式，还包括股权、债权、无形资产、固定资产等非现金资产
  - **对公司的影响** —— 资本结构、财务状况、控制权

优先股筹资★

- **相关规定**
  - 一般条件
  - 上市公司公开发行优先股的特别规定
- **筹资成本** —— 债券筹资成本＜优先股筹资成本＜普通股筹资成本
- **特点**
  - **优点**
    - 与债券相比：
      ①不支付股利不会导致公司破产
      ②没有到期期限，不需要偿还本金
    - 与普通股相比：发行优先股一般不会稀释股东权益
  - ...接下页

长期筹资

...接上页

- 缺点
  - ①对于分类为金融负债的优先股，优先股股利可以税前扣除，但投资者需缴个人所得税
  - ②对于分类为权益工具的优先股，优先股股利不可以税前扣除，但投资者可免缴个人所得税
  - 优先股的股利通常被视为固定成本，会增加公司的财务风险并进而增加普通股的成本

附认股权证债券筹资★★

- **认股权证与看涨期权的异同**
  - **相同点**
    - 都以股票为标的资产，其价值随股票价格变动
    - 到期前都具有选择权
    - 都有固定的执行价格
  - **不同点**
    - 行权时股票来源，稀释问题
    - 持有时间长短
    - 是否适用BS模型
- **筹资成本**
  - 可以用投资人的内含报酬率来估计
  - 计算出的内含报酬率必须处于债务市场利率和税前普通股成本之间，才可以被投资人和发行公司同时接受
- **特点**
  - **优点**
    - 一次发行、二次融资，有效降低融资费用
    - 以潜在的股权稀释为代价，换取较低的利息
  - **缺点**
    - 灵活性较差（无赎回和强制转股条款）
    - 若将来公司发展良好，股票价格大大超过执行价格，原有股东蒙受损失
    - 附带认股权证债券的承销费用高于债务融资

可转换债券筹资★★★

- **主要条款**
  - 可转换性
  - 转换价格
  - 转换比率（=债券面值÷转换价格）
  - 转换期（≤债券期限）
  - 赎回条款（保护发行公司）
  - 回售条款（保护债券投资人）
  - 强制性转换条款（保证实现发行公司扩大权益筹资的目的）
- **筹资成本**
  - 纯债券价值=利息的现值+本金的现值
  - 转换价值=股价×转换比率
  - 底线价值=纯债券价值和转换价值中较高者
  - 若赎回价格 < 底线价值，则选择转股
  - 可转换债券的税前筹资成本应在普通债券利率与税前股权成本之间

...接下页

长期筹资

...接上页

- **与附认股权证债券的区别**
  - 对资本的影响不同
  - 灵活性不同
  - 适用情况不同
  - 发行费用不同
- **特点**
  - **优点**
    - ①与普通债券相比，使公司可以以较低的利率取得资金，降低了前期的筹资成本
    - ②与普通股相比，使公司获得了以高于当前股价出售普通股的可能性，有利于稳定股票价格
  - **缺点**
    - ①股价上涨风险，降低股权筹资额
    - ②股价低迷风险，持有者不行权，公司只能继续承担债务，在订有回售条款的情况下，短期内集中偿还债务的压力会更明显
    - ③筹资成本高于纯债券

租赁筹资★★

- **种类**
  - 按照当事人之间的关系——直接租赁、杠杆租赁、售后租回
  - 按租赁期的长短——短期租赁、长期租赁
  - 按全部租赁费是否超过资产的成本——不完全补偿租赁、完全补偿租赁
  - 按租赁是否可以随时解除——可以撤销租赁、不可撤销租赁
  - 按出租人是否负责资产的维护——毛租赁、净租赁
- **租赁存在的原因**
  - **节税**——如果承租方的有效税率高于出租方，通过租赁可以节税。节税是长期租赁存在的重要原因
  - **降低交易成本**——交易成本的差别是短期租赁存在的主要原因
  - **减少不确定性**——不承担与租赁期满时租赁资产的余值有关的风险
- **售后租回**——卖主同时是承租人，买主同时是出租人
- **决策分析**
  - **基本原则**
    - 若租赁净现值大于零，则应当选择租赁方案
    - 租赁净现值=租赁的现金流量总现值-借款购买的现金流量总现值
  - **租赁的会计处理和税务处理**
    - 会计处理
      - 采用简化处理的短期租赁和低价值资产租赁——租赁付款额按直线法分摊计入成本费用
      - 其他租赁——确认使用权资产和租赁负债
    - 税务处理
      - 经营租赁——按照租赁期均匀扣除
      - 融资租赁
        - 计税基础
          - 合同约定的付款总额+相关费用
          - 资产公允价值+相关费用
        - 构成融资租入固定资产价值的部分应提取折旧费用，分期扣除
  - **现金流的确定（与购买对比）**
    - 短期租赁和低价值租赁——营业（租赁期）现金流量：税后租金
    - 其他租赁
      - 初始现金流量（0）
      - 营业（租赁期）现金流量：税后租金
      - 回收期现金流量
  - **折现率**——有担保债券的税后利率

第十一章

股利分配、股票分割与股票回购

分值比重：4分左右

命题形式：选择题、计算分析题

★ 核心考点：股利理论和股利政策、股票分割和股票回购

- 股利分配、股票分割与股票回购
  - 股利理论和股利政策★★
    - 股利理论
      - 股利无关论
        - 投资者并不关心公司股利的分配
        - 股利政策与股价无关，不影响公司的价值
      - 股利相关论
        - 税差理论
          - 如果不考虑股票交易成本，因为股利收益的税率高于资本利得税率，企业应采取低现金股利比率的分配政策
          - 如果存在股票的交易成本，甚至当资本利得税与交易成本之和大于股利收益税时，偏好取得定期现金股利收益的股东自然会倾向于企业采用高现金股利支付率政策
        - 客户效应理论
          - 边际税率较高的投资者（高收入阶层和风险偏好投资人）偏好低股利支付率的股票，少分现金股利、多留存
          - 边际税率较低的投资者（低收入阶层和风险厌恶投资人）偏好高股利支付率的股票
        - “一鸟在手”理论 — 股东偏好于确定的股利收益，为了实现股东价值最大化的目标，企业应实行高股利分配率的股利政策
        - 代理理论 — 诸多利益相关者的目标并非完全一致
        - 信号理论 — 由于公司管理者与投资者之间存在信息不对称，公司可以通过股利政策向市场传递关于公司未来盈利能力的信息，股利政策会影响公司股价
    - 股利政策
      - 股利政策类型
        - 剩余股利政策
          - 保持理想资本结构，使加权平均资本成本最低
          - 注意：分配的基数是当年的税后利润，这里不考虑以前的未分配利润和需要提取的盈余公积
        - 固定股利或稳定增长股利政策
          - 适用范围 — 适用于成熟的、盈利充分且获利能力比较稳定的、扩张需求减少的公司
          - 优点 — ①可以消除投资者内心的不确定性 ②有利于投资者安排股利收入和支出，特别是那些对股利有着很高依赖性的股东
          - 缺点 — ①股利支付与盈余相脱节 ②也不能保持较低的资本成本
        - ...接下页

股利分配、股票分割与股票回购

- ...接上页
  - 固定股利支付率政策
    - 优点——股利与公司盈余紧密结合，体现多盈多分、少盈少分、无盈不分的原则
    - 缺点——各年股利变动较大，极易造成公司不稳定的感觉，不利于稳定股价
  - 低正常股利加额外股利政策
    - ①使公司具有较大的灵活性
    - ②增强股东信心，利于稳定股价
    - ③使依靠股利维持生活的股东每年可以得到稳定的股利，从而吸引这部分股东
- **股利政策的影响因素**
  - 法律限制
    - ①资本保全的限制
    - ②企业积累的限制
    - ③净利润的限制
    - ④超额累积利润的限制
    - ⑤无力偿付的限制
  - 股东因素
    - ①稳定的收入和避税
    - ②防止控制权稀释
  - 公司因素
    - ①盈余的稳定性
    - ②公司的流动性
    - ③举债能力
    - ④投资机会
    - ⑤资本成本
    - ⑥债务需要
  - 其他因素
    - ①债务合同约束
    - ②通货膨胀

股利种类、支付程序及股利分配★

- **股利种类**
  - 现金股利
  - **股票股利**
    - 影响
      - 有影响的项目
        - ①所有者权益的内部结构
        - ②股数增加，每股收益和每股市价下降
      - 无影响的项目
        - ①每股面值
        - ②每位股东享有财富不变
        - ③资产、负债和股东权益总额不变
    - 意义
      - ①使股票的交易价格保持在合理的范围之内
      - ②以较低的成本向市场传达利好信号
      - ③有利于保持公司的流动性
  - 财产股利
  - 负债股利
- ...接下页

股利分配、股票分割与股票回购

...接上页

- **支付程序**：股利宣告日、股权登记日（仍含股息）、除息日、股利支付日
- **股利分配**
  - 发放股票股利后的每股收益=发放股票股利前的每股收益/(1+股票股利发放率)
  - 发放股票股利后的每股除权参考价=股利分配权转移日的每股市价/(1+股票股利发放率)

股票分割和股票回购★★

- **股票分割**
  - **影响**
    - 有影响的项目：①股数增加，每股收益、每股净资产和每股价格降低 ②每股面值变化
    - 无影响的项目：①资产、负债和股东权益总额不变 ②股东权益内部结构不变 ③每位股东享有的股东财富不变
  - **意义**：①股价暴涨时控制股价 ②传递出公司正在成长的信息
- **股票回购**
  - **股票回购的方式**
    - 按照股票回购的地点不同：场内公开收购；场外协议收购
    - 按照股票回购面向的对象不同：资本市场上进行随机回购；全体股东招标回购；向个别股东协商回购
    - 按照筹资方式不同：举债回购；现金回购；混合回购
    - 按照回购价格的确定方式不同：固定价格要约回购；荷兰式拍卖回购
  - **有影响**：①资产和股东权益同时减少 ②引起现金流出 ③股数减少，每股收益和每股价格提高
  - **意义（与现金股利对比）**
    - 对股东：股东得到资本利得，当资本利得税率小于股利收益税率时，股东将得到纳税上的好处
    - 对公司：①向市场传递了股价被低估的信号 ②用自由现金流进行股票回购，有助于提高每股收益 ③避免股利波动带来的负面影响 ④发挥财务杠杆的作用 ⑤在一定程度上降低了公司被收购的风险 ⑥调节所有权结构

第十二章

营运资本管理

分值比重：6分左右

命题形式：选择题、计算分析题

★ 核心考点：营运资本筹资策略、存货经济订货量基本模型及其拓展模型

- 营运资本管理
  - 营运资本投资策略★
    - 适中型投资策略
      - 营运资本投资相关成本
        - 短缺成本：是指随着流动资产投资水平降低而增加的成本
        - 持有成本：是指随着流动资产投资水平上升而增加的成本
      - 最优投资规模
        - ①流动资产最优的投资规模，取决于持有成本和短缺成本总计的最小化
        - ②适中的流动资产投资政策，就是按照最优投资规模安排流动资产投资
      - 特点——短缺成本和持有成本大体相等
    - 保守型投资策略
      - 保守型投资策略相关成本——承担较大的流动资产持有成本，较小的短缺成本
      - 特点——表现为安排较高的流动资产/收入比率
    - 激进型投资策略
      - 激进型投资策略相关成本——承担较小的流动资产持有成本，较高的短缺成本
      - 特点——表现为安排较低的流动资产/收入比率
  - 营运资本筹资策略★★
    - 易变现率
      - $$易变现率=\frac{(股东权益+长期债务+经营性流动负债)-长期资产}{经营性流动资产}$$
      - 易变现率越高，偿债压力越小
    - 类型
      - 适中型筹资策略
        - ①长期资产+稳定性流动资产=股东权益+长期债务+经营性流动负债
        - ②波动性流动资产=临时性负债
        - ③经营低谷时易变现率=1；经营高峰时易变现率<1
      - 保守型筹资策略
        - ①波动性流动资产>临时性负债
        - ②长期资产+稳定性流动资产<所有者权益+长期负债+自发性流动负债
        - ③经营低谷时，易变现率>1；经营高峰时，易变现率<1
      - 激进型筹资策略
        - ①波动性流动资产<临时性负债
        - ②长期资产+稳定性流动资产>股东权益+长期负债+自发性流动负债
        - ③经营低谷时，易变现率<1；经营高峰时，易变现率<1
  - ...接下页

...接上页

营运资本管理

现金管理★★

现金存在的原因及管理目标

- **企业置存现金的原因** —— 交易性需要、预防性需要、投机性需要
- **现金管理目标** —— 在资产的流动性和盈利能力之间做出抉择，以获取最大的长期利润

最佳现金持有量的分析

- **成本分析模式**
  - 通过分析持有现金的成本，寻找持有成本最低的现金持有量
  - 持有现金的成本
    - 机会成本 —— 与现金持有量成正比例变化
    - 管理成本 —— 是一种固定成本，与现金持有量之间无明显的比例关系
    - 短缺成本 —— 与现金持有量成反比例变化
  - 决策原则 —— 上述三项成本之和最小的现金持有量，就是最佳现金持有量
- **存货模式**
  - 相关成本
    - 机会成本 —— 机会成本=（C/2）×K，与现金持有量成正比例变化
    - 交易成本 —— 交易成本=（T/C）×F，与现金持有量成反比例变化
  - 公式
    - 最佳现金持有量 —— $C^* = \sqrt{\dfrac{2T \times F}{K}}$
    - 最小相关总成本 = $\sqrt{2 \times T \times F \times K}$
- **随机模式**
  - 调整方式
    - 现金持有量在上限和下限之间波动 —— 无须调整
    - 现金量≥控制上限 —— 购入有价证券，使现金持有量回落到现金返回线
    - 现金量≤控制下限 —— 抛售有价证券，使现金持有量回升到现金返回线
  - 公式
    - 上限 —— H=3R-2L
    - 下限 —— 受到企业每日的最低现金需要量、管理人员的风险承受倾向等因素的影响
    - 现金返回线 —— $R = \sqrt[3]{\dfrac{3b\delta^2}{4i}} + L$

应收账款管理★★

信用政策的构成

- 信用期间
- **信用标准** —— 企业在设定某一顾客的信用标准时，可以通过“5C”系统来进行评估（品种、能力、资本、抵押、条件）
- 现金折扣政策

...接下页

营运资本管理

存货管理★★★

...接上页

信用政策决策思路

- **①收益的增加** —— 收益增加=销售量的增加×单位边际贡献；单位边际贡献=单价-单位变动成本
- **②应收账款占用资金的增加** —— 应收账款应计利息=日销售额×平均收现期×变动成本率×资本成本
- **③存货增加而多占用资金的利息** —— 存货占用资金利息=存货增加量×存货变动成本×资本成本
- ④收账费用和坏账损失增加
- **⑤现金折扣成本的增加** —— 现金折扣成本增加=新的销售额×新的现金折扣率×新的享受现金折扣的顾客比例-旧的销售额×旧的现金折扣率×旧的享受现金折扣的顾客比例
- **⑥改变信用期的税前损益** —— 增加的税前损益=收益增加-成本费用增加

决策原则

改变信用政策前后收益（税前损益）最大的方案为优

储备存货的成本

- **取得成本** —— 取得成本 = 订货成本 + 购置成本 = 订货固定成本 + 订货变动成本 + 购置成本 $= F_1 + \frac{D}{Q} \times K + DU$
- **储存成本** —— 储存成本 = 储存固定成本 + 储存变动成本 $= F_2 + K_c \times \frac{Q}{2}$
- 缺货成本

存货决策

经济订货量基本模型

- 经济订货量（Q^*）基本模型：$Q^* = \sqrt{\frac{2KD}{K_C}}$
- 每年最佳订货次数$(N^*) = \frac{D}{Q^*}$
- 与批量相关的存货总成本$TC(Q^*) = \sqrt{2KDK_C}$
- 最佳订货周期$(t^*) = \frac{1}{N^*}$
- 经济订货量占用资金(I^*) = 年平均库存 × 单位购置成本 $= \frac{Q^*}{2} \times U$

基本模型的扩展

- 订货提前期 —— 再订货点R=交货时间L×每日需求量d
- 存货陆续供应和使用
  - 存货陆续供应和使用的经济订货量公式 —— $Q^* = \sqrt{\frac{2KD}{K_C} \times \frac{P}{P-d}}$
  - 经济订货量总成本公式 —— $TC(Q^*) = \sqrt{2KDK_C \times (1-\frac{d}{P})}$
- 保险储备
  - 考虑保险储备的相关成本
    - 再订货点R=平均交货时间×平均日需求量+保险储备=L×d+B
    - 相关总成本=缺货成本+保险储备成本
  - 决策方法 —— 使保险储存成本与缺货成本之和最小

...接下页

...接上页

- **短期债务管理★★**
  - 短期债务筹资的特点（相比长期债务）
    - ①筹资速度快，容易取得
    - ②筹资富有弹性，限制较少
    - ③筹资成本较低
    - ④筹资风险高
  - 商业信用筹资（应付账款）
    - **放弃现金折扣成本**
      - 一般情况（单利计算）—— $放弃现金折扣成本=\frac{折扣百分比}{1-折扣百分比}\times\frac{360}{信用期-折扣期}$
      - 复利计算 —— $放弃现金折扣成本=\left(1+\frac{折扣百分比}{1-折扣百分比}\right)^{\frac{360}{信用期-折扣期}}-1$
    - **决策原则**
      - ① 若放弃现金折扣成本率＞短期贷款利率或短期投资收益率，则选择折扣期内付款
      - ② 若放弃现金折扣成本率＜短期贷款利率或短期投资收益率，则选择信用期内付款
      - ③展延付款所降低的折扣成本＞展延付款的信用损失，则选择展期信用
  - 短期借款筹资
    - **信用条件**
      - 信贷限额 —— 信贷期内，可随时借款
      - 周转信贷协议
        - 具有法律义务
        - 有效年利率=(贷款额×报价利率+（周转信贷限额-贷款额）×承诺费率)/贷款额
      - 补偿性余额
        - 保有一定比例的银行存款
        - 有效年利率 $=\frac{贷款额\times报价利率}{贷款额\times（1-补偿性余额比率）}=\frac{报价利率}{1-补偿性余额比率}$
      - 借款抵押、偿还条件、其他承诺
    - **借款利率种类** —— 优惠利率、浮动优惠利率、非优惠利率
    - **借款利息的支付方法**
      - 收款法 —— 有效年利率=(贷款额×报价利率)÷贷款额=报价利率
      - 贴现法
        - 先扣利息，到期偿还本金
        - 有效年利率=(贷款额×报价利率)÷(贷款额×(1-报价利率))=报价利率 ÷(1-报价利率)
      - 加息法
        - 分期等额偿还贷款
        - 有效年利率≈2×报价利率

第十三章

产品成本计算

分值比重：8分左右

命题形式：选择题、计算分析题

★ 核心考点：完工产品与在产品之间的分配（约当产量法、定额比例法）、产品成本计算的分步法

- 产品成本计算
  - 产品成本的分类★
    - 是否参与制造
      - 制造成本
      - 非制造成本
    - 费用的发生与产品的关系
      - 产品成本
      - 期间成本
    - 按计入成本对象的方式
      - 直接成本
      - 间接成本
  - 产品成本的归集和分配★★
    - 基本生产费用的归集和分配
      - 分配率＝待分配的间接成本／各个分配对象的分配标准合计
      - 某分配对象应分配的间接费用＝间接成本费用分配率×某分配对象的分配标准
    - 辅助生产费用的归集和分配
      - 直接分配法
        - 概述：不考虑辅助生产内部相互提供的劳务量，直接将辅助生产车间发生的费用分配给辅助生产以外的各个受益单位
        - 优点：计算工作简便
        - 缺点：辅助生产车间相互提供产品或劳务量差异较大时，分配结果往往与实际不符
        - 适用：只适宜在辅助生产内部相互提供产品或劳务不多、不进行费用的交互分配对辅助生产成本和产品制造成本影响不大的情况
      - 交互分配法
        - 概述：两次分配，首先在各辅助生产车间之间进行一次交互分配，其次将各辅助生产车间交互分配后的实际费用，对辅助生产车间以外的各受益单位进行分配
        - 优点：提高分配结果的准确性
        - 缺点：增加了计算工作量
  - 完工产品和在产品的成本分配★★★
    - 分配原理
      - 月初在产品成本＋本月发生生产费用＝本月完工产品成本＋月末在产品成本
    - 分配方法
      - 不计算在产品成本
        - 公式——本月完工产品成本=本月发生的生产费用
        - 适用——月末在产品数量很少的情况
      - 在产品成本按年初数固定计算
        - 公式——本月发生的生产费用=本月完工产品成本
        - 适用——适用于月末在产品数量很少，或者在产品数量虽多，但各月变动不大
      - ...接下页

...接上页

- **产品成本计算**
  - **完工产品和在产品的成本分配★★★**
    - 分配方法
      - **在产品成本按其所耗用的原材料费用计算**
        - 月末在产品只计算应该负担的原材料费用，其他费用全部由完工产品负担
        - 适用——适用于原材料费用在产品成本中所占比重较大，而且原材料在生产开始时一次投入
      - **在产品成本按定额成本计算**
        - 公式
          - 月末在产品成本=月末在产品数量×在产品定额单位成本
          - 产成品总成本=月初在产品成本+本月生产费用-月末在产品成本
        - 适用——定额成本管理基础良好的情况
      - **定额比例法**
        - 公式——①费用分配率 = （月初在产品成本 + 本月生产费用）/（完工产品定额 + 月末在产品定额）
②完工产品应分配的成本 = 完工产品定额 × 费用分配率
③月末在产品成本 = 月末在产品定额 × 费用分配率
        - 适用——各月末在产品数量变化较大，有较为准确的消耗定额资料
      - **约当产量法**
        - 加权平均法——①在产品约当产量=在产品数量×完工程度
②单位成本=（月初在产品成本+本月发生的生产费用）/（产成品产量+月末在产品约当产量）
③完工产品成本=单位成本×产成品产量
④月末在产品成本=单位成本×月末在产品约当产量
        - 先进先出法
          - 假设先开始生产的产品先完工
          - ①月初在产品约当产量（直接材料）=月初在产品数量×(1-已投料比例)
②月初在产品约当产量 (转换成本) =月初在产品数量×(1 -月初在产品完工程度)
③本月投入本月完工产品数量=本月全部完工产品数量-月初在产品本月完工数量
④月末在产品约当产量(直接材料) =月末在产品数量×本月投料比例
⑤月末在产品约当产量（转换成本）=月末在产品数量×月末在产品完工程度
⑥单位成本（分配率）=本月发生生产费用/（月初在产品约当产量+本月投入本月完工产品数量+月末在产品约当产量）
⑦完工产品成本=月初在产品成本+月初在产品本月加工成本+ 本月投入本月完工产品数量×分配率=月初在产品成本+月初在产品约当产量×分配率+本月投入本月完工产品数量×分配率
⑧月末在产品成本=月末在产品约当产量×分配率

...接下页

产品成本计算

...接上页

- 适用：各月末在产品数量变化较大，产品成本中原材料费用和工资等其他费用比重相差不多的产品
- 原材料投入方式
  - 在生产开始时一次投入 —— 不用计算在产品约当产量
  - 在加工进度中陆续投入 —— 计算在产品约当产量

联产品和副产品的成本分配★

联产品加工成本的分配

- **分离点售价法**
  - ①联合成本分配率=待分配联合成本/（A产品分离点的总售价+B产品分离点的总售价）
  - ②A产品应分配联合成本=联合成本分配率×A产品分离点的总售价
  - ③B产品应分配联合成本=联合成本分配率×B产品分离点的总售价
- **可变现净值法**：联合成本分配率=待分配联合成本/（A产品可变现净值+B产品可变现净值）
- **实物数量法**
  - 以产品的实物数量或重量为基础分配
  - 适用于所生产的产品的价格很不稳定或无法直接确定

副产品加工成本的分配

采用简化的方法确定副产品成本，再从总成本中扣除，余额为主产品的成本

产品成本计算的品种法与分批法★

品种法

- **适用**：大量大批的单步骤生产的公司以及管理上不要求按照生产步骤计算产品成本的多步骤生产。如发电、供水、采掘

分批法

- **适用**
  - 主要适用于单件小批类型的生产。如造船业、重型机器制造业等
  - 也可用于一般工业企业中的新产品试制或试验的生产、在建工程以及设备修理作业等

...接下页

...接上页

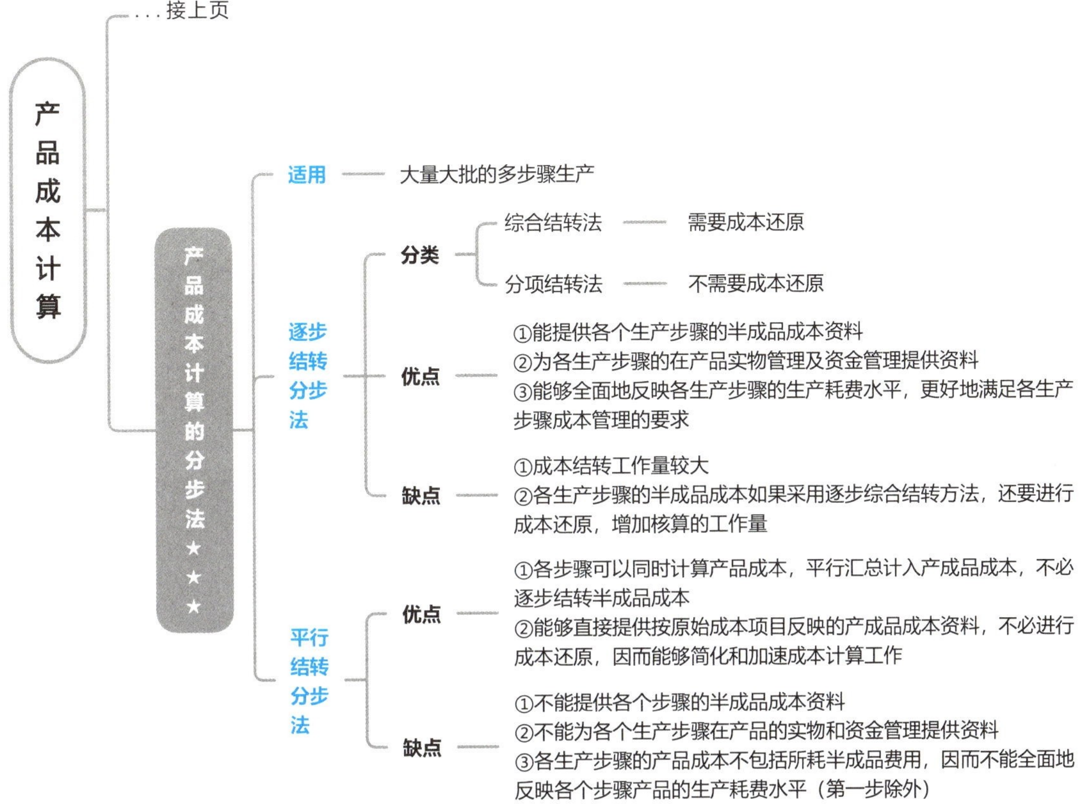
产品成本计算
产品成本计算的分步法★★★
适用
大量大批的多步骤生产
逐步结转分步法
分类
综合结转法
需要成本还原
分项结转法
不需要成本还原
优点
①能提供各个生产步骤的半成品成本资料
②为各生产步骤的在产品实物管理及资金管理提供资料
③能够全面地反映各生产步骤的生产耗费水平，更好地满足各生产步骤成本管理的要求
缺点
①成本结转工作量较大
②各生产步骤的半成品成本如果采用逐步综合结转方法，还要进行成本还原，增加核算的工作量
平行结转分步法
优点
①各步骤可以同时计算产品成本，平行汇总计入产成品成本，不必逐步结转半成品成本
②能够直接提供按原始成本项目反映的产成品成本资料，不必进行成本还原，因而能够简化和加速成本计算工作
缺点
①不能提供各个步骤的半成品成本资料
②不能为各个生产步骤在产品的实物和资金管理提供资料
③各生产步骤的产品成本不包括所耗半成品费用，因而不能全面地反映各个步骤产品的生产耗费水平（第一步除外）

第十四章

标准成本法

分值比重：3分左右

命题形式：选择题、计算分析题

★ 核心考点：变动成本的差异分析、固定制造费用的差异分析

- 标准成本法
  - 标准成本及其制定★
    - 概念
      - 成本标准=单位产品标准成本=单位产品标准消耗量×标准单价
      - 标准成本（总额）=实际产量×单位产品标准成本
    - 种类
      - **按其制定所根据的生产技术和经营管理水平分类** —— 理想标准成本、正常标准成本
      - **按其适用期分类**
        - 现行标准成本 —— 根据其适用期间应该发生的价格、效率和生产经营能力利用程度等预计的标准成本
        - 基本标准成本
          - 指一经制定，只要生产的基本条件无重大变化，就不予变动的一种标准成本
          - 重大变化是指：①产品的物理结构的变化 ②重要原材料和劳动力价格的重要变化 ③生产技术和工艺的根本变化
    - 制定
      - **直接材料标准成本**
        - 标准消耗量是现有技术条件生产单位产品所需的材料数量
        - 价格标准是预计下一年度实际需要支付的进料单位成本
      - **直接人工标准成本**
        - 用量标准是单位产品的标准工时
        - 价格标准是指标准工资率
      - **制造费用标准成本**
        - 变动制造费用标准成本
          - 变动制造费用标准分配率 = 变动制造费用预算总数 / 直接人工标准总工时
          - 变动制造费用标准成本 = 单位产品直接人工的标准工时 ×变动制造费用的标准分配率
        - 固定制造费用标准成本
          - 固定制造费用标准分配率 = 固定制造费用预算总额 / 直接人工标准总工时
          - 固定制造费用标准成本=单位产品直接人工标准工时 × 固定制造费用的标准分配率
  - ...接下页

…接上页

标准成本法

变动成本的差异分析★★★

- 成本差异=价格差异+数量差异
- 计算
  - 直接材料差异分析
    - 价差：直接材料价格差异=实际数量×(实际价格-标准价格)
    - 量差：直接材料数量差异=(实际数量-标准数量)×标准价格
  - 直接人工差异分析
    - 价差：工资率差异=实际工时×(实际工资率-标准工资率)
    - 量差：人工效率差异=(实际工时-标准工时)×标准工资率
  - 变动制造费用的差异分析
    - 价差：变动制造费用耗费差异=实际工时×(变动制造费用实际分配率-变动制造费用标准分配率)
    - 量差：变动制造费用效率差异=(实际工时-标准工时)×变动制造费用标准分配率
- 差异原因
  - 用量差异
    - 材料数量差异——生产、采购、技术、质量检验等部门
    - 人工效率差异——主要由生产部门负责
    - 变动制造费用效率差异——主要由生产部门负责
  - 价格差异
    - 材料价格差异——采购部门
    - 人工工资率差异——一般是人事劳动部门
    - 变动制造费用耗费差异——部门经理负责

固定制造费用差异分析★★★

- 二因素分析法
  - 耗费差异=固定制造费用实际数-固定制造费用预算数
  - 能力差异=固定制造费用预算数-固定制造费用标准成本 =固定制造费用标准分配率×生产能力-固定制造费用标准分配率×实际产量标准工时 =(生产能力 - 实际产量标准工时)×固定制造费用标准分配率
- 三因素分析法
  - 耗费差异=固定制造费用实际数-固定制造费用预算数=固定制造费用实际数-固定制造费用标准分配率×生产能力
  - 闲置能力差异=固定制造费用预算数-实际工时×固定制造费用标准分配率 =（生产能力-实际工时）×固定制造费用标准分配率
  - 效率差异 =（实际工时-实际产量标准工时）×固定制造费用标准分配率

第十五章

作业成本法

分值比重：2分左右
命题形式：选择题（主观题概率不高）
★ 核心考点：作业成本库的设计

- 作业成本法
  - 作业成本的概念★
    - 核心概念
      - 作业 —— 作业是指企业中特定组织（成本中心、部门或产品线）重复执行的任务或活动
      - 成本动因
        - 资源成本动因 —— 引起作业成本增加的驱动因素
        - 作业成本动因 —— 引起产品成本增加的驱动因素
    - 主要特点
      - **成本计算分为两个阶段** —— “产品消耗作业，作业消耗资源”
      - **成本分配强调因果关系**
        - 成本追溯
        - 动因分配
        - 分摊
      - 成本分配使用众多不同层面的作业动因
  - 作业成本计算★★
    - 作业成本的计算原理
      - **作业的认定**
        - 根据企业总的生产流程，自上而下进行分解
        - 通过与员工和经理进行交谈，自下而上地确定他们所做的工作，并逐一认定各项作业
      - **作业成本库的设计**
        - 单位级作业库
          - 每一单位产品至少要执行一次的作业
          - 作业成本与产量呈比例变动
        - 批次级作业库
          - 同时服务于每批产品或许多产品的作业
          - 作业成本与产品批次呈比例变动
        - 品种级（产品级）作业库
          - 服务于某种型号或样式产品的作业
          - 作业成本与产品品种呈比例变动
        - 生产维持级作业库
          - 服务于整个工厂的作业
          - 作业成本为全部生产产品的共同作业成本
      - **资源成本分配到作业** —— 资源成本借助于资源成本动因分配到各项作业
      - ... 接下页

- 作业成本法
  - ...接上页
  - 作业成本分配到成本对象（作业动因的种类）
    - 单位作业成本=本期作业成本库归集总成本/作业量
    - 业务动因
      - 精确度最差
      - 执行成本最低
    - 持续动因 —— 精确度和成本都居中
    - 强度动因
      - 精确度最高
      - 执行成本最昂贵
  - 作业成本法的优点、局限性
    - **优点**
      - ①成本计算更准确
      - ②成本控制与成本管理更有效
      - ③为战略管理提供信息支持
    - **局限性**
      - ①开发和维护费用较高
      - ②作业成本法不符合对外财务报告的需要
      - ③确定成本动因比较困难
      - ④不利于通过组织控制进行管理控制
  - 作业成本法的适用条件
    - 成本结构：制造费用在产品成本中占有较大比重
    - 产品品种：产品多样性程度高
    - 外部环境：面临的竞争激烈
    - 公司规模：规模比较大
- 作业成本管理★
  - 增值作业与非增值作业的区分 —— 最终增加顾客价值的作业是增值作业，否则就是非增值作业
  - 基于作业进行成本管理 —— 应用作业成本计算提供的信息，从成本的角度，在管理中努力提高增加顾客价值的作业效率，消除或遏制不增加顾客价值的作业，实现企业生产流程和生产经营效率效果的持续改善，增加企业价值

第十六章

本量利分析

分值比重：8分左右

命题形式：选择题、计算分析题

核心考点：成本性态分析、本量利分析基本模型、保本分析、利润敏感分析

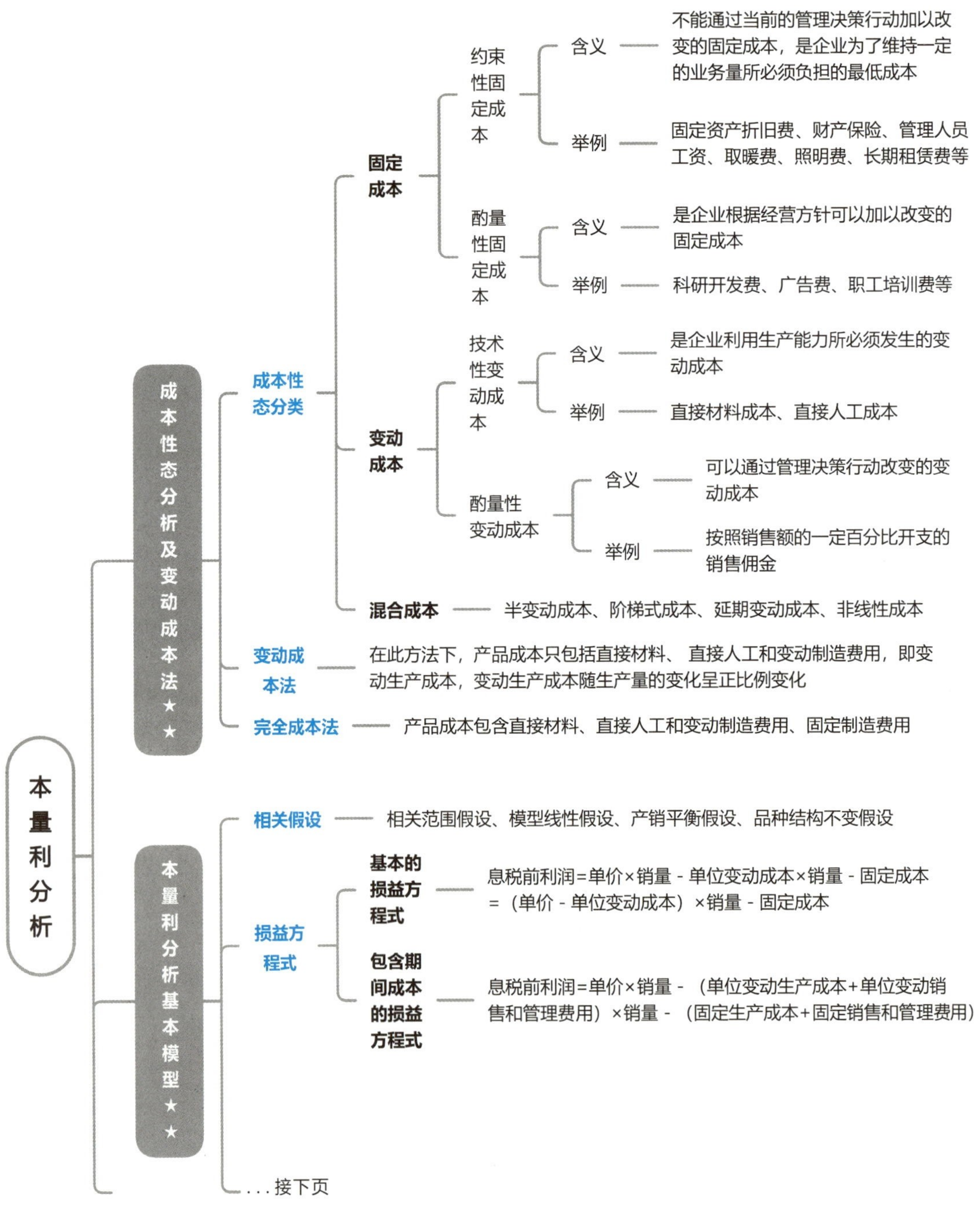

- 本量利分析
  - 成本性态分析及变动成本法★★
    - 成本性态分类
      - 固定成本
        - 约束性固定成本
          - 含义——不能通过当前的管理决策行动加以改变的固定成本，是企业为了维持一定的业务量所必须负担的最低成本
          - 举例——固定资产折旧费、财产保险、管理人员工资、取暖费、照明费、长期租赁费等
        - 酌量性固定成本
          - 含义——是企业根据经营方针可以加以改变的固定成本
          - 举例——科研开发费、广告费、职工培训费等
      - 变动成本
        - 技术性变动成本
          - 含义——是企业利用生产能力所必须发生的变动成本
          - 举例——直接材料成本、直接人工成本
        - 酌量性变动成本
          - 含义——可以通过管理决策行动改变的变动成本
          - 举例——按照销售额的一定百分比开支的销售佣金
      - 混合成本——半变动成本、阶梯式成本、延期变动成本、非线性成本
    - 变动成本法——在此方法下，产品成本只包括直接材料、直接人工和变动制造费用，即变动生产成本，变动生产成本随生产量的变化呈正比例变化
    - 完全成本法——产品成本包含直接材料、直接人工和变动制造费用、固定制造费用
  - 本量利分析基本模型★★
    - 相关假设——相关范围假设、模型线性假设、产销平衡假设、品种结构不变假设
    - 损益方程式
      - 基本的损益方程式——息税前利润=单价×销量-单位变动成本×销量-固定成本
=（单价-单位变动成本）×销量-固定成本
      - 包含期间成本的损益方程式——息税前利润=单价×销量-（单位变动生产成本+单位变动销售和管理费用）×销量-（固定生产成本+固定销售和管理费用）
    - ...接下页
  -

本量利分析

...接上页

边际贡献方程式

- **边际贡献**
  - 边际贡献=销售收入-变动成本=（单价-单位变动成本）×销量
  - 制造边际贡献=销售收入-变动生产成本（简称产品变动成本）
  - 产品边际贡献=制造边际贡献-变动销售和管理费用
- **边际贡献率**
  - 边际贡献率=边际贡献/销售收入×100%
    =单位边际贡献/单价×100%
  - 变动成本率=变动成本/销售收入×100%
    =单位变动成本/单价×100%
  - 变动成本率+边际贡献率=1
- **边际贡献方程式**
  - 息税前利润=销售收入-变动成本-固定成本
    =边际贡献-固定成本=销量×单位边际贡献-固定成本
- **边际贡献率方程式**
  - 单一产品
    - 息税前利润=销售收入×边际贡献率-固定成本
  - 多种产品
    - 加权平均边际贡献率
      =（Σ各产品边际贡献/Σ各产品销售收入）×100%
    - 加权平均边际贡献率
      =Σ（各产品边际贡献率×各产品占总销售比重）

本量利关系图

保本分析★★★

- **保本量分析**
  - 保本量=固定成本/单位边际贡献=固定成本/（单价 - 单位变动成本）
- **保本额分析**
  - 保本额=固定成本/边际贡献率
- **与保本点有关的指标**
  - 盈亏临界点作业率=盈亏临界点销售量/正常销售量×100%
  - 安全边际额=实际或预计销售额-盈亏临界点销售额
    安全边际量=实际或预计销售量-盈亏临界点销售量
  - 安全边际率=安全边际额（量）/实际或预计销售额（量）
    [或实际订货额（量）]×100%
  - 安全边际率+盈亏临界点作业率=1
  - 息税前利润=安全边际量×单价×单位边际贡献/单价
    =安全边际量×单位边际贡献=安全边际额×边际贡献率
  - 销售息税前利润率=安全边际率×边际贡献率
- **多品种情况下保本分析**
  - $$加权平均边际贡献率=\frac{\sum 各产品边际贡献}{\sum 各产品销售收入}\times 100\%$$
    $$=\sum(各产品边际贡献率\times 各产品占总销售比重)$$
  - $$加权平均保本销售额=\frac{固定成本总额}{加权平均边际贡献率}$$
  - 某产品的保本销售额=加权平均保本销售额×该产品占总销售比重
  - 某产品的保本销售量=该产品的保本销售额÷该产品单价

...接下页

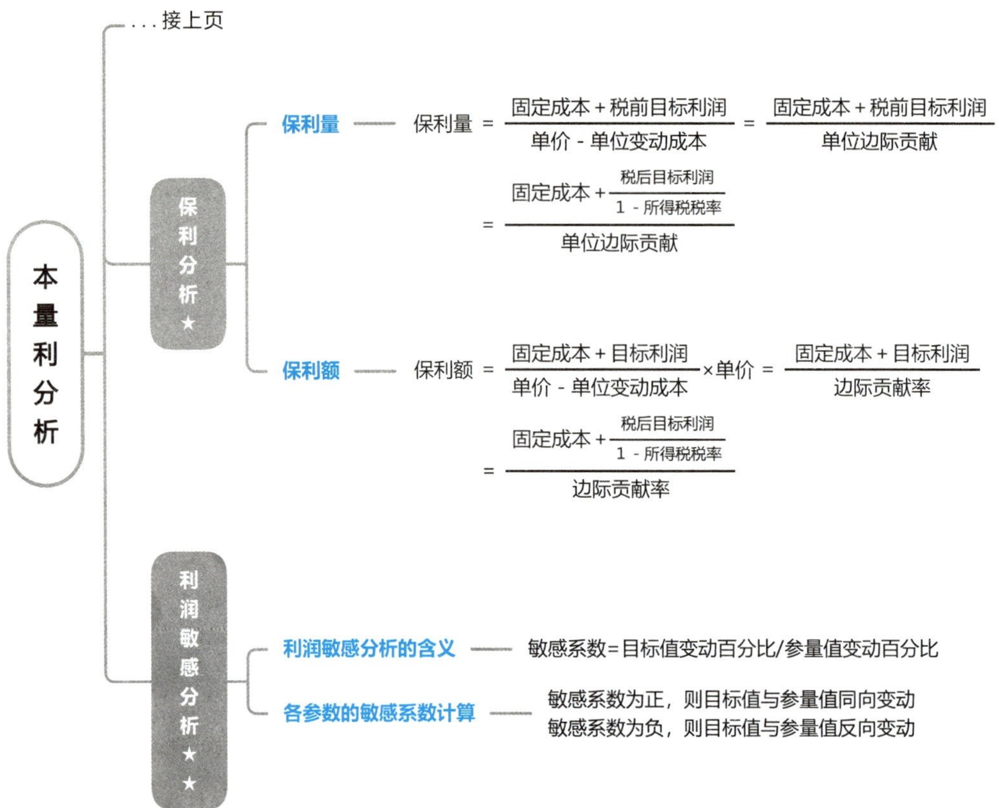
...接上页
本量利分析
保利分析★
保利量 —— 保利量 = (固定成本 + 税前目标利润) / (单价 - 单位变动成本) = (固定成本 + 税前目标利润) / 单位边际贡献
= (固定成本 + 税后目标利润 / (1 - 所得税税率)) / 单位边际贡献
保利额 —— 保利额 = (固定成本 + 目标利润) / (单价 - 单位变动成本) × 单价 = (固定成本 + 目标利润) / 边际贡献率
= (固定成本 + 税后目标利润 / (1 - 所得税税率)) / 边际贡献率
利润敏感分析★★
利润敏感分析的含义 —— 敏感系数=目标值变动百分比/参量值变动百分比
各参数的敏感系数计算 —— 敏感系数为正，则目标值与参量值同向变动
敏感系数为负，则目标值与参量值反向变动

第十七章

短期经营决策

分值比重：6分左右

命题形式：选择题、计算分析题

核心考点：生产决策

短期经营决策

短期经营决策的成本分类★

- **相关成本**
  - 与决策相关的成本，在分析评价时必须加以考虑，它随着决策的改变而改变
  - 边际成本、机会成本、重置成本、付现成本、可避免成本、可延缓成本、专属成本、差量成本
- **不相关成本**
  - 与决策没有关联的成本，对未来决策没有影响，因此在决策分析中可以不考虑
  - 沉没成本、不可避免成本、不可延缓成本、共同成本、无差别成本

生产决策★★★

- **生产决策主要方法**
  - **差量分析法**
    - 分析备选方案之间的差额收入和差额成本，根据差额利润进行选择的方法
    - 优点：只考虑相关收入和相关成本，较为简单明了
    - 缺点：对于两个以上的备选方案，只能两两进行比较，逐次筛选，故比较烦琐
  - **边际贡献分析法**
    - 通过对比各个备选方案的边际贡献额的大小来确定最优方案的决策方法
    - 优点：固定成本稳定不变时，直接比较备选方案的边际贡献额的大小就可以判断
    - 缺点：涉及追加专属成本时，就无法直接使用边际贡献进行比较，此时应该使用相关损益指标
  - **本量利分析法**
    - 利用成本、产量、利润之间的依存关系进行生产决策
    - 优点：方便分析判断各种方案对企业利润的影响程度
- **亏损产品是否停产的决策**
  - 关键看该产品或部门能否给企业带来正的边际贡献
- **零部件自制与外购的决策**
  - 进行差额成本分析，即比较两种方案的相关成本，选择成本低的方案
- **特殊订单是否接受的决策**
  - 比较订单所提供的边际贡献是否大于该订单所引起的相关成本
- **约束资源最优利用决策**
  - 主要考虑如何安排生产才能最大化企业总的边际贡献
  - 单位限制资源边际贡献=单位产品边际贡献/该单位产品耗用的约束资源量
- **产品是否应进一步深加工的决策**
  - 采用差量分析法，即比较两种方案的利润，选择利润高的方案

...接下页

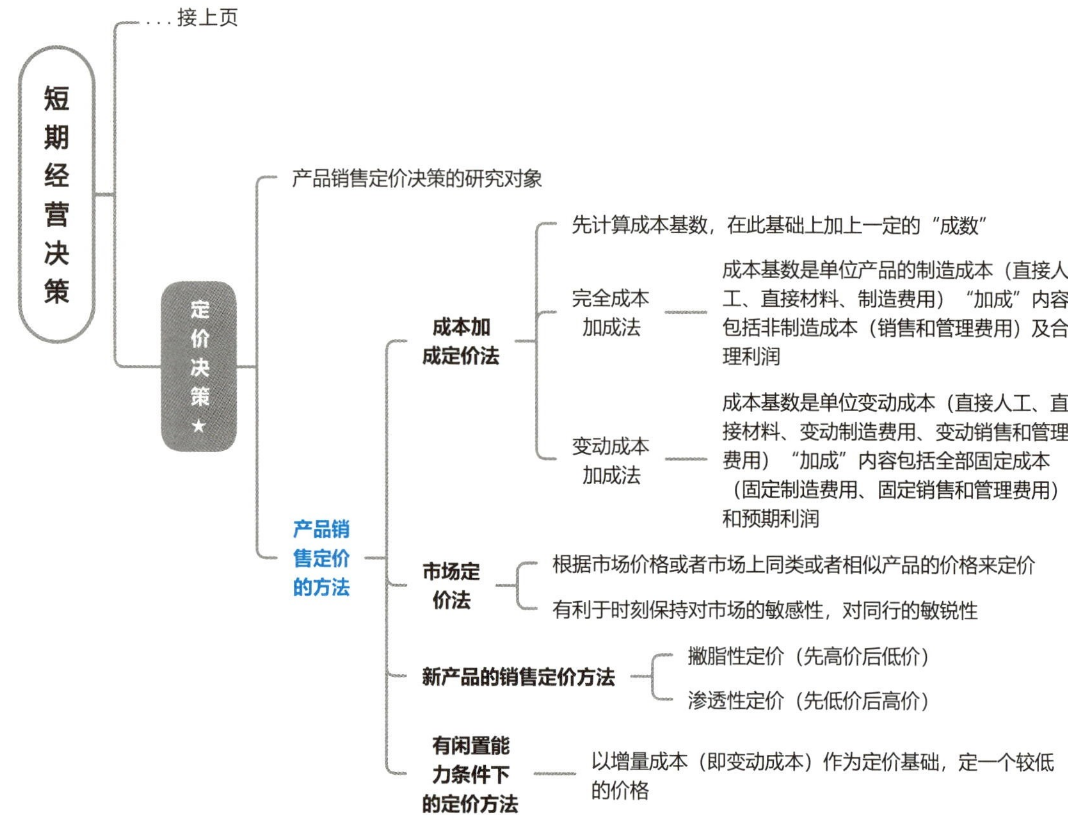

...接上页
短期经营决策
定价决策★
产品销售定价决策的研究对象
产品销售定价的方法
成本加成定价法
先计算成本基数，在此基础上加上一定的“成数”
完全成本加成法
成本基数是单位产品的制造成本（直接人工、直接材料、制造费用）“加成”内容包括非制造成本（销售和管理费用）及合理利润
变动成本加成法
成本基数是单位变动成本（直接人工、直接材料、变动制造费用、变动销售和管理费用）“加成”内容包括全部固定成本（固定制造费用、固定销售和管理费用）和预期利润
市场定价法
根据市场价格或者市场上同类或者相似产品的价格来定价
有利于时刻保持对市场的敏感性，对同行的敏锐性
新产品的销售定价方法
撇脂性定价（先高价后低价）
渗透性定价（先低价后高价）
有闲置能力条件下的定价方法
以增量成本（即变动成本）作为定价基础，定一个较低的价格

第十八章

全面预算

分值比重：5分左右

命题形式：选择题、计算分析题

★ 核心考点：全面预算编制方法的分类、营业预算的编制

- **全面预算**
  - **全面预算概述★**
    - 全面预算的体系 —— 由资本预算、经营预算和财务预算等类别的一系列预算构成的体系，各项预算之间相互联系、关系明了
    - 全面预算的分类
      - 按涉及的预算期：长期预算和短期预算
      - 按涉及的内容：综合预算和专门预算
      - 按涉及的业务活动领域：投资预算、营业预算和财务预算
  - **全面预算的编制方法★★**
    - 按其出发点的特征不同分类
      - 增量预算法
        - 适用条件 —— ①现有业务活动是公司所必需的 ②原有的各项业务都是合理的
        - 优点 —— 编制简单
        - 缺点 —— ①若预算期情况发生变化，预算数额会受到基期不合理因素的干扰，可能导致预算的不准确 ②不利于调动各部门达成预算目标的积极性
      - 零基预算法
        - 优点 —— ①不受已有费用项目和费用水平的限制 ②能调动各方面降低费用的积极性
        - 缺点：工作量大
    - 按业务量基础的数量特征不同分类
      - 固定预算法
        - 特点 —— 适应性差、可比性差
        - 适用范围 —— 经营业务稳定、产销量稳定、能准确预测产品需求及产品成本的公司
      - 弹性预算法
        - 适用范围 —— 理论上，编制全面预算中所有与业务量有关的各种预算；实务中，主要用于编制弹性成本费用预算和弹性利润预算，尤其是编制费用预算
        - 特点 —— 预算范围宽、便于预算执行的评价和考核
        - 分类 —— 公式法、列表法
    - 按其预算期的特征不同分类
      - 定期预算法
        - 含义 —— 以固定不变的会计期间（如年度、季度、月份）作为预算期间编制预算的方法
        - 优点 —— 预算期间与会计期间配比，有利于预算的考核
        - 缺点 —— 不利于前后各个期间的预算衔接，不能适应连续不断的业务活动过程的预算管理
      - ...接下页

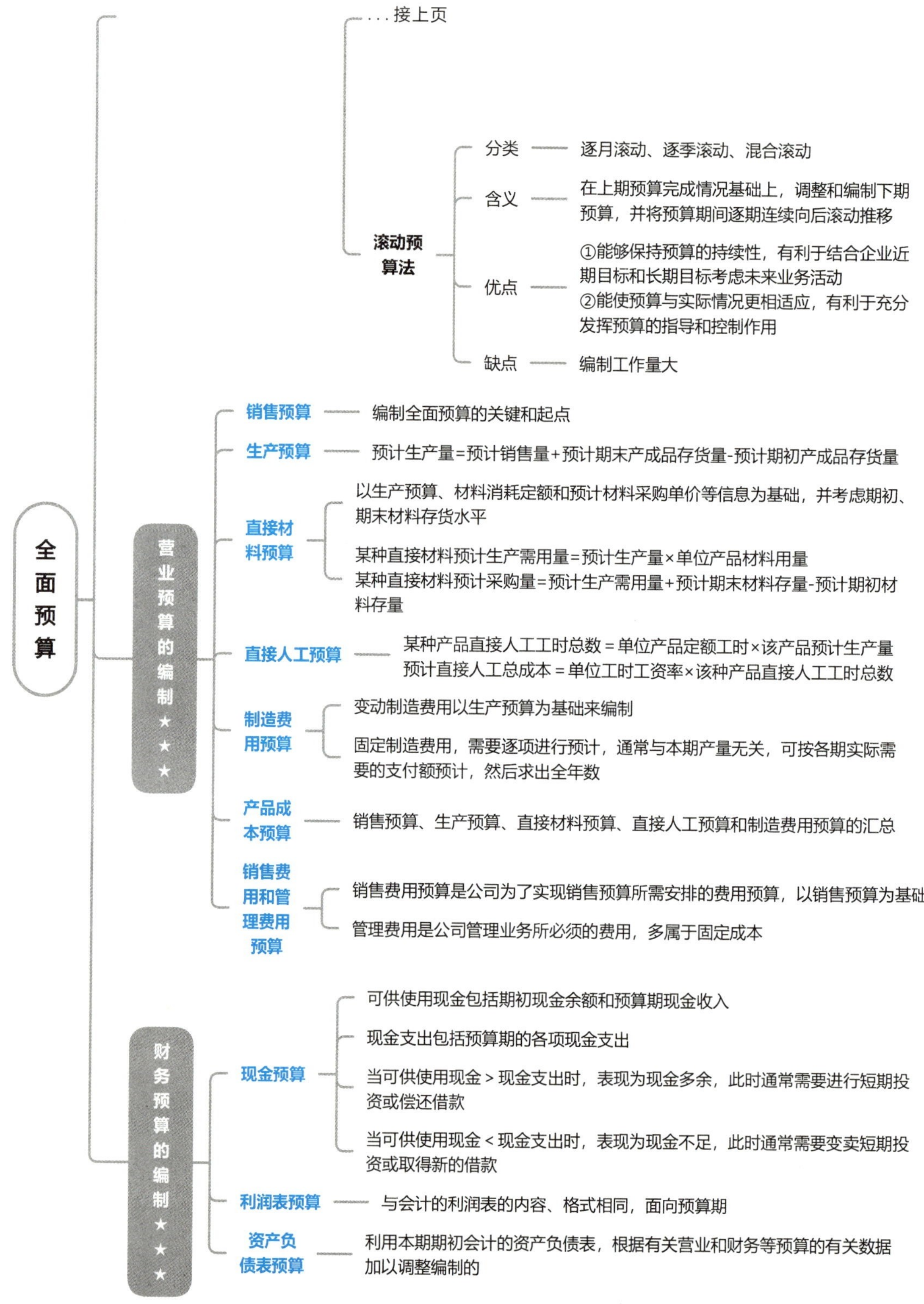
全面预算
...接上页
滚动预算法
分类 — 逐月滚动、逐季滚动、混合滚动
含义 — 在上期预算完成情况基础上，调整和编制下期预算，并将预算期间逐期连续向后滚动推移
优点 — ①能够保持预算的持续性，有利于结合企业近期目标和长期目标考虑未来业务活动
②能使预算与实际情况更相适应，有利于充分发挥预算的指导和控制作用
缺点 — 编制工作量大
营业预算的编制★★★
销售预算 — 编制全面预算的关键和起点
生产预算 — 预计生产量=预计销售量+预计期末产成品存货量-预计期初产成品存货量
直接材料预算
以生产预算、材料消耗定额和预计材料采购单价等信息为基础，并考虑期初、期末材料存货水平
某种直接材料预计生产需用量=预计生产量×单位产品材料用量
某种直接材料预计采购量=预计生产需用量+预计期末材料存量-预计期初材料存量
直接人工预算
某种产品直接人工工时总数=单位产品定额工时×该产品预计生产量
预计直接人工总成本=单位工时工资率×该种产品直接人工工时总数
制造费用预算
变动制造费用以生产预算为基础来编制
固定制造费用，需要逐项进行预计，通常与本期产量无关，可按各期实际需要的支付额预计，然后求出全年数
产品成本预算 — 销售预算、生产预算、直接材料预算、直接人工预算和制造费用预算的汇总
销售费用和管理费用预算
销售费用预算是公司为了实现销售预算所需安排的费用预算，以销售预算为基础
管理费用是公司管理业务所必须的费用，多属于固定成本
财务预算的编制★★★
现金预算
可供使用现金包括期初现金余额和预算期现金收入
现金支出包括预算期的各项现金支出
当可供使用现金>现金支出时，表现为现金多余，此时通常需要进行短期投资或偿还借款
当可供使用现金<现金支出时，表现为现金不足，此时通常需要变卖短期投资或取得新的借款
利润表预算 — 与会计的利润表的内容、格式相同，面向预算期
资产负债表预算 — 利用本期期初会计的资产负债表，根据有关营业和财务等预算的有关数据加以调整编制的

第十九章

责任会计

分值比重：3分左右

命题形式：选择题（主观题概率不高）

★ 核心考点：责任成本、利润中心的考核指标、投资中心的考核指标

- **责任会计**
  - **企业组织结构★**
    - **集权**
      - **优点**：①提高决策效率，对市场作出迅速反应 ②容易实现目标的一致性 ③可以避免重复和资源浪费
      - **缺点**：容易形成对高层管理者的个人崇拜，形成独裁，导致将来企业高管更替困难，影响企业长远发展
    - **分权**
      - **优点**：①可以让高层管理者将主要精力集中于重要事务 ②权力下放，可以充分发挥下属的积极性和主动性，增加下属工作满足感，便于发现和培养人才 ③下属拥有一定的决策权，可以减少不必要的上下沟通，并可以对下属权限内事情作出迅速反应
      - **缺点**：可能产生与企业整体目标不一致的委托—代理问题
    - 科层组织结构、事业部组织结构和网络组织结构
  - **成本中心★**
    - **特点和分类**
      - 只对其成本或费用承担经济责任并负责控制和报告成本或费用
      - 标准成本中心
      - 费用中心
    - **考核指标**
      - **标准成本中心**
        - 不需要作出价格决策、产量决策、产品结构决策以及设备技术决策
        - 只对既定产品质量和数量条件下可控的标准成本承担责任
      - **费用中心**：通常使用可控费用预算来评价其成本控制业绩
  - **责任成本★★**
    - **责任成本的定义及特点**
      - **责任成本的含义**：以具体的责任单位（部门、单位或个人）为对象，以其承担的责任为范围所归集的成本，也就是特定责任中心的全部可控成本
      - **可控成本的含义**：在特定时期内，特定责任中心能够直接控制其发生的成本
      - **变动成本和固定成本的含义**
        - 变动成本：随产量正比例变动的成本
        - 固定成本：在一定幅度内不随产量变动而基本上保持不变的成本
    - ...接下页

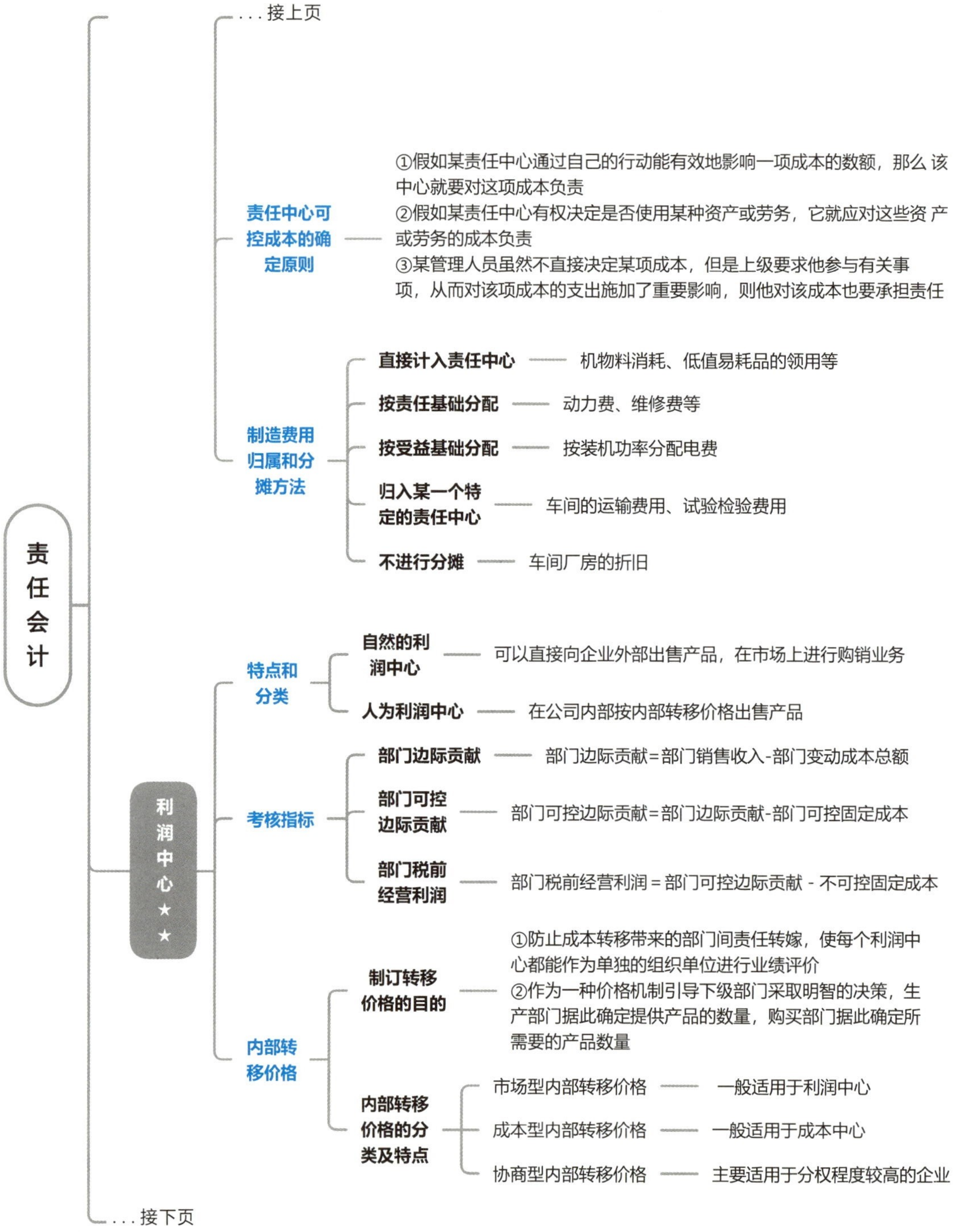

责任会计

...接上页

- **责任中心可控成本的确定原则**
  - ①假如某责任中心通过自己的行动能有效地影响一项成本的数额，那么该中心就要对这项成本负责
  - ②假如某责任中心有权决定是否使用某种资产或劳务，它就应对这些资产或劳务的成本负责
  - ③某管理人员虽然不直接决定某项成本，但是上级要求他参与有关事项，从而对该项成本的支出施加了重要影响，则他对该成本也要承担责任
- **制造费用归属和分摊方法**
  - **直接计入责任中心** —— 机物料消耗、低值易耗品的领用等
  - **按责任基础分配** —— 动力费、维修费等
  - **按受益基础分配** —— 按装机功率分配电费
  - **归入某一个特定的责任中心** —— 车间的运输费用、试验检验费用
  - **不进行分摊** —— 车间厂房的折旧

利润中心★★

- **特点和分类**
  - **自然的利润中心** —— 可以直接向企业外部出售产品，在市场上进行购销业务
  - **人为利润中心** —— 在公司内部按内部转移价格出售产品
- **考核指标**
  - **部门边际贡献** —— 部门边际贡献=部门销售收入-部门变动成本总额
  - **部门可控边际贡献** —— 部门可控边际贡献=部门边际贡献-部门可控固定成本
  - **部门税前经营利润** —— 部门税前经营利润=部门可控边际贡献-不可控固定成本
- **内部转移价格**
  - **制订转移价格的目的**
    - ①防止成本转移带来的部门间责任转嫁，使每个利润中心都能作为单独的组织单位进行业绩评价
    - ②作为一种价格机制引导下级部门采取明智的决策，生产部门据此确定提供产品的数量，购买部门据此确定所需要的产品数量
  - **内部转移价格的分类及特点**
    - 市场型内部转移价格 —— 一般适用于利润中心
    - 成本型内部转移价格 —— 一般适用于成本中心
    - 协商型内部转移价格 —— 主要适用于分权程度较高的企业

...接下页

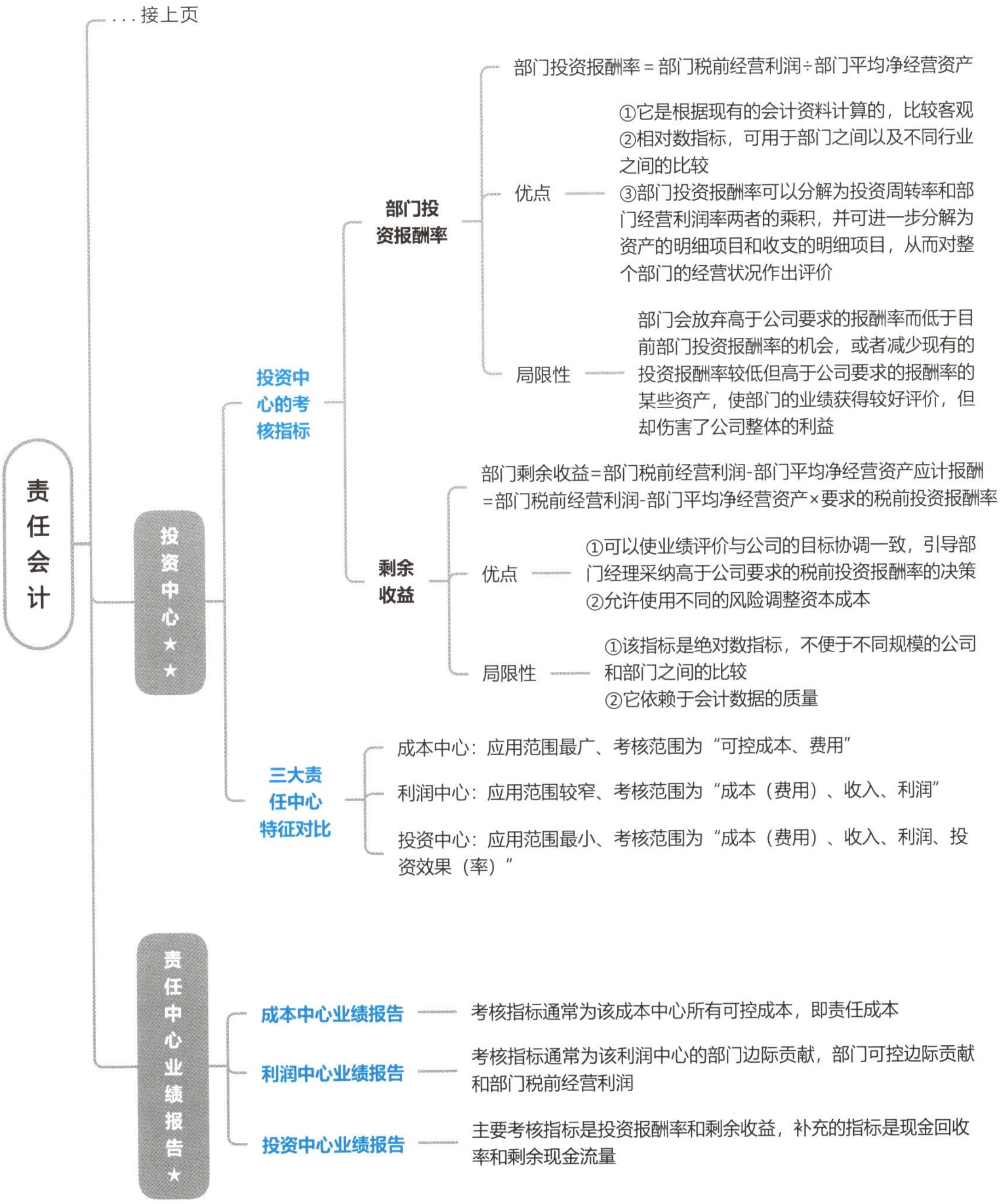

...接上页

责任会计

投资中心★★

投资中心的考核指标

部门投资报酬率

- 部门投资报酬率＝部门税前经营利润÷部门平均净经营资产
- 优点：①它是根据现有的会计资料计算的，比较客观 ②相对数指标，可用于部门之间以及不同行业之间的比较 ③部门投资报酬率可以分解为投资周转率和部门经营利润率两者的乘积，并可进一步分解为资产的明细项目和收支的明细项目，从而对整个部门的经营状况作出评价
- 局限性：部门会放弃高于公司要求的报酬率而低于目前部门投资报酬率的机会，或者减少现有的投资报酬率较低但高于公司要求的报酬率的某些资产，使部门的业绩获得较好评价，但却伤害了公司整体的利益

剩余收益

- 部门剩余收益=部门税前经营利润-部门平均净经营资产应计报酬=部门税前经营利润-部门平均净经营资产×要求的税前投资报酬率
- 优点：①可以使业绩评价与公司的目标协调一致，引导部门经理采纳高于公司要求的税前投资报酬率的决策 ②允许使用不同的风险调整资本成本
- 局限性：①该指标是绝对数指标，不便于不同规模的公司和部门之间的比较 ②它依赖于会计数据的质量

三大责任中心特征对比

- 成本中心：应用范围最广、考核范围为“可控成本、费用”
- 利润中心：应用范围较窄、考核范围为“成本（费用）、收入、利润”
- 投资中心：应用范围最小、考核范围为“成本（费用）、收入、利润、投资效果（率）”

责任中心业绩报告★

- 成本中心业绩报告：考核指标通常为该成本中心所有可控成本，即责任成本
- 利润中心业绩报告：考核指标通常为该利润中心的部门边际贡献，部门可控边际贡献和部门税前经营利润
- 投资中心业绩报告：主要考核指标是投资报酬率和剩余收益，补充的指标是现金回收率和剩余现金流量

第二十章

业绩评价

分值比重：3分左右
命题形式：选择题（主观题概率不高）
★ 核心考点：经济增加值、平衡计分卡

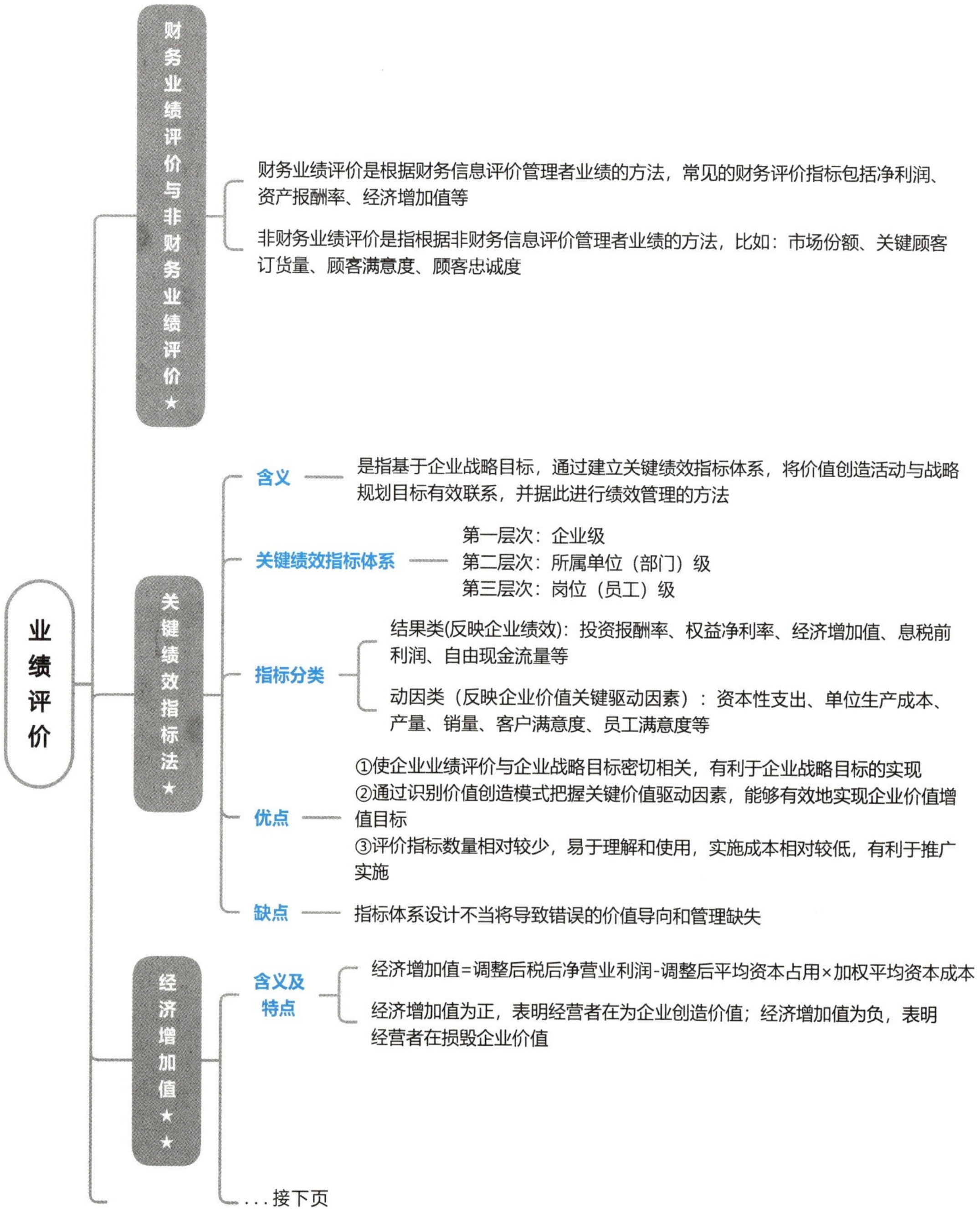

业绩评价

- 财务业绩评价与非财务业绩评价★
  - 财务业绩评价是根据财务信息评价管理者业绩的方法，常见的财务评价指标包括净利润、资产报酬率、经济增加值等
  - 非财务业绩评价是指根据非财务信息评价管理者业绩的方法，比如：市场份额、关键顾客订货量、顾客满意度、顾客忠诚度
- 关键绩效指标法★
  - 含义：是指基于企业战略目标，通过建立关键绩效指标体系，将价值创造活动与战略规划目标有效联系，并据此进行绩效管理的方法
  - 关键绩效指标体系：
    - 第一层次：企业级
    - 第二层次：所属单位（部门）级
    - 第三层次：岗位（员工）级
  - 指标分类：
    - 结果类(反映企业绩效)：投资报酬率、权益净利率、经济增加值、息税前利润、自由现金流量等
    - 动因类（反映企业价值关键驱动因素）：资本性支出、单位生产成本、产量、销量、客户满意度、员工满意度等
  - 优点：
    - ①使企业业绩评价与企业战略目标密切相关，有利于企业战略目标的实现
    - ②通过识别价值创造模式把握关键价值驱动因素，能够有效地实现企业价值增值目标
    - ③评价指标数量相对较少，易于理解和使用，实施成本相对较低，有利于推广实施
  - 缺点：指标体系设计不当将导致错误的价值导向和管理缺失
- 经济增加值★★
  - 含义及特点：
    - 经济增加值=调整后税后净营业利润-调整后平均资本占用×加权平均资本成本
    - 经济增加值为正，表明经营者在为企业创造价值；经济增加值为负，表明经营者在损毁企业价值
  - ...接下页

业绩评价

经济增加值★★

...接上页

不同含义的经济增加值

- **基本经济增加值**
  - 含义：根据未经调整的税后经营利润和总资产计算的经济增加值
  - 公式：基本经济增加值=税后净营业利润-报表平均总资产×加权平均资本成本
- **披露的经济增加值**
  - 含义：利用公开会计数据进行调整计算出来的
  - 典型的调整项目
    - 研究与开发费用
    - 战略性投资
    - 为建立品牌、进入新市场或扩大市场份额发生的费用
    - 折旧费用

经济增加值与部门剩余收益的比较

简化的经济增加值的计算

- **计算公式**
  - 经济增加值=税后净营业利润-资本成本
    =税后净营业利润-调整后资本×平均资本成本率
  - 税后净营业利润=净利润+（利息支出+研究开发费用调整项）×（1-25%）
  - 调整后资本
    =平均所有者权益+平均带息负债-平均在建工程
  - 平均资本成本率=债权资本成本率×平均带息负债/(平均带息负债+平均所有者权益)×（1-25%）+股权资本成本率×平均所有者权益/(平均带息负债+平均所有者权益)
- **会计调整项目说明**
  - 利息支出：公司财务报表中“财务费用”下的“利息支出”
  - 研究开发费用调整项：公司财务报表中“期间费用”项目下的“研发费用”和当期确认为无形资产的开发支出
  - 在建工程：公司财务报表中的符合主业规定的“在建工程”
  - 其他调整项
- 差异化资本成本率的确定
- 其他重大调整事项

...接下页

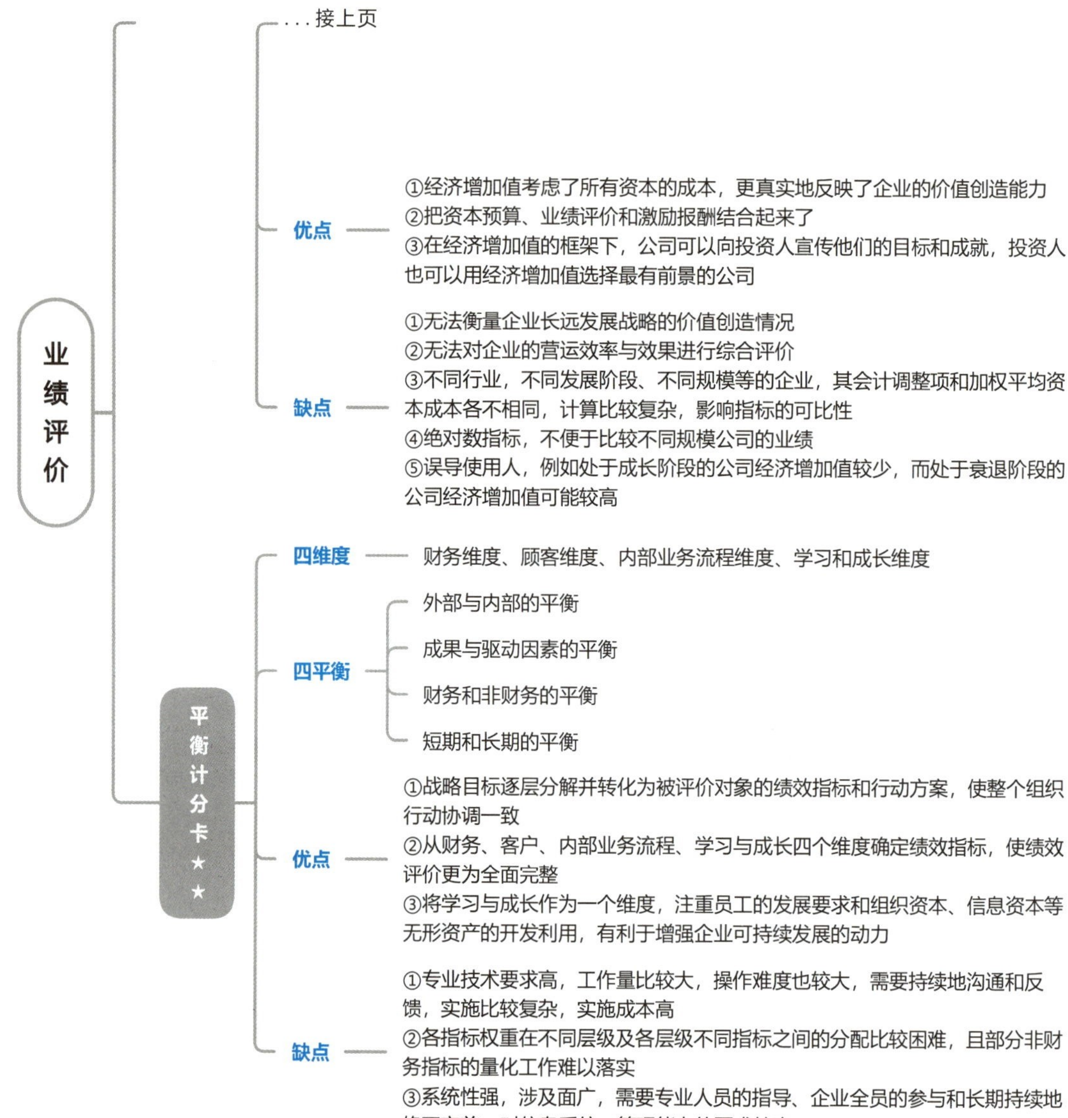

业绩评价
...接上页
优点
①经济增加值考虑了所有资本的成本，更真实地反映了企业的价值创造能力
②把资本预算、业绩评价和激励报酬结合起来了
③在经济增加值的框架下，公司可以向投资人宣传他们的目标和成就，投资人也可以用经济增加值选择最有前景的公司
缺点
①无法衡量企业长远发展战略的价值创造情况
②无法对企业的营运效率与效果进行综合评价
③不同行业，不同发展阶段、不同规模等的企业，其会计调整项和加权平均资本成本各不相同，计算比较复杂，影响指标的可比性
④绝对数指标，不便于比较不同规模公司的业绩
⑤误导使用人，例如处于成长阶段的公司经济增加值较少，而处于衰退阶段的公司经济增加值可能较高
平衡计分卡★★
四维度
财务维度、顾客维度、内部业务流程维度、学习和成长维度
四平衡
外部与内部的平衡
成果与驱动因素的平衡
财务和非财务的平衡
短期和长期的平衡
优点
①战略目标逐层分解并转化为被评价对象的绩效指标和行动方案，使整个组织行动协调一致
②从财务、客户、内部业务流程、学习与成长四个维度确定绩效指标，使绩效评价更为全面完整
③将学习与成长作为一个维度，注重员工的发展要求和组织资本、信息资本等无形资产的开发利用，有利于增强企业可持续发展的动力
缺点
①专业技术要求高，工作量比较大，操作难度也较大，需要持续地沟通和反馈，实施比较复杂，实施成本高
②各指标权重在不同层级及各层级不同指标之间的分配比较困难，且部分非财务指标的量化工作难以落实
③系统性强，涉及面广，需要专业人员的指导、企业全员的参与和长期持续地修正完善，对信息系统、管理能力的要求较高

2022

21天突破

CPA

注册会计师全国统一考试应试指导

李彬教你考注会®

FINANCIAL MANAGEMENT
AND COST MANAGEMENT

财务成本管理

习题册

李彬 编著　BT教育 组编

中国财经出版传媒集团
经济科学出版社

前言

解题能力是应试的核心，虽然这么多年来考生们已达成了“真题为王”的共识，但面对如何刷题、如何掌握命题规律、如何切实提升考试成绩，这些问题仍然一脸茫然。

为此，我们进行了反复的内测试验，最终凝结成了新版习题册，该书与BT教育21天突破主教材的考点制接轨，将前十年真题全部按照考点进行专项整合，考生可根据做题情况直接定位自身的薄弱环节，查漏补缺。

除此之外，我们还一改传统“只言片语”的题目解析形式，将解析进行了全面翔实的补充，彻底解决大家看不懂、做不会的困扰。2022年我们还增添了【抢分技巧】【审题思路】等实用性超强的板块，助大家彻底消化每道真题，迅速提分。

1. 考点制分割，重点分级

为了凸显应试理念，帮考生快速、高效地完成通关目标，我们一改官方教材的章/节格局，一律以「考点」为任务单元进行全面重组，对每个考点进行了专门解读，并将该考点所对应的历年真题按此类目悉数列入。

此外，我们还根据真题考频对考点重要性进行了标星分级，★越多，代表其重要性越强，轻重缓急，一目了然。

2. 解析更为详细

与传统习题册的简略版解析不同，为了让同学们对真题有更深入独到的见解，充分提升得分能力，我们将解析进行了丰富优化，对每道题的解读都追求精深而细致，彻底吃透解题原理。

历年真题中，对于相同考点的考查方法往往趋于一致，我们将类似的考法还进行了延伸总结，帮助大家一通百通，全面躲避出题人埋下的各类陷阱。

3. 主观题审题思路

主观题是绝大多数考生的重灾区，尤其是纯文字题，在海量的案例材料中，很难做到精准定位，继而掌握正确的做题思路。为此我们在每段主观题题干旁都给出了破题指导，完善大家的审题思路，规范大家的做题过程。

4. 题码检索

除了纸质真题册外，我们还有线上题库App，考生可追踪刷题数据，智能组卷练习，还能对往日错题进行打包回顾。建议大家先下载“BT教育”App，以后遇到不会的题目，直接在题库中搜索该题的【题码】，就能找到对应的答案和解析，而且还能查看每道题目的名师视频解析，帮你彻底吃透真题。

5. 拓展真题

本书已收录了近五年的精华真题，实乃每章必刷真题，如果考生们想追求更扎实的训练效果，请扫码获取近十年拓展真题，对知识点进行进一步消化。

扫码免费领取题库＋随书附送讲义资料

目 录
CONTENTS

习题

答案

习题

01 第一章　财务管理基本原理

「考情分析」

考点	星级	近十年考频	2012年	2013年	2014年	2015年	2016年	2017年	2018年	2019年	2020年	2021年
1. 企业组织形式和财务管理内容	★	2									√	√
2. 财务管理的目标与利益相关者的要求	★★	4	√		√	√	√					
3. 金融工具与金融市场	★★★	7		√	√	√	√	√	√		√	

「考点1」企业组织形式和财务管理内容（★）

1.「2021年·多选题·题码133589」

下列关于公司制企业的表述正确的有（　　）。

A. 公司是独立的法人　　B. 公司的债务与股东自身债务无关

C. 公司股权可以转让　　D. 公司最初的投资者退出后仍然可以继续存在

2.「2020年·多选题·题码143762」

与个人独资企业相比，公司制企业的特点有（　　）。

A. 不存在双重课税　　B. 容易从资本市场筹集资金

C. 以出资额为限承担有限责任　　D. 存续年限受制于发起人的寿命

3.「2014年·单选题·题码143757」

在股东投资资本不变的情况下，下列各项中能够体现股东财富最大化这一财务管理目标的是（　　）。

A. 利润最大化　　B. 每股收益最大化

C. 每股股价最大化　　D. 企业价值最大化

4.「2009年·多选题·题码143763」

下列有关企业财务目标的说法中，正确的有（　　）。

A. 企业的财务目标是利润最大化

B. 增加借款可以增加债务价值以及企业价值，但不一定增加股东财富，因此企业价值最大化不是财务目标的准确描述

C. 追加投资资本可以增加企业的股东权益价值，但不一定增加股东财富，因此股东权益价值最大化不是财务目标的准确描述

D. 财务目标的实现程度可以用股东权益的市场增加值度量

「考点 2」财务管理的目标与利益相关者的要求（★★）

1.「2016 年 · 多选题 · 题码 143764」

公司的下列行为中，可能损害债权人利益的有（　　）。

A. 提高股利支付率　　B. 提高资产负债率

C. 加大高风险投资比例　　D. 加大为其他企业提供的担保

2.「2015 年 · 多选题 · 题码 143765」

为防止经营者背离股东目标，股东可以采取的措施有（　　）。

A. 对经营者实行固定年薪制　　B. 给予经营者股票期权奖励

C. 要求经营者定期披露信息　　D. 聘请注册会计师审计财务报告

「考点 3」金融工具与金融市场（★★★）

1.「2020 年 · 单选题 · 题码 143758」

下列各项中，属于资本市场工具的是（　　）。

A. 商业票据　　B. 短期国债　　C. 银行承兑汇票　　D. 公司债券

2.「2018 年 · 单选题 · 题码 143759」

如果投资基金经理根据公开信息选择股票，投资基金的平均业绩与市场整体收益率大体一致，说明该资本市场至少是（　　）。

A. 弱式有效　　B. 完全无效　　C. 强式有效　　D. 半强式有效

3.「2017 年 · 多选题 · 题码 143766」

甲投资基金利用市场公开信息进行价值分析和投资，在下列效率不同的资本市场中，该投资基金可获超额收益的有（　　）。

A. 无效市场　　B. 半强式有效市场　C. 弱式有效市场　　D. 强式有效市场

4.「2016 年 · 多选题 · 题码 143767」

在有效资本市场，管理者可以通过（　　）。

A. 财务决策增加公司价值从而提升股票价格

B. 从事利率、外汇等金融产品的投资获取超额利润

C. 改变会计方法增加会计盈利从而提升股票价格

D. 关注公司股价对公司决策的反映而获得有益信息

5.「2015 年 · 单选题 · 题码 143760」

下列各项中，属于货币市场工具的是（　　）。

A. 优先股　　B. 可转换债券　　C. 银行长期贷款　　D. 银行承兑汇票

6.「2014 年 · 单选题 · 题码 143761」

如果股票价格的变动与历史股价相关，资本市场（　　）。

A. 无效　　B. 弱式有效　　C. 半强式有效　　D. 强式有效

7.「2014 年 · 多选题 · 题码 143768」

根据有效市场假说，下列说法中正确的有（　　）。

A. 只要所有的投资者都是理性的，市场就是有效的

B. 只要投资者的理性偏差具有一致倾向，市场就是有效的

C. 只要投资者的理性偏差可以相互抵消，市场就是有效的

D. 只要有专业投资者进行套利，市场就是有效的

02 第二章 财务报表分析和财务预测

「考情分析」

考点	星级	近十年考频	2012年	2013年	2014年	2015年	2016年	2017年	2018年	2019年	2020年	2021年
1. 财务分析方法	★	3		√			√		√			
2. 财务比率分析	★★	10	√	√	√	√	√	√	√	√	√	√
3. 杜邦分析体系	★★	2			√				√			
4. 管理用财务报表体系	★★★	7	√	√	√	√	√		√		√	
5. 财务预测的步骤和方法	★★	3	√		√	√						
6. 外部资本需求的测算	★★	2				√		√				
7. 内含增长率的测算	★★	2			√		√					
8. 可持续增长率的测算	★	3	√			√				√		

「考点1」财务比率分析（★★）

1.「2018年·多选题·题码143779」

下列各项措施中，可降低应收账款周转天数的有（　　）。

A. 延长信用期限　　B. 提高信用标准

C. 提高现金折扣率　　D. 提高坏账准备计提比率

2.「2018年·单选题·题码143769」

某公司2017年的利润总额为3亿元，财务费用2 000万元，为购置一条新生产线专门发行了1亿元的公司债券。该债券平价发行，当年应付债券利息300万元，发行公司债券募集的资金已于年初全部用于工程项目。该公司2017年的利息保障倍数为（　　）。

A. 13　　B. 14.25　　C. 13.91　　D. 13.18

3.「2018年·单选题·题码143770」

在"利息保障倍数 =（净利润 + 利息费用 + 所得税费用）÷利息支出"计算式中，分子中的"利息费用"是（　　）。

A. 计入本期现金流量表的利息支出

B. 计入本期利润表的费用化利息

C. 计入本期资产负债表的资本化利息

D. 计入本期利润表的费用化利息和资产负债表的资本化利息

4.「2017年·单选题·题码143771」

甲公司2016年初流通在外普通股8 000万股，优先股500万股；2016年6月30日增发普通股4 000万股。2016年末股东权益合计35 000万元，优先股每股清算价值10元，无拖欠的累积优先股股息。2016 年末甲公司普通股每股市价 12 元，市净率是（ ）。

A. 2.8 B. 4.8 C. 4 D. 5

5.「2016 年 · 单选题 · 题码 143772」

下列关于营运资本的说法中，正确的是（ ）。

A. 营运资本越多的企业，流动比率越大

B. 营运资本越多，长期资本用于流动资产的金额越大

C. 营运资本增加，说明企业短期偿债能力提高

D. 营运资本越多的企业，短期偿债能力越强

6.「2015 年 · 单选题 · 题码 143773」

甲公司是一家电器销售企业，每年 6 ~ 10 月是销售旺季，管理层拟用存货周转率评价全年存货管理业绩，适合使用的公式是（ ）。

A. 存货周转率 = 营业收入 ÷ [（年初存货 + 年末存货）÷2]

B. 存货周转率 = 营业成本 ÷ [（年初存货 + 年末存货）÷2]

C. 存货周转率 = 营业收入 ÷（$\sum$ 各月末存货 ÷12）

D. 存货周转率 = 营业成本 ÷（$\sum$ 各月末存货 ÷12）

「考点 2」管理用财务报表体系（★★★）

1.「2018 年 · 多选题 · 题码 143780」

下列关于实体现金流量的说法中，正确的有（ ）。

A. 实体现金流量是企业经营现金流量

B. 实体现金流量是可以提供给债权人和股东的税后现金流量

C. 实体现金流量是营业现金净流量扣除资本支出后的剩余部分

D. 实体现金流量是税后经营净利润扣除净经营资产增加后的剩余部分

2.「2014 年 · 多选题 · 题码 143781」

下列关于实体现金流量计算的公式中，正确的有（ ）。

A. 实体现金流量 = 税后经营净利润 − 净经营资产净增加

B. 实体现金流量 = 税后经营净利润 − 经营营运资本增加 − 资本支出

C. 实体现金流量 = 税后经营净利润 − 经营性资产增加 − 经营性负债增加

D. 实体现金流量 = 税后经营净利润 − 经营营运资本增加 − 净经营性长期资产增加

「考点 3」财务预测的步骤和方法（★★）

1.「2012 年 · 单选题 · 题码 143774」

销售百分比法是预测企业未来融资需求的一种方法。下列关于应用销售百分比法的说法中，错误的是（ ）。

A. 根据预计存货/销售百分比和预计销售收入，可以预测存货的资金需求

B. 根据预计应付账款/销售百分比和预计销售收入，可以预测应付账款的资金需求

C. 根据预计金融资产/销售百分比和预计销售收入，可以预测可动用的金融资产

D. 根据预计销售净利率和预计销售收入，可以预测净利润

2. 「**单选题・题码 143775**」

某企业 2011 年销售收入为 1 000 万元，年末经营资产总额为 4 000 万元，经营负债总额为 2 000 万元。该企业预计 2012 年度通货膨胀率为 5%，公司销售量增长 10%。预计 2012 年度营业净利率为 10%，股利支付率为 40%，假设可以动用的金融资产为 25 万元。则该企业 2012 年度对外融资需求为（　　）万元。

A. 275.7　　B. 215.7　　C. 109　　D. 240.7

「考点 4」外部资本需求的测算（★★）

1. 「**2014 年・多选题・题码 143783**」

假设其他因素不变，下列变动中有利于减少企业外部融资额的有（　　）。

A. 提高存货周转率　　B. 提高产品毛利率

C. 提高权益乘数　　D. 提高股利支付率

2. 「**2014 年・多选题・题码 143784**」

甲公司无法取得外部融资，只能依靠内部积累增长。在其他因素不变的情况下，下列说法中正确的有（　　）。

A. 销售净利率越高，内含增长率越高

B. 净经营资产周转次数越高，内含增长率越高

C. 经营负债销售百分比越高，内含增长率越高

D. 股利支付率越高，内含增长率越高

「考点 5」内含增长率的测算（★★）

1. 「**2016 年・单选题・题码 143776**」

甲公司 2015 年经营资产销售百分比 70%，经营负债销售百分比 15%，营业净利率 8%，假设公司 2016 年上述比率保持不变，没有可动用的金融资产，不打算进行股票回购，并采用内含增长方式支持销售增长，为实现 10% 的销售增长目标，预计 2016 年股利支付率为（　　）。

A. 37.5%　　B. 62.5%　　C. 42.5%　　D. 57.5%

2. 「**单选题・题码 143777**」

由于通货紧缩，某公司不打算从外部融资，而主要靠调整股利分配政策，扩大留存收益来满足销售增长的资本需求。历史资料表明，该公司经营资产、经营负债与销售总额之间存在着稳定的百分比关系，且不存在可动用金融资产。现已知经营资产销售百分比为 75%，经营负债销售百分比为 15%，计划下年营业净利率为 10%，股利支付率为 20%，若预计下一年单价会下降 2%，则据此可以预计下年销量增长率为（　　）。

A. 23.53%　　B. 26.05%　　C. 17.73%　　D. 15.38%

「考点6」可持续增长率的测算（★）

1.「2019 年 · 单选题 · 题码 143778」

甲公司处于可持续增长状态。2019 年初总资产 1 000 万元，总负债200 万元，预计2019 年净利润 100 万元，股利支付率 20%。甲公司 2019 年可持续增长率是（　　）。

A. 8%　　B. 11.1%　　C. 10%　　D. 2.5%

2.「2012 年 · 多选题 · 题码 143782」

下列关于可持续增长率的说法中，错误的有（　　）。

A. 可持续增长率是指企业仅依靠内部筹资时，可实现的最大销售增长率

B. 可持续增长率是指不改变经营效率和财务政策时，可实现的最大销售增长率

C. 在经营效率和财务政策不变时，可持续增长率等于实际增长率

D. 在可持续增长状态下，企业的资产、负债和权益保持同比例增长

主观题部分

1.「2018 年 · 计算分析题 · 题码 143856」

甲公司是一家动力电池生产企业，拟采用管理用财务报表[1]进行财务分析。

相关资料如下：

❶ 甲公司 2018 年主要财务报表数据如表 1 所示。

表 1　　单位：万元

资产负债表项目	2018 年末	利润表项目	2018 年
货币资金[2]	200	营业收入	10 000
应收账款	800	减：营业成本	6 000
存货	1 500	税金及附加	320
固定资产	5 500	销售和管理费用	2 000
资产总计	8 000	财务费用	160
应付账款	2 000	利润总额	1 520
长期借款	2 000	减：所得税费用	380
股东权益	4 000	净利润	1 140
负债及股东权益总计	8 000		

❷ 甲公司货币资金全部为经营活动所需[3]，财务费用全部为

【审题要点】

「1」结合问题，可知本题考查管理用财务报表体系，注意各个报表项目的转换及对应公式。

「2」在考查管理用财务报表体系时，看到货币资金时一定要看清题目说法，看看有多少是属于经营资产，有多少是属于金融资产。

「3」说明货币资金 200 万元均为经营资产，本题金融资产为 0。

「4」财务费用一般核算的项目有：利息支出、手续费、汇兑损益，财管考试中为了计算简便，一般都会告知财务费用全部为利息支出。

利息支出[4]。甲公司的企业所得税税率为25%。

❸ 乙公司是甲公司的竞争对手，2018年相关财务比率如表2所示。

表2　　单位：%

公司	净经营资产净利率	税后利息率	净财务杠杆（净负债/股东权益）	权益净利率
乙公司	22	8	60	30.4

「要求」

（1）编制甲公司2018年管理用财务报表（结果填入表3中，不用列出计算过程）。

表3

管理用财务报表项目	2018年
经营性资产	
经营性负债	
净经营资产	
金融负债	
金融资产	
净负债	
股东权益	
净负债及股东权益总计	
税前经营利润	
减：经营利润所得税	
税后经营净利润	
利息费用	
减：利息费用抵税	
税后利息费用	
净利润	

（2）基于甲公司管理用财务报表，计算甲公司的净经营资产净利率、税后利息率、净财务杠杆和权益净利率（注：资产负债表相关数据用年末数计算）。

（3）计算甲公司与乙公司权益净利率的差异，并使用因素分析法，按照净经营资产净利率、税后利息率和净财务杠杆的顺序，对该差异进行定量分析。

2.「2017 年·计算分析题·题码 143860」

甲公司是一家新型建筑材料生产企业，为做好 2017 年财务计划，拟进行财务报表分析和预测「1」。相关资料如下：

❶ 甲公司 2016 年主要财务数据如表 1 所示。

表 1　　单位：万元

资产负债表项目	2016 年末	利润表项目	2016 年度
货币资金	600	营业收入	16 000
应收账款	1 600	减：营业成本	10 000
存货	1 500	税金及附加	560
固定资产	8 300	销售费用	1 000
资产总计	12 000	管理费用	2 000
应付账款	1 000	财务费用	240
其他流动负债	2 000	利润总额	2 200
长期借款	3 000	减：所得税费用	550
股东权益	6 000	净利润	1 650
负债及股东权益总计	12 000		

❷ 公司没有优先股且没有外部股权融资计划，股东权益变动均来自留存收益「2」。公司采用固定股利支付率政策，股利支付率 60%「3」。销售部门预测 2017 年公司营业收入增长率 10%「4」。

❸ 甲公司的企业所得税税率为 25%。

【审题要点】

「1」结合问题，可知本题考查财务预测，财务预测的核心步骤是估计融资需求，常用方法为销售百分比法。

「2」没有外部融资的投入，说明股东权益的增加 = 留存收益的增加。

「3」说明利润留存率 =1 −60% =40%。

「4」销售增长率和营业收入增长率是一个意思，均等于 10%。

「要求」

（1）假设 2017 年甲公司除长期借款外所有资产和负债与营业收入保持 2016 年的百分比关系，所有成本费用与营业收入的占比关系维持 2016 年水平，用销售百分比法初步测算公司 2017 年融资总需求和外部融资需求。

（2）假设 2017 年甲公司除货币资金、长期借款外所有资产和负债与营业收入保持 2016 年的百分比关系，除财务费用和所得税费用外所有成本费用与营业收入的占比关系维持 2016 年水平，2017 年新增财务费用按新增长期借款期初借入计算，所得税费用按当年利润总额计算。为满足资金需求，甲公司根据要求（1）的初步测算结果，以百万元为单位向银行申请贷款，贷款利率为 8%，贷款金额超出融资需求的部分计入货币资金。预测公司 2017 年末资产负债表和 2017 年度利润表（结果填入表 2 中，不用列出计算过程）。

表 2　　单位：万元

资产负债表项目	2017 年末	利润表项目	2017 年度
货币资金		营业收入	
应收账款		减：营业成本	
存货		税金及附加	
固定资产		销售费用	
资产总计		管理费用	
应付账款		财务费用	
其他流动负债		利润总额	
长期借款		减：所得税费用	
股东权益		净利润	
负债及股东权益总计			

3. 「**2016 年 · 计算分析题 · 题码 143863**」

甲公司是一家汽车销售企业，现对公司财务状况和经营成果进行分析，以发现与主要竞争对手乙公司的差异。相关资料如下：

❶ 甲公司 2015 年的主要财务报表数据如表 1 所示。

表 1　　单位：万元

资产负债表项目	2015 年末	利润表项目	2015 年度
货币资金	1 050	营业收入	10 000
应收账款	1 750	减：营业成本	6 500
预付账款	300	税金及附加	300
存货	1 200	销售费用	1 400
固定资产	3 700	管理费用	160
资产总计	8 000	财务费用	40
流动负债	3 500	利润总额	1 600
非流动负债	500	减：所得税费用	400
股东权益	4 000	净利润	1 200
负债和股东权益总计	8 000		

【审题要点】

「1」资产负债表上的数据是存量数据（时点数），计算全年相关指标时本来需要进行加权平均，题目这里这样说了即可以直接用年末数据计算。

假设资产负债表项目年末余额可代表全年平均水平[1]。

❷ 乙公司相关财务比率如表 2 所示。

表 2

营业净利率	总资产周转次数	权益乘数
24%	0.6	1.5

「要求」

（1）使用因素分析法，按照营业净利率、总资产周转次数、权益乘数的顺序，对 2015 年甲公司相对乙公司权益净利率的差异进行定量分析。

（2）说明营业净利率、总资产周转次数、权益乘数三个指标各自的经济含义及各评价企业哪方面能力，并指出甲公司与乙公司在经营战略和财务政策上的差别。

4.「2015 年・计算分析题・题码 143866」

甲公司是一家制造业企业，为做好财务计划，甲公司管理层拟采用管理用财务报表进行分析[1]，相关资料如下：

❶ 甲公司 2014 年的主要财务报表数据如表 1 所示。

表 1　　单位：万元

资产负债表项目	2014 年末	利润表项目	2014 年度
货币资金	300	营业收入	10 000
应收账款	800	减：营业成本	6 000
存货	750	税金及附加	320
长期股权投资	500	管理费用	2 000
固定资产	3 650	财务费用	80
资产总计	6 000	加：投资收益	50
应付账款	1 500	利润总额	1 650
长期借款	1 500	减：所得税费用	400
股东权益	3 000	净利润	1 250
负债及股东权益总计	6 000		

❷ 甲公司没有优先股，股东权益变动均来自利润留存；经营活动所需的货币资金是当年销售收入的 2%[2]；投资收益均来自长期股权投资[3]。

【审题要点】

「1」结合问题，可知本题考查管理用财务报表体系，注意各个报表项目的转换及对应公式。

「2」说明货币资金中有 200 万元（10 000 × 2%）是经营资产，剩下的 100 万元是金融资产。

「3」注意在财管当中长期股权投资是经营资产，其因此该投资收益属于经营损益。

「4」即本题中的投资收益免税。

「5」说明利润留存率也是固定的，等于 40%（1 −60%）。

「6」可知经营资产增长率 = 经营负债增长率 = 净经营性资产增长率 = 销售增长率。

❸ 根据税法相关规定，甲公司长期股权投资收益不缴纳所得税[4]，其他损益的所得税税率为25%。

❹ 甲公司采用固定股利支付率政策，股利支付率为60%[5]；经营性资产、经营性负债与销售收入保持稳定的百分比关系[6]。

「要求」

（1）编制甲公司2014年的管理用财务报表（提示：按照各种损益的适用税率计算应分担的所得税，结果填入表2中，不用列出计算过程）。

表2　　　　单位：万元

管理用财务报表项目	2014年
经营性资产总计	
经营性负债总计	
净经营资产总计	
金融负债	
金融资产	
净负债	
股东权益	
净负债及股东权益总计	
税前经营利润	
减：经营利润所得税	
税后经营净利润	
利息费用	
减：利息费用抵税	
税后利息费用	
净利润	

（2）假设甲公司目前已达到稳定状态，经营效率和财务政策保持不变，且不增发新股和回购股票，可以按照目前的利率水平在需要的时候取得借款，不变的销售净利率可以涵盖不断增加的负债利息。计算甲公司2015年的可持续增长率。

（3）假设甲公司2015年销售增长率为25%，销售净利率与2014年相同，在2014年末金融资产都可动用的情况下，用销售百分比法预测2015年的外部融资额。

（4）从经营效率和财务政策是否变化角度，回答上年可持续增长率、本年可持续增长率和本年实际增长率之间的联系。

03 第三章　价值评估基础

「考情分析」

考点	星级	近十年考频	2012年	2013年	2014年	2015年	2016年	2017年	2018年	2019年	2020年	2021年
1. 利率	★	2						√	√			
2. 货币时间价值	★★★	3		√	√					√		
3. 单项资产的风险与报酬	★	1						√				
4. 投资组合的风险与报酬	★★	9		√	√	√	√	√	√	√	√	√
5. 资本资产定价模型	★★★	2		√			√					

「考点 1」利率（★）

1. **「2018 年·单选题·题码 144122」**

   下列各项说法中，符合流动性溢价理论的是（　　）。

   A. 长期即期利率是短期预期利率的无偏估计

   B. 不同期限的债券市场互不相关

   C. 债券期限越长，利率变动可能性越大，利率风险越高

   D. 即期利率水平由各个期限债券市场上的供求关系决定

2. **「2018 年·多选题·题码 144114」**

   利率是资本的价格，由无风险利率和风险溢价构成。在确定利率时，需要考虑的风险溢价有（　　）。

   A. 汇率风险溢价　　B. 违约风险溢价　　C. 期限风险溢价　　D. 流动性风险溢价

3. **「2017 年·单选题·题码 144123」**

   下列关于利率期限结构的表述中，属于预期理论观点的是（　　）。

   A. 不同到期期限的债券无法相互替代

   B. 到期期限不同的各种债券的利率取决于该债券的供给与需求

   C. 长期债券的利率等于在其有效期内人们所预期的短期利率的平均值

   D. 长期债券的利率等于长期债券到期之前预期短期利率的平均值与随债券供求状况变动而变动的流动性溢价之和

「考点 2」货币时间价值（★★★）

「2019 年·单选题·题码 144124」

甲商场进行分期付款销售活动，某款手机可在半年内分 6 期付款，每期期初付款 600 元。假设年利率 12%。该手机价款如果购买时一次性付清，下列各项金额中最接近的是（　　）元。

A. 2 912　B. 3 437　C. 3 477　D. 3 512

「考点3」单项资产的风险与报酬（★）

「2017 年 · 多选题 · 题码 144115」

下列关于单个证券投资风险度量指标的表述中，正确的有（　　）。

A. 贝塔系数度量投资的系统风险

B. 方差度量投资的系统风险和非系统风险

C. 标准差度量投资的非系统风险

D. 变异系数度量投资的单位期望报酬率承担的系统风险和非系统风险

「考点4」投资组合的风险与报酬（★★）

1.「2020 年 · 多选题 · 题码 144116」

投资组合由证券 X 和证券 Y 各占 50% 构成。证券 X 的期望收益率为 12%，标准差为 12%，β 系数为 1.5。证券 Y 的期望收益率为 10%，标准差为 10%，β 系数为 1.3，下列说法中，正确的有（　　）。

A. 投资组合的 β 系数等于 1.4　B. 投资组合的期望收益率等于 11%

C. 投资组合的标准差等于 11%　D. 投资组合的变异系数等于 1

2.「2020 年 · 单选题 · 题码 144125」

一项投资组合由两项资产构成。下列关于两项资产的期望收益率相关系数与投资组合风险分散效应的说法中，正确的是（　　）。

A. 相关系数等于 0 时，风险分散效应最强

B. 相关系数等于 1 时，不能分散风险

C. 相关系数大小不影响风险分散效应

D. 相关系数等于 −1 时，才有风险分散效应

3.「2019 年 · 多选题 · 题码 144117」

甲投资组合由证券 X 和证券 Y 各占 50% 组成。下列说法中，正确的有（　　）。

A. 甲的期望报酬率 = X 的期望报酬率 ×50% + Y 的期望报酬率 ×50%

B. 甲期望报酬率的标准差 = X 期望报酬率的标准差 ×50% + Y 期望报酬率的标准差 ×50%

C. 甲期望报酬率的变异系数 = X 期望报酬率的变异系数 ×50% + Y 期望报酬率的变异系数 ×50%

D. 甲的贝塔系数 = X 的贝塔系数 ×50% + Y 的贝塔系数 ×50%

4.「2018 年 · 多选题 · 题码 144118」

下列关于投资者对风险的态度的说法中，符合投资组合理论的有（　　）。

A. 投资者在决策时不必考虑其他投资者对风险的态度

B. 不同风险偏好投资者的投资都是无风险资产和最佳风险资产组合的组合

C. 投资者对风险的态度不仅影响其借入或贷出的资金量，还影响最佳风险资产组合

D. 当存在无风险资产并可按无风险利率自由借贷时，市场组合优于其他风险资产组合

5.「2017 年・单选题・题码 144126」

当存在无风险资产并可按无风险报酬率自由借贷时，下列关于最有效风险资产组合的说法中正确的是（　　）。

A. 最有效风险资产组合是投资者根据自己风险偏好确定的组合

B. 最有效风险资产组合是风险资产机会集上最小方差点对应的组合

C. 最有效风险资产组合是风险资产机会集上最高期望报酬率点对应的组合

D. 最有效风险资产组合是所有风险资产以各自的总市场价值为权数的组合

6.「2017 年・多选题・题码 144119」

影响某股票贝塔系数大小的因素有（　　）。

A. 整个股票市场报酬率的标准差

B. 该股票报酬率的标准差

C. 整个股票市场报酬率与无风险报酬率的相关性

D. 该股票报酬率与整个股票市场报酬率的相关性

7.「2016 年・多选题・题码 144120」

市场上两种有风险证券 X 和 Y，下列情况下，两种证券组成的投资组合风险低于两者加权平均风险的有（　　）。

A. X 和 Y 期望报酬率的相关系数是 0

B. X 和 Y 期望报酬率的相关系数是 −1

C. X 和 Y 期望报酬率的相关系数是 0.5

D. X 和 Y 期望报酬率的相关系数是 1

8.「2015 年・单选题・题码 144127」

甲公司拟投资于两种证券 X 和 Y，两种证券期望报酬率的相关系数为 0.3，根据投资 X 和 Y 的不同资金比例，投资组合期望报酬率与标准差的关系如图所示。甲公司投资组合的有效集是（　　）。

A. X、Y 点　　B. RY 曲线　　C. XR 曲线　　D. XRY 曲线

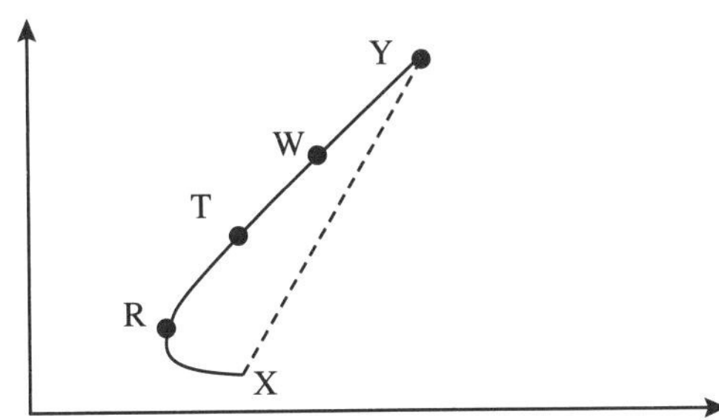

「考点 5」资本资产定价模型（★★★）

1.「2016 年・多选题・题码 144121」

下列关于证券市场线的说法中，正确的有（　　）。

A. 无风险报酬率越大，证券市场线在纵轴的截距越大

B. 投资者对风险的厌恶感越强，证券市场线的斜率越大

C. 预计通货膨胀率提高时，证券市场线向上平移

D. 证券市场线描述了由风险资产和无风险资产构成的投资组合的有效边界

2. **「2013 年 · 单选题 · 题码 144128」**

证券市场线可以用来描述市场均衡条件下单项资产或资产组合的必要报酬率与风险之间的关系。投资者的风险厌恶感普遍减弱时，会导致证券市场线（　　）。

A. 向上平行移动　　B. 向下平行移动

C. 斜率上升　　D. 斜率下降

04 第四章　资本成本

「考情分析」

考点	星级	近十年考频	2012年	2013年	2014年	2015年	2016年	2017年	2018年	2019年	2020年	2021年
1. 资本成本概述	★	2					√			√		
2. 债务资本成本	★★★	8	√	√	√	√	√	√	√	√		
3. 普通股资本成本	★★★	4	√					√	√		√	
4. 混合筹资资本成本	★	1	√									
5. 加权平均资本成本	★	1						√				

「考点1」资本成本概述（★）

「2016年·多选题·题码144210」

下列关于投资项目资本成本的说法中，正确的有（　　）。

A. 资本成本是投资项目的取舍率　　B. 资本成本是投资项目的必要报酬率

C. 资本成本是投资项目的机会成本　　D. 资本成本是投资项目的内含报酬率

「考点2」债务资本成本（★★★）

1.「2018年·单选题·题码144206」

进行投资项目资本预算时，需要估计债务资本成本。下列说法中，正确的是（　　）。

A. 如果公司资本结构不变，债务资本成本是现有债务的历史成本

B. 如果公司有上市债券，可以使用债券承诺收益作为债务资本成本

C. 即使公司通过不断续约短债长用，债务资本成本也只是长期债务的成本

D. 如果公司发行“垃圾债券”，债务资本成本应是考虑违约可能后的期望成本

2.「2016年·单选题·题码144207」

在进行投资决策时，需要估计的债务成本是（　　）。

A. 现有债务的承诺收益　　B. 未来债务的期望收益

C. 未来债务的承诺收益　　D. 现有债务的期望收益

3.「2015年·多选题·题码144211」

甲公司目前没有上市债券，在采用可比公司法测算公司的债务资本成本时，选择的可比公司应具有的特征有（　　）。

A. 与甲公司在同一行业　　B. 拥有可上市交易的长期债券

C. 与甲公司商业模式类似　　D. 与甲公司在同一生命周期阶段

「考点3」普通股资本成本（★★★）

1.「2020年·单选题·题码144208」

甲公司采用债券收益率风险调整模型估计股权资本成本，税前债务资本成本8%，股权相对债权风险溢价6%，企业所得税税率为25%。甲公司的股权资本成本是（　　）。

A. 6%　　B. 8%　　C. 12%　　D. 14%

2.「2018年·单选题·题码144209」

在采用债券收益率风险调整模型估计普通股资本成本时，风险溢价是（　　）。

A. 目标公司普通股相对短期国债的风险溢价

B. 目标公司普通股相对长期国债的风险溢价

C. 目标公司普通股相对目标公司债券的风险溢价

D. 目标公司普通股相对可比公司长期债券的风险溢价

3.「2018年·多选题·题码144212」

下列各项中可用于估计普通股资本成本的方法有（　　）。

A. 财务比率法　　B. 资本资产定价模型

C. 固定股利增长模型　　D. 债券收益率风险调整模型

4.「2018年·多选题·题码144213」

采用实体现金流量模型进行企业价值评估时，为了计算资本成本，无风险利率需要使用实际利率的情况有（　　）。

A. β系数较大　　B. 预测周期特别长

C. 市场风险溢价较高　　D. 存在恶性通货膨胀

5.「2017年·多选题·题码144214」

甲公司是一家稳定发展的制造业企业，经营效率和财务政策过去十年保持稳定且预计未来继续保持不变，未来不打算增发或回购股票，公司现拟用股利增长模型估计普通股资本成本，下列中，可作为股利增长率的有（　　）。

A. 甲公司可持续增长率　　B. 甲公司内含增长率

C. 甲公司历史股利增长率　　D. 甲公司历史股价增长率

「考点4」加权平均资本成本（★）

「2011年·多选题·题码144215」

下列关于计算加权平均资本成本的说法中，正确的有（　　）。

A. 计算加权平均资本成本时，理想的做法是按照以市场价值计量的目标资本结构的比例计量每种资本要素的权重

B. 计算加权平均资本成本时，每种资本要素的相关成本是未来增量资金的机会成本，而非已经筹集资金的历史成本

C. 计算加权平均资本成本时，需要考虑发行费用的债务应与不需要考虑发行费用的债务分开，分别计量资本成本和权重

D. 计算加权平均资本成本时，如果筹资企业处于财务困境，需将债务的承诺收益率而非期望收益率作为债务成本

主观题部分

「2017 年 · 计算分析题 · 题码 144216」

甲公司是一家上市公司，主营保健品生产和销售。2017 年 7 月 1 日，为对公司业绩进行评价，需估算其资本成本，相关资料如下：

❶ 甲公司目前长期资本中有长期债券 1 万份，普通股 600 万股，没有其他长期债务和优先股。长期债券发行于 2016 年 7 月 1 日「1」，期限 5 年，票面价值 1 000 元，票面利率 8%，每年 6 月 30 日和 12 月 31 日付息。公司目前长期债券每份市价 935.33 元，普通股每股市价 10 元。

❷ 目前无风险利率 6%，股票市场平均收益率 11%，甲公司普通股贝塔系数 1.4。

❸ 企业的所得税税率 25%。

【审题要点】

「1」注意截至目前，该债券已发行 1 年，还剩 4 年（8 期）。

「要求」

（1）计算甲公司长期债券税前资本成本。

（2）用资本资产定价模型计算甲公司普通股资本成本。

（3）以公司目前的实际市场价值为权重，计算甲公司加权平均资本成本。

（4）在计算公司加权平均资本成本时，有哪几种权重计算方法？简要说明各种权重计算方法并比较优缺点。

05 第五章 投资项目资本预算

「考情分析」

考点	星级	近十年考频	2012年	2013年	2014年	2015年	2016年	2017年	2018年	2019年	2020年	2021年
1. 项目评价方法	★★★	9	√	√	√	√	√	√	√	√		√
2. 新建项目现金流量的估计	★★★	8	√		√	√	√		√	√	√	√
3. 更新项目现金流量的估计	★★	2				√				√		
4. 投资项目折现率的估计	★★	4	√	√							√	√
5. 投资项目的敏感分析	★★	4	√		√	√	√					

「考点 1」项目评价方法（★★★）

1.「2021 年 · 多选题 · 题码 133590」

对于两个期限不同的互斥投资项目，可采用共同年限法或等额年金法进行项目决策。下列关于两种方法共同缺点的说法中，正确的有（　　）。

A. 未考虑竞争导致的收益下降

B. 未考虑通货膨胀导致的重置成本上升

C. 未考虑技术更新换代导致的投入产出变化

D. 未考虑项目重置

2.「2020 年 · 单选题 · 题码 144274」

甲公司拟投资某项目，一年前花费 10 万元做过市场调查，后因故中止。现重启该项目，拟使用闲置的一间厂房，厂房购入时价格 2 000 万元，当前市价 2 500 万元；项目还需投资 500 万元购入新设备。在进行该项目投资决策时，初始投资是（　　）万元。

A. 2 500　　B. 2 510　　C. 3 000　　D. 3 010

3.「2019 年 · 单选题 · 题码 144275」

甲公司有 X、Y 两个项目组，分别承接不同的项目类型。X 项目组资本成本 10%，Y 项目组资本成本 14%，甲公司资本成本 12%。下列项目中甲公司可以接受的是（　　）。

A. 报酬率为 9% 的 X 类项目　　B. 报酬率为 11% 的 X 类项目

C. 报酬率为 12% 的 Y 类项目　　D. 报酬率为 13% 的 Y 类项目

4.「2019 年 · 多选题 · 题码 144279」

甲公司拟在华东地区建立一家专卖店，经营期限 6 年，资本成本 8%。假设该投资的初始现金流量发生在期初，营业现金流量均发生在投产后各年末。该投资现值指数小于 1。下列关于该投资的说法中，正确的有（　　）。

A. 净现值小于 0　　B. 内含报酬率小于 8%

C. 折现回收期小于 6 年　　D. 会计报酬率小于 8%

5.「2018 年 · 多选题 · 题码 144280」

对于两个期限不同的互斥项目，可采用共同年限法和等额年金法进行项目决策。下列关于两种方法共同缺点的说法中，正确的有（　　）。

A. 未考虑竞争导致的收益下降　　B. 未考虑项目收入带来的现金流入

C. 未考虑通货膨胀导致的重置成本上升　　D. 未考虑技术更新换代导致的投入产出变化

6.「2017 年 · 多选题 · 题码 144281」

甲公司拟投资一条生产线，该项目投资期限 5 年，资本成本 12%，净现值 200 万元。下列说法中，正确的有（　　）。

A. 项目现值指数大于 1　　B. 项目会计报酬率大于 12%

C. 项目折现回收期大于 5 年　　D. 项目内含报酬率大于 12%

「考点 2」新建项目现金流量的估计（★★★）

「单选题 · 题码 144276」

某项目经营期为 5 年，预计投产第一年初流动资产需用额为 50 万元，预计第一年流动负债为 15 万元，投产第二年初流动资产需用额为 80 万元，预计第二年流动负债为 30 万元，则该项目第二年的营运资本投资额为（　　）万元。

A. 35　　B. 15　　C. 95　　D. 50

「考点 3」更新项目现金流量的估计（★★）

「2015 年 · 单选题 · 题码 144277」

在设备更换不改变生产能力且新旧设备未来使用年限不同的情况下，固定资产更新决策应选择的方法是（　　）。

A. 净现值法　　B. 折现回收期法　　C. 平均年成本法　　D. 内含报酬率法

「考点 4」投资项目折现率的估计（★★）

「2004 年 · 单选题 · 题码 144278」

某公司的主营业务是生产和销售制冷设备，目前准备投资汽车项目。在确定项目系统风险时，掌握了以下资料：汽车行业上市公司的 β 值为 1.05，行业平均资产负债率为 60%，投资汽车项目后，公司将继续保持目前 50% 的资产负债率。本项目含有负债的股东权益 β 值是（　　）。

A. 0.84　　B. 0.98　　C. 1.26　　D. 1.31

主观题部分

1.「2020 年 · 计算分析题 · 题码 144302」

甲公司是一家中低端护肤品生产企业，为适应市场需求，2020 年末拟新建一条高端护肤品生产线，项目期限 5 年[1]。相关资料如下：

【审题要点】

「1」可知本题的项目期间为 2021 ~ 2025 年共 5 年。

❶ 新建生产线需要一栋厂房、一套生产设备和一项专利技术。新建厂房成本 5 000 万元，根据税法相关规定，按直线法计提折旧，折旧年限 20 年，无残值。假设厂房建设周期很短，2020 年末即可建成使用，预计 5 年后变现价值 4 000 万元。生产设备购置成本 2 000 万元，无须安装，根据税法相关规定，按直线法计提折旧，折旧年限 5 年，无残值，预计 5 年后变现价值为 0。一次性支付专利技术使用费 1 000 万元，可使用 5 年，根据税法相关规定，专利技术使用费按受益年限平均摊销「2」。

❷ 生产线建成后，预计高端护肤品第一年销售收入 5 000 万元，第二年及以后每年销售收入 6 000 万元。付现变动成本占销售收入的 20%，付现固定成本每年 1 000 万元「3」。

❸ 项目需增加营运资本 200 万元，于 2020 年末投入，项目结束时收回「4」。

❹ 项目投产后，由于部分原中低端产品客户转而购买高端产品，预计会导致中低端产品销售收入每年流失 500 万元，同时付现变动成本每年减少 200 万元「5」。

❺ 假设厂房、设备和专利技术使用费相关支出发生在 2020 年末，各年营业现金流量均发生在当年末。

❻ 项目加权平均资本成本 14%「6」。企业所得税税率 25%。

「2」可知零时点的现金流出 =5 000 +2 000 +1 000 =8 000（万元）。在营业期间折旧和摊销的抵税为现金流入，其中厂房每年折旧金额 =5 000 ÷20 =250（万元），每年折旧抵税金额 =250 ×25% =62.5（万元），项目结束时的账面价值 =5 000 −250 ×5 =3 750（万元），小于变现价值 4 000 万元，产生变现收入纳税（现金流出）=(4 000 −3 750) ×25% =62.5（万元）。

「3」每年的销售收入和销售成本等相关的现金流入与现金流出均要换算成税后的。

「4」营运资本涉及两个时点的现金流：零时点（2020 年末）垫支营运资本的现金流出、项目结束时（2025 年末）收回垫支营运资本的现金流入。注意，均不需要使用税后的。

「5」因项目增加或减少的现金流量都是决策相关现金流量。减少的税后收入相当于现金流出，减少的税后付现成本相当于现金流入。

「6」项目加权平均资本成本即为折现率。

「要求」

（1）计算该项目 2020 年末至 2025 年末的相关现金净流量和净现值（计算过程和结果填入下方表格中）。

单位：万元

	2020 年末	2021 年末	2022 年末	2023 年末	2024 年末	2025 年末

续表

	2020 年末	2021 年末	2022 年末	2023 年末	2024 年末	2025 年末
现金净流量						
折现系数						
现值						
净现值						

（2）计算该项目的动态投资回收期。

（3）分别用净现值法和动态投资回收期法判断该项目是否可行。假设甲公司设定的项目动态投资回收期为 3 年。

2. 「2019 年 · 计算分析题 · 题码 144306」

甲公司是一家制造业企业，产品市场需求旺盛。为增加产能，拟于 2019 年末添置一台新设备。该设备无须安装，预计购置成本 300 万元。根据税法相关规定，该设备按直线法计提折旧，折旧年限 3 年，净残值率 5%[1]。甲公司现需确定该设备的经济寿命，相关资料如下：

【审题要点】

「1」可知该设备每年折旧金额 =300 ×（1 − 5%）÷3 =95（万元）。

「2」加权平均资本成本即为折现率。

单位：万元

年份	运行成本	年末变现价值
2019		300
2020	90	200
2021	100	110
2022	150	40

甲公司加权平均资本成本 10%[2]，企业所得税税率 25%。假设运行成本均发生在各年末。

「要求」

（1）在考虑货币时间价值的情况下，分别计算该设备更新年限为 1 年、2 年、3 年的平均年成本。

（2）根据要求（1）计算的平均年成本，确定该设备的经济寿命。

3. 「2019 年 · 计算分析题 · 题码 144309」

甲汽车租赁公司拟购置一批新车用于出租。现有两种投资方案，相关信息如下：

❶ 方案一：购买中档轿车 100 辆，每辆车价格 10 万元，另需支付车辆价格 10% 的购置相关税费[1]。每年平均出租 300 天，日均租金 150 元/辆。车辆可使用年限 8 年，8 年后变现价值为 0，前 5 年每年维护费 2 000 元/辆，后 3 年每年维护费 3 000 元/辆。车辆使用期间每年保险费 3 500 元/辆，其他税费 500 元/辆。每年增加付现固定运营成本 20.5 万元[2]。

❷ 方案二：购买大型客车 20 辆，每辆车价格 50 万元，另需支付车辆价格 10% 的购置相关税费。每年平均出租 250 天，日均租金 840 元/辆。车辆可使用年限 10 年，10 年后变现价值为 0，前 6 年每年维护费 5 000 元/辆，后 4 年每年维护费 10 000 元/辆。车辆使用期间每年保险费 30 000 元/辆，其他税费 5 000 元/辆。每年增加付现固定运营成本 10 万元[3]。

❸ 根据税法相关规定，车辆购置相关税费计入车辆原值，采用直线法计提折旧，无残值[4]。等风险投资必要报酬率为 12%[5]，企业所得税税率为 25%。

❹ 假设购车相关支出发生在期初，每年现金流入、现金流出均发生在年末。

【审题要点】

「1」注意车辆的购置税也属于车辆的购置成本，也属于零时点的现金流出。

「2」车辆的租金收入、维护费、保险费等相关的现金流入和流出均要换算成税后的。且要注意维护费前 5 年和后 3 年的金额不同。

「3」注意方案二的维护费前 6 年和后 4 年的金额不同，相关现金流入与流出都要换成税后的。

「4」方案一与方案二每年的折旧抵税额一样，且期末无变现损失抵税或者变现利得纳税。

「5」等风险投资必要报酬率即为折现率，默认为税后的。

「要求」

（1）分别估计两个方案的现金流量。

（2）分别计算两个方案的净现值。

（3）分别计算两个方案净现值的等额年金。

（4）假设两个方案都可以无限重置，且是互斥项目，用等额年金法判断甲公司应采用哪个投资方案。

4. 「2018 年 · 计算分析题 · 题码 144314」

甲公司是一家传统制造业上市公司，只生产 A 产品。2018 年末公司准备新上一条生产线，经营周期 4 年[1]，正在进行项目的可行性研究。相关资料如下：

❶ 预计 A 产品每年销售 1 000 万只，单位售价 60 元，单位变动制造成本 40 元；每年付现固定制造费用 2 000 万元，付现销售和管理费用 800 万元[2]。

❷ 项目需要一栋厂房、一套设备和一项专利技术。目前，公司有一栋厂房正好适合新项目使用。该厂房正在对外出租，每年末收取租金 100 万元[3]，2018 年末租期到期，可续租也可收回自用。设备购置成本 10 000 万元，无须安装，于

【审题要点】

「1」可知本题的项目期间为：2019 ~ 2022 年共 4 年。

「2」注意每年的销售收入、销售成本及费用相关的现金流入与流出都要换算成税后的。

「3」因厂房用于新项目导致不能出租，从而使得每年丧失了一笔税后的现金收入（相当于现金流出）=100 ×（1 −25%）=75（万元）。

「4」可知该设备每年的折旧额 =10 000 ÷ 5 =2 000（万元），每年折旧抵税金额（现

2018 年末一次性支付，4 年后变现价值 1 600 万元。税法规定，设备采用直线法计提折旧，折旧年限 5 年。折旧期满后无残值[4]。专利技术使用费 8 000 万元，于 2018 年末一次性支付，期限 4 年。税法规定，专利技术使用费可按合同约定使用年限平均摊销，所得税前扣除。

❸ 项目需增加营运资本 200 万元，于 2018 年末投入，项目结束时收回[5]。

❹ 项目投资的必要报酬率 12%[6]，公司的企业所得税税率 25%。假设项目每年销售收入和付现费用均发生在当年年末。

金流入）2 000 ×25% =500（万元）。项目结束时（4 年后）的账面价值 =10 000 − 2 000 ×4 =2 000（万元），大于变现价值 1 600 万元，产生了变现损失抵税金额 =(2 000 −1 600) ×25% =100（万元），故处置时的现金流量 =1 600 +100 =1 700（万元）。

「5」营运资本涉及两个时点的现金流：零时点（2018 年末）垫支营运资本的现金流出、项目结束时收回垫支营运资本的现金流入。注意，均不需要使用税后的。

「6」计算项目现金流现值时的折现率是项目投资的必要报酬率，默认是税后的。

「要求」

（1）计算该项目 2018 年末至 2022 年末的相关现金净流量、净现值和现值指数（计算过程和结果填入下方表格中）。

单位：万元

	2018 年末	2019 年末	2020 年末	2021 年末	2022 年末
现金净流量					
折现系数					
现值					
净现值					
现值指数					

（2）根据净现值和现值指数，判断该项目是否可行，并简要说明理由。

（3）简要回答净现值和现值指数之间的相同点和不同点。

06 第六章 债券、股票价值评估

「考情分析」

考点	星级	近十年考频	2012年	2013年	2014年	2015年	2016年	2017年	2018年	2019年	2020年	2021年
1. 债券价值评估	★★	7	√	√	√	√	√		√		√	
2. 普通股价值评估	★★	5	√	√	√			√				√
3. 混合筹资工具价值评估	★	2						√		√		

「考点 1」债券价值评估（★★）

1. **「2020 年 · 单选题 · 题码 144358」**

某两年期债券，面值 1 000 元，票面利率 10%，每半年付息一次，到期还本。假设有效年折现率是 10. 25%，该债券刚刚支付过上期利息，其价值是（　　）元。

A. 987. 24　　B. 995. 58　　C. 1 000　　D. 1 004. 34

2. **「2020 年 · 多选题 · 题码 144363」**

在市场有效的情况下，下列影响平息债券价格的说法中，正确的有（　　）。

A. 假设其他条件不变，债券期限越长，债券价格与面值的差异越大

B. 假设其他条件不变，债券期限越短，市场利率变动对债券价格的影响越小

C. 假设其他条件不变，当市场利率高于票面利率时，债券价格高于面值

D. 假设其他条件不变，市场利率与票面利率的差异越大，债券价格与面值的差异越大

3. **「2020 年 · 单选题 · 题码 144359」**

某两年期债券，面值 1 000 元，票面年利率 8%，每半年付息一次，到期还本。假设有效年折现率是 8. 16%，该债券刚刚支付过上期利息，其价值是（　　）元。

A. 994. 14　　B. 997. 10　　C. 1 000　　D. 1 002. 85

4. **「2018 年 · 单选题 · 题码 144360」**

假设其他条件不变，当市场利率低于票面利率时，下列关于拟发行平息债券价值的说法中，错误的是（　　）。

A. 市场利率上升，价值下降

B. 期限延长，价值下降

C. 随着到期时间的缩短，市场利率的变动对债券价值的影响越来越小

D. 票面利率上升，价值上升

5. **「2018 年 · 多选题 · 题码 144364」**

甲公司折价发行公司债券，该债券期限 5 年，面值 1 000 元，票面利率 8%，每半年付息一次。下列说法中，正确的有（　　）。

A. 该债券的报价利率等于 8%　　B. 该债券的到期收益率等于 8%

C. 该债券的有效年利率大于 8%　　D. 该债券的计息周期利率小于 8%

「考点 2」普通股价值评估（★★）

1. 「2019 年 · 单选题 · 题码 144361」

甲、乙公司已进入稳定增长状态，股票信息如下：

	甲	乙
期望报酬率	10%	14%
股利稳定增长率	6%	10%
股票价格	30 元	40 元

下列关于甲、乙股票投资的说法中，正确的是（　　）。

A. 甲、乙股票预期股利相同　　B. 甲、乙股票股利收益率相同

C. 甲、乙股票预期资本利得相同　　D. 甲、乙股票资本利得收益率相同

2. 「2017 年 · 单选题 · 题码 144362」

甲公司已进入稳定增长状态，固定股利增长率 4%，股东必要报酬率 10%。公司最近一期每股股利 0.75 元，预计下一年的股票价格是（　　）元。

A. 7.5　　B. 12.5　　C. 13　　D. 13.52

「考点 3」混合筹资工具价值评估（★）

1. 「2019 年 · 多选题 · 题码 144365」

优先股股东比普通股股东的优先权体现在（　　）。

A. 优先取得剩余财产　　B. 优先获得股息

C. 优先出席股东大会　　D. 公司重大决策的优先表决权

2. 「2017 年 · 多选题 · 题码 144366」

下列情形中，优先股股东有权出席股东大会行使表决权的有（　　）。

A. 公司增发优先股

B. 公司一次或累计减少注册资本超过 10%

C. 修改公司章程中与优先股有关的内容

D. 公司合并、分立、解散或变更公司形式

主观题部分

1. 「2016 年 · 计算分析题 · 题码 144367」

小 W 因购买个人住房向甲银行借款 300 000 元，年利率 6%，每半年计息一次，期限 5 年[1]，自 2014 年 1 月 1 日至 2019

【审题要点】

「1」注意计息方式，5 年共 10 期，计息期利

年 1 月 1 日止，小 W 选择等额本息还款方式[2]偿还贷款本息，还款日在每年的 7 月 1 日和 1 月 1 日。2015 年 12 月末小 W 收到单位发放的一次性年终奖 60 000 元，正在考虑这笔奖金的两种使用方案：

❶ 2016 年 1 月 1 日提前偿还银行借款 60 000 元（当日仍需偿还原定的每期还款额）。

❷ 购买乙国债并持有至到期，乙国债为 5 年期债券，每份债券面值 1 000 元，票面利率 4%，单利计息，到期一次还本付息[3]，乙国债还有 3 年到期，当前[4]价格 1 020 元。

率 =6% ÷2 =3%。

「2」意思是每年还款金额相同，利息本金同时偿还。

「3」注意到期一次还本付息方式下，债券持有期间是没有现金流入的。

「4」注意这里指的是 2015 年 12 月末（或者说是 2016 年 1 月 1 日）。

「要求」

（1）计算投资乙国债的到期收益率。小 W 应选择提前偿还银行借款还是投资国债，为什么？

（2）计算当前每期还款额，如果小 W 选择提前偿还银行借款，计算提前还款后的每期还款额。

2. 「2015 年 · 计算分析题 · 题码 144370」

甲公司是一家制造业企业，信用级别为 A 级，目前没有上市债券，为投资新产品项目，公司拟通过发行面值 1 000 元的 5 年期债券进行筹资，公司采用风险调整法[1]估计拟发行债券的税前债务资本成本，并以此确定该债券的票面利率。

2012 年 1 月 1 日，公司收集了当时上市交易的 3 种 A 级公司债券及与这些上市债券到期日接近的政府债券的相关信息：

发债公司	A 级公司债券		政府债券	
	到期日	到期收益率	到期日	到期收益率
X 公司	2016 年 5 月 1 日	7.5%	2016 年 6 月 8 日	4.5%
V 公司	2017 年 1 月 5 日	7.9%	2017 年 1 月 10 日	5%
Z 公司	2018 年 1 月 3 日	8.3%	2018 年 2 月 20 日	5.2%

2012 年 7 月 1 日，甲公司发行该债券，该债券每年 6 月 30 日付息一次，2017 年 6 月 30 日到期，发行当天，等风险投资市场报酬率为 10%。

【审题要点】

「1」在风险调整法下：税前债务成本 = 政府债券的市场回报率 + 公司信用风险补偿率。

「要求」

（1）计算 2012 年 1 月 1 日 A 级公司债券的平均信用风险补偿率，并确定甲公司拟发行债券的票面利率。

（2）计算 2012 年 7 月 1 日甲公司债券的发行价格。

（3）2014 年 7 月 1 日，A 投资人在二级市场上以 970 元购买了甲公司债券，并计划持有至到期。投资当天，等风险投资市场报酬率为 9%，计算 A 投资人的到期收益率，并据此判断该债券价格是否合理。

07 第七章　期权价值评估

「考情分析」

考点	星级	近十年考频	2012年	2013年	2014年	2015年	2016年	2017年	2018年	2019年	2020年	2021年
1. 单一期权的损益状态	★★	1		√								
2. 期权投资组合策略	★★★	5	√		√					√	√	√
3. 期权价值及其影响因素	★★	9	√	√	√	√	√	√		√	√	√
4. 期权价值评估方法	★★★	2				√						√

「考点1」期权投资组合策略（★★★）

1.「2021年·单选题·题码156834」

下列情形中，最适合采用空头对敲投资策略的是（　　）。

A. 预计未来标的资产价格将大幅上涨

B. 预计未来标的资产价格将大幅下跌

C. 预计未来标的资产价格将在执行价格附近小幅波动

D. 预计未来标的资产价格将发生剧烈波动，但不知道升高还是降低

2.「2020年·单选题·题码144409」

市场上有以甲公司股票为标的资产的欧式看涨期权和欧式看跌期权。每份看涨期权可买入1股股票，每份看跌期权可卖出1股股票；看涨期权每份价格5元，看跌期权每份价格3元；执行价格均为60元，到期日相同。如果到期日股票价格为64元，购入一份看涨期权同时购入一份看跌期权的投资组合的净损益是（　　）。

A. −8　　B. −4　　C. 4　　D. 8

3.「2019年·多选题·题码144412」

甲投资者同时买进一只股票的看涨期权和看跌期权，该投资策略适合的情形有（　　）。

A. 预计标的股票市场价格将小幅下跌

B. 预计标的股票市场价格将小幅上涨

C. 预计标的股票市场价格将大幅上涨

D. 预计标的股票市场价格将大幅下跌

「考点2」期权价值及其影响因素（★★）

1.「2020年·多选题·题码144413」

假设其他条件不变，下列各项中，会导致美式看跌期权价值上升的有（　　）。

A. 无风险利率下降　　B. 标的股票发放红利

C. 标的股票价格上涨　　D. 标的股票股价波动率增加

2.「2020 年・多选题・题码 144414」

现有一份甲公司股票的欧式看涨期权，1 个月后到期，执行价格 50 元。目前甲公司股票市价 60 元，期权价格 12 元。下列说法中，正确的有（　　）。

A. 期权处于实值状态
B. 期权时间溢价 2 元
C. 期权目前应被执行
D. 期权到期时应被执行

3.「2019 年・多选题・题码 144415」

甲公司股票目前每股 20 元，市场上有 X、Y 两种该股票的看涨期权，执行价格分别为 15 元、25 元，到期日相同。下列说法中，正确的有（　　）。

A. X 期权内在价值 5 元
B. Y 期权时间溢价 0
C. X 期权价值高于 Y 期权价值
D. 股票价格上涨 5 元，X、Y 期权内在价值均上涨 5 元

4.「2019 年・单选题・题码 144410」

假设其他条件不变，下列影响期权价值的各项因素中，会引起期权价值同向变动的是（　　）。

A. 执行价格
B. 无风险利率
C. 标的股票市价
D. 标的股票股价波动率

5.「2017 年・多选题・题码 144416」

甲股票当前市价 20 元，市场上有以该股票为标的资产的看涨期权和看跌期权，执行价格均为 18 元。下列说法中，正确的有（　　）。

A. 看涨期权处于实值状态
B. 看跌期权处于虚值状态
C. 看涨期权时间溢价大于 0
D. 看跌期权时间溢价小于 0

6.「2017 年・多选题・题码 144417」

在其他因素不变的情况下，下列各项变动中，引起美式看跌期权价值下降的有（　　）。

A. 股票市价下降
B. 股价波动率下降
C. 到期期限缩短
D. 无风险报酬率降低

7.「2016 年・单选题・题码 144411」

在其他条件不变的情况下，下列关于股票的欧式看涨期权内在价值的说法中，正确的是（　　）。

A. 股票市价越高，期权的内在价值越大
B. 期权到期期限越长，期权的内在价值越大
C. 股价波动率越大，期权的内在价值越大
D. 期权执行价格越高，期权的内在价值越大

主观题部分

1. 「2018 年 · 计算分析题 · 题码 144419」

甲公司是一家上市公司，最近刚发放上年现金股利每股 2.2[1] 元，目前每股市价 50 元。证券分析师预测，甲公司未来股利增长率 6%，等风险投资的必要报酬率 10%。市场上有两种以甲公司股票为标的资产的期权：欧式看涨期权和欧式看跌期权。每份看涨期权可买入 1 股股票，每份看跌期权可卖出 1 股股票；看涨期权价格每份 5 元，看跌期权价格每份 3 元。两种期权的执行价格均为 50 元，期限均为 1 年。

投资者小王和小张都认为市场低估了甲公司股票，预测 1 年后股票价格将回归内在价值，于是每人投资 53 000 元。小王的投资是买入 1 000 股甲公司股票，同时买入 1 000 份甲公司股票的看跌期权。小张的投资是买入甲公司股票的看涨期权 10 600 份（注：计算投资净损益时不考虑货币时间价值）。

【审题要点】

「1」注意股利的对应年份，今年发放的股利为 D_0，$D_1 = D_0 \times (1+g)$。

「要求」

（1）采用股利折现模型，估计 1 年后甲公司股票的内在价值。

（2）如果预测正确，分别计算小王和小张 1 年后的投资净损益。

（3）假如 1 年后甲公司股票下跌到每股 40 元，分别计算小王和小张的投资净损益。

2. 「2016 年 · 计算分析题 · 题码 144423」

甲公司是一家制造业上市公司，当前每股市价 40 元，市场上有两种以该股票为标的资产的期权：欧式看涨期权和欧式看跌期权。每份看涨期权可买入 1 股股票，每份看跌期权可卖出 1 股股票；看涨期权每份 5 元，看跌期权每份 3 元。两种期权执行价格均为 40 元，到期时间均为 6 个月。目前，有四种投资组合方案可供选择：保护性看跌期权、抛补性看涨期权、多头对敲、空头对敲。

「要求」

（1）投资者希望将净损益限定在有限区间内，应选择哪种投资组合？该投资组合应如何构建？假设 6 个月后该股票价格上涨 20%，该投资组合的净损益是多少（注：计算组合净损益时，不考虑期权价格、股权价格的货币时间价值）？

（2）投资者预期未来股价大幅波动，应选择哪种投资组合？该投资组合应如何构建？假设 6 个月后该股票价格下跌 50%，该投资组合的净损益是多少（注：计算组合净损益时，不考虑期权价格、股票价格的货币时间价值）？

08 第八章　企业价值评估

「考情分析」

考点	星级	近十年考频	2012年	2013年	2014年	2015年	2016年	2017年	2018年	2019年	2020年	2021年
1. 企业价值的评估对象	★	4	√					√		√	√	
2. 现金流量折现模型	★★★	6	√	√	√			√	√	√		
3. 相对价值评估模型	★★	6		√	√	√	√		√			√

「考点1」企业价值的评估对象（★）

1.「2020年·多选题·题码144516」

甲上市公司目前普通股市价每股20元，净资产每股5元。如果资本市场是有效的，下列关于甲公司价值的说法中，正确的有（　　）。

A. 清算价值是每股5元　　B. 会计价值是每股5元

C. 少数股权价值是每股20元　　D. 现时市场价值是每股20元

2.「2019年·多选题·题码144517」

甲公司2019年9月30日资产负债表显示，总资产100亿元，所有者权益50亿元，总股数5亿股。当日甲公司股票收盘价每股25元。下列关于当日甲公司股权价值的说法中，正确的有（　　）。

A. 会计价值是50亿元　　B. 清算价值是50亿元

C. 持续经营价值是100亿元　　D. 现时市场价值是125亿元

3.「2017年·多选题·题码144518」

下列关于企业公平市场价值的说法中，正确的有（　　）。

A. 企业公平市场价值是企业控股权价值

B. 企业公平市场价值是企业持续经营价值

C. 企业公平市场价值是企业未来现金流入的现值

D. 企业公平市场价值是企业各部分构成的有机整体的价值

「考点2」现金流量折现模型（★★★）

「2018年·多选题·题码144519」

下列关于实体现金流量的说法中，正确的有（　　）。

A. 实体现金流量是企业经营现金流量

B. 实体现金流量是可以提供给债权人和股东的税后现金流量

C. 实体现金流量是营业现金净流量扣除资本支出后的剩余部分

D. 实体现金流量是税后经营净利润扣除净经营资产增加后的剩余部分

「考点3」相对价值评估模型（★★）

1.「2018 年・单选题・题码 144513」

甲公司是一家制造业企业，每股营业收入 40 元，销售净利率 5%，与甲公司可比的 3 家制造业企业的平均市销率是 0.8，平均销售净利率 4%，用修正平均市销率法估计的甲公司每股价值是（　　）元。

A. 25.6　　B. 32　　C. 33.6　　D. 40

2.「2016 年・单选题・题码 144514」

甲公司进入可持续增长状态，股利支付率 50%，权益净利率 20%，股利增长率 5%，股权资本成本 10%。甲公司的内在市净率是（　　）。

A. 2　　B. 10.5　　C. 10　　D. 2.1

3.「2015 年・单选题・题码 144515」

甲公司采用固定股利支付率政策，股利支付率 50%，2014 年甲公司每股收益 2 元，预期可持续增长率 4%，股权资本成本 12%，期末每股净资产 10 元，没有优先股，2014 年末甲公司的本期市净率为（　　）。

A. 1.20　　B. 1.30　　C. 1.25　　D. 1.35

主观题部分

1.「2019 年・计算分析题・题码 144520」

甲公司是一家投资公司，拟于 2020 年初以 18 000 万元收购乙公司全部股权。为分析收购方案可行性，收集资料如下：

❶ 乙公司是一家传统汽车零部件制造企业，收购前处于稳定增长状态[1]，增长率 7.5%，2019 年净利润 750 万元，当年取得的利润在当年分配，股利支付率 80%[2]，2019 年末（当年利润分配后）净经营资产 4 300 万元，净负债 2 150 万元[3]。

❷ 收购后，甲公司将通过拓宽销售渠道、提高管理水平、降低成本费用等多种方式，提高乙公司的销售增长率和营业净利率。预计乙公司 2020 年营业收入 6 000 万元，2021 年营业收入比 2020 年增长 10%，2022 年进入稳定增长状态，增长率 8%[4]。

❸ 收购后，预计乙公司相关财务比率保持稳定，具体如表 1 所示。

【审题要点】

「1」收购前处于稳定增长状态，可以利用固定增长模型计算出股权价值。

「2」可知 2019 年的股利总额 =750 ×80% = 600（万元）。

「3」可知 2019 年末股东权益 =4 300 − 2 150 =2 150（万元）。

「4」股权价值 = 详细预测期价值 + 后续期价值，2022 年进入稳定增长状态，进入后续期。

表 1

营业成本/营业收入	65%
销售和管理费用/营业收入	15%

续表

净经营资产/营业收入	70%
净负债/营业收入	30%
债务利息率	8%
企业所得税税率	25%

❹ 乙公司股票等风险投资必要报酬率收购前 11.5%，收购后 11%。

❺ 假设各年现金流量均发生在年末。

「要求」

（1）如果不收购，采用股利现金流量折现模型，估计 2020 年初乙公司股权价值。

（2）如果收购，采用股权现金流量折现模型，估计 2020 年初乙公司股权价值（计算过程和结果填入表 2 中）。

表 2　　　　单位：万元

	2020 年	2021 年	2022 年
股权现金流量			
股权价值			

（3）计算该收购产生的控股权溢价、为乙公司原股东带来的净现值、为甲公司带来的净现值。

（4）判断甲公司收购是否可行，并简要说明理由。

2. 「2017 年 · 计算分析题 · 题码 144525」

2017 年初，甲投资基金对乙上市公司普通股股票进行估值。乙公司 2016 年营业收入 6 000 万元，销售成本（含销货成本、销售费用、管理费用等）占营业收入的 60%[1]，净经营资产 4 000 万元。该公司自 2017 年开始进入稳定增长期，可持续增长率为 5%[2]。目标资本结构（净负债：股东权益）为 1:1[3]；2017 年初流通在外普通股 1 000 万股，每股市价 22 元。

该公司债务税前利率 8%[4]，股权相对债权风险溢价 5%，企业所得税税率 25%。为简化计算，假设现金流量均在年末发生，利息费用按净负债期初余额计算。

【审题要点】

「1」可知乙公司 2016 年的税后经营净利润 =6 000 ×（1 −60%）×（1 −25%）=1 800（万元）。

「2」可知 2017 年的税后经营净利润 =2016 年的税后经营净利润 ×（1 +5%），2017 年的净经营资产增加 =4 000 ×5% =200（万元），进而可以求出 2017 年的实体现金流量（税后经营净利润 −净经营资产增加）。

「3」可知 2017 年初净负债 =4 000 ×50% =2 000（万元）。

「4」计算税后利息费用注意转换成税后利率。

「要求」

（1）预计 2017 年乙公司税后经营净利润、实体现金流量、股权现金流量。

（2）计算乙公司股权资本成本，使用股权现金流量法估计乙公司 2017 年初每股价值，并判断每股市价是否高估。

3. 「2014 年 · 计算分析题 · 题码 144528」

甲公司是一家尚未上市的高科技企业，固定资产较少，人工成本占销售成本的比重较大[1]。为了进行以价值为基础的管理，公司拟采用相对价值评估模型对股权价值进行评估，有关资料如下：

❶ 甲公司 2013 年度实现净利润 3 000 万元，年初股东权益总额为 20 000 万元，年末股东权益总额为 21 800 万元[2]，2013 年股东权益的增加全部源于利润留存。公司没有优先股，2013 年末普通股股数为 10 000 万股，公司当年没有增发新股，也没有回购股票。预计甲公司 2014 年及以后年度的利润增长率为 9%，权益净利率保持不变[3]。

❷ 甲公司选择了同行业的 3 家上市公司作为可比公司，并收集了以下相关数据：

【审题要点】

「1」注意这里是判断甲公司适用于哪种估值模型的依据，固定资产较少、人工成本比重较大，说明市净率和市销率模型均不适用。

「2」计算权益净利率时，应当使用年初股东权益和年末股东权益的平均值 =（20 000 +21 800）÷2 =20 900（万元），而计算每股净资产时，应当使用年末股东权益 21 800 万元。

「3」权益净利率 =净利润 ÷股东权益，因此股东权益（净资产）的增长率也为 9%。

可比公司	每股收益（元）	每股净资产（元）	权益净利率（%）	每股市价（元）	预期利润增长率（%）
A 公司	0.4	2	21.20	8	8
B 公司	0.5	3	17.50	8.1	6
C 公司	0.5	2.2	24.30	11	10

「要求」

（1）使用市盈率模型下的修正平均市盈率法计算甲公司的每股股权价值。

（2）使用市净率模型下的修正平均市净率法计算甲公司的每股股权价值。

（3）判断甲公司更适合使用市盈率模型和市净率模型中的哪种模型进行估值，并说明原因。

09 第九章　资本结构

「考情分析」

考点	星级	近十年考频	2012年	2013年	2014年	2015年	2016年	2017年	2018年	2019年	2020年	2021年
1. 资本结构理论	★★	6	√	√		√	√	√		√		
2. 资本结构决策分析	★★	4	√					√	√		√	
3. 杠杆系数的衡量	★★	7	√	√	√		√		√		√	√

「考点1」资本结构理论（★★）

1. 「2019 年 · 多选题 · 题码 144860」

下列关于有企业所得税情况下 MM 理论的说法中，正确的有（　　）。

A. 高杠杆企业的价值大于低杠杆企业的价值

B. 高杠杆企业的债务资本成本大于低杠杆企业的债务资本成本

C. 高杠杆企业的权益资本成本大于低杠杆企业的权益资本成本

D. 高杠杆企业的加权平均资本成本大于低杠杆企业的加权平均资本成本

2. 「2017 年 · 单选题 · 题码 144852」

在考虑企业所得税且不考虑个人所得税的情况下，下列关于资本结构有税 MM 理论的说法中，错误的是（　　）。

A. 财务杠杆越大，企业利息抵税现值越大

B. 财务杠杆越大，企业价值越大

C. 财务杠杆越大，企业权益资本成本越高

D. 财务杠杆越大，企业加权平均成本越高

3. 「2016 年 · 单选题 · 题码 144853」

根据有税的 MM 理论，下列各项中会影响企业价值的是（　　）。

A. 债务利息抵税　　B. 债务代理成本　　C. 债务代理收益　　D. 财务困境成本

4. 「2015 年 · 单选题 · 题码 144854」

在信息不对称和逆向选择的情况下，根据优序融资理论，选择融资方式的先后顺序应该是（　　）。

A. 普通股、可转换债券、优先股、公司债券

B. 公司债券、可转换债券、优先股、普通股

C. 普通股、优先股、可转换债券、公司债券

D. 公司债券、优先股、可转换债券、普通股

「考点2」资本结构决策分析（★★）

1.「2020 年 · 单选题 · 题码 144855」

公司用每股收益无差别点法进行长期筹资决策。已知长期债券与普通股的无差别点的年息税前利润是 200 万元，优先股与普通股的无差别点的年息税前利润是 300 万元。如果甲公司预测未来每年息税前利润是 360 万元，下列说法正确的是（　　）。

A. 应该用优先股融资　　B. 应该用普通股融资

C. 应该用长期债券融资　　D. 可以用长期债券也可以用优先股融资

2.「2019 年 · 单选题 · 题码 144856」

企业目标资本结构是使加权平均资本成本最低的资本结构。假设其他条件不变，该资本结构也是（　　）。

A. 使每股收益最高的资本结构　　B. 使利润最大的资本结构

C. 使股东财富最大的资本结构　　D. 使股票价格最高的资本结构

「考点3」杠杆系数的衡量（★★）

1.「2020 年 · 单选题 · 题码 144857」

甲公司 2019 年净利润 150 万元，利息费用 100 万元，优先股股利 37. 5 万元，企业所得税税率 25%。甲公司财务杠杆系数为（　　）。

A. 2　　B. 1. 85　　C. 3　　D. 2. 15

2.「2017 年 · 单选题 · 题码 144858」

甲公司 2016 年营业收入 1 000 万元，变动成本率 60%，固定成本 200 万元，利息费用 40 万元。假设不存在资本化利息且不考虑其他因素，该企业联合杠杆系数是（　　）。

A. 1. 25　　B. 2　　C. 2. 5　　D. 3. 75

3.「2016 年 · 单选题 · 题码 144859」

甲公司 2015 年每股收益 1 元，经营杠杆系数 1. 2，财务杠杆系数 1. 5，假设公司不进行股票分割。如果 2016 年每股收益达到 1. 9 元，根据杠杆效应，其营业收入应比 2015 年增加（　　）。

A. 50%　　B. 90%　　C. 75%　　D. 60%

主观题部分

「2017 年 · 计算分析题 · 题码 144532」

甲公司是一家上市公司，目前的长期资金来源包括：长期借款 7 500 万元，年利率 5%，每年付息一次，5 年后还本；优先股 30 万股，每股面值 100 元，票面股息率 8%；普通股 500 万股，每股面值 100 元。为扩大生产规模，公司现需筹资 4 000 万元，有两种筹资方案可供选择：方案一是平价发行长期债券，债券面值 1 000 元，期限 10 年，票面利率 6%，每

【审题要点】

「1」可知方案一应当发行的债券数量 = 4 000 ÷1 000 =4（万份）。利息总额 =1 000 × 6% ×4 =240（万元）。

「2」可知方案二追加筹资所增加的股数 = 4 000 ÷16 =250（万股），此时总股数 =500 +

年付息一次[1]；方案二是按当前每股市价 16 元增发普通股，假设不考虑发行费用[2]。

目前公司年营业收入 1 亿元，变动成本率为 60%，除财务费用外的固定成本 2 000 万元，预计扩大规模后每年新增营业收入 3 000 万元，变动成本率不变[3]，除财务费用外的固定成本新增 500 万元。公司的企业所得税税率 25%。

250 =750（万股）。

「3」即变动成本率仍为 60%，边际贡献率仍为 40%。

「要求」

（1）计算追加筹资前的经营杠杆系数、财务杠杆系数、联合杠杆系数。

（2）计算方案一和方案二的每股收益无差别点的营业收入，并据此对方案一和方案二作出选择。

（3）基于要求（2）的结果，计算追加筹资后的经营杠杆系数、财务杠杆系数、联合杠杆系数。

10 第十章　长期筹资

「考情分析」

考点	星级	近十年考频	2012年	2013年	2014年	2015年	2016年	2017年	2018年	2019年	2020年	2021年
1. 长期债务筹资	★	3	√			√		√				
2. 普通股筹资	★	8	√	√	√		√	√	√	√	√	
3. 附认股权证债券筹资	★★	5	√	√		√		√				√
4. 可转换债券筹资	★★★	5	√		√		√			√		√
5. 租赁筹资	★★	4	√		√			√			√	

「考点1」长期债务筹资（★）

1.「2020 年・单选题・题码 144880」

甲公司采用配股方式进行融资，每 10 股配 5 股，配股价 20 元；配股前股价 27 元。最终参与配股的股权占 80%。乙在配股前持有甲公司股票 1 000 股，若其全部行使配股权，乙的财富（　　）。

A. 增加 500 元　　B. 增加 1 000 元　　C. 减少 1 000 元　　D. 不发生变化

2.「2019 年・单选题・题码 144881」

甲公司股票每股市价 10 元，以配股价格每股 8 元向全体股东每 10 股配售 10 股。拥有甲公司 80% 股权的投资者行使了配股权。乙持有甲公司股票 1 000 股，未行使配股权，配股除权使乙的财富（　　）。

A. 增加 220 元　　B. 减少 890 元　　C. 减少 1 000 元　　D. 不发生变化

3.「2018 年・单选题・题码 144882」

甲公司有普通股 20 000 股，拟采用配股的方式进行融资。每 10 股配 3 股，配股价为 16 元/股，股权登记日收盘市价 20 元/股，假设共有 1 000 股普通股的原股东放弃配股权，其他股东全部参与配股，配股后除权参考价是（　　）元。

A. 18　　B. 19. 11　　C. 19. 2　　D. 20

4.「2017 年・单选题・题码 144883」

与长期借款相比，发行债券进行筹资的优点是（　　）。

A. 筹资速度较快　　B. 筹资规模较大

C. 筹资费用较小　　D. 筹资灵活性较好

5.「2017 年・多选题・题码 144888」

与公开间接发行股票相比，下列关于不公开直接发行股票的说法中，正确的有（　　）。

A. 发行成本低　　B. 股票变现性差　　C. 发行范围小　　D. 发行方式灵活性小

6.「2016 年 · 单选题 · 题码 144884」

甲公司采用配股方式进行融资，拟每 10 股配 1 股，配股前价格每股 9.1 元，配股价格每股 8 元，假设所有股东均参与配股，则配股除权价格是（　　）元。

A. 8　　B. 10.01　　C. 8.8　　D. 9

「考点 2」附认股权证债券筹资（★★）

1.「2015 年 · 单选题 · 题码 144885」

下列关于认股权证与股票看涨期权共同点的说法中，正确的是（　　）。

A. 两者均有固定的行权价格　　B. 两者行权后均会稀释每股收益

C. 两者行权后均会稀释每股价格　　D. 两者行权时买入的股票均来自二级市场

2.「2013 年 · 多选题 · 题码 144889」

下列关于认股权证与看涨期权的共同点的说法中，错误的有（　　）。

A. 都有一个固定的行权价格

B. 行权时都能稀释每股收益

C. 都能使用布莱克—斯科尔斯模型定价

D. 都能作为筹资工具

「考点 3」可转换债券筹资（★★★）

1.「2019 年 · 多选题 · 题码 144890」

为确保债券平价发行，假设其他条件不变，下列各项可导致票面利率降低的有（　　）。

A. 附认股权证　　B. 附转换条款　　C. 附赎回条款　　D. 附回售条款

2.「2016 年 · 单选题 · 题码 144886」

有些可转换债券在赎回条款中设置不可赎回期，其目的是（　　）。

A. 防止赎回溢价过高

B. 保证可转换债券顺利转换成股票

C. 防止发行公司过度使用赎回权

D. 保证发行公司长时间使用资金

「考点 4」租赁筹资（★★）

「2009 年 · 单选题 · 题码 144887」

甲公司 2009 年 3 月 5 日向乙公司购买了一处位于郊区的厂房，随后出租给丙公司。甲公司以自有资金向乙公司支付总价款的 30%，同时甲公司以该厂房作为抵押向丁银行借入余下的 70% 价款。这种租赁方式是（　　）。

A. 经营租赁　　B. 售后回租租赁　　C. 杠杆租赁　　D. 直接租赁

主观题部分

1. 「2020 年·计算分析题·题码 144891」

甲公司是一家制造业企业，产品市场需求处于上升阶段。为提高产能，公司拟新建一个生产车间。该车间运营期6 年，有两个方案可供选择：

❶ 方案一：设备购置。预计购置成本 320 万元，首年年初支付；设备维护费用每年 2 万元[1]，年末支付。

❷ 方案二：设备租赁。租赁期6 年，租赁费每年 50 万元，年初支付。租赁公司负责设备的维护，不再另外收费。租赁期内不得撤租，租赁期满时租赁资产所有权以 60 万元转让[2]。

❸ 6 年后该设备可按 85 万元出售，但需支付处置费用 5 万元[3]。根据税法相关规定，设备折旧年限 8 年，净残值率 4%，按直线法计提折旧。税前有担保借款利率 8%[4]，企业所得税税率 25%。

【审题要点】

「1」可知购置方案一的零时点现金流出为 320 万元，因设备维护费由企业自行承担，方案二由租赁公司承担，故属于差别成本，方案一应该考虑在内，注意维护费可以抵税。

「2」可知该租赁合同不属于选择简化处理的短期租赁和低价值资产租赁，符合融资租赁的认定标准，租赁费不可以税前扣除，应当以租赁合同约定的付款总额 300 万元（50 × 6）+ 租赁期届满的所有权转让费 60 万元共 360 万元作为计税基础，每年折旧额 =360 ×（1 −4%）÷8 =43.2（万元），折旧可以抵税。

「3」租赁期届满后（6 年后），设备的账面价值 =360 −43.2 ×6 =100.8（万元），大于变现价值 80 万元（85 −5），产生变现损失抵税 =(100.8 −80) ×25% =5.2（万元）。

「4」应当使用税后有担保借款利率（6%）作为折现率。

「要求」

（1）计算设备租赁相对于购置的差额现金流量及其净现值（计算过程和结果填入下方表格中）。

单位：万元

	T =0	T =1	T =2	T =3	T =4	T =5	T =6

续表

	T=0	T=1	T=2	T=3	T=4	T=5	T=6
差额现金流量							
折现系数							
现值							
净现值							

（2）判断企业应该选择何种方案，并简要说明理由。

2.「2017 年 · 计算分析题 · 题码 144894」

甲公司是一家制造业企业，产品市场需求处于上升阶段，为增加产能，公司拟于2018 年初添置一台设备，有两种方案可供选择：

❶ 方案一：自行购置。预计设备购置成本 1 600 万元。按税法规定，该设备按直线法计提折旧，折旧年限 5 年，净残值为 5%，预计该设备使用 4 年[1]，每年年末支付维护费用 16 万元[2]，4 年后变现价值 400 万元[3]。

❷ 方案二：租赁，甲公司租用设备进行生产，租赁期 4 年，设备的维护费用由提供租赁服务的公司承担，租赁期内不得撤租，租赁期满时设备所有权不转让，租赁费总计 1 480 万元[4]，分 4 年偿付，每年年初支付 370 万元[5]。

❸ 甲公司的企业所得税税率为 25%，税前有担保的借款利率为 8%。

【审题要点】

「1」可知购置方案一的零时点现金流出为 1 600 万元，每年折旧额 =1 600 ×（1 −5%）÷5 =304（万元），折旧可以抵税。

「2」每年支付的维护费可以税前扣除。

「3」方案一设备 4 年后的账面价值 =1 600 −304 ×4 =384（万元），小于变现价值 400 万元，产生变现收益纳税（400 −384）×25% =4（万元）。

「4」可知该租赁合同不属于选择简化处理的短期租赁和低价值资产租赁，符合融资租赁的认定标准，租赁费不可以税前扣除，应当以租赁费总金额 1 480 万元作为计税基础，每年折旧额 =1 480 ×（1 −5%）÷5 =281. 2（万元），折旧可以抵税。

「5」注意是年初支付。

「要求」

（1）计算方案一的初始投资额，每年折旧抵税额、每年维护费用税后净额、4 年后设备变现税后净额，并计算考虑货币时间价值的平均年成本。

（2）计算方案二的考虑货币时间价值的平均年成本。

（3）比较方案一和方案二的平均年成本，判断甲公司应该选择哪一个方案。

3.「2017 年 · 计算分析题 · 题码 144898」

甲公司为扩大产能，拟平价发行分离型附认股权证债券进行筹资[1]。方案如下：债券每份面值 1 000 元，期限 5 年，票面利率 5%，每年付息一次；同时附送 20 张认股权证[2]，认股权

【审题要点】

「1」结合问题，可知本题考查附认股权证债券筹资，平价发行即发行价等于面值（1 000 元）。

证在债券发行3年后到期，到期时每张认股权证可按11元的价格购买1股甲公司普通股票[3]。

甲公司目前有发行在外的普通债券，5年后到期，每份面值1 000元，票面利率6%，每年付息一次，每份市价1 020元（刚刚支付过最近一期利息）[4]。

公司目前处于生产经营的稳定增长期，可持续增长率5%，普通股每股市价10元[5]。公司的企业所得税税率25%。

「2」即每份债券送了20张未来以一个更加优惠的价格购买甲公司股票的权利。

「3」假设3年后股价超过11元，投资者就会行权购买股票。

「4」可利用到期收益率法计算出甲公司普通债券的税前资本成本，附认股权证的税前资本成本不能低于它，否则投资者不会购买。

「5」可知3年后（即投资者行权时）的股价 $=10\times(1+5\%)^3=11.58$（元），投资者行权时，每份债券净赚 $(11.58-11)\times20=11.6$（元）。

「要求」

（1）计算公司普通债券的税前资本成本。

（2）计算该分离型附认股权证债券的税前资本成本。

（3）判断筹资方案是否合理，并说明理由；如果不合理，给出调整建议。

11 第十一章 股利分配、股票分割与股票回购

「考情分析」

考点	星级	近十年考频	2012年	2013年	2014年	2015年	2016年	2017年	2018年	2019年	2020年	2021年
1. 股利理论和股利政策	★★	6	√		√			√	√	√	√	
2. 股利种类、支付程序及股利分配	★	3	√				√				√	
3. 股票分割和股票回购	★★	7		√		√		√	√	√	√	√

「考点1」股利理论和股利政策（★★）

1.「2020 年・单选题・题码 144902」

下列各项股利理论中，认为股利政策不影响公司市场价值的是（　　）。

A. 信号理论　　B. 客户效应理论

C. “一鸟在手”理论　　D. 无税 MM 理论

2.「2020 年・单选题・题码 144903」

根据“一鸟在手”股利理论，公司的股利政策应采用（　　）。

A. 低股利支付率　　B. 不分配股利

C. 用股票股利代替现金股利　　D. 高股利支付率

3.「2018 年・单选题・题码 144904」

目前，甲公司有累计未分配利润 1 000 万元，其中上年实现的净利润 500 万元，公司正在确定上年利润的具体分配方案，按法律规定，净利润至少要提取 10% 的盈余公积金，预计今年需增加长期资本 800 万元，公司的目标资本结构是债务资本占 40%，权益资本占 60%，公司采用剩余股利政策，应分配的股利是（　　）万元。

A . 0　　B. 20　　C. 480　　D. 540

4.「2018 年・多选题・题码 144910」

在其他条件相同的情况下，下列关于公司股利政策的说法中，正确的有（　　）。

A. 成长中的公司倾向于采取高股利支付率政策

B. 盈余稳定的公司倾向于采取高股利支付率政策

C. 举债能力强的公司倾向于采取高股利支付率政策

D. 股东边际税率较高的公司倾向于采取高股利支付率政策

5.「2017 年・单选题・题码 144905」

甲公司 2016 年初未分配利润 –100 万元，2016 年实现净利润 1 200 万元。公司计划 2017 年新增资本支出 1 000 万元，目标资本结构（债务∶权益）为 3∶7。法律规定，公司须按净利润 10% 提取公积金。若该公司采取剩余股利政策，应发放现金股利（　　）万元。

A. 310　　B. 380　　C. 400　　D. 500

6.「2017 年 · 单选题 · 题码 144906」

公司采用固定股利支付率政策时，考虑的理由通常是（　　）。

A. 稳定股票市场价格　　B. 维持目标资本结构

C. 保持较低资本成本　　D. 使股利与公司盈余紧密配合

「考点 2」股利种类、支付程序及股利分配（★）

1.「2020 年 · 多选题 · 题码 144911」

甲持有乙公司股票，乙公司 2020 年利润分配方案是每 10 股派发现金股利 2 元，同时以资本公积金向全体股东每 10 股转增 10 股。假设利润分配及资本公积金转增股本后股价等于除权参考价，下列关于利润分配结果的说法中，正确的有（　　）。

A. 甲财富不变　　B. 乙股价不变

C. 甲持有乙的股份比例不变　　D. 甲持有乙的股数不变

2.「2016 年 · 单选题 · 题码 144907」

甲公司以所持有的乙公司股票作为股利支付给股东，这种股利属于（　　）。

A. 现金股利　　B. 负债股利　　C. 股票股利　　D. 财产股利

「考点 3」股票分割和股票回购（★★）

1.「2021 年 · 多选题 · 题码 133592」

下列关于股票回购的说法中，正确的有（　　）。

A. 股票回购会影响每股收益　　B. 股票回购会影响股东权益的内部结构

C. 股票回购会提高公司的资产负债率　　D. 股票回购会向市场传递出股价被高估的信号

2.「2020 年 · 多选题 · 题码 144912」

下列关于股票回购和现金股利影响的说法中，属于两者共同点的有（　　）。

A. 均减少公司现金　　B. 均减少所有者权益

C. 均降低股票市场价格　　D. 均改变所有者权益结构

3.「2018 年 · 多选题 · 题码 144913」

甲公司拟按 1 股换 2 股的比例进行股票分割，分割前后其下列项目中保持不变的有（　　）。

A. 净资产　　B. 每股收益　　C. 股权结构　　D. 资本结构

4.「2017 年 · 单选题 · 题码 144908」

甲公司目前普通股 400 万股，每股面值 1 元，股东权益总额 1 400 万元。如果按 2 股换成 1 股的比例进行股票反分割，下列各项中，正确的是（　　）。

A. 甲公司股数 200 万股　　B. 甲公司每股面值 0.5 元

C. 甲公司股本 200 万元　　D. 甲公司股东权益总额 700 万元

5.「2017 年 · 单选题 · 题码 144909」

实施股票分割和股票股利产生的效果相似，它们都会（　　）。

A. 降低股票每股面值　　B. 减少股东权益总额
C. 降低股票每股价格　　D. 改变股东权益结构

主观题部分

1. 「2019 年・计算分析题・题码 145177」

甲公司是一家能源类上市公司，当年取得的利润在下年分配[1]。2018 年公司净利润 10 000 万元，2019 年分配现金股利 3 000 万元。预计 2019 年净利润 12 000 万元，2020 年只投资一个新项目，总投资额 8 000 万元。

【审题要点】

「1」这句话很重要，即每次的股利都是根据上一年实现的利润进行分配的。

「要求」

（1）如果甲公司采用固定股利政策，计算 2019 年净利润的股利支付率。

（2）如果甲公司采用固定股利支付率政策，计算 2019 年净利润的股利支付率。

（3）如果甲公司采用剩余股利政策，目标资本结构是负债/权益等于 2/3，计算 2019 年净利润的股利支付率。

（4）如果甲公司采用低正常股利加额外股利政策，低正常股利为 2 000 万元，额外股利为 2019 年净利润扣除低正常股利后余额的 16%，计算 2019 年净利润的股利支付率。

（5）比较上述各种股利政策的优点和缺点。

2. 「2019 年・计算分析题・题码 145184」

甲公司是一家高科技上市公司，流通在外普通股加权平均股数 2 000 万股，2018 年净利润 5 000 万元。为回馈投资者，甲公司董事会正在讨论相关分配方案，资料如下：

方案一：每 10 股发放现金股利 6 元。

方案二：每 10 股发放股票股利 10 股。

预计股权登记日[1]：2019 年 10 月 20 日。

除权（除息）日：2019 年 10 月 21 日。

现金红利到账日：2019 年 10 月 21 日。

新增无限售条件流通股份上市日：2019 年 10 月 22 日。

假设甲公司股票 2019 年 10 月 20 日收盘价 30 元。

【审题要点】

「1」股权登记日的股价还是包含未发放股利的。

「要求」

（1）如果采用方案一，计算甲公司每股收益、每股股利。如果通过股票回购等额现金支付给股东，回购价格每股 50 元。设计股票回购方案，并简述现金股利与股票回购的异同。

（2）如果采用方案二，计算发放股票股利后甲公司每股收益、每股除权参考价。如果通过股票分割达到同样的每股收益稀释效果，设计股票分割方案，并简述股票股利与股票分割的异同。

12 第十二章　营运资本管理

「考情分析」

考点	星级	近十年考频	2012年	2013年	2014年	2015年	2016年	2017年	2018年	2019年	2020年	2021年
1. 营运资本投资策略	★	2		√				√				
2. 营运资本筹资策略	★★	7	√	√	√	√				√	√	√
3. 现金管理	★★	6			√		√	√	√	√		√
4. 应收账款管理	★★	3	√					√			√	
5. 存货管理	★★★	6	√	√	√	√		√			√	
6. 短期债务管理	★★	4	√	√	√		√					

「考点 1」营运资本投资策略（★）

1.「2017 年 · 单选题 · 题码 145262」

与激进型营运资本投资策略相比，适中型营运资本投资策略的（　　）。

A. 持有成本和短缺成本均较低　　B. 持有成本较高，短缺成本较低

C. 持有成本和短缺成本均较高　　D. 持有成本较低，短缺成本较高

2.「2013 年 · 单选题 · 题码 145263」

企业采用保守型流动资产投资策略时，流动资产的（　　）。

A. 持有成本较高　　B. 短缺成本较高　　C. 管理成本较低　　D. 机会成本较低

「考点 2」营运资本筹资策略（★★）

1.「2019 年 · 单选题 · 题码 145264」

甲公司是一家啤酒生产企业，淡季需占用 300 万元货币资金、200 万元应收账款、500 万元存货、1 000 万元固定资产以及 200 万元无形资产（除此以外无其他资产），旺季需额外增加 300 万元季节性存货。经营性流动负债、长期负债和股东权益总额始终保持在 2 000 万元，其余靠短期借款提供资金。甲公司的营运资本筹资策略是（　　）。

A. 保守型策略　　B. 适中型策略　　C. 激进型策略　　D. 无法确定

2.「2015 年 · 单选题 · 题码 145265」

甲公司是一家生产和销售冷饮的企业，冬季是其生产经营淡季，应收账款、存货和应付账款处于正常状态。根据如下所示的甲公司资产负债表，该企业的营运资本筹资策略是（　　）。

甲公司资产负债表

2014 年 12 月 31 日　　单位：万元

资产	金额	负债及股东权益	金额
货币资金（经营）	20	短期借款	50
应收账款	80	应付账款	100
存货	100	长期借款	150
固定资产	300	股东权益	200
资产总计	500	负债及股东权益总计	500

A. 适中型筹资策略　　B. 保守型筹资策略
C. 激进型筹资策略　　D. 无法判断

「考点 3」现金管理（★★）

1.「**2021 年 · 单选题 · 题码 156835**」

甲公司采用随机模式进行现金管理，现金余额最低为 1 000 万元，现金返回线为 5 000 万元，现金余额控制的上限应该是（　　）万元。

A. 10 000　　B. 11 000　　C. 12 000　　D. 13 000

2.「**2019 年 · 多选题 · 题码 145272**」

甲公司采用成本分析模式确定最佳现金持有量。下列说法中，正确的有（　　）。

A. 现金机会成本和管理成本相等时的现金持有量是最佳现金持有量
B. 现金机会成本和短缺成本相等时的现金持有量是最佳现金持有量
C. 现金机会成本最小时的现金持有量是最佳现金持有量
D. 现金机会成本、管理成本和短缺成本之和最小时的现金持有量是最佳现金持有量

3.「**2018 年 · 多选题 · 题码 145273**」

甲公司采用随机模式进行现金管理，确定的最低现金持有量是 10 万元，现金返回线是 40 万元，下列操作中正确的有（　　）。

A. 当现金余额为 8 万元时，应转让有价证券换回现金 2 万元
B. 当现金余额为 50 万元时，应用现金 10 万元买入有价证券
C. 当现金余额为 80 万元时，不用进行有价证券与现金之间的转换操作
D. 当现金余额为 110 万元时，应用现金 70 万元买入有价证券

4.「**2017 年 · 单选题 · 题码 145266**」

甲公司采用存货模式确定最佳现金持有量，在现金需求量保持不变的情况下，当有价证券转换为现金的交易费用从每次 100 元下降至 50 元、有价证券投资报酬率从 4% 上涨至 8% 时，甲公司现金管理应采取的措施是（　　）。

A. 最佳现金持有量保持不变　　B. 将最佳现金持有量降低 50%
C. 将最佳现金持有量提高 50%　　D. 将最佳现金持有量提高 100%

5.「2016 年 · 多选题 · 题码 145274」

企业采用成本分析模式管理现金，在最佳现金持有量下，下列各项中正确的有（　　）。

A. 机会成本等于短缺成本　　B. 机会成本与管理成本之和最小

C. 机会成本等于管理成本　　D. 机会成本与短缺成本之和最小

6.「2014 年 · 多选题 · 题码 145275」

甲公司采用随机模式确定最佳现金持有量，最优现金返回线水平为 7 000 元，现金存量下限为 2 000 元，公司财务人员的下列做法中，正确的有（　　）。

A. 当持有的现金余额为 1 000 元时，转让 6 000 元的有价证券

B. 当持有的现金余额为 5 000 元时，转让 2 000 元的有价证券

C. 当持有的现金余额为 12 000 元时，购买 5 000 元的有价证券

D. 当持有的现金余额为 18 000 元时，购买 11 000 元的有价证券

「考点 4」应收账款管理（★★）

1.「2020 年 · 多选题 · 题码 145276」

甲公司准备变更信用政策，拟选用缩短信用期或提供现金折扣两项措施之一。下列关于两项措施相同影响的说法中，正确的有（　　）。

A. 均增加销售收入　　B. 均增加应收账款

C. 均减少收账费用　　D. 均减少坏账损失

2.「2017 年 · 单选题 · 题码 145267」

应用“5C”系统评估顾客信用标准时，客户“能力”是指（　　）。

A. 偿债能力　　B. 盈利能力　　C. 营运能力　　D. 发展能力

3.「2012 年 · 单选题 · 题码 145268」

甲公司全年销售额为 30 000 元（一年按 300 天计算），信用政策是 1/20、n/30，平均有 40% 的顾客（按销售额计算）享受现金折扣优惠，没有顾客逾期付款。甲公司应收账款的年平均余额是（　　）元。

A. 2 000　　B. 2 400　　C. 2 600　　D. 3 000

「考点 5」存货管理（★★★）

1.「2017 年 · 多选题 · 题码 145277」

根据存货经济批量模型，下列各项中，导致存货经济订货批量增加的情况有（　　）。

A. 单位储存成本增加　　B. 存货年需求量增加

C. 订货固定成本增加　　D. 单位订货变动成本增加

2.「2015 年 · 单选题 · 题码 145269」

甲公司生产产品所需某种原料的需求量不稳定，为保障产品生产的原料供应，需要设置保险储备，确定合理保险储备量的判断依据是（　　）。

A. 缺货成本与保险储备成本之差最大　　B. 边际保险储备成本大于边际缺货成本

C. 缺货成本与保险储备成本之和最小　　D. 边际保险储备成本小于边际缺货成本

「考点6」短期债务管理（★★）

1.「2020年·单选题·题码145270」

供应商向甲公司提供的信用条件是“2/30，n/90”。一年按360天计算，不考虑复利，甲公司放弃的现金折扣成本是（　　）。

A. 12.24%　　B. 12%　　C. 12.88%　　D. 12.62%

2.「2016年·单选题·题码145271」

甲公司与某银行签订周转信贷协议，银行承诺一年内随时满足甲公司最高8 000万元的贷款，承诺费按承诺贷款额度的0.5%于签订协议时交付，公司取得贷款部分已支付的承诺费用在一年后返还，甲公司在签订协议同时申请一年期贷款5 000万元，年利率8%，按年单利计息，到期一次还本付息，在此期间未使用承诺贷款额度的其他贷款，该笔贷款的实际成本最接近于（　　）。

A. 8.06%　　B. 8.80%　　C. 8.30%　　D. 8.37%

主观题部分

1.「2020年·计算分析题·题码145321」

甲公司是一家化工生产企业，生产需要X材料。该材料价格2 300元/吨，年需求量3 600吨（一年按360天计算）。一次订货成本600元，单位储存成本300元/年，缺货成本每吨1 000元，运费每吨200元。

材料集中到货，正常到货概率为80%，延迟1天到货概率为10%，延迟2天到货概率为10%。假设交货期内材料总需求量根据每天平均需求量计算。如果设置保险储备，则以每天平均需求量为最小单位[2]。

【审题要点】

「1」可知每日需求量=3 600÷360=10（吨）。

「2」即使用10吨为间隔单位进行最佳保险储备量的测试。

「要求」

（1）计算X材料的经济订货量、年订货次数、与批量相关的年存货总成本。

（2）计算X材料不同保险储备量的年相关总成本，并确定最佳保险储备量。

2.「2020年·计算分析题·题码145324」

C企业在生产经营淡季，需占用1 250万元的流动资产和1 875万元的固定资产[1]；在生产经营高峰期，会额外增加650万元的季节性存货需求。企业目前有两种营运资本筹资方案[2]。

方案1：权益资本、长期债务和自发性负债始终保持在3 400万元，其余靠短期借款提供资金来源[3]。

方案2：权益资本、长期债务和自发性负债始终保持在3 000万元，其余靠短期借款提供资金来源[4]。

【审题要点】

「1」低谷期经营性流动资产=1 250万元，长期资产=1 875万元。

「2」高峰期经营性流动资产=1 250+650=1 900（万元）。

「3」方案一的长期资金来源为3 400万元。

「4」方案二的长期资金来源为3 000万元。

「要求」

（1）如采用方案1，计算C企业在营业高峰期和营业低谷时的易变现率，分析其采取的是哪种营运资本筹资政策。

（2）如采用方案2，计算C企业在营业高峰期和营业低谷时的易变现率，分析其采取的是哪种营运资本筹资政策。

（3）比较分析方案1与方案2的优缺点。

3.「2020年·计算分析题·题码145328」

甲公司是一家电子产品制造企业，生产需要使用X零件。该零件单价5元，全年需求量72 000件（一年按360天计算）[1]。一次订货成本250元，单位储存成本1元/年，单位缺货成本为0.5元。

零件集中到货，从订货至到货需要5天，正常到货概率为100%。在5日交货期内，甲公司零件需求量及其概率如下：

需求量（件）	800	1 000	1 200	1 400
概率（%）	10	40	30	20

如果设置保险储备，以每天平均需求量为最小单位[2]。

【审题要点】

「1」说明每日需求量 =72 000 ÷360 =200（件）。

「2」即使用200件为间隔单位进行最佳保险储备量的测试。

「要求」

（1）计算X零件的经济订货量、年订货次数、与批量相关的年存货总成本。

（2）计算X零件不同保险储备量的年相关总成本，并确定最佳保险储备量。

13 第十三章　产品成本计算

「考情分析」

考点	星级	近十年考频	2012年	2013年	2014年	2015年	2016年	2017年	2018年	2019年	2020年	2021年
1. 产品成本的分类	★	1					√					
2. 产品成本的归集和分配	★★	3	√				√				√	
3. 完工产品和在产品的成本分配	★★★	3			√		√		√			
4. 联产品和副产品的成本分配	★	2							√	√		
5. 产品成本计算的品种法与分批法	★	3							√		√	√
6. 产品成本计算的分步法	★★★	7	√	√	√	√		√		√	√	

「考点1」产品成本的分类（★）

「2016 年 · 单选题 · 题码 145335」

企业在生产中为生产工人发放安全头盔所产生的费用，应计入（　　）。

A. 直接材料　　B. 管理费用　　C. 直接人工　　D. 制造费用

「考点2」产品成本的归集和分配（★★）

1. 「2020 年 · 单选题 · 题码 145336」

甲公司基本生产车间生产 X 和 Y 两种产品，供电和锅炉两个辅助生产车间分别为 X 产品、Y 产品、行政管理部门提供动力和蒸汽，同时也相互提供服务。若采用直接分配法分配辅助生产费用，供电车间的生产费用不应分配给（　　）。

A. X 产品　　B. Y 产品　　C. 行政管理部门　　D. 锅炉辅助生产车间

2. 「2012 年 · 多选题 · 题码 145345」

甲公司有供电、燃气两个辅助生产车间，公司采用交互分配法分配辅助生产成本。本月供电车间供电 20 万度，成本费用为 10 万元，其中燃气车间耗用 1 万度电；燃气车间供气 10 万吨，成本费用为 20 万元，其中供电车间耗用 0.5 万吨燃气。下列计算中，正确的有（　　）。

A. 供电车间分配给燃气车间的成本费用为 0.5 万元

B. 燃气车间分配给供电车间的成本费用为 1 万元

C. 供电车间对外分配的成本费用为 9.5 万元

D. 燃气车间对外分配的成本费用为 19.5 万元

「考点3」完工产品和在产品的成本分配（★★★）

「2018 年 · 单选题 · 题码 145337」

甲企业基本生产车间生产乙产品，依次经过三道工序，工时定额分别为：40 小时、35 小时和 25 小时，月末完工产品和在产品采用约当产量法分配成本。假设制造费用随加工进度在每道工序陆续均匀发生，各工序月末在产品平均完工程度 60%，第三道工序月末在产品数量 6 000 件。分配制造费用时，第三道工序在产品约当产量是（　　）件。

A. 3 450　　B. 3 660　　C. 5 400　　D. 6 000

「考点4」联产品和副产品的成本分配（★）

1. 「2019 年 · 单选题 · 题码 145338」

甲工厂生产联产品 X 和 Y，9 月份产量分别为 690 件和 1 000 件。分离点前发生联合成本 40 000 元，分离点后分别发生深加工成本 10 000 元和 18 000 元，X 和 Y 的最终销售总价分别为 970 000 元和 1 458 000 元。按照可变现净值法，X 和 Y 的总加工成本分别是（　　）。

A. 12 000 元和 28 000 元　　B. 16 000 元和 24 000 元

C. 22 000 元和 46 000 元　　D. 26 000 元和 42 000 元

2. 「2018 年 · 单选题 · 题码 145339」

甲公司生产甲、乙两种联产品，2018 年 9 月，甲、乙产品在分离前发生联合成本 32 万元，甲产品在分离后无须继续加工，可直接出售，销售总价 30 万元；乙产品需继续加工，尚需发生加工成本 10 万元，完工后销售总价 20 万元。采用可变现净值法分配联合成本，甲产品应分摊的联合成本是（　　）万元。

A. 8　　B. 19.2　　C. 12.8　　D. 24

「考点5」产品成本计算的品种法与分批法（★）

「2009 年 · 单选题 · 题码 145340」

甲制药厂正在试制生产某流感疫苗。为了核算此疫苗试制生产成本，最适合的成本计算方法是（　　）。

A. 品种法　　B. 分步法　　C. 分批法　　D. 品种法与分步法相结合

「考点6」产品成本计算的分步法（★★★）

1. 「2020 年 · 单选题 · 题码 145341」

甲公司生产 X 产品，需要经过三个步骤，第一步骤半成品直接转入第二步骤，第二步骤半成品直接转入第三步骤，第三步骤生产出产成品。各步骤加工费用随加工进度陆续发生。该公司采用平行结转分步法计算产品成本。月末盘点：第一步骤月末在产品 100 件，完工程度 60%；第二步骤月末在产品 150 件，完工程度 40%；第三步骤完工产品 540 件，在产品 200 件，完工程度 20%。按照约当产量法（加权平均法），第二步骤加工费用应计入完工产品成本的份额占比是（　　）。

A. 60%　　B. 40%　　C. 80%　　D. 67.5%

2.「2020 年 · 多选题 · 题码 145346」

下列关于产品成本计算逐步结转分步法的说法中，正确的有（　　）。

A. 应进行成本还原

B. 半成品对外销售的企业一般适宜采用逐步结转分步法

C. 能够全面反映各步骤的生产耗费水平

D. 半成品成本随半成品实物在各步骤间转移

3.「2020 年 · 多选题 · 题码 145347」

企业采用分步法计算产品成本时，可根据生产特点和管理要求选择逐步结转分步法或平行结转分步法。下列关于这两种方法的说法中，正确的有（　　）。

A. 对外销售半成品的企业应采用逐步结转分步法

B. 逐步分项结转分步法需要进行成本还原

C. 逐步结转分步法能全面反映各生产步骤的生产耗费水平

D. 平行结转分步法能提供各步骤半成品存货资金占用信息

4.「2019 年 · 单选题 · 题码 145342」

下列关于平行结转分步法的说法中，正确的是（　　）。

A. 平行结转分步法适用于经常对外销售半成品的企业

B. 平行结转分步法有利于考察在产品存货资金占用情况

C. 平行结转分步法有利于各步骤在产品的实物管理和成本管理

D. 平行结转分步法在产品是尚未最终完成的产品

5.「2012 年 · 单选题 · 题码 145343」

下列成本核算方法中，不利于考察企业各类存货资金占用情况的是（　　）。

A. 品种法　　B. 分批法

C. 逐步结转分步法　　D. 平行结转分步法

6.「2010 年 · 单选题 · 题码 145344」

下列关于成本计算分步法的表述中，正确的是（　　）。

A. 逐步结转分步法不利于各步骤在产品的实物管理和成本管理

B. 当公司经常对外销售半成品时，应采用平行结转分步法

C. 采用逐步分项结转分步法时，无须进行成本还原

D. 采用平行结转分步法时，无须将产品生产费用在完工产品和在产品之间进行分配

主观题部分

1.「2020 年 · 计算分析题 · 题码 145375」

甲公司基本生产车间生产 X、Y 产品，采用品种法核算成本。原材料日常收发按计划成本核算，月末按材料成本差异率对发

【审题要点】

「1」生产工人工资属于直接人工费用，是按

出材料计划成本进行调整。X、Y 产品分别领用直接材料并于开工时一次性投入。其他加工费用随加工进度陆续发生，按实际工时比例在 X、Y 产品之间分配。月末、分配本月完工产品与月末在产品成本时，直接材料按照定额成本比例分配，直接人工和制造费用按定额工时比例分配。

X、Y 单位完工产品定额资料如表 1 所示。

表 1

产品	材料单耗定额（元）	工时单耗定额（小时）
X	60	6
Y	40	4

2020 年 9 月，产品成本相关资料如下：

❶ 月初在产品成本如表 2 所示。

表 2　　单位：元

产品	直接材料	直接人工	制造费用	合计
X	25 900	2 850	5 040	33 790
Y	45 000	5 600	7 000	57 600

❷ 本月产量如表 3 所示。

表 3　　单位：件

产品	月初在产品	本月投入	本月完工	月末在产品
X	1 800	4 200	5 000	1 000
Y	100	900	1 000	0

❸ 本月生产与管理费用。

第一，耗用材料的计划成本及材料成本差如表 4 所示。

表 4　　单位：元

耗用材料计划成本	X	Y	基本车间一般耗用	行政管理部门
	340 000	400 000	40 000	8 000

照实际工时进行分配的。

「2」制造费用包括生产车间耗用材料费用、管理人员工资、折旧和其他生产费用。

本月材料计划价格差异率为 +2.5%。

第二，实际工时和工资[1]如表5所示。

表5

实际工时	X	30 000 小时
	Y	45 000 小时
基本生产车间	生产工人工资	30 000 元
	管理人员工资	5 000 元

第三，本月基本车间折旧费用 10 000 元，其他生产费用 4 000 元。

❹ 月末在产品定额成本如表6所示。

表6

产品	产量	材料定额（元）		工时定额（小时）		
		材料单耗定额	材料定额成本	工时单耗定额	平均完工程度	工时定额总数
X	1 000	60	60 000	6	50%	3 000
Y	0	40	0	4	0	0

「要求」

（1）按照 X、Y 产品当月实际工时比例分配基本生产车间本月生产工人工资。

（2）计算本月基本生产车间的制造费用[2]，按照 X、Y 产品当月实际工时比例分配。

（3）编制 X 产品的产品成本计算单（结果填入表7中，不用列出计算过程）。

表7

产品成本计算单

产品：X 产品　　2020 年 9 月　　单位：元

	直接材料	直接人工	制造费用	合计
月初在产品成本				
本月生产费用				
合计				
分配率				—
完工产品总成本				
完工产品单位成本				
月末在产品成本				

2.「2017 年 · 计算分析题 · 题码 145379」

甲企业使用同种原料生产联产品 A 和 B，采用平行结转分步法[1]计算产品成本。产品生产分为两个步骤，第一步骤对原料进行预处理后，直接转移到第二步骤进行深加工，生产出 A、B 两种产品，原料只在第一步骤生产开工时一次性投放，两个步骤的直接人工和制造费用随加工进度陆续发生，第一步骤和第二步骤均采用约当产量法在产成品和在产品之间分配成本，月末留存在本步骤的实物在产品的完工程度分别为 60% 和 50%，联产品成本按照可变现净值法进行分配[2]，其中：A 产品可直接出售，售价为 8.58 元/千克；B 产品需继续加工，加工成本为 0.336 元/千克，售价为 7.2 元/千克。A、B 两种产品的产量比例为 6∶5。

2017 年 9 月相关成本核算资料如下：

❶ 本月产品资料如表 1 所示。

表 1　　　　单位：千克

步骤	月初留存在本步骤的实物在产品	本月投产	合计	本月本步骤完成的产品	月末留存在本步骤的实物在产品
第一步骤	8 000	92 000	100 000	90 000	10 000
第二步骤	7 000	90 000	97 000	88 000	9 000

❷ 月初在产品成本如表 2 所示。

表 2　　　　单位：元

步骤	直接材料	直接人工	制造费用	合计
第一步骤	50 000	8 250	5 000	63 250
第二步骤		3 350	3 600	6 950

❸ 本月发生成本如表 3 所示。

【审题要点】

「1」平行结转分步法不需要成本还原、不计算半成品成本，完工产品为最终完工的产成品。在产品包括本步骤的在产品和本步骤已完工但未最终完工的在产品或半成品。

「2」某产品的可变现净值 = 该产品最终销售价格总额 − 分离后的该产品的后续单独加工成本。

联合成本分配率 = 待分配联合成本 ÷（A 产品可变现净值 + B 产品可变现净值）。

表 3　　　　单位：元

步骤	直接材料	直接人工	制造费用	合计
第一步骤	313 800	69 000	41 350	424 150
第二步骤		79 900	88 900	168 800

「要求」

（1）编制各步骤产品成本计算单以及产品汇总计算单（结果填入表 4 ~ 表 6 中，不用列出计算过程）。

表 4　　**第一步骤成本计算单**

2017 年 9 月　　单位：元

	直接材料	直接人工	制造费用	合计
月初在产品成本				
本月生产成本				
合计				
分配率				
产成品成本中本步骤份额				
月末在产品				

表 5　　**第二步骤成本计算单**

2017 年 9 月　　单位：元

	直接材料	直接人工	制造费用	合计
月初在产品成本				
本月生产成本				
合计				
分配率				
产成品成本中本步骤份额				
月末在产品				

表 6　　**产品成本汇总计算单**

2017 年 9 月　　单位：元

步骤	直接材料	直接人工	制造费用	合计
第一步骤				
第二步骤				
合计				

（2）计算 A、B 产品的单位成本。

3.「2016 年 · 计算分析题 · 题码 145382」

甲公司是一家制造业企业，只生产和销售一种新型保温容器。产品直接消耗的材料分为主要材料和辅助材料。各月在产品结存数量较多，波动较大，公司在分配当月完工产品与月末在产品的成本时，对辅助材料采用约当产量法，对直接人工和制造费用采用定额比例法[1]。

2016 年 6 月有关成本核算、定额资料如下：

❶ 本月生产数量如表 1 所示。

表 1　　单位：只

月初在产品数量	本月投产数量	本月完工产品数量	月末在产品数量
300	3 700	3 500	500

❷ 主要材料在生产开始时一次全部投入，辅助材料陆续均衡投入，月末在产品平均完工程度 60%[2]。

❸ 本月月初在产品成本和本月发生生产费用如表 2 所示。

表 2　　单位：元

	主要材料	辅助材料	人工费用	制造费用	合计
月初在产品成本	32 000	3 160	9 600	1 400	46 160
本月发生生产费用	508 000	34 840	138 400	28 200	709 440
合计	540 000	38 000	148 000	29 600	755 600

❹ 单位产品工时定额如表 3 所示。

【审题要点】

「1」定额比例法一般适用于月末在产品数量变化较大、有较为准确的消耗定额资料的情况，在本题中，产成品和在产品的人工和机器工时定额已知。

「2」可知主要材料的完工程度为 100%，辅助材料的完工程度为 60%。

表3 单位：小时/只

	产成品	在产品
人工工时定额	2	0.8
机器工时定额	1	0.4

「要求」

（1）计算本月完工产品和月末在产品的主要材料费用。

（2）按约当产量法计算本月完工产品和月末在产品的辅助材料费用。

（3）按定额人工工时比例计算本月完工产品和月末在产品的人工费用。

（4）按定额机器工时比例计算本月完工产品和月末在产品的制造费用。

（5）计算本月完工产品总成本和单位成本。

14 第十四章　标准成本法

「考情分析」

考点	星级	近十年考频	2012年	2013年	2014年	2015年	2016年	2017年	2018年	2019年	2020年	2021年
1. 标准成本及其制定	★	5	√	√	√	√					√	
2. 变动成本的差异分析	★★★	6		√	√	√		√	√		√	
3. 固定制造费用差异分析	★★★	6	√	√		√		√	√		√	

「考点1」标准成本及其制定（★）

1.「2019 年·单选题·题码 145428」

甲企业生产能力为 1 100 件，每件产品标准工时为 1.1 小时，固定制造费用标准分配率为 8 元/小时。本月实际产量为 1 200 件，实际工时为 1 000 小时，固定制造费用为 12 000 元。固定制造费用标准成本是（　　）元。

A. 9 680　　B. 8 000　　C. 10 560　　D. 14 520

2.「2016 年·多选题·题码 145436」

下列各项中，需要修订产品基本标准成本的情况有（　　）。

A. 产品生产能力利用程度显著提升

B. 生产工人技术操作水平明显改进

C. 产品物理结构设计出现重大改变

D. 产品主要材料价格发生重要变化

3.「2015 年·单选题·题码 145429」

甲公司是制造业企业，生产 W 产品，生产工人每月工作 22 天，每天工作 8 小时，平均月薪为 6 600 元，该产品的直接加工必要时间每件为 1.5 小时，正常工间休息和设备调整准备等非生产时间每件为 0.1 小时，正常的废品率为 4%，单位产品直接人工标准成本是（　　）元。

A. 56.25　　B. 62.4　　C. 58.5　　D. 62.5

「考点2」变动成本的差异分析（★★★）

1.「2020 年·多选题·题码 145437」

下列关于直接人工标准成本制定及其差异分析的说法中，正确的有（　　）。

A. 直接人工标准工时包括调整设备时间

B. 直接人工效率差异受工人经验影响

C. 直接人工效率差异 =（实际工时 − 标准工时）× 实际工资率

D. 直接人工工资率差异受使用临时工影响

2.「2018 年 · 多选题 · 题码 145438」
下列各项中，易造成材料数量差异的情况有（　　）。
A. 材料运输保险费提高
B. 优化操作技术节约材料
C. 机器或工具不合适多耗材料
D. 工人操作疏忽导致废品增加

3.「2017 年 · 单选题 · 题码 145430」
甲公司生产销售乙产品，当月预算产量为 1 200 件，材料标准用量为 5 千克/件，材料标准单价为 2 元/千克，当月实际产量 1 100 件，购买并耗用材料 5 050 千克。实际采购价格比标准价格低 10%。则当月直接材料成本数量差异是（　　）元。
A. −900
B. −1 100
C. −1 060
D. −1 900

4.「2015 年 · 多选题 · 题码 145439」
甲部门是一个标准成本中心，下列成本差异中，属于甲部门责任的有（　　）。
A. 操作失误造成的材料数量差异
B. 生产设备闲置造成的固定制造费用闲置能力差异
C. 作业计划不当造成的人工效率差异
D. 由于采购材料质量缺陷导致工人多用工时造成的变动制造费用效率差异

「考点 3」固定制造费用差异分析（★★★）

1.「2021 年 · 单选题 · 题码 156836」
甲公司本月发生固定制造费用 15 800 元，实际产量 1 000 件，实际工时 1 200 小时。企业生产能力为 1 500 小时；每件产品标准工时 1 小时，标准分配率 10 元/小时，即每件产品固定制造费用标准成本 10 元。固定制造费用闲置能力差异是（　　）。
A. 800 元不利差异
B. 2 000 元不利差异
C. 3 000 元不利差异
D. 5 000 元不利差异

2.「2020 年 · 单选题 · 题码 145431」
甲企业生产 X 产品，固定制造费用预算为 125 000 元。全年产能 25 000 工时，单位产品标准工时 10 小时。2019 年实际产量 2 000 件，实际耗用工时 24 000 小时，固定制造费用闲置能力差异是（　　）。
A. 不利差异 5 000 元
B. 有利差异 5 000 元
C. 不利差异 20 000 元
D. 有利差异 20 000 元

3.「2020 年 · 单选题 · 题码 145432」
甲公司生产乙产品，产能 3 000 件，每件产品标准工时为 2 小时，固定制造费用标准分配率为 10 元/小时。本月实际产量 2 900 件，实际工时 5 858 小时，实际发生固定制造费用 66 000 元，采用三因素分析法分析固定制造费用差异，闲置能力差异是（　　）。
A. 不利差异 580 元
B. 不利差异 8 000 元
C. 不利差异 1 420 元
D. 不利差异 6 000 元

4.「2018 年 · 单选题 · 题码 145433」
使用三因素法分析固定制造费用差异时，固定制造费用闲置能力差异是（　　）。

A. 实际费用与预算费用之间的差异
B. 实际工时偏离生产能力而形成的差异
C. 实际产量标准工时偏离生产能力形成的差异
D. 实际工时脱离实际产量标准工时形成的差异

5. **「2017 年 · 单选题 · 题码 145434」**
甲企业采用标准成本法进行成本控制。当月产品实际产量大于预算产量，导致的成本差异是（　　）。
A. 直接材料数量差异　　B. 变动制造费用效率差异
C. 直接人工效率差异　　D. 固定制造费用能力差异

6. **「2015 年 · 单选题 · 题码 145435」**
甲公司本月发生固定制造费用 15 800 元，实际产量 1 000 件，实际工时 1 200 小时，企业生产能力为 1 500 小时，每件产品标准工时 1 小时，固定制造费用标准分配率为 10 元/小时，固定制造费用耗费差异是（　　）。
A. 不利差异 800 元　　B. 不利差异 3 000 元
C. 不利差异 2 000 元　　D. 不利差异 5 000 元

主观题部分

「2016 年 · 计算分析题 · 题码 145462」

甲公司是一家制造业企业，只生产和销售一种防滑瓷砖产品。产品生产工艺流程比较成熟，生产工人技术操作比较熟练，生产组织管理水平较高。公司实行标准成本制度[1]，定期进行标准成本差异分析。

甲公司生产能力为 6 000 平方米/月，2016 年 9 月实际生产 5 000 平方米。其他相关资料如下：

❶ 实际消耗量如表 1 所示。

表 1

项目	直接材料	直接人工	变动制造费用	固定制造费用
实际使用量	24 000 千克	5 000 人工小时	8 000 机器小时	8 000 机器小时
实际单价	1.5 元/千克	20 元/小时	15 元/小时	10 元/小时

❷ 标准成本资料如表 2 所示。

【审题要点】
「1」在标准成本法下，要明确单价、产量以及单位用量。

表 2

项目	用量标准	价格标准
直接材料	5 千克/平方米	1.6 元/千克
直接人工	1.2 小时/平方米	19 元/小时
变动制造费用	1.6 小时/平方米	12.5 元/小时
固定制造费用	1.5 小时/平方米	8 元/小时

「要求」

（1）计算直接材料的价格差异、数量差异和成本差异。

（2）计算直接人工的工资率差异、人工效率差异和成本差异。

（3）计算变动制造费用的耗费差异、效率差异和成本差异。

（4）计算固定制造费用的耗费差异、闲置能力差异，效率差异和成本差异。

（5）计算产品成本差异总额和单位成本差异。

15 第十五章　作业成本法

「考情分析」

考点	星级	近十年考频	2012年	2013年	2014年	2015年	2016年	2017年	2018年	2019年	2020年	2021年
1. 作业成本计算	★★	6					√	√	√	√	√	√
2. 作业成本管理	★	1				√						

「考点1」作业成本计算（★★）

1. **「2020年·多选题·题码145482」**

甲公司是一家品牌服装生产企业，采用作业成本法核算产品成本，现正进行作业成本库设计。下列说法正确的有（　　）。

A. 服装设计属于品种级作业

B. 服装加工属于单位级作业

C. 服装成品抽检属于批次级作业

D. 服装工艺流程改进属于生产维持级作业

2. **「2020年·多选题·题码145483」**

甲公司是一家空调生产企业，采用作业成本法核算产品成本，现正进行作业库设计，下列说法中正确的有（　　）。

A. 空调加工属于单位级作业

B. 空调设计属于品种级作业

C. 空调工艺流程改进属于生产维持级作业

D. 空调成品抽检属于批次级作业

3. **「2019年·多选题·题码145484」**

甲公司采用作业成本法，下列选项中，属于生产维持级作业库的有（　　）。

A. 机器加工　　B. 工厂安保　　C. 行政管理　　D. 半成品检验

4. **「2017年·单选题·题码145480」**

甲企业采用作业成本法计算产品成本，每批产品生产前需要进行机器调试。在对调试作业中心进行成本分配时，最适合采用的作业成本动因是（　　）。

A. 产品品种　　B. 产品数量　　C. 产品批次　　D. 每批产品数量

5. **「2017年·多选题·题码145485」**

下列各项作业中，属于品种级作业的有（　　）。

A. 产品组装　　B. 产品检验

C. 产品生产工艺改造　　D. 产品推广方案制订

6.「2016 年 · 单选题 · 题码 145481」

下列各项中，应使用强度动因作为作业量计量单位的是（　　）。

A. 产品的生产准备　　B. 产品的研究开发

C. 产品的机器加工　　D. 产品的分批质检

「考点 2」作业成本管理（★）

1.「2015 年 · 多选题 · 题码 145486」

某企业生产经营的产品品种繁多，间接成本比重较高，成本会计人员试图推动该企业采用作业成本法计算产品成本，下列理由中适合用于说服管理层的有（　　）。

A. 使用作业成本信息有利于价值链分析　　B. 使用作业成本法可提高成本分配准确性

C. 通过作业管理可以提高成本控制水平　　D. 使用作业成本信息可以提高经营决策质量

2.「2011 年 · 多选题 · 题码 145487」

下列关于作业成本法与传统的成本计算方法（以产量为基础的完全成本计算方法）比较的说法中，正确的有（　　）。

A. 传统的成本计算方法对全部生产成本进行分配，作业成本法只对变动成本进行分配

B. 传统的成本计算方法按部门归集间接费用，作业成本法按作业归集间接费用

C. 作业成本法的直接成本计算范围要比传统的成本计算方法的计算范围小

D. 与传统的成本计算方法相比，作业成本法不便于实施责任会计和业绩评价

主观题部分

「2018 年 · 计算分析题 · 题码 145531」

甲公司是一家制造企业，生产 A、B 两种产品，按照客户订单分批组织生产，采用分批法核算产品成本。由于产品生产工艺稳定，机械化程度较高，制造费用在总成本中比重较大，公司采用作业成本法按实际分配率分配制造费用。公司设有三个作业成本库：材料切割作业库，以切割次数作为成本动因；机器加工作业库，以机器工时作为成本动因；产品组装作业库，以人工工时作为成本动因[1]。

2018 年 9 月，公司将客户本月订购 A 产品的 18 个订单合并成 901A 批，合计生产 2 000 件产品；本月订购 B 产品的 6 个订单合并成 902B 批，合计生产 8 000 件产品。A、B 产品各自领用 X 材料，共同耗用 Y 材料。X、Y 材料在各批次开工时一次领用，依次经材料切割、机器加工、产品组装三个作业完成生产。其中，材料切割在各批次开工时一次完成，机器加工和产品组装随完工进度陆续均匀发生。

9 月末，901A 批产品全部完工[2]；902B 批产品有 4 000 件完工，4 000 件尚未完工。902B 未完工产品机器加工完工进度 50%，产品组装尚未开始。902B 生产成本采用约当产量法在

【审题要点】

「1」结合题目可知，材料切割作业库以切割次数作为成本动因、机器加工作业库以机器工时作为成本动因、产品组装作业库以人工工时作为成本动因，注意产品组装成本只有完工产品才会发生。

「2」901A 批产品全部完工，不存在期末完工和在产品的成本分配问题。

「3」可知 902B 批次的未完工产品在材料切割作业阶段的约当产量是 100%，机器加工作业阶段的约当产量是 50%，产品组装作业阶段的约当产量是 0。

完工产品和月末在产品之间进行分配[3]。

其他相关成本资料如下：

❶ 本月直接材料费用：

901A、902B 分别领用 X 材料的成本为 160 000 元、100 000 元；共同耗用 Y 材料 20 000 千克，单价 5 元/千克，本月 901A、902B 的 Y 材料单耗相同，按产品产量进行分配[3]。

❷ 本月制造费用如表 1 所示。

作业成本库	作业成本（元）	成本动因	作业量		
			901A	902B	合计
材料切割	240 000	切割次数（次）	12 000	12 000	24 000
机器加工	900 000	机器工时（小时）	2 000	1 000	3 000
产品组装	435 000	人工工时（小时）	1 700	1 200	2 900
合计	1 575 000	—	—	—	—

「要求」

（1）编制直接材料费用分配表、作业成本分配表（结果分别填入表 2、表 3 中，不用列出计算过程）。

表 2　**直接材料费用分配表**　金额单位：元

产品批次	共同耗用 Y 材料的分配			X 材料费用	直接材料费用总额
	产量（件）	分配率	应分配材料费用		
901A					
902B					
小计					

表 3　**作业成本分配表**　金额单位：元

作业成本库	作业成本	成本分配率	901A		902B	
			作业量	分配金额	作业量	分配金额
材料切割						
机器加工						
产品组装						
合计		—	—		—	

（2）编制901A、902B的产品成本计算单（结果分别填入表4、表5中，不用列出计算过程）。

表4 **产品成本计算单**

产品批次：901A 单位：元

项目	月初在产品成本	本月生产成本	合计	完工产品成本	完工产品单位成本	月末在产品成本
直接材料						
制造费用						
其中：材料切割						
机器加工						
产品组装						
制造费用小计						
合计						

表5 **产品成本计算单**

产品批次：902B 单位：元

项目	月初在产品成本	本月生产成本	合计	完工产品成本	完工产品单位成本	月末在产品成本
直接材料						
制造费用						
其中：材料切割						
机器加工						
产品组装						
制造费用小计						
合计						

16 第十六章　本量利分析

「考情分析」

考点	星级	近十年考频	2012年	2013年	2014年	2015年	2016年	2017年	2018年	2019年	2020年	2021年
1. 成本性态分析及变动成本法	★★	8	√	√	√	√	√			√	√	√
2. 本量利分析基本模型	★★	3		√	√					√		
3. 保本分析	★★★	6		√	√	√			√		√	√
4. 保利分析	★	1										√
5. 利润敏感分析	★★	4			√		√	√				√

「考点1」成本性态分析及变动成本法（★★）

1. **「2021年·多选题·题码133594」**

下列各项费用中，通常属于约束性固定成本的有（　　）。

A. 广告费　　B. 折旧费　　C. 培训费　　D. 取暖费

2. **「2020年·单选题·题码145607」**

甲公司生产X产品，产量处于100 000～120 000件范围内时，固定成本总额220 000元，单位变动成本不变。目前，X产品产量110 000件，总成本440 000元。预计下年总量115 000件，总成本是（　　）。

A. 450 000　　B. 440 000　　C. 不能确定　　D. 460 000

3. **「2019年·单选题·题码145608」**

电信运营商推出“手机29元不限流量，可免费通话1 000分钟，超出部分主叫国内通话每分钟0.1元”套餐业务，选用该套餐的消费者每月手机费属于（　　）。

A. 固定成本　　B. 半变动成本　　C. 阶梯式成本　　D. 延期变动成本

4. **「2019年·单选题·题码145609」**

电信运营商推出“手机10元保号，可免费接听电话和接收短信，主叫国内通话每分钟0.2元”的套餐业务，选用该套餐的消费者每月手机费属于（　　）。

A. 半变动成本　　B. 固定成本　　C. 阶梯式成本　　D. 延期变动成本

5. **「2016年·单选题·题码145610」**

甲消费者每月购买的某移动通信公司58元套餐，含主叫长市话450分钟，超出后主叫国内长市话每分钟0.15元。该通信费是（　　）。

A. 变动成本　　B. 延期变动成本　　C. 阶梯式成本　　D. 半变动成本

6.「2015 年 · 单选题 · 题码 145611」

下列各项成本费用中，属于酌量性固定成本的是（　　）。

A. 广告费　　B. 生产部门管理人员工资

C. 运输车辆保险费　　D. 行政部门耗用的水电费

「考点 2」本量利分析基本模型（★★）

「2019 年 · 单选题 · 题码 145612」

甲公司销售收入 50 万元，边际贡献率 30%。该公司仅设 K 和 W 两个部门，其中 K 部门的变动成本 30 万元，边际贡献率 25%。下列说法中，错误的是（　　）。

A. K 部门变动成本率为 70%　　B. K 部门边际贡献为 10 万元

C. W 部门边际贡献率为 50%　　D. W 部门销售收入为 10 万元

「考点 3」保本分析（★★★）

1.「2021 年 · 多选题 · 题码 133598」

在本量利分析中，假设其他因素不变，单位产品变动成本上升时，下列说法中正确的有（　　）。

A. 安全边际下降　　B. 盈亏临界点作业率下降

C. 息税前利润率下降　　D. 单位边际贡献下降

2.「2020 年 · 单选题 · 题码 145613」

甲公司产销一种产品，相关信息如下：

单位售价	30 元
单位变动制造成本	7 元
固定制造费用	950 000 元
固定管理费用	650 000 元
销售佣金	售价的 10%

该产品的盈亏临界点销售量是（　　）件。

A. 32 500　　B. 40 000　　C. 47 500　　D. 80 000

3.「2018 年 · 单选题 · 题码 145614」

甲公司只生产销售一种产品，变动成本率为 30%，盈亏临界点作业率为 40%，甲公司销售息税前利润率是（　　）。

A. 42%　　B. 18%　　C. 28%　　D. 12%

4.「2018 年 · 多选题 · 题码 145616」

甲公司的经营处于盈亏临界点，下列表述正确的有（　　）。

A. 安全边际等于零

B. 经营杠杆系数等于零

C. 边际贡献等于固定成本

D. 销售额等于销售收入线与总成本线交点处销售额

「考点 4」保利分析（★）

「2021 年・单选题・题码 145663」

甲便利店销售一种新产品，销售单价 10 元，单位变动成本 2 元，年固定成本总额 1 000 万元，企业所得税税率 25%，全年税后目标利润 5 250 万元。该产品全年的保利额是（　　）万元。

A. 10 000　　B. 7 812.5　　C. 6 250　　D. 5 375

「考点 5」利润敏感分析（★★）

「2016 年・单选题・题码 145615」

甲公司的固定成本（包括利息费用）为 600 万元，资产总额为 10 000 万元，资产负债率为 50%，负债平均利息率为 8%，净利润为 800 万元，该公司适用的所得税税率为 20%，则税前经营利润对销量的敏感系数是（　　）。

A. 1.43　　B. 1.2　　C. 1.14　　D. 1.08

主观题部分

1.「2020 年・计算分析题・题码 145667」

甲公司拟承包乙集团投资开发的主题公园中的游乐场，承包期限 5 年，承包时一次性支付经营权使用费 25 000 万元，按承包年限平均分摊，承包期内每年上交 5 000 万元承包费，并且每年按其年收入的 10% 向乙集团支付管理费。甲公司目前正在进行 2021 年盈亏平衡分析。相关资料如下：

游乐场售卖两种门票，均当日当次有效。票价如下表所示。

【审题要点】

「1」在计算收入时，普通票和优惠票要乘以各自的比例分开计算。

「2」联票收入甲乙平分，因此归属于甲公司的联票收入为其中的 50%。

单位：元

	游乐园门票	公园观光和游乐场联票（联票）
成人普通票（普通票）	60	80
儿童及 60 岁以上老人优惠票（优惠票）	30	40

2021 年预计门票售卖情况：游乐场门票 500 万张，联票 400 万张。假设各类已售门票中，普通票和优惠票的比例均为

40%∶60%[1]。联票收入甲、乙分享，各占50%[2]，物业费为固定费用，2021年甲公司支付游乐场物业费10 286万元。

假设不考虑企业所得税。

「要求」

（1）分别计算游乐场2021年边际贡献总额、固定成本总额、营业利润。

（2）分别计算游乐场2021年平均每人次边际贡献、盈亏临界点游客人次、安全边际率。

（3）如果甲公司计划2021年实现营业利润10 000万元，拟将游乐场普通票提价至70元，其他票价不变，联票销售预计增长50%。假设其他条件不变，计算至少需要售卖多少万张游乐场门票才能实现目标利润。

2.「2016年·计算分析题·题码145672」

甲公司拟加盟乙快餐集团。乙集团对加盟企业采取不从零开始的加盟政策：将已运营2年以上、达到盈亏平衡条件的自营门店整体转让给符合条件的加盟商；加盟经营协议期限15年，加盟时一次性支付450万元加盟费；加盟期内，每年按年营业额的10%向乙集团支付特许经营权使用费和广告费[1]。甲公司预计将于2016年12月31日正式加盟，目前正进行加盟店2017年度的盈亏平衡分析。其他相关资料如下：

餐厅面积400平方米，仓库面积100平方米，每平方米年租金2 400元[2]。

为扩大营业规模，新增一项固定资产，该资产原值300万元，按直线法计提折旧，折旧年限10年（不考虑残值）[3]。

快餐每份售价40元，变动制造成本率50%，每年正常销售量15万份。

假设固定成本、变动成本率保持不变。

【审题要点】

「1」450万元加盟费属于固定成本，特区经营权使用费和广告费属于均属于变动成本。

「2」每年的租金为固定成本，注意金额单位要统一。

「3」可知每年的折旧额300÷10＝30（万元），属于固定成本。

「要求」

（1）计算加盟店年固定成本总额、单位变动成本、盈亏临界点销售额及正常销售量时的安全边际率。

（2）如果计划目标税前利润达到100万元，计算快餐销售量；假设其他因素不变，如果快餐销售价格上浮5%，以目标税前利润100万元为基数，计算目标税前利润变动的百分比及目标税前利润对单价的敏感系数。

（3）如果计划目标税前利润达到100万元且快餐销售量达到20万份，计算加盟店可接受的快餐最低销售价格。

17 第十七章　短期经营决策

「考情分析」

考点	星级	近十年考频	2012年	2013年	2014年	2015年	2016年	2017年	2018年	2019年	2020年	2021年
1. 短期经营决策的成本分类	★	1							√			
2. 生产决策	★★★	4							√	√	√	√
3. 定价决策	★	1						√				

「考点1」短期经营决策的成本分类（★）

「2018年·多选题·题码146148」

零部件自制或外购决策中，如果有剩余产能，需要考虑的因素有（　　）。

A. 变动成本　　B. 专属成本　　C. 机会成本　　D. 沉没成本

「考点2」生产决策（★★★）

1.「2020年·单选题·题码146144」

甲公司生产乙产品，最大产能90 000小时，单位产品加工工时6小时。目前订货量13 000件，剩余生产能力无法转移。乙产品销售单价150元，单位成本100元，单位变动成本70元。现有客户追加订货2 000件，单件报价90元，接受这笔订单，公司营业利润（　　）。

A. 增加100 000元　　B. 增加40 000元

C. 增加180 000元　　D. 增加160 000元

2.「2020年·多选题·题码146149」

甲公司是一家电子计算器制造商，计算器外壳可以自制或外购。如果自制，需为此购置一台专用设备，购价7 500元（使用1年，无残值），单位变动成本2元。如果外购，采购量10 000件以内，单位报价3.2元；采购量10 000件及以上，单位报价可优惠至2.6元。下列关于自制或外购决策的说法中，正确的有（　　）。

A. 预计采购量为8 000件时应自制　　B. 预计采购量为4 000件时应外购

C. 预计采购量为16 000件时应外购　　D. 预计采购量为12 000件时应外购

3.「2019年·单选题·题码146145」

甲公司是一家汽车制造企业，每年需要M零部件20 000个，可以自制或外购。自制时直接材料400元/个，直接人工100元/个，变动制造费用200元/个，固定制造费用150元/个。甲公司有足够的生产能力，如不自制，设备出租可获得年租金400 000元。甲公司选择外购的条件是单价小于（　　）元。

A. 680　　B. 720　　C. 830　　D. 870

4.「2018 年 · 单选题 · 题码 146146」

甲公司生产销售乙、丙、丁三种产品，固定成本 50 000 元。除乙产品外，其余两种产品均盈利。乙产品销售量 2 000 件，单价 105 元，单位成本 110 元（其中，单位直接材料费用 20 元，单位直接人工费用 35 元，单位变动制造费用 45 元，单位固定制造费用 10 元）。假定生产能力无法转移，在短期经营决策时，决定继续生产乙产品的理由是（　　）。

A. 乙产品单价大于 20 元　　B. 乙产品单价大于 55 元

C. 乙产品单价大于 80 元　　D. 乙产品单价大于 100 元

「考点 3」定价决策（★）

「2011 年 · 单选题 · 题码 146147」

下列各项经营活动中，通常不使用资本成本的是（　　）。

A. 产品定价决策　B. 营运资本管理　C. 存货采购决策　D. 企业价值评估

主观题部分

「2019 年 · 计算分析题 · 题码 146209」

甲公司生产 A、B 两种产品。A 产品是传统产品，造价高、定价低、多年亏损，但市场仍有少量需求，公司一直坚持生产。B 产品是最近几年新开发的产品，由于技术性能好，质量高，颇受用户欢迎，目前市场供不应求。2019 年末，公司计划销售和财务部门一起编制下一年的生产计划，在该计划基础上，财务部门预测收入、成本和利润。相关信息如下表所示。

预计利润表

2020 年度　　　　单位：万元

项目	A 产品	B 产品	合计
营业收入	1 220	560	1 780
营业成本	1 260	440	1 700
税前营业利润	-40	120	80

经财务部门测算，A、B 产品的变动成本率分别为 70% 和 40%[1]。

公司领导根据财务部门预测，提出如下几个问题：

❶ 2020 年公司税前营业利润能否达到 100 万元？

❷ A 产品亏损 40 万元，可否考虑停产[2]？

❸ 若能添置设备，扩大生产能力，增产能否增利[3]？

根据公司领导提出的问题，财务部门和相关部门共同研究，提出如下三个方案：

方案一：停止生产 A 产品，按原计划生产 B 产品。

【审题要点】

「1」可知 A、B 产品的边际贡献率分别为 30% 和 60%。

「2」关键看 A 产品能否给甲公司带来正的边际贡献。如果是正的边际贡献，则不应停产；否则，应停产。

「3」如果增产增加的收入大于增产的成本，则增产能增利。

方案二：停止生产 A 产品，调整生产计划，平衡生产能力，使 B 产品增产 80%。

方案三：在 2020 年原生产计划基础上，投资 50 万元购置一台设备，用于生产 B 产品，B 产品增产 10%。预计该设备使用年限 5 年，按直线法计提折旧，无残值。

「要求」

（1）分别计算 A、B 产品的变动成本和边际贡献。

（2）分别计算三个方案的税前营业利润，并据以选择最优方案。

（3）基于要求（2）的结果，依次回答公司领导提出的三个问题，并简要说明理由。

18 第十八章　全面预算

「考情分析」

考点	星级	近十年考频	2012年	2013年	2014年	2015年	2016年	2017年	2018年	2019年	2020年	2021年
1. 全面预算的编制方法	★★	3		√	√							√
2. 营业预算的编制	★★★	7	√	√		√	√	√		√	√	
3. 财务预算的编制	★★★	2	√					√				

「考点1」全面预算的编制方法（★★）

1.「2014 年・多选题・题码 146220」

与增量预算编制方法相比，零基预算编制方法的优点有（　　）。

A. 编制工作量小

B. 可以重新审视现有业务的合理性

C. 可以避免前期不合理费用项目的干扰

D. 可以调动各部门降低费用的积极性

2.「2013 年・多选题・题码 146221」

短期预算可采用定期预算法编制，该方法（　　）。

A. 使预算期间与会计期间在时期上配比

B. 有利于前后各个期间的预算衔接

C. 可以适应连续不断的业务活动过程的预算管理

D. 有利于按财务报告数据考核和评价预算的执行结果

「考点2」营业预算的编制（★★★）

1.「2020 年・多选题・题码 146222」

企业在编制直接材料预算时，需预计各季度材料采购的现金支出额，影响该金额的因素有（　　）。

A. 预计产量　　B. 材料采购单价

C. 预计材料库存量　　D. 供应商提供的信用政策

2.「2020 年・单选题・题码 146217」

甲公司正在编制现金预算，预计采购货款第一季度 5 000 元，第二季度 8 000 元，第三季度 9 000 元，第四季度 10 000 元。采购货款的 60% 在本季度内付清，另外 40% 在下季度付清。假设年初应付账款 2 000 元，预计全年现金支出是（　　）元。

A. 28 000　　B. 30 000　　C. 32 000　　D. 34 000

3.「2019 年・单选题・题码 146218」

甲公司正在编制直接材料预算，预计单位产成品材料消耗量 10 千克；材料价格 50 元/千克，第一季度期初、期末材料存货分别为 500 千克和 550 千克；第一季度、第二季度产成品销量分别为 200 件和 250 件；期末产成品存货按下季度销量 10% 安排。预计第一季度材料采购金额是（　　）元。

A. 100 000　　B. 102 500　　C. 105 000　　D. 130 000

4.「2019 年・多选题・题码 146223」

编制直接人工预算时，影响直接人工总成本的因素有（　　）。

A. 预计产量　　B. 预计直接人工工资率

C. 预计车间辅助人员工资　　D. 预计单位产品直接人工工时

5.「2017 年・单选题・题码 146219」

甲企业生产一种产品，每件产品消耗材料 10 千克。预计本期产量 155 件，下期产量 198 件，本期期初材料 310 千克，期末材料按下期产量用料的 20% 确定。本期预计材料采购量为（　　）千克。

A. 1 464　　B. 1 860　　C. 1 636　　D. 1 946

6.「2017 年・多选题・题码 146224」

甲公司正在编制全面预算，下列各项中，以生产预算为编制基础的有（　　）。

A. 直接人工预算　　B. 销售预算

C. 变动制造费用预算　　D. 直接材料预算

7.「2016 年・多选题・题码 146225」

下列营业预算中，通常需要预计现金支出的预算有（　　）。

A. 生产预算　　B. 销售费用预算　　C. 直接材料预算　　D. 制造费用预算

「考点 3」财务预算的编制（★★★）

「2011 年・多选题・题码 146226」

下列关于全面预算中的利润表预算编制的说法中，正确的有（　　）。

A. “销售收入”项目的数据，来自销售预算

B. “销货成本”项目的数据，来自生产预算

C. “销售及管理费用”项目的数据，来自销售及管理费用预算

D. “所得税费用”项目的数据，通常是根据利润表预算中的“利润”项目金额和本企业适用的法定所得税税率计算出来的

主观题部分

1.「2018 年・计算分析题・题码 146242」

甲公司是一家制造企业，正在编制 2019 年第一、第二季度现金预算，年初现金余额 52 万元[1]。相关资料如下：

❶ 预计第一季度销量 30 万件，单位售价 100 元；第二季度销

【审题要点】

「1」即 2019 年第一季度的期初现金余额为 52 万元。

量40万件，单位售价90元；第三季度销量50万件，单位售价85元。每季度销售收入的60%当季收现，40%下季收现。2019年初应收账款余额800万元，第一季度收回[2]。

❷ 2019年初产成品存货3万件，每季末产成品存货为下季销量的10%。

❸ 单位产品材料消耗量10千克，单价4元/千克。当季所购材料当季全部耗用，季初季末无材料存货。每季度材料采购货款50%当季付现，50%下季付现。2019年初应付账款余额420万元，第一季度偿付。

❹ 单位产品人工工时2小时，人工成本10元/小时[3]；制造费用按人工工时分配，分配率7.5元/小时[4]。销售和管理费用全年400万元，每季度100万元。假设人工成本、制造费用、销售和管理费用全部当季付现。全年所得税费用100万元，每季度预缴25万元。

❺ 公司计划在上半年安装一条生产线，第一、第二季度分别支付设备购置款450万元、250万元。

❻ 每季末现金余额不能低于50万元。低于50万元时，向银行借入短期借款，借款金额为10万元的整数倍。借款季初取得，每季末支付当季利息，季度利率2%。高于50万元时，高出部分按10万元的整数倍偿还借款，季末偿还[5]。第一、第二季度无其他融资和投资计划。

「2」注意销售收款和相关费用支出的节点，下同。

「3」说明单位产品人工成本 =2×10=20（元）。

「4」说明单位产品制造费用 =2×7.5=15（元）。

「5」注意并不是按实际金额借款和还款。

「要求」

根据上述资料，编制公司2019年第一、第二季度现金预算（结果填入下方表格中，不用列出计算过程）。

现金预算

单位：万元

项目	第一季度	第二季度
期初现金余额		
加：销货现金收入		
可供使用的现金合计		
减：各项支出		
材料采购		
人工成本		
制造费用		
销售和管理费用		
所得税费用		
购买设备		
现金支出合计		

续表

项目	第一季度	第二季度
现金多余或不足		
加：短期借款		
减：归还短期借款		
减：支付短期借款利息		
期末现金余额		

2. 「**2017 年 · 计算分析题 · 题码 146252**」

甲公司是一家蔗糖生产企业，每年 12 月份编制下一年份的分季度现金预算。2017 年末，预计 2018 年的相关资料如下：

❶ 该公司只生产一种 1 千克装的白砂糖。由于作为原料的甘蔗供货有季节性，采购、生产只在第一、第四季度进行[1]，但销售全年发生。

❷ 销售收入预计：第一季度 1 500 万元，第二季度 750 万元，第三季度 750 万元，第四季度 1 500 万元。所有销售均为赊销。每季度赊销款的 2/3 当季收回，另外 1/3 下一季度收回。应收账款年初余额 500 万元，预计可在第一季度收回[2]。

❸ 原料采购预计：甘蔗全年原料采购预计支出 800 万元；第一季度预付原料采购款的 50%，第四季度收储原料并支付剩余的 50% 尾款。

❹ 付现费用预计：直接人工费用第一、第四季度均为 700 万元；制造费用第一、第四季度均为 500 万元；第二、第三季度不进行生产，不发生直接人工和制造费用；销售和管理费用第一季度 100 万元，第二季度 50 万元，第三季度 50 万元，第四季度 100 万元。直接人工费用、制造费用、销售和管理费用，均于当季支付。全年所得税费用 200 万元，分四个季度预缴，每季度支付 50 万元。

❺ 公司计划在下半年安装两条新生产线，第三、第四季度分别支付设备及安装款 400 万元、200 万元。

❻ 2017 年末，公司有现金 12 万元，没有短期投资，为应对季节生产所需的大量资金，2017 年末公司从银行借入短期借款 255 万元[3]，除该短期借款外，公司没有其他负债。公司根据下季度现金净需求额[4]外加 10 万元浮动额确定季末最低现金余额，如下季度现金净需求额为负，则最低现金余额为 10 万元。实有现金低于最低现金余额时，如有短期投资，先变卖短期投资，仍不足时，再向银行借入短期借款；超过最低现金余额时，如果有短期借款，先偿还短

【审题要点】

「1」说明只有在第一、第四季度才发生采购、生产成本。

「2」注意销售收款和相关费用支出的节点。下同。

「3」说明 2018 年第一季度的期初现金余额 =12 +255 =267（万元）。

「4」下季度现金净需求额 = 下季度现金支出合计 − 下季度现金收入合计。

「5」注意并不是按实际金额借款和还款。

「6」要转换成季度利率 2%（8% ÷4）和季度报酬率 1%（4% ÷4）。

期借款，仍有剩余时，再进行短期投资。借款、偿还借款，投资和收回投资，数额均为 5 万元的倍数[5]，均在季度末发生，短期借款年利率为 8%，每季度末付息一次；短期投资年报酬率为 4%[6]，每季度末结算一次。假设不考虑借款和投资的交易费用。

❼ 为简化计算，假设 2019 年第一季度的预计销售收入，原料采购及付现费用与 2018 年第一季度相同。

「要求」根据上述资料，编制公司现金预算（结果填入下方表格中，不用列出计算过程）。

现金预算

单位：万元

项目	第一季度	第二季度	第三季度	第四季度	合计
期初现金余额					
现金收入：					
本期销售本期收款					
上期销售本期收款					
现金收入合计					
现金支出：					
原料采购					
直接人工					
制造费用					
销售与管理费用					
所得税费用					
设备购置及安装					
现金支出合计					
向银行借款					
归还银行借款					
支付借款利息					
短期投资					
收回短期投资					
获取投资报酬					
期末现金余额					

19 第十九章 责任会计

「考情分析」

考点	星级	近十年考频	2012年	2013年	2014年	2015年	2016年	2017年	2018年	2019年	2020年	2021年
1. 成本中心	★	6		√	√		√	√		√	√	
2. 责任成本	★★	2							√		√	
3. 利润中心	★★	3						√	√			√
4. 投资中心	★★	3						√	√		√	
5. 责任中心业绩报告	★	1						√				

「考点1」成本中心（★）

1.「2020年·单选题·题码146335」

下列选项中，不属于责任中心判断成本是否可控的条件是（　　）。

A. 可计量性　　B. 可预知性　　C. 可追溯性　　D. 可调控性

2.「2019年·多选题·题码146339」

甲公司将某生产车间设为成本责任中心，该车间领用材料型号为GB007；另外还发生机器维修费、试验检验费以及车间折旧费。下列关于成本费用责任归属的表述中，正确的有（　　）。

A. 型号为GB007的材料费用直接计入该成本责任中心

B. 车间折旧费按照受益基础分配计入该成本责任中心

C. 机器维修费按照责任基础分配计入该成本责任中心

D. 试验检验费归入另一个特定的成本中心

3.「2018年·多选题·题码146340」

可控成本通常应符合的条件有（　　）。

A. 可预知　　B. 可控制　　C. 可承受　　D. 可计量

「考点2」利润中心（★★）

1.「2018年·单选题·题码146336」

在下列业绩评价指标中，最适合评价利润中心部门经理的是（　　）。

A. 部门边际贡献　　B. 部门可控边际贡献

C. 部门税前经营利润　　D. 部门税后经营利润

2.「2017年·单选题·题码146337」

下列各项指标中，考核该部门经理业绩最适合的指标是（　　）。

A. 部门边际贡献　　B. 部门税后利润

C. 部门税前经营利润　　D. 部门可控边际贡献

3.「**单选题·题码 146338**」

下列关于制定企业内部转移价格的表述中，错误的是（　　）。

A. 可以考虑的转移价格有市场型内部转移价格、成本型内部转移价格、协商型内部转移价格

B. 市场型内部转移价格是以市场价格为基础、由成本和毛利构成的内部转移价格，一般适用于利润中心

C. 成本型内部转移价格是指以企业制造产品的完全成本或变动成本等相对稳定的成本数据为基础制定的内部转移价格，一般适用于成本中心

D. 协商型内部转移价格是指企业内部供求双方通过协商机制制定的内部转移价格，主要适用于集权程度较高的企业

「考点 3」投资中心（★★）

「**2018 年·多选题·题码 146341**」

作为评价投资中心的业绩指标，部门投资报酬率的优点有（　　）。

A. 可用于比较不同规模部门的业绩

B. 根据现有会计资料计算，比较方便

C. 可以使业绩评价与公司目标协调一致

D. 有利于从投资周转率以及部门经营利润率角度进行经营分析

主观题部分

1.「**2020 年·计算分析题·题码 146378**」

甲公司是一家保健品代工企业，公司乙部门主要负责国内市场生产销售。乙部门生产 X、Y 两种产品，其中：X 产品有品牌和非品牌系列，Y 产品只有品牌系列[1]。目前甲公司正在对乙部门进行业绩考核。2020 年相关资料如下：

项目		X 产品	Y 产品
销量（万盒）	品牌系列	500	1 500
	非品牌系列	1 500	—
售价（元/盒）	品牌系列	2. 40	8. 00
	非品牌系列	1. 20	—
变动制造成本（元/盒）	品牌系列	0. 85	2. 80
	非品牌系列	0. 85	—
包装成本（元/盒）	品牌系列	0. 15	0. 40
	非品牌系列	0. 05	—

其他资料：

【审题要点】

「1」本题稍微有点复杂，两种产品下还分了品牌和非品牌，一定要看清题目信息。

「2」即每年的最大产能 = 48 000 ÷ 12 = 4 000（万盒）。

「3」投资报酬率 = 税前经营利润 ÷ 部门平均净经营资产。

❶ 所有产品按盒售卖，每盒 12 粒；乙部门目前最大年产能 48 000 万粒[2]。

❷ 乙部门年固定制造费用 3 700 万元，年固定销售及管理费用 1 650 万元。

❸ 乙部门年均净经营资产 12 000 万元，公司要求的最低投资报酬率[3] 10%。

「要求」

（1）计算乙部门的投资报酬率和剩余收益。

（2）乙部门现有一个新的投资机会，投资额 1 800 万元，每年税前营业利润 270 万元。假设甲公司按投资报酬率考核，乙部门是否愿意接受该投资？假设甲公司按剩余收益考核，乙部门是否愿意接受该项投资？哪种考核指标更符合公司利益？简要说明理由。

（3）预测 2021 年各产品国内市场需求均增长 16%，假设乙部门可以在最大产能范围内灵活安排生产。为有效利用产能，确定 2021 年产品生产的优先顺序、计算各产品产量及总税前营业利润。

2.「**2019 年 · 计算分析题 · 题码 146383**」

甲公司下属乙部门生产 A 产品，全年生产能力 1 200 000 机器工时，单位产品标准机器工时 120 小时，2018 年实际产量 11 000 件，实际耗用机器工时 1 331 000 小时。

2018 年标准成本资料如下：

❶ 直接材料标准消耗 10 千克/件，标准价格 22 元/千克[1]；

❷ 变动制造费用预算 3 600 000 元[2]；

❸ 固定制造费用预算 2 160 000 元[3]。

2018 年完全成本法下的实际成本资料如下：

❶ 直接材料实际耗用 121 000 千克，实际价格 24 元/千克[4]；

❷ 变动制造费用实际 4 126 100 元；

❸ 固定制造费用实际 2 528 900 元。

该部门作为成本中心，一直采用标准成本法控制成本和考核业绩。最近，新任部门经理提出，按完全成本法下的标准成本考核业绩不合理，建议公司调整组织结构，将销售部门和生产部门合并为事业部，采用部门可控边际贡献考核经理业绩。目前，该产品年销售 10 000 件，每件售价 1 000 元。经分析，40% 的固定制造费用为部门可控成本，60% 的固定制造费用为部门不可控成本。

【审题要点】

「1」说明直接材料标准成本 = 10 × 22 = 220（元）。

「2」说明变动制造费用标准成本 = 3 600 000 ÷ 1 200 000 × 120 = 360（元）。

「3」说明固定制造费用标准成本 = 2 160 000 ÷ 1 200 000 × 120 = 216（元）。

「4」2018 年实际产量 11 000 件，说明每件产品耗用直接材料 121 000 ÷ 11 000 = 11（千克），直接材料单位实际成本 = 11 × 24 = 264（元）。

「要求」

（1）计算 A 产品的单位标准成本和单位实际成本。

（2）分别计算 A 产品总成本的直接材料的价格差异和数量差异、变动制造费用的价格差异和数量差异，用三因素分析法计算固定制造费用的耗费差异、闲置能力差异和效率差异，并指出各项差异是有利差异还是不利差异。

（3）计算乙部门实际的部门可控边际贡献。

3.「2019 年 · 计算分析题 · 题码 146389」

甲公司乙部门只生产一种产品，投资额 25 000 万元，2019 年销售 500 万件。该产品单价 25 元，单位变动成本资料如下表所示。

项目	单位变动成本（元）
直接材料	3
直接人工	4
变动制造费用	2
变动销售费用	1
合计	10

该产品目前盈亏临界点作业率 20%「1」，现有产能已满负荷运转「2」。因产品供不应求，为提高销量，公司经可行性研究，2020 年拟增加 50 000 万元投资「3」。新产能投入运营后，每年增加 2 700 万元固定成本。假设公司产销平衡，不考虑企业所得税「4」。

【审题要点】

「1」可知盈亏临界点销售量 = 500 × 20% = 100（万件）。

「2」由下文产销平衡可知，满负荷运转说明目前最大产能为 500 万件。

「3」即 2020 年总投资 = 25 000 + 50 000 = 75 000（万元）。

「4」注意题目条件，生产多少就销售多少，不考虑税后影响。

「要求」

（1）计算乙部门 2019 年税前投资报酬率；假设产能扩张不影响产品单位边际贡献，为达到 2019 年税前投资报酬率水平，计算 2020 年应实现的销量。

（2）计算乙部门 2019 年经营杠杆系数；假设产能扩张不影响产品单位边际贡献，为达到 2019 年经营杠杆水平，计算 2020 年应实现的销量。

4.「2017 年 · 计算分析题 · 题码 146394」

甲公司是一家上市公司，正对内部 A、B 投资中心进行业绩考核。2016 年相关资料如下表 1 所示。

表 1　　　　单位：元

投资中心	税前经营利润	平均经营资产	平均经营负债	要求的税前投资报酬率
A 投资中心	153 000	1 350 000	75 000	10%
B 投资中心	134 400	900 000	60 000	12%

「要求」

（1）分别计算 A、B 两个投资中心的部门投资报酬率和部门剩余收益（结果填入表 2 中，不用列出计算过程）。

表 2

指标		A 投资中心	B 投资中心
目前状态	部门投资报酬率（%）		
	部门剩余收益（元）		

（2）假定公司现有一投资机会，投资额 20 万元，每年可创造部门税前经营利润 26 000 元，如果 A、B 投资中心都可以进行该投资，且投资前后各自要求的税前投资报酬率保持不变，计算 A、B 投资中心分别投资后的部门投资报酬率和部门剩余收益；分析如果分别采用部门投资报酬率和部门剩余收益进行业绩考核，A、B 投资中心是否愿意进行该投资（结果填入表 3 中，不用列出计算过程）。

表 3

指标			A 投资中心	B 投资中心
投资后	部门投资报酬率	计算结果（%）		
		是否投资		
	部门剩余收益	计算结果（%）		
		是否投资		

（3）综合上述计算，分析部门投资报酬率和部门剩余收益作为投资中心业绩评价指标的优缺点。

20 第二十章 业绩评价

「考情分析」

考点	星级	近十年考频	2012年	2013年	2014年	2015年	2016年	2017年	2018年	2019年	2020年	2021年
1. 财务业绩评价与非财务业绩评价	★	1	√									
2. 关键绩效指标法	★	1										√
3. 经济增加值	★★	6		√		√	√		√	√	√	
4. 平衡计分卡	★★	3				√		√	√			

「考点1」财务业绩评价与非财务业绩评价（★）

「2012年改编·多选题·题码146448」

使用财务指标进行业绩评价的主要缺点有（　　）。

A. 不能计量公司的长期业绩

B. 这是一种结果导向，未考虑过程

C. 对会计数据进行考核，无法公允反映管理层的真正业绩

D. 其可比性不如非财务指标

「考点2」关键绩效指标法（★）

「2021年·单选题·题码146444」

企业关键绩效指标分为结果导向和过程导向，下列属于结果导向指标的是（　　）。

A. 单位变动成本　　B. 资本性支出

C. 客户满意度　　D. 自由现金流量

「考点3」经济增加值（★★）

1.「2020年·单选题·题码146445」

甲公司是一家中央企业上市公司，依据国资委《中央企业负责人经营业绩考核办法》采用经济增加值进行业绩考核。2020年公司净利润10亿元，利息支出3亿元、研发支出2亿元，全部计入损益；调整后资本100亿元，资本成本率6%。企业所得税税率25%。公司2020年经济增加值是（　　）亿元。

A. 7　　B. 7.75　　C. 9　　D. 9.5

2.「2020年·多选题·题码146449」

市场投资分析师在评价上市公司整体业绩时，可以计算的经济增加值指标有（　　）。

A. 披露的经济增加值　　B. 基本经济增加值

C. 真实的经济增加值　　D. 特殊的经济增加值

3.「2019 年 · 多选题 · 题码 146450」

下列各项关于经济增加值的说法中，正确的有（　　）。

A. 经济增加值便于不同规模公司之间的业绩比较

B. 经济增加值为正表明经营者为股东创造了价值

C. 计算经济增加值使用的资本成本应随资本市场变化而调整

D. 经济增加值是税后净营业利润扣除全部投入资本成本后的剩余收益

4.「2018 年 · 单选题 · 题码 146446」

甲公司下属投资中心部门税前经营利润 15 万元，部门平均资产 100 万元（其中平均非经营资产 20 万元），部门平均经营负债 30 万元，该部门要求的税前投资报酬率为 10%，该中心的剩余收益是（　　）万元。

A. 5　　B. 7　　C. 8　　D. 10

5.「2016 年 · 多选题 · 题码 146451」

在计算披露的经济增加值时，下列各项中，需要进行调整的项目有（　　）。

A. 研究费用　　B. 争取客户的营销费用

C. 资本化利息支出　　D. 企业并购重组费用

「考点 4」平衡计分卡（★★）

1.「2018 年 · 多选题 · 题码 146452」

下列各项中，属于平衡计分卡内部业务流程维度业绩评价指标的有（　　）。

A. 资产负债率　　B. 息税前利润

C. 存货周转率　　D. 生产负荷率

2.「2018 年 · 单选题 · 题码 146447」

下列各项中，属于平衡计分卡内部业务流程维度的业绩评价指标的是（　　）。

A. 投资报酬率　　B. 客户保持率

C. 生产负荷率　　D. 培训计划完成率

3.「2017 年 · 多选题 · 题码 146453」

甲公司用平衡计分卡进行业绩考评，下列各种维度中，平衡计分卡需要考虑的有（　　）。

A. 顾客维度　　B. 债权人维度

C. 股东维度　　D. 学习与成长维度

4.「2015 年 · 多选题 · 题码 146454」

在使用平衡计分卡进行企业业绩评价时，需要处理几个平衡，下列各项中，正确的有（　　）。

A. 外部评价指标与内部评价指标的平衡

B. 定期评价指标与非定期评价指标的平衡

C. 财务评价指标与非财务评价指标的平衡

D. 成果评价指标与驱动因素评价指标的平衡

主观题部分

「计算分析题·题码146461」

甲公司是一家中央电力企业[1]，采用经济增加值业绩考核办法进行业绩计量和评价，有关资料如下：

❶ 2020年甲公司的净利润为40亿元，费用化利息支出为12亿元，资本化利息支出为16亿元[2]，研发费用为20亿元，当期无确认为无形资产的开发支出。

❷ 2020年甲公司的年末无息负债为200亿元，年初无息负债为150亿元；年末带息负债为800亿元，年初带息负债为600亿元；年末所有者权益为900亿元，年初所有者权益为700亿元，年末在建工程为180亿元，年初在建工程为220亿元。

【审题要点】

「1」注意对“军工、电力、农业”等资产通用性较差的企业，股权资本成本率要在原基础上下浮0.5个百分点。

「2」利息支出总额=12+16=28（亿元）。

「要求」根据上述资料，计算甲公司2020年的经济增加值。

跨章节主观题

1.「2020 年 · 计算分析题 · 题码 146166」

甲公司有一基本生产车间，对外承接工业性加工服务，按照客户订单组织生产并核算成本。各订单分别领料，直接人工、制造费用分别按实际人工工时、实际机器工时在订单之间分配。原材料各订单开工时一次投入，加工费用随加工进度陆续发生。2020 年 9 月，产品成本相关资料如下：

❶ 9 月初公司承接一新订单，订单编号 901[1]，客户订购 M 产品 10 000 公斤，立即开工，月底交付。在加工 M 产品时，同时产出 N 副产品。

❷ 本月生产费用及工时资料：901 订单开工时实际耗用直接材料 178 000 元。801 订单和 901 订单生产工人工资 154 000 元，车间制造费用 113 000 元。实际人工工时 12 320 小时，其中：801 号订单 7 040 小时，901 号订单 5 280 小时。实际机器工时 14 125 小时，其中：801 号订单 8 125 小时，901 号订单 6 000 小时。

❸ 本月订单完成情况：截至 9 月 30 日，801 订单全部未完工；901 号订单全部完工，加工完成 M 产品 10 000 公斤，同时产出 N 副产品 500 公斤。M 产品市场售价 45 元/公斤。N 副产品进一步简装需每公斤支付 2 元，简装后市场售价 10.8 元/公斤。由于副产品价值相对较低，在计算 M 产品成本时，可将 N 副产品价值从 M 产品直接材料中扣除。

【审题要点】

「1」可知 901 号订单无在产品。

「要求」

（1）什么是副产品？副产品成本分配通常采用何种方法？

（2）编制 901 号订单产品成本计算单（结果填入下方表格中，不用列出计算过程）。

（3）在产品是否应进一步深加工的决策中，公司管理者通常需要考虑哪些因素，用何种方法决策？假如公司对 N 副产品进一步深加工并简装后出售，简装成本仍为每公斤 2 元，市场售价可提高至 15 元/公斤，公司可接受的最高加工成本是多少？

产品成本计算单

订单：901 号　　2020 年 9 月　　单位：元

项目	直接材料	直接人工	制造费用	合计
月初在产品成本				
本月生产费用				
合计				

续表

项目	直接材料	直接人工	制造费用	合计
扣除副产品价值				
完工产品总成本				
完工产品单位成本				

2. 「**2020 年 · 综合题 · 题码 146497**」

甲公司是一家制造业上市公司，乙公司是一家制造业非上市公司，两家公司生产产品不同，且非关联方关系。甲公司发现乙公司的目标客户多是小微企业，与甲公司的市场能有效互补，拟于 2020 年末通过对乙公司原股东非公开增发新股的方式换取乙公司 100% 股权以实现对其的收购。目前，甲公司已完成该项目的可行性分析，拟采用实体现金流量折现法估计乙公司价值。相关资料如下：

❶ 乙公司成立于 2017 年初，截至目前仅运行了 4 年，但客户数量增长较快。乙公司 2017 ~2020 年主要财务报表数据如表 1 所示。

表 1 单位：万元

资产负债表项目	2017 年末	2018 年末	2019 年末	2020 年末
货币资金	80	120	160	250
应收账款	120	180	240	260
存货	240	290	320	400
固定资产	540	610	710	827. 5
资产总计	980	1 200	1 430	1 737. 5
应付账款	180	200	280	300
长期借款	220	300	420	600
股东权益	580	700	730	837. 5
负债及股东权益	980	1 200	1 430	1 737. 5
利润表项目	2017 年	2018 年	2019 年	2020 年
营业收入	2 000	2 300	2 760	3 450
减：营业成本	1 000	1 100	1 200	1 600
税金及附加	14	16	22	30
销售和管理费用	186	356	250	348
财务费用	16	20	28	40

【审题要点】

「1」看到货币资金时一定要看清题目说法，看看有多少是属于经营资产，有多少是属于金融资产。在本题中，货币资金均为经营资产。

「2」财务费用一般核算的项目有：利息支出、手续费、汇兑损益，财管考试中为了计算简便，一般都会告知财务费用全部为利息支出。

「3」说明在计算净经营资产周转率的时候，分母的净经营资产不必取期初期末数据的平均值，只需用期末余额计算周转率。

「4」根据资本资产定价模型计算出股权资本成本后，再根据目标资本结构（2/3）计算出加权平均资本成本作为后续计算实体价值的折现率。

「5」定价基准日前 20 个交易日股票交易均价 = 定价基准日前 20 个交易日股票交易总额 ÷ 定价基准日前 20 个交易日股票交易总量。

续表

利润表项目	2017 年	2018 年	2019 年	2020 年
利润总额	784	808	1 260	1 432
减：所得税费用	196	202	315	358
净利润	588	606	945	1 074

乙公司货币资金均为经营活动所需[1]，财务费用均为利息支出[2]。

❷ 甲公司预测，乙公司 2021 年、2022 年营业收入分别增长 20%、12%，自 2023 年起进入增长率为 4% 的稳定增长状态。假设收购不影响乙公司正常运营，收购后乙公司净经营资产周转率、税后经营净利率按 2017 ~2020 年的算术平均值估计。假设所有现金流量均发生在年末，资产负债表期末余额代表全年平均水平[3]。

❸ 乙公司目标资本结构（净负债/股东权益）为 2/3。等风险债券税前资本成本为 8%；普通股 β 系数 1.4，无风险报酬率为 4%，市场组合必要报酬率 9%[4]，企业所得税税率 25%。

❹ 甲公司非公开增发新股的发行价格按定价基准日前 20 个交易日公司股票均价的 80% 确定[5]。定价基准日前 20 个交易日相关交易信息如表 2 所示。

表 2

	累计交易金额（亿元）	累计交易数量（亿股）	平均收盘价（元/股）
定价基准日前 20 个交易日	4 000	160	24

「要求」

（1）编制乙公司 2017 ~2020 年管理用资产负债表和利润表（结果填入表 3 中，不用列出计算过程）。

表 3

单位：万元

管理用财务报表项目	2017 年	2018 年	2019 年	2020 年
净经营资产				
净负债				

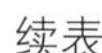

续表

管理用财务报表项目	2017 年	2018 年	2019 年	2020 年
股东权益				
税后经营净利润				
税后利息费用				
净利润				

（2）预测乙公司 2021 年及以后年度净经营资产周转率、税后经营净利率。

（3）采用资本资产定价模型，估计乙公司的股权资本成本；按照目标资本结构，估计乙公司的加权平均资本成本。

（4）基于上述结果，计算 2021～2023 年乙公司实体现金流量，并采用实体现金流量折现法，估计 2020 年末乙公司实体价值（计算过程和结果填入表 4 中）。

表 4 单位：万元

项目	2020 年末	2021 年末	2022 年末	2023 年末
实体现金流量				
折现系数				
现值				
实体价值				

（5）假设乙公司净负债按 2020 年末账面价值计算，估计 2020 年末乙公司股权价值。

（6）计算甲公司非公开增发新股的发行价格和发行数量。

3.「2019 年·综合题·题码 146504」

甲公司是一家制造业上市公司，目前公司股票每股 45 元，预计股价未来增长率 8%；长期借款合同中保护性条款约定甲公司长期资本负债率不可高于 50%、利息保障倍数不可低于 5 倍[1]。为占领市场并优化资本结构，公司拟于 2019 年末发行附认股权证债券筹资 20 000 万元。为确定筹资方案是否可行，收集资料如下：

资料一：甲公司 2019 年预计财务报表主要数据。

单位：万元

资产负债表项目	2019 年末
资产总计	105 000
流动负债	5 000
长期借款	40 000
股东权益	60 000
负债和股东权益总计	105 000
利润表项目	2019 年度
营业收入	200 000
财务费用	2 000
利润总额	12 000
所得税费用	3 000
净利润	9 000

甲公司 2019 年财务费用均为利息费用，资本化利息 200 万元[2]。

资料二：筹资方案。

甲公司拟平价发行[3]附认股权证债券，面值 1 000 元，票面利率 6%，期限 10 年，每年末付息一次，到期还本。每份债券附送 20 张认股权证，认股权证 5 年后到期，在到期前每张认股权证可按 60 元的价格购买 1 股普通股[4]。不考虑发行成本等其他费用。

资料三：甲公司尚无上市债券，也找不到合适的可比公司。评级机构评定甲公司的信用级别为 AA 级。目前上市交易的同行业其他公司债券及与之到期日相近的政府债券信息如下表所示。

【审题要点】

「1」即长期负债 ÷ 长期资本 ≤50%，息税前利润 ÷ 利息支出 ≥5。

「2」注意利息保障倍数公式中分母的利息支出是包含资本化利息的。

「3」即每份债券发行价等于债券面值 1 000 元，进而可得出发行份数 =20 000 ÷1 000 = 20（万份）。

「4」5 年后是个关键时点，决定了投资者是否行权及行权的现金流量。

「5」注意筹资前后的资本结构是不一样的。

「6」因为营业净利率不变，所以净利润和营业收入同比增长，又因为不分红，所以净利润的增加等于所有者权益的增加。

公司债券				政府债券	
发行公司	信用等级	到期日	到期收益率	到期日	到期收益率
乙	AAA	2021 年 2 月 15 日	5.05%	2021 年 1 月 31 日	4.17%
丙	AA	2022 年 11 月 30 日	5.63%	2022 年 12 月 10 日	4.59%
丁	AA	2025 年 1 月 1 日	6.58%	2024 年 11 月 15 日	5.32%
戊	AA	2029 年 11 月 30 日	7.20%	2029 年 12 月 1 日	5.75%

甲公司股票目前 β 系数 1.5，市场风险溢价 4%，企业所得税税率 25%。假设公司所筹资金全部用于购置资产，资本结构以长期资本账面价值计算权重[5]。

资料四：如果甲公司按筹资方案发债，预计 2020 年营业收入比 2019 年增长 20%，财务费用在 2019 年财务费用基础上增加新发债券利息，资本化利息保持不变，企业应纳税所得额为利润总额，营业净利率保持 2019 年水平不变，不分配现金股利[6]。

「要求」

（1）根据资料一，计算筹资前长期资本负债率、利息保障倍数。

（2）根据资料二，计算发行附认股权证债券的资本成本。

（3）为判断筹资方案是否可行，根据资料三，利用风险调整法，计算甲公司税前债务资本成本；假设无风险利率参考 10 年期政府债券到期收益率，计算筹资后股权资本成本。

（4）为判断是否符合借款合同中保护性条款的要求，根据资料四，计算筹资方案执行后 2020 年末长期资本负债率、利息保障倍数。

（5）基于上述结果，判断筹资方案是否可行，并简要说明理由。

4.「2018 年·综合题·题码 146528」

甲公司是一家汽车制造企业，主营业务是制造和销售 X、Y、Z 三种型号乘用汽车。相关资料如下：

资料一：X、Y、Z 三种型号汽车的制造都需要通过一台生产设备，该设备是公司约束资源[1]，年加工能力 4 000 小时，公司年固定成本总额 3 000 万元。假设 X、Y、Z 三种型号汽车当年生产当年销售，年初年末没有存货[2]。预计 2019 年 X、Y、Z 三种型号汽车的市场正常销量及相关资料如下：

【审题要点】

「1」结合问题，可知本题考查约束资源最优利用的决策，决策原则是：优先安排生产单位限制资源边际贡献（单位产品边际贡献 ÷ 该单位产品所需限制资源量）最大的产品。

「2」说明产销平衡，生产多少就卖掉多少。

「3」可知该租赁合同不属于选择简化处理的短期租赁和低价值资产租赁，符合融资租赁

项目	X 型号	Y 型号	Z 型号
市场正常销量（辆）	1 500	600	1 000
单位售价（万元）	15	12	8
单位变动成本（万元）	12	8	5
单位约束资源消耗（小时）	3	2	1

资料二：为满足市场需求，公司 2019 年初拟新增一台与约束资源相同的设备，以解决约束资源问题。现有两种筹资方案可供选择。

方案 1：自行购置。借款 5 000 万元购买设备，年利率 8%。预计设备使用 4 年，每年年末支付维护费用 50 万元，4 年后变现价值 1 200 万元。税法规定，该设备按直线法计提折旧，折旧年限 5 年，5 年后净残值率 10%。

方案 2：租赁。由合同约定，租期 4 年，租赁费 4 400 万元，分 4 年偿付，每年年初支付 1 100 万元[3]，在租赁开始日首付，租赁手续费 400 万元，在租赁开始日一次性付清。租赁期满时设备所有权不转让，租赁公司承担设备维护修理费。税前有担保借款利率 8%[4]。甲公司的企业所得税税率 25%。

资料三：新增关键设备后，X 型号汽车生产能力增至 1 800 辆。现有乙汽车销售公司向甲公司追加订购 X 型号汽车，报价为每辆车 13 万元。相关情况如下：

情景 1：假设剩余生产能力无法转移，如果追加订货 300 辆，为满足生产需要，甲公司需另外支付年专属成本[5]200 万元。

情景 2：假设剩余生产能力可以对外出租[6]，年租金 250 万元，如果追加订货 350 辆，将冲减甲公司原正常销量 50 辆。

的认定标准，租赁费不可以税前扣除，应当以租赁合同约定的付款总额 4 400 万元作为计税基础。

「4」注意要使用税后有担保借款利率（6%）作为折现率。

「5」专属成本是属于决策中的应该考虑的相关成本。

「6」说明若利用剩余生产能力生产产品，则会丧失这部分出租的租金收入（即机会成本）。

「要求」

（1）根据资料一，为有效利用现有的一台关键设备，计算公司 X、Y、Z 三种型号汽车的生产安排优先顺序和产量。在该生产安排下，税前营业利润总额是多少？

（2）根据资料二，分别计算两种方案考虑货币时间价值的平均年成本，并判断甲公司应选择自行购置方案，还是租赁方案？

（3）根据资料三，分别计算并分析两种情景下甲公司是否应接受追加订单。并简要说明有闲置能力时产品定价的区间范围。

5.「2016 年 · 综合题 · 题码 146535」

甲公司是一家制造业上市公司，主营业务是易拉罐的生产和销售。为进一步满足市场需求，公司准备新增一条智能化易拉罐生产线。目前，正在进行该项目的可行性研究。

【审题要点】

「1」注意是 2018 年开始投入使用，因此 2018 年开始计提折旧，每年折旧额 =4 000 ×

相关资料如下：

❶ 该项目如果可行，拟在2016年12月31日开始投资建设生产线，预计建设期1年，即项目将在2017年12月31日建设完成，2018年1月1日投产使用，该生产线预计购置成本4 000万元，项目预期持续3年。按税法规定，该生产线折旧年限4年，残值率5%，按直线法计提折旧[1]，预计2020年12月31日项目结束时该生产线变现价值1 800万元[2]。

❷ 公司有一闲置厂房拟对外出租，每年租金60万元，在出租年度的上年年末收取。该厂房可用于安装该生产线，安装期间及投产后，该厂房均无法对外出租[3]。

❸ 该项目预计2018年生产并销售12 000万罐，产销量以后每年按5%增长，预计易拉罐单位售价0.5元，单位变动制造成本0.3元；每年付现销售和管理费用占销售收入的10%；2018年、2019年、2020年每年固定付现成本分别为200万元、250万元、300万元[4]。

❹ 该项目预计营运资本占销售收入的20%，垫支的营运资本在运营年度的上年末投入，在项目结束时全部收回。

❺ 为筹集所需资金，该项目拟通过发行债券和留存收益进行筹资：发行期限5年、面值1 000元，票面利率6%的债券，每年末付息一次，发行价格960元，发行费用率为发行价格的2%；公司普通股β系数1.5，无风险报酬率3.4%，市场组合必要报酬率7.4%。当前公司资本结构（负债/权益）为2/3，目标资本结构（负债/权益）为1/1[5]。

❻ 公司所得税税率25%。

❼ 假设该项目的初始现金流量发生在2016年末，营业现金流量均发生在投产后各年末。

（1－5%）÷4＝950（万元），注意折旧可以抵税。

「2」项目终结点（3年后）该生产线的账面价值＝4 000－950×3＝1 150（万元），小于变现价值1 800万元，产生变现收益纳税＝（1 800－1 150）×25%＝162.5（万元）。

「3」租金是使用厂房的机会成本，即产生了丧失税后租金收入的现金流出，因为租金是在出租年度的上年末收取，所以该现金流出发生在2016年末至2019年末。

「4」注意在营业期发生的收入和相关成本费用相关的现金流入和流出要使用税后的。

「5」根据资本资产定价模型计算出股权资本成本后，再根据目标资本结构（1/1）计算出加权平均资本成本作为后续计算项目现金流的折现率。

「要求」

（1）计算债务税后资本成本、股权资本成本和项目加权平均资本成本。

（2）计算项目2016年及以后各年末现金净流量及项目的净现值，并判断该项目是否可行（计算过程和结果填入下方表格中）。

金额单位：万元

项目	2016年末	2017年末	2018年末	2019年末	2020年末

续表

项目	2016 年末	2017 年末	2018 年末	2019 年末	2020 年末
现金净流量					
折现系数					
折现值					
净现值					

（3）假设其他条件不变，利用最大最小法，计算生产线可接受的最高购置价格。

6.「2018 年·综合题·题码 146568」

甲公司是一家制造业上市公司，生产 A、B、C 三种产品，最近几年，市场需求旺盛，公司正在考虑通过筹资扩大产能。2018 年，公司长期债务 10 000 万元，年利率 6%，流通在外普通股 1 000 万股，每股面值 1 元，无优先股。

❶ 资料一：A、B、C 三种产品都需要通过一台关键设备加工，该设备是公司的关键约束资源[1]。年加工能力 2 500 小时。假设 A、B、C 三种产品当年生产当年销售。年初年末无存货[2]，预计 2019 年 A、B、C 三种产品的市场正常销量及相关资料如下：

	A 产品	B 产品	C 产品
市场正常销量（件）	400	600	1 000
单位售价（万元）	2	4	6
单位变动成本（万元）	1. 2	1. 6	3. 5
单位约束资源消耗（小时）	1	2	2. 5
固定成本总额（万元）	1 000		

❷ 资料二：为满足市场需求，公司 2019 年初拟新增一台与关

【审题要点】

「1」结合问题，可知本题考查约束资源最优利用的决策，决策原则是优先安排生产单位限制资源边际贡献（单位产品边际贡献 ÷ 该单位产品所需限制资源量）最大的产品。

「2」说明产销平衡，生产多少就卖掉多少。

「3」即新增设备后固定成本总额 =1 000 + 600 =1 600（万元）。

「4」注意方案一债券的发行价和面值不相等（溢价发行），发行债券数量 =4 000 ÷ 1 250 =3. 2（万份），债券利息总额 =3. 2 × 1 000 ×9% =288（万元）。

「5」即剩余产能无法另外创造收益。

键约束资源相同的设备，需要筹集 10 000 万元。该设备新增年固定成本 600 万元，原固定成本总额 1 000 万元照常发生[3]，现有两种筹资方案可供选择。

方案 1：平价发行优先股筹资 6 000 万元，面值 100 元，票面股息率 10%；按每份市价 1 250 元发行债券筹资 4 000 万元，期限 10 年，面值 1 000 元，票面利率 9%[4]。

方案 2：平价发行优先股筹资 6 000 万元，面值 100 元，票面股息率 10%；按每份市价 10 元发行普通股筹资 4 000 万元。

❸ 资料三：新增关键设备到位后，假设 A 产品尚有市场空间，其他条件不变，剩余产能不能转移[5]，公司拟花费 200 万元进行广告宣传，通过扩大 A 产品的销量实现剩余产能的充分利用。

❹ 公司的企业所得税税率 25%。

「要求」

（1）根据资料一，为有效利用现有的一台关键设备，计算公司 A、B、C 三种产品的生产安排优先顺序和产量。在该生产安排下，公司的经营杠杆和财务杠杆各是多少?

（2）根据资料二，采用每股收益无差别点法，计算两种筹资方案每股收益无差别点的息税前利润，并判断公司应选择哪一种筹资方案。在该筹资方案下，公司的经营杠杆、财务杠杆、每股收益各是多少?

（3）结合要求（1）、要求（2）的结果，简要说明经营杠杆、财务杠杆发生变化的主要原因。

（4）根据资料三，计算并判断公司是否应利用该剩余产能。

7. 「2014 年改编·综合题·题码 146601」

甲公司是一家化工原料生产企业，生产经营无季节性[1]。股东使用管理用财务报表分析体系对公司 2013 年度业绩进行评价。

❶ 主要的管理用财务报表数据如下表所示。

单位：万元

项目	2013 年	2012 年
资产负债表项目（年末）:		
经营性流动资产	7 500	6 000
减：经营性流动负债	2 500	2 000
经营性长期资产	20 000	16 000
净经营资产合计	25 000	20 000
短期借款	2 500	0
长期借款	10 000	8 000
净负债合计	12 500	8 000

【审题要点】

「1」生产经营无季节性，说明没有波动性流动资产（因为波动性流动资产是受季节性、周期性影响的），而低谷期没有波动性流动资产，所以可以视为处于低谷期。

「2」可根据资本资产定价模型求出 2012 年的 β 权益 =（16% −4%）÷（12% −4%）= 1.5。

「3」注意题目条件，无论计算什么比率，资产负债表上的数据均使用年末数据即可。

续表

项目	2013 年	2012 年
股本	10 000	10 000
留存收益	2 500	2 000
股东权益合计	12 500	12 000
利润表项目（年度）:		
销售收入	25 000	20 000
税后经营净利润	3 300	2 640
减：税后利息费用	1 075	720
净利润	2 225	1 920

❷ 股东以市场权益成本作为权益投资要求的报酬率，2013 年的权益净利率超过 2012 年的权益净利率即视为完成业绩目标。

❸ 已知无风险利率为 4%，平均风险股票的报酬率为 12%，2012 年股东要求的权益报酬率为 16%[2]。

❹ 甲公司的企业所得税税率为 25%。为简化计算，计算相关财务指标时，涉及的资产负债表数据均使用其各年年末数据[3]。

「要求」

（1）如果采用权益净利率作为评价指标，计算甲公司 2012 年、2013 年的权益净利率，评价甲公司 2013 年是否完成业绩目标。

（2）使用改进的杜邦分析体系，计算影响甲公司 2012 年、2013 年权益净利率高低的三个驱动因素，定性分析甲公司 2013 年的经营管理业绩和理财业绩是否得到提高。

（3）计算甲公司 2012 年末、2013 年末的易变现率，分析甲公司 2012 年、2013 年采用了哪种营运资本筹资政策。如果营运资本筹资政策发生变化，给公司带来什么影响?

（4）计算 2013 年股东要求的权益报酬率。

答案

01 第一章 财务管理基本原理·答案

「考点1」企业组织形式和财务管理内容（★）

1.【答案】ABCD

【解析】公司制企业的主要特点有（相对于个人独资企业和合伙企业）：

① 公司是独立法人，且可以无限存续；

② 并不受限于所有者的寿命或具体人员，即使最初创始者退出后仍可继续存续；

③ 股权可以转让，且转让比个人独资企业和合伙企业更为容易；

④ 公司债务是法人的债务，并不是所有者的债务，所有者一般以其出资额为限承担有限责任；

⑤ 存在双重课税问题；

⑥ 组建成本较高，且代理问题比较突出。

因此选项 ABCD 的表述均正确。

2.【答案】BC

【解析】三个组织形式的特点对比如下表所示。

项目	个人独资企业	合伙企业	公司制企业
投资人	一个自然人	两个或两个以上的自然人，有时也包括法人或其他组织	多样化
权益转让	较难	较难	容易转让所有权
承担的责任	无限债务责任	普通合伙企业、有限合伙企业和特殊普通合伙企业，责任各不相同	有限债务责任
企业寿命	企业的生命有限，将随着业主的死亡而自动消亡	合伙人卖出所持有的份额或死亡	无限存续
筹集资金的难易程度	难以从外部获得大量资金用于经营	难以从外部获得大量资金用于经营	融资渠道较多，更容易筹集所需资金
组建公司的成本	创立容易（创立便捷，维持成本较低）	居中（创立较容易）	高
代理问题	不太突出	不太突出	存在所有者与经营者之间的代理问题
纳税	个人所得税	个人所得税	企业所得税、个人所得税（双重课税）

因此，选项 BC 正确。

3. 【答案】C

【解析】

① 选项 A 错误，在投入资本、风险、利润取得时间不变的情况下，利润最大化与股东财富最大化有相同效用。

② 选项 B 错误，风险、利润取得时间不变的情况下，每股收益最大化与股东财富最大化有相同效用。

③ 选项 C 正确，股东财富用股东权益市场价值衡量，股东财富的增加用“股东权益的市场增加值”来衡量。“股东财富的增加 = 股东权益的市场增加值 = 股东权益的市场价值 - 股东投资资本”，假设股东投资资本不变，股价最大化与股东财富最大化具有同等意义。股价上升可以反映股东财富的增加，股价下跌可以反映股东财富的减损。

④ 选项 D 错误，投入资本、债务价值不变的情况下，企业价值最大化与股东财富最大化有相同效用。

4. 【答案】BCD

【解析】

① 选项 A 错误，利润最大化仅仅是公司财务目标的一种，如果投入资本相同、利润取得的时间相同、相关的风险相同，利润最大化才可以成为财务目标的替代表述。

② 选项 B 正确，财务目标的准确表述是股东财富最大化，公司价值 = 权益价值 + 债务价值，公司价值的增加，是由于权益价值增加和债务价值增加引起的，只有在债务价值不变以及股东投资资本不变的情况下，公司价值最大化才是财务目标的准确描述。

③ 选项 C 正确，股东财富的增加可以用股东权益的市场价值与股东投资资本的差额来衡量，只有在股东投资资本不变的情况下，股价的上升才可以反映股东财富的增加。

④ 选项 D 正确，股东财富可以用股东权益的市场价值来衡量，股东财富的增加被称为“权益的市场增加值”，权益的市场增加值就是公司为股东创造的价值。

「考点 2」财务管理的目标与利益相关者的要求（★★）

1. 【答案】ABCD

【解析】

① 选项 A 正确，提高股利支付率，每年支付的股利多了，留存的收益就少了，所以减少了可以用来归还借款和利息的现金流。

② 选项 B 正确，提高资产负债率，增大了公司的偿债压力，导致偿债能力降低。

③ 选项 C 正确，加大高风险投资比例，增加了企业发生亏损的可能性，导致企业还本付息压力增大，损害债权人的利益。

④ 选项 D 正确，加大为其他企业提供的担保，增加了潜在还款的义务，可能损害债权人利益。

2.【答案】BCD

【解析】

① 公司经营者的要求主要有：增加报酬；增加闲暇时间；避免风险。

② 股东为了防止经营者背离其目标，通常采用两种制度性措施：监督；激励。

③ 在本题中，选项 A 不属于监督，干好干坏一样，不能起到激励作用。选项 B 属于激励，选项 CD 属于监督。

因此，选项 BCD 正确。

「考点 3」金融工具与金融市场（★★★）

1.【答案】D

【解析】

① 根据交易工具的期限将金融市场分为资本市场和货币市场。

② 资本市场（也称为证券市场）是指中长期金融工具交易的市场，交易的证券期限大于 1 年，资本市场工具包括股票、公司债券、长期政府债券和银行长期贷款等。

③ 货币市场是短期金融工具交易的市场，交易的证券期限不超过 1 年，货币市场工具包括短期国债（英、美称为国库券）、可转让存单、商业票据、银行承兑汇票等。

因此，选项 D 正确。

2.【答案】D

【解析】如果资本市场半强式有效，则股票价格不仅能反映历史信息，还能反映所有的公开信息。此时技术分析、基本面分析和各种估值模型都无效，投资基金不能通过对公开信息的分析取得超额收益。

题干说投资基金经理根据公开信息选择股票，投资基金的平均业绩与市场整体的收益率大体一致，说明基金没有取得超额收益，则市场至少达到半强式有效（即还有可能是强式有效）。

因此，选项 D 正确。

3.【答案】AC

【解析】

① 选项 A 正确，在无效市场中，股价不包含历史信息、公开信息和内部信息，分析历史信息、公开信息、内部消息都能获得超额收益。

② 选项 B 错误，在半强式有效市场中，历史信息和公开信息已反映于股票价格，不能通过对历史信息和公开信息的分析获得超额收益。

③ 选项 C 正确，在弱式有效市场中，股价中包含历史信息，不包含公开信息，不能利用历史信息分析获得超额收益，但是能通过公开信息分析获得超额收益。

④ 选项 D 错误，在强式有效市场中，历史信息、公开信息和内部消息都包含在股价中，对投资人来说，不能从历史信息、公开信息和内部消息分析中获得超额利润。

4.【答案】AD

【解析】

① 有效资本市场对于公司财务管理，尤其是筹资决策，具有重要的指导意义，主要有以下三点：

第一，管理者不能通过改变会计方法提升股票价值。

第二，管理者不能通过金融投机获利。

第三，关注自己公司的股价是有益的。

② 选项 A 正确、选项 C 错误，在有效资本市场下，投资人可以通过分析测算出不同会计方法下的会计利润，所以管理者不能通过改变会计方法提升股票价格，但是通过财务决策是可以的。

③ 选项 B 错误、选项 D 正确，在有效资本市场下，管理者对利率、外汇或衍生金融工具的投机交易研究很少，没有从中赚取超额收益的合理依据，所以管理者不能通过金融投机获利。管理者应该关注自己公司的股价以获取相关有益信息，因为股票价格反映的是股东的财富。

5.【答案】D

【解析】

① 根据交易工具的期限将金融市场分为资本市场和货币市场。

② 资本市场（也称为证券市场）是指中长期金融工具交易的市场，交易的证券期限大于 1 年，资本市场工具包括股票、公司债券、长期政府债券和银行长期贷款等。

③ 货币市场是短期金融工具交易的市场，交易的证券期限不超过 1 年，货币市场工具包括短期国债（英美称为国库券）、可转让存单、商业票据、银行承兑汇票等。

因此，选项 D 正确。

6.【答案】A

【解析】弱式有效市场反映了历史信息，在弱式有效市场下，历史信息已经全部反映在当前股价了，股票价格与历史股价无关。题干中告知股票价格的变动与历史股价相关，则说明连弱式有效市场都没有达到，即为无效市场。

因此，选项 A 正确。

【抢分技巧】

① 弱式有效资本市场的股价只反映历史信息，任何投资者都不可能通过分析历史信息（技术分析）来获取超额收益。

② 半强式有效资本市场的股票价格不仅能反映历史信息，还能反映所有的公开信息，投资人不能通过对公开信息的分析获得超额收益，即基本面分析是无用的。

③ 强式有效资本市场的股票市价不仅能反映历史的和公开的信息，还能反映内部消息，对于投资人来说，不能从公开的和非公开的信息分析中获得超额收益，所以内幕消息无用。

7.【答案】ACD

【解析】有效资本市场是指市场上的价格能够同步地、完全地反映全部的可用信息。

有效市场相关总结如下表所示。

基础条件（只要有一个存在即有效）	理性的投资人	假设所有投资人都是理性的，当市场发布新信息时所有投资者都会以理性的方式调整自己对股价的估计
	独立的理性偏差	市场有效性并不要求所有投资者都是理性的，总有一些非理性的人存在。如果假设乐观的投资者和悲观的投资者人数大体相同，他们的非理性行为就可以互相抵消，使得股价变动与理性预期一致，市场仍然是有效的
	套利行为	当非理性的投资人的偏差不能相互抵消时，专业投资者会进行套利交易。专业投资者的套利活动，能够控制业余投资者的投机，使市场保持有效

因此，选项 ACD 正确。

02 第二章　财务报表分析和财务预测·答案

「考点1」财务比率分析（★★）

1.【答案】BC

【解析】

① 应收账款周转天数 =365 ÷ 应收账款周转率 =365 ÷（营业收入 ÷ 应收账款）=（365 × 应收账款）÷ 营业收入，此处的应收账款实为“应收票据”及“应收账款”的合计，为顺应习惯称法，此处将其简称为“应收账款”，相关比率亦按此称谓。

② 选项 A 错误，延长信用期限，对顾客更有吸引力，会提高平均应收账款和营业收入，应收账款周转天数 =365 × 应收账款 ÷ 营业收入，由于分子（应收账款）的基数小于分母（营业收入），所以分子应收账款和分母营业收入同时增加时，会使分式变大（相当于 4/5 是大于 3/4 的），即提高应收账款周转天数。

③ 选项 B 正确，提高信用标准，可享受信用的顾客少了，会减少应收账款。虽然同时也限制了赊销的扩大销售提高竞争力的程度，进而降低了营业收入，但是由于分子的应收账款基数小于分母营业收入，所以分子应收账款和分母营业收入同时减少时，会使分式变小（相当于 3/4 是小于 4/5 的），即降低应收账款周转天数。

④ 选项 C 正确，提高现金折扣率，激励客户更早还钱，有助于降低应收账款数额，进而降低应收账款周转天数。

⑤ 选项 D 错误，计算周转天数时的应收账款并不扣除坏账准备，所以提高坏账计提比率不影响应收账款周转天数。

【抢分技巧】如果采取简单理解，则一般认为某一个变量变动时，其他变量不变，若采取此简单理解，则选项 A 与选项 B 均认为营业收入不变即可，这样可以快速作出判断。

2.【答案】C

【解析】

① 利息保障倍数 = 息税前利润 ÷ 利息支出 =（净利润 + 利息费用 + 所得税费用）÷ 利息支出

② 分子的“利息费用”是计入利润表财务费用的利息费用；分母的利息支出是指本期全部利息支出，不仅包括计入利润表中的财务费用的费用化利息，还包括计入资产负债表中的资本化利息。

③ 因此，该公司的利息保障倍数 =（3 +0. 2）÷（0. 2 +0. 03）=13. 91，选项 C 正确。

3.【答案】B

【解析】利息保障倍数，是指息税前利润对利息支出的倍数。分子的“利息费用”，是指计入本期利润表中财务费用的利息费用，是费用化的利息。

分母的“利息支出”，是指本期的全部应付利息，不仅包括计入利润表中财务费用的利息费用，还包括计入资产负债表固定资产等成本的资本化利息。

因此，选项 B 正确。

【抢分技巧】利息保障倍数是偿债能力分析指标，利息保障倍数可以反映债务风险大小。如果利息保障倍数小于 1，表明自身产生的经营收益不能支持现有的债务规模。且由于息税前利润受经营风险影响不稳定，而利息支付是固定的，因此即使利息保障倍数等于 1 也很危险。

4.【答案】B

【解析】

① 通常只为普通股计算每股净资产，此时要首先从股东权益总额中减去优先股权益，包括优先股的清算价值及全部拖欠的股息，得出普通股权益。

② 因此，每股净资产 = 普通股股东权益 ÷ 流通在外普通股股数 =（35 000 −500 ×10）÷（8 000 +4 000）=2.5（元）。注意：计算每股净资产时，分母不是“流通在外普通股加权平均股数”，而是“流通在外普通股股数”，因为分子分母都是时点数（而非时期数），所以口径一致，股数不用加权平均。

③ 市净率 = 每股市价 ÷ 每股净资产 =12 ÷2.5 =4.8

因此，选项 B 正确。

5.【答案】B

【解析】

① 选项 A 错误，根据流动比率 = 流动资产 ÷ 流动负债 =1 ÷（1 − 营运资本 ÷ 流动资产），所以只有在流动资产一定的情况下，营运资本越多的企业，流动比率越大，而不能笼统地判断营运资本和流动比率的关系。

② 选项 CD 错误，营运资本是绝对数，不便于直接评价企业短期偿债能力，采用相关的比率（比如流动比率）更加合理。

③ 选项 B 正确，营运资本 = 流动资产 − 流动负债 =（总资产 − 非流动资产）−（总资产 − 股东权益 − 非流动负债）=（股东权益 + 非流动负债）− 非流动资产 = 长期资本 − 长期资产。营运资本为正数，表明长期资本大于长期资产，超出部分被用于流动资产。营运资本数额越大，长期资本用于流动资产的金额越大。

6.【答案】D

【解析】选项 AC 错误，计算存货周转率时，分子有两种选择，短期偿债能力分析、分解总资产周转率用“营业收入”，评估存货管理的业绩，应使用“营业成本”，以保持分子和分母的口径一致。

选项 B 错误、选项 D 正确，由于每年 6 ~10 月是销售旺季，所以只用年初和年末存货数量的平均数是不准确的，此时会低估存货的金额，应该用全年各月的存货数量平均值计算。

「考点 2」管理用财务报表体系（★★★）

1.【答案】ABCD

【解析】

① 选项 A 正确，经营现金流量，代表了企业经营活动的全部成果，是“企业生产的现金”，因此又称为实体经营现金流量，简称实体现金流量。

② 选项 B 正确，实体现金流量是企业全部现金流入扣除成本费用和必要的投资后的剩余部分，它是企业一定期间可以提供给所有投资人（包括股权投资人和债权投资人）的税后

现金流量。

③ 选项 CD 正确，实体现金流量 = 税后经营净利润 − 净经营资产增加 = 营业现金毛流量 − 经营营运资本增加 − 资本支出 = 营业现金净流量 − 资本支出。

2. **【答案】** AD

【解析】 选项 AD 正确、选项 B 错误，实体现金流量 = 税后经营净利润 + 折旧与摊销 − 经营营运资本净增加 − 资本支出 = 税后经营净利润 + 折旧与摊销 − 经营营运资本净增加 − 净经营性长期资产增加 − 折旧与摊销 = 税后经营净利润 −（经营营运资本净增加 + 净经营性长期资产增加）= 税后经营净利润 − 净经营性资产增加。

选项 C 错误，实体现金流量 = 税后经营净利润 −（经营性资产增加 − 经营性负债增加）。

「考点 3」财务预测的步骤和方法（★★）

1. **【答案】** C

【解析】 选项 AB 正确、选项 C 错误，销售百分比法是根据资产负债表和利润表中有关项目与营业收入之间的依存关系预测资金需求量的一种方法，其假设前提是相关经营资产、经营负债与营业收入存在稳定的百分比关系，而金融资产与营业收入不存在稳定的百分比关系。

选项 D 正确，由于净利润 = 销售收入 × 销售净利率，所以可以根据预计销售净利率和预计销售收入预测净利润。

【抢分技巧】 融资总需求 = 营业收入增加 ×（经营资产销售百分比 − 经营负债销售百分比），满足融资总需求的途径有：

① 留存收益增加［预计营业收入 × 预计营业净利率 ×（1 − 预计股利支付率）］。

② 有可动用的金融资产。

③ 利用金融负债或股权融资。金融资产和金融负债与营业收入不存在稳定的百分比关系，只是解决融资需求的一种途径。

2. **【答案】** B

【解析】

① 含有通货膨胀的销售额增长率 =（1 +5%）×（1 +10%）−1 =15.5%

② 融资总需求 =（4 000 −2 000）×15.5% =310（万元）

③ 留存收益增加 =1 000 ×（1 +15.5%）×10% ×（1 −40%）=69.3（万元）

④ 外部融资需求 =310 −25 −69.3 =215.7（万元）

因此，选项 B 正确。

「考点 4」外部资本需求的测算（★★）

1. **【答案】** AB

【解析】

① 选项 A 正确，外部融资额 =（经营资产销售百分比 × 销售收入增加）−（经营负债销售百分比 × 销售收入增加）− 预计销售收入 × 销售净利率 ×（1 − 预计股利支付率），提高存货周转率，则会减少存货占用资金，即减少经营资产占用资金，经营资产销售百分比变小，

从而减少外部融资额。

② 选项 B 正确，提高产品毛利率则会提高销售净利率，在其他因素不变的情况下，利润留存增加，外部融资额会减少。

③ 选项 C 错误，权益乘数和资产负债率是同向变化的，因此，提高权益乘数意味着负债的比重增加。但并不确定是金融负债增加还是经营负债增加，如果增加的是金融负债，那自然增加了外部融资额。如果增加的是经营负债，那净经营资产就减少了，融资总需求减少，外部融资额也就减少，所以无法判断。

④ 选项 D 错误，提高股利支付率会导致利润留存率降低，内部融资额减少，外部融资额增加。

2. **【答案】** ABC

【解析】

① 选项 AB 正确，内含增长率 =（预计销售净利率 × 净经营资产周转率 × 预计利润留存率）÷（1 − 预计销售净利率 × 净经营资产周转率 × 预计利润留存率），根据公式可知：预计销售净利率、净经营资产周转率、预计利润留存率与内含增长率同向变动。

② 选项 C 正确，经营负债销售百分比提高，会使净经营资产减少，净经营资产周转率提高，从而使内含增长率提高。

③ 选项 D 错误，预计利润留存率与预计股利支付率反向变动，所以预计股利支付率与内含增长率反向变动。

「考点 5」内含增长率的测算（★★）

1. **【答案】** A

【解析】 内含增长率是指没有可动用金融资产，且外部融资额为零（外部融资销售增长比为零）时的销售增长率。即经营资产销售百分比 − 经营负债销售百分比 −［（1 + 销售增长率）÷ 销售增长率］× 预计营业净利率 ×（1 − 预计股份支付率）=0，求得销售增长率，就是内含增长率。这道题是内含增长率的反运用，题目给的 10% 就是内含增长率。本题可采用下列两种方式计算：

① 预计净利润 ÷ 预计净经营资产 =8% ÷（70% − 15%）=8/55

内含增长率 =（8/55 × 利润留存率）÷（1 − 8/55 × 利润留存率）=10%

解得：利润留存率 =62.5%，所以股利支付率 =1 − 62.5% =37.5%。

② 根据公式：经营资产销售百分比 − 经营负债销售百分比 −［（1 + 销售增长率）÷ 销售增长率］× 预计营业净利率 ×（1 − 预计股份支付率）=0，即 70% − 15% −［（1 +10%）÷ 10%］×8% ×（1 − 预计股利支付率）=0，解得：股利支付率 =37.5%。

因此，选项 A 正确。

2. **【答案】** C

【解析】

① 由于不打算从外部融资，此时的销售增长率为内含增长率。

② 根据公式：经营资产销售百分比 − 经营负债销售百分比 −［（1 + 销售增长率）÷ 销售增长率］× 预计营业净利率 ×（1 − 预计股份支付率）=0，解得销售增长率 =15.38%。

③ 销售增长率 =（1 + 单价增长率）×（1 + 销量增长率）− 1，故，销量增长率 =（1 + 15.38%）÷（1 −2%）−1 =17.73%。因此，选项 C 正确。

「考点 6」可持续增长率的测算（★）

1.【答案】C

【解析】根据期初股东权益，计算可持续增长率为：

$$可持续增长率=\frac{本期净利润\times 本期利润留存率}{期初股东权益}=\frac{100\times(1-20\%)}{1\ 000-200}=10\%$$

$$可持续增长率=期初权益本期净利率\times 本期利润留存率=\frac{100}{1\ 000-200}\times(1-20\%)=10\%$$

根据期末股东权益计算的可持续增长率为：

$$期末权益净利率=\frac{本期净利润}{期末股东权益}=\frac{100}{(1\ 000-200)+100\times(1-20\%)}=\frac{5}{44}$$

$$可持续增长率=\frac{期末权益净利率\times 本期利润留存率}{1-期末权益净利率\times 本期利润留存率}=\frac{\frac{5}{44}\times(1-20\%)}{1-\frac{5}{44}\times(1-20\%)}=10\%$$

因此，选项 C 正确。

2.【答案】ABC

【解析】

① 选项 A 错误，企业仅依靠内部筹资时，可实现的最大销售增长率是内含增长率的概念，而非可持续增长率。

② 选项 B 错误，可持续增长率是指不发行新股或回购股票，不改变经营效率（不改变营业净利率和资产周转率）和财务政策（不改变权益乘数和利润留存率）时，其销售所能达到的增长率。

③ 选项 C 错误，在经营效率和财务政策不变，且不增发新股或回购股票的情况下，则本年实际增长率、上年可持续增长率以及本年可持续增长率三者相等。

④ 选项 D 正确，在可持续增长的状态下，可持续增长率 = 营业收入增长率 = 总资产增长率 = 负债增长率 = 股东权益增长率，其资产、负债和股东权益同比例增长。

主观题部分

1.【解析】

（1）

单位：万元

管理用财务报表项目	2018 年
经营性资产	8 000
经营性负债	2 000

续表

管理用财务报表项目	2018 年
净经营资产	6 000
金融负债	2 000
金融资产	0
净负债	2 000
股东权益	4 000
净负债及股东权益总计	6 000
税前经营利润	1 520 +160 =1 680
减：经营利润所得税	1 680 ×380 ÷1 520 =420
税后经营净利润	1 680 −420 =1 260
利息费用	160
减：利息费用抵税	160 ×380 ÷1 520 =40
税后利息费用	120
净利润	1 140

【注意】若题目告知表格内无须加入计算过程，则无须添加，直接给出结果即可。本题表格内给了计算过程只是为了帮助学员理解。

【抢分技巧】

① 常见经营资产项目有存货、应收账款、应收票据、固定资产、无形资产、长期股权投资等；常见经营负债项目有应付账款、应付票据、应付职工薪酬等；常见金融负债项目有短期借款、长期借款等。

② 货币资金一定要看题目说法，如果题目说明“货币资金全部为经营活动所需”等类似的话，则货币资金全部为经营资产；若题目条件有“经营用货币资金占收入一定百分比”则需要按收入百分比计算出经营资产资金需要额，剩余部分为金融资产。

（2）净经营资产净利率 =税后经营净利润 ÷净经营资产 =1 260 ÷6 000 =21%

税后利息率 =税后利息费用 ÷净负债 =120 ÷2 000 =6%

净财务杠杆 =净负债 ÷股东权益 =2 000 ÷4 000 =50%

权益净利率 =净利润 ÷股东权益 =1 140 ÷4 000 =28.5%

（3）甲公司与乙公司权益净利率的差异 =28.5% −30.4% = −1.9%

乙公司权益净利率 =30.4%

替换净经营资产净利率后甲公司的权益净利率 =21% +(21% −8%) ×60% =28.8%

替换税后利息率后甲公司的权益净利率 =21% +(21% −6%) ×60% =30%

替换净财务杠杆后甲公司的权益净利率 =21% +(21% −6%) ×50% =28.5%

净经营资产净利率差异引起的权益净利率差异 =28.8% −30.4% = −1.6%

税后利息率差异引起的权益净利率差异 =30% −28.8% =1.2%

净财务杠杆差异引起的权益净利率差异 =28.5% −30% = −1.5%

综上，净经营资产净利率降低导致权益净利率下降 1.6%；税后利息率降低导致权益净利率提高 1.2%。

净财务杠杆降低导致权益净利率下降 1.5%，综合导致权益净利率下降 1.9%。

【考点】财务分析方法——因素分析法、管理用财务报表体系

2.**【抢分技巧】**

① 读题一定要仔细，对于问题说法不能凭自己想象，要仔细阅读条件及问法，本题第一问和第二问假设是不同的，第二问只是用了第一问的结果进行预测，但货币资金并不是和收入保持稳定百分比，因此货币资金需要最后倒算。

② 报表预测有先后顺序：首先预测利润表，其次资产负债表，因为只有利润清楚才知道本期利润留存金额，进而计算所有者权益增加额。

【解析】

（1）2017 年融资总需求 = 基期净经营资产 × 营业收入增长率

= (12 000 −1 000 −2 000) ×10% =900（万元）

2017 年外部融资需求 =2017 年融资总需求 −2017 年留存收益

=900 −1 650 × (1 +10%) × (1 −60%) =174（万元）

（2）根据（1），甲公司 2017 年需要向银行申请借款 200 万元（因为向银行申请的贷款以百万元为单位）。

单位：万元

资产负债表项目	2017 年末
货币资金	688.4
应收账款	1 760
存货	1 650
固定资产	9 130
资产总计	13 228.4
应付账款	1 100
其他流动负债	2 200
长期借款	3 200
股东权益	6 728.4
负债及股东权益总计	13 228.4

续表

利润表项目	2017 年度
营业收入	17 600
减：营业成本	11 000
税金及附加	616
销售费用	1 100
管理费用	2 200
财务费用	256
利润总额	2 428
减：所得税费用	607
净利润	1 821

计算过程：(先算利润表项目，再算资产负债表项目)

① 营业收入、营业成本、税金及附加、销售费用、管理费用都为去年的金额×(1+10%)。

② 财务费用=长期借款×贷款利率=3 200×8%=256（万元）

③ 根据前两步的计算，即可算出利润总额、所得税费用和净利润。

净利润=(17 600−11 000−616−1 100−2 200−256)×(1−25%)=1 821（万元）

④ 应收账款、存货、固定资产、应付账款、其他流动负债都为去年的金额×(1+10%)。

⑤ 长期借款=2016 年长期借款+2017 年新增借款=3 000+200=3 200（万元）

⑥ 股东权益=2016 年股东权益+2017 年净利润×(1−股利支付率)

=6 000+1 821×(1−60%)=6 728.40（万元）

⑦ 根据上述步骤可以算出负债及股东权益合计，该值即为资产合计，最后倒挤出货币资金的金额。

负债及股东权益总计=1 100+2 200+3 200+6 728.4=13 228.4（万元）

货币资金=13 228.4−1 760−1 650−9 130=688.4（万元）

【考点】外部资本需求的测算

3.**【解析】**

(1) 甲公司 2015 年指标：

营业净利率=净利润÷营业收入=1 200÷10 000=12%

总资产周转次数=营业收入÷总资产=10 000÷8 000=1.25（次）

权益乘数=总资产÷股东权益=8 000÷4 000=2

甲公司权益净利率=营业净利率×总资产周转次数×权益乘数=12%×1.25×2

=30%

乙公司权益净利率=营业净利率×总资产周转次数×权益乘数=24%×0.6×1.5

=21.6%

甲公司相对乙公司权益净利率的差异 =30% −21.6% =8.4%

营业净利率变动对权益净利率的影响 =(12% −24%) ×0.6 ×1.5 = −10.8%

总资产周转次数变动对权益净利率的影响 =12% ×(1.25 −0.6) ×1.5 =11.7%

权益乘数变动对权益净利率的影响 =12% ×1.25 ×(2 −1.5) =7.5%

(2) 营业净利率是净利润占销售收入的比重，表明每 1 元销售收入带来的净利润，反映企业的盈利能力；总资产周转次数是营业收入与总资产的比值，表明 1 年中总资产周转的次数，或者说明每 1 元总资产支持的营业收入，反映企业的营运能力；权益乘数是总资产与股东权益的比值，表明每 1 元股东权益启动的总资产的金额，反映企业的长期偿债能力。

两公司在经营战略上存在较大差别：甲公司采取的是薄利多销的策略（即低利润率、高周转率）；乙公司采取的是多利薄销的策略（即高利润率、低周转率）。两公司在财务政策上也有很大不同：甲公司负债比例较大，财务杠杆大，财务风险大，所以采用的是较高风险的财务政策；乙公司采取的是相对低风险的财务政策，财务杠杆较小。

【考点】财务分析方法——因素分析法、管理用财务报表体系

4.**【解析】**

(1)

单位：万元

管理用财务报表项目	2014 年
经营性资产总计	6 000 −(300 −10 000 ×2%) =5 900
经营性负债总计	1 500
净经营资产总计	5 900 −1 500 =4 400
金融负债	1 500
金融资产	300 −10 000 ×2% =100
净负债	1 500 −100 =1 400
股东权益	3 000
净负债及股东权益总计	1 400 +3 000 =4 400
税前经营利润	1 650 +80 =1 730
减：经营利润所得税	(1 730 −50) ×25% =420
税后经营净利润	1 730 −420 =1 310
利息费用	80
减：利息费用抵税	80 ×25% =20
税后利息费用	80 −20 =60
净利润	1 310 −60 =1 250

【注意】若题目告知表格内无须加入计算过程，则无须添加，直接给出结果即可。本题表格内给了计算过程只是为了帮助学员理解。

（2）根据期末股东权益计算的可持续增长率为：

$$期末权益净利率=\frac{本期净利润}{期末股东权益}=\frac{1\ 250}{3\ 000}=\frac{5}{12}$$

$$可持续增长率=\frac{期末权益净利率\times本期利润留存率}{1-期末权益净利率\times本期利润留存率}=\frac{\frac{5}{12}\times(1-60\%)}{1-\frac{5}{12}\times(1-60\%)}=20\%$$

（3）2015 年的外部融资额 $=(5\ 900-1\ 500)\times25\%-10\ 000\times(1+25\%)\times1\ 250\div10\ 000\times(1-60\%)-100=375$（万元）

（4）如果某一年的经营效率和财务政策与上年相同，在不增发新股和回购股票的情况下，则本年实际增长率、上年的可持续增长率以及本年的可持续增长率三者相等。

如果某一年的公式中的 4 个财务比率有一个或多个比率提高，在不增发新股和回购股票的情况下，则本年实际增长率会超过上年的可持续增长率，本年的可持续增长率也会超过上年的可持续增长率。

如果某一年的公式中的 4 个财务比率有一个或多个比率下降，在不增发新股和回购股票的情况下，本年的实际增长率会低于上年的可持续增长率，本年的可持续增长率也会低于上年的可持续增长率。

【考点】管理用财务报表体系、可持续增长率的测算、外部资本需求的测算

03 第三章　价值评估基础·答案

「考点1」利率（★）

1.【答案】C

【解析】

① 选项A错误，无偏预期理论：长期债券即期利率是等于在其有效期内人们预期的短期债券预期利率的平均值。长期即期利率是短期预期利率的无偏估计，选项A符合无偏预期理论。

② 选项BD错误，市场分割理论认为：即期利率水平完全由各期限市场上的供求关系决定，单个市场上的利率变化不会对其他市场的供求关系产生影响，市场以期限为标准划分为细分市场，相互隔离，互不相关，选项BD符合市场分割理论。

② 选项C正确，流动性溢价理论认为：不同到期期限的债券可以相互替代（并非完全替代品），投资者为了减少风险，偏好于流动性好的短期债券，债券期限越长，利率变动可能性越大，利率风险越高，长期债券要给出一定的流动性溢价，才能吸引投资者，选项C符合流动性溢价理论。

2.【答案】BCD

【解析】市场利率的构成：

市场利率（r）	各自含义
纯粹利率 （真实无风险利率，r^*）	没有通货膨胀、无风险情况下资金市场的平均利率
通货膨胀溢价 （Inflation Premium，IP）	证券存续期间预期的平均通货膨胀率
违约风险溢价 （Default Risk Premium，DRP）	债券发行者到期时不能按约定足额支付本金或利息的风险补偿
流动性风险溢价 （Liquidity Risk Premium，LRP）	债券因存在不能短期内以合理价格变现的风险而给予债权人的补偿
期限风险溢价 （Market Risk Premium，MRP）	债券因面临存续期内市场利率上升导致价格下跌的风险而给予债权人的补偿，因此也被称为"市场利率风险溢价"

其中，通货膨胀溢价属于名义无风险利率的范畴（名义无风险利率＝真实无风险利率＋通货膨胀溢价），不属于风险溢价。因此选项BCD正确。

3.【答案】C

【解析】

① 选项AB错误，市场分割理论认为：即期利率水平完全由各期限市场上的供求关系决定，

单个市场上的利率变化不会对其他市场的供求关系产生影响，市场以期限为标准划分为细分市场，相互隔离，互不相关，选项 AB 符合市场分割理论。

② 选项 C 正确，无偏预期理论：长期债券即期利率是等于在其有效期内人们预期的短期债券预期利率的平均值。长期即期利率是短期预期利率的无偏估计，选项 C 符合无偏预期理论。注意："预期理论" 又称 "无偏预期理论"。

③ 选项 D 错误，流动性溢价理论认为：不同到期期限的债券可以相互替代（并非完全替代品），投资者为了减少风险，偏好于流动性好的短期债券，债券期限越长，利率变动可能性越大，利率风险越高。

「考点 2」货币时间价值（★★★）

【答案】 D

【解析】 月利率 =12% ÷12 =1%，注意题目条件付款是在期初付款，属于预付年金形式。

购买时一次性支付的金额 =600 ×（P/A，1%，6）×（1 +1%）=600 ×5.7955 ×（1 +1%）
=3 512（元）

或：购买时一次性支付的金额 =600 ×［（P/A，1%，6 −1）+1］=600 ×（4.8534 +1）
=3 512（元）

因此，选项 D 正确。

「考点 3」单项资产的风险与报酬（★）

【答案】 ABD

【解析】 选项 A 正确，贝塔系数度量投资的系统风险。

选项 BD 正确、选项 C 错误，方差、标准差、变异系数度量证券总风险，包括系统风险和非系统风险。

「考点 4」投资组合的风险与报酬（★★）

1. **【答案】** AB

【解析】

① 选项 A 正确，投资组合的 β 系数 =（1.5 +1.3）÷2 =1.4。

② 选项 B 正确，投资组合的期望收益率 =（12% +10%）÷2 =11%。

③ 选项 CD 错误，本题没有给出相关系数，故组合标准差和变异系数无法计算。

2. **【答案】** B

【解析】 选项 ACD 错误，相关系数的取值范围为［−1，1］，相关系数越小，抵消风险的程度越明显。相关系数等于 −1 时，风险分散效应最强。

选项 B 正确，相关系数等于 1 时，表示两者完全正相关，此时两者风险不能相互抵消，不能分散风险，那么该投资组合的风险等于两者的加权平均数。

3.【答案】AD

【解析】

① 选项 A 正确、选项 B 错误，投资组合理论认为，若干种证券组成的投资组合，其收益是这些证券收益的加权平均数，但是其风险不是这些证券风险的加权平均风险，还要取决于组合内证券之间的相关系数，投资组合能够降低风险。

② 选项 C 错误，变异系数是标准差与均值的比，不能加权平均计算。

③ 选项 D 正确，投资组合的贝塔系数等于各证券贝塔系数的加权平均数。

4.【答案】ABD

【解析】

① 选项 A 正确，企业管理层在决策时不必考虑每位股东对风险的态度，因为每位股东无论风险偏好如何，理性的投资者会选择市场组合，而不是投资单一企业。

② 选项 B 正确，按照分离定理，只要存在无风险资产并且能够以无风险利率自由借贷，原先的风险资产组合的有效集只剩下切点 M 为唯一有效的组合，不同风险偏好投资者都会选择无风险资产和最佳风险资产组合的二次组合。

③ 选项 C 错误，投资者个人对风险的态度仅仅影响其借入或贷出的资金量，而不影响最佳风险资产组合（即 M 点的确定）。

④ 选项 D 正确，当存在无风险资产并可按无风险利率自由借贷时，市场组合优于所有其他组合，市场组合是唯一最有效的风险资产组合。

5.【答案】D

【解析】

① 题干中“当存在无风险资产并可按无风险报酬率自由借贷时”这句话揭示了本题考点为“资本市场线”。

②“资本市场线”假定投资者将无风险资产和一个风险证券组合再构成一个新的证券组合。而由无风险资产和风险资产构成的有效集，只能通过 R_f 点对多种证券组合的有效集（左上方的边缘线）所做的切线，除了两者相交的切点 M 之外，资本市场线 MR_f 上任何一点，即无风险资产 R_f 和切点 M（市场组合）的某种组合，都要优于风险资产组合的有效集（曾经的左上方的边缘线）中的组合。

而切点 M 既不是风险资产机会集上最小方差点对应的组合或最高期望报酬率点对应的组合（选项 BC 错误），也不是某个投资者根据自己风险偏好确定（选项 A 错误），它由市场决定，代表唯一最有效的风险资产组合，它是所有证券以各自的总市场价值为权数的加权平均组合（选项 D 正确），如果有风险资产价值被低估或高估，也必然回到均衡点 M。存在无风险证券，新的有效集是从无风险资产的报酬率开始并和机会集有效边界相切的直线，该直线称为资本市场线。

③ 切点是市场均衡点，它代表唯一最有效的风险资产组合，它是所有证券以各自的总市场价值为权数的加权平均组合，与投资者的风险态度无关。

因此，选项 D 正确、选项 ABC 错误。

6.【答案】ABD

【解析】单项资产的贝塔系数 = 该股票报酬率与整个股票市场报酬率的相关系数 × 该股票报

酬率的标准差 ÷ 整个股票市场报酬率的标准差

该公式表明，影响 β 系数的因素包括：该股票与整个股票市场的相关性；该股票自身的标准差；整个市场的标准差。

因此，选项 ABD 正确。

7. **【答案】** ABC

【解析】 选项 ABC 正确，相关系数的值总是在 −1 至 +1 之间，只要两种证券期望报酬率的相关系数小于 1，证券组合风险就小于各证券风险的加权平均数。

选项 D 错误，当相关系数为 1 时，两种证券的投资组合的风险等于两者的加权平均数，不能分散风险。只要两者相关系数小于 1 都可以抵消部分风险，相关系数越小，抵消风险的程度越明显。

8. **【答案】** B

【解析】 最小方差组合以下的点是无效的，因为没有人会打算持有期望报酬率比最小方差组合期望报酬率还低的投资组合，它们不但风险大而且收益率低，是无效的。

有效集合是最小方差组合点到最高期望报酬率组合点的那段曲线（RY），XR 段属于无效集，机会集（XRY）= 有效集（RY）+ 无效集（XR）。

因此，选项 B 正确。

「考点 5」资本资产定价模型（★★★）

1. **【答案】** ABC

【解析】

① 选项 AC 正确，证券市场线描述的是单一证券的收益与风险（系统性风险）之间的关系。$R_i = (R_m - R_f)\beta + R_f$。证券市场线在纵轴上的截距表示的是无风险报酬率（预计通货膨胀率提高时，无风险报酬率会提高），选项 AC 正确。

② 选项 B 正确，证券市场线的斜率表示的是经济系统中风险厌恶感的程度。投资者对风险的厌恶感越强，证券市场线的斜率越大。

③ 选项 D 错误，资本市场线描述了由风险资产和无风险资产构成的投资组合的有效边界。

2. **【答案】** D

【解析】 证券市场线的斜率表示经济系统中风险厌恶感的程度。一般来说，投资者对风险的厌恶感越强，证券市场线的斜率越大，对风险资产所要求的风险补偿越大，风险资产的必要报酬率越高。

反之，当投资者的风险厌恶感普遍减弱时，会导致证券市场线斜率下降。

因此，选项 D 正确。

04 第四章　资本成本·答案

「考点1」资本成本概述（★）

【答案】 ABC

【解析】 选项A正确、选项D错误，项目资本成本是投资项目的取舍率，如果项目内含报酬率大于必要报酬率，项目可行（即项目资本成本不同于项目内含报酬率）。

选项BC正确，资本成本是指投资资本的机会成本，这种成本不是实际支付的成本，而是一种失去的收益。项目资本成本也是公司投资于资本支出项目的必要报酬率。因此资本成本也称为必要报酬率、投资项目的取舍率、最低可接受的报酬率。

「考点2」债务资本成本（★★★）

1. **【答案】** D

【解析】

① 选项A错误，在估计债务成本时，要注意区分债务的历史成本和未来成本。作为投资决策和企业价值评估依据的资本成本，只能是未来借入新债务的成本。现有债务的历史成本，对于未来的决策来说是不相关的沉没成本。

② 选项B错误，因为本息的偿还是合同义务，不能分享公司价值提升的好处，因此债权人也只能得到合同规定的本金和利息，即获得“承诺收益”。但是因为存在违约风险，债务投资组合的期望收益低于合同规定的收益。对于筹资人来说，债权人的期望收益是其债务的真实成本。

③ 选项C错误，资本预算涉及的是长期债务，因此通常只考虑长期债务。如果公司无法发行长期债券或取得长期银行借款，被迫采用短期债务筹资并将其不断续约。这种债务实质上也是一种长期债务，不能忽视其资本成本。

④ 选项D正确，如果筹资公司处于财务困境或者财务状况不佳，债务的承诺收益率可能非常高，例如，各种“垃圾债券”。所以债务资本成本应是考虑违约可能后的期望成本。

2. **【答案】** B

【解析】

① 选项AD错误，在估计债务成本时，要注意区分债务的历史成本和未来成本。作为投资决策和企业价值评估依据的资本成本，只能是未来借入新债务的成本。现有债务的历史成本，对于未来的决策来说是不相关的沉没成本。

② 选项B正确、选项C错误，本息的偿还是合同义务，不能分享公司价值提升的好处，因此债权人也只能得到合同规定的本金和利息，即获得“承诺收益”，因为存在违约风险，债务投资组合的期望收益低于合同规定的收益。对于筹资人来说，债权人的期望收益是其债务的真实成本。

3. **【答案】** ABC

【解析】 如果需要计算债务成本的公司没有上市债券，就需要找一个拥有可交易债券的可比公司作为参照物。

可比公司应当与目标公司处于同一行业，具有类似的商业模式。最好两者的规模、负债比率和财务状况类似（没有生命周期的要求）。因此，选项 ABC 正确。

「考点3」普通股资本成本（★★★）

1.【答案】C

【解析】债券收益率风险调整模型是根据公司税后债务成本加上股权相对债权的风险溢价来估计股权资本成本。

因此甲公司股权资本成本 = 税后债务资本成本 + 股东比债权人承担更大风险所要求的风险溢价

$$=8\% \times (1-25\%)+6\%=12\%$$

因此，选项 C 正确。

2.【答案】C

【解析】根据债券收益率风险调整模型，普通股股东对企业的投资风险大于债券投资者，因而会在债券投资者要求的收益率上再要求一定的风险溢价，即权益资本成本 = 税后债务资本成本 + 风险溢价。

风险溢价一般是凭借经验估计的。一般认为，某企业普通股风险溢价对其自己（即目标公司对目标公司）发行的债券来讲，在 3% ~5% 之间，对风险较高的股票用 5%，风险较低的股票用 3%。

因此，选项 C 正确。

3.【答案】BCD

【解析】选项 A 错误，财务比率法属于估计债务资本成本的方法。

选项 BCD 正确，估计普通股资本成本的方法有债券收益率风险调整模型、资本资产定价模型、固定股利增长模型。

4.【答案】BD

【解析】实务中，一般情况下使用含通胀的名义货币编制预计财务报表并确定现金流量，与此同时，使用含通胀的无风险利率计算资本成本。只有在两种情况下，才使用实际利率计算资本成本：

① 存在恶性的通货膨胀（通货膨胀率已经达到两位数）。

② 预测周期特别长，例如核电站投资等，通货膨胀的累积影响巨大。

因此，选项 BD 正确。

5.【答案】AC

【解析】

① 选项 AC 正确，甲公司经营效率和财务政策过去十年保持稳定且预计未来继续保持不变，未来不打算增发或回购股票，满足可持续增长的五个假设条件，即历史股利增长率 = 预计股利增长率 = 可持续增长率。

② 选项 B 错误，内含增长率下，企业不会增加外部负债，但是本题经营效率和财务政策不变，意味着负债和营业收入同比增加，选项 B 和本题无关。

③ 选项 D 错误，题干未表明过去十年是否增发或回购过股票，所以不能得出历史股价增长率 = 历史股利增长率，也就不能得出历史股价增长率 = 预计股利增长率。

「考点 4」加权平均资本成本（★）

【答案】ABC

【解析】

① 选项 A 正确，目标资本结构是指根据按市场价值计量的目标资本结构衡量每种资本要素的比例，目标资本结构加权是计算加权平均资本成本时最理想的加权方案。

② 选项 B 正确，作为投资决策和企业价值评估依据的资本成本，只能是未来新的成本。现有的历史成本，对于未来的决策是不相关的沉没成本。

③ 选项 C 正确，存在发行费用，会增加成本，所以需要考虑发行费用的债务应与不需要考虑发行费用的债务分开，分别计量资本成本和权重。

④ 选项 D 错误，因为筹资企业处于财务困境，存在违约风险，债务投资组合的期望收益低于合同规定的收益，对于筹资人来说，债权人的期望收益才是其债务的真实成本。

主观题部分

【答案】

（1）令甲公司长期债券半年期税前资本成本为 i，则：

$935.33 = 1\,000 \times 8\% \div 2 \times (P/A, i, 8) + 1\,000 \times (P/F, i, 8)$

当 $i = 5\%$ 时，等式右边 $= 1\,000 \times 4\% \times 6.4632 + 1\,000 \times 0.6768 = 935.33$

刚好等于等式左边，所以：$i = 5\%$。

即，长期债券税前资本成本 $= (1 + 5\%)^2 - 1 = 10.25\%$。

【抢分技巧】资本成本是有效年利率的口径，因为题目是半年付息的债券，求出半年利率后，还需要换算成有效年利率。此外，资本成本是税后口径，但本题要求计算税前的，因此无须转换。这里还有一个坑，就是时间，现在是 2017 年 7 月 1 日，但是债券的发行时间为 2016 年 7 月 1 日，半年计息一次，所以只有 8 个计息期。

（2）根据资本资产定价模型：普通股资本成本 = 无风险利率 + 该股票的 β 系数 ×（平均风险股票报酬率 − 无风险利率）$= 6\% + 1.4 \times (11\% - 6\%) = 13\%$

（3）总资本的市场价值 = 股权价值 + 净债务价值 $= 10\,000 \times 935.33 + 6\,000\,000 \times 10 = 69\,353\,300$（元）

加权平均资本成本 $= 13\% \times (6\,000\,000 \times 10 \div 69\,353\,300) + 10.25\% \times (1 - 25\%) \times (10\,000 \times 935.33 \div 69\,353\,300) = 12.28\%$

（4）加权平均资本成本是公司全部长期资本的平均成本，有三种权重依据可供选择，即账面价值权重、实际市场价值权重和目标资本结构权重，相关说明及优缺点如下表所示。

计算方法	特征	特点
账面价值权重	根据公司资产负债表上显示的会计价值来衡量每种资本的比例	优点：资料容易取得，计算方便。 缺点：当资本的账面价值与市场价值差别较大时，计算结果与实际差别大，不一定符合未来状态，会歪曲资本成本
实际市场价值权重	根据当前负债和权益的市场价值比例衡量每种资本的比例	由于证券市场价格变动频繁，由此计算出的资本成本数额也是经常变化的
目标资本结构权重	根据按市场价值计量的目标资本结构衡量每种资本要素的比例	选用平均市场价格，回避证券市场价格变动频繁的不便；适用于公司评价未来的资本结构

【考点】 债务资本成本、普通股资本成本、加权平均资本成本

05 第五章　投资项目资本预算·答案

「考点1」项目评价方法（★★★）

1.【答案】ABC

【解析】共同年限法和等额年金法的优缺点：

项目	共同年限法	等额年金法
优点	比较直观、易于理解	应用简单
缺点	预计现金流的工作很困难	不便于理解
	（1）有的领域技术进步快，不可能原样复制。 （2）如果通货膨胀比较严重，必须考虑重置成本的上升，两种方法均未考虑。 （3）长期来看，竞争会使项目净利润下降，甚至被淘汰，两种方法均未考虑	

因此，选项ABC正确，选项D错误。

2.【答案】C

【解析】初始投资即在零时点的现金流出，包括使用闲置厂房丧失的变现收入（当前市价）2 500万元和新设备的购置支出500万元，即2 500 +500 =3 000（万元）。

一年前花费的市场调查费用对该项目投资来说属于沉没成本，在计算初始投资时无须考虑。

因此，选项C正确。

3.【答案】B

【解析】选项A错误，报酬率为9%的X类项目小于X项目组资本成本10%，甲公司不可以接受。

选项B正确，报酬率为11%的X类项目大于X项目组资本成本10%，甲公司可以接受。

选项CD错误，报酬率为12%的Y类项目和报酬率为13%的Y类项目都小于Y项目组资本成本14%，甲公司不可以接受。

4.【答案】AB

【解析】

① 选项A正确，项目现值指数=未来现金净流量现值÷原始投资额现值，净现值=未来现金净流量现值−原始投资额现值，若项目现值指数小于1，则未来现金净流量现值<原始投资额现值，所以净现值<0。

② 选项B正确，内含报酬率是指能够使未来现金净流量现值等于原始投资额现值的折现率。如果现值指数小于1，净现值为负数，说明项目本身的报酬率低于折现率。

③ 选项C错误，折现回收期是指投资引起的现金流量现值累积到与原始投资额相等所需要的时间。净现值小于0，则折现回收期大于6年。

④ 选项D错误，会计报酬率使用年平均净利润，不考虑净利润的时间分布对项目经济价值的影响，因此一般来说，会计报酬率会大于内含报酬率，但无法确定是大于8%还是小

于8%（即与资本成本没有可比性）。

【抢分技巧】针对同一项目，净现值、现值指数和内含报酬率三者结论一致，即知其一可以知道其他两者与资本成本的关系，而会计报酬率和资本成本之间没有关系。有些机构的历年真题给的答案是包含选项D的，这里要注意一律以本题答案及相关解析为准。

5.【答案】ACD

【解析】共同年限法和等额年金法两种方法存在共同的缺点：

① 有的领域技术进步快，目前就可以预期升级换代不可避免，不可能原样复制；

② 如果通货膨胀比较严重，必须考虑重置成本的上升，这是一个非常具有挑战性的任务；

③ 从长期来看，竞争会使项目净利润下降，甚至被淘汰。

因此，选项ACD正确。

6.【答案】AD

【解析】

① 选项A正确，项目现值指数＝未来现金净流量现值÷原始投资额现值。由于净现值＝未来现金净流量现值－原始投资额现值>0，因此项目现值指数大于1。

② 选项B错误，会计报酬率与资本成本之间没有确定的关系。

③ 选项C错误，回收期是指投资引起的现金流量累积到与原始投资额相等所需要的时间。净现值大于0，回收期小于5年。

④ 选项D正确，内含报酬率是指能够使未来现金净流量现值等于原始投资额现值的折现率。如果净现值为正数，说明项目本身的报酬率超过折现率。

「考点2」新建项目现金流量的估计（★★★）

【答案】B

【解析】

① 第一年所需营运资本＝50－15＝35（万元）

② 第二年所需营运资本＝80－30＝50（万元）

③ 第二年营运资本投资额＝本年营运资本需用额－上年营运资本需用额＝50－35＝15（万元），因此选项B正确。

「考点3」更新项目现金流量的估计（★★）

【答案】C

【解析】

① 由于设备更换并不改变企业的生产能力，所以不增加企业的现金流入，主要是现金流出（即使有少量的残值变现收入，也属于支出抵减，而非实质上的流入增加）。

② 如果新旧设备未来使用年限相同，则可以比较现金流出总现值。

③ 如果新旧设备未来使用年限不同，为了消除未来使用年限差异对决策的影响，通常比较旧设备和新设备的平均年成本（平均年成本＝现金流出总现值÷年金现值系数），因此选项C正确。

④ 由于没有适当的现金流入，不能计算其净现值和内含报酬率（折现回收期法自然也没

用），也不能使用差额分析法，根据实际的现金流量进行分析（因为新、旧设备未来使用年限不同）。

「考点4」投资项目折现率的估计（★★）

【答案】 A

【解析】

① 本题目未告知所得税，首先要将资本结构因素排除，确定可比公司不含财务杠杆的β值即$\beta_{资产}$，该过程通常叫“卸载财务杠杆”。

② $\beta_{资产}=\beta_{权益}\div(1+负债\div权益)=1.05\div(1+60\div40)=0.42$

③ 根据目标企业的资本结构调整β值，该过程通常叫“加载财务杠杆”。目标公司的$\beta_{权益}=0.42\times(1+50\div50)=0.84$。

因此，选项A正确。

主观题部分

1.**【答案】**

（1）

单位：万元

项目	2020年末	2021年末	2022年末	2023年末	2024年末	2025年末
厂房成本	−5 000					
生产设备购置成本	−2 000					
专利技术使用费	−1 000					
税后收入		5 000×(1−25%)=3 750	6 000×(1−25%)=4 500	4 500	4 500	4 500
税后付现变动成本		−3 750×20%=−750	−4 500×20%=−900	−900	−900	−900
税后付现固定成本		−1 000×(1−25%)=−750	−750	−750	−750	−750
厂房折旧抵税		5 000÷20×25%=62.5	62.5	62.5	62.5	62.5
生产设备折旧抵税		2 000÷5×25%=100	100	100	100	100
专利技术使用费摊销抵税		1 000÷5×25%=50	50	50	50	50

续表

项目	2020 年末	2021 年末	2022 年末	2023 年末	2024 年末	2025 年末
厂房变现相关现金流量						4 000 + (5 000 − 5 000 ÷ 20 ×5 − 4 000) × 25% = 3 937. 5
垫支营运资本	−200					
营运资本收回						200
丧失中低端产品税后收入		−500 ×(1 − 25%) = −375	−375	−375	−375	−375
节约中低端产品税后变动成本		200 ×(1 − 25%) = 150	150	150	150	150
现金净流量	−8 200	2 237. 5	2 837. 5	2 837. 5	2 837. 5	6 975
折现系数	1	0. 8772	0. 7695	0. 6750	0. 5921	0. 5194
现值	−8 200	1 962. 74	2 183. 46	1 915. 31	1 680. 08	3 622. 82
净现值	3 164. 41					

（2）计算该项目的动态投资回收期。

动态回收期 =4 +(8 200 −1 962. 74 −2 183. 46 −1 915. 31 −1 680. 08) ÷3 622. 82
=4. 13（年）

（3）净现值法：因为净现值大于0，所以项目可行。

动态投资回收期法：因为动态投资回收期为 4. 13 年，大于设定的项目动态投资回收期 3 年，所以项目不可行。

【考点】 项目评价方法、投资项目折现率的估计、新建项目现金流量的估计

2. **【解析】**

（1）折旧 =300 ×(1 −5%) ÷3 =95（万元）

更新年限为 1 年时：

2020 年末（1 年末）的账面价值 =300 −95 =205（万元）

2020 年末变现价值 =200 万元

2020 年末变现损失 =205 −200 =5（万元）

2020 年末回收现金流量 =200 +5 ×25% =201. 25（万元）

现金流出总现值 =300 +[90 ×(1 −25%) −95 ×25% −201. 25] ×(P/F，10%，1)
=156. 82（万元）

平均年成本 =156.82 ÷(P/A，10%，1）=172.5（万元）

更新年限为 2 年时：

2021 年末（2 年末）的账面价值 =300 −95 ×2 =110（万元）

2021 年末变现价值 =110 万元

现金流出总现值 =300 +90 ×(1 −25%）×(P/F，10%，1）+100 ×(1 −25%）

×(P/F，10%，2) −95 ×25% ×(P/A，10%，2) −110 ×(P/F，10%，2)

=291.22（万元）

平均年成本 =291.22 ÷(P/A，10%，2）=167.8（万元）

更新年限为 3 年时：

2022 年末（3 年末）的账面价值 =300 −95 ×3 =15（万元）

2022 年末变现价值 =40 万元

2022 年末变现收益 =40 −15 =25（万元）

2022 年末回收流量 =40 −25 ×25% =33.75（万元）

现金流出总现值 =300 +90 ×(1 −25%）×(P/F，10%，1）+100 ×(1 −25%）

×(P/F，10%，2）+150 ×(1 −25%）×(P/F，10%，3）−95 ×25%

×(P/A，10%，3）−33.75 ×(P/F，10%，3）

=423.45（万元）

平均年成本 =423.45 ÷(P/A，10%，3）=170.27（万元）

（2）经济寿命是使固定资产的平均年成本最小的那一年限，即该设备的经济寿命为 2 年。

【考点】更新项目现金流量的估计

3. **【答案】**

（1）方案一的现金流量：

T =0：−100 ×10 ×(1 +10%）= −1 100（万元）

T =1 ~8：每年收入 =0.015 ×300 ×100 =450（万元）

每年折旧 =1 100 ÷8 =137.5（万元）

T =1 ~5：每年付现成本 =(0.2 +0.35 +0.05）×100 +20.5 =80.5（万元）

每年现金流量 =(450 −137.5 −80.5）×(1 −25%）+137.5 =311.5（万元）

T =6 ~8：每年现金流量 =311.5 −(0.3 −0.2）×100 ×(1 −25%）=304（万元）

【注意】公式中的（0.3 −0.2）万元，是第 6 ~8 年相对于前 5 年每辆车每年增加的维护费。

方案二的现金流量：

T =0：−20 ×50 ×(1 +10%）= −1 100（万元）

T =1 ~10：每年收入 =0.084 ×250 ×20 =420（万元）

每年折旧 =1 100 ÷10 =110（万元）

T =1 ~6：每年付现成本 =(0.5 +3 +0.5）×20 +10 =90（万元）

每年现金流量 =(420 −110 −90）×(1 −25%）+110 =275（万元）

T =7 ~10：每年现金流量 =275 −(1 −0.5）×20 ×(1 −25%）=267.5（万元）

【注意】公式中的（1 −0.5）万元，是后 4 年相对于前 6 年每辆车每年增加的维护费。

（2）方案一的净现值 = −1 100 +311.5 ×（P/A，12%，5）+304 ×（P/A，12%，3）×（P/F，12%，5）= −1 100 +311.5 ×3.6048 +304 ×2.4018 ×0.5674 =437.19（万元）
方案二的净现值 = −1 100 +275 ×（P/A，12%，6）+267.5 ×（P/A，12%，4）×（P/F，12%，6）= −1 100 +275 ×4.1114 +267.5 ×3.0373 ×0.5066 =442.24（万元）

（3）方案一的等额年金 =437.19 ÷（P/A，12%，8）=437.19 ÷4.9676 =88.01（万元）
方案二的等额年金 =442.24 ÷（P/A，12%，10）=442.24 ÷5.6502 =78.27（万元）

（4）方案一净现值的等额年金高于方案二，甲公司应采用方案一。

【考点】新建项目现金流量的估计

4.**【答案】**

（1）

单位：万元

	2018 年末	2019 年末	2020 年末	2021 年末	2022 年末
税后销售收入		1 000 ×60 ×（1 −25%）= 45 000	45 000	45 000	45 000
税后变动制造成本		−1 000 ×40 ×（1 −25%）= −30 000	−30 000	−30 000	−30 000
税后付现固定制造费用		−2 000 ×（1 −25%）= −1 500	−1 500	−1 500	−1 500
税后付现销售和管理费用		−800 ×（1 −25%）= −600	−600	−600	−600
减少的税后租金收入		−100 ×（1 −25%）= −75	−75	−75	−75
设备购置	−10 000				
设备折旧抵税		10 000 ÷5 ×25% =500	500	500	500
设备变现收入					1 600
设备变现损失抵税					（2 000 −1 600）×25% =100
专利技术使用费	−8 000				
专利技术使用费摊销抵税		8 000 ÷4 ×25% =500	500	500	500

续表

	2018 年末	2019 年末	2020 年末	2021 年末	2022 年末
营运资本垫支与收回	-200				200
现金净流量	-18 200	13 825	13 825	13 825	15 725
折现系数(折现率 12%)	1	0.8929	0.7972	0.7118	0.6355
现值	-18 200	12 344.34	11 021.29	9 840.64	9 993.24
净现值	24 999.51(答案在 24 997 万 ~25 002 万元之间均正确)				
现值指数	(12 344.34 +11 021.29 +9 840.64 +9 993.24) ÷18 200 =2.37				

计算说明（以 2022 年末为例）:

税后销售收入 =60 ×1 000 ×(1 -25%) =45 000（万元）

税后变动制造成本 =40 ×1 000 ×(1 -25%) =30 000（万元）

税后付现固定制造费用 =2 000 ×(1 -25%) =1 500（万元）

税后付现销售和管理费用 =800 ×(1 -25%) =600（万元）

减少的税后租金收入 =100 ×(1 -25%) =75（万元）

设备折旧抵税 =10 000 ÷5 ×25% =500（万元）

设备变现损失抵税 =[(10 000 -10 000 ÷5 ×4) -1 600] ×25% =100（万元）

专利技术使用费摊销抵税 =8 000 ÷4 ×25% =500（万元）

净现值 =12 344.34 +11 021.29 +9 840.64 +9 993.24 -18 200 =24 999.51（万元）

现值指数 =(12 344.34 +11 021.29 +9 840.64 +9 993.24) ÷18 200 =2.37

(或: =1 +24 999.51 ÷18 200 =2.37)

(2) 净现值大于 0 的项目可以为股东创造价值，净现值小于 0 的项目会减损股东财富。在本题中，净现值大于 0，故该项目可行。

根据现值指数判断，现值指数是指投资项目未来现金净流量现值与原始投资额现值的比值，在本题中，净现值大于 1，故该项目可行。

(3) 相同点:

① 净现值和现值指数都考虑了货币时间价值。

② 对于同一项目，决策结果相同，净现值大于 0，现值指数大于 1，项目可行。净现值等于 0，现值指数等于 1，项目可以采纳也可以不采纳。净现值小于 0，现值指数小于 1，项目不可行。

③ 净现值和现值指数在比较期限不同的互斥项目时均有一定的局限性，都没有消除项目期限差异的影响。

④ 都能反映项目投资报酬率高于或低于资本成本，但都没有揭示项目本身可以达到的报酬率是多少。

不同点：

① 净现值是绝对数，反映投资的效益；现值指数是相对数，反映投资的效率。

② 净现值法在比较投资额不同的项目时有一定的局限性。现值指数消除了投资额差异的影响。

③ 对于独立项目，净现值 >0，项目可行；现值指数 >1，项目可行。对于互斥项目，按净现值最大选择投资项目，与股东财富最大化目标一致；按现值指数最高选择投资项目，不一定与股东财富最大化目标一致。

【考点】 新建项目现金流量的估计

06 第六章　债券、股票价值评估·答案

「考点1」债券价值评估（★★）

1.【答案】C

【解析】

① 有效年利率 $=\left(1+\frac{\text{报价利率}}{m}\right)^{m}-1$，其中 m 为计息次数。

② 该债券的有效年票面利率 $=(1+5\%)^{2}-1=10.25\%$

③ 有效年票面利率 = 有效年折现率 = 10.25%，所以该债券平价发行，债券价值 = 债券面值 =1 000 元。

因此，选项 C 正确。

【抢分技巧】本题也可以先计算出半年的计息期折现率 $=(1+10.25\%)^{0.5}-1=5\%$，等于计息期利率，得出债券价值 = 债券面值 =1 000 元。

2.【答案】BD

【解析】

① 选项 A 错误，如果是连续付息的平息债券，债券平价发行的情况下，债券价格等于面值，不受债券期限的影响；如果不是连续付息的平息债券，债券平价发行的情况下，债券价格在水平通道内呈现出周期性和波动性，期限越长，并不会与面值差异越大。

② 选项 B 正确，随着到期时间的缩短，折现率（即市场利率）变动对债券价值的影响越来越小，即债券价值对折现率变化的反应越来越不灵敏。

③ 选项 C 错误，当市场利率高于票面利率时，债券折价发行，债券价格低于面值。

④ 选项 D 正确，市场利率与票面利率的差异越大，债券价格与面值的差异越大，表现为折价或溢价。

3.【答案】C

【解析】

① 有效年利率 $=\left(1+\frac{\text{报价利率}}{m}\right)^{m}-1$，其中 m 为计息次数。

② 该债券的有效年票面利率 $=(1+4\%)^{2}-1=8.16\%$

③ 有效年票面利率 = 有效年折现率 =8.16%，所以该债券平价发行，债券价值 = 债券面值 =1 000 元。

因此，选项 C 正确。

【抢分技巧】本题也可以先计算出半年的计息期折现率 $=(1+8.16\%)^{0.5}-1=4\%$，等于计息期利率，得出债券价值 = 债券面值 =1 000 元。

4.【答案】B

【解析】

① 平息债券是指分期付息、到期还本的债券；票面利率大于市场利率，说明该债券是溢价发行。

② 选项 A 正确，市场利率是计算债券价值的折现率，与债券价值反向变动，因此市场利率上升，价值下降。

③ 选项 B 错误，当债券溢价发行时，期限延长、债券价值上升。

④ 选项 C 正确，随着到期时间的缩短，折现率（即市场利率）变动对债券价值的影响越来越小。也就是说，债券价值对折现率变化的反应越来越不灵敏。

⑤ 选项 D 正确，票面利率与价值同向变动。

本题让选“错误”的，因此选项 B 当选。

5.【答案】ACD

【解析】

① 选项 A 正确，该债券的报价利率即票面利率，等于 8%。

② 选项 B 错误，折价发行公司债券，到期收益率大于票面利率 8%。

③ 选项 C 正确，该债券的有效年利率 $=\left(1+\frac{报价利率}{m}\right)^m-1=\left(1+\frac{8\%}{2}\right)^2-1=8.16\%$。

④ 选项 D 正确，该债券的计息周期利率 = 报价利率 ÷ 每年复利次数 =8% ÷2 =4%。

「考点 2」普通股价值评估（★★）

1.【答案】B

【解析】

① 选项 A 错误，根据股票的报酬率 = 股利收益率 + 股利增长率 $=\frac{D_1}{P_0}+g$。甲股票预期股利 =(10% −6%)×30 =1.2（元），乙股票预期股利 =(14% −10%)×40 =1.6（元），两者不相同。

② 选项 B 正确，甲股票股利收益率 =1.2 ÷30 =4%，乙股票股利收益率 =1.6 ÷40 =4%，两者相同。

③ 选项 CD 错误，甲股票股价增长率 = 甲股票资本利得收益率 = 甲股票股利稳定增长率 = 6%，乙股票股价增长率 = 乙股票资本利得收益率 = 乙股票股利稳定增长率 10%，两者不相同。

2.【答案】D

【解析】

① 一定要读清题目，题目问的是下一年的股票价格，而不是今年的。

② 解法一：根据固定增长股票价值模型 $P_0=\frac{D_0\times(1+g)}{r_s-g}=\frac{D_1}{r_s-g}$，下一年股票价格 =0.75 × (1 +4%)^2 ÷ (10% −4%) =13.52（元）。

③ 解法二：目前的股票价格 =0.75 × (1 +4%) ÷ (10% −4%) =13（元），由于在稳定状态下，股价增长率 = 股利增长率，所以，下一年的股票价格 =13 × (1 +4%) =13.52（元）。

因此，选项 D 正确。

「考点3」混合筹资工具价值评估（★）

1.【答案】AB

【解析】相对普通股股东，优先股股东有以下特殊性：

① 优先分配利润、优先分配剩余财产。

② 表决权受到限制，除一些规定情况外，优先股股东不出席股东大会会议，所持股份没有表决权。

因此，选项 AB 正确。

2.【答案】ABCD

【解析】除以下情况外，优先股股东不出席股东大会会议，所持股份没有表决权：

① 修改公司章程中与优先股相关的内容；②一次或累计减少注册资本超过 10%；③公司合并、分立、解散或变更公司形式；④发行优先股；⑤公司章程中规定的其他情形。

其中，②、③关乎公司生死存亡，与整个公司都相关；①、④直接与优先股股东相关。

因此，选项 ABCD 均正确。

主观题部分

1.【解析】

（1）设投资乙国债的到期收益率为 R_d，则：

1 020 = 1 000 ×（1 + 4% × 5）×（P/F，R_d，3），（P/F，R_d，3）= 0.85

当 R_d = 5% 时：（P/F，5%，3）= 0.8638；

当 R_d = 6% 时：（P/F，6%，3）= 0.8396。

（R_d − 5%）÷（6% − 5%）=（0.85 − 0.8638）÷（0.8396 − 0.8638）

解得：R_d = 5.57%。

银行借款的年有效到期收益率 =（1 + 6% ÷ 2）^{2} − 1 = 6.09%，投资乙国债的到期收益率 5.57% < 银行借款的有效年利率（年有效到期收益率），所以投资国债不合适，小 W 应选择提前偿还银行借款。

（2）当前每期还款额 = 300 000 ÷（P/A，3%，10）= 35 169.16（元）

设还款后每期还款额为 X 元，则：

35 169.16 ×（P/A，3%，4）+ 60 000 ×（P/F，3%，4）+ X ×（P/A，3%，6）×（P/F，3%，4）= 300 000

解得：X = 24 093.33（元）。

或：提前还款等额年金 = 60 000 ÷（P/A，3%，6）= 11 075.83（元）。

所以，提前还款后每期还款额为：35 169.16 − 11 075.83 = 24 093.33（元）。

【考点】债券价值评估

2.【解析】

（1）平均信用风险补偿率 = [（7.5% − 4.5%）+（7.9% − 5%）+（8.3% − 5.2%）] ÷ 3 = 3%

2017 年 1 月 10 日到期的政府债券与甲公司债券到期日相近，因此无风险报酬率 =

5%，税前债务资本成本 =5% +3% =8%。公司采用风险调整法估计拟发行债券的税前债务资本成本，并以此确定该债券的票面利率，则票面利率为 8%。

（2）发行价格 =1 000 ×8% ×(P/A，10%，5）+1 000 ×(P/F，10%，5）=924.16（元）

（3）设到期收益率为 r_d，则：1 000 ×8% ×(P/A，r_d，3）+1 000 ×(P/F，r_d，3）=970。

当 r_d =9% 时：1 000 ×8% ×(P/A，9%，3）+1 000 ×(P/F，9%，3）=974.70；

当 r_d =10% 时：1 000 ×8% ×(P/A，10%，3）+1 000 ×(P/F，10%，3）=950.25。

根据内插法：（r_d −9%）÷(10% −9%）=(970 −974.70）÷(950.25 −974.70）。

求得：r_d =9.19%，高于等风险投资市场报酬率 9%，该债券购买价格合理。

【考点】债券价值评估

07 第七章　期权价值评估·答案

「考点1」期权投资组合策略（★★★）

1.【答案】C

【解析】空头对敲是同时出售一只股票的看涨期权和看跌期权，它的适用情形：对于预计市场价格相对比较稳定，股价与执行价格相比没有变化时。故选项C当选。

2.【答案】B

【解析】多头对敲是指同时买进一只股票的看涨期权和看跌期权，多头对敲组合的净收益 = |执行价格 - 股票市价| - 期权购买支出 = |60 - 64| - (5 + 3) = -4（元）。因此，选项B正确。

3.【答案】CD

【解析】对敲策略分为多头对敲和空头对敲，多头对敲是同时买进一只股票的看涨期权和看跌期权，它们的执行价格和到期日均相同；而空头对敲则是同时卖出一只股票的看涨期权和看跌期权，它们的执行价格和到期日均相同。

多头对敲适用于预计市场价格将发生剧烈变动，但是不知道升高还是降低的情况，而空头对敲正好相反，它适用于预计市场价格稳定的情况。空头对敲的最好结果是股价与执行价格一致，可以得到看涨期权和看跌期权的出售价格，因此选项CD正确。

「考点2」期权价值及其影响因素（★★）

1.【答案】ABD

【解析】

① 选项A正确，对于看跌期权，执行价格是未来行权时的现金流入；无风险利率越高，现金流入的现值越低，对期权持有人越不利。无风险利率下降，现金流入的现值增加，美式看跌期权价值上升。

② 选项B正确，红利发放导致股价降低，从而增加看跌期权价值。

③ 选项C错误，对于看跌期权，执行净收入是股价“跌”到执行价格以下的部分，看跌期权价值与股价负相关。

④ 选项D正确，期权的价值并不依赖于股票价格的期望值，而是股价的波动性（标准差），股价波动率增加会增加期权的行权机会，会使各类期权价值增加。

【抢分技巧】一个变量增加（其他变量保持不变）对期权价值的影响（“+”表示同向，“-”表示反向）。

变量	欧式看涨期权	欧式看跌期权	美式看涨期权	美式看跌期权
股票价格	+	-	+	-
无风险利率	+	-	+	-

续表

变量	欧式看涨期权	欧式看跌期权	美式看涨期权	美式看跌期权
执行价格	−	+	−	+
预期红利	−	+	−	+
到期期限	不一定	不一定	+	+
股价波动率	+	+	+	+

【口诀】股价利率涨为正，执价红利跌为正，到期期限看美式，股价波动全为正。

2.【答案】AB

【解析】

① 选项 A 正确，目前股价大于执行价格，所以期权处于实值状态。

② 选项 B 正确，时间溢价 = 期权价值 − 内在价值 =12 −（60 −50）=2（元）。

③ 选项 C 错误，期权是欧式期权，只能在到期日行权。

④ 选项 D 错误，到期时股价未知，无法判断到期时是否应被执行。

3.【答案】AC

【解析】

① 选项 A 正确，X 期权内在价值 =20 −15 =5（元）。

② 选项 B 错误，X、Y 股票目前均没有到期，因此 Y 期权时间溢价大于 0。

③ 选项 C 正确，X 期权内在价值大于 Y 期权内在价值，X、Y 期权到期日相同，标的资产相同，故时间溢价也相同，期权价值 = 内在价值 + 时间溢价，因此 X 期权价值高于 Y 期权价值。

④ 选项 D 错误，看涨期权在股价不大于执行价格时内在价值为 0，因此 Y 期权即使股价上涨 5 元，内在价值仍然是 0。

4.【答案】D

【解析】

① 选项 AC 错误，看涨期权价值与股价正相关、与执行价格负相关。看跌期权价值与股价负相关、与执行价格正相关。

② 选项 B 错误，对于看涨期权，行权价是未来行权时的现金流出；无风险利率越高，现金流出的现值越低，对期权持有人越有利。对于看跌期权，行权价是未来行权时的现金流入；无风险利率越高，现金流入的现值越低，对期权持有人越不利。

③ 选项 D 正确，期权的价值并不依赖于股票价格的期望值，而是股票价格的变动性（标准差），股价的波动率增加会使各类期权价值增加。波动率指的是股价波动的幅度。

5.【答案】ABC

【解析】

① 选项 A 正确，股价大于执行价格，看涨期权处于实值状态。

② 选项 B 正确，股价大于执行价格，看跌期权处于虚值状态。

③ 选项 C 正确、选项 D 错误，时间溢价是股票未来价格波动带来的。期权在到期日前，时间溢价大于0，在无限接近到期日时，时间溢价趋近于0。

6.【答案】BC

【解析】在其他因素不变的情况下，美式看跌期权的价值与股票市价负相关，与股价波动率正相关，与到期期限正相关，与无风险报酬率负相关。因此，选项 BC 正确。

7.【答案】A

【解析】

① 选项 A 正确、选项 D 错误，若其他因素不变，随着股票市价上升，看涨期权价值增加；当股价大于执行价格时，看涨期权内在价值 = 股价 - 执行价格。所以，执行价格越低，内在价值越大。

② 选项 BC 错误，期权到期期限和股价波动率影响的是时间溢价，而内在价值是期权立即行权产生的经济价值，不受时间溢价的影响。

③ 注意：读题需要仔细，本题若改编成多选题，选项 C 属于同学们容易选错的选项，波动率越大，时间溢价越大，期权价值越大，但并不代表内在价值越大。

主观题部分

1.【抢分技巧】内在价值即用折现方法计算出来的价值，内在价值并不代表着价格，因此计算出来的 P_0 和现在股价不相等很正常，只有在理论中的完美资本市场下两者才相等。正是因为价值和价格可能存在着不等的情况，我们才可以通过价值评估做出合理的投资，如果两者相等，则不需要进行价值计算了。

【答案】

(1) 1 年后甲公司股票的内在价值 $=2.2\times\frac{(1+6\%)^2}{10\%-6\%}=61.80$（元/股）（答案在 61.70 ~ 61.80 元/股之间，均正确）

(2) 小王的投资净损益：

股票净损益 =(61.80 -50) ×1 000 =11 800（元）

看跌期权到期日价值 =0

期权净损益 =0 -3 ×1 000 = -3 000（元）

投资净损益 =11 800 -3 000 =8 800（元）[或，投资净损益 =61.80 ×1 000 -53 000 = 8 800（元）]

小张的投资净损益：

投资净损益 =(61.80 -50) ×10 600 -5 ×10 600 =72 080（元）[或，投资净损益 = (61.80 -50) ×10 600 -53 000 =72 080（元）]

(3) 小王的投资净损益：

股票净损益 =1 000 ×(40 -50) = -10 000（元）

期权到期日价值 =1 000 ×(50 -40) =10 000（元）

期权净损益 =10 000 -1 000 ×3 =7 000（元）

投资净损益 = -10 000 +7 000 = -3 000（元）[或：投资净损益 = 期权成本 = -1 000 ×

3 = −3 000（元）；或，1 000 ×40 +1 000 ×(50 −40) −53 000 = −3 000（元）]

小张的投资净损益：

投资净损益 =0 −10 600 ×5 = −53 000（元）[或，投资净损益 =0 −53 000 = −53 000（元）]

【**考点**】期权投资组合策略、期权价值及其影响因素

2.【**答案**】

（1）投资者希望将净损益限定在有限区间内，应选择抛补性看涨期权。抛补性看涨期权是指购买 1 股股票，同时出售该股票的 1 股看涨期权。

该组合的净损益：

6 个月到期时股票价格 =40 ×(1 +20%) =48（元）

组合成本 =40 −5 =35（元）

组合收入 =48 −Max(48 −40，0) =48 −8 =40（元）

组合净损益 =40 −35 =5（元）

（2）投资者预期未来股价大幅波动，应选择多头对敲。多头对敲是指同时买进同一只股票的看涨期权和看跌期权。

该组合的净损益：

6 个月到期时股票价格 =40 ×(1 −50%) =20（元）

组合成本 =5 +3 =8（元）

组合收入 =Max(20 −40，0) +Max(40 −20，0) =0 +20 =20（元）

组合净损益 =20 −8 =12（元）

【**考点**】期权投资组合策略

08 第八章　企业价值评估·答案

「考点1」企业价值的评估对象（★）

1.【答案】BCD

【解析】

① 选项A错误，持续经营价值是指由营业所产生的未来现金流量的现值，清算价值是指停止经营，出售资产产生的现金流，根据题目条件无法得知。

② 选项B正确，会计价值是指资产、负债和所有者权益的账面价值，资产负债表显示的所有者权益即净资产每股5元是会计价值。

③ 选项C正确，在股票市场上交易的只是少数股权，大多数股票并没有参加交易，因此我们看到的股价，通常只是少数已经交易的股票价格，它们衡量的是少数股权的价值，即本题中少数股权价值是每股20元。

④ 选项D正确，如果资本市场是有效的，价格能够代表价值，那这个20元就是现时市场价值。

2.【答案】AD

【解析】

① 选项A正确，资产负债表显示的所有者权益50亿元是会计价值。

② 选项B错误，企业停止经营，出售资产产生的现金流称为清算价值，题目条件未告知。

③ 选项C错误，企业由营业所产生的未来现金流量的现值为持续经营价值，题目条件未告知。

④ 选项D正确，现时市场价值 =5 ×25 =125（亿元），选项D正确。

3.【答案】CD

【解析】

① 选项A错误，企业公平市场价值可以是企业控股权价值，也可以是少数股权价值。对于谋求控股权的投资者来说，V（新的）是企业股票的公平市场价值；从少数股权投资者的角度来看，V（当前）是企业股票的公平市场价值。

② 选项B错误，企业公平市场价值是企业持续经营价值与清算价值中较高的一项。

③ 选项CD正确，企业公平市场价值是企业未来现金流量的现值，同时，它不是各部分的简单相加，而是企业各部分构成的有机整体的价值，即企业价值评估的一般对象是企业整体的经济价值。

「考点2」现金流量折现模型（★★★）

【答案】ABCD

【解析】

① 选项A正确，经营现金流量是指企业因销售商品或提供劳务等营业活动以及与此有关的生产性资产投资活动产生的现金流量，代表了企业经营活动的全部成果，是“企业生产的现金”，因此又称为实体经营现金流量，简称实体现金流量。

② 选项B正确，实体现金流量是企业全部现金流入扣除成本费用和必要的投资后的剩余部

分，是企业一定期间内可以提供给所有投资人（包括股权投资人和债权投资人）的税后现金流量。

③ 选项 CD 正确，实体现金流量 = 税后经营净利润 − 净经营资产增加 = 营业现金毛流量 − 经营营运资本增加 − 资本支出 = 营业现金净流量 − 资本支出。

「考点 3」相对价值评估模型（★★）

1. **【答案】** D

【解析】 修正平均市销率 = 可比企业平均市销率 ÷ (可比企业预期平均销售净利率 ×100)

= 0.8 ÷ (4% ×100) = 0.2

甲公司每股价值 = 修正平均市销率 × 目标企业预期销售净利率 ×100 × 目标企业每股销售收入

= 0.2 ×5% ×100 ×40 = 40（元）

因此，选项 D 正确。

2. **【答案】** A

【解析】 甲公司进入可持续增长状态，权益净利率保持不变。

$$内在（预期）市净率 = \frac{每股价值\ P_0}{每股净资产_1} = \frac{股利支付率 \times 权益净利率_1}{股权成本 - 增长率}$$

= 50% ×20% ÷ (10% −5%) = 2

因此，选项 A 正确。

3. **【答案】** B

【解析】 本期市净率 = 权益净利率 × 股利支付率 × (1 + 增长率) ÷ (股权成本 − 增长率)

= 2/10 ×50% × (1 +4%) ÷ (12% −4%) = 1.30

因此，选项 B 正确。

主观题部分

1. **【抢分技巧】**

① 控股权溢价 = 控股权价值 − 少数股权价值，在实务中控股权价值往往表现为收购后取得控制权的新任母公司可以改变公司经营战略，获取新的现金流，按照新的现金流折现计量的价值；而少数股权价值则是原有股东只能按现有经营模式计量现有现金流折现价值。

② 收购方收购公司支付对价相当于收购方投资该项目的原始投资额，公司未来现金流折现则可理解为未来现金流量，两者相减即为收购方净现值；反之被收购方股东持有股权的现有价值可视为其持有公司的价值，而出售收到的对价可视为未来获取现金流，两者相减即为被收购方净现值；净现值本质上是站在现在时间点可赚取的现金流。

【答案】

（1）2020 年初股权价值 = 750 × (1 +7.5%) ×80% ÷ (11.5% −7.5%) = 16 125（万元）

（2）

单位：万元

	2020 年	2021 年	2022 年
营业收入	6 000	6 600（6 000 ×1. 1）	7 128（6 600 ×1. 08）
减：营业成本	3 900（6 000 ×0. 65）	4 290（6 600 ×0. 65）	4 633. 2（7 128 ×0. 65）
销售和管理费用	900（6 000 ×0. 15）	990（6 600 ×0. 15）	1 069. 2（7 128 ×0. 15）
税前经营利润	1 200 （6 000 −3 900 −900）	1 320 （6 600 −4 290 −990）	1 425. 6 （7 128 −4 633. 2 −1 069. 2）
减：经营利润所得税	300（1 200 ×0. 25）	330（1 320 ×0. 25）	356. 4（1 425. 6 ×0. 25）
税后经营净利润	900（1 200 −300）	990（1 320 −330）	1 069. 2（1 425. 6 −356. 4）
净经营资产	4 200（6 000 ×0. 7）	4 620（6 600 ×0. 7）	4 989. 6（7 128 ×0. 7）
减：净经营资产增加	−100（4 200 −4 300）	420（4 620 −4 200）	369. 6（4 989. 6 −4 620）
实体现金流量	1 000（900 +100）	570（990 −420）	699. 6（1 069. 2 −369. 6）
净负债	1 800（6 000 ×0. 3）	1 980（6 600 ×0. 3）	2 138. 4（7 128 ×0. 3）
减：税后利息费用	108 （1 800 ×0. 08 ×0. 75）	118. 8 （1 980 ×0. 08 ×0. 75）	128. 3 （2 138. 4 ×0. 08 ×0. 75）
加：净负债增加	−350（1 800 −2 150）	180（1 980 −1 800）	158. 4（2 138. 4 −1 980）
股权现金流量	542 （1 000 −108 −350）	631. 2 （570 −118. 8 +180）	729. 7 （699. 6 −128. 3 +158. 4）
股权价值	20 741. 95（答案在 20 741. 8 ~20 742 间，均正确）		

计算说明（以 2020 年为例）：

营业成本 =6 000 ×65% =3 900（万元）

销售和管理费用 =6 000 ×15% =900（万元）

税前经营利润 =6 000 −3 900 −900 =1 200（万元）

经营利润所得税 =1 200 ×25% =300（万元）

税后经营净利润 =1 200 −300 =900（万元）

[或：6 000 ×（1 −65% −15%）×（1 −25%）=900（万元）]

净经营资产 =6 000 ×70% =4 200（万元）

净经营资产增加 =4 200 −4 300 = −100（万元）

实体现金流量 =900 +100 =1 000（万元）

税后利息费用 =6 000 ×30% ×8% ×（1 −25%）=108（万元）

净负债增加 =6 000 ×30% −2 150 = −350（万元）

股权现金流量 =1 000 −108 +（ −350）=542（万元）

2022 年初乙公司股权价值 =729.7 ÷(11% −8%)=24 323.33(万元)

2020 年初乙公司股权价值 =542 ÷(1 +11%)+(631.2 +24 323.33)÷(1 +11%)^2

=20 741.95(万元)

(3)收购产生的控股权溢价 =20 741.95 −16 125 =4 616.95(万元)(答案在 4 616.8 万 ~4 617 万元之间,均正确)

收购为乙公司原股东带来净现值 =18 000 −16 125 =1 875(万元)

收购为甲公司带来净现值 =20 741.95 −18 000 =2 741.95(万元)(答案在 2 741.8 万 ~2 742 万元之间,均正确)

(4)收购可行,因为收购给甲公司和乙公司原股东都带来了正的净现值。

【考点】现金流量折现模型

2.**【解析】**

(1)2017 年税后经营净利润 =2016 年税后经营净利润 ×(1 +5%)

=6 000 ×(1 −60%)×(1 −25%)×(1 +5%)

=1 890(万元)

2017 年实体现金流量 =税后经营净利润 −净经营资产增加

=1 890 −4 000 ×5% =1 690(万元)

2017 年税后利息费用 =年初净负债 ×税后利息率

=4 000 ×1/2 ×8% ×(1 −25%)=120(万元)

2017 年净利润 =税后经营净利润 −税后利息 =1 890 −120 =1 770(万元)

2017 年所有者权益的增加 =期初所有者权益 ×可持续增长率

=4 000 ×1/2 ×5% =100(万元)

股权现金流量 =1 770 −100 =1 670(万元)

(2)股权资本成本 =8% ×(1 −25%)+5% =11%

2017 年初股权价值 =1 670 ÷(11% −5%)=27 833.33(万元)

每股股权价值 =27 833.33 ÷1 000 =27.83(元)

每股价值大于每股市价,说明每股市价被低估了。

【考点】现金流量折现模型

3.**【答案】**

(1)甲公司每股收益 =3 000 ÷10 000 =0.3(元)

可比公司平均市盈率 =(8 ÷0.4 +8.1 ÷0.5 +11 ÷0.5)÷3 =19.4

可比公司平均增长率 =(8% +6% +10%)÷3 =8%

修正平均市盈率 =可比公司平均市盈率 ÷(可比公司平均增长率 ×100)

=19.4 ÷(8% ×100)=2.425

甲公司每股股权价值 =修正平均市盈率 ×甲公司增长率 ×100 ×甲公司每股收益

=2.425 ×9% ×100 ×0.3 =6.55(元/股)

(2)甲公司每股净资产 =21 800 ÷10 000 =2.18(元)

甲公司权益净利率 =3 000 ÷[(20 000 +21 800)÷2] =14.35%

可比公司平均市净率 =(8 ÷2 +8.1 ÷3 +11 ÷2.2)÷3 =3.9

可比公司平均权益净利率 =（21.2% +17.5% +24.3%）÷3 =21%

修正平均市净率 = 可比公司平均市净率 ÷（可比公司平均权益净利率 ×100）

=3.9 ÷（21% ×100）=0.19

甲公司每股股权价值 = 修正平均市净率 × 甲公司权益净利率 ×100 × 甲公司每股净资产

=0.19 ×14.35% ×100 ×2.18 =5.94（元/股）

（3）甲公司的固定资产较少，净资产与企业价值关系不大，市净率法不适用；市盈率法把价格和收益联系起来，可以直观地反映投入和产出的关系。用市盈率法对甲公司估值更合适。

【考点】 相对价值评估模型

09 第九章 资本结构·答案

「考点1」资本结构理论（★★）

1.【答案】AC

【解析】

① 选项 AC 正确，在有税 MM 理论下，有负债企业的价值等于具有相同风险等级的无负债企业的价值加上债务利息抵税收益的现值；有负债企业的权益资本成本随着财务杠杆的提高而增加。

② 选项 B 错误，MM 理论假设债务是无风险的，因此，随着债务比例的提高，债务资本成本不变。

③ 选项 D 错误，在考虑所得税的前提下，有负债企业的权益资本成本随着财务杠杆的提高而增加，但增加的幅度小于无税时的增加幅度，所以此时会降低加权平均资本成本，加权平均资本成本随负债比例的提高而下降。

2.【答案】D

【解析】

① 选项 AB 正确，根据有税的 MM 理论，随着企业负债比例提高，企业利息抵税现值越大，企业价值也随之提高，在理论上全部融资来源于负债时，企业价值达到最大。

② 选项 C 正确，有负债企业的权益资本成本随着财务杠杆的提高而增加。

③ 选项 D 错误，根据有税的 MM 理论，当企业负债比例提高时，债务资本成本不变，加权平均资本成本下降。

本题让选“错误”的，因此选项 D 当选。

3.【答案】A

【解析】根据有税 MM 理论，有负债企业的价值等于具有相同风险等级的无负债企业的价值加上债务利息抵税收益的现值。

因此，选项 A 正确。

4.【答案】B

【解析】当企业存在融资需求时，首先选择内源融资，其次选择债务融资，最后选择股权融资。

在需要外源融资时，按照风险程度的差异，优先考虑债券融资（先普通债券后可转换债券），不足时再考虑权益融资。

因此，选项 B 正确。

「考点2」资本结构决策分析（★★）

1.【答案】C

【解析】

① 每股收益无差别点法，是通过分析企业预期盈利水平下，不同融资方案的每股收益来衡

量的，能够使每股收益最大的融资方案就是合理的。

② 当预计息税前利润（或销售收入）大于每股收益无差别点的息税前利润（或销售收入）时，运用负债筹资可获得较高的每股收益；反之，当预计息税前利润（或销售收入）低于每股收益无差别点的息税前利润（或销售收入）时，运用权益筹资可获得较高的每股收益。

③ 无论息税前利润为多少，债务筹资永远优于优先股筹资。

因此，选项 C 正确。

2.【答案】C

【解析】

① 目标资本结构也叫作公司的最佳资本结构，是使公司的总价值最高，而不一定是每股收益最高或者利润最大的资本结构。

② 在目标资本结构下，公司的加权平均资本成本也是最低的。

③ 假设股东投资资本和债务价值不变，公司价值最大化与增加股东价值具有相同的意义。

因此，选项 C 正确。

「考点 3」杠杆系数的衡量（★★）

1.【答案】A

【解析】息税前利润 = 净利润 + 所得税费用 + 利息费用

= 净利润 ÷（1 − 企业所得税税率）+ 利息费用

财务杠杆系数 = 息税前利润 ÷（息税前利润 − 利息费用 − 税前优先股股利）

$= EBIT/[EBIT - I - PD/(1 - T)]$

$= [150 \div (1 - 25\%) + 100] \div [150 \div (1 - 25\%) - 37.5 \div (1 - 25\%)]$

$= 2$

因此，选项 A 正确。

2.【答案】C

【解析】

① 边际贡献 = 营业收入 ×（1 − 变动成本率）= 1 000 ×（1 − 60%）= 400（万元）

② 税前利润 = 边际贡献 − 固定成本 − 利息费用 = 400 − 200 − 40 = 160（万元）

③ 该企业联合杠杆系数 = 边际贡献 ÷ 税前利润 = 400 ÷ 160 = 2.5

因此，选项 C 正确。

3.【答案】A

【解析】总杠杆系数 = 每股收益变动百分比 ÷ 营业收入变动百分比

= 经营杠杆系数 × 财务杠杆系数 = 1.2 × 1.5 = 1.8

2016 年每股收益增长率 =（1.9 − 1）÷ 1 = 0.9，则，营业收入增长比 = 0.9 ÷ 1.8 = 50%。

因此，选项 A 正确。

主观题部分

【解析】

（1）边际贡献 =10 000 ×（1 −60%）=4 000（万元）

息税前利润 =4 000 −2 000 =2 000（万元）

归属于普通股的税前盈余 =2 000 −7 500 ×5% −30 ×100 ×8% ÷（1 −25%）=1 305（万元）

经营杠杆系数 =4 000 ÷2 000 =2

财务杠杆系数 =2 000 ÷1 305 =1.53

联合杠杆系数 =4 000 ÷1 305 =3.07

（2）假设方案一和方案二的每股收益无差别点的息税前利润为 EBIT，则：

［（EBIT −7 500 ×5% −4 000 ×6%）×（1 −25%）−30 ×100 ×8%］÷500

=［（EBIT −7 500 ×5%）×（1 −25%）−30 ×100 ×8%］÷（500 +4 000 ÷16）

解得：EBIT =1 415（万元）。

营业收入 ×（1 −60%）−2 000 −500 =1 415，则：营业收入 =9 787.5（万元）。

预计营业收入 =10 000 +3 000 =13 000（万元），大于每股收益无差别点的营业收入，因此选择方案一进行筹资。

（3）边际贡献 =13 000 ×（1 −60%）=5 200（万元）

息税前利润 =5 200 −2 000 −500 =2 700（万元）

归属于普通股的税前盈余 =2 700 −7 500 ×5% −4 000 ×6% −30 ×100 ×8% ÷（1 −25%）
=1 765（万元）

经营杠杆系数 =5 200 ÷2 700 =1.93

财务杠杆系数 =2 700 ÷1 765 =1.53

联合杠杆系数 =5 200 ÷1 765 =2.95

【考点】资本结构决策分析、杠杆系数的衡量

10 第十章　长期筹资・答案

「考点 1」长期债务筹资（★）

1.【答案】A

【解析】配股除权参考价 =（配股前每股价格 + 配股价格 × 股份变动比例）÷（1 + 股份变动比例）

=（27 + 20 × 80% × 5/10）÷（1 + 80% × 5/10）= 25（元）

乙的财富变动 = 1 000 ×（1 + 5/10）× 25 − 1 000 × 5/10 × 20 − 1 000 × 27 = 500（元），注意：不要遗漏参与配股成本。

因此，选项 A 正确。

2.【答案】B

【解析】配股除权参考价 =（配股前每股价格 + 配股价格 × 股份变动比例）÷（1 + 股份变动比例）

=（10 + 8 × 10/10 × 80%）÷（1 + 80%）= 9.11（元）

乙的财富的变动额 = 1 000 × 9.11 − 1 000 × 10 = −890（元）

因此，选项 B 正确。

3.【答案】B

【解析】普通股 20 000 股中有 1 000 股原股东放弃配股权，且每 10 股配 3 股，因此配股数量 =（20 000 − 1 000）÷ 10 × 3 = 5 700（股）

配股后除权参考价 =（配股前股票市价 + 配股价格 × 配股数量）÷（配股前股数 + 配股数量）

=（20 000 × 20 + 16 × 5 700）÷（20 000 + 5 700）= 19.11（元/股）

因此，选项 B 正确。

4.【答案】B

【解析】发行债券筹资对象广，范围大，筹资规模较大。

长期借款筹资对象窄，范围小，筹资规模较小。

因此，选项 B 正确。

【抢分技巧】银行借款与债券筹资的区别如下表所示。

区别点	银行借款	债券筹资
资本成本	低（利息率低，筹资费低）	高
筹资速度	快（手续比发行债券简单）	慢
筹资弹性	大（可协商，可变更性比债券好）	小
筹资对象及范围	对象窄，范围小	对象广，范围大

5.【答案】ABC

【解析】非公开发行又称私募，是指上市公司采用非公开方式，向特定对象发行股票的行为。

非公开发行的优点是：灵活性较大，发行成本低。

非公开发行的缺点是：发行范围小，股票变现性差。

因此，选项 ABC 正确。

6.【答案】D

【解析】配股除权价格 =（配股前股票市值 + 配股价格 × 配股数量）÷（配股前股数 + 配股数量）

=（9.1 ×10 +8）÷（10 +1）=9（元）

因此，选项 D 正确。

「考点 2」附认股权证债券筹资（★★）

1.【答案】A

【解析】

① 认股权证与看涨期权（以股票为标的物的）的共同点如表 1 所示。

表 1

相同点	解释
标的资产	均以股票为标的资产，其价值随股票价格变动
选择权	在到期前均可以选择执行或不执行，具有选择权
执行价格	均有一个固定的执行价格

② 认股权证与股票看涨期权的区别如表 2 所示。

表 2

区别点	股票看涨期权	认股权证
行权时股票来源	看涨期权执行时，其股票来自二级市场	当认股权执行时，股票是新发股票
对每股收益和股价的影响	不存在稀释问题。 【提示】标准化的期权合约，在行权时只是与发行方结清价差，根本不涉及股票交易	会引起股份数的增加，从而稀释每股收益和股价
期限	时间短，通常只有几个月	期限长，可以长达 10 年，甚至更长
布莱克 – 斯科尔斯模型的运用	可以适用。 【提示】期限短，可以假设没有股利支付	不能用布莱克 – 斯科尔斯模型定价。 【提示】期限长，不分红很不现实
筹资工具	是由投资银行或期权交易所设定的一种衍生金融工具，股份公司自身不能发行股票看涨期权，公司可以通过购买获得看涨期权	是发行公司为改善其债务工具的条件而发行的，可以作为筹资工具

因此，选项 A 正确。

2.【答案】BCD

【解析】本题选项 BCD 当选，详细解析参考本考点第 1 题解析。

「考点 3」可转换债券筹资（★★★）

1.【答案】ABD

【解析】

① 选项 A 正确，认股权证是公司向股东发放的一种凭证，授权其持有者在一个特定期间以特定价格购买特定数量的公司股票，这种权利是有价值的，因此作为筹资工具，认股权证与公司债券同时发行，用来吸引投资者购买票面利率低于市场要求的长期债券，会导致票面利率降低。

② 选项 B 正确，附转换条款的债券可以转换为特定公司的普通股，这种转换是一种期权，证券持有人可以选择转换，也可以选择不转换而继续持有债券，所以这种权利是有价值的，会导致票面利率降低。

③ 选项 C 错误，设置赎回条款的目的是保护债券发行人，促使债券持有人转换股份，同时避免发行公司在市场利率下降后，继续向债券持有人按较高的债券票面利率支付利息所蒙受的损失，无法导致票面利率降低。

④ 选项 D 正确，设置回售条款是为了保护债券投资人的利益，使他们能够避免遭受过大损失，降低风险，会导致票面利率降低。

2.【答案】C

【解析】

① 赎回条款是指可转换债券的发行方可以在债券到期日之前赎回债券的规定（即发行人是主动方，具有赎回权）。

② 不可赎回期是指可转换债券从发行时开始，不能被赎回的那段期间。

③ 设立不可赎回期的目的，在于保护债券持有人的利益，防止发行企业通过滥用赎回权促使债券持有人过早转换债券。因此，选项 C 正确。

「考点 4」租赁筹资（★★）

【答案】C

【解析】在杠杆租赁形式下，出租人引入资产时只支付引入所需款项（如购买资产的货款）的一部分（通常为资产价值的 20% ~40%），其余款项则以引入的资产或出租权等为抵押，向另外的贷款者借入；资产租出后，出租人以收取的租金向债权人还贷。

因此，选项 C 正确。

主观题部分

1.【解析】

（1）计算设备租赁相对于购置的差额现金流量及其净现值（计算过程和结果填入下方表格中）。

单位：万元

	T=0	T=1	T=2	T=3	T=4	T=5	T=6
租赁方案：							
租金支付	-50	-50	-50	-50	-50	-50	
折旧抵税		360×(1-4%)÷8×25%=10.8	10.8	10.8	10.8	10.8	10.8
支付转让价款							-60
资产变现流入							85-5=80
资产变现损失抵税							(360-43.2×6-80)×25%=5.2
自行购置方案：							
购置成本	-320						
税后维护费		-2×(1-25%)=-1.5	-1.5	-1.5	-1.5	-1.5	-1.5
折旧抵税		320×(1-4%)÷8×25%=9.6	9.6	9.6	9.6	9.6	9.6
资产变现流入							85-5=80
资产变现损失抵税							(320-38.4×6-80)×25%=2.4
差额现金流量	270	-47.3	-47.3	-47.3	-47.3	-47.3	-54.5
折现系数(6%)	1	0.9434	0.8900	0.8396	0.7921	0.7473	0.7050
现值	270	-44.62	-42.10	-39.71	-37.47	-35.35	-38.42
净现值	32.33						

相关计算说明：

① 租赁方案：

租赁资产的计税基础=50×6+60=360(万元)

年折旧额=360×(1-4%)÷8=43.2（万元）

折旧抵税 =43.2 ×25% =10.8（万元）

第 6 年末账面价值 =360 −43.6 ×6 =100.8（万元）

第 6 年末变现相关现金流 = 变现收入 + 变现损失抵税(或 − 变现收益纳税)

=85 −5 + [100.8 − (85 −5)] ×25% =85.2（万元）

② 自行购置方案:

购置资产的计税基础 = 购置成本 320 万元

年折旧额 =320 ×(1 −4%) ÷8 =38.4（万元）

折旧抵税 =38.4 ×25% =9.6（万元）

第 6 年末账面价值 =320 −38.4 ×6 =89.6（万元）

第 6 年末变现相关现金流 = 变现收入 + 变现损失抵税(或 − 变现收益纳税)

=85 −5 + [89.6 − (85 −5)] ×25% =82.4（万元）

③ 折现率 = 税后有担保借款利率 =8% ×(1 −25%) =6%

(2) 租赁设备方案相对购置方案的净现值大于 0，甲公司应该采用租赁方案。

【考点】 租赁筹资

2. **【答案】**

(1) 方案一的初始投资额为 1 600 万元

每年折旧额 =1 600 ×(1 −5%) ÷5 =304（万元）

每年折旧抵税额 =304 ×25% =76（万元）

每年维护费税后净额 =16 ×(1 −25%) =12（万元）

4 年后设备变现收益纳税额 = [400 − (1 600 −304 ×4)] ×25% =4（万元）

4 年后设备变现现金净流量 =400 −4 =396（万元）

购置方案折现率 =8% ×(1 −25%) =6%

购置方案现金流出总现值 =1 600 +12 ×(P/A, 6%, 4) −76 ×(P/A, 6%, 4)

−396 ×(P/F, 6%, 4)

=1 600 +12 ×3.4651 −76 ×3.4651 −396 ×0.7921

=1 064.56（万元）

考虑货币时间价值的平均年成本 =1 064.56 ÷(P/A, 6%, 4) =1 064.56 ÷3.4651

=307.22（万元）

(2) 租赁方案折现率 =8% ×(1 −25%) =6%

每年折旧额 =(1 480 −1 480 ×5%) ÷5 =281.2（万元）

每年折旧抵税额 =281.2 ×25% =70.3（万元）

设备租赁期满时设备所有权不转让，期末资产变现流入 =0

期末资产账面价值 =1 480 −281.2 ×4 =355.2（万元）

期末资产变现损失抵税 =355.2 ×25% =88.8（万元）

租赁方案的现金流出总现值 =370 +370 ×(P/A, 6%, 3) −70.3 ×(P/A, 6%, 4)

−88.8 ×(P/F, 6%, 4) =370 +370 ×2.6730 −70.3

×3.4651 −88.8 ×0.7921

=1 045.07（万元）

考虑货币时间价值的平均年成本 =1 045.07 ÷(P/A，6%，4) =1 045.07 ÷3.4651
=301.60（万元）

(3) 方案一的平均年成本大于方案二的平均年成本，所以甲公司应选择方案二。

【考点】租赁筹资

3. **【解析】**

(1) 假设公司普通债券的税前资本成本为 r_d，则：

1 000 ×6% ×(P/A，r_d，5) +1 000 ×(P/F，r_d，5) =1 020

当 r_d =5% 时：

1 000 ×6% ×(P/A，5%，5) +1 000 ×(P/F，5%，5) =60 ×4.3295 +1 000 ×0.7835 =1 043.27

当 r_d =6% 时：

1 000 ×6% ×(P/A，6%，5) +1 000 ×(P/F，6%，5) =1 000

(r_d − 5%) ÷(6% −5%) =(1 020 −1 043.27) ÷(1 000 −1 043.27)

解得：r_d =5.54%

(2) 三年后公司普通股每股市价 =10 ×(1 +5%)^3 =11.58（元）

假设该分离型附认股权证债券的税前资本成本为 i，则：

1 000 =1 000 ×5% ×(P/A，i，5) +(11.58 −11) ×20 ×(P/F，i，3) +1 000 ×(P/F，i，5)

当 i =5% 时：

1 000 ×5% ×(P/A，5%，5) +(11.58 −11) ×20 ×(P/F，5%，3) +1 000 ×(P/F，5%，5)
=50 ×4.3295 +0.58 ×20 ×0.8638 +1 000 ×0.7835 =1 010（元）

当 i =6% 时：

1 000 ×5% ×(P/A，6%，5) +(11.58 −11) ×20 ×(P/F，6%，3) +1 000 ×(P/F，6%，5)
=50 ×4.2124 +0.58 ×20 ×0.8396 +1 000 ×0.7473 =967.66（元）

根据插值法：

(i −5%) ÷(6% −5%) =(1 000 −1 010) ÷(967.66 −1 010)

解得：i =5.24%

(3) 因为该分离型附认股权证债券的税前资本成本 5.24% 小于公司普通债券的税前资本成本 5.54%，所以该筹资方案不合理。

调整建议：可以提高票面利率、降低执行价格等。

【考点】附认股权证债券筹资

11 第十一章　股利分配、股票分割与股票回购·答案

「考点 1」股利理论和股利政策（★★）

1.【答案】D

【解析】股利无关论认为股利分配对公司的市场价值（或股票价值）不会产生影响，由于股利无关论假设之一是“不存在个人或企业所得税”，所以股利无关论又被称为“无税 MM 理论”。

股利相关论认为股利政策会影响公司的市场价值，股利相关论包括税差理论、客户效应理论、“一鸟在手”理论、代理理论、信号理论等。

因此，选项 D 正确。

【抢分技巧】股利无关论是米勒（Merton Miller）与莫迪格利安尼（Franco Modigliani）在下列假设之上提出的：

① 公司的投资政策已确定并且已经为投资者所理解；

② 不存在股票的发行和交易费用；

③ 不存在个人或企业所得税；

④ 不存在信息不对称；

⑤ 经理与外部投资者之间不存在代理成本。

2.【答案】D

【解析】

① “一鸟在手”理论的基本观点是：因企业经营过程中存在诸多不确定性，股东认为现实的现金股利（手中之鸟）要比未来的资本利得（林中之鸟）更为可靠，故会偏好于确定的股利收益。

② 根据“一鸟在手”理论所体现的收益与风险的选择偏好，股东更偏好于现金股利而非资本利得，倾向于选择股利支付率高的股票。

③ 为了实现股东价值最大化的目标，企业应实行高股利支付率的股利政策。

因此，选项 D 正确。

3.【答案】B

【解析】

① 剩余股利政策要求在公司有着良好的投资机会时，根据一定的目标资本结构，测算出投资所需的权益资本，先从盈余当中留用，然后将剩余的盈余作为股利予以分配。

② 应分配的股利 = 上年净利润 − 需增加长期资本 × 目标资本结构下权益资本占比

=500 −800 ×60% =20（万元）

③ 本题中上年利润留存为 480 万元（800 ×60%），大于需要提取的盈余公积金最低限额 50 万元（500 ×10%），符合“净利润至少要提取 10% 的盈余公积金”的法定要求。

因此，选项 B 正确。

4.【答案】BC

【解析】

① 选项 A 错误，成长中的公司需要较多的资金，与发行新股相比，保留盈余不需要花费筹资费用，更可能倾向于采取低股利支付率政策。

② 选项 B 正确，盈余稳定的公司相对于盈余不稳定的公司而言具有较高的股利支付能力，倾向于采取高股利支付率政策。

③ 选项 C 正确，具有较强举债能力的公司，因为能够及时地筹措到所需的现金，有可能采取高股利支付率政策。

④ 选项 D 错误，边际税率较高的股东出于避税的考虑，往往反对公司发放较多的股利，倾向于采取低股利支付率政策。

5.【答案】D

【解析】

① 剩余股利政策要求在公司有着良好的投资机会时，根据一定的目标资本结构，测算出投资所需的权益资本，先从盈余当中留用，然后将剩余的盈余作为股利予以分配。

② 应发放现金股利 =2016 年净利润 − 计划 2017 年新增资本支出 × 目标资本结构下权益资本占比

=1 200 − 1 000 ×7/10 =500（万元）

③ 本题中上年利润留存为 700 万元（1 000 ×7/10），大于需要提取的盈余公积金最低限额 120 万元（1 200 ×10%），符合“公司须按净利润 10% 提取公积金”的法定要求。

因此，选项 D 正确。

6.【答案】D

【解析】固定股利支付率分配政策，能使股利与公司盈余紧密结合，体现多盈多分、少盈少分、无盈不分的原则；但该政策下，各年的股利变动较大，极易造成公司不稳定的感觉，对稳定股票价格不利。

因此，选项 D 正确。

【抢分技巧】稳定股票市场价格是固定股利政策的特点。

维持目标资本结构和保持较低资本成本是剩余股利政策的特点。

「考点 2」股利种类、支付程序及股利分配（★）

1.【答案】AC

【解析】股票的除权参考价 =（股权登记日收盘价 − 每股现金股利）÷（1 + 送股率 + 转增率）

① 选项 A 正确，

利润分配方案执行前，甲的财富$_0$ = 甲持股数$_0$ × 股权登记日收盘价。

根据假设条件，利润分配及资本公积金转增股本后股价等于除权参考价，即不考虑利润分配方案执行的市场波动，可得：

甲的财富$_1$ = 甲持股数$_1$ × 除权参考价 + 甲持股数$_0$ × 每股现金股利

= 甲持股数$_0$ ×（1 + 送股率 + 转增率）×（股权登记日收盘价 − 每股现金股利）÷（1 + 送股率 + 转增率）+ 甲持股数$_0$ × 每股现金股利

$=$ 甲持股数$_0$ × 股权登记日收盘价 $=$ 甲的财富$_0$

上述推导的最终结果是甲的财富不变。

② 选项 B 错误，由除权参考价公式可知，派发现金股利、资本公积金转增股本会使乙股价下降。

③ 选项 C 正确，派发现金股利不影响股份比例，而转增股本是面向全体股东的，也不影响股份比例，所以甲持有乙的股份比例不变。

④ 选项 D 错误，派发现金股利不影响持有的股票份数，但以资本公积金转增股本会增加甲持有乙的股数。

2.【答案】D

【解析】选项 D 正确，以持有的其他公司的有价证券支付的股利属于财产股利。

【抢分技巧】股利支付方式有多种，主要方式为现金股利和股票股利，此外，公司还可以使用财产和负债支付方式支付股利。

① 财产股利是以现金以外的资产支付的股利，主要是以持有的其他公司的有价证券，如债券、股票，作为股利支付给股东。

② 负债股利是公司以负债支付的股利，通常以公司的应付票据支付，不得已的情况下也有发行公司债券抵付股利的。我国公司实务中这两种方法很少使用，但不禁止。

「考点3」股票分割和股票回购（★★）

1.【答案】ABC

【解析】股票回购对财务及资本结构的主要影响有：

①资产和股东权益同时减少；

②引起现金流出；

③股数减少，每股收益和每股价格提高；

④资产负债率提高，即财务杠杆提高。

因此，选项 ABC 正确。

2.【答案】ABD

【解析】

① 选项 AB 正确，股票回购和现金股利均需要对外支付现金，同时减少所有者权益。

② 选项 C 错误，公司回购股票，以多余现金购回股东所持有的股份，使流通在外的股份减少，每股股利增加，从而使股价上升；而现金股利会使股票市场价格降低。

③ 选项 D 正确，股票回购，注销前，会导致增加库存股，冲减所有者权益，从而改变所有者权益结构，注销后，会减少股本，并调整资本公积，也会改变所有者权益结构；而分配现金股利会减少未分配利润，从而改变所有者权益结构。

3.【答案】ACD

【解析】

① 选项 ACD 正确，股票分割会导致每股面值下降，但是股本总额不变，所以净资产不变，资本结构和股权结构也是不变的。

② 选项 B 错误，股票分割会导致股数增加，所以每股收益会下降。

【抢分技巧】

① 股票分割的影响：股数增加；每股面值降低；若盈利总额和市盈率不变，则每股收益和每股市价下降；股东权益总额、股东权益内部结构、股东持股比例、公司价值不变。

② 股票分割的作用：增加股数、降低股价、吸引更多投资者；传递信号，给人一种“公司正处于发展中”的印象，会在短时间内提高股价。

4.【答案】A

【解析】股票反分割是股票分割的对立面，可以理解为股票合并。按 2 股换成 1 股的比例进行股票反分割：

① 选项 A 正确，股数 = 原股数 ÷2 =400 ÷2 =200（万股）。

② 选项 B 错误，每股面值 = 原面值 ×2 =1 ×2 =2（元）。

③ 选项 C 错误，股本 = 股数 × 面值 =200 ×2 =400（万元），反分割前后股本总额不变。

④ 选项 D 错误，反分割前后股东权益总额不变，仍为 1 400 万元。

5.【答案】C

【解析】

① 选项 A 错误，股票分割会降低股票每股面值，但发放股票股利不影响股票面值。

② 选项 B 错误，股票分割与发放股票股利都不会影响股东权益总额。

③ 选项 C 正确，股票分割与发放股票股利都会导致股数增加，从而降低股票每股价格。

④ 选项 D 错误，股票股利发放会改变股东权益结构，但股票分割不影响股东权益的结构。

主观题部分

1.【解析】

（1）如果甲公司采用固定股利政策，2019 年股利 = 固定股利 =2018 年股利 =3 000 万元。

2019 年净利润的股利支付率 =2019 年股利 ÷2019 年净利润 =3 000 ÷12 000 =25%

（2）如果甲公司采用固定股利支付率政策，2018 年股利支付率 =3 000 ÷10 000 =30%

2019 年净利润的股利支付率 =2018 年股利支付率 =30%

（3）如果甲公司采用剩余股利政策：

2019 年应分配的股利 =2019 年净利润 − 需增加长期资本 × 目标资本结构下权益资本占比

=12 000 −8 000 ×60% =7 200（万元）

2019 年净利润的股利支付率 =7 200 ÷12 000 =60%

（4）如果甲公司采用低正常股利加额外股利政策：

2019 年股利 =2 000 +（12 000 −2 000）×16% =3 600（万元）

2019 年净利润的股利支付率 =3 600 ÷12 000 =30%

（5）上述各种股利政策的优点和缺点。

① 固定股利政策：

优点：避免由于经营不善而削减股利，有利于稳定股价。

缺点：股利支付与盈余脱节，导致资金短缺，且不利于保持较低的资本成本。

② 固定股利支付率政策：

优点：股利与盈余紧密结合，体现多盈多分、少盈少分、不盈不分的原则。

缺点：股利波动较大，不利于稳定股价。

③ 剩余股利政策：

优点：保持目标资本结构，使加权平均资本成本最低。

缺点：股利波动，不利于稳定股价。

④ 低正常股利加额外股利政策：

优点：具有较大灵活性，兼具固定股利政策和固定股利支付率政策的优点。

缺点：股利不稳定，兼具固定股利政策和固定股利支付率政策的缺点。

【考点】股利理论和股利政策

2. **【解析】**

（1）每股收益 =5 000 ÷2 000 =2.5（元）

每股股利 =6 ÷10 =0.6（元）

股利总额 =0.6 ×2 000 =1 200（万元）

股票回购股数 =1 200 ÷50 =24（万股）

股票回购方案：按照回购价格每股 50 元回购 24 万股股票。

相同点：股东都会得到现金收入 1 200 万元，公司所有者权益都会减少 1 200 万元。

不同点：股票回购有与发放现金股利不同的意义。

对股东而言，股票回购后股东得到的资本利得需要缴纳资本利得税，发放现金股利后股东则需缴纳股利收益税。

对公司而言，股票回购有利于增加公司价值：

第一，公司进行股票回购的目的之一是向市场传递股价被低估的信号。

第二，当公司可支配的现金流明显超过投资项目所需的现金流时，可以用自由现金流进行股票回购，有助于提高每股收益。

第三，避免股利波动带来的负面影响。

第四，发挥财务杠杆的作用。

第五，通过股票回购，可以减少外部流通股的数量，提高股票价格，在一定程度上降低公司被收购的风险。

第六，调节所有权结构。

（2）每股收益 =5 000 ÷(2 000 +2 000 ÷10 ×10) =1.25（元）

每股除权参考价 =30 ÷(1 +1) =15（元）

股票分割方案：按 1 股换成 2 股的比例进行股票分割。

相同点：普通股股数增加；每股收益和每股市价下降；资本结构不变。

不同点：股票分割会降低每股面值，股票股利不会降低每股面值；股票分割不会导致股东权益内部结构变化，股票股利会导致股东权益内部结构变化；股票分割不属于股利支付方式，股票股利属于股利支付方式。

【考点】股利种类、支付程序及股利分配、股票分割和股票回购

12 第十二章 营运资本管理·答案

「考点1」营运资本投资策略（★）

1. 【答案】B

【解析】激进型营运资本投资策略，指公司持有尽可能低的现金和小额的有价证券投资，在存货上作少量投资，采用严格的销售信用政策或者禁止赊销，表现为较低的流动资产/收入比率，所以持有成本最低，短缺成本最高。

相比激进型营运资本投资策略而言，适中型营运资本投资策略，持有成本较高，短缺成本较低。

因此，选项B正确。

【抢分技巧】管理成本是一种固定成本，与现金持有量之间无明显的比例关系。三类营运资本投资策略及特点：

① 适中型投资策略，特点使得持有成本和短缺成本之和的最小化，且短缺成本和持有成本大体相等；

② 保守型投资策略，表现为安排较高的流动资产与收入比，持有成本较高，但短缺成本较小；

③ 激进型投资策略，表现为安排较低的流动资产与收入比，持有成本较低，但短缺成本较高。

2. 【答案】A

【解析】保守型流动资产投资策略，指企业持有较多的现金和有价证券，充足的存货，提供给客户宽松的付款条件并保持较高的应收账款水平。这种政策需要较多的流动资产投资，承担较大的流动资产持有成本。

因此，选项A正确。

「考点2」营运资本筹资策略（★★）

1. 【答案】C

【解析】

① 可以通过易变现率来识别营运资本筹资策略的稳健程度。在营业低谷期的易变现率为1，是适中的流动资金筹资政策，大于1时比较稳健，小于1则比较激进。

② 易变现率＝[（股东权益＋长期负债＋经营性流动负债）－长期资产]÷经营性流动资产

③ 淡季易变现率＝(2 000－1 000－200)÷(300＋200＋500)＝0.8＜1，属于激进型营运资本筹资策略。

因此，选项C正确。

2. 【答案】C

【解析】

① 稳定性流动资产和长期资产＝20＋80＋100＋300＝500（万元）

② 经营性流动负债、长期债务和股东权益＝500－50＝450（万元）

③ 稳定性流动资产和长期资产大于经营性流动负债、长期债务和股东权益，表明短期金融负债不但融通临时性流动资产的资金需要，还解决部分稳定性流动资产和长期资产的资金需要，属于激进型筹资策略。

④ 本题也可以使用淡季易变现率来判断营运资本筹资策略。

易变现率 =[（股东权益 + 长期负债 + 经营性流动负债）- 长期资产] ÷ 经营性流动资产

=（450 -300）÷（20 +80 +100）=0.75 <1，属于激进型策略。

因此，选项 C 正确。

【抢分技巧】 判断筹资政策类型的方法如下表所示。

	方法一：通过比较短期来源与短期资产	方法二：营业低谷易变现率
适中型策略	临时性流动资产 = 短期性金融负债	易变现率 =1
保守型策略	临时性流动资产 > 短期性金融负债	易变现率 >1
激进型策略	临时性流动资产 < 短期性金融负债	易变现率 <1

「考点3」现金管理（★★）

1. **【答案】** D

【解析】

①现金持有量下限，用 L 表示，即本题的现金最低余额 1 000 万元；

②现金返回线，用 R 表示，本题为 5 000 万元；

③现金持有量的上限，用 H 表示，H =3R -2L；

④故本题现金余额控制的上限：H =3 ×5 000 -2 ×1 000 =13 000（万元）。

2. **【答案】** BD

【解析】 选项 A 错误、选项 B 正确，成本分析模式确定的最佳现金持有量是现金机会成本和短缺成本相等时的现金持有量，而非现金机会成本和管理成本相等时的现金持有量。

选项 C 错误、选项 D 正确，无论哪种确定最佳现金持有量的模型都不能只看现金的机会成本，而应该是使总成本最小。

3. **【答案】** CD

【解析】

① 随机模式下，现金存量的上限 H 与现金返回线 R 之间的距离，是现金返回线 R 与现金存量的下限 L 之间距离的 2 倍，即：H - R =2(R - L)，所以 H =3R -2L =3 ×40 -2 ×10 =100（万元）。

② 选项 A 错误，当现金余额为 8 万元时，现金余额低于 L（10 万元），应转让有价证券换回现金 40 -8 =32（万元）。

③ 选项 B 错误、选项 C 正确，当现金余额为 50 万元和 80 万元时，现金余额在 H（100 万元）与 L（10 万元）之间，不用进行有价证券与现金之间的转换操作。

④ 选项 D 正确，当现金余额为 110 万元时，现金余额高于 H（100 万元），应用现金 110 -

40 =70（万元）买入有价证券。

4.【答案】B

【解析】

① 最佳现金持有量 $C=\sqrt{\frac{2\times 一定期间的现金需求量\times 每次交易成本}{机会成本率}}=\sqrt{2T\times F/K}$

② $C_{原}=\sqrt{2T\times 100\div 4\%}=\sqrt{5\ 000T}$，$C_{新}=\sqrt{2T\times 50\div 8\%}=\sqrt{1\ 250T}$

③ 最佳现金持有量变动百分比 $=(\sqrt{1\ 250T}-\sqrt{5\ 000T})\div\sqrt{5\ 000T}=(1/2\times\sqrt{5\ 000T}-\sqrt{5\ 000T})\div\sqrt{5\ 000T}=-50\%$

因此，选项 B 正确。

5.【答案】AD

【解析】采用成本分析模式管理现金，最佳现金持有量是使机会成本、管理成本、短缺成本之和达到最小值的现金持有量。管理成本属于固定成本，与现金持有量无明显变动关系，因此也可认为是使机会成本与短缺成本之和达到最小值（或使两者相等）的现金持有量。因此，选项 AD 正确。

6.【答案】AD

【解析】

① 计算现金持有量上限 H =3R −2L =3 ×7 000 −2 ×2 000 =17 000（元）

② 选项 A 正确，当现金余额为 1 000 元时，低于现金持有量下限，应转让有价证券 7 000 −1 000 =6 000（元），使现金持有量回升为 7 000 元。

③ 选项 BC 错误，现金余额为 5 000 元和 12 000 元时，均介于 2 000 ~17 000 元之间，不必采取任何措施。

④ 选项 D 正确，当现金余额为 18 000 元时，超过现金持有量上限，应购买有价证券 18 000 −7 000 =11 000（元），使现金持有量回落为 7 000 元。

【抢分技巧】随机模式下，最优现金返回线为：

$$R=\sqrt[3]{\frac{3b\times\delta^2}{4i}}+L$$

现金存量的上限 H 与最优现金返回线 R 之间的距离，是最优现金返回线 R 与现金存量的下限 L 之间距离的 2 倍，即：H −R =2(R −L)，所以 H =3R −2L。

「考点 4」应收账款管理（★★）

1.【答案】CD

【解析】信用期是公司允许顾客从购货到付款之间的时间，或者说企业给予顾客的付款期间。缩短信用期，会减少销售收入、减少应收账款、减少收账费用、减少坏账损失（选项 AB 错误）。

现金折扣是企业对顾客在商品价格上所做的扣减。提供现金折扣可以吸引顾客为享受优惠而提前付款，会增加销售收入、减少应收账款、减少收账费用、减少坏账损失。

因此，选项 CD 正确。

2.【答案】A

【解析】企业在设定某一顾客的信用标准时，往往要先评估其赖账的可能性，这可以通过“5C”系统来进行：

① 品质——顾客的信誉，履行偿债义务的可能性；

② 能力——顾客的（短期）偿债能力，即流动资产的数量、质量以及与流动负债的比例；

③ 资本——顾客的财务实力和财务状况，表明顾客可能偿债的背景；

④ 抵押——顾客拒付款项或无力支付款项时被用作抵押的资产，适用于不明底细或信用状况有争议的顾客；

⑤ 条件——可能影响顾客付款能力的经济环境，需了解顾客在过去困难时期的付款历史。

因此，选项 A 正确。

3.【答案】C

【解析】应收账款平均收现期 =20 ×40% +30 ×(1 −40%) =26（天）

应收账款年平均余额 = 年销售额 ÷300 × 平均收现期 =30 000 ÷300 ×26 =2 600（元）

因此，选项 C 正确。

「考点5」存货管理（★★★）

1.【答案】BD

【解析】

① 经济订货批量 = $\sqrt{2 \times 单位订货变动成本 \times 存货年需求量 \div 储存变动成本}$

② 根据公式，导致经济订货批量增加的情况有：

第一，单位储存成本降低（选项 A 不正确）；

第二，存货年需求量增加（选项 B 正确）；

第三，单位订货变动成本增加（选项 D 正确）。

③订货固定成本与存货经济订货批量无关（选项 C 不正确）。

因此，选项 BD 正确。

2.【答案】C

【解析】若平均交货时间（订货提前期）和每日需要量存在不确定性，为避免缺货，需加大再订货点，再订货点增加的部分，即为保险储备量。

研究保险储备的目的，就是要找出合理的保险储备量，使缺货或供应中断损失和储备成本之和最小。

因此，选项 C 正确。

「考点6」短期债务管理（★★）

1.【答案】A

【解析】放弃现金折扣的机会成本 = 折扣百分比 ÷(1 − 折扣百分比) ×360 ÷(信用期 − 折扣期)

=2% ÷(1 −2%) ×360 ÷(90 −30) =12.24%

因此，选项 A 正确。

2.【答案】D

【解析】

① 该笔贷款的利息 =5 000 ×8% =400（万元）

② 未使用借款部分的承诺费 =(8 000 −5 000) ×0.5% =15（万元）

③ 该笔贷款的实际成本 =(400 +15) ÷(5 000 −8 000 ×0.5%) =8.37%

④ 注意企业对未使用部分需要支付承诺费，但是因为本题有特殊要求，承诺费按承诺贷款额度的0.5%于签订协议时交付，所以需要根据全部贷款额度8 000万元计算承诺费，是在0时点一次性支付的，会减少实际可用贷款额。

因此，选项D正确。

主观题部分

1.【答案解析】

（1）经济订货量 = $\sqrt{2KD/K_c}$ = $\sqrt{(2 \times 3\,600 \times 600 \div 300)}$ =120（吨）

年订货次数 =3 600 ÷120 =30（次）

与批量相关的年存货总成本 = $\sqrt{2KD \times K_c}$ = $\sqrt{(2 \times 3\,600 \times 600 \times 300)}$ =36 000（元）

（2）平均每日耗用量 =3 600 ÷360 =10（吨）

不设保险储备时，缺货量 =10 ×10% +2 ×10 ×10% =3（吨）

年相关总成本 =缺货成本 +保险储备成本 =单次订货缺货量 ×年订货次数 ×单位缺货成本 +保险储备成本 =3 ×30 ×1 000 +0 =90 000（元）

设保险储备为10吨时，缺货量 =10 ×10% =1（吨）

年相关总成本 =缺货成本 +保险储备成本 =1 ×30 ×1 000 +10 ×300 =33 000（元）

设保险储备20吨时，缺货量 =0

年相关总成本 =缺货成本 +保险储备成本 =0 ×30 ×1 000 +20 ×300 =6 000（元）

三种情况中设保险储备20吨时相关总成本最低，所以最佳保险储备量为20吨。

【考点】存货管理

2.【答案解析】

（1）方案1：

营业高峰期易变现率 =(长期资金来源 −长期资产) ÷经营性流动资产
=(3 400 −1 875) ÷(1 250 +650) =80.26%

营业低谷期易变现率 =(长期资金来源 −长期资产) ÷经营性流动资产
=(3 400 −1 875) ÷1 250 =122%

方案1营业低谷期易变现率 >1，因此，方案1采用的是保守型筹资策略。

（2）方案2：

营业高峰期易变现率 =(长期资金来源 −长期资产) ÷经营性流动资产
=(3 000 −1 875) ÷(1 250 +650) =59.21%

营业低谷期易变现率 =(长期资金来源 −长期资产) ÷经营性流动资产
=(3 000 −1 875) ÷1 250 =90%

方案2营业低谷期易变现率 <1，因此，方案2采用的激进型筹资策略。

（3）方案 1 采用保守型筹资策略，优点是风险低，缺点是资本成本高、收益低。

方案 2 采用激进型筹资策略，优点是资本成本低、收益高，缺点是风险高。

【考点】营运资本筹资策略

3.【解析】

（1）X 零件的经济订货量 = $\sqrt{2\times72\ 000\times250/1}=6\ 000$（件）

年订货次数 =72 000 ÷6 000 =12（次）

与批量相关的年存货总成本 = $\sqrt{2\times72\ 000\times250\times1}=6\ 000$（元）

（2）每天平均需求量 =72 000 ÷360 =200（件）

再订货点 =200 ×5 =1 000（件）

不设置保险储备时：

缺货成本 =[（1 200 −1 000）×30% +（1 400 −1 000）×20%] ×12 ×0. 5 =840（元）

保险储备成本 =0

与保险储备有关的总成本 = 缺货成本 + 保险储备成本 =840 +0 =840（元）

设置 200 件的保险储备时：

缺货成本 =200 ×20% ×12 ×0. 5 =240（元）

保险储备成本 =200 ×1 =200（元）

与保险储备有关的总成本 = 缺货成本 + 保险储备成本 =240 +200 =440（元）

设置 400 件的保险储备时：

缺货成本 =0

保险储备成本 =400 ×1 =400（元）

与保险储备有关的总成本 = 缺货成本 + 保险储备成本 =0 +400 =400（元）

经比较，设置 400 件的保险储备时与保险储备有关的总成本最低，应设置 400 件的保险储备量。

【考点】存货管理

13 第十三章　产品成本计算·答案

「考点1」产品成本的分类（★）

【答案】D

【解析】制造费用是指除直接材料成本和直接人工成本以外的所有制造成本，包括间接材料成本、间接人工成本和其他制造费用。因此，选项D正确。

「考点2」产品成本的归集和分配（★★）

1.【答案】D

【解析】直接分配法就是供电和锅炉两个辅助生产车间不互相分配，直接将各辅助生产车间发生的费用分配给辅助生产车间以外的各个受益单位或产品。因此，选项D正确。

2.【答案】ABD

【解析】

① 选项A正确，供电车间分配给燃气车间的成本费用 =10 ÷20 ×1 =0.5（万元）。

② 选项B正确，燃气车间分配给供电车间的成本费用 =20 ÷10 ×0.5 =1（万元）。

③ 选项C错误，供电车间对外分配的成本费用 =10 +1 −0.5 =10.5（万元）。

④ 选项D正确，燃气车间对外分配的成本费用 =20 +0.5 −1 =19.5（万元）。

「考点3」完工产品和在产品的成本分配（★★★）

【答案】C

【解析】

① 约当产量是指在产品按其完工程度大约相当于完工产品的数量，可以用完工率代表完工程度。

② 进入到第三道工序的在产品表明前两道工序已经完成。

③ 第三道工序完工率 =(40 +35 +25 ×60%) ÷(40 +35 +25) =90%

④ 第三道工序在产品约当产量 =6 000 ×90% =5 400（件）

因此，选项C正确。

「考点4」联产品和副产品的成本分配（★）

1.【答案】D

【解析】X的总加工成本 $=40\ 000\times\frac{970\ 000-10\ 000}{(970\ 000-10\ 000)+(1\ 458\ 000-18\ 000)}+10\ 000$ $=26\ 000$（元）

Y的总加工成本 $=40\ 000\times\frac{1\ 458\ 000-18\ 000}{(970\ 000-10\ 000)+(1\ 458\ 000-18\ 000)}+18\ 000$ $=42\ 000$（元）

因此，选项D正确。

2.【答案】D

【解析】

① 甲产品可直接出售，在分离点，甲产品的可变现净值为 30 万元。

② 在分离点，乙产品需继续加工，乙产品的可变现净值为完工后销售总价减去继续加工发生的成本，即（20 −10）=10（万元）。

③ 甲、乙产品在分离前发生联合成本 32 万元，甲产品应分摊 =32 ÷（30 +10）×30 =24（万元）。

因此，选项 D 正确。

「考点 5」产品成本计算的品种法与分批法（★）

【答案】C

【解析】品种法按照产品品种分配，分批法按照产品批次分配，分步法按照步骤分配。

流感疫苗的试制与批次有关，应采用分批法。

因此，选项 C 正确。

「考点 6」产品成本计算的分步法（★★★）

1.【答案】D

【解析】

① 平行结转分步法下，完工产品是指最终完工的产品。

② 在产品是指广义的在产品（本步骤的在产品和本步骤已完工但最终步骤未完工的在产品或半成品）。

③ 第二步骤广义在产品约当产量 =150 ÷40% +200 =260（件）。

④ 将第二步骤加工费用按照约当产量法在完工产品和在产品之间进行分配，应计入完工产品成本的份额占比 =540 ÷（540 +260）×100% =67.5%。

因此，选项 D 正确。

2.【答案】BCD

【解析】

① 逐步结转分步法分为综合结转分步法和分项结转分步法。

② 选项 A 错误，综合结转分步法需进行成本还原，分项结转分步法不需要。

③ 选项 BC 正确，逐步结转分步法因每个步骤都计算半成品成本，因此便于计算外售半成品成本，便于与同行业半成品成本对比，便于考核与分析各步骤的生产耗费与资金占用水平。

④ 选项 D 正确，在逐步结转分步法下，半成品成本是随着半成品实物在各步骤间转移。

3.【答案】AC

【解析】

① 逐步结转分步法分为综合结转分步法和分项结转分步法。

② 选项 AC 正确，逐步结转分步法因每个步骤都计算半成品成本，因此便于计算外售半成品成本、便于与同行业半成品成本对比，便于考核与分析各步骤的生产耗费与资金占用

水平。

③ 选项 B 错误，综合结转分步法需进行成本还原，分项结转分步法不需要。

④ 选项 D 错误，平行结转分步法是指在计算各步骤成本时，不计算各步骤所产半成品成本，也不计算各步骤所耗用上一步骤的半成品成本，而只计算本步骤发生的各项其他费用以及这些费用中应计入产成品成本的份额，将相同产品的各步骤成本明细账中的这些份额平行结转、汇总，即可计算出该种产品的产成品成本，即平行结转分步法不能提供各步骤半成品存货资金占用信息。

4.【答案】D

【解析】

① 选项 ABC 错误，适用于经常对外销售半成品的企业、有利于考察在产品存货资金占用情况、有利于各步骤在产品的实物管理和成本管理，均是逐步结转分步法的特点。

② 选项 D 正确，平行结转分步法下的在产品是广义在产品，包括本步骤在产品和本步骤已完工但未最终完工的所有后续仍需继续加工的在产品、半成品。

【抢分技巧】

① 平行结转分步法的优点：

第一，各步骤可以同时计算产品成本，平行汇总计入产成品成本，不必逐步结转半成品成本；

第二，能够直接提供按原始成本项目反映的产成品成本资料，不必进行成本还原，因而简化和加速成本计算工作。

② 平行结转分步法的缺点：

第一，不能提供各个步骤的半成品成本资料，在产品的费用在产品最后完成以前，不能随实物转出而转出，即不按其所在的地点登记，而按其发生的地点登记，因而不能为各个生产步骤在产品的实物管理提供资料；

第二，各生产步骤的产品成本不包括所耗半成品费用，因而不能全面地反映各步骤产品的生产耗费水平（第一步骤除外），不能更好地满足这些步骤成本管理的要求。

5.【答案】D

【解析】平行结转分步法不计算各步骤半成品的成本，不利于考查公司各类存货资金占用情况，因此，选项 D 正确。

6.【答案】C

【解析】

① 选项 A 错误，逐步结转分步法要计算各步骤半成品成本，所以有利于各步骤在产品的实物管理和成本管理。

② 选项 B 错误，平行结转分步法不计算各步骤半成品成本，当公司经常对外销售半成品时，应采用逐步结转分步法。

③ 选项 C 正确，逐步综合结转分步法需进行成本还原，逐步分项结转分步法不需要。

④ 选项 D 错误，采用平行结转分步法，每一生产步骤的生产费用要在其完工产品与月末在产品之间进行分配，这里的完工产品是指公司最后完工的产成品，在产品是指各步骤尚未加工完成的在产品和各步骤已经完工但尚未最终完成在产品或半成品。

主观题部分

1.【解析】

（1）生产工人工资的分配率 =30 000 ÷（30 000 +45 000）=0. 4

X 产品分配基本生产车间本月生产工人工资 =30 000 ×0. 4 =12 000（元）

Y 产品分配基本生产车间本月生产工人工资 =45 000 ×0. 4 =18 000（元）

（2）本月基本车间制造费用 =40 000 ×（1 +2. 5%）+5 000 +10 000 +4 000 =60 000（元）

制造费用分配率 =［40 000 ×（1 +2. 5%）+5 000 +10 000 +4 000］÷（30 000 +45 000）=0. 8

X 产品分配制造费用 =30 000 ×0. 8 =24 000（元）

Y 产品分配制造费用 =45 000 ×0. 8 =36 000（元）

（3）

产品成本计算单

产品：X 产品　　2020 年 9 月　　单位：元

	直接材料	直接人工	制造费用	合计
月初在产品成本	25 900	2 850	5 040	33 790
本月生产费用	340 000 ×（1 + 2. 5%）=348 500	12 000	24 000	384 500
合计	374 400	14 850	29 040	418 290
分配率	374 400 ÷（5 000 × 60 +60 000）=1. 04	14 850 ÷（5 000 × 6 +3 000）=0. 45	29 040 ÷（5 000 × 6 +3 000）=0. 88	—
完工产品总成本	1. 04 ×5 000 × 60 =312 000	0. 45 ×5 000 × 6 =13 500	0. 88 ×5 000 × 6 =26 400	351 900
完工产品单位成本	312 000 ÷5 000 = 62. 4	13 500 ÷5 000 = 2. 7	26 400 ÷5 000 = 5. 28	70. 38
月末在产品成本	1. 04 ×60 000 = 62 400	0. 45 ×3 000 = 1 350	0. 88 ×3 000 = 2 640	66 390

【考点】产品成本计算的品种法与分批法

2.【答案】

（1）

表 1 第一步骤成本计算单

2017 年 9 月 单位：元

	直接材料	直接人工	制造费用	合计
月初在产品成本	50 000	8 250	5 000	63 250
本月生产成本	313 800	69 000	41 350	424 150
合计	363 800	77 250	46 350	487 400
分配率	3. 4	0. 75	0. 45	
产成品成本中本步骤份额	299 200	66 000	39 600	404 800
月末在产品	64 600	11 250	6 750	82 600

相关计算说明：

① 在平行结转分步法中，在分配费用时，“完工产品”指的是企业“最终完工的产成品”。某个步骤的“在产品”指的是“广义在产品”，包括该步骤尚未加工完成的在产品（称为该步骤的狭义在产品）和该步骤已完工但尚未最终完成的产品（即后面各步骤的狭义在产品）。换句话说，凡是该步骤“参与”了加工，但还未最终完工形成产成品的，都属于该步骤的“广义在产品”。计算某步骤的广义在产品的约当产量时，实际上计算的是“约当该步骤完工产品”的数量，由于后面步骤的狭义在产品耗用的是该步骤的完工产品，所以，计算该步骤的广义在产品的约当产量时，对于后面步骤的狭义在产品的数量，不用乘以其所在步骤的完工程度。

② 用公式表示如下：

某步骤月末（广义）在产品约当产量 = 该步骤月末狭义在产品数量 × 在产品完工程度 +（以后各步骤月末狭义在产品数量 × 每件狭义在产品耗用的该步骤的完工半成品的数量）

另外还要注意：如果原材料在生产开始时一次投入，计算第一步骤广义在产品约当产量时，直接材料的在产品完工程度按照 100% 计算。

③ 分配率：

直接材料分配率 =363 800 ÷（88 000 +10 000 +9 000）=3. 4（元/千克）

直接人工分配率 =77 250 ÷（88 000 +10 000 ×60% +9 000）=0. 75（元/千克）

制造费用分配率 =463 500（88 000 +10 000 ×60% +9 000）=0. 45（元/千克）

④ 产成品成本中本步骤份额：

直接材料 =88 000 ×3. 4 =299 200（元）

直接人工 =88 000 ×0. 75 =66 000（元）

制造费用 =88 000 ×0. 45 =39 600（元）

⑤ 月末在产品成本：

直接材料 =(10 000 +9 000) ×3. 4 =64 600 (元)

直接人工 =(10 000 ×60% +9 000) ×0. 75 =11 250 (元)

制造费用 =(10 000 ×60% +9 000) ×0. 45 =6 750 (元)

表 2　　**第二步骤成本计算单**

2017 年 9 月　　单位：元

	直接材料	直接人工	制造费用	合计
月初在产品成本		3 350	3 600	6 950
本月生产成本		79 900	88 900	168 800
合计		83 250	92 500	175 750
分配率		0. 9	1	
产成品成本中本步骤份额		79 200	88 000	167 200
月末在产品		4 050	4 500	8 550

直接人工分配率 =83 250 ÷(88 000 +9 000 ×50%) =0. 9 (元/千克)

制造费用分配率 =92 500 ÷(88 000 +9 000 ×50%) =1 (元/千克)

表 3　　**产品成本汇总计算单**

2017 年 9 月　　单位：元

步骤	直接材料	直接人工	制造费用	合计
第一步骤	299 200	66 000	39 600	404 800
第二步骤		79 200	88 000	167 200
合计	299 200	145 200	127 600	572 000

(2) 计算 A、B 产品的单位成本。

A 产品产量 =88 000 ×6 ÷(6 +5) =48 000 (千克)

B 产品产量 =88 000 ×5 ÷(6 +5) =40 000 (千克)

A 产品可变现净值 =48 000 ×8. 58 =411 840 (元)

B 产品可变现净值 =40 000 ×(7. 2 −0. 336) =274 560 (元)

A 产品分配的成本 =572 000 ×411 840 ÷(411 840 +274 560) =343 200 (元)

B 产品分配的成本 =572 000 ×274 560 ÷(411 840 +274 560) =228 800 (元)

A 产品单位成本 =343 200 ÷48 000 =7. 15 (元/千克)

B 产品单位成本 =228 800 ÷40 000 +0. 336 =6. 056 (元/千克)

【考点】联产品和副产品的成本分配、产品成本计算的分步法

3.【答案】

（1）主要材料在生产开始时一次全部投入，费用在完工产品与在产品之间直接分配。

本月完工产品的主要材料费用 =540 000 ÷（3 500 +500）×3 500 =472 500（元）

本月在产品的主要材料费用 =540 000 ÷（3 500 +500）×500 =67 500（元）

（2）辅助材料陆续均衡投入，月末在产品平均完工程度60%，费用在完工产品与在产品之间按约当产量进行分配。

在产品的约当产量 =500 ×60% =300（只）

本月完工产品的辅助材料费用 =38 000 ÷（3 500 +300）×3 500 =35 000（元）

本月月末在产品的辅助材料费用 =38 000 ÷（3 500 +300）×300 =3 000（元）

（3）人工费用采用定额比例法进行分配。

本月完工产品的人工费用 =148 000 ÷（3 500 ×2 +500 ×0.8）×（3 500 ×2）=140 000（元）

本月月末在产品的人工费用 =148 000 ÷（3 500 ×2 +500 ×0.8）×（500 ×0.8）=8 000（元）

（4）制造费用采用定额比例法进行分配。

本月完工产品的制造费用 =29 600 ÷（3 500 ×1 +500 ×0.4）×（3 500 ×1）=28 000（元）

本月月末在产品的制造费用 =29 600 ÷（3 500 ×1 +500 ×0.4）×（500 ×0.4）=1 600（元）

（5）本月完工产品总成本 =472 500 +35 000 +140 000 +28 000 =675 500（元）

本月完工产品单位成本 =675 500 ÷3 500 =193（元/只）

【考点】产品成本的归集和分配（辅助生产费用的归集和分配）、完工产品和在产品的成本分配

14 第十四章　标准成本法·答案

「考点1」标准成本及其制定（★）

1. **【答案】**C

【解析】“成本标准”是单位产品的标准成本，用于“标准成本制定”；而“标准成本”是实际产量的标准成本。

固定制造费用标准成本＝实际产量×单位产品标准成本＝实际产量×单位产品标准工时×固定制造费用标准分配率＝1 200×1.1×8＝10 560（元）。

因此，选项C正确。

2. **【答案】**CD

【解析】

① 基本标准成本是指一经制定，只要生产的基本条件无重大变化，就不予变动的一种标准成本。

② 所谓生产的基本条件的重大变化是指产品的物理结构变化，重要原材料和劳动力价格的重要变化，生产技术和工艺的根本变化等（选项CD属于基本条件的重大变化）。

③ 只有这些条件发生变化，基本标准成本才需要修订。

④ 由于市场供求变化导致的售价变化和生产经营能力利用程度的变化，由于工作方法改变而引起的效率变化等，不属于生产的基本条件的重大变化，对此不需要修订基本标准成本（选项AB不属于生产基本条件的重大变化）。

因此，选项CD正确。

【抢分技巧】基本标准成本是只要生产的基本条件无重大变化，就不予变动的一种标准成本，生产基本条件重大变化是指产品物理结构变化、重要原材料和劳动力价格的重要变化、生产技术和工艺根本变化。

3. **【答案】**D

【解析】

① 标准工资率＝6 600÷（22×8）＝37.5（元/小时）

② 单位产品的标准工时包括直接加工操作必不可少的时间，以及必要的间歇和停工，如工间休息、调整设备时间、不可避免的废品耗用工时等。本题单位产品的标准工时＝（1.5＋0.1）÷（1－4%）＝5/3（小时）。

③ 单位产品直接人工标准成本＝标准工资率×单位产品的标准工时＝37.5×5/3＝62.5（元）

因此，选项D正确。

「考点2」变动成本的差异分析（★★★）

1. **【答案】**ABD

【解析】

① 选项A正确，标准工时是指在现有生产技术条件下，生产单位产品所需要的时间，包括直接加工操作必不可少的时间，以及必要的间歇和停工，如工间休息、设备调整准备时

间、不可避免的废品耗用工时等。

② 选项 B 正确，直接人工效率差异即直接人工的数量差异，形成的原因包括工作环境不良、工人经验不足、劳动情绪不佳、新工人上岗太多、机器或工具选用不当、设备故障较多、生产计划安排不当、产量规模太小而无法发挥经济批量优势等。

③ 选项 C 错误，直接人工效率差异 =（实际工时 − 标准工时）× 标准工资率。

④ 选项 D 正确，直接人工工资率差异的形成原因，包括直接生产工人升级或降级使用、奖励制度未产生实效、工资率调整、加班或使用临时工、出勤率变化等。

2.【答案】BCD

【解析】材料数量差异是在材料耗用过程中形成的，反映生产部门的成本控制业绩。材料数量差异形成的具体原因也有许多，如工人操作疏忽导致废品或废料增加、操作技术改进而节省材料、新工人上岗造成用料增多、机器或工具不适造成用料增加等。材料运输保险费提高不属于材料数量差异形成的原因。

因此，选项 BCD 正确。

3.【答案】A

【解析】直接材料成本数量差异 =（实际产量下的实际用量 − 实际产量下的标准用量）× 标准价格

=（5 050 − 1 100 × 5）× 2 = −900（元）

因此，选项 A 正确。

4.【答案】AC

【解析】

① 标准成本中心的考核指标，是既定产品质量和数量条件下的标准成本。标准成本中心不需要作出定价决策、产量决策或产品结构决策，这些决策由上级管理部门作出，或授权给销售部门。标准成本中心的设备和技术决策，通常由职能管理部门作出，而不是由成本中心的管理人员自己决定。选项 AC 是在生产过程中造成的，属于标准成本中心的责任。

② 标准成本中心不对生产能力的利用程度负责，而只对既定产量的投入量承担责任，所以选项 B 不是标准成本中心的责任。材料质量差导致工作效率慢是采购部门的责任，所以选项 D 不是标准成本中心的责任。

因此，选项 AC 正确。

「考点 3」固定制造费用差异分析（★★★）

1.【答案】C

【解析】本题考查固定制造费用差异分析中的“三因素分析法”。

固定制造费用闲置能力差异 = 固定制造费用预算 − 实际工时 × 固定制造费用标准分配率 =（生产能力 − 实际工时）× 固定制造费用标准分配率 =（1 500 − 1 200）× 10 = 3 000（元），正数表示不利差异，故选项 C 当选。

2.【答案】A

【解析】固定制造费用闲置能力差异 =（生产能力 − 实际工时）× 固定制造费用标准分配

率 =(25 000 −24 000)×(125 000 ÷25 000)=5 000 (元)，结果为正值，为不利差异。

因此，选项 A 正确。

3.【答案】C

【解析】固定制造费用闲置能力差异 =(生产能力 −实际工时)×固定制造费用标准分配率 =(3 000 ×2 −5 858)×10 =1 420(元)，结果为正值，为不利差异。

因此，选项 C 正确。

4.【答案】B

【解析】

① 选项 A 是固定制造费用耗费差异，耗费差异 =固定制造费用实际数 −固定制造费用预算数 =固定制造费用实际数 −固定制造费用标准分配率 ×生产能力。

② 选项 B 是固定制造费用闲置能力差异，固定制造费用闲置能力差异 =固定制造费用预算数 −实际工时 ×固定制造费用标准分配率 =(生产能力 −实际工时)×固定制造费用标准分配率。

③ 选项 C 是二因素法下的固定制造费用能力差异。

④ 选项 D 是固定制造费用效率差异，效率差异 =(实际工时 −实际产量下标准工时)×固定制造费用标准分配率。

因此，选项 B 正确。

5.【答案】D

【解析】固定制造费用能力差异 =预算产量下标准固定制造费用 −实际产量下标准固定制造费用。因此实际产量大于预算产量时，成本差异表现为固定制造费用能力差异。

选项 ABC 为变动成本差异分析，而变动成本差异分析均在实际产量下进行，与预算产量无关，只有固定制造费用差异分析涉及预算产量。

因此，选项 D 正确。

6.【答案】A

【解析】固定制造费用耗费差异是指固定制造费用的实际金额与固定制造费用预算金额之间的差额。由于固定费用不因业务量的改变而改变，因此计算固定制造费用预算金额时，不能按照实际产量计算，应该按照生产能力工时和固定制造费用标准分配率计算，即本题中固定制造费用预算金额 =1 500 ×10 =15 000 (元)，所以，固定制造费用耗费差异 =15 800 −15 000 =800 (元)，属于不利差异。

因此，选项 A 正确。

【抢分技巧】注意区分固定制造费用耗费差异和固定制造费用能力差异:

① 固定制造费用耗费差异 =固定制造费用实际数 −固定制造费用预算数 =固定制造费用实际数 −固定制造费用标准分配率 ×生产能力

② 固定制造费用能力差异 =固定制造费用预算数 −固定制造费用标准成本 =固定制造费用标准分配率 ×生产能力 −固定制造费用标准分配率 ×实际产量下标准工时。

主观题部分

【解析】

（1）直接材料的价格差异 =24 000 ×（1.5 −1.6）= −2 400（元）

直接材料的数量差异 =（24 000 −5 000 ×5）×1.6 = −1 600（元）

直接材料的成本差异 =24 000 ×1.5 −5 000 ×5 ×1.6 = −4 000（元）

（2）直接人工的工资率差异 =5 000 ×（20 −19）=5 000（元）

直接人工的效率差异 =（5 000 −5 000 ×1.2）×19 = −19 000（元）

直接人工的成本差异 =5 000 ×20 −5 000 ×1.2 ×19 = −14 000（元）

（3）变动制造费用的耗费差异 =8 000 ×（15 −12.5）=20 000（元）

变动制造费用的效率差异 =（8 000 −5 000 ×1.6）×12.5 =0（元）

变动制造费用的成本差异 =8 000 ×15 −5 000 ×1.6 ×12.5 =20 000（元）

（4）固定制造费用的耗费差异 =8 000 ×10 −6 000 ×1.5 ×8 =8 000（元）

固定制造费用的闲置能力差异 =（6 000 ×1.5 −8 000）×8 =8 000（元）

固定制造费用的效率差异 =（8 000 −5 000 ×1.5）×8 =4 000（元）

固定制造费用的成本差异 =8 000 ×10 −5 000 ×1.5 ×8 =20 000（元）

（5）成本差异总额 = −4 000 −14 000 +20 000 +20 000 =22 000（元）

单位成本差异 =22 000 ÷5 000 =4.4（元/平方米）

【考点】变动成本的差异分析、固定制造费用差异分析

15 第十五章　作业成本法·答案

「考点1」作业成本计算（★★）

1.【答案】ABC

【解析】

①选项A正确、选项D错误，品种级作业是指服务于某种型号或样式产品的作业，如产品设计、产品生产工艺规程制定、工艺改造、产品更新等。生产维持级作业是指服务于整个工厂的作业，如工厂保安、维修、行政管理、保险、财产税等。

②选项B正确，单位级作业是指每一单位产品至少要执行一次的作业，如机器加工、组装。

③选项C正确，批次级作业是指同时服务于每批产品或许多产品的作业，例如生产前机器调试、成批产品转移至下一工序的运输、成批采购和检验等。

2.【答案】ABD

【解析】

①选项A正确，单位级作业是指每一单位产品至少要执行一次的作业，如机器加工、组装。

②选项B正确，选项C错误，品种级作业是指服务于某种型号或样式产品的作业，如产品设计、产品生产工艺规程制定、工艺改造、产品更新等。

③选项D正确，批次级作业是指同时服务于每批产品或许多产品的作业，如生产前机器调试、成批产品转移至下一工序的运输、成批采购和检验等。

3.【答案】BC

【解析】生产维持级作业，是指服务于整个工厂的作业，例如工厂保安、维修、行政管理、保险、财产税等。

因此，选项BC正确。

4.【答案】C

【解析】批次级作业指同时服务于每批产品或多产品的作业，如机器调试、成批检验与采购等。

批次级作业的特点是成本取决于批次，而不是每批中单位产品的数量。

因此，选项C正确。

5.【答案】CD

【解析】

①品种级作业是指服务于某种型号或样式产品的作业。例如产品设计、产品生产工艺规程规定、工艺改造、产品更新等。品种级作业成本仅仅因为某个特定的产品品种存在而发生，随产品品种数而变化，不随产量、批次数而变化，选项CD属于品种级作业。

②单位级作业指每一单位产品至少要执行一次的作业，选项A属于单位级作业。

③批次级作业指同时服务于每批产品或许多产品的作业，选项B属于批次级作业。

因此，选项 CD 正确。

6.【答案】B

【解析】

① 强度动因是在某些特殊情况下，将作业执行中实际耗用的全部资源单独归集，并将该项单独归集的作业成本直接计入某一特定的产品。强度动因一般适用于某一特殊订单或某种新产品试制等（选项 B 正确）。

② 产品的生产准备、产品的分批质检都需要按照批别进行分配，属于业务动因（选项 AD 错误）。

③ 产品的机器加工通常按照工时进行分配，属于持续动因（选项 C 错误）。

因此，选项 B 正确。

【抢分技巧】作业成本动因有三类：业务动因、持续动因、强度动因。

① 业务动因通常以执行的次数作为作业动因。

② 持续动因通常以执行一项作业所需的时间作为作业动因。

③ 强度动因是在某些特殊情况下，将作业执行中实际耗用的全部资源单独归集，并将该项单独归集的作业成本直接计入某一特定的产品。强度动因一般适用于某一特殊订单或某种新产品试制等。

「考点 2」作业成本管理（★）

1.【答案】ABCD

【解析】

① 选项 A 正确，作业成本法与价值链分析概念一致，可以为其提供信息支持。

② 选项 B 正确，作业成本法可以获得更准确的产品和产品线成本。

③ 选项 C 正确，作业成本法有助于改进成本控制。

④ 选项 D 正确，准确的成本信息，可以提高经营决策的质量，包括定价决策、扩大生产规模、放弃产品线等经营决策。

【抢分技巧】作业成本法的优点有：

① 成本计算更准确，减少了传统成本信息对于决策的误导；

② 成本控制与成本管理更有效，提供了了解产品作业过程的途径；

③ 为战略管理提供信息支持：价值链分析、成本领先战略。

2.【答案】BD

【解析】

① 选项 A 错误，传统的成本计算方法与作业成本法都对全部生产成本进行分配。

② 选项 BD 正确，均为原文表述。

③ 选项 C 错误，作业成本法下，凡是易于追溯到产品的材料、人工和其他成本都可以归属于特定产品，直接成本的范围要比传统的成本计算方法的范围大。

【抢分技巧】

归纳：传统成本法与作业成本法

<table>
<tr><td>相同点</td><td colspan="2">完全成本法，对全部生产成本进行分配，不区分固定成本和变动成本</td></tr>
<tr><td rowspan="2">直接成本</td><td>传统成本法</td><td>直接成本通常仅限于直接人工和直接材料；
其他成本都归集于制造费用统一分配</td></tr>
<tr><td>作业成本法</td><td>凡是易于追溯到产品的材料、人工和其他成本都可以归属于特定产品；
直接成本的范围更大</td></tr>
<tr><td rowspan="2">间接成本的分配路径</td><td>传统成本法</td><td>资源—部门—产品（按部门归集间接费用）</td></tr>
<tr><td>作业成本法</td><td>资源—作业—产品（按作业归集间接费用）</td></tr>
<tr><td rowspan="2">当间接成本的比重大时</td><td>传统成本法</td><td>间接成本分配基础是产量，会高估高产量产品成本，低估低产量产品成本</td></tr>
<tr><td>作业成本法</td><td>采用不同层面的动因分配，成本信息更准确</td></tr>
<tr><td rowspan="2">作业成本法</td><td>优点</td><td>① 成本计算更准确；
② 成本控制与成本管理更有效，为战略管理提供信息支持</td></tr>
<tr><td>缺点</td><td>① 开发和维护费用较高；
② 不符合对外财务报告的需要；
③ 确定成本动因比较困难；
④ 不利于通过组织控制进行管理控制；
⑤ 作业成本法的成本库与企业组织结构不一致，不利于实施责任会计与业绩评价</td></tr>
</table>

主观题部分

【解析】

（1）

直接材料费用分配表　　金额单位：元

产品批次	共同耗用 Y 材料的分配			X 材料费用	直接材料费用总额
	产量（件）	分配率	应分配材料费用		
901A	2 000	10	20 000	160 000	180 000
902B	8 000	10	80 000	100 000	180 000
小计	10 000		100 000	260 000	360 000

作业成本分配表

金额单位：元

作业成本库	作业成本	成本分配率	901A		902B	
			作业量	分配金额	作业量	分配金额
材料切割	240 000	10	12 000	120 000	12 000	120 000
机器加工	900 000	300	2 000	600 000	1 000	300 000
产品组装	435 000	150	1 700	255 000	1 200	180 000
合计	1 575 000	—	—	975 000	—	600 000

计算说明：

Y 材料分配率 =20 000 ×5 ÷(2 000 +8 000) =10 (元/千克)

材料切割：成本分配率 =240 000 ÷24 000 =10 (元/次)

机器加工：成本分配率 =900 000 ÷3 000 =300 (元/机器工时)

产品组装：成本分配率 =435 000 ÷2 900 =150 (元/人工工时)

(2)

产品成本计算单

产品批次：901A　　单位：元

项目	月初在产品成本	本月生产成本	合计	完工产品成本	完工产品单位成本	月末在产品成本
直接材料	0	180 000	180 000	180 000	90	0
制造费用						
其中：材料切割	0	120 000	120 000	120 000	60	0
机器加工	0	600 000	600 000	600 000	300	0
产品组装	0	255 000	255 000	255 000	127.5	0
制造费用小计	0	975 000	975 000	975 000	487.5	0
合计	0	1 155 000	1 155 000	1 155 000	577.5	0

产品成本计算单

产品批次：902B　　单位：元

项目	月初在产品成本	本月生产成本	合计	完工产品成本	完工产品单位成本	月末在产品成本
直接材料	0	180 000	180 000	90 000	22.5	90 000
制造费用						
其中：材料切割	0	120 000	120 000	60 000	15	60 000
机器加工	0	300 000	300 000	200 000	50	100 000

续表

项目	月初在产品成本	本月生产成本	合计	完工产品成本	完工产品单位成本	月末在产品成本
产品组装	0	180 000	180 000	180 000	45	0
制造费用小计	0	600 000	600 000	440 000	110	160 000
合计	0	780 000	780 000	530 000	132.5	250 000

902B 产品成本计算说明：

完工产品的直接材料费用 =180 000 ×4 000 ÷(4 000 +4 000) =90 000 (元)

月末在产品的直接材料费用 =180 000 −90 000 =90 000 (元)

完工产品材料切割成本 =120 000 ×4 000 ÷(4 000 +4 000) =60 000 (元)

月末在产品材料切割成本 =120 000 −60 000 =60 000 (元)

完工产品机器加工成本 =300 000 ×4 000 ÷(4 000 +4 000 ×50%) =200 000 (元)

月末在产品机器加工成本 =300 000 −200 000 =100 000 (元)

月末在产品尚未组装，所以产品组装成本全部由完工产品负担。

【考点】产品成本的归集和分配、作业成本计算

16 第十六章　本量利分析·答案

「考点1」成本性态分析及变动成本法（★★）

1.【答案】BD

【解析】将成本按其性态分类，可分为固定成本、变动成本与混合成本三大类，其中固定成本又可分为约束性固定成本和酌量性固定成本。

约束性固定成本即生产经营能力成本，是企业为维持一定的业务量所必须负担的最低成本，不能通过当前的管理决策加以改变。例如，固定资产折旧费、长期租赁费、财产保险、管理人员工资、照明费、取暖费等。选项AC属于酌量性固定成本。

2.【答案】A

【解析】本题已知某产品固定成本总额、当前产量及当前总成本，且在一定范围内单位变动成本不变，应先求出单位变动成本，再根据预期产量求解变动成本总额，再求解总成本。

① 目前X产品产量为110 000件，则从题目已知信息可得固定成本总额220 000元，则变动成本总额＝总成本－固定成本总额＝440 000－220 000＝220 000（元），单位变动成本＝变动成本总额÷产量＝220 000÷110 000＝2（元/件）。

② 预计下年产量115 000件，处于100 000～120 000件范围内，因此预计下年固定成本仍是220 000元，而单位变动成本不变，因此变动成本总额＝单位变动成本×总产量＝2×115 000＝230 000（元）。

③ 总成本＝固定成本＋变动成本＝220 000＋230 000＝450 000（元）。

因此，选项A正确。

3.【答案】D

【解析】延期变动成本是指在一定业务量范围内总额保持稳定，超过特定业务量则开始随业务量同比例增长的成本。根据题意，通话1 000分钟内固定话费29元，超出1 000分钟的部分，手机费随主叫国内通话分钟数增长，符合延期变动成本的含义。

因此，选项D正确。

4.【答案】A

【解析】半变动成本是指在初始成本的基础上随业务量正比例增长的成本。已知手机费套餐10元保号费属于初始成本，套餐内不含主叫国内通话，不属于延期变动成本，而“主叫国内通话每分钟0.2元”表明手机费在初始成本10元的基础上随通话分钟数正比例增长，符合半变动成本的含义。

因此，选项A正确。

5.【答案】B

【解析】延期变动成本是指在一定业务量范围内总额保持稳定，超过特定业务量则开始随业务量同比例增长的成本。根据题意，通话450分钟内固定话费58元，超出450分钟外的部分，手机费随主叫国内长市话分钟数增长，符合延期变动成本的含义。

因此，选项B正确。

6.【答案】A

【解析】酌量性固定成本是指为完成特定活动而发生的固定成本，其发生额是根据企业的经营方针可以加以改变的，譬如科研开发费、广告费、职工培训费等。

因此，选项 A 正确。

「考点2」本量利分析基本模型（★★）

【答案】A

【解析】

① 选项 A 错误，变动成本率 =1 – 边际贡献率，K 部门变动成本率 =1 –25% =75%。

② 选项 B 正确，K 部门收入 = 变动成本 ÷ 变动成本率 =30 ÷75% =40（万元）。

K 部门边际贡献 = 收入 × 边际贡献率 =40 ×25% =10（万元）

③ 选项 C 正确，W 部门边际贡献 = 甲公司边际贡献 – K 部门边际贡献 =50 ×30% –10 =5（万元）。

W 部门边际贡献率 =5 ÷10 ×100% =50%

④ 选项 D 正确，W 部门销售收入 = 甲公司销售收入 – K 部门收入 =50 –40 =10（万元）。

本题选“错误”的，因此选项 A 当选。

「考点3」保本分析（★★★）

1.【答案】ACD

【解析】

① 单位边际贡献 = 单价 – 单位变动成本，当其他因素不变时，单位变动成本提高会使得单位边际贡献降低，同时营业收入不变，单位边际贡献会下降，选项 D 正确；

② 同理，单位边际贡献降低，会使得息税前利润降低，进而使得息税前利润率下降，选项 C 正确；

③ 盈亏临界点销售量 = 固定成本 ÷（单价 – 单位变动成本），因此当单位产品变动成本上升时，会使得盈亏临界点销售量提高，进而使得盈亏临界点作业率提高，选项 B 错误；

④ 安全边际额（量）= 实际或预计销售额（量）– 盈亏临界点销售额（量），因此，盈亏临界点销售量提高，会使得安全边际量下降，选项 A 正确。

2.【答案】D

【解析】相关公式：

盈亏平衡点销售量 = 固定成本 ÷ 单位边际贡献

固定成本 = 固定制造费用 + 固定管理费用

单位边际贡献 = 单价 – 单位变动成本

单位变动成本 = 单位变动制造成本 + 单位销售佣金

盈亏临界点销售量 =（950 000 +650 000）÷（30 –7 –30 ×10%）=80 000（件）

因此，选项 D 正确。

3.【答案】A

【解析】应熟练掌握销售息税前利润率相关公式：

① 销售息税前利润率 =边际贡献率 ×安全边际率

② 边际贡献率 =1 –变动成本率

③ 安全边际率 =1 –盈亏临界点作业率

④ 销售息税前利润率 =(1 –30%)×(1 –40%)=42%

因此，选项 A 正确。

4.【答案】ACD

【解析】

① 选项 A 正确，安全边际，是指实际或预计的销售额（量）超过盈亏临界点销售额（量）的差额。当甲公司的经营处于盈亏临界点时，安全边际为 0。

② 选项 B 错误，经营杠杆系数 =边际贡献 ÷息税前利润，盈亏临界点的息税前利润为 0，经营杠杆系数无穷大。

③ 选项 C 正确，保本点，亦称盈亏临界点，是指企业收入和成本相等的经营状态，即边际贡献等于固定成本时企业所处的既不盈利又不亏损的状态。

④ 选项 D 正确，处于盈亏临界点的企业，销售收入与总成本相等，销售额等于销售收入线与总成本线交点处销售额。

「考点 4」保利分析（★）

【答案】A

【解析】此类题目通常有两种解题方法：

① 先求保利量，再乘以单价得到保利额：[(10 –2)×保利量 –1 000]×(1 –25%)=5 250，解得保利量 =1 000，保利额 =1 000 ×10 =10 000（万元）。

② 先求边际贡献率，再求保利额：边际贡献率 =(10 –2)÷10 ×100% =80%，则保利额 ×80% –1 000)×(1 –25%)=5 250，解得保利额 =10 000 万元。

因此，选项 A 正确。

「考点 5」利润敏感分析（★★）

【答案】C

【解析】

① 税前经营利润对销量的敏感系数即为经营杠杆系数：

税前经营利润对销量敏感系数 =税前经营利润变动率 ÷销量变动率 =经营杠杆系数
=边际贡献 ÷税前经营利润

② 税前经营利润 =利润总额 +利息费用
=净利润 ÷(1 –所得税税率)+总资产 ×资产负债率 ×平均利息率
=800 ÷(1 –20%)+10 000 ×50% ×8%
=1 400（万元）

③ 边际贡献 =利润总额 +固定成本
=800 ÷(1 –20%)+600
=1 600（万元）

④ 税前经营利润对销量的敏感系数 = 边际贡献 ÷ 税前经营利润
= 1 600 ÷ 1 400
= 1.14

因此，选项 C 正确。

主观题部分

1.【解析】

（1）2021 年边际贡献总额 =（500 × 40% × 60 + 500 × 60% × 30 + 400 × 40% × 80 × 50% + 400 × 60% × 40 × 50%）×（1 − 10%）= 28 980（万元）

2021 年固定成本总额 = 25 000 ÷ 5 + 5 000 + 10 286 = 20 286（万元）

2021 年营业利润 = 28 980 − 20 286 = 8 694（万元）

（2）2021 年平均每人次边际贡献 = 28 980 ÷（500 + 400）= 32.2（元）

2021 年盈亏临界点游客人次 = 20 286 ÷ 32.2 = 630（万人次）

2021 年安全边际率 = 1 − 630 ÷（500 + 400）= 30%

（3）设游乐场门票售卖 Q 万张：

[Q × 40% × 70 + Q × 60% × 30 + 400 ×（1 + 50%）× 40% × 80 × 50% + 400 ×（1 + 50%）× 60% × 40 × 50%] ×（1 − 10%）− 20 286 = 10 000

解得：Q = 366.33（万张）。

【考点】本量利分析基本模型、保本分析

2.【解析】

（1）加盟店年固定成本总额 = 年加盟费 + 年租金 + 年折旧
= 450 ÷ 15 +（400 + 100）× 2 400 ÷ 10 000 + 300 ÷ 10
= 180（万元）

变动成本率 = 50% + 10% = 60%

单位变动成本 = 40 × 60% = 24（元）

边际贡献率 =（40 − 24）÷ 40 = 40%（或：边际贡献率 = 1 − 变动成本率 = 1 − 60% = 40%）

盈亏临界点的销售额 = 固定成本 ÷ 边际贡献率 = 180 ÷ 40% = 450（万元）

安全边际率 = 1 − 盈亏临界点的销售额 ÷ 正常销售额 = 1 − 450 ÷（40 × 15）= 25%

（2）目标税前利润达到 100 万元的销售量（保利量）=（固定成本 + 目标利润）÷ 单位边际贡献
=（180 + 100）÷ [40 ×（1 − 60%）]
= 17.5（万份）

目标税前利润变动的百分比 = 17.5 × [40 ×（1 + 5%）×（1 − 60%）− 40 ×（1 − 60%）] ÷ 100 = 14%

目标税前利润对单价的敏感系数 = 14% ÷ 5% = 2.8

（3）快餐可以接受的最低单价 =（180 + 100）÷ [20 ×（1 − 60%）] = 35（元）

【考点】本量利分析基本模型、保利分析、利润敏感分析

17 第十七章　短期经营决策·答案

「考点1」短期经营决策的成本分类（★）

【答案】ABC

【解析】

① 零部件自制与外购的决策中，从短期经营决策的角度，需要比较两种方案的相关成本，选择成本较低的方案。

② 要考虑企业是否有剩余生产能力，如果企业有剩余生产能力，不需要追加设备投资，那么只需要考虑变动成本即可。

③ 如果企业没有足够的剩余生产能力，需要追加设备投资，则新增加的专属成本也应该属于相关成本，同时还需要把剩余生产能力的机会成本考虑在内，而沉没成本为不相关成本。

因此，选项 ABC 正确。

「考点2」生产决策（★★★）

1.【答案】B

【解析】

① 根据题目可知甲公司生产乙产品的最大产量为 90 000 ÷6 =15 000（件），在接受这笔订单后的总订货量为（13 000 +2 000）=15 000（件），未超过最大产量，无须追加专属成本，固定成本保持不变，增加的成本只有变动成本。

② 剩余生产能力无法转移，无须考虑机会成本对利润的影响。

③ 公司增加的营业利润 =增加的收入 –增加的成本 =90 ×2 000 –70 ×2 000 =40 000（元）

因此，选项 B 正确。

2.【答案】ABD

【解析】设计算器外壳需要量为 X 件，设自制相关总成本 = 外购相关总成本时的采购量为 X_0 件。

自制相关总成本 =7 500 +2X

X <10 000 件：外购相关总成本 =3. 2X；

X≥10 000 件：外购相关总成本 =2. 6X。

① 当采购量 <10 000 件时：7 500 +2X_0 =3. 2X_0，X_0 =6 250（件）。

所以当采购量 <6 250 件，选择外购；当 6250 件 <采购量 <10 000 件，选择自制。

② 当采购量≥10 000 件时：7 500 +2X_0 =2. 6X_0，X_0 =12 500（件）。

所以当 10 000 件≤采购量 <12 500 件，选择外购；当采购量 >12 500 件，选择自制。

因此，选项 ABD 正确。

3.【答案】B

【解析】自制的相关成本包括直接材料、直接人工、变动制造费用，还包括如不自制设备出租可获得的租金，固定制造费用属于沉没成本，无须考虑。自制的相关成本 =（400 +100 +

200）×20 000 +400 000 =14 400 000（元）。

如果选择外购，外购相关成本应小于自制相关成本，外购单价 ×需求量 <14 400 000，外购单价 <14 400 000 ÷20 000 =720（元），选择外购的条件是单价小于 720 元。

因此，选项 B 正确。

4.【答案】D

【解析】

① 在现有固定成本稳定不变的情况下（与决策无关），短期内，如果亏损产品（或部门）能提供正边际贡献，就不应立即停产，即决定继续生产乙产品的理由是其单价大于单位变动成本。

② 乙产品的单位变动成本 =单位直接材料成本 +单位直接人工成本 +单位变动制造费用 =20 +35 +45 =100（元），如乙产品单价大于 100 元，可提供正边际贡献，应该继续生产乙产品。

因此，选项 D 正确。

「考点 3」定价决策（★）

【答案】A

【解析】

① 选项 A 正确，产品定价决策主要是确定产品的销售价格，通常不使用资本成本。

② 选项 B 不正确，营运资本管理中应收账款占用资金应计利息的计算使用资本成本。

③ 选项 C 不正确，存货采购决策中存货占用资金应计利息的计算使用资本成本。

④ 选项 D 不正确，企业价值评估中企业价值计算时的折现率就是使用资本成本。

主观题部分

【解析】

（1）A 产品的变动成本 =A 产品营业收入 ×A 产品变动成本率 =1 220 ×70% =854（万元）

A 产品的边际贡献 =A 产品营业收入 −A 产品变动成本 =1 220 −854 =366（万元）

B 产品的变动成本 =B 产品营业收入 ×B 产品变动成本率 =560 ×40% =224（万元）

B 产品的边际贡献 =B 产品营业收入 −B 产品变动成本 =560 −224 =336（万元）

（2）企业固定成本总额 =A 产品固定成本 +B 产品固定成本

=（1 260 −854）+（440 −224）

=622（万元）

方案一的税前营业利润 =336 −622 = −286（万元）

方案二的税前营业利润 =560 ×（1 +80%）×（1 −40%）−622 = −17.2（万元）

方案三的税前营业利润 =80 +560 ×10% ×（1 −40%）−50/5 =103.6（万元）

方案三的税前营业利润最大，应选择方案三。

（3）

① 方案三的税前营业利润 103.6 万元，大于 100 万元，即 2020 年公司税前营业利润能达到 100 万元。

② A 产品能提供正的边际贡献，考虑停产 A 产品后的税前营业利润为负数，所以不能停产 A 产品。

③ 添置设备，扩大生产能力，增加的边际贡献大于增加的固定成本，所以增产能增利。

【考点】生产决策

18 第十八章　全面预算·答案

「考点1」全面预算的编制方法（★★）

1.【答案】BCD

【解析】零基预算法是指企业不以历史期实际经济活动及预算为基础，以零为起点，从实际需要出发分析预算期经济活动的合理性，经综合平衡，形成预算的方法。运用零基预算法编制费用预算的优点是不受前期费用项目和费用水平的制约，能够调动各部门降低费用的积极性，但其缺点是编制工作量大。

①选项A不正确，编制工作量小是增量预算编制方法的优点。

②选项B正确，可以重新审视现有业务的合理性，是零基预算编制方法的优点。

③选项C正确，可以避免前期不合理费用项目的干扰，是零基预算编制方法的优点。

④选项D正确，可以调动各部门降低费用的积极性，是零基预算编制方法的优点。

【抢分技巧】按出发点的特征不同，营业预算的编制方法可分为增量预算法和零基预算法两大类。

①增量预算法又称调整预算法，是指以历史期实际经济活动及其预算为基础，结合预算期经济活动及相关影响因素的变动情况，通过调整历史期经济活动项目及金额形成预算的预算编制方法。

②增量预算法的前提条件：

第一，现有的业务活动是企业所必需的；

第二，原有的各项业务都是合理的。

③增量预算法的缺点：当预算期的情况发生变化时，预算数额会受到基期不合理因素的干扰，可能导致预算的不准确，不利于调动各部门达成预算目标的积极性。

2.【答案】AD

【解析】定期预算法是以固定不变的会计期间（如年度、季度、月份）作为预算期间编制预算的方法。采用定期预算法编制预算，可以保证预算期间与会计期间在时期上配比，便于依据会计报告的数据与预算的比较，考核和评价预算的执行结果。但不利于前后各个期间的预算衔接，不能适应连续不断的业务活动过程的预算管理。

①选项A正确，定期预算法编制预算，可以保证预算期间与会计期间在时期上配比。

②选项B错误，定期预算法编制预算，不利于前后各个期间的预算衔接。

③选项C错误，定期预算法编制预算，不能适应连续不断的业务活动过程的预算管理。

④选项D正确，定期预算法编制预算，便于依据会计报告的数据与预算的比较，考核和评价预算的执行结果。

【抢分技巧】

①按预算期的时间特征不同，营业预算的编制方法可分为定期预算法和滚动预算法两类。

②滚动预算法又称连续预算法或永续预算法，是在上期预算完成情况的基础上，调整和编制下期预算，并将预算期间逐期连续向后滚动推移，使预算期间保持一定的时期跨度。

③ 采用滚动预算法编制预算，按照滚动的时间单位不同可分为逐月滚动、逐季滚动和混合滚动。

④ 运用滚动预算法编制预算，使预算期间依时间顺序向后滚动，能够保持预算的持续性，有利于结合企业近期目标和长期目标考虑未来业务活动；使预算随时间的推进不断加以调整和修订，能使预算与实际情况更相适应，有利于充分发挥预算的指导和控制作用。

「考点2」营业预算的编制（★★★）

1.【答案】ABCD

【解析】预计各季度材料采购的现金支出额，受两方面因素影响：

① 材料采购金额，根据公式，材料采购金额 = 材料采购量 × 材料采购单价 =［（预计生产需用量 + 预计期末材料存量）− 预计期初材料存量］× 材料采购单价，选项 A 预计产量与预计生产需用量成正比，间接影响材料采购金额，从而影响现金支出额；选项 BC 直接影响材料采购金额，从而影响现金支出额。

② 不同的付现政策会影响现金支出金额，如选项 D 供货商提供的信用政策。

因此，选项 ABCD 均正确。

2.【答案】B

【解析】根据已知条件，采购货款的 60% 在本季度内付清，另外 40% 在下季度付清，预计全年的现金支出包括：年初的应付账款、前三季度的全部采购货款和第四季度采购货款的 60%，所以，预计全年现金支出 =2 000 +5 000 +8 000 +9 000 +10 000 ×60% =30 000（元）。

因此，选项 B 正确。

3.【答案】C

【解析】本题的解题思路为先计算第一季度生产量，然后计算材料采购量，最后得出材料采购金额。已知期末产成品存货按下季度销量 10% 安排，即每季度期初产成品存货数量等于当季度销量的 10%。

① 第一季度期初产成品存货数量 =200 ×10% =20（件）

② 第一季度期末产成品存货数量 =250 ×10% =25（件）

③ 第一季度生产量 = 第一季度销售量 + 第一季度期末产成品存货数量 − 第一季度期初产成品存货数量
=200 +25 −20 =205（件）

④ 第一季度材料采购量 = 第一季度生产消耗量 + 期末材料存货量 − 期初材料存货量
=205 ×10 +550 −500 =2 100（千克）

⑤ 预计第一季度材料采购金额 =2 100 ×50 =105 000（元）

因此，选项 C 正确。

4.【答案】ABD

【解析】直接人工预算是以生产预算为基础编制的，其主要内容有预计产量、单位产品工时、人工总工时、每小时人工成本和人工总成本。

因此，选项 ABD 正确。

【抢分技巧】

① 预计产量的数据来自生产预算。

② 单位产品人工工时和每小时人工成本的数据，按照标准成本法确定。

③ 人工总工时和人工总成本是在直接人工预算中计算出来的。

5.【答案】C

【解析】已知期末材料按下期产量用料的20%确定，可得：

① 预计期末材料为下期产量用料的20% =198×10×20%

② 预计期初材料为本期生产需用量的20% =155×10×20%

预计材料采购量＝预计生产需用量＋预计期末材料－预计期初材料

＝155×10＋198×10×20%－155×10×20%＝1 636（千克）

因此，选项C正确。

6.【答案】ACD

【解析】

① 选项A正确，直接人工预算是预算期生产直接耗用人工及费用的预算，是以生产预算为基础编制的。

② 选项B不正确，销售预算是整个预算的编制起点，也是编制其他有关预算的基础。生产预算是在销售预算的基础上编制的，是唯一一个只以实物量表示的预算。

③ 选项C正确，变动制造费用与产量有关，变动制造费用预算是以生产预算为基础来编制的。

④ 选项D正确，直接材料预算以生产预算为基础编制的，还考虑预算期期初、期末的原材料存量。

因此，选项ACD正确。

7.【答案】BCD

【解析】需要预计现金支出的预算，可以通过预算中是否涉及价值量也就是金额来确定。

① 选项A，生产预算仅反映实物数量，不涉及价值数量，所以不涉及现金收支。

② 选项B，销售费用预算，涉及预计费用金额支出，通常需要预计现金支出。

③ 选项C，直接材料预算，涉及材料费用金额支出，通常需要预计现金支出。

④ 选项D，制造费用预算，涉及制造费用金额支出，通常需要预计现金支出。

因此，选项BCD正确。

「考点3」财务预算的编制（★★★）

【答案】AC

【解析】

① 选项A正确，“销售收入”项目的数据，来自销售预算。

② 选项B错误，“销货成本”项目的数据，来自产品成本预算，并非来自生产预算。

③ 选项C正确，“销售及管理费用”项目的数据，来自销售及管理费用预算。

④ 选项D错误，“所得税费用”项目是在利润预测时估计的，并已列入现金预算，它通常不是根据“利润总额”和所得税税率计算出来的，因为有诸多纳税调整的事项存在。此

外，从预算编制程序上看，如果根据“利润总额”和企业所得税税率重新计算所得税，就需要修改“现金预算”，引起借款计划修订，进而改变“借款利息”，最终又要修改“利润总额”，从而陷入数据的循环修改。

主观题部分

1. **【答案】**

现金预算 单位：万元

项目	第一季度	第二季度
期初现金余额	52	50
加：销货现金收入	2 600	3 360
可供使用的现金合计	2 652	3 410
减：各项支出		
材料采购	1 040	1 440
人工成本	620	820
制造费用	465	615
销售和管理费用	100	100
所得税费用	25	25
购买设备	450	250
现金支出合计	2 700	3 250
现金多余或不足	−48	160
加：短期借款	100	0
减：归还短期借款	0	100
减：支付短期借款利息	2	2
期末现金余额	50	58

【解析】本题遵循现金预算类题目的基本解题思路，对于收支计算量的考查有所加大。

① 第一季度：

第一季度销货现金收入 =800 +30 ×100 ×60% =2 600（万元）

第一季度产量 =30 +40 ×10% −3 =31（万件）

第一季度材料采购 =420 +31 ×10 ×4 ×50% =1 040（万元）

第一季度人工成本 =31 ×2 ×10 =620（万元）

第一季度制造费用 =31 ×2 ×7.5 =465（万元）

收支余额 =2 600 +52 −（1 040 +620 +465 +100 +25 +450）= −48（万元），低于 50 万元，需要借款。

假设借款 A 万元，则有 −48 + A − A ×2% ≥50，解得 A≥100 万元，应借款 100 万元。

第一季度支付的短期借款利息 =100 ×2% =2（万元）

② 第二季度：

第二季度销货现金收入 =30 ×100 ×40% +40 ×90 ×60% =3 360（万元）

第二季度产量 =40 +50 ×10% −40 ×10% =41（万件）

第二季度材料采购 =31 ×10 ×4 ×50% +41 ×10 ×4 ×50% =1 440（万元）

第二季度人工成本 =41 ×2 ×10 =820（万元）

第二季度制造费用 =41 ×2 ×7.5 =615（万元）

收支余额 =50 +3 360 −（1 440 +820 +615 +100 +25 +250）=160（万元），高于 50 万元，需要还款。

假设还款 B 万元，则由 160 −B −100 ×2% ≥50，解得 B≤108 万元，应还款 100 万元。

第二季度支付的短期借款利息 =100 ×2% =2（万元）

【考点】营业预算的编制

2.**【答案】**

现金预算　　单位：万元

项目	第一季度	第二季度	第三季度	第四季度	合计
期初现金余额	267	11.9	11.8	713.2	267
现金收入：					
本期销售本期收款	1 000	500	500	1 000	3 000
上期销售本期收款	500	500	250	250	1 500
现金收入合计	1 500	1 000	750	1 250	4 500
现金支出：					
原料采购	400	0	0	400	800
直接人工	700	0	0	700	1 400
制造费用	500	0	0	500	1 000
销售与管理费用	100	50	50	100	300
所得税费用	50	50	50	50	200
设备购置及安装	0	0	400	200	600
现金支出合计	1 750	100	500	1 950	4 300
向银行借款				55	55
归还银行借款		255			255
支付借款利息	5.1 （255 ×2%）	5.1			10.2
短期投资		640			640
收回短期投资			445	195	640
获取投资报酬			6.4 （640 ×1%）	1.95	8.35
期末现金余额	11.9	11.8	713.2	265.15	265.15

【解析】本题较2012年题目复杂，在计算当季期末现金余额时需要考虑下季度现金净需求，还考查了闲置现金投资。基本解题思路：① 将每个季度作为一个计算单元，先计算下一季度资金净需求，以确定当前季度末是否需要筹资，或减少还款额或减少短期投资额；② 以首个季度期初现金余额为起点，结合当季度经营现金收支、银行借款还款及短期投资（含投资收回）现金流入/流出、借款利息及短期投资收益现金流出/流入，初算期末现金余额，如果该余额低于最低现金余额限额，则将短期投资变现或增加上一季度末银行借款，如果该余额高于最低现金余额限额，则归还部分或全部借款或进行短期投资，得到当季度期末现金余额；③ 当季度期末现金余额将转为下一季度期初现金余额，然后重复上一单元的计算过程。

① 第一季度：

第二季度现金净需求 =（100 +5.1）–1 000 = –894.9（万元）<0，所以不需要筹资。

第一季度现金剩余 =267 +1 500 –1 750 –5.1 =11.9（万元），为保持最低现金余额10万元，所以不需要还款。

② 第二季度：

还款前第二季度现金余额 =11.9 +1 000 –100 –5.1 =906.8（万元）

第三季度现金净需求 =500 –750 = –250（万元），所以第二季度只需要保持最低现金余额10万元。

还款额 =255万元

短期投资额 =906.8 –255 –10 =641.8（万元），因为短期投资额需要为5万元的倍数，所以投资额为640万元。

第二季度期末现金余额 =906.8 –255 –640 =11.8（万元）

③ 第三季度：

收回投资前第三季度现金余额 =11.8 +750 –500 +6.4 =268.2（万元）

第四季度现金需求 =1 950 –1 250 +10 =710（万元）

收回投资额 =710 –268.2 =441.8（万元），因为收回短期投资额需要为5万元的倍数，所以收回投资额为445万元。

第三季度期末现金余额 =268.2 +445 =713.2（万元）

④ 第四季度：

第四季度收回投资之前现金余额 =713.2 +1 250 –1 950 +（640 –445）×1% =15.15（万元）

2019年第一季度现金净需求（未考虑利息影响）=1 750 –1 500 +10 =260（万元）

（这里不考虑利息影响是因为是否借款至此尚不确定，如果借款，金额不同又将导致循环计算，所以暂不考虑利息影响，但若根据计算结果确需借款，确定借款金额时，应试算期末现金余额以满足最低余额限额要求）

需要筹资额 =260 –15.15 =244.85（万元）

优先收回投资额 =640 –445 =195（万元）

向银行借款额 =244.85 –195 =49.85（万元）

当借款金额为50万元时，预测2019年第一季度末现金余额 =15.15 +195 +50 +1 500 –1 750 –50 ×2% =9.15（万元）<10万元

当借款金额为 55 万元时，预测 2019 年第一季度末现金余额 =15. 15 +195 +55 +1 500 -1 750 -55 ×2% =14. 05 （万元）>10 万元

所以，第四季度借款金额为 55 万元。

第四季度期末现金余额 =15. 15 +195 +55 =265. 15 （万元）

【抢分技巧】

① 对于“下季度现金净需求”的理解：下季度现金净需求 = 下季度现金支出合计 - 下季度现金收入合计。

② “公司根据下季度现金净需求额外加 10 万元浮动额确定季末最低现金余额”，因 2018 年第一季度现金净需求额为 250 万元（1 750 -1 500），初步确定的 2017 年第四季度期末现金余额应大于等于 260 万元，综合考虑借款利息之后，2017 年末现金余额为 267 万元。

③ 现金筹措或运用的顺序：现金不足时，如果有短期投资，先变卖短期投资，仍不足时，再向银行借款。现金多余时，如有短期借款，先偿还短期借款，仍有剩余时，再进行短期投资。

④ “借款、偿还借款，投资和收回投资，数额均为 5 万元的倍数，均在季度末发生，短期借款年利率为 8%，每季度末付息一次；短期投资年报酬率为 4%，每季度末结算一次。”

【考点】 营业预算的编制

19 第十九章　责任会计·答案

「考点1」成本中心（★）

1.【答案】C

【解析】可控成本是指特定时期内能够直接控制的成本，可控成本通常应符合以下三个条件：

① 可预测：有办法知道将发生什么样性质的耗费，对应选项 B。

② 可计量：有办法计量耗费，对应选项 A。

③ 可控制和调节：有办法控制并调节耗费，对应选项 D。

因此，选项 C 不属于责任中心判断成本是否可控的条件。

2.【答案】ACD

【解析】

① 选项 A 正确，该车间领用材料型号为 GB007，能够直接判别责任归属，则型号为 GB007 的材料费用应直接计入该成本责任中心。

② 选项 B 错误，车间折旧费属于不可控成本，不归属任何责任中心，不应进行分摊。

③ 选项 C 正确，机器维修费属于不能直接归属的制造费用，优先按照责任基础分配计入该成本责任中心。

④ 选项 D 正确，试验检验费不能用责任基础分配，也不能按受益基础分配，则可以考虑建立专门的成本中心来控制该成本，即归入某一个特定的责任中心。

制造费用的归属和分摊方法如下表所示。

制造费用的归属和分摊方法

步骤	处理范围和方式	常见类型
直接计入责任中心	能够直接判别责任归属的，直接归集	物料消耗、低值易耗品的领用
按责任基础分配	不能直接归属的，优先采用责任基础分配	动力费、维修费
按受益基础分配	不能直接归属，又与各中心受益有关的，可按受益基础分配	按照机器设备功率分配电费
归入专门设立的特定责任中心	如果不能用责任基础分配，也不能按受益基础分配，则考虑有无可能将其归属于特定责任中心	车间的运输费 试验检验费
不归属任何责任中心（不可控成本）	不能归属于任何责任中心的固定成本，不进行分摊	车间厂房的折旧 分配的公司管理费用

3.【答案】ABD

【解析】请参照第 1 题解析。

「考点2」利润中心（★★）

1.【答案】B

【解析】以部门可控边际贡献作为利润中心部门经理的业绩评价依据可能是最佳选择，因为部门可控边际贡献反映了部门经理在其权限和控制范围内有效使用资源的能力。部门经理可控制收入以及变动成本和部分固定成本，因而可以对可控边际贡献承担责任。

因此，选项 B 正确。

2.【答案】D

【解析】

① 选项 A 错误，部门边际贡献没有考虑部门经理可以控制的可控固定成本，所以不适宜作为评价部门经理的业绩。

② 选项 B 错误，部门税后利润为干扰项，税后利润通常用来衡量企业的经营业绩，不适宜作为评价部门经理的业绩。

③ 选项 C 错误，部门税前经营利润扣除了不可控固定成本，所以更适合评价该部门对公司利润和管理费用的贡献，而不适合于部门经理的评价。

④ 选项 D 正确，以部门可控边际贡献作为业绩评价依据可能是最好的，它反映了部门经理在其权限和控制范围内有效使用资源的能力。

3.【答案】D

【解析】

① 选项 ABC 正确，均为教材原文。

② 选项 D 错误，协商型内部转移价格是指企业内部供求双方通过协商机制制定的内部转移价格，主要适用于分权程度较高的企业。

③ 本题问的是“错误”的，因此选项 D 当选。

「考点 3」投资中心（★★）

【答案】ABD

【解析】作为评价投资中心的业绩指标，部门投资报酬率有很多优点：

① 基于现有会计资料计算得出的，比较方便客观（选项 B 正确）。

② 相对数指标，可用于不同规模部门之间及不同行业之间的比较（选项 A 正确）。

③ 部门投资报酬率可以分解为投资周转率和部门经营利润率两者的乘积（即部门投资报酬率 = 投资周转率 × 部门经营利润率），并可进一步分解为资产的明细项目和收支的明细项目，从而对整个部门的经营状况作出评价（选项 D 正确）。

部门投资报酬率指标的不足：部门经理会产生“次优化”行为。具体来讲，部门会放弃高于公司要求的报酬率而低于目前部门投资报酬率的机会，或者减少现有的投资报酬率较低但高于公司要求的报酬率的某些资产，使部门的业绩获得较好评价，但却损害了公司整体利益，无法使业绩评价与公司目标协调一致（选项 C 错误）。

【抢分技巧】

① 剩余收益作为业绩评价指标，它的主要优点是与增加股东财富的目标一致。为了克服由于使用比率衡量部门业绩带来的次优化问题，许多公司采用绝对数指标来实现利润与投资之间的联系。

② 部门剩余收益 = 部门税前经营利润 − 部门平均净经营资产应计报酬

= 部门税前经营利润 − 部门平均净经营资产 × 要求的税前投资报酬率

③ 剩余收益指标的优点：可以使业绩评价与公司的目标协调一致，引导部门经理采纳高于公司要求的税前投资报酬率的决策；允许使用不同的风险调整资本成本。

④ 剩余收益指标的缺点：剩余收益指标是绝对数指标，不便于不同规模的公司和部门的比较。

主观题部分

1.【解析】

（1）税前营业利润 =500 ×(2.4 −0.85 −0.15) +1 500 ×(1.2 −0.85 −0.05) +1 500 ×(8 −2.8 −0.4) −3 700 −1 650 =3 000（万元）

投资报酬率 =3 000 ÷12 000 ×100% =25%

剩余收益 =3 000 −12 000 ×10% =1 800（万元）

（2）投资后的投资报酬 =(3 000 +270) ÷(12 000 +1 800) ×100% =23.70%，投资后的投资报酬率小于原来的投资报酬率，乙部门不愿意接受该投资。

投资后的剩余收益 =(3 000 +270) −(12 000 +1 800) ×10% =1 890（万元），投资后的剩余收益大于原来的剩余收益，乙部门愿意接受该投资。

采用剩余收益指标，乙部门的目标跟公司整体利益一致，所以剩余收益指标更符合公司利益。

（3）X 产品品牌系列的单位边际贡献 =2.4 −0.85 −0.15 =1.4（元）

X 产品非品牌系列的单位边际贡献 =1.2 −0.85 −0.05 =0.3（元）

Y 产品品牌系列的单位边际贡献 =8 −2.8 −0.4 =4.8（元）

因为所有产品按盒售卖，每盒 12 粒，所以可以直接比较单位边际贡献的大小。

Y 产品品牌系列的单位边际贡献 >X 产品品牌系列的单位边际贡献 >X 产品非品牌系列的单位边际贡献，所以优先安排生产 Y 产品品牌系列，其次是 X 产品品牌系列，最后是 X 产品非品牌系列。

Y 产品品牌系列的产量 =1 500 ×(1 +16%) =1 740（万盒）

X 产品品牌系列的产量 =500 ×(1 +16%) =580（万盒）

X 产品非品牌系列的产量 =(48 000 −1740 ×12 −580 ×12) ÷12 =1 680（万盒）

总税前营业利润 =1 740 ×4.8 +580 ×1.4 +1 680 ×0.3 −3 700 −1 650 =4 318(万元)

【考点】 投资中心

2.【解析】

（1）单位标准成本 =直接材料标准成本 +变动制造费用标准成本 +固定制造费用标准成本
=10 ×22 +3 600 000 ÷1 200 000 ×120 +2 160 000 ÷1 200 000 ×120
=220 +360 +216 =796（元）

单位实际成本 =121 000 ÷11 000 ×24 +4 126 100 ÷11 000 +2 528 900 ÷11 000
=264 +375.1 +229.9 =869（元）

（2）直接材料的价格差异 =实际数量 ×(实际价格 −标准价格) =121 000 ×(24 −22)
=242 000（元）（不利差异）

直接材料的数量差异 =(实际数量 - 标准数量)×标准价格
=(121 000 - 11 000 ×10)×22 =242 000(元)(不利差异)

变动制造费用价格差异(耗费差异)=实际工时 ×(变动制造费用实际分配率 - 变动制造费用标准分配率)
=1 331 000 ×(4 126 100 ÷1 331 000 - 3 600 000 ÷1 200 000)
=1 33 100(元)(不利差异)

变动制造费用数量差异(效率差异)=(实际工时 - 标准工时)×变动制造费用的标准分配率
=(1 331 000 - 120 ×11 000)×3 600 000 ÷1 200 000
=33 000(元)(不利差异)

固定制造费用的耗费差异 = 固定制造费用实际数 - 固定制造费用预算数
=2 528 900 - 2 160 000 =368 900(元)(不利差异)

固定制造费用的闲置能力差异 =(生产能力 - 实际工时)×固定制造费用标准分配率
=(1 200 000 - 1 331 000)×2 160 000 ÷1 200 000
= -235 800(元)(有利差异)

固定制造费用的效率差异 =(实际工时 - 实际产量下标准工时)×固定制造费用标准分配率
=(1 331 000 - 11 000 ×120)×2 160 000 ÷1 200 000
=19 800(元)(不利差异)

(3)部门可控边际贡献 = 部门边际贡献 - 可控固定成本
=10 000 ×(1 000 - 121 000 ÷11 000 ×24 - 4 126 100 ÷11 000) - 2 528 900 ×40%
=10 000 ×(1 000 - 264 - 375. 1) - 2 528 900 ×40%
=2 597 440(元)

【考点】 变动成本差异的分析、固定制造费用差异分析、利润中心

3. **【解析】**

(1)目前盈亏临界点销售量 =500 ×20% =100(万件)

乙部门 2019 年固定成本 =100 ×(25 - 10)=1 500(万元)

乙部门 2019 年税前经营利润 =(25 - 10)×500 - 1 500 =6 000(万元)

乙部门 2019 年税前投资报酬率 =6 000 ÷25 000 ×100% =24%

乙部门 2020 年税前经营利润 =(25 000 +50 000)×24% =18 000(万元)

2020 年应实现的销量 =(1 500 +2 700 + 18 000)÷(25 - 10)=1 480(万件)

(2)2019 年经营杠杆系数 =[(25 - 10)×500]÷[(25 - 10)×500 - 1 500]=1. 25

设 2020 年应实现的销量为 Q:

经营杠杆系数 =[(25 - 10)×Q]÷[(25 - 10)×Q - 1 500 - 2 700]=1. 25

解得:2020 年应实现的销量 Q =1 400 万件。

【考点】 投资中心、杠杆系数的衡量

4.【解析】

（1）

表1

指标		A投资中心	B投资中心
目前状态	部门投资报酬率（%）	12	16
	部门剩余收益（元）	25 500	33 600

计算说明（考试中题目没要求写可以不写）：

A投资中心投资报酬率 =153 000 ÷（1 350 000 −75 000）×100% =12%

剩余收益 =153 000 −（1 350 000 −75 000）×10% =25 500（元）

B投资中心投资报酬率 =134 400 ÷（900 000 −60 000）×100% =16%

剩余收益 =134 400 −（900 000 −60 000）×12% =33 600（元）

（2）

表2

指标			A投资中心	B投资中心
投资后	部门投资报酬率	计算结果（%）	12.14	15.42
		是否投资	是	否
	部门剩余收益	计算结果（元）	31 500	35 600
		是否投资	是	是

计算说明（考试中题目没要求写可以不写）：

A投资中心投资报酬率 =（153 000 +26 000）÷（200 000 +1 350 000 −75 000）×100% =12.14%

剩余收益 =（153 000 +26 000）−（200 000 +1 350 000 −75 000）×10% =31 500（元）

B投资中心投资报酬率 =（134 400 +26 000）÷（200 000 +900 000 −60 000）×100% =15.42%

剩余收益 =（134 400 +26 000）−（200 000 +900 000 −60 000）×12% =35 600（元）

（3）用部门投资报酬率来评价投资中心业绩的优点：

它是根据现有的会计资料计算的，比较客观，可用于部门之间以及不同行业之间的比较。部门投资报酬率可以分解为投资周转率和部门经营利润率两者的乘积，并可进一步分解为资产的明细项目和收支的明细项目，从而对整个部门的经营状况作出评价。

部门投资报酬率的缺点：

部门经理会产生“次优化”行为，具体来讲，部门会放弃高于公司要求的报酬率而低于目前部门投资报酬率的机会，或者减少现有的投资报酬率较低但高于公司要求的报酬率的某些资产，使部门的业绩获得较好评价，但却伤害了公司整体利益。

用部门剩余收益来评价投资中心业绩的优点：

与增加股东财富的目标一致；可以使业绩评价与公司的目标协调一致，引导部门经理采纳高于公司资本成本的决策；允许使用不同的风险调整资本成本。

剩余收益指标的缺点：

剩余收益指标是一个绝对数指标，不适于不同规模的公司和部门的比较，由此使其有用性下降。较大规模的公司即使运行效率较低，也能比规模较小的公司获得较大的剩余收益。规模大的部门容易获得较大的剩余收益，而它们的投资报酬率并不一定很高。另一个不足在于它依赖于会计数据的质量。剩余收益的计算要使用会计数据，包括净利润、投资的账面价值等。如果会计信息的质量低劣，也会导致低质量的剩余收益和业绩评价。

【考点】投资中心、责任中心业绩报告

20 第二十章　业绩评价·答案

「考点1」财务业绩评价与非财务业绩评价（★）

【答案】ABC

【解析】

① 财务业绩评价的优点有：

第一，可以反映企业综合经营成果。

第二，容易获取数据，操作简单，易于理解，被广泛使用。

② 财务业绩评价的缺点有：

第一，财务业绩体现的是企业当期的财务成果，反映的是企业的短期业绩，无法反映管理者在企业的长期业绩改善方面所作的努力（选项A）。

第二，财务业绩是一种结果导向，即只注重最终的财务结果，而对达成该结果的改善过程则欠考虑（选项B）。

第三，财务业绩对通过会计程序产生的会计数据进行考核，而会计数据则是根据公认的会计原则产生的，受到稳健性原则有偏估计的影响，因此可能无法公允地反映管理层的真正业绩（选项C）。

③ 财务指标与非财务指标只是两种不同的指标，其可比性并无强弱之分。

因此，选项ABC正确，选项D错误。

「考点2」关键绩效指标法（★）

【答案】D

【解析】关键绩效指标的常见分类有：

① 结果类（反映企业绩效的价值指标）：投资报酬率、权益净利率、经济增加值、息税前利润、自由现金流量等综合指标。

② 动因类（反映企业价值关键驱动因素的指标）：资本性支出、单位生产成本、产量、销量、客户满意度、员工满意度等。

因此，选项D正确，选项ABC均属于动因类指标。

「考点3」经济增加值（★★）

1.【答案】B

【解析】

① 本题考查“简化的经济增加值的计算”。

② 税后净营业利润＝净利润＋(利息支出＋研究开发费用调整项)×(1－25%)

＝10＋(3＋2)×(1－25%)＝13.75（亿元）

③ 经济增加值＝税后净营业利润－资本成本

＝税后净营业利润－调整后资本×平均资本成本率

＝13.75－100×6%＝7.75（亿元）

因此，选项 B 正确。

【抢分技巧】

① 调整后资本 = 平均所有者权益 + 平均带息负债 − 平均在建工程

② 平均资本成本率 = 债权资本成本率 × 平均带息负债 × (1 − 25%) ÷ (平均带息负债 + 平均所有者权益) + 股权资本成本率 × 平均所有者权益 ÷ (平均带息负债 + 平均所有者权益)

2. 【答案】AB

【解析】市场投资分析师在评价上市公司整体业绩时，只能根据上市公司对外披露的信息进行相关计算。

① 选项 A 正确，披露的经济增加值，是利用公开会计数据进行十几项标准的调整计算出来的，这种调整是根据公布的财务报表及其附注中的数据进行的。

② 选项 B 正确，基本经济增加值，根据未经调整的税后经营利润和总资产计算的经济增加值，这两个指标也是公开会计数据。

③ 选项 C 不正确，真实的经济增加值，是公司经济利润最正确和最准确的度量指标。要对会计数据做出所有必要的调整，并对公司中每一个经营单位都使用不同的更准确的资本成本，而这些调整和资本成本未必是全部公开的（2022 年教材已删除真实的经济增加值，无须掌握）。

④ 选项 D 不正确，特殊的经济增加值，特定公司根据自身情况定义的经济增加值，是“量身定做”的计算办法，也是非公开的（2022 年教材已删除真实的经济增加值，无须掌握）。

3. 【答案】BCD

【解析】

① 选项 A 错误，经济增加值是绝对值，不便于不同规模公司的比较。

② 选项 BD 正确，经济增加值 = 税后净营业利润 − 平均资本占用 × 加权平均资本成本，是税后净营业利润扣除全部投入的资本成本后的剩余收益。经济增加值为正，表明经营者在为企业创造价值；经济增加值为负，表明经营者在损毁企业价值。

③ 选项 C 正确，与剩余收益不同，经济增加值需要根据资本市场的机会成本计算资本成本，以实现经济增加值与资本市场的衔接。

4. 【答案】D

【解析】部门剩余收益 = 部门税前经营利润 − 部门平均净经营资产应计报酬
= 部门税前经营利润 − 部门平均净经营资产 × 要求的税前投资报酬率
= 15 − (100 − 20 − 30) × 10% = 10（万元）

因此，选项 D 正确。

5. 【答案】AB

【解析】披露经济增加值的典型调整项目（所有对未来利润有贡献的支出都是投资）：

① 研究与开发费用。经济增加值要求将其作为投资并在一个合理的期限内摊销（选项 A 正确）。

② 战略性投资。会计将投资的利息（或部分利息）计入当期财务费用，经济增加值要求将

其在一个专门账户中资本化并在开始生产时逐步摊销（资本化利息支出计入长期资产，不需要调整，选项 C 不正确）。

③ 为建立品牌、进入新市场或扩大市场份额发生的费用。会计作为费用立即从利润中扣除，经济增加值要求把争取客户的营销费用资本化并在适当的期限内摊销（选项 B 正确）。

④ 折旧费用。会计大多使用直线折旧法处理，经济增加值要求对某些大量使用长期设备的公司，按照更接近经济现实的“沉淀资金折旧法”处理。前期折旧少，后期折旧多。

因此，选项 AB 正确。

「考点 4」平衡计分卡（★★）

1.【答案】CD

【解析】

① 选项 A 错误，资产负债率属于财务维度业绩评价指标。

② 选项 B 错误，息税前利润属于财务维度业绩评价指标。

③ 选项 CD 正确。反映内部业务流程维度的常用指标有交货及时率、生产负荷率、产品合格率、存货周转率等。

2.【答案】C

【解析】

① 选项 A 错误，投资报酬率属于财务维度的业绩评价指标。

② 选项 B 错误，客户保持率属于顾客维度的业绩评价指标。

③ 选项 C 正确，反映内部业务流程维度的常用指标有交货及时率、生产负荷率、产品合格率、存货周转率等。

④ 选项 D 错误，培训计划完成率属于学习和成长维度的业绩评价指标。

3.【答案】AD

【解析】平衡计分卡的目标和指标来源于企业的愿景和战略，这些目标和指标从四个维度来考察企业的业绩，即财务维度、顾客维度、内部业务流程维度、学习与成长维度。

因此，选项 AD 正确。

4.【答案】ACD

【解析】平衡计分卡中的“平衡”包括：

① 外部评价指标（股东和客户对企业的评价）与内部评价指标（内部经营过程、新技术学习等）的平衡（选项 A 正确）。

② 成果评价指标（利润、市场占有率等）和导致成果出现驱动因素评价指标（新产品投资开发等）的平衡（选项 D 正确）。

③ 财务评价指标（利润等）和非财务评价指标（员工忠诚度、客户满意程度等）的平衡（选项 C 正确）。

④ 短期评价指标（利润指标等）和长期评价指标（员工培训成本、研发费用等）的平衡。

因此，选项 ACD 正确。

主观题部分

【答案解析】

（1）计算税后净营业利润。

税后净营业利润 = 净利润 +（利息支出 + 研究开发费用调整项）×（1 − 25%）

研究开发费用调整项 = 研发费用 + 当期确认为无形资产的开发支出 = 20 + 0 = 20（亿元）

税后净营业利润 = 40 +（12 + 20）×（1 − 25%）= 64（亿元）

（2）计算调整后资本。

调整后的资本 = 平均所有者权益 + 平均带息负债 − 平均在建工程

平均所有者权益 =（900 + 700）÷ 2 = 800（亿元）

平均带息负债合计 =（800 + 600）÷ 2 = 700（亿元）

平均在建工程 =（180 + 220）÷ 2 = 200（亿元）

调整后资本 = 800 + 700 − 200 = 1 300（亿元）

（3）计算平均资本成本率。

$$平均资本成本率 = 债权资本成本率 \times \frac{平均带息负债}{平均带息负债 + 平均所有者权益} \times (1 - 25\%) + 股权资本成本率 \times \frac{平均所有者权益}{平均带息负债 + 平均所有者权益}$$

债权资本成本率 = 利息支出总额 ÷ 平均带息负债

利息支出总额 = 费用化利息支出 + 资本化利息支出 = 12 + 16 = 28（亿元）

债权资本成本率 = 28 ÷ 700 = 4%

因甲公司作为电力企业，其主业处于关系国家安全、国民经济命脉的重要行业和关键领域，且电力行业资产通用性较差。

股权资本成本率 = 5.5% − 0.5% = 5%

$$平均资本成本率 = 4\% \times \frac{700}{700 + 800} \times (1 - 25\%) + 5\% \times \frac{800}{700 + 800} = 4.07\%$$

年末资产负债率 =（200 + 800）÷（200 + 800 + 900）= 1 000 ÷ 1 900 = 52.63%

年初资产负债率 =（150 + 600）÷（150 + 600 + 700）= 750 ÷ 1 450 = 51.72%

资产负债率虽然高于上年但低于65%，故不属于需要调整的情况。

（4）计算经济增加值。

经济增加值 = 税后净营业利润 − 调整后资本 × 平均资本成本率

= 64 − 1 300 × 4.07% = 64 − 52.91 = 11.09（亿元）

【考点】 经济增加值

跨章节主观题·答案

1.【解析】

（1）副产品是指在同一生产过程中，使用同种原料，在生产主要产品的同时附带生产出来的非主要产品。

副产品可以采用简化的方法确定其成本，比如可以按预先规定的固定单价确定成本。

（2）

产品成本计算单

订单：901号　　2020年9月　　单位：元

项目	直接材料	直接人工	制造费用	合计
月初在产品成本	0	0	0	0
本月生产费用	178 000	66 000	48 000	292 000
合计	178 000	66 000	48 000	292 000
扣除副产品价值	4 400	0	0	4 400
完工产品总成本	173 600	66 000	48 000	287 600
完工产品单位成本	17.36	6.6	4.8	28.76

计算说明：

本月直接材料费用178 000元。

本月直接人工费用 $=154\ 000\times\frac{5\ 280}{7\ 040+5\ 280}=66\ 000$（元）

本月制造费用 $=113\ 000\times\frac{6\ 000}{8\ 125+6\ 000}=48\ 000$（元）

N副产品的价值 $=10.8-2=8.8$（元/件）

N副产品的总价值 $=500\times8.8=4\ 400$（元）

（3）考虑因素和方法：

相关成本只包括进一步深加工所需的追加成本；相关收入是加工后出售和直接出售的收入之差；通常采用差量分析的方法计算出差额利润进行决策（或，考虑因素和方法：差量收入；差量成本；根据差量收入减去差量成本计算差量利润，当差量利润大于0时，可以进一步加工）。

如果进一步加工，单位N副产品的收入可以增加 $15-10.8=4.2$（元），所以公司可以接受的最高深加工成本是每千克4.2元。可以接受最高深加工总成本 $4.2\times500=2\ 100$（元）。

【考点】

第十三章：产品成本计算——联产品和副产品的成本分配

第十七章：短期经营决策——生产决策

2.【答案】

（1）

单位：万元

管理用财务报表项目	2017 年	2018 年	2019 年	2020 年
净经营资产	980 －180 =800	1 200 －200 =1 000	1 430 －280 =1 150	1 737.5 －300 = 1 437.5
净负债	220	300	420	600
股东权益	580	700	730	837.5
税后经营净利润	600	621	966	1 104
税后利息费用	16 ×（1 －25%）=12	20 ×（1 －25%）=15	28 ×（1 －25%）=21	40 ×（1 －25%）= 30
净利润	588	606	945	1 074

（2）2017 年净经营资产周转率 =2 000 ÷800 =2.5（次）

2018 年净经营资产周转率 =2 300 ÷1 000 =2.3（次）

2019 年净经营资产周转率 =2 760 ÷1 150 =2.4（次）

2020 年净经营资产周转率 =3 450 ÷1 437.5 =2.4（次）

2021 年及以后年度净经营资产周转率 =（2.5 +2.3 +2.4 +2.4）÷4 =2.4（次）

2017 年税后经营净利率 =600 ÷2 000 =30%

2018 年税后经营净利率 =621 ÷2 300 =27%

2019 年税后经营净利率 =966 ÷2 760 =35%

2020 年税后经营净利率 =1 104 ÷3 450 =32%

2021 年及以后年度税后经营净利率 =（30% +27% +35% +32%）÷4 =31%

（3）股权资本成本 =4% +1.4 ×（9% －4%）=11%

加权平均资本成本 =8% ×（1 －25%）×2/5 +11% ×3/5 =9%

（4）

单位：万元

项目	2020 年末	2021 年末	2022 年末	2023 年末
营业收入	3 450	3 450 ×1.2 = 4 140	4 140 ×1.12 = 4 636.8	4 636.8 ×1.04 = 4 822.27
税后经营净利润	1 104	4 140 ×31% = 1 283.4	4 636.8 ×31% = 1 437.41	4 822.27 ×31% = 1 494.90
净经营资产	1 437.5	4 140 ÷2.4 = 1 725	4 636.8 ÷2.4 = 1 932	4 822.27 ÷2.4 = 2 009.28

续表

项目	2020 年末	2021 年末	2022 年末	2023 年末
净经营资产增加	1 437. 5 −1 150 = 287. 5	287. 5	207	77. 28
实体现金流量	816. 5	995. 9	1 230. 41	1 417. 62
折现系数	1	0. 9174	0. 8417	0. 7722
现值		913. 64	1 035. 64	1 094. 69
实体价值	25 813. 45			

【相关计算说明】

2021 年末净经营资产的增加 =2021 年末净经营资产 −2020 年末净经营资产
=1 725 −1 437. 5 =287. 5（万元）

2021 年末实体现金流量 =2021 年税后经营净利润 −2021 年末净经营资产的增加
=1 283. 4 −287. 5 =995. 9（万元）

后续期股权现金流量在 2023 年末的价值 =1 417. 62 ×1. 04 ÷(9% −4%) =29 486. 50（万元）

2020 年末实体价值 = 详细预测期价值 + 后续期价值
=913. 64 +1 035. 64 +1 094. 69 +29 486. 50 ×0. 7722
=25 813. 45（万元）

（5）2020 年末股权价值 =2020 年末实体价值 −2020 年末净债务价值 =25 813. 45 −600
=25 213. 45（万元）

（6）定价基准日前 20 个交易日股票交易均价 =4 000 ÷160 =25（元/股）
发行价格 =25 ×80% =20（元/股）
发行数量 =25 213. 45 ÷20 =1 260. 67（万股）

【考点】

第二章：财务报表分析和财务预测——管理用财务报表体系

第三章：价值评估基础——资本资产定价模型

第四章：资本成本——加权平均资本成本

3. **【答案】**

（1）长期资本负债率 =40 000 ÷(40 000 +60 000) =40%
利息保障倍数 =(9 000 +3 000 +2 000) ÷(2 000 +200) =6. 36（倍）

（2）5 年后预期股价 =45 ×(F/P，8%，5) =45 ×1. 4693 =66. 12（元）
1 000 =1 000 ×6% ×(P/A，i，10) +20 ×(66. 12 −60) ×(P/F，i，5) +1 000 ×(P/F，i，10)
当 i =7% 时，60 ×(P/A，7%，10) +122. 4 ×(P/F，7%，5) +1 000 ×(P/F，7%，10) =60 ×7. 0236 +122. 4 ×0. 7130 +1 000 ×0. 5083 =1 016. 99（元）
当 i =8% 时，60 ×(P/A，8%，10) +122. 4 ×(P/F，8%，5) +1 000 ×(P/F，8%，10) =60 ×6. 7101 +122. 4 ×0. 6806 +1 000 ×0. 4632 =949. 11（元）

根据插值法，$i = 7\% + \frac{1\ 016.99 - 1\ 000}{1\ 016.99 - 949.11} \times (8\% - 7\%) = 7.25\%$

（答案在 7.24% ~7.26% 之间，均正确）

即，附认股权证债券的税前资本成本为 7.25%。

（3）风险补偿率平均值 =［（5.63% －4.59%）+（6.58% －5.32%）+（7.20% －5.75%）］÷ 3 =1.25%

税前债务资本成本 =5.75% +1.25% =7%

筹资后 β 系数 =1.5 ÷［1 +（1 －25%）×40 000 ÷60 000］×［1 +（1 －25%）×（40 000 + 20 000）÷60 000］=1.5 ÷1.5 ×1.75 =1.75

筹资后股权资本成本 =5.75% +1.75 ×4% =12.75%（答案在 12.74% ~12.76% 之间，均正确）

（4）由于营业净利率不变，所以净利润和营业收入同比增长，因为不分红，净利润的增加就是所有者权益的增加。

2020 年股东权益增加额 =9 000 ×（1 +20%）=10 800（万元）

长期资本负债率 =（40 000 +20 000）÷［60 000 +40 000 +20 000 +10 800］= 45.87%

（或，=（40 000 +20 000）÷［105 000 －5 000 +20 000 +10 800］=45.87%）

利息保障倍数 $= \frac{9\ 000 \times (1 + 20\%) \div (1 - 25\%) + 2\ 000 + 20\ 000 \times 6\%}{2\ 000 + 200 + 20\ 000 \times 6\%} = 5.18$（倍）

（5）附认股权证债券属于混合筹资，资本成本应介于税前债务资本成本和税前股权资本成本之间。此方案税前资本成本 7.25% 大于税前债务资本成本 7%，小于税前股权资本成本 17%［12.75% ÷（1 －25%）］［或：此方案税后资本成本 5.44%（7.25% × 75%）大于税后债务资本成本 5.25%（7% ×75%），小于股权资本成本 12.75%］。与长期借款合同中保护性条款的要求相比，长期资本负债率 45.87% 低于 50%，利息保障倍数 5.18 倍高于 5 倍。因此该筹资方案可行。

【考点】

第二章：财务报表分析和财务预测——财务比率分析

第四章：资本成本——债务资本成本

第十章：长期筹资——附认股权证债券筹资

4.**【解析】**

（1）X 型号单位约束资源边际贡献 =（15 －12）÷3 =1（万元）

Y 型号单位约束资源边际贡献 =（12 －8）÷2 =2（万元）

Z 型号单位约束资源边际贡献 =（8 －5）÷1 =3（万元）

Z 型号单位约束资源边际贡献 >Y 型号单位约束资源边际贡献 >X 型号单位约束资源边际贡献。

因此应先安排生产 Z 型号汽车，其次是 Y 型号汽车，最后是 X 型号汽车。

因为假设 X、Y、Z 三种型号汽车当年生产当年销售，年初、年末没有存货，所以：

Z 型号汽车产量 = 销售量 =1 000 辆

Y 型号汽车产量 = 销售量 =600 辆

X 型号汽车产量 =（4 000 −1 000 ×1 −600 ×2）÷3 =600（辆）

税前营业利润总额 =（15 −12）×600 +（12 −8）×600 +（8 −5）×1 000 −3 000 =4 200（万元）

（2）税后有担保借款利率 =8% ×（1 − 25%）=6%

方案 1：年折旧额 =5 000 ×（1 −10%）÷5 =900（万元）

4 年后账面价值 =5 000 −900 ×4 =1 400（万元）

变现损失抵税 =（1 400 −1 200）×25% =50（万元）

现金流出总现值 =5 000 +50 ×（1 −25%）×（P/A，6%，4）− 900 ×25% ×（P/A，6%，4）−（1 200 +50）×（P/F，6%，4）=3 360. 17（万元）

平均年成本 =3 360. 17 ÷（P/A，6%，4）=969. 72（万元）

方案 2：该合同不属于选择简化处理的短期租赁和低价值资产租赁，符合融资租赁的认定标准。

年折旧额 =（4 400 +400）×（1 −10%）÷5 − =864（万元）

4 年后账面价值 =（4 400 +400）−864 ×4 =1 344（万元）

变现损失抵税 =1 344 ×25% =336（万元）

现金流出总现值 =4 400 ÷4 ×（P/A，6%，4）×（1 +6%）−864 ×25% ×（P/A，6%，4）−336 ×（P/F，6%，4）+400 =3 425. 70（万元）

平均年成本 =3 425. 70 ÷（P/A，6%，4）=988. 63（万元）

方案 1 的平均年成本小于方案 2 的平均年成本，因此应该选择方案 1（即自行购置）。

（3）情景 1：增加利润 =300 ×（13 −12）−200 =100（万元）

增加利润大于 0，甲公司应该接受追加订单。

设定价为 X：300 ×（X −12）−200 >0，解得：X >12. 67（万元），因此有闲置能力时产品定价的区间范围是 12. 67 万 ~15 万元。

情景 2：增加利润 =350 ×（13 −12）−50 ×（15 −12）−250 = −50（万元）

增加利润小于 0，甲公司不应该接受追加订单。

设定价为 Y：350 ×（Y −12）−50 ×（15 −12）−250 >0，解得：Y >13. 14（万元），因此有闲置能力时产品定价的区间范围是 13. 14 万 ~15 万元。

【考点】

第九章：资本结构——资本结构决策分析、杠杆系数的衡量

第十七章：短期经营决策——生产决策（约束资源最优利用决策、特殊订单是否接受的决策）

5. **【答案】**

（1）假设税前债务资本成本为 I，根据到期收益率法：

到期收益率法：960 ×（1 −2%）=1 000 ×6% ×（P/A，I，5）+1 000 ×（P/F，I，5）

当利率 =7% 时，1 000 ×6% ×（P/A，7%，5）+1 000 ×（P/F，7%，5）=959. 01

当利率 =8% 时，1 000 ×6% ×（P/A，8%，5）+1 000 ×（P/F，8%，5）=920. 16

即（I −7%）÷（8% −7%）=（940. 8 −959. 01）÷（920. 16 −959. 01）

根据内插法，解得 I =7. 47%。

税后债务资本成本 =7. 47% ×（1 −25%）=5. 60%

β资产 =1.5 ÷[1 +(1 −25%)×2/3] =1，β权益 =1 ×[1 +(1 −25%)×1/1] =1.75

股权资本成本 =3.4% +1.75 ×(7.4% −3.4%)=10.40%

加权平均资本成本 =5.6% ×50% +10.4% ×50% =8%

(2)

金额单位：万元

项目	2016 年末	2017 年末	2018 年末	2019 年末	2020 年末
产品销量（万罐）			12 000	12 600	13 230
税后销售收入			12 000 ×0.5 ×(1 −25%)= 4 500	12 600 ×0.5 ×(1 −25%)= 4 725	13 230 ×0.5 ×(1 −25%)= 4 961.25
税后变动制造成本			−12 000 × 0.3 ×(1 − 25%)= −2 700	−12 600 × 0.3 ×(1 − 25%)= −2 835	−13 230 ×0.3 ×(1 −25%)= −2 976.75
税后付现固定制造费用			−200 ×(1 − 25%)= −150	−250 ×(1 − 25%)= −187.5	−300 ×(1 − 25%)= −225
税后销售和管理费用			−12 000 × 0.5 ×10% × (1 −25%)= −450	−450 ×(1 + 5%)= −472.5	−472.5 ×(1 + 5%)= −496.13
减少的税后租金收入	−60 ×(1 − 25%)= −45	−45	−45	−45	
生产线折旧			950	950	950
生产线折旧抵税			950 ×25% = 237.5	237.5	237.5
占用的营运资本		−12 000 × 0.5 ×20% = −1 200	−(12 600 − 12 000)× 0.5 ×20% = −60	−(13 230 − 12 600)× 0.5 ×20% = −63	1 323
生产线购置支出	−4 000				
生产线变现收入					1 800
生产线变现收益缴税					−(1 800 − 1 150)×25% = −162.5
现金净流量	−4 045	−1 245	1 332.5	1 359.5	4 461.37

续表

项目	2016 年末	2017 年末	2018 年末	2019 年末	2020 年末
折现系数（8%）	1	0.9259	0.8573	0.7938	0.7350
折现值	-4 045	-1 152.75	1 142.35	1 079.21	3 279.11
净现值	302.88				

因为净现值302.88万元>0，所以该项目可行。

（3）设增加的购置成本为X万元。

折旧：(4 000 +X)×(1 -5%)÷4 =950 +X×(1 -5%)÷4 =950 +0.2375X

折旧抵税 =237.5 +0.059375X

增加的折旧抵税 =0.059375X

账面价值 =(4 000 +X) -(950 +0.2375X)×3 =1 150 +0.2875X

变现价值 =1 800

变现相关现金流量 =1 800 -(1 800 -1 150 -0.2875X)×25% =1 637.5 +0.071875X

增加的变现相关现金流量 =0.071875X -X +0.059375X×(P/A，8%，3)×(P/F，8%，1) +0.071875X×(P/F，8%，4) = -302.88

解得X =376.06（万元）

能够接受的最高购置价格 =4 000 +376.06 =4 376.06（万元）

【考点】

第四章：资本成本——债务资本成本、普通股资本成本、加权平均资本成本

第五章：投资项目资本预算——项目评价方法、新建项目现金流量的估计、投资项目的敏感分析

6.**【答案】**

（1）A、B、C三种产品对关键设备加工能力的总需求［(400×1 +600×2 +1 000×2.5 =4 100小时)］>加工能力的总供给（2 500小时），需要根据单位约束资源边际贡献进行排产。

	A产品	B产品	C产品
市场正常销量（件）	400	600	1 000
单位售价（万元）	2	4	6
单位变动成本（万元）	1.2	1.6	3.5
单位约束资源消耗（小时）	1	2	2.5
单位边际贡献（万元）	0.8	2.4	2.5
单位约束资源边际贡献（万元/小时）	0.8	1.2	1
生产安排优先顺序	3	1	2
最优生产安排（件）	0	600	520
最大边际贡献（万元）	0	1 440	1 300

为有效利用关键设备，公司的生产安排优先顺序：首先安排生产 B 产品；满足 B 产品市场需求后，安排生产 C 产品；满足 C 产品市场需求后，安排生产 A 产品，直至满足 A 产品市场需求或充分利用关键约束资源（两者以产量较低者为准）。产量：生产 A 产品 0 件，生产 B 产品 600 件，生产 C 产品 520 件。

边际贡献 =1 440 +1 300 =2 740（万元）

息税前利润 =2 740 −1 000 =1 740（万元）

税前利润 =1 740 −10 000 ×6% =1 140（万元）

经营杠杆 = 边际贡献 ÷ 息税前利润 =2 740 ÷1 740 =1.57

财务杠杆 = 息税前利润 ÷ 税前利润 =1 740 ÷1 140 =1.53

（2）A、B、C 三种产品对关键设备加工能力的总需求［（=400 ×1 +600 ×2 +1 000 ×2.5 =4 100 小时）］<加工能力的总供给［（=2 500 ×2 =5 000 小时）］，故三种产品分别按 400 件、600 件、1 000 件生产。

［（EBIT −10 000 ×6% −4 000 ÷1 250 ×1 000 ×9%）×（1 −25%）−6 000 ×10%］÷1 000 =［（EBIT −10 000 ×6%）×（1 −25%）−6 000 ×10%］÷（1 000 +4 000 ÷10）

由上述公式，解出每股收益无差别点息税前利润（EBIT）=2 408（万元）。

边际贡献 =0.8 ×400 +2.4 ×600 +2.5 ×1 000 =4 260（万元）

息税前利润 = 边际贡献 − 固定成本 =4 260 −（1 000 +600）=2 660（万元）

由于 2 660 万元 >2 408 万元，故选择方案 1。

提示：当预期收益 >EBIT 时，我们选择债务融资；当预期收益 <EBIT 时，我们选择股权融资。

税前利润 = 息税前利润 − 财务费用 =2 660 −10 000 ×6% −4 000 ÷1 250 ×1 000 ×9% =1 772（万元）

净利润 = 税前利润 − 所得税 =1 772 ×（1 −25%）=1 329（万元）

经营杠杆 = 边际贡献 ÷ 息税前利润 =4 260 ÷2 660 =1.60

财务杠杆 = 息税前利润 ÷ 税前利润 =2 660 ÷［1 772 −6 000 ×10% ÷（1 −25%）］=2.74

每股收益 = 净利润 ÷ 总股数 =（1 329 −6 000 ×10%）÷1 000 =0.729（元）（答案为 0.73 元，亦正确）

（3）固定成本是引发经营杠杆效应的根源（或：企业销售量水平与盈亏平衡点的相对位置决定了经营杠杆的大小；或：经营杠杆的大小是由固定经营成本和息税前利润共同决定的），本题中主要是因为固定成本增加，导致经营杠杆变大。

固定融资成本是引发财务杠杆效应的根源（或：息税前利润与固定融资成本的相对水平决定了财务杠杆的大小；或：财务杠杆的大小是由固定融资成本和息税前利润共同决定的），本题中主要是因为财务费用（或：利息费用、优先股股利）增加，导致财务杠杆变大。

（4）剩余产能 =2 500 ×2 −4 100 =900（小时）

△边际贡献 =0.8 ×900 −200 =520（万元）

因为可增加边际贡献，故应利用该剩余产能。

【考点】

第九章：资本结构——资本结构决策分析（每股收益无差别点法）、杠杆系数的衡量

第十七章：短期经营决策——生产决策（约束资源最优利用决策、产品是否应进一步深加工的决策）

7.**【答案】**

（1）2012 年的权益净利率 =1 920 ÷12 000 =16%

2013 年的权益净利率 =2 225 ÷12 500 =17.8%

2013 年的权益净利率高于 2012 年，甲公司 2013 年完成业绩目标。

（2）

驱动因素	2013 年	2012 年
净经营资产净利率	3 300 ÷25 000 =13.20%	2 640 ÷20 000 =13.20%
税后利息率	1 075 ÷12 500 =8.60%	720 ÷8 000 =9.00%
净财务杠杆	12 500 ÷12 500 =1	8 000 ÷12 000 =0.67

2013 年的净经营资产净利率与 2012 年相同，公司的经营管理业绩没有提高。

2013 年的税后利息率低于 2012 年，净财务杠杆高于 2012 年，公司的理财业绩得到提高。

（3）2012 年末的易变现率 =（12 000 +8 000 +2 000 −16 000）÷6 000 =1

2013 年末的易变现率 =（12 500 +10 000 +2 500 −20 000）÷7 500 =0.67

甲公司生产经营无季节性，年末易变现率可以视为营业低谷时的易变现率。

2012 年采用的是适中型营运资本筹资政策。

2013 年采用的是激进型营运资本筹资政策。

营运资本筹资政策由适中型改为激进型，短期借款在全部资金来源中的比重加大，税后利息率下降，公司收益提高，风险相应加大。

（4）权益资本成本 = 无风险利率 + 平均市场风险溢价 ×β 权益

2012 年的 β 权益 =（16% −4%）÷（12% −4%）=1.5

β 资产 =1.5 ÷[1 +（1 −25%）×（8 000 ÷12 000）] =1

2013 年的 β 权益 =1 ×[1 +（1 −25%）×（12 500 ÷12 500）] =1.75

2013 年股东要求的权益报酬率 =2013 年的权益资本成本 =4% +1.75 ×（12% −4%）=18%

【考点】

第二章：财务报表分析和财务预测——管理用财务报表体系

第五章：投资项目资本预算——投资项目折现率的估计

第十二章：营运资本管理——营运资本筹资策略（易变现率）

第二十章：业绩评价——关键绩效指标法